普通化学

（第二版）

廖家耀　主编

科学出版社
北　京

内 容 简 介

本书分为分散体系、化学反应基本原理、水溶液中的化学平衡和物质结构四篇，共12章，分别介绍了物质的状态与溶液、胶体和乳状液、化学动力学基础、化学热力学基础、化学平衡、酸碱平衡、沉淀溶解平衡、配位离解平衡、氧化还原与电化学基础、原子结构、化学键与分子结构、晶体结构简介等内容。本书循序渐进地介绍了化学的基础知识和基本理论，强化了胶体和表面化学等相关知识，同时注重化学与工农业生产、化学与生命科学等各方面的联系，加强了应用方面的介绍。

本书主要适合高等学校农、林、水产、食品、园林、生命科学类专业以及材料科学、医药学、土木建筑等部分理工科专业本科生使用，还可供其他相关专业的师生及化学爱好者参考，也可作为高等学校非化学专业报考硕士研究生的复习参考书。

图书在版编目(CIP)数据

普通化学/廖家耀主编. —2版. —北京：科学出版社，2016

ISBN 978-7-03-048943-2

Ⅰ.①普… Ⅱ.①廖… Ⅲ.①普通化学-高等学校-教材 Ⅳ.①O6

中国版本图书馆CIP数据核字(2016)第139035号

责任编辑：赵晓霞 / 责任校对：何艳萍
责任印制：赵 博 / 封面设计：迷底书装

科学出版社 出版
北京东黄城根北街16号
邮政编码：100717
http://www.sciencep.com

涿州市般润文化传播有限公司印刷

科学出版社发行 各地新华书店经销

*

2012年3月第 一 版 开本：787×1092 1/16
2016年6月第 二 版 印张：18 3/4 插页：1
2024年7月第十二次印刷 字数：480 000

定价：54.00元

(如有印装质量问题，我社负责调换)

《普通化学(第二版)》编写委员会

主　编　廖家耀

副主编　宋　丽　李红陵

编　委(按姓名汉语拼音排序)

曹维荃　李红陵　廖家耀　刘德芳

宋　丽　曾令喜　张建蓉

第二版前言

本书是在不断的教学经验总结和教学改革的进程中诞生的，自2012年出版以来，已在多所高等学校的教学中使用了4年，受到了广大师生的欢迎和好评。随着学科的发展，教学理念的更新，教材内容需要推陈出新，不断地修改和完善，本书在第一版的基础上，对内容进行了适当的增删和调整，以期增加系统性和科学性，适应不同层次读者的需求。

此次修订中，对全书的整体框架未做大的改动，主要是对各章节内容进行了适当调整、删减和补充。例如，第1章中增加了物质的存在状态相关内容，对全书的公式和符号进行了统一整理和规范，例题和习题做了部分调整。本书仍然强调了化学基本概念和基本理论的重要性，同时重视化学在工农业生产和生活中的应用，注重理论与实践的结合。

参加本书修订的有廖家耀、宋丽、李红陵、曹维荃、曾令喜、刘德芳等老师，全书最后由廖家耀老师统稿、修改和定稿。

在本书第一版的使用过程中，不少教师和读者提出了中肯的意见和建议，在此表示感谢，欢迎各位同仁和读者继续对本书提出批评和建议。感谢科学出版社为本书的再版所做的辛苦工作！

由于编者水平所限，书中不妥和疏漏之处在所难免，恭请读者和同行专家批评指正，以期不断改进和完善，编者不胜感谢！

编　者

2016年5月

第一版前言

化学是在原子、分子和离子层次上研究物质的组成、性质、结构及其变化规律的科学。化学是关系国计民生、与人们的生产生活密不可分的一门实用性学科，现代化学已经渗透到社会生产生活的方方面面。化学基础知识和基本理论是现代公民科学素养不可或缺的一部分，是现代科技工作者知识结构中重要的一环，是理工农医各专业所必备的专业基础。因此，普通化学课程是众多高等学校普遍开设的一门必修的公共基础课。随着科学的发展、社会的进步和教学的多元化，普通化学教材需要不断地推陈出新以适应新的要求和变化。本书的编写人员都具有丰富的教学经验，在长期教学经验的积累和教学改革研究的基础上，吸收了各高等学校的教学成果、跟踪学科最新发展，经深入讨论和研究编写了本书。本书力求在加强基础理论的同时，注重理论与实践的结合。在内容上，主要有以下特点：

(1) 将化学基础知识和基本理论概括为四个部分，按分散体系、化学反应基本原理、水溶液中的化学平衡、物质结构的顺序，科学调整内容，循序渐进地进行介绍。在注重知识结构的完整性基础上，将内容相近的部分总结编排在一起，增强了教材结构的系统性，方便读者学习和理解。

(2) 深入阐述了化学的基础知识和基本理论，也介绍了化学与生命科学、材料科学等的紧密联系，跟踪本学科发展的前沿，展现现代化学的最新研究成果，既加强读者对化学学科的全面认识，又满足差别化教学和个性化培养的要求。

(3) 强化了胶体与表面化学的介绍，使其能更好地满足食品科学、土壤科学和环境科学等专业的需要。将晶体结构独立成章，在深度和广度上加强了相应的内容，以适应材料科学的迅猛发展，使其对材料科学等专业具有一定的适用性。

(4) 在各章节中注重介绍了化学在工农业生产和生活中的直接或间接应用，使读者在学习化学基础知识和基本理论的同时，了解其应用，对身边发生的化学现象从知其然到知其所以然，提高了读者的阅读兴趣和阅读积极性。

(5) 每章后面附有本章小结，对重要概念和公式进行了总结，理清了各章的重点、难点，方便读者的总结归纳与自主学习。精选了例题、思考与练习，使其具有典型性、启发性和实用性，在加强读者对所学理论知识理解的同时，注重培养读者的综合应用能力，提高读者分析和解决问题的水平。

本书分为四篇，共 12 章，绪论及第 2、10～12 章由廖家耀编写，第 1、3 章由宋丽编写，第 4 章由曹维荃编写，第 5、6 章由李红陵编写，第 7、8 章由张建蓉编写，第 9 章由曾令喜编写。本书初稿经副主编宋丽和李红陵两位老师修订，全书最后由主编廖家耀统稿、修改和定稿。本书在申报和编写过程中还得到了西南大学李宗醴、魏沙平、张明晓等老师的大力支持与帮助，在此表示衷心的感谢！

本书在编写过程中参考了大量的文献资料，引用了部分文献的图表和数据，在此对相关文献的作者表示衷心的感谢！

由于编者水平所限，书中不妥和疏漏之处在所难免，恭请读者和同行专家批评指正，以期不断改进和完善，编者不胜感谢！

廖家耀

2011 年 12 月

目　　录

第一篇　分散体系

第二篇　化学反应基本原理

第三篇　水溶液中的化学平衡

第四篇　物质结构

绪　论

千千万万的物质组成了多彩的世界，物质世界处于永恒的运动变化之中，物质的种类众多，其变化纷繁复杂。化学作为自然科学基础学科之一，是研究物质及其变化规律不可或缺的科学。

0.1　化学研究的对象与内容

客观存在的物质分为实物和场两种基本形态，化学研究的对象是具有静止质量的实物。物质运动的形式主要有机械运动、物理运动、化学运动、生物运动和社会运动等。化学主要研究物质的化学运动，即物质的化学变化。在化学变化中，分子、原子或离子等因核外电子运动状态的改变而发生分解和化合等变化，同时还伴随着物理变化，如光、热、电、颜色等的变化。因此，在研究物质化学变化的同时，还必须研究相关的物理变化。物质的化学变化是基于物质的化学性质，而物质的化学性质又与其组成和结构密切相关。化学变化本身具有一定的规律，但也与外界条件有关。所以化学是在原子、分子或离子层次上研究物质的组成、性质和结构，研究化学变化的内在规律以及外界条件变化影响的科学。

化学研究的对象广泛，内容丰富，随着人们对物质化学变化研究的逐渐深入和细化，到19世纪末，化学逐渐形成了四大基础分支学科，分别是无机化学、有机化学、分析化学和物理化学。无机化学主要研究元素的单质以及除碳氢化合物及其衍生物之外的化合物，有机化学主要研究碳氢化合物及其衍生物，分析化学主要研究物质的含量、组成和结构的测定方法以及测定原理，物理化学是运用物理学的原理和实验方法以及数学的处理方法研究物质化学变化及其基本规律。科学的发展日新月异，现代化学的研究范畴在不断地深化和扩展，各分支学科相互交叉，在化学学科内部产生了量子化学、结构化学、材料化学、表面化学、电化学、绿色化学等大量的专业学科，化学与其他学科之间也在不断地相互渗透、相互融合，从而涌现出了许多新的边缘学科和应用学科，如放射化学、激光化学、计算化学、生物化学、环境化学、食品化学、药物化学、土壤化学等。这些新兴学科、应用学科在科技高度发展的当今社会中正展示出强大的活力，重要性日益增加。

0.2　化学的发展与重要作用

0.2.1　化学的发展

化学的发展与人类文明的进步息息相关。与任何一门学科一样，从人类的自发应用到形成系统的科学，从古代化学到近代化学，直至现代化学，化学经历了一个漫长的发展过程。

原始人类从自然中学会了火的应用，这是人类最早利用的化学反应，它使人类从蛮荒进入文明。早期的人类在制陶、炼铁、鞣革等活动中，积累了一些零星的化学知识；在炼丹、制药、造纸等活动中，提高了实验技术，这是一个漫长的古代化学时期。此时还远谈不上化学科学，但一些先贤在已有的零星的化学知识的基础上，已经开始思考宇宙和物质的结构问题，如我国商代的《易经》提出的五行八卦学说，公元前 5 世纪古希腊的安培多克尔（Empedocles）提出的物质由水、火、气、土组成的四原质学说等。

英国化学家波义耳（R. Boyle）1661 年发表了著名的《怀疑派化学家》，首先明确了化学的研究对象，将“化学确立为科学”，这是近代化学的萌芽。天平的使用使化学的研究从定性进入了定量的阶段，由此提出了一系列的基本定律。例如，1748 年俄国的罗蒙诺索夫（Ломоно́сов）提出了质量不灭定律，1803 年英国化学家道尔顿（J. Dalton）提出了当量定律、原子学说，1811 年意大利化学家阿伏伽德罗（A. A. Avogadro）提出了阿伏伽德罗定律及分子的概念等。1869 年俄国科学家门捷列夫（Менделе́ев）建立了元素周期表，使化学提高到了理论的高度，进入了现代化学的快速发展时期。

19 世纪末到 20 世纪初，电子的发现和量子力学的出现，使物质结构理论得到了极大的发展，人们能够从微观上了解物质的性质与结构的关系，为新物质的合成开辟了广阔的天地。随着电子技术、计算机、微波技术等的发展，化学研究的实验手段得到了极大的提高，现代化学也进入了一个崭新的发展阶段，现代化学的研究已从描述深入推理、从静态发展到动态、从定性发展到定量、从宏观深入微观。现代化学研究中，空间分辨率已达原子半径数量级的 10^{-10} m，时间分辨率已达 10^{-15} s（飞秒级）。人们不仅可以从宏观上研究物质的性质和反应，还可以从微观上研究单分子中电子传递的过程和能量的转移，探讨分子间的作用力和电子的运动。人们不仅能够描述慢过程，还能跟踪超快过程。随着理论的深入和实验技术的进步，现代化学正处于蓬勃发展和不断地创新中。

0.2.2 化学的重要作用

化学是关系国计民生、与人们的生产生活密不可分的一门实用性学科。现代社会的工业、农业、国防、医药、卫生、交通、环境、能源以及一切高科技领域，包括人们的衣、食、住、行，都体现着化学的重要作用。早在 1987 年，美国化学家皮门泰尔（G. C. Pimentel）在《化学中的机会——今天和明天》一书中就明确提出“化学是一门中心科学，它与社会发展各方面的需要都有密切关系”。

化学是工农业生产和国防建设的基础，是社会发展的重要推动力量。在现代工业中，煤化学、石油化工、核化学为人类的生产和生活提供了丰富的能源，金属冶炼、高分子化学为人类的生产和生活提供了性能各异的新材料。在国防建设中，现代化武器设备离不开各种特殊性能的化学产品，如导弹、人造卫星用的高能燃料、高能电池、高敏胶片以及耐高温高压、耐高辐射的材料等。在现代农业中，正是化肥和农药的使用为每年迅速增长的人口提供了维持基本生活条件的数十亿吨粮食，长效、复合化肥的生产，高效、低污染的新农药的研制，生态环境友好型植物生长激素、除草剂的使用等，这些现代农业生产必不可少的环节都是以化学为基础，农副产品的合理储运、综合利用及深加工也需要广泛的应用化学的理论和知识。

21 世纪是生物科学、信息科学和化学共同繁荣的世纪。有人说 21 世纪是生命科学的世纪，是信息科学的世纪，但生命科学与信息科学却是以化学为基础的。从 1828 年韦勒（F. Wohler）合成尿素，1833 年佩恩（A. Payen）发现了第一种酶（淀粉酶），到 1877 年德国化学家霍佩塞勒（H. Seyler）首先提出生物化学概念，生物学一开始就是利用化学作为探索生命奥秘的手段。从 20 世纪中叶以来，色谱、X 射线晶体学、核磁共振、放射性同位素标记以及分子动力学等各种化学物理新技术使生物化学得到了极大的发展，生物分子结构和细胞代谢途径如糖酵解和三羧酸循环等研究获得了空前的成就。生命科学就是在一系列化学研究成果的基础上发展起来的。随着化学和生物学的发展，人体中微量元素的作用正在被化学家逐个探明，合成的新药物一批又一批地被研制成功，人类的寿命不断地延长。现代生命科学已经可以利用化学方法在分子及以上水平来研究生命的过程，化学与生命科学相互促进、共同携手，为解决基因组工程、蛋白质生物合成、细胞信息传导等事关人类生命的重要问题作出了巨大的贡献。21 世纪的人类已进入信息化时代，在人们的生产生活中无不涉及信息的采集、传输、处理、控制和存储等。正是在化学的驱动下，信息科学才取得了今天的成就。各种化学传感器的应用为光、热、电、生物等信息的采集提供了便利；超纯的硅、锗等半导体材料的生产开创了微电子新时代，使得计算机能够进入千家万户；高性能磁性材料的研制使得大规模信息的存储和处理成为可能，高纯度石英光导纤维为人类的通信和信息远距离高效传输提供了物质基础。信息科学总是随着化学新材料的出现而不断升级换代，化学与信息科学协调发展、共同繁荣，也许在不久的将来，人工智能、DNA 分子计算机等就会得到实现。

现代人类的衣、食、住、行都与化学密切相关。我们生活在化学的世界里，没有化学科学创造的物质文明，就没有人类的现代生活。合成纤维和合成染料制成的衣物使人类社会鲜艳多姿，即使是纯棉或纯毛，也必须经过化学处理才能成为制衣的原料；日常洗漱用的牙膏、牙刷、毛巾，各种化妆品、清洁用品无不是化学家的杰作。现代农业为人们的餐桌提供了丰富的食物，色香味俱佳食品的加工制造离不开化学的手段，各种食品添加剂或者是用化学的方法从天然产物中提取分离出来的，或者是用纯化学的方法合成的，而食品营养分析、食物的消化吸收无一不是化学过程。现代建筑所用的水泥、油漆、玻璃、塑料等材料都是化学化工的产品。人们出行所穿的皮鞋是化学制品，用以代步的各种交通工具本身就是化学材料的集成，而且其所用的汽油、柴油、润滑剂等都是石油化工的产品。化学研究的成果极大地改变了我们衣、食、住、行的方式和内容，化学也将继续为人类的丰衣足食、宜居便行创造富足的物质条件。

化学是社会发展的需要，是提高公民文化素质的需要。化学与数学、物理学等学科共同成为当代自然科学迅猛发展的基础。化学是一门实用的和创造性的中心科学，化学的核心知识应用于自然科学的方方面面，与其他学科相辅相成，构成了认识自然和改造自然的强大力量。现代的生命科学、材料科学和信息科学等，如果缺少化学的介入，就不能获得创造性的成果；数学和物理学也需要通过化学的中介，才能在生物、材料和信息等学科中发挥较好的作用，因此，化学是联系各自然科学及工程技术的重要媒介，化学知识对于培养高素质的科技人才是不可缺少的。由于化学已经渗透到生产生活的各个角落，所以掌握基础的化学知识、了解基本的化学理论，是作为一个现代人的知识结构中必不可少的内容，是人们文化素质的体现。

0.3　普通化学课程的性质、任务与学习方法

0.3.1　普通化学课程的性质、任务

普通化学并不是化学学科的某一具体分支，普通化学是化学的导言，其主要任务是介绍化学的基本理论、基础知识和基本技能。普通化学将化学的基本理念播撒到人们的心中，普及化学的基础知识，提高人们的化学素养。

普通化学是众多高等学校的一门重要的公共基础课，它与许多专业基础课和专业课有着不可分割的联系，普通化学的学习将为后续的化学课程及其他相关课程打下坚实的化学基础。学好普通化学将使后续的分析化学、有机化学、物理化学等化学课程的学习事半功倍，食品化学、土壤化学、环境化学、生物化学、药物化学等课程是化学在具体学科中的应用，是化学与其

他学科的交叉，普通化学的学习将为这些课程的学习创造良好的条件。即使是与化学无关的专业，学习普通化学也意义重大，它可以锻炼人们的思维能力、丰富人们的知识结构、提高人们的科学素养。

0.3.2 普通化学课程的学习目的

普通化学主要是通过分散体系、化学热力学和动力学、溶液和离子平衡、氧化还原与电化学基础、物质结构等内容的学习以及对现代化学的研究新进展及化学交叉学科和热点领域的了解，使读者获得必需的化学基本理论、基础知识，了解这些理论知识在生产生活实际中的应用，把握化学发展的主要方向，为学习后续课程和将来从事其他工作提供必要的化学基础，使人们学会用化学的方法思考和解决问题。因此，在普通化学课程的学习中，首先应该学习和了解化学的思维方法，培养自主学习的能力；其次是掌握化学的基础知识和基本理论，扩大知识面，打好专业基础；最后是学习化学的基本实验技能，培养严谨的科学态度和习惯，培养发现、分析和解决常见化学问题的能力。

0.3.3 普通化学的学习方法

正确的学习方法是提高学习效率、保证学习效果的前提。每个人都需要在不断总结和交流的基础上，寻找最适合自己的学习方法。大学的课程，课堂讲授容量大、教学进度快，这需要学生尽快适应，及时实现学习方法和学习习惯的转变，通过课前预习、课堂听讲、课后复习、及时练习和必要的课外阅读等重要环节，养成高效率的学习方法，培养较强的自学能力以达到良好的学习效果。

课前预习需要根据教学计划，对教师讲授的内容提前有所了解。听课时要注意合理分配精力，主动跟踪教师的逻辑思维，特别注意预习时不理解的部分。在听课中应及时记下重难点、结论、补充材料以及听不懂的地方，课后必须及时复习，梳理内容、解决难点、记住重点，在熟读教材的基础上多做练习，培养分析、解决问题的能力。

普通化学作为化学学科的导言，其特点是理论性强，涉及的基本概念、基本理论较多，所以要注意基本理论和基本知识的掌握，处理好理解与记忆的关系，明确概念、原理和公式的含义、应用条件及使用范围，在理解的基础上，熟练掌握涉及基本概念和基本原理的重要公式，善于运用分析对比和联系归纳的方法，从例题中体会解题的思路和方法、技巧，能够运用所掌握的理论知识分析、解决实际问题。在普通化学的学习中要注意各个章节内容的前后联系，达到融会贯通；抓住每一章节的重点，做到主次明确，条理清楚；理论联系实际，既掌握知识点，也学习化学的思维方法。

化学是一门实验性的学科，普通化学实验是普通化学课程的重要组成部分，所以在普通化学课程中还要重视实验课程的学习。通过实验不仅可以加深理解、巩固所学到的基本理论和基础知识，而且还可以训练相关的实验基本技能，学习科学的实验方法，培养动手的能力。在实验前要预习实验内容，做到原理清楚、步骤明确。实验过程中要认真观察实验现象，及时正确记录结果。实验结束后要认真处理实验数据，正确地分析实验现象，认真完成实验报告。通过普通化学实验，养成严谨的实验态度和科学的思维方法，培养独立工作和从事科学研究的能力。

书山有路，学海无涯，学习普通化学，掌握化学的基本理论、基础知识，对大家的学习、工作和生活必将大有裨益。辛勤的汗水和良好的学习方法也一定能够获得满意的效果。

第一篇　分散体系

由一种或多种物质分散在另外一种物质中所构成的体系称为分散体系。在自然界和生产实践中，经常碰到的泥浆、牛奶、海水等都是分散体系。分散体系是由分散质和分散剂两部分构成的，分散质是被分散的物质，分散剂是分散或容纳分散质的物质。分散质处于分割成粒子的不连续状态，而分散剂则处于连续的状态。

分散体系的分类方法有多种，常见的有两类。按分散质和分散剂的物理聚集状态分类，可将分散体系分为气态分散系、液态分散系、固态分散系 3 大类共 9 种，如表 A 所示。常见化学反应、生物体内的各种生理生化反应主要是在液体介质中进行的，故本篇主要介绍液态分散系。

表 A　按物理聚集状态分类的分散系

分散质	分散剂	实例
气	气	空气，煤气
液	气	云，雾
固	气	烟雾
气	液	泡沫，水汽
液	液	牛奶，豆浆，农药乳液
固	液	泥浆，油漆，氢氧化铁溶胶
气	固	泡沫塑料，活性炭
液	固	肉冻，硅胶
固	固	各种合金，红宝石，有色玻璃

按照分散质粒子直径大小不同分类，可以把分散体系分为 3 种，如表 B 所示。在研究体系中，组成均匀、具有相同物理和化学性质的一部分称为相，所谓组成均匀是指分散程度达到分子、离子大小的数量级。相与相之间有明确的界面，越过相界面，其性质必然发生突变。只有一个相的体系称为单相体系，有两个或两个以上相的体系称为多相体系，多相体系的特征是具有相界面。表 B 中的三种分散体系既有单相体系，也有多相体系，各种分散体系的性质有明显的区别，但三种分散体系并没有明显的界线，三者之间的过渡是渐变的，某些系统可以同时表现出两种甚至三种分散体系的性质，因此以分散质粒子直径的大小作为分散系分类的依据是相对的。

表 B　按分散质粒子大小分类的各种分散系

类型	粒子直径/nm	分散系名称	主要特征	
分子、离子分散系	<1	真溶液	很稳定，扩散快，能通过滤纸和半透膜，对光的散射极弱	单相体系
胶体分散系	1~100	高分子溶液	很稳定，扩散慢，能通过滤纸，不能通过半透膜，光散射弱，黏度大	
		胶体	稳定，扩散慢，能通过滤纸，不能通过半透膜，光散射强	多相体系
粗分散系	>100	乳状液，悬浊液	不稳定，扩散慢，不能通过滤纸和半透膜，无光散射	

在自然界、日常生活、科学研究及工农业生产中接触得最多的分散体系是溶液和胶体分散系两类，因此，掌握有关溶液和胶体分散系的基础知识对认识自然和科学研究有着重要的意义。

第 1 章　物质的状态与溶液

化学是研究物质及其变化规律的科学，物质的种类繁多，形态万千，但物质总是以一定的聚集状态而存在。物质的聚集状态各有其特点，在一定条件下可以相互转化，了解物质的聚集状态是研究物质的基础。

分散质粒径小于 1 nm，组成均匀，性质稳定的分散体系称为溶液，溶液中的分散质称为溶质，分散剂称为溶剂。溶液中溶质可以是一种物质，也可以是几种物质。从广义上讲，溶液分为气态溶液、液态溶液和固态溶液，一般没有特殊注明的均指以水为溶剂的液态溶液。它与日常生活和生产实践有着密切的联系，如农药的使用、组织培养液的配制、土壤的改良、工业废水的净化处理等无不与溶液密切相关，因此，了解和掌握有关溶液的基础知识具有重要的意义。

1.1　物质的状态

物质是由大量微观粒子构成的，当大量微观粒子在一定的压力和温度下相互聚集为一种稳定的状态时，就称为物质的一种聚集状态。常见的物质聚集状态有气态、液态和固态，随着科学的发展、实验技术的进步，人们还发现了一些新的物质存在状态，如等离子态、玻色-爱因斯坦凝聚态、费密冷凝态等。2016 年 4 月，一个国际科学小组宣布在石墨烯中发现了一种全新的物质状态，称为量子自旋液体。人们对物质世界的认识在不断地深入，或许还有更多的物态会被发现和认识。

1.1.1　气体

气体既没有固定的形状，也没有确定的体积，具有无限的可膨胀性、掺和性以及温度、压力等外界条件对其体积影响的敏感性。

气体分子之间距离很远，相互作用力很小，气体分子无规则的运动使其向各个方向扩散，并均匀地充满整个容器，所以容器的容积就是气体的体积。无规则运动的气体分子具有一定的能量，气体分子彼此之间及气体分子与容器壁之间的碰撞，使气体表现出一定的压力。气体的状态可以用物质的量(n)、压力(p)、体积(V)和温度(T)等物理量来描述，在一定条件下，这些物理量间存在着定量关系。分子本身不占有空间，分子间也没有相互作用力的假想气体称为理想气体，理想气体的物质的量、压力、体积和温度之间的定量关系称为理想气体状态方程，即

$$pV=nRT \tag{1-1}$$

理想气体状态方程中，R 为摩尔气体常量，根据阿伏伽德罗定律，$R=8.314\ \mathrm{J\cdot mol^{-1}\cdot K^{-1}}$。实际的气体分子本身总是占有一定的体积，分子间也具有一定的作用力，所以其性质与理想气体有一定的偏差。通常条件下，在压力不高，温度不太低时，可以把实际气体近似看作理想气体处理。

如果将互不发生化学反应的几种气体相互混合，由于理想气体分子之间没有作用力，各种气体将如同单独存在时一样充满整个容器，某一组分气体所产生的压力不会因其他组分气体

的存在而改变。在恒温条件下，混合气体中某一组分气体单独占有整个混合气体体积时的压力称为该组分气体的分压，1801年，英国的科学家道尔顿(J. Dalton)提出了理想气体分压定律，即混合气体的总压等于各组分气体的分压之和。若 p 为混合气体的总压，$p(i)$表示组分 i 气体的分压，则有

$$p = \sum p(i) \tag{1-2}$$

1.1.2　液体和固体

液体没有固定的形状和显著的膨胀性，但具有一定体积和流动性以及掺混性。液体和气体都能流动，故两者合称为流体。液体与气体相比，它的密度要高得多，这说明物质处于液态时分子间的距离要比气态时小得多。液体分子相互靠得很近，分子间的相互作用不能忽略，这种相互作用使液体具有一定的体积，但不能保持一定的形状。液体的性质介于气体与固体之间，液体的可压缩性比气体差得多而又略大于固体，由于对液体的结构了解甚少，因此，对液体性质的研究还有待进一步深入。

固体具有确定的体积和形状，没有流动性。组成固体的分子、离子或原子等微粒靠得很近，彼此间的作用力很强，所以固体表现出一定程度的刚性和很小的可压缩性。固体内部的微粒不能自由移动，只能在一定位置上做热振动。根据内部微粒的空间排列规则，常将固体物质分为晶体和非晶体两大类。自然界中绝大多数固体都是晶体，只有少数固体物质属于非晶体。

1.1.3　物质聚集状态的相互转化

各种物质总是以一定的聚集状态而存在，但如果改变温度、压力等外界条件，物质的存在状态将发生变化，即物质的气态、液态和固态之间可以相互转化。物质各种聚集状态之间的转化称为相变，相变时两相之间的动态平衡称为相平衡。

1. 气体的液化

若对气体进行降温或加压，或降温的同时加压，气体分子间的距离将不断减小，分子间力不断增大，当分子间力超过由于分子热运动使分子相互离开的趋势时，气体就转化成液体，这个过程称为气体的液化或凝聚。

气体的液化既取决于施加压力的大小以使分子间距离缩短的程度，还取决于温度的高低，只有当分子间作用力能够克服分子热运动所引起的逃逸能力时，气体才能液化。所以单纯降低温度可使气体液化，但单纯增加压力并不一定能使气体液化，只有先将温度降低到某一特定温度时，才能用增加压力的方法使气体液化，气体的这一特定温度称为临界温度 T_c。临界温度是物质的特性常数，如 CO_2的临界温度是 304.2 K。在临界温度以上，无论加多大压力都不能使气体液化，在临界温度时，使气体液化必需的最低压力称为临界压力 p_c，在临界温度和临界压力条件下，1 mol 气体的体积称为临界体积 V_c，T_c、p_c和 V_c统称为气体的临界常数。气体处于 T_c、p_c和 V_c的状态称为临界状态，临界状态是一种不稳定的特殊状态，此时气体和液体的性质差别将消失，两者的界面也将消失。临界状态在黏度、扩散、溶解性等方面具有很多独特的性质，因而具有广泛的用途。

2. 液体的气化

在一定的温度、压力下，液体转变为气体的过程称为液体的气化，蒸发和沸腾是液体气化

的两种形式。蒸发是液体表面分子气化的现象，沸腾则是液体内部和表面分子同时气化的现象。

如果将液体置于敞口容器中，蒸发过程会一直进行到全部液体都转变成气体为止。如果是在密闭容器中进行蒸发，则蒸发有一定的限度。如图 1-1，一定温度下，在一上部为真空的密闭容器中的液体，蒸发开始时，蒸发的速率最大，凝聚的速率为零。随着蒸发的进行，液面上聚集的气体分子数目逐渐增加，凝聚的速率随之加快，而蒸发速率逐渐减小，当蒸发和凝聚的速率相等时，体系达到蒸发凝结平衡状态。此时的蒸气具有恒定的压力，这种与液相达平衡时的蒸气称为饱和蒸气，饱和蒸气所产生的压力称为饱和蒸气压，简称蒸气压。

蒸气压的大小代表着液体分子气化的趋势，其大小取决于液体的本性和温度，与液体的量及气相的体积无关。在一定温度下，物质的分子间作用力越大，液体分子气化的趋势越小，蒸气压越小；物质的分子间作用力越小，液体分子气化的趋势越大，蒸气压越大。例如，20 ℃时水的蒸气压为 2.33 kPa，乙醚的蒸气压为 58.7 kPa。常将蒸气压小的物质称为难挥发物质，蒸气压大的物质称为易挥发物质。

蒸气压是液体的重要特性之一，它是温度的函数。温度的升高会使分子的热运动加剧，分子的动能增加，液态分子气化的趋势将变大，所以物质的蒸气压随温度的升高而增大。液体的蒸气压与温度的关系可用蒸气压曲线来表示。图 1-2 是几种液体的蒸气压曲线，曲线上的每一点代表相应液体与蒸气呈平衡状态时的温度和压力。

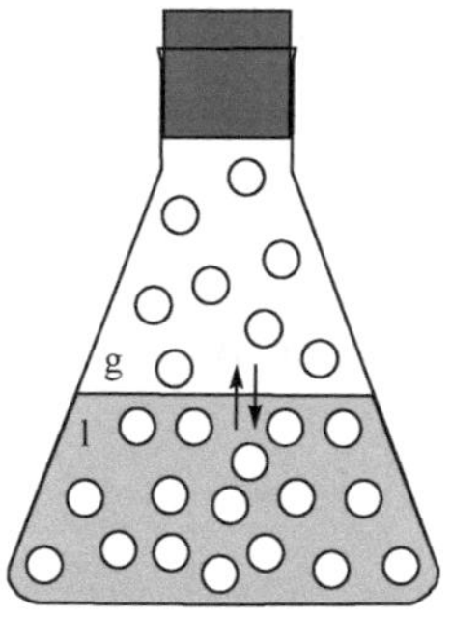

图 1-1　液体的蒸发

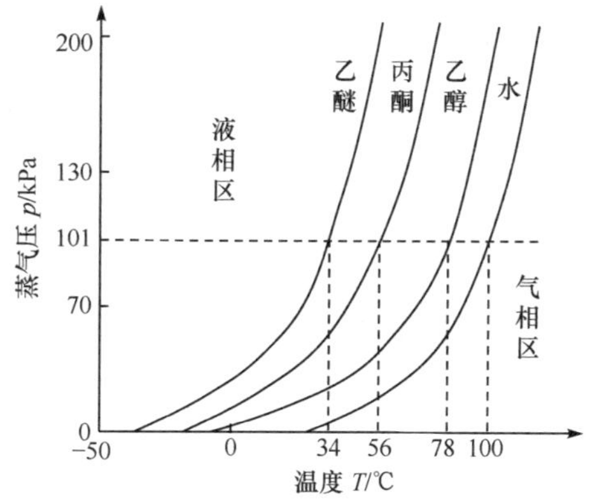

图 1-2　几种液体的蒸气压曲线

液体内部和表面分子同时气化时称为沸腾，此时的温度为液体的沸点。只有液体的蒸气压与外界压力相等时，液体才会沸腾，所以液体的沸点随外界压力的升高而升高，当外界压力一定时，液体有确定的沸点，在外压为一个大气压即 101.325 kPa 时，液体的沸点称为正常沸点，简称沸点。

液体在沸腾过程中总会有许多气泡不断地从液体内部逸出，气泡的生成必须有形成气泡的中心，如微小的气泡、尘粒、晶体的尖端边角等。当气泡形成后则由小到大直至升到液体表面而破裂。由于表面张力的关系，气泡中的压力必须大于外界压力才能得以存在，气泡越小，气泡中的压力就越大，因而需要的温度也越高。所以，对于极干净的水必须将温度升高到沸点以上才能生成气泡。气泡生成以后增大到一定程度就逸出表面，水就立刻沸腾，同时温度也就立刻回降到正常沸点，这种现象称为过热。过热现象是产生暴沸，引起事故的根由，尤其是在处理易燃液体时，随气泡喷溅出的液体与加热火焰相遇会引起火灾。搅拌和加入沸石或碎瓷片等是减少过热,防止暴沸的常用办法。

3. 液体的凝固

在一定的压力条件下,随着温度的降低,构成液体的微粒热运动减弱,当微粒的平均动能不足以克服微粒间的引力,致使一些运动速率小的微粒聚集在一起而相对地固定在一定的位置上时,液体开始凝结为固体,这个过程称为液体的凝固,相反的过程称为固体的熔化。

在液体凝固时,液体与其固体的蒸气压相等,固液两相达成两相平衡状态时的温度称为液体的凝固点。液体在一个大气压即 101.325 kPa 时的凝固点称为液体的正常凝固点。例如,水的正常凝固点是 273.15 K,此时,液态水与冰的蒸气压相等,都是 0.6133 kPa。

在一定条件下,固体不经过熔化阶段而直接变成气体的现象称为升华,如干冰用于舞台烟雾布景就是利用了固体二氧化碳的升华。气体不经过液化阶段而直接变为固体的过程称为凝华,如晚秋初冬时的降霜。

1.2　溶液的组成标度

一定量的溶液或溶剂中所含溶质的量称为溶液的组成标度。根据不同的需要,溶液的组成标度可以用不同的方法表示,常见的表示方法有以下几种。

1.2.1　物质的量浓度

单位体积的溶液中所含溶质 B 的物质的量称为溶质 B 的物质的量浓度,在不会产生混淆时,简称为浓度,用符号 $c(\mathrm{B})$表示

$$c(\mathrm{B})=\frac{n(\mathrm{B})}{V} \tag{1-3}$$

式中,$n(\mathrm{B})$为溶质 B 的物质的量,SI 单位为 mol;V 为溶液的体积,SI 单位为 $\mathrm{m^3}$,常用单位为 L;$c(\mathrm{B})$单位为 $\mathrm{mol \cdot L^{-1}}$。

1.2.2　质量摩尔浓度

1 kg 溶剂 A 中所含溶质 B 的物质的量称为溶质 B 的质量摩尔浓度,用符号 $b(\mathrm{B})$表示

$$b(\mathrm{B})=\frac{n(\mathrm{B})}{m(\mathrm{A})} \tag{1-4}$$

式中,$n(\mathrm{B})$为溶质 B 的物质的量,SI 单位为 mol;$m(\mathrm{A})$为溶剂 A 的质量,SI 单位为 kg;$b(\mathrm{B})$单位为 $\mathrm{mol \cdot kg^{-1}}$。由于物质的质量不受温度的影响,所以,溶液的质量摩尔浓度与温度无关。

1.2.3　物质的量分数

溶质 B 的物质的量与溶液的总的物质的量之比称为溶质 B 的物质的量分数(或摩尔分数),用符号 $x(\mathrm{B})$表示

$$x(\mathrm{B})=\frac{n(\mathrm{B})}{n} \tag{1-5}$$

式中,$n(\mathrm{B})$为溶质 B 的物质的量,SI 单位为 mol;n 为溶液总的物质的量,SI 单位为 mol;$x(\mathrm{B})$无单位。

对于一个二组分的溶液体系来说，溶质的物质的量分数 $x(\mathrm{B})$ 与溶剂的物质的量分数 $x(\mathrm{A})$ 分别为

$$x(\mathrm{A})=\frac{n(\mathrm{A})}{n(\mathrm{A})+n(\mathrm{B})} \qquad x(\mathrm{B})=\frac{n(\mathrm{B})}{n(\mathrm{A})+n(\mathrm{B})}$$

所以 $x(\mathrm{A})+x(\mathrm{B})=1$，若将此关系推广到任何一个多组分体系中，则有 $\sum_{i=1}^{n}x(i)=1$，式中的 $x(i)$ 指体系中任一组分的物质的量分数。

1.2.4　质量分数

溶质 B 的质量与溶液的总质量之比，称为溶质 B 的质量分数，用符号 $w(\mathrm{B})$ 表示

$$w(\mathrm{B})=\frac{m(\mathrm{B})}{m} \tag{1-6}$$

式中，$m(\mathrm{B})$、m 为溶质 B 的质量和溶液的总质量，SI 单位为 kg；此定义式中溶质和溶液的质量单位一致时，$w(\mathrm{B})$ 无单位，但也可以是 $\mathrm{mg\cdot g^{-1}}$、$\mu\mathrm{g\cdot g^{-1}}$ 等。

质量分数 $w(\mathrm{B})$ 在常量分析中也称为质量百分浓度，主要在溶液和固体混合物中使用。

1.2.5　体积分数

溶质 B 的体积与溶液的总体积之比，称为溶质 B 的体积分数，用符号 $\varphi(\mathrm{B})$ 表示

$$\varphi(\mathrm{B})=\frac{V(\mathrm{B})}{V} \tag{1-7}$$

式中，$V(\mathrm{B})$、V 为溶质 B 的体积和溶液的总体积，SI 单位为 $\mathrm{m^3}$，常用单位为 L 或 mL。此定义式中溶质和溶液的体积单位一致时，$\varphi(\mathrm{B})$ 无单位，但也可用 $\mu\mathrm{L\cdot mL^{-1}}$、$\mu\mathrm{L\cdot L^{-1}}$ 等。体积分数 $\varphi(\mathrm{B})$ 主要用于气体和溶液。

1.2.6　质量浓度

溶质 B 的质量与溶液的体积之比，称为溶质 B 的质量浓度，用符号 $\rho(\mathrm{B})$ 表示

$$\rho(\mathrm{B})=\frac{m(\mathrm{B})}{V} \tag{1-8}$$

式中，$m(\mathrm{B})$ 为溶质 B 的质量，SI 单位为 kg，常用单位为 g、mg；V 为溶液的体积，SI 单位为 $\mathrm{m^3}$，常用单位为 L、mL；$\rho(\mathrm{B})$ 的单位为 $\mathrm{kg\cdot m^{-3}}$，也常用 $\mathrm{g\cdot mL^{-1}}$、$\mathrm{mg\cdot mL^{-1}}$、$\mu\mathrm{g\cdot mL^{-1}}$、$\mathrm{g\cdot L^{-1}}$ 等。质量浓度 $\rho(\mathrm{B})$ 主要在液体和气体溶液中使用。

在某些特定条件下，当溶液浓度极低时，为了表达方便，也可使用 ppm、ppb 或 ppt 来表示浓度。ppm 表示百万分之一，即 10^{-6}；ppb 表示十亿分之一，即 10^{-9}；ppt 表示万亿分之一，即 10^{-12}。具体的浓度可以是质量分数、体积分数或质量浓度等，通常表示的是质量分数，即 1 ppm表示 1 kg 溶液中含溶质 1 mg，1 ppb 表示 1 kg 溶液中含溶质 1 μg，1 ppt 表示 1 kg 溶液中含溶质 1 ng。但要注意，根据《中华人民共和国法定计量单位》规定，ppm、ppb 和 ppt 均是非法定单位，只有因行业需要，在一些特定场所使用，特别是在微量分析或痕量分析，如水中污染物或大气污染物的检测，溶质的含量极少时使用。例如，1 L 含铬废水中含有六价铬 2 mg，则六价铬的浓度可表示为 2 ppm。

溶液的几种组成标度各有优缺点，在使用时需根据具体要求选用，各种组成标度之间也可

以相互换算。

(1) 物质的量浓度与质量分数的换算　若已知溶液的密度 d 和溶液的质量 m，溶质的摩尔质量为 $M(\mathrm{B})$ 时，该溶液的物质的量浓度与质量分数的关系为

$$c(\mathrm{B})=\frac{n(\mathrm{B})}{V}=\frac{m(\mathrm{B})/M(\mathrm{B})}{m/d}=\frac{d\cdot m(\mathrm{B})}{M(\mathrm{B})\cdot m}=\frac{d}{M(\mathrm{B})}\cdot w(\mathrm{B})$$

(2) 物质的量浓度与质量摩尔浓度的换算　若已知溶液的密度为 d，质量为 m，则有

$$c(\mathrm{B})=\frac{n(\mathrm{B})}{V}=\frac{n(\mathrm{B})}{m/d}=d\cdot\frac{n(\mathrm{B})}{m}$$

若该溶液是一个二组分体系，且溶质 B 的含量较少，则溶液的质量 m 近似等于溶剂的质量 $m(\mathrm{A})$，上式可近似为 $c(\mathrm{B})\approx d\cdot b(\mathrm{B})$，若该溶液是极稀的水溶液，则在数值上 $c(\mathrm{B})\approx b(\mathrm{B})$。

【例 1-1】 将 11.2 g 乳酸钠($NaC_3H_5O_3$)溶于 1.0 L 纯水中配成稀溶液，试计算：(1) 该溶液物质的量浓度；(2) 该溶液的质量摩尔浓度；(3) 该溶液的质量分数；(4) 该溶液中水和乳酸钠的摩尔分数(已知室温下，水的密度约为 1000 $\mathrm{g\cdot L^{-1}}$，$NaC_3H_5O_3$ 的摩尔质量为 112 $\mathrm{g\cdot mol^{-1}}$，H_2O 的摩尔质量为 18.0 $\mathrm{g\cdot mol^{-1}}$)。

解　(1) 水溶液的密度约为 1000 $\mathrm{g\cdot L^{-1}}$，溶液的体积约为

$$V=\frac{m}{d}=\frac{11.2+1.0\times1000}{1000}=1.0112(\mathrm{L})$$

因此溶液物质的量浓度为

$$c(\mathrm{NaC_3H_5O_3})=\frac{n(\mathrm{NaC_3H_5O_3})}{V}=\frac{11.2/112}{1.0112}=0.098(\mathrm{mol\cdot L^{-1}})$$

(2) 溶液的质量摩尔浓度为

$$b(\mathrm{NaC_3H_5O_3})=\frac{n(\mathrm{NaC_3H_5O_3})}{m(\mathrm{H_2O})}=\frac{n(\mathrm{NaC_3H_5O_3})}{V(\mathrm{H_2O})\cdot d(\mathrm{H_2O})}=\frac{11.2/112}{(1.0\times1000)\times10^{-3}}=0.10(\mathrm{mol\cdot kg^{-1}})$$

(3) 溶液的质量分数为

$$w(\mathrm{NaC_3H_5O_3})=\frac{m(\mathrm{NaC_3H_5O_3})}{m}=\frac{m(\mathrm{NaC_3H_5O_3})}{m(\mathrm{NaC_3H_5O_3})+m(\mathrm{H_2O})}=\frac{11.2}{11.2+1.0\times1000}\times100\%=1.1\%$$

(4) 溶液中乳酸钠的摩尔分数为

$$x(\mathrm{NaC_3H_5O_3})=\frac{n(\mathrm{NaC_3H_5O_3})}{n(\mathrm{NaC_3H_5O_3})+n(\mathrm{H_2O})}=\frac{11.2/112}{(11.2/112)+(1.0\times1000/18.0)}=0.0018$$

水的摩尔分数为

$$x(\mathrm{H_2O})=1-0.0018=0.9982$$

1.3　稀溶液的依数性

溶液具有各种各样的性质，这些性质可分为两类。一类是与溶质的本身性质有关的，如溶液的颜色、密度、酸碱性和导电性等性质。另一类则与溶质本性无关，而是取决于溶液中溶质的独立质点数，即溶液浓度的性质，如溶液的蒸气压下降、凝固点降低、沸点升高和渗透压等。后一类性质是一般稀溶液所共有的，所以称为稀溶液的通性或稀溶液的依数性。

1.3.1　溶液的蒸气压下降

在一定温度下，任何纯溶剂的饱和蒸气压(p^*)都是一个定值。如果向纯溶剂中加入一定量的难挥发的非电解质作溶质，实验证明，该溶液的蒸气压(p)总是比纯溶剂的饱和蒸气压低，如图 1-3 所示，这种现象称为溶液的蒸气压下降。Δp 为溶液的蒸气压下降值。

难挥发非电解质稀溶液的蒸气压仍然是溶剂分子蒸发的结果，但这时溶剂分子蒸发与凝结的速度都要受到溶质分子的影响。首先溶剂化分子的形成束缚了高能量的溶剂分子，使溶剂分子逸出液体表面的趋势减小，蒸发速度降低；其次，溶质的加入，减少了单位体积中溶剂分子的相对数目，难挥发非电解质溶质分子的蒸发很少，忽略不计，则单位时间内蒸发的溶剂分子数目相对减少，蒸发速度降低；因此，体系达到相平衡时溶液的蒸气压总是比纯溶剂的饱和蒸气压低，如图1-4所示。

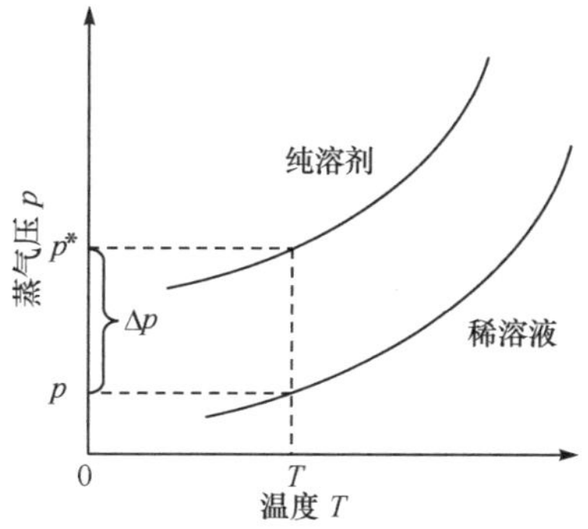

图1-3 溶液的蒸气压下降

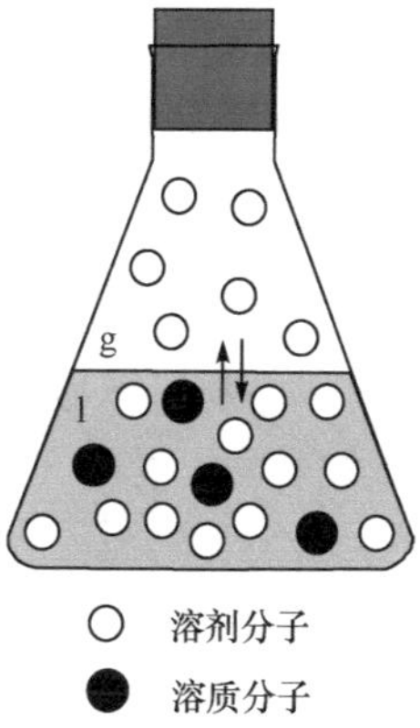

图1-4 溶液的蒸发

法国物理学家拉乌尔(F. M. Roult)对溶液蒸气压进行定量研究后，在1887年总结出拉乌尔定律：在一定的温度下，难挥发非电解质稀溶液的蒸气压等于纯溶剂的饱和蒸气压乘以溶剂的摩尔分数，即

$$p=p^{*}\cdot x(\mathrm{A}) \tag{1-9}$$

对于一个两组分体系来说，由于 $x(\mathrm{A})+x(\mathrm{B})=1$，则

$$x(\mathrm{A})=1-x(\mathrm{B})$$

代入式(1-9)得

$$p=p^{*}[1-x(\mathrm{B})]=p^{*}-p^{*}\cdot x(\mathrm{B})$$

因此溶液的蒸气压下降为

$$\Delta p=p^{*}-p=p^{*}\cdot x(\mathrm{B}) \tag{1-10}$$

式(1-10)说明在一定温度下，难挥发非电解质稀溶液的蒸气压下降值与溶质的摩尔分数成正比，而与溶质的本性无关。

在稀溶液中，$n(\mathrm{A})\gg n(\mathrm{B})$，所以

$$x(\mathrm{B})=\frac{n(\mathrm{B})}{n(\mathrm{A})+n(\mathrm{B})}\approx\frac{n(\mathrm{B})}{n(\mathrm{A})}=\frac{n(\mathrm{B})}{m(\mathrm{A})/M(\mathrm{A})}=b(\mathrm{B})\cdot M(\mathrm{A})$$

代入式(1-10)，有

$$\Delta p=p^{*}\cdot x(\mathrm{B})=p^{*}\cdot M(\mathrm{A})\cdot b(\mathrm{B})$$

在一定温度下，$p^{*}\cdot M(\mathrm{A})$是一个常数，用 K 表示，称为蒸气压下降常数，则

$$\Delta p=K\cdot b(\mathrm{B}) \tag{1-11}$$

式(1-11)说明在一定温度下，难挥发非电解质稀溶液的蒸气压下降值与溶液的质量摩尔浓度成正比，这是拉乌尔定律的又一种表达形式。

拉乌尔定律适用于难挥发的非电解质形成的稀溶液，如果溶质是具有挥发性的物质，如乙醇加入水中，虽然与溶液平衡的水的蒸气压要降低，但因乙醇易于蒸发，所以整个溶液的蒸气

压不但不降低，反而会升高。如果溶质和溶剂都有挥发性，且溶质和溶剂不相互作用，拉乌尔定律仍然适用，这时溶液蒸气压等于溶质蒸气压与溶剂蒸气压之和。

1.3.2 溶液的沸点升高

在一定的外压下，由于蒸气压下降，难挥发非电解质稀溶液的蒸气压比纯溶剂的蒸气压低，当温度达到纯溶剂的沸点 T_b^* 时，溶液的蒸气压未达到外压，不会沸腾。为了使溶液沸腾，只有升高溶液的温度，促使溶剂分子热运动加剧，从而增加溶液的蒸气压直到等于外压，如图 1-5所示。所以难挥发非电解质稀溶液的沸点总是高于其纯溶剂的沸点，这种现象称为溶液的沸点升高。

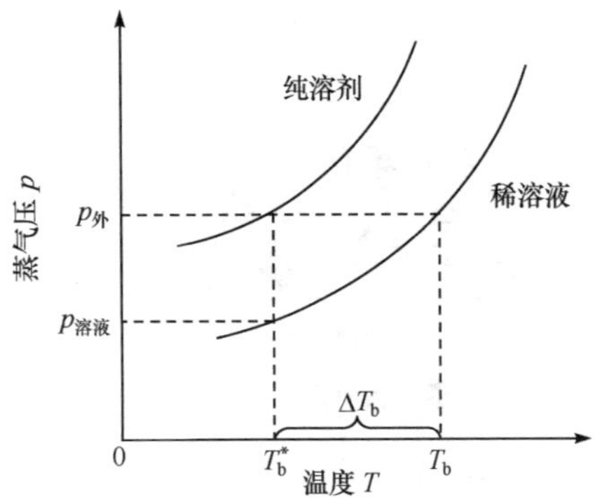

图 1-5 溶液的沸点升高

根据拉乌尔定律，溶液的质量摩尔浓度越大，其蒸气压下降越多，则沸点升高也越显著，因此溶液的沸点升高与溶液的质量摩尔浓度之间具有与式(1-11)相类似的关系

$$\Delta T_b = T_b - T_b^* = K_b \cdot b(\mathrm{B}) \qquad (1\text{-}12)$$

式中，ΔT_b 为难挥发非电解质稀溶液的沸点升高值；K_b 为溶剂的沸点升高常数，单位为 $\mathrm{K \cdot kg \cdot mol^{-1}}$，$K_b$ 值的大小只与溶剂有关，而与溶质无关，不同的溶剂有不同的 K_b 值。表 1-1 列出了几种常见溶剂的 K_b 值。

表 1-1 几种常见溶剂的 K_b 和 K_f 值

溶剂	T_b^* /K	$K_b/(\mathrm{K \cdot kg \cdot mol^{-1}})$	T_f^* /K	$K_f/(\mathrm{K \cdot kg \cdot mol^{-1}})$
水	373.15	0.52	273.15	1.86
乙酸	391.65	3.07	289.75	3.90
四氯化碳	349.65	5.03	250.35	29.80
环己烷	354.15	2.79	279.65	20.20
苯	353.35	2.53	278.65	5.12
萘	491.15	5.65	353.35	6.90
樟脑	481.40	5.95	451.55	37.70
丙酮	329.65	1.71		
乙醚	307.55	2.16		

难挥发非电解质稀溶液沸腾时逸出的是纯溶剂，由式(1-12)可知，随着沸腾的进行，溶液浓度不断增大，沸点不断升高直到溶液达到饱和，因此溶液没有恒定的沸点。

1.3.3 溶液的凝固点降低

溶液凝固点是指溶剂晶体从溶液中开始析出时的温度。此时体系由溶液、溶剂固相和溶剂气相组成，溶液的蒸气压等于溶剂固相的蒸气压。

难挥发非电解质稀溶液的凝固点总是比其纯溶剂的凝固点低，这种现象称为溶液的凝固点降低。如图 1-6 所示，AA'是纯溶剂水的蒸气压曲线，AA''是冰的蒸气压曲线，两曲线相交于 A 点，此时冰与水的蒸气压相等(p_s=0.6133 kPa)，冰、水两相共存，对应的温度 T_f^* 为水的凝固点(273.15 K)。若在水中溶入难挥发非电解质形成溶液后，其蒸气压曲线是 BB'。由于溶液的蒸气压降低，在温

度 T_f^* 时曲线 BB' 与冰的蒸气压曲线 AA'' 不能相交，因此体系中没有固态的冰出现。当降低温度直至 T_f 时，BB' 与 AA'' 两条曲线相交于 B 点，此时冰与水溶液的蒸气压相等，溶液中才会有冰析出，B 点对应的温度 T_f 为溶液的凝固点，所以稀溶液的凝固点总是低于纯溶剂的凝固点。

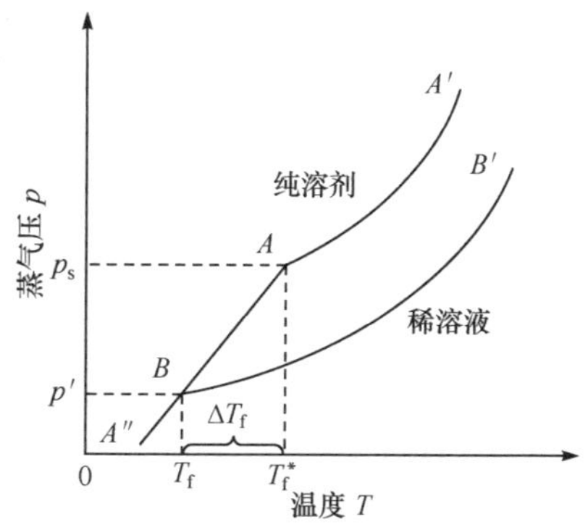

图 1-6　溶液的凝固点降低

蒸气压下降导致了溶液的凝固点降低，所以难挥发非电解质稀溶液的凝固点降低值也与溶液的质量摩尔浓度成正比，即

$$\Delta T_f = T_f^* - T_f = K_f \cdot b(\mathrm{B}) \quad (1\text{-}13)$$

式中，ΔT_f 为难挥发非电解质稀溶液的凝固点降低值；K_f 为溶剂的凝固点降低常数，单位 $\mathrm{K \cdot kg \cdot mol^{-1}}$，它只与溶剂种类有关，而与溶质无关。几种常见溶剂的 K_f 值列于表 1-1。

与溶液没有恒定的沸点一样，由于稀溶液凝固时析出的是纯溶剂，溶液也没有固定的凝固点，随着溶剂的析出，溶液的浓度不断增大，凝固点不断降低直到溶液达到饱和。

【例 1-2】 为防止汽车水箱结冰，在每千克水中加入多少乙二醇($C_2H_6O_2$)才能使其凝固点下降到 −10 ℃？

解　已知 $K_f = 1.86\ \mathrm{K \cdot kg \cdot mol^{-1}}$，$M(C_2H_6O_2) = 62\ \mathrm{g \cdot mol^{-1}}$，$m(\mathrm{A}) = 1.0\ \mathrm{kg}$，$\Delta T_f = 10\ \mathrm{K}$。

根据凝固点下降公式 $\Delta T_f = K_f \cdot b(\mathrm{B}) = K_f \cdot \dfrac{m(\mathrm{B})}{M(\mathrm{B}) \cdot m(\mathrm{A})}$ 可得

$$m(\mathrm{B}) = \frac{\Delta T_f m(\mathrm{A}) \cdot M(\mathrm{B})}{K_f} = \frac{10 \times 1.0 \times 62}{1.86} = 333(\mathrm{g})$$

即需要在每千克水中加 333 g 乙二醇，才能使其凝固点下降到 −10 ℃。用这种方法可以制作防冻剂和制冷剂。

【例 1-3】 一种水溶液的凝固点是 −1.00 ℃，求其沸点及 20 ℃时此溶液的蒸气压。已知 20 ℃时水的蒸气压为 2.34 kPa。

解　查表 1-1 知水的 $K_f = 1.86\ \mathrm{K \cdot kg \cdot mol^{-1}}$，$K_b = 0.52\ \mathrm{K \cdot kg \cdot mol^{-1}}$。

根据溶液的凝固点降低公式 $\Delta T_f = K_f \cdot b(\mathrm{B})$ 可得

$$b(\mathrm{B}) = \frac{\Delta T_f}{K_f} = \frac{1.00}{1.86} = 0.538(\mathrm{mol \cdot kg^{-1}})$$

则溶液的沸点升高值为

$$\Delta T_b = K_b \cdot b(\mathrm{B}) = 0.52 \times 0.538 = 0.28(\mathrm{K})$$

溶液的沸点为

$$T_b = T_b^* + \Delta T_b = 373.15 + 0.28 = 373.43(\mathrm{K})$$

溶剂水的摩尔质量为 $M(\mathrm{A}) = 18.01\ \mathrm{g \cdot mol^{-1}}$，根据溶液的蒸气压降低公式，有

$$\Delta p = K \cdot b(\mathrm{B}) = p^* \cdot M(\mathrm{A}) \cdot b(\mathrm{B}) = 2.34 \times \frac{18.01}{1000} \times 0.538 = 0.023(\mathrm{kPa})$$

因此溶液的蒸气压为

$$p = p^* - \Delta p = 2.34 - 0.023 = 2.32(\mathrm{kPa})$$

1.3.4　渗透压

渗透现象和渗透压是溶液的一种重要性质。任何溶液都有渗透压，只是必须借助于半透膜才能表现出来。半透膜是指只允许小分子物质通过，不允许大分子物质通过的薄膜，许多动

植物组织如肠衣、膀胱、细胞膜及人工制造的羊皮纸、硝化纤维膜、多孔性素烧瓷等都具有半透膜的性质。

如图 1-7 所示，将纯水与蔗糖水溶液分别装入中间用半透膜隔开的容器里，并使膜两侧的液面在同一水平线上。经过一段时间后，可以观察到糖水一侧的液面上升，纯水一侧的液面下降，并且糖水的液面上升到与纯水液面有一定高度差后达到稳定。说明纯水中的一部分水分子通过半透膜进入了蔗糖溶液，这种溶剂分子通过半透膜向溶液自发扩散并使溶液变稀的现象称为渗透。

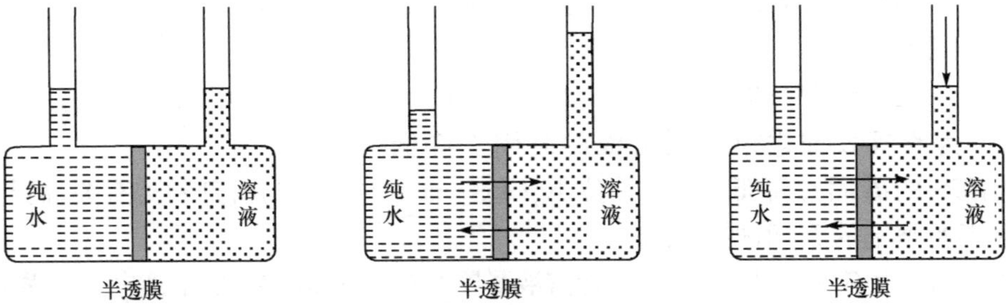

(a) 渗透发生前　(b) 渗透现象　(c) 渗透压力

图 1-7　渗透现象和渗透压示意图

渗透现象的发生，是由于溶质的加入，导致纯溶剂和溶液中单位体积内的水分子数目不同，使半透膜两侧水分子的扩散速率不同所引起的。纯溶剂水中单位体积内水分子数多于溶液，其水分子向溶液的扩散速率大于蔗糖溶液中水分子向纯水的扩散速率，因而从宏观上可观察到纯水进入蔗糖溶液，使其体积增大，液面上升。所以渗透现象的发生必须具备两个条件：一是半透膜的存在，二是半透膜两侧的溶液存在浓度差。

随着渗透的进行，由于蔗糖溶液一侧液面不断升高导致静水压逐渐增大，促进蔗糖溶液中水分子的扩散使其速率增加，阻碍了纯水方水分子的扩散使其速率减小，当溶液一侧的静水压增加到一定值时，半透膜两侧水分子的扩散速率恰好相等，渗透达到动态平衡，溶液的液面不再上升。如果实验之初，就在蔗糖溶液一侧施加一个刚好能维持渗透平衡的压力，则无论经过多久，膜两侧的液面始终保持水平，如图 1-7(c)所示。在一定温度下，为维持渗透平衡而施于溶液一侧的额外压力称为溶液的渗透压，用符号 Π 表示。

1886 年，荷兰物理学家范特霍夫(J. H. van't Hoff)在实验的基础上，总结得出定量计算稀溶液渗透压的范特霍夫方程，即

$$\Pi = c(\mathrm{B})RT \tag{1-14}$$

式中，Π 为溶液的渗透压；$c(\mathrm{B})$为 B 的物质的量浓度；T 为热力学温度，单位 K；R 为气体摩尔常量，取值 8.314 $\mathrm{kPa \cdot L \cdot mol^{-1} \cdot K^{-1}}$。如果是极稀的水溶液，由于 $c(\mathrm{B}) \approx b(\mathrm{B})$，范特霍夫方程可写为

$$\Pi \approx b(\mathrm{B})RT \tag{1-15}$$

渗透现象既可发生在纯溶剂与稀溶液之间，也可在不同浓度的溶液之间进行。范特霍夫方程说明在一定温度下，溶液的渗透压仅取决于溶液的浓度，即单位体积溶液中所含溶质的质点数目，而与溶质的性质无关。渗透压大的溶液称为高渗溶液，渗透压小的溶液称为低渗溶液，渗透压相等的溶液称为等渗溶液，渗透方向是溶剂由低渗溶液进入高渗溶液。

【例 1-4】 测得人体血液的凝固点下降值为 0.560 ℃，近似计算在体温 37 ℃时血液的渗透压。

解　查表 1-1 得 $K_f=1.86\ \mathrm{K\cdot kg\cdot mol^{-1}}$，溶液很稀时，$c(\mathrm{B})\approx b(\mathrm{B})$，即

$$\Pi=c(\mathrm{B})RT\approx b(\mathrm{B})RT$$

根据凝固点下降公式得

$$\Pi=\frac{\Delta T_f}{K_f}RT=\frac{0.560}{1.86}\times 8.314\times(273.15+37)=776(\mathrm{kPa})$$

体温 37 ℃时人体血液的渗透压为 776 kPa(实际上人体血液渗透压约为 780 kPa)。

1.4　强电解质溶液简介

强电解质是指溶解在水溶液中的部分完全电离的物质，主要包括离子型化合物和具有强极性共价键的化合物，如 NaCl、HCl、HBr 等。

理论上强电解质在水中全部电离，其电离度应为 100%，但实验测定表明强电解质在水中的电离度达不到 100%。例如，在 298.15 K 时，0.1 $\mathrm{mol\cdot L^{-1}}$ KCl 在水中的表观电离度仅有 86%。同时，电解质溶液的沸点升高、凝固点降低和渗透压等依数性都比同浓度的非电解质溶液的数值大得多。例如，0.1 $\mathrm{mol\cdot L^{-1}}$的 NaCl 溶液的凝固点降低值为 0.348 ℃，是同浓度非电解质溶液凝固点降低值 0.186 ℃的 1.87 倍。如果强电解质在水溶液中是完全电离的，则 NaCl 溶液的凝固点降低值应是同浓度下非电解质溶液的凝固点降低值的两倍，可是实际上 NaCl 溶液的凝固点降低值比同浓度下非电解质溶液凝固点降低值的两倍要小。为了解释这些现象，1923 年，美国物理化学家德拜(P. J. M. Debye)及其学生、德国化学家休克尔(E. Hückel)把物理学中的静电学和化学联系起来，提出了离子氛的概念。

1.4.1　离子氛

德拜和休克尔认为，强电解质在水溶液中是完全电离的，因此，在强电解质溶液中存在着大量的正、负离子。由于正、负离子强烈的静电引力作用，溶液中每一个正离子或负离子(称为中心离子)的周围，相对集中地分布着一层带异号电荷的离子，这层异号电荷所构成的球体称为离子氛，如图 1-8 所示。

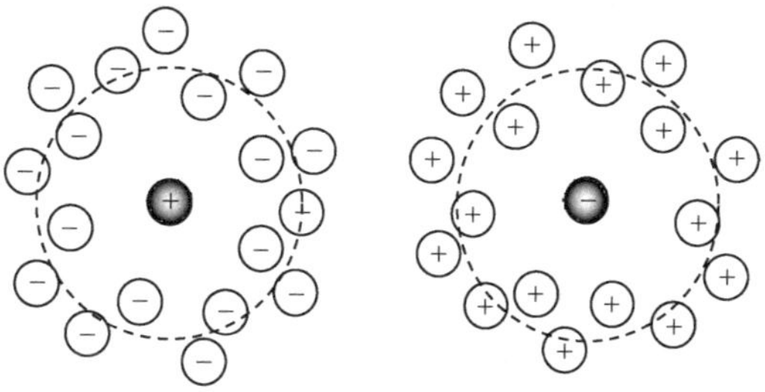

图 1-8　离子及其周围的离子氛

离子的浓度越大，离子所带电荷数目越多，则离子与其离子氛之间的作用越强。离子氛的存在使得溶液中离子的运动受阻，不能完全表现出独立自由的特性，因此，真正发挥作用的离子浓度比电解质完全电离时应达到的实际离子浓度要低一些，造成了强电解质电离不完全的假象。

1.4.2　活度和活度系数

为定量描述强电解质溶液中离子间的牵制作用，通常将电解质溶液中实际发挥作用的离子浓度称为有效浓度或活度，用 a 表示。浓度与活度的关系为

$$a=\gamma\cdot c \tag{1-16}$$

式中，γ 为活度系数，γ 不仅受离子本身浓度和电荷的影响，也受溶液中其他离子的浓度和电荷的影响。活度系数可用德拜-休克尔极限公式进行计算

$$\lg\gamma_i = \frac{-AZ_i^2\sqrt{I}}{1+Bd\sqrt{I}} \tag{1-17}$$

式中，Z_i 为离子电荷；d 为离子有效直径；A 和 B 为常数；I 为离子强度，是离子电荷所形成的静电场强度的度量，其计算公式为

$$I = \frac{1}{2}\sum c(i)Z_i^2 \tag{1-18}$$

离子浓度越大，离子电荷越高，离子强度越大，离子间的牵制作用越强，γ 越小；溶液越稀，离子间相互牵制作用越小，离子自由活动程度越大，γ 值越接近于 1；当溶液无限稀释时，活度系数 $\gamma=1$。由此可见，γ 的大小反映了溶液中离子之间相互牵制作用的大小，也标志着实际溶液与理想溶液偏离的程度。

电解质溶液的浓度和活度之间有差别，所以严格地说，都应该用活度来进行相关计算，但对于稀溶液、弱电解质溶液、难溶强电解质溶液等，通常用浓度代替活度近似进行计算。这是因为此时溶液中的离子浓度很低，离子强度很小，活度系数 γ 值接近 1，活度与浓度近似相等。

1.4.3 电解质溶液的依数性

电解质溶液和浓溶液同样有蒸气压下降、沸点升高、凝固点降低和渗透压等依数性，并且其依数性的大小同样取决于单位体积溶液中所含分子、离子等溶质的质点数。但在这些溶液中，电离、离子氛的形成以及溶质分子或离子浓度较大，彼此之间有较强的作用力等原因，使其依数性不能用拉乌尔定律直接计算，必须进行修正，利用相应的活度进行计算。

对电解质溶液和浓溶液的依数性，一般不要求准确的定量计算，但可以根据溶液中的分子、离子等实际微粒浓度的相对大小进行定性比较或粗略估算。例如，浓度相同的强电解质溶液、弱电解质溶液和非电解质溶液的依数性大小，其沸点高低或渗透压大小的顺序为

A_2B(或 AB_2)型强电解质＞AB 型强电解质＞弱电解质＞非电解质

蒸气压大小或凝固点高低的顺序则相反，为

A_2B(或 AB_2)型强电解质＜AB 型强电解质＜弱电解质＜非电解质

【例 1-5】 有相同质量摩尔浓度的蔗糖、HAc、NaCl、$MgCl_2$ 四种溶液，试比较其依数性大小顺序。

解 由于电离，溶液中实际溶质微粒浓度的大小顺序为 $MgCl_2$＞NaCl＞HAc＞蔗糖。因此

蒸气压：蔗糖＞HAc＞NaCl＞$MgCl_2$　　沸点：$MgCl_2$＞NaCl＞HAc＞蔗糖

凝固点：蔗糖＞HAc＞NaCl＞$MgCl_2$　　渗透压：$MgCl_2$＞NaCl＞HAc＞蔗糖

【例 1-6】 若海水的浓度与 0.70 $mol\cdot kg^{-1}$ 的 NaCl 水溶液相近，粗略计算其渗透压是多少。若使海水淡化并得到 50%收率，要对海水一侧施加多大的压力？

解 NaCl 是强电解质，按完全电离计算

$$c(B)=c(Na^+)+c(Cl^-)=2\times0.70\ mol\cdot kg^{-1}$$

因此

$$\Pi=c(B)RT=2\times0.70\times8.314\times298=3468.6(kPa)\approx3.5(MPa)$$

收率 50%是指一半海水变为淡水，剩下海水浓度就相当于原浓度的两倍，所以向海水一边施加的压力应为

$$p=2\times3.5=7.0(MPa)$$

1.5 溶液依数性的应用

依数性是溶液的一种非常重要的性质，在动植物的生理生化过程中普遍存在，在生产生活

和科学研究中有广泛而重要的应用。

1.5.1　测定物质的相对分子质量

从自然界提取或人工合成的物质，往往需要测定其相对分子质量。稀溶液的蒸气压下降、沸点升高、凝固点降低和渗透压大小都与溶质的质量摩尔浓度成正比，而质量摩尔浓度又与溶质的相对分子质量有关。因此，可以通过对这些物理量的测定来估算物质的相对分子质量。

1. 利用蒸气压下降测定物质的相对分子质量

根据拉乌尔定律，由溶液的蒸气压下降，有

$$\Delta p = p^* \cdot M(\mathrm{A}) \cdot b(\mathrm{B}) = p^* \cdot M(\mathrm{A}) \cdot \frac{m(\mathrm{B})}{M(\mathrm{B}) \cdot m(\mathrm{A})}$$

所以

$$M(\mathrm{A}) = \frac{\Delta p}{p^* \cdot b(\mathrm{B})}$$

$$M(\mathrm{B}) = p^* \cdot M(\mathrm{A}) \cdot \frac{m(\mathrm{B})}{\Delta p \cdot m(\mathrm{A})} = K \cdot \frac{m(\mathrm{B})}{\Delta p \cdot m(\mathrm{A})}$$

即利用溶液的蒸气压下降既可以测定计算溶剂的相对分子质量，也可以测定计算溶质的相对分子质量。

2. 利用沸点升高、凝固点降低及渗透压测定溶质的相对分子质量

根据拉乌尔定律，由溶液的沸点升高，有

$$\Delta T_b = K_b \cdot b(\mathrm{B}) = K_b \cdot \frac{m(\mathrm{B})}{M(\mathrm{B}) \cdot m(\mathrm{A})}$$

所以

$$M(\mathrm{B}) = K_b \cdot \frac{m(\mathrm{B})}{\Delta T_b \cdot m(\mathrm{A})}$$

同理，由溶液的凝固点降低公式(1-13)得

$$M(\mathrm{B}) = K_f \cdot \frac{m(\mathrm{B})}{\Delta T_f \cdot m(\mathrm{A})}$$

由渗透压公式(1-15)可得

$$M(\mathrm{B}) = \frac{m(\mathrm{B})RT}{\Pi \cdot V}$$

由于测定溶液的蒸气压实验装置较复杂，较少选用蒸气压下降法来测定物质的相对分子质量，而凝固点降低常数要比沸点升高常数大，且溶液凝固点降低公式可适用于挥发性非电解质的稀溶液，因此，通常用测凝固点的方法来测定溶质的相对分子质量。

【例 1-7】 烟草中有害成分尼古丁的最简化学式是 C_5H_7N。现将 496 mg 尼古丁溶于 10.0 g 水中，所得溶液在 101.325 kPa 下的沸点是 100.16 ℃，求尼古丁的分子式。

解　查表 1-1 得水的 $K_b = 0.52\ \mathrm{K \cdot kg \cdot mol^{-1}}$，由沸点上升的计算公式有

$$M(\mathrm{B}) = \frac{K_b \cdot m(\mathrm{B})}{\Delta T_b \cdot m(\mathrm{A})} = \frac{0.52 \times 0.496}{(100.16 - 100) \times 10.0 \times 10^{-3}} = 161.2(\mathrm{g \cdot mol^{-1}})$$

C_5H_7N 的相对分子质量为 81，$\frac{161.2}{81} \approx 2$，所以尼古丁的分子式为 $C_{10}H_{14}N_2$。

【例 1-8】 今有质量分数为 0.0200 的某一精制蛋白质水溶液，在 298 K 时测得该溶液的渗透压为

1.03 kPa。(1) 求该物质的相对分子质量;(2) 试分析用沸点上升或凝固点下降法测定是否能得到更好的结果。

解 (1) 假设取1.00 kg该蛋白质溶液,溶液很稀时其密度约为1000 g·L^{-1},根据公式$\Pi=c(\mathrm{B})RT$得

$$M(\mathrm{B})=\frac{m(\mathrm{B})RT}{\Pi\cdot V}=\frac{1.00\times0.0200\times8.314\times298}{1.03\times1.00}=48.1(\mathrm{kg\cdot mol^{-1}})=4.81\times10^{4}(\mathrm{g\cdot mol^{-1}})$$

即该精制蛋白质的相对分子质量为4.81×10^{4}。

(2) 若利用沸点升高和凝固点降低也可以测定该物质的摩尔质量,根据(1)结果可做估计。

$$b(\mathrm{B})=\frac{n(\mathrm{B})}{m(\mathrm{A})}=\frac{m(\mathrm{B})/M(\mathrm{B})}{m(\mathrm{A})}=\frac{1.00\times0.0200/48.1}{1.00\times(1.00-0.0200)}=4.24\times10^{-4}(\mathrm{mol\cdot kg^{-1}})$$

因此,溶液的沸点升高值为

$$\Delta T_{\mathrm{b}}=K_{\mathrm{b}}\cdot b(\mathrm{B})=0.52\times4.24\times10^{-4}=2.20\times10^{-4}(\mathrm{K})$$

溶液的凝固点降低值为

$$\Delta T_{\mathrm{f}}=K_{\mathrm{f}}\cdot b(\mathrm{B})=1.86\times4.24\times10^{-4}=7.89\times10^{-4}(\mathrm{K})$$

根据计算结果可以看出,ΔT_{b}和ΔT_{f}的数值太小,难以准确测定;而溶液的渗透压较大,可以准确测定。因此,渗透压法适合测定高分子化合物的相对分子质量。

1.5.2 依数性在工农业生产生活及科学研究中的应用

1. 沸点升高的应用

蒸发浓缩或蒸发结晶在石油化工、食品加工、医药化工等工农业生产中是一种使用频繁的手段,为了提高热能利用率,提高有效温差,降低生产成本,都必须考虑溶液沸点升高的影响,如NH_4Cl生产中产品的蒸发结晶,番茄酱的真空蒸发浓缩。钢铁工件进行氧化热处理也应用了沸点升高原理,所用的处理液每升含550～650 g NaOH和100～150 g $NaNO_2$,其沸点高达137～147 ℃。

2. 凝固点降低的应用

利用凝固点降低原理,将食盐与冰雪混合,可以使温度降低到−22 ℃。若用$CaCl_2\cdot2H_2O$和冰的混合物,可以使温度降低到−55 ℃。这是由于当食盐或氯化钙与冰接触时,在食盐或氯化钙的表面形成极浓的盐溶液,而这些浓盐溶液的蒸气压比冰的蒸气压低得多,使冰快速融化进入盐溶液,这一过程要吸收大量的热,从而使体系的温度降低。故盐和冰混合而成的冷冻剂被广泛应用于水产品和食品的低温保存和运输,也通常用于实验室获取低温。

冬天在室外进行建筑施工,需要在砂浆中加入食盐或氯化钙;汽车驾驶员在散热水箱中加入乙二醇或甘油等,也是利用凝固点降低原理,防止砂浆和散热水箱结冰。

溶液凝固点下降在冶金工业中也具有指导意义。一般金属的K_{f}都较大,如Pb的$K_{\mathrm{f}}\approx130\ \mathrm{K\cdot kg\cdot mol^{-1}}$,说明Pb中加入少量其他金属,其凝固点就会大大下降,利用这一原理可以制备许多低熔点合金。

金属热处理要求较高的温度,但又要避免金属工件受空气的氧化或脱碳,往往采用盐熔剂来加热金属工件。例如,在$BaCl_2$(熔点1236 K)中加入5%的NaCl(熔点1074 K)作盐熔剂,其熔盐的凝固点可下降至1123 K;若在$BaCl_2$中加入22.5%的NaCl,熔盐的凝固点可降至903 K。

在农业生产中,植物的抗旱性和耐寒性与溶液蒸气压下降和凝固点降低都有密切关系。当植物所处的环境温度发生较大改变时,植物细胞中的有机体就会主动产生大量的可溶性碳

水化合物来提高细胞液的浓度。由于细胞液浓度增加，细胞液的蒸气压下降较大，细胞的水分蒸发减少，植物表现出一定的抗旱能力。而细胞液浓度越大，其凝固点下降也越大，使细胞液能在较低的温度环境中不结冰，因此表现出植物的耐寒能力，如常青树的树叶因富含糖分在严寒的冬天常青不冻。

3. 渗透压的应用

溶液的渗透压在生物学中有很重要的作用，植物细胞汁的渗透压可高达约 2000 kPa，土壤中水分通过这种渗透作用被送到树梢。鲜花插在水中，可以数日不萎缩，海水中的鱼不能在淡水中生活，都与渗透压有关。

在医学领域中，为保证安全，在对人体进行静脉注射时，必须使用等渗溶液，临床使用的质量分数为 0.9%的生理盐水和质量分数为 5%的葡萄糖溶液都是人体血液的等渗溶液（人体血液在体温 37 ℃时，渗透压约为 780 kPa）。

在溶液上加一个额外的压力，如果这个压力超过了溶液的渗透压，那么溶液中的溶剂分子就会透过半透膜向纯溶剂一方渗透，使溶剂体积增加，这一过程称为反渗透。反渗透原理在工业废水处理、海水淡化、溶液浓缩等方面都有广泛应用。用反渗透法来淡化海水所需要的能量仅为蒸馏法的 30%，目前已成为一些海岛、远洋客轮、某些缺少饮用淡水的国家获得淡水的方法。反渗透法处理无机废水，去除率可达 90%以上，有的竟高达 99%。对于含有机物的废水，有机物的去除率也在 80%以上。

作为反渗透的半透膜有醋酸纤维素膜、尼龙 66、聚砜酰胺膜，以及氢氧化铁、硅藻土制成的新型超过滤膜等。

本章小结

本章简要介绍了溶液组成标度的表示方法及相互关系，重点说明了稀溶液的依数性及其计算和应用，简要介绍了强电解质理论。

分散质粒径小于 1 nm，组成均匀、性质稳定的分散体系称为溶液，一定量的溶液或溶剂中所含溶质的量称为溶液的组成标度。溶液的组成标度主要有

(1) 物质的量浓度：　$c(\mathrm{B})=\dfrac{n(\mathrm{B})}{V}$

(2) 质量摩尔浓度：　$b(\mathrm{B})=\dfrac{n(\mathrm{B})}{m(\mathrm{A})}$

(3) 物质的量分数：　$x(\mathrm{B})=\dfrac{n(\mathrm{B})}{n}$

(4) 质量分数：　$w(\mathrm{B})=\dfrac{m(\mathrm{B})}{m}$

溶液的各种组成标度之间可以相互换算。

只与溶质的量有关，而与溶质的本性无关的性质称为稀溶液的依数性，主要有蒸气压下降、沸点升高、凝固点降低和渗透压，无论是非电解质还是电解质溶液都具有依数性，难挥发非电解质稀溶液的依数性可用拉乌尔定律进行定量计算。

(1) 稀溶液的蒸气压下降：　$\Delta p=K\cdot b(\mathrm{B})$

(2) 稀溶液的沸点升高：　$\Delta T_{\mathrm{b}}=K_{\mathrm{b}}\cdot b(\mathrm{B})$

(3) 稀溶液的凝固点降低：　$\Delta T_{\mathrm{f}}=K_{\mathrm{f}}\cdot b(\mathrm{B})$

(4) 稀溶液的渗透压：　$\Pi=c(\mathrm{B})RT$

电解质溶液中，由于正、负离子的静电吸引而形成离子氛，离子氛阻碍了离子的自由运动，因此强电解质的表观电离度达不到100%。电解质溶液的依数性可以根据其电离情况定性估计和比较。利用稀溶液的依数性可以计算物质的相对分子质量，依数性在工农业生产生活和科学研究中应用广泛。

思考与练习

1-1 关于稀溶液的依数性，在下列叙述中哪些是错误的？

(1) 稀溶液的依数性是指溶液的蒸气压下降、沸点升高、凝固点下降和渗透压。

(2) 稀溶液的依数性与溶质的本性有关。

(3) 稀溶液的依数性与溶质在溶液中的微粒数有关。

(4) 拉乌尔定律只较好地适用于难挥发非电解质的稀溶液。

1-2 回答下列问题。

(1) 为什么在冰冻的田上撒些草木灰，冰较易融化？

(2) 为什么施肥过多会引起作物凋萎？

(3) 为什么海水较河水难结冰？

1-3 分别比较下列四组水溶液的蒸气压、沸点、凝固点和渗透压的高低，并说明理由。

(1) 质量分数为5%的葡萄糖溶液和5%的蔗糖溶液。

(2) 质量摩尔浓度为0.10 $mol \cdot kg^{-1}$的葡萄糖溶液和0.15 $mol \cdot kg^{-1}$的蔗糖溶液。

(3) 0.5 $mol \cdot L^{-1}$的葡萄糖溶液和0.5 $mol \cdot L^{-1}$的NaCl溶液。

(4) 0.5 $mol \cdot L^{-1}$的NaCl溶液和0.5 $mol \cdot L^{-1}$的$CaCl_2$溶液。

1-4 通常用作消毒的过氧化氢溶液中，过氧化氢的质量分数为3.0%，密度为1.0 $g \cdot mL^{-1}$。试求(1) H_2O_2的物质的量浓度；(2) H_2O_2的质量摩尔浓度；(3) H_2O_2的摩尔分数和H_2O的摩尔分数。

1-5 有四种化合物分别为①四氢呋喃(C_4H_8O，价格45元/kg)，②甘油($C_3H_8O_3$，价格30元/kg)，③乙二醇($C_2H_6O_2$，价格42元/kg)，④甲醇(CH_4O，价格7.2元/kg)；用它们作防冻剂，哪一种效益最好？

1-6 计算在2500 g水中需溶解多少克甘油($C_3H_8O_3$)才能与125 g水中溶解2.24 g蔗糖($C_{12}H_{22}O_{11}$)所组成的溶液具有相同的凝固点。

1-7 溶解3.24 g硫于40 g苯中，苯的沸点升高0.81 K，则此溶液中硫分子是由几个硫原子组成的？

1-8 将1.00 g HAc分别溶于100 g水和100 g苯中，测得它们的凝固点分别为−0.314 ℃和5.068 ℃，计算两溶液的质量摩尔浓度，并解释它们之间的差别。

1-9 将101 mg胰岛素溶于10.0 mL水，所得溶液在25 ℃时的渗透压为4.34 kPa，求(1) 胰岛素的摩尔质量；(2) 溶液的蒸气压下降Δp。(已知25 ℃时水的饱和蒸气压为3.17 kPa)

1-10 配制1.5% H_3BO_3的眼药水500 g，需加入多少克$ZnSO_4$才能使溶液的渗透压与人体体液的渗透压相等？(已知此溶液的凝固点为−0.56 ℃，H_3BO_3视为不电离)

第 2 章　胶体和乳状液

分散质粒径为 1～100 nm 的分散体系称为胶体，所有的物质，无论是气体、液体或固体，在一定条件下都能形成胶体。分散质粒径大于 100 nm 的分散体系称为粗分散体系。粗分散体系包括乳状液和悬浊液，一种液体以极小的液滴形式分散到另一种与其互不相溶的液体中所形成的粗分散体系称为乳状液。胶体和乳状液是物质的两种存在形式，在自然界和生产生活中普遍存在，应用广泛。本章主要介绍胶体和乳状液的基本性质以及界面化学的基础知识。

2.1　胶　　体

早在 1861 年，英国科学家格雷姆(T. Graham)在系统研究物质的扩散时就提出了胶体的概念，德国化学家季格孟德(R. Zsigmondy)于 1903 年发明了超显微镜，为胶体的研究提供了有力的工具，肯定了溶胶的多相性。1907 年，德国化学家奥斯特瓦尔德(W. Ostwald)创办了第一个胶体化学的专门刊物《胶体化学和工业杂志》，使胶体化学成为一门独立的系统的学科。

胶体分散体系可分为胶体和高分子溶液两类。通常所说的胶体是指金、银等金属或各种难溶的金属氢氧化物、卤化物、硫化物等在水溶液中形成的分散体系。该类分散体系的分散质与分散剂之间存在相界面，是一个高度分散的多相体系。高分子溶液是淀粉、纤维素、蛋白质、橡胶以及许多合成高聚物等高分子溶解到水中形成的分散体系，由于高分子强烈的溶剂化作用，分散质高分子和分散剂水之间没有相界面，是单相体系。

2.1.1　胶体的制备

形成溶胶的前提是分散质的粒径大小要达到胶体分散系的范围，所以胶体既可由大块物质分散而成，也可以由分子或离子凝聚而成，分别称为分散法和凝聚法。无论用何方法制备胶体，首先需要分散质在分散介质中溶解度很小，其次需要适当的稳定剂，以保证胶粒不聚结。

1. 分散法

分散法是利用适当的手段将大颗粒分散质破碎分散到其粒度达到胶体分散系要求而获得胶体的方法。根据分散的手段，常用的分散法有：

(1) 机械分散法　也称研磨法，是利用高速机械冲击式粉碎机、球磨机、胶体磨等机械设备破碎分散质制备胶体的方法。球磨机破碎能力稍差，可用来制备分散程度不太高的胶体，胶体磨可将颗粒磨细到 10 nm 左右。研磨时为防止颗粒重新聚结，需添加一些丹宁或明胶等作为稳定剂。该法适用于脆而易碎的物质，对于柔韧性的物质必须先硬化后才能分散。

(2) 超声波分散法　利用频率大于 10^5 Hz 的超声波所产生的能量破碎分散质制备胶体的方法。该法适用于某些松软物质的分散，更多的用于乳状液的制备。

(3) 胶溶法　也称解胶法，是在沉淀物中加入胶溶剂，使暂时凝聚起来的沉淀大颗粒重新分散成胶体粒子的方法。很多新鲜的沉淀经洗涤除去过多的电解质后，再加少量的胶溶剂，经充分搅拌即可制得其溶胶。例如

$$Fe(OH)_3(\text{新鲜沉淀}) \xrightarrow{FeCl_3} Fe(OH)_3(\text{红棕色溶胶})$$

$$AgCl(\text{新鲜沉淀}) \xrightarrow{KCl\text{或}AgNO_3} AgCl(\text{溶胶})$$

(4) 电弧法　主要用于金属溶胶的制备，是在不断冷却的水中，利用高压电弧产生的高温使金属蒸发，随即被溶液冷却而凝聚的方法，常加 NaOH 作稳定剂。

2. 凝聚法

用物理或化学方法使分子或离子聚集成胶体颗粒的方法称为凝聚法，其特点是先制成难溶物的分子或离子的过饱和溶液，再使之相互结合成胶体粒子。通常分为物理凝聚法和化学凝聚法。

(1) 物理凝聚法　利用蒸气骤冷、改换溶剂等物理过程使物质凝聚成胶体的方法。例如，将汞蒸气通入冷水中使其骤然冷却可制得汞溶胶；将松香的酒精溶液慢慢滴入水中，由于松香在水中的溶解度很低，松香分子聚集成胶体粒子分散在水中，可制得松香水溶胶。

(2) 化学凝聚法　通过化学反应在适当的条件下生成难溶物，在析出过程中使其聚集成胶体粒子的方法。主要的化学反应有复分解反应、水解反应、氧化还原反应等。例如

$$AgNO_3(\text{稀溶液}) + KI \xrightarrow{\text{搅拌}} AgI(\text{溶胶}) + KNO_3$$

$$FeCl_3(\text{稀溶液}) + 3H_2O \xrightarrow{\text{煮沸}} Fe(OH)_3(\text{溶胶}) + 3HCl$$

$$Na_2S_2O_3 + 2HCl \longrightarrow 2NaCl + H_2O + SO_2 + S(\text{溶胶})$$

各种方法制得的溶胶中常含有一些电解质，除了形成溶胶胶团所需的电解质外，过多电解质的存在会破坏溶胶的稳定性，因此，一般制得的溶胶需进行净化以除去多余的电解质，常用的净化方法有渗析法和超过滤法。

2.1.2 分散度和吸附作用

1. 分散度

分散质颗粒的大小体现了分散质的分散程度，称为分散度。分散质粒子分得越细，分散度越大，随着分散质颗粒分散度的增加，其表面积急剧增大，因此，通常用粒子的表面积与其总体积的比值来衡量一个分散体系分散程度的大小，这个比值称为比表面。

$$A_0(\text{比表面}) = \frac{A(\text{总表面积})}{V(\text{总体积})}$$

显然，比表面 A_0 随着体系分散程度的增大而增大，当一定体积的物质被分割时，粒子越小，分散程度越高，比表面越大。例如，边长 1 cm 的立方体，其总表面积为 6 cm^2，假如将其分割为边长为 1 nm 的小立方体，其总表面积将达到 6×10^7 cm^2，总表面积增加了 1000 万倍。

胶体是一个多相体系，其相与相之间存在着相界面，由于胶体颗粒很小，因此胶体分散体系分散程度高，具有很大的相界面，这对溶胶的性质具有重要的影响。

2. 表面能

在多相体系中，两相界面上的物质质点(如分子、离子、原子等)的受力情况与体相内部的情况不同。以液体表面为例，如图 2-1 所示，处于液体内部的分子，四周均有同类分子包围着，所受周围分子的作用力是对称的，分子所受的合力为 0，所以分子在液体内部移动时无需环境

对体系做功。但处于表面的分子则不同，在它的上面为气体，气体分子的密度比液体低得多，故液体表面分子受到来自气体分子的作用力很小，基本上仅受到来自液体表面和内部分子的作用，液体表面的分子间作用力相互抵消，在垂直于液体表面，分子受到一个指向内部的合力，使得表层分子有向液体内部迁移、液体表面积自动收缩的趋势。这种存在于液体表面使其表面积减小的力称为表面张力，表面张力是在与液面相切方向上垂直作用于单位长度上的收缩力。在任何相界面上，由于不同相的分子间作用力不同，都存在着界面张力。表面张力使液体的表面有自动收缩到最小的趋势。例如，肥皂泡会自动缩小其表面而呈球形，荷叶上的水滴在表面张力和重力的共同作用下呈椭球形等。

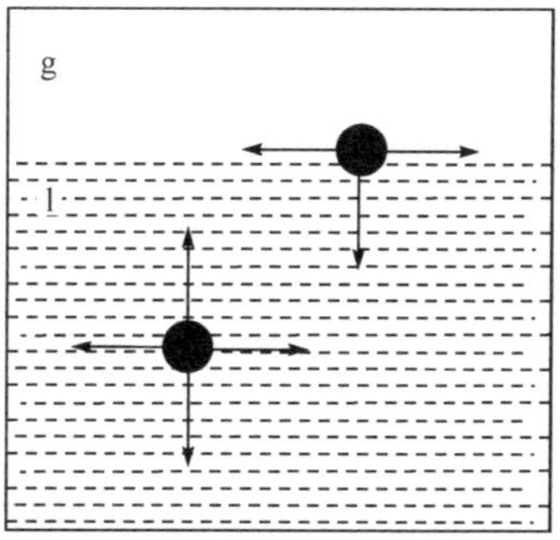

图 2-1　表面分子受力情况

如果要把液体内部的分子迁移到表面，就必须对体系做功以克服这种指向液体内部的作用力。当这些被迁移出来的分子形成新的表面时，所做的这部分功就转化成表面分子的势能，使体系能量升高，所以表层的分子比内层分子要多出一定的能量。在一定温度压力及组成恒定的条件下，增加单位表面积所引起的自由能的增量称为比表面自由能，简称为表面能或界面能。无论在液体表面或固体表面都存在着界面能。

胶体是一种高度分散的多相体系，分散质粒子直径很小，具有很大的表面积，从而拥有巨大的表面能，所以胶体表面具有非常强的吸附能力。

3. 吸附作用

固体表面的分子、原子受力不均匀，使固体表面存在表面能。表面能越高，体系越不稳定，任何表面都有通过减小表面积或降低表面张力的方式自发降低表面能的倾向。由于固体表面的原子或分子移动困难，表面难以收缩，所以只能靠降低表面张力的办法来降低表面能，这是固体表面产生吸附作用的根本原因。为了降低表面能，分子、原子或离子会自动浓聚到固体表面，这种聚集过程称为吸附，具有吸附能力的物质称为吸附剂，被吸附的物质称为吸附质，吸附是一种界面现象，固体的表面积越大，吸附能力越强。

根据吸附质与吸附剂之间的吸附作用力不同，可分为物理吸附和化学吸附两种。物理吸附的吸附作用力主要是范德华力，化学吸附的吸附作用力是化学键力。根据吸附质与吸附剂的物理聚集状态，还可分为固-气吸附和固-液吸附，如防毒面具中活性炭对有毒气体的吸附是固-气吸附，蔗糖脱色时活性炭对溶液中有色物质的吸附是固-液吸附。

固体在溶液中的吸附比较复杂，既可能吸附溶质，也可能吸附溶剂；既能吸附分子，也能吸附离子，据此常将固体在溶液中的吸附分为分子吸附和离子吸附两类。

固体吸附剂对非电解质或弱电解质溶液中分子的吸附称为分子吸附。吸附质可以是溶质分子也可以是溶剂分子，但总的吸附量是一定的。分子吸附一般遵循“相似相吸”的原则，即极性吸附剂较易吸附极性吸附质，非极性的吸附剂较易吸附非极性吸附质。例如，活性炭是非极性吸附剂，在含有色素的水溶液中，它能够很好地吸附非极性的色素分子，而对极性水分子的吸附很小，所以能有效地去除色素。

固体吸附剂对电解质溶液中离子的吸附称为离子吸附，这是固体吸附剂在电解质溶液中的主要吸附方式。离子吸附分为离子选择吸附和离子交换吸附两种。

(1) 离子选择吸附　当溶液中存在多种离子时,固体吸附剂优先吸附某一种离子的现象。选择性吸附的一般规律是吸附剂优先吸附与自身组成相关,并且是体系中浓度较大的离子,主要是能够与吸附剂中电荷符号相反的离子生成难溶或弱电离化合物的离子。例如,在 $AgNO_3$ 溶液中,AgCl 固体优先吸附 Ag^+ 而使其固体表面带正电荷;在 KCl 溶液中,AgCl 固体优先吸附 Cl^- 而使其固体表面带负电荷。

(2) 离子交换吸附　吸附剂在电解质溶液中吸附某种离子的同时,吸附剂本身被置换出另一种符号相同的离子到溶液中,这种吸附称为离子交换吸附。离子交换吸附是一个可逆过程,能进行离子交换的吸附剂称为离子交换剂或离子交换树脂。

不同离子的交换能力不同,离子交换剂的交换能力与溶液中离子浓度和离子价数有关,离子浓度越大,交换能力越强;离子价数越高,交换能力越强,如 $Na^+ < Mg^{2+} < Al^{3+}$。相同价态的离子,交换能力与离子水合半径有关,离子的水合半径越小,交换能力越强。例如,一价阳离子的交换能力顺序是 $Li^+ < Na^+ < K^+ < Rb^+ < Cs^+$。

离子交换剂的种类很多,有天然的,也有人工合成的,如土壤、植物根系、阳(阴)离子交换树脂等。离子交换吸附对于土壤营养的保持和释放、动植物营养吸收和平衡等有着重要意义。生产和科学实验中生产纯水时广泛采用的离子交换树脂是一种人工合成的高分子有机化合物,它可以去除水中的各种阴阳离子而获得纯净的去离子水,从而代替蒸馏水使用。利用物质的吸附能力不同,选用适当的吸附剂还可以用于物质的分离,这种分离分析方法称为层析法或色谱法。

2.1.3　溶胶的性质

溶胶是一个多相的不均匀分散体系,具有与其他分散体系不同的分散程度,这种特有的分散程度决定了胶体具有一系列的特殊性质,主要有光学性质、动力学性质和电学性质。

1. 溶胶的光学性质

用一束强光照射溶胶时,在垂直于入射光的方向观察,可以看到一条明亮的光的通路(图 2-2),此现象最早由英国物理学家丁铎尔(J. Tyndall)于 1869 年发现,故称为丁铎尔现象。

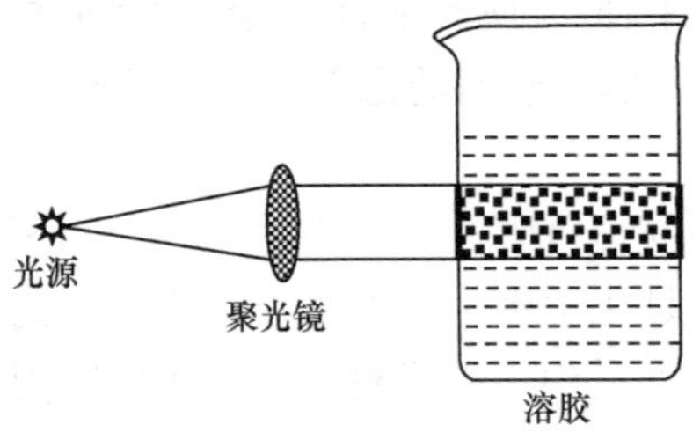

图 2-2　丁铎尔现象

丁铎尔现象是胶体对光的散射。当光线照射到分散质粒子上,可能发生光的吸收、反射或散射等现象。如果分散质粒子的直径大于入射光的波长,主要发生光的反射,如粗分散体系。如果分散质粒子的直径小于入射光的波长,则主要发生光的散射。溶胶的分散质粒子的直径为 1～100 nm,小于可见光的波长(400～760 nm),在可见光的照射下,胶体分散质颗粒中的微观粒子在光波的作用下发生受迫振动,形成次波源,它们再向四周发射出与入射光频率相同的光波,产生散射,胶体的分散质与周围的分散介质的折光率不同,各分散质颗粒发射出来的散射光不会相互干涉而抵消,从而能够观察到明显的散射光。真溶液中,分散质粒子的直径小于 1 nm,对光的散射作用甚微,同时,溶液是光学均匀体系,散射光会相互干涉叠加而被抵消,所以溶液主要发生的是光的透射,观察不到丁铎尔现象。高分子溶液虽然分散质直径为 1～100 nm,但分散质粒子自动分散到分散剂中形成了溶液,分散质与分散剂之间没有明显的界面,是稳定的单相系统。所以高分子溶液中的分散质与分散剂的折射率差别很小,对光的散射作用也很弱,丁铎尔现象不明显。因此,丁铎尔现象是区别溶胶、高分子溶液和真溶液最简单的方法。

英国物理学家瑞利(L. Rayleigh)在 1871 年,利用电磁波理论研究了物质对光的散射,指出影响散射光强弱的因素有三点。一是散射光的强度与分散质和分散介质的折射率有关,分散质与分散介质折射率相差越大,散射光越强,反之越弱。二是散射光的总能量与入射光波长的四次方成反比,即入射光的波长越短,散射越强。所以蓝紫光散射作用最强,橙红光散射作用弱。三是在其他条件相同时,散射光强度与分散质粒子半径的三次方以及粒子的浓度成正比。所以散射光是一种很好的研究手段,在测定微粒的大小、形状、摩尔质量以及各种动力学性质的研究中有着广泛的应用。

在胶体研究中,利用丁铎尔效应可制成超显微镜,它与普通显微镜的不同之处在于光是从侧面射入样品池,目镜在暗背景下,垂直于入射光的方向上观察溶胶分散体系,看到的是溶胶粒子的发光点。由于光散射作用,超显微镜扩大了显微镜的放大倍数,普通显微镜只能看到 400 nm 以上的粒子,而超显微镜却能间接看到小至 5 nm 的粒子。

2. 溶胶的动力学性质

在超显微镜下观察溶胶,可以看到溶胶中的发光点在作永无休止、无规则的运动(图 2-3)。1827 年英国植物学家布朗(R. Brown)在观察液面上的花粉时最早发现了这种现象,因此称为布朗运动。

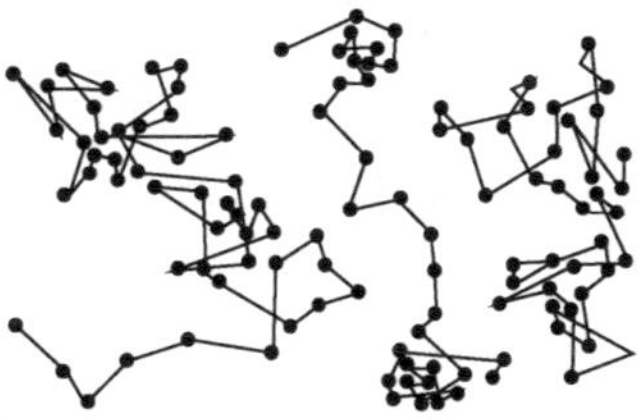
图 2-3 布朗运动示意图

溶胶粒子之所以能产生布朗运动,一是由于胶体微粒自身的热运动,二是由于胶体微粒不断受到周围分散介质分子碰撞的结果。在胶体分散系中,分散质的颗粒很小但又远远大于分散介质分子,每一瞬间受到周围分散介质分子的撞击次数较多,不同方向、不同速度分散介质分子的撞击作用力不能相互抵消,使分散质粒子受力不平衡,所以胶体颗粒时刻以不同方向、不同方式和不同速度作无规则的布朗运动。布朗运动是导致溶胶产生扩散、渗透、涨落等现象的主要原因。

3. 溶胶的电学性质

在电解质溶液中插入两个电极,接上直流电源,就会发生离子的定向迁移。如果在溶胶中插入两个电极,接通直流电源,也可以观察到类似的现象,即胶体粒子的迁移,使溶胶表现出各种电学性质。

1) 电泳

在外加电场的作用下,溶胶粒子在分散介质中的定向移动称为电泳。用界面移动的实验可以观察到电泳现象,如图 2-4 所示,在一带漏斗的 U 形电泳仪内装入红棕色的 $Fe(OH)_3$ 溶胶,向两侧溶胶表面小心加入少量的蒸馏水,使溶液和溶胶有明显的界面,插入电极接通电源后不久,可以观察到红棕色的 $Fe(OH)_3$ 溶胶的界面向负极上升,而正极一侧的界面下降,说明 $Fe(OH)_3$ 溶胶粒子在电场作用下向负极移动。如果在电泳仪中装入黄色的 As_2S_3 溶胶,通电后,会发现黄色的 As_2S_3 溶胶界面向正极上升而负极一侧的界面下降,说明 As_2S_3 溶胶粒子在电场作用下向正极移动。

2) 电渗

如果用某些多孔性物质如素烧瓷、玻璃纤维、脱脂棉等将溶胶颗粒固定,在外加电场作用下，分散介质的定向移动称为电渗。如图 2-5 所示，将 $Fe(OH)_3$ 溶胶装入电渗管内，接通电源，由于 $Fe(OH)_3$ 胶体颗粒大，不能通过多孔性隔膜而被固定，可以发现，正极一端毛细管液面上升，分散介质向电场的正极移动。

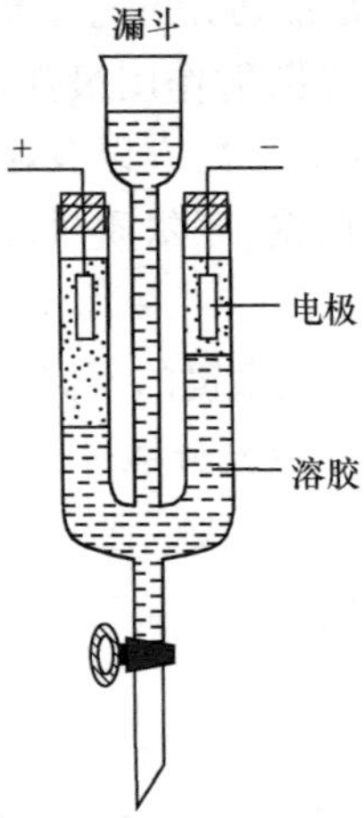

图 2-4　电泳

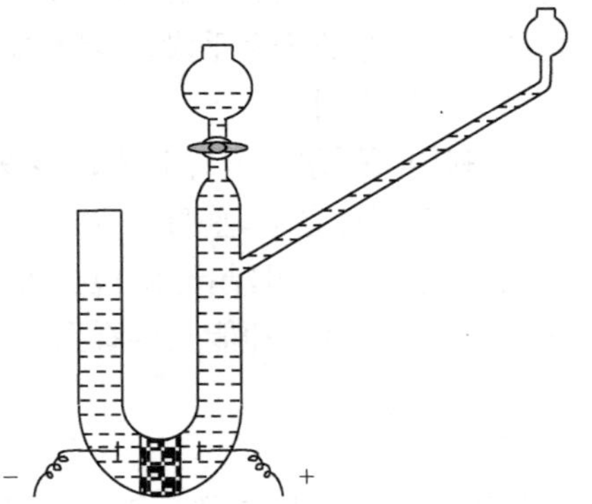

图 2-5　电渗

电泳和电渗统称为溶胶的电动现象，它们都说明了胶体颗粒是带电的。带正电荷的溶胶称为正溶胶，一般金属氢氧化物、碱性染料的溶胶是正溶胶；带负电荷的溶胶称为负溶胶，一般金、银、土壤、硫化物、硅酸、酸性染料等形成的溶胶为负溶胶。溶胶之所以带电，与胶体粒子的吸附作用和胶粒表面分子的离解或溶解作用有关。

(1) 胶粒的选择性吸附作用　溶胶是一种高度分散的多相系统，溶胶粒子具有很大的表面积，表面能高，有强烈的吸附作用，它会对分散介质中的离子进行选择性吸附，使胶粒表面带电。例如，利用 $FeCl_3$ 水解制得的 $Fe(OH)_3$ 溶胶中有如下反应

$$Fe(OH)_3 + HCl \rightleftharpoons FeOCl + 2H_2O$$

$$FeOCl \rightleftharpoons FeO^+ + Cl^-$$

FeO^+ 与 $Fe(OH)_3$ 胶体粒子组成相关，且溶液中浓度较大，所以 $Fe(OH)_3$ 胶体选择吸附 FeO^+，使 $Fe(OH)_3$ 溶胶带正电，分散介质中有多余的 Cl^- 而带负电。

(2) 胶粒表面的离解作用　有些溶胶粒子表面基团容易离解而使溶胶带电。例如，硅酸溶胶粒子表面上的 H_2SiO_3 分子能离解为

$$H_2SiO_3 \rightleftharpoons H^+ + HSiO_3^-$$

离解出的 H^+ 进入了分散介质使其带正电荷，$HSiO_3^-$ 留在溶胶粒子表面，使溶胶带负电荷。

(3) 离子晶体的溶解作用　难溶的离子晶体形成溶胶时，在离子浓度很小的情况下，由于正、负离子的溶解量不同，也可能使胶粒表面带电，如果正离子溶解程度大于负离子，胶粒表面带负电荷，相反，胶粒表面带正电荷。例如，AgI 溶胶表面，Ag^+ 的离子半径比 I^- 的离子半径小，具有更大的迁移能力，所以在相同情况下，Ag^+ 更多地进入分散介质，胶体表面出现过剩的 I^- 而带负电荷。

2.1.4　胶体的形成和胶团结构

溶胶的性质决定于结构，胶团结构是一个扩散双电层结构，其形成过程如图 2-6(a)所示。当 KI 加入过量的 $AgNO_3$ 溶液中，将生成难溶的 AgI，大量的 AgI 聚集在一起，形成粒

径达 1～100 nm 的固体颗粒，这是胶团结构的核心，称为胶核，表示为$(AgI)_m$。胶核的粒径小，分散程度高，表面积大，有强烈的吸附作用。根据离子的选择性吸附原则，$(AgI)_m$ 胶核优先吸附 Ag^+，使胶核表面带正电荷，被选择性吸附的 Ag^+ 决定了胶体所带的电荷的性质，故称为电位离子，溶液中与电位离子带相反电荷的离子称为反离子。可见，电位离子具有选择性，而反离子没有选择性。溶液中过量的反离子 NO_3^- 受到胶核的表面电位离子的静电吸引，有靠近胶核表面的趋势，根据扩散双电层理论，反离子本身还具有热运动，有离开胶核表面扩散到溶液中的趋势，在两种相反的作用下，一部分反离子离电位离子很近，受到的吸引力强，被紧密结合在胶核表面，与电位离子一起组成了胶体的吸附层，胶核和吸附层以固体的形态存在于分散介质中，称为胶粒。在吸附层外，还有一部分 NO_3^- 距电位离子较远，受到的静电吸引力较弱，松散地分散在胶粒的周围，离胶粒表面越远，浓度越小，直到与分散介质中该反离子的平均浓度相等为止，形成了扩散层，扩散层与胶粒一起构成胶团。从胶团结构的形成来看，固相胶核表面的电位离子与反离子间存在一个电势差，称为热力学电势；在胶粒的吸附层与分散介质中的扩散层之间还存在一个电势差，称为电动电势或 ζ(Zeta)电势，发生电动现象时，分散质和分散介质的相对滑动面就在吸附层与扩散层之间。

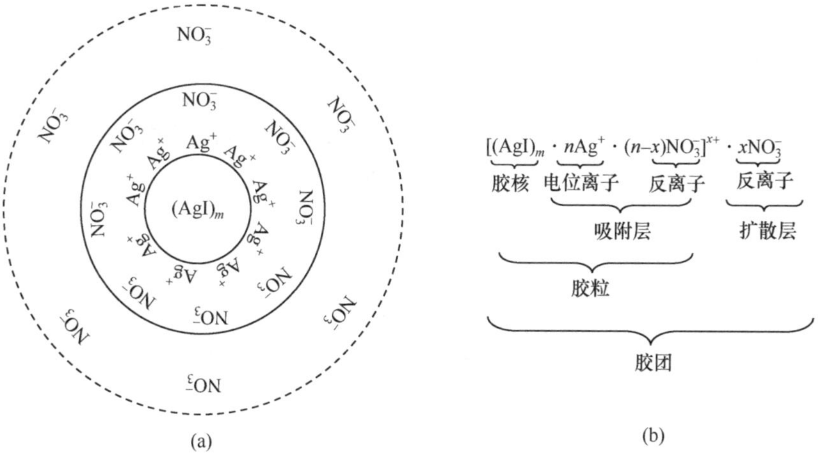

图 2-6　AgI 胶团结构示意图

胶团结构可用胶团结构式来表示，AgI 溶胶的胶团结构式如图 2-6(b)所示。根据溶胶的生成条件，利用选择吸附原则先确定电位离子，分散介质中与电位离子带相反电荷同时又大量存在的离子就是反离子，两者确定后，按图 2-6(b)的格式即可写出胶团结构式。例如，由三氯化铁水解制备的氢氧化铁溶胶的胶团结构式为

$$\{[Fe(OH)_3]_m \cdot nFeO^+ \cdot (n-x)Cl^-\}^{x+} \cdot xCl^-$$

砷酸与过量的饱和硫化氢水溶液反应制得的三硫化二砷溶胶的胶团结构式为

$$[(As_2S_3)_m \cdot nHS^- \cdot (n-x)H^+]^{x-} \cdot xH^+$$

硅酸溶胶的胶团结构式为

$$[(SiO_2)_m \cdot nHSiO_3^- \cdot (n-x)H^+]^{x-} \cdot xH^+$$

2.1.5　溶胶的稳定性与聚沉

溶胶的稳定性与聚沉关系着分散体系的形成和破坏，两者同时起作用并能够相互转化，是胶体分散体系的重要性质。

1. 溶胶的稳定性

溶胶是高度分散的多相不均匀体系，表面能大，胶粒有自发聚集成大颗粒而降低表面能的趋势，具有聚结不稳定性，是热力学不稳定体系。但是，经过净化后的胶体，在一定条件下可长期保存而不聚集沉降，说明溶胶具有一定的稳定性，使溶胶稳定存在的原因有以下几点。

(1) 溶胶双电层结构的存在　由于形成了扩散双电层结构，胶粒带有相同的电荷，当两个胶团相互靠近时，双电层的重叠使胶粒之间产生静电排斥作用，阻止了胶粒的合并聚结。这是溶胶稳定存在的主要原因。

(2) 溶剂化作用　胶团的吸附层和扩散层中的离子都是溶剂化的，在胶粒外形成了一层具有一定强度和弹性的溶剂(水)化膜，阻隔了胶粒的相互碰撞聚结。

(3) 布朗运动　胶体分散程度大，胶粒粒径较小，布朗运动激烈，在重力场中不易沉降，具有动力学稳定性。

20 世纪 40 年代，前苏联学者德查金(B. V. Darjaguin)和朗道(L. D. Landan)以及荷兰学者维韦(E. J. W. Verwey)和奥弗比克(J. T. G. Overbeek)分别提出了关于胶体稳定的理论，简称为 DLVO 理论。该理论认为胶体的稳定或聚沉取决于胶粒之间的排斥力和吸引力的相对大小，胶粒的排斥力使胶体能稳定存在，但胶粒间还存在长程范德华吸引力，在一定条件下，如果吸引力足以克服排斥力，布朗运动引起的粒子碰撞就会使胶粒聚结变大，并最终从分散介质中分离沉降下来，这个过程称为溶胶的聚沉。所以胶体的稳定性是相对的、有条件的，只要减弱或消除使它稳定的因素，就会发生胶体的聚沉，使胶体被破坏。

2. 溶胶的聚沉

溶胶的聚沉是溶胶粒子间排斥力占优势转化为吸引力占优势的结果，在外观上表现出溶胶颜色的改变，并使溶胶由澄清变为浑浊。影响溶胶稳定性的因素是多方面的，溶胶的浓度、温度，溶胶的相互作用、电解质的影响等都能使溶胶发生聚沉，其中最主要的是电解质对溶胶的聚沉。

1) 电解质对溶胶的聚沉

溶胶对电解质的影响非常敏感，往往只需要少量的电解质就能使溶胶聚沉。不同的电解质对溶胶的聚沉能力不同，电解质对溶胶的聚沉能力一般用聚沉值来表示，在一定时间内使一定量的溶胶发生明显聚沉所需电解质的最小浓度称为聚沉值，单位常用 $mmol \cdot L^{-1}$。聚沉值与聚沉能力是相反的，聚沉值越小，表明电解质对溶胶的聚沉能力越强。

表 2-1 是不同电解质对三种溶胶的聚沉值。

表 2-1　不同电解质的聚沉值($mmol \cdot L^{-1}$)

As_2S_3(负溶胶)		AgI(负溶胶)		Al_2O_3(正溶胶)	
电解质	聚沉值	电解质	聚沉值	电解质	聚沉值
LiCl	58	$LiNO_3$	165	NaCl	43.5
NaCl	51	$NaNO_3$	140	KCl	46
KCl	49.5	KNO_3	136	KNO_3	60
KNO_3	50	$RbNO_3$	126		
KAc	110	$AgNO_3$	0.01		

续表

As_2S_3（负溶胶）		AgI（负溶胶）		Al_2O_3（正溶胶）	
电解质	聚沉值	电解质	聚沉值	电解质	聚沉值
氯化苯胺	2.5				
氯化吗啡	0.4				
$(C_2H_5)_3NH^+Cl^-$	2.79				
$(C_2H_5)_4N^+Cl^-$	0.89				
$CaCl_2$	0.65	$Ca(NO_3)_2$	2.40	K_2SO_4	0.30
$MgCl_2$	0.72	$Mg(NO_3)_2$	2.60	$K_2Cr_2O_7$	0.63
$MgSO_4$	0.81	$Pb(NO_3)_2$	2.43	$K_2C_2O_4$	0.69
$AlCl_3$	0.093	$Al(NO_3)_3$	0.067	$K_3[Fe(CN)_6]$	0.08
$1/2Al_2(SO_4)_3$	0.096	$La(NO_3)_3$	0.069		
$Al(NO_3)_3$	0.095	$Ce(NO_3)_3$	0.069		

在溶胶中加入电解质，增加了胶体中离子的总浓度，使反离子增多。由于反离子没有选择性，进入扩散双电层中的与胶体带相反电荷离子会使吸附层中反离子增多，扩散层中反离子减少，扩散层变薄，减少甚至中和了胶粒所带的电荷，破坏了扩散双电层结构，减弱了胶粒间的静电排斥作用，使胶体失去保持稳定的主要因素，从而发生聚沉。根据电解质对溶胶的聚沉原因以及实验总结，电解质对溶胶的聚沉有以下规律。

(1) 电解质对溶胶的聚沉主要决定于与胶粒带相反电荷的离子，反离子的价数越高，聚沉能力越大。对于给定的溶胶，反离子为一、二、三价的电解质，其聚沉值与反离子价数的六次方成反比，即反离子的价数越高，对溶胶的聚沉能力越强，这个规律称为哈迪-叔尔采（Hardy-Schulce）规则。

(2) 同价数反离子的聚沉能力相近，但有差异，尤其对于一价离子。例如，对负溶胶的聚沉，一价正离子的聚沉能力大小顺序是 $H^+ > Cs^+ > Rb^+ > NH_4^+ > K^+ > Na^+ > Li^+$。对正溶胶聚沉时，一价负离子的聚沉能力大小顺序是 $F^- > Cl^- > Br^- > I^- > OH^-$。这种同价离子对溶胶聚沉能力大小的顺序称为感胶离子序。

(3) 电解质的聚沉作用是正负离子共同作用的结果。有时与溶胶带相同电荷离子的性质也有显著影响，一般同号离子对溶胶具有稳定作用，同号离子价数越高，电解质的聚沉能力越低。例如，对 As_2S_3 负溶胶聚沉时，K_2SO_4 的聚沉能力小于 KNO_3。

有机化合物的离子，如氯化吗啡、脂肪酸盐和聚酰胺类化合物的离子，由于都具有很强的吸附能力，能有效地破坏溶胶，所以都有很强的聚沉能力。

2) 溶胶的相互聚沉

将带相反电荷的两种溶胶适量混合，由于静电吸引作用，也会产生聚沉，称为溶胶的相互聚沉。与电解质的聚沉作用不同，只有当两种溶胶所带电荷总量完全相等时，才会完全聚沉，否则聚沉不完全，甚至不聚沉。

3) 增加浓度和加热使溶胶聚沉

增加浓度可以增加胶粒相互碰撞的机会；加热增加了胶粒的运动速度，增大了碰撞频率，也增加了胶粒互相碰撞的机会，同时还降低了胶核对电位离子的吸附作用，减少胶粒所带的电荷，破坏胶粒的扩散双电层，减弱了胶体溶液的稳定因素，从而使胶体发生聚沉。

2.1.6 高分子溶液及凝胶

1. 高分子溶液的特性

德国化学家斯陶丁格(H. Staudinger)最早将相对分子质量大于 10^4 的一类物质定义为高分子物质,高分子物质是由众多原子彼此以共价键结合形成的相对分子质量特别大、具有重复结构单元的化合物,如淀粉、蛋白质、纤维素、天然橡胶、人工合成的各种塑料等。高分子化合物的种类很多,按来源可分为天然高分子和合成高分子两类;按材料的性能可分为塑料、橡胶和纤维三大类。高分子物质多是由小分子通过聚合反应而得,用于聚合的小分子称为单体,如纤维素是由葡萄糖分子缩合而成的,蛋白质是由各种氨基酸构成的。高分子化合物通常是长链状结构,链的长度可达几百纳米,但截面与普通分子的大小相当,每个高分子所包含的链节数是不相等的,所以高分子物质的相对分子质量是一个平均值。

高分子化合物溶于适当的溶剂所形成的溶液称为高分子溶液,一般是指高分子的水溶液。由于高分子化合物的分子大小与胶体中分散质粒子大小相当,所以它的不少性质与溶胶相似,如扩散慢、不能通过半透膜等。但是,高分子溶液与溶胶又有许多不同之处。例如,高分子溶液和真溶液一样是均匀的单相体系,分散质和分散介质之间不存在界面,而溶胶是多相不均匀体系,因此,高分子溶液比溶胶稳定得多;高分子溶液的分散质与溶剂间的亲和能力很强,高分子中含有大量的亲水基团,如—OH、—COOH、—NH_2 等,由于这些基团的高度溶剂化作用和电离作用使高分子化合物在溶剂中溶解,形成高度稳定的溶液,故高分子溶液有亲液溶胶之称。如果向高分子溶液中加大量的电解质,中和电荷和破坏溶剂化膜,可使高分子化合物从溶液中析出,这个过程称为盐析。若用蒸发等方法将高分子溶液的溶剂除去后再重新加入溶剂,高分子仍能自动溶解,所以高分子溶液的溶解与盐析过程是可逆的,而溶胶的胶粒对溶剂的亲和能力很弱,胶粒一旦聚沉后就不能或很难恢复原状;高分子溶液中的高分子一般不带电,它的稳定性取决于它的高度溶剂化,而溶胶的稳定性主要是胶粒带电;高分子溶液的黏度很大,这与它们的链状或枝状结构和高度溶剂化有关,真溶液和溶胶都不具有这种特性。

2. 高分子化合物对溶胶的保护和絮凝作用

高分子化合物既能使溶胶稳定,对溶胶起到保护作用,也可能使溶胶很快聚沉,对溶胶起到絮凝作用。具体作用决定于高分子在胶粒表面的吸附。

向溶胶中加入一定量的高分子化合物,能显著提高溶胶的稳定性,这种作用称为高分子溶液对溶胶的保护或稳定作用,对溶胶具有稳定作用的高分子化合物称为高分子稳定剂。高分子化合物对溶胶的保护作用是由其特殊结构决定的。一般高分子化合物是具有链状结构的线形分子,它们很容易吸附在胶粒表面上,形成一层高分子吸附层,该吸附层阻碍了胶粒的相互靠近和聚结,对溶胶产生了空间稳定作用;同时,高分子化合物的高度溶剂化作用,在溶胶粒子的外面形成了很厚的保护膜,也阻碍了胶粒间的接触,从而大大提高了溶胶的稳定性。高分子化合物对溶胶的保护作用与其自身的结构、相对分子质量以及浓度有关。高分子稳定剂一般含有能够在胶粒表面产生稳定吸附的基团和另一种溶剂化作用很强的基团,且两种基团的比例要适当。一般高分子化合物的相对分子质量越大,在胶粒表面形成的吸附层就越厚,稳定效果就越好。在稳定作用中,高分子化合物的浓度必须足够大,在胶粒表面才能形成足够的吸附层而保护胶体。

少量的高分子化合物对溶胶不仅没有保护作用，反而还会使溶胶迅速形成絮状沉淀，这种现象称为絮凝作用，具有絮凝能力的高分子化合物称为絮凝剂。高分子化合物对溶胶的絮凝作用是由脱水效应和搭桥效应产生的，脱水效应是指高分子化合物的溶解和水化都与水发生相互作用，它们使原来水化稳定的胶粒脱水失去保护层而聚沉，搭桥效应是指多个胶粒同时吸附在一个线形高分子链上，相当于高分子化合物长链在多个胶粒间架起了一座桥，从而限制了胶粒的自由活动，将多个胶粒以较远的距离聚集起来，使其失去动力学稳定性而聚沉。搭桥效应是絮凝的主要原因，这与电解质对溶胶的聚沉是通过压缩扩散双电层而使胶粒合并下沉不同，所以电解质使溶胶聚沉过程相对缓慢，颗粒结合紧密，沉淀密度大，而絮凝相对过程快，颗粒结合疏松，沉淀密度小，易于过滤分离。

高分子化合物对溶胶的保护作用在动植物生理过程中具有重要意义。例如，健康人血液中的 $MgCO_3$、$Ca_3(PO_4)_2$ 等难溶盐，都是以溶胶形式存在并被血清蛋白等高分子保护着。当发生某些疾病时，保护物质在血液中的含量减少，溶胶就会在身体的某些部位聚沉，形成结石，如常见的肾结石、胆结石等。

3. 凝胶

胶体颗粒或高分子互相连接，形成空间网格状结构，在网状结构的空隙中充满了液体或气体的一类分散体系称为凝胶，凝胶是一种特殊的分散体系，是胶体的一种存在形式。凝胶的性质介于固体和液体之间，其中液体被包裹在网状结构中，失去了流动性，所以凝胶具有部分固体的力学性质，如具有一定的弹性和强度等；但凝胶和真正的固体又不一样，它由固、液两相组成，结构强度不高，易于破坏。

凝胶具有膨胀和脱水收缩作用，作为一种介质，在凝胶中可以进行各种物理和化学过程，如电导、扩散等。溶液或固体都能形成凝胶，高分子溶液通常可以自发地形成凝胶，溶胶和悬浮液在适当条件下也可形成凝胶，由溶胶转变为凝胶的过程称为胶凝作用。制备凝胶的方法多种多样，冷却溶胶使其成为过饱和状态可获得凝胶，如将 0.5% 的琼脂冷却到 35 ℃可得琼脂凝胶；加入非溶剂或电解质，如在果胶水溶液中加入适量乙醇可获得凝胶；利用化学反应产生不溶物，通过控制反应条件可获得凝胶，如硅胶的制备。

凝胶在生产生活中普遍存在，应用广泛，食品中的豆腐、粉皮、果冻、奶酪，人的皮肤，细胞膜、淤泥、土壤等都可看成是凝胶。凝胶在农业、食品、生命科学中具有重要的作用，皮革鞣制、纸浆生产、混凝土等都要用到凝胶，不少生理过程，如血液凝结、人体衰老等都与凝胶的性质有关。实验中常用的硅胶是干燥的硅酸凝胶，具有很大的比表面，是一种很好的吸附剂，可以吸收空气中的水分，因而可作为干燥剂，通常使用的变色硅胶是将 $CoCl_2$ 用作填料，以表示硅胶的含水情况。

2.2　表面活性剂及其作用

表面张力有使物质表面积缩小的趋势，这种作用有有利的一面，但也有不利的一面。例如，农药水溶液由于表面张力的作用不易与植物茎叶和虫体表面很好地接触，就不能充分地发挥药效。在生产和生活中通常需要改变物质的表面张力，通过实验考察各种物质对水的表面张力的影响发现，有一类物质如肥皂及其类似的物质，只要少量地溶于水中即可使水的表面张力显著降低，这种溶于水后能显著降低水的表面张力的物质称为表面活性物质或表面活性剂，表面活性剂降低表面张力的作用称为表面活性作用。

2.2.1　表面活性剂的结构特点及分类

表面活性剂之所以具有表面活性作用，是由其特有的分子结构特点决定的。表面活性剂一般是线形分子，含有双亲基团，一种是极性基团，它们对水的亲和力很强，称为亲水基，常见的亲水基团有羟基—OH、醚氧链—O—、羧基—COOH、巯基—SH、磺酸根—SO_3H、氨基—NH_2、酯基—COOR 等；一种是非极性基团，它们对油的亲和力较强，称为亲油基或疏水基，亲油基通常为各种脂肪族烃基—R、芳香族烃基—Ar 或它们的取代衍生物。例如，肥皂的主要成分硬脂酸钠($C_{17}H_{35}COONa$)是一种常见的表面活性剂，其长链烃基—$C_{17}H_{35}$ 是非极性的亲油基，极性的—COONa 为亲水基，其结构如图 2-7 所示。

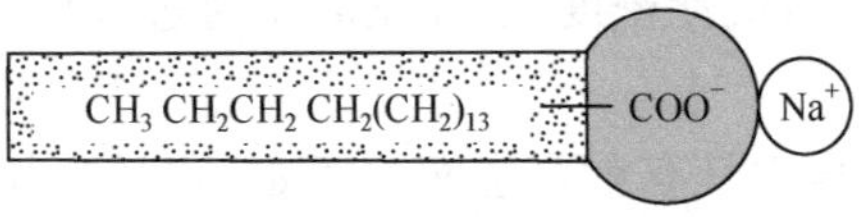

图 2-7　表面活性剂分子结构示意图

由于双亲基团的存在，表面活性分子既能与极性的水分子相互作用，又能与非极性的油性分子相互作用。若将表面活性剂加到水中，表面活性分子将首先分布在水的表面上，其极性基团力图进入水中，与水分子相互结合，而疏水的非极性碳氢链被水分子排斥，朝向水面外，表面活性分子在水表面定向排列，形成表面活性剂的分子膜，使水表面上的不饱和力得到某种程度的平衡，降低了水的表面张力。与上述类似，表面活性剂在互不相溶的两种液体界面上、在固体和液体的界面上都存在这种定向排列，从而改变了界面的性质。处于水中的表面活性分子也可以相互缔合，以自身的亲油基相互结合而亲水基伸向水中，形成各种形状的胶束。

表面活性剂的分类方法有多种，一般按照它的化学结构进行分类。溶于水后能发生解离的称为离子型表面活性剂，不能解离的称为非离子型表面活性剂。离子型表面活性剂溶于水后，其亲水基离解出阳离子，使亲水基团本身带负电荷的表面活性剂称为阴离子表面活性剂，如硬脂酸钠。阴离子表面活性剂的用量和产量都是表面活性剂中最大的。溶于水后，其亲水基离解出阴离子，使亲水基团本身带正电荷的表面活性剂称为阳离子表面活性剂，如烷基三甲基氯化铵，阳离子表面活性剂中最常见的是含氮的化合物。两性表面活性剂是指同时具有两种类型亲水基团的表面活性剂，通常两性表面活性剂的亲水基是由阴离子(如羧酸根离子)和阳离子(如季铵盐阳离子)结合组成的。非离子表面活性剂在水溶液中不电离，也没有阴、阳离子生成，因而它们的亲水基团不是靠带电离子的亲水性起作用，而是靠亲水基团中含有的极性结构单元与水分子相互吸引而产生亲水性。这类带有极性的结构单元，最常见的是醇羟基(—OH)和醚氧链(—O—)。水分子对醇羟基或醚氧链结构的吸引力，要比水分子对阴、阳离子的吸引力弱得多，所以由醇羟基或醚氧链这类极性基团所造成的亲水性是很微弱的，远不如阴、阳离子所造成的亲水性强。因此，在非离子型表面活性剂的亲水基部分必须包含有足够多的醇羟基或醚氧链，才能造成足够的亲水性，否则就不能起到表面活性剂的作用。表面活性剂的具体分类列于表 2-2。

表 2-2 表面活性剂的分类

类别		实例
离子型表面活性剂	阴离子型表面活性剂	脂肪酸盐 $RCOO^- M^+$　硫酸酯盐 $ROSO_3^- M^+$ 磺酸盐 $RSO_3^- M^+$　磷酸酯盐 $ROPO_3^- M_2^+$ 脂肪酰肽缩合物 $R_1CONHR_2COO^- M^+$
	阳离子型表面活性剂	伯胺盐 $RNH_3^+ X^-$　仲胺盐 $RNH_2^+ CH_3 \cdot X^-$ 叔胺盐 $RNH^+(CH_3)_2 \cdot X^-$　季铵盐 $RN^+(CH_3)_3 \cdot X^-$ 吡啶盐 $R-N\bigcirc^+ X^-$
	两性表面活性剂	氨基酸型 $RN^+CH_2CH_2COO^-$ 甜菜碱型 $RN^+(CH_3)_2CH_2COO^-$
非离子型表面活性剂		聚氧乙烯醚 $RO(CH_2CH_2O)_nH$ 聚氧乙烯酯 $RCOO(CH_2CH_2O)_nH$ 聚氧乙烯烷基胺 $RN[(CH_2CH_2O)_nH]_2$ 多元醇型 $RCOOCH_2C(CH_2OH)_3$

注：R 一般为 $C_8 \sim C_{18}$ 的长链烃基，M^+ 为简单阳离子，如 Na^+、K^+、NH_4^+ 等；X^- 为简单阴离子，如 Cl^-、Ac^- 等。

2.2.2 表面活性剂的作用

相对于主成分而言，表面活性剂的用量很少，但却能大大改善主成分的性能，收到明显的效益，因而有“工业味精”的美称。随着科学技术的迅速发展，对表面活性剂的需求越来越多，越来越广泛。表面活性剂已被广泛应用于石油、医药、建筑、矿业、纺织、食品、涂料、造纸、皮革、塑料、染料、日化等各种行业。表面活性剂由于其自身分子结构的特点，在液体中倾向集中于两相界面上，形成表面活性剂的分子膜，降低表面张力，从而产生起泡、分散、润湿、乳化、洗涤、润滑等作用。

1. 润湿作用

通常把液体能附着在固体上的现象称为润湿，严格地说，凡是液、固两相接触后，体系界面自由能降低的现象称为润湿，界面自由能降低的大小表示了润湿程度的大小。液体和固体表面相互接触时，在气、液、固三相交界处，接触点液面的切线和固-液界面之间的夹角 θ，称为接触角，如图 2-8 所示。

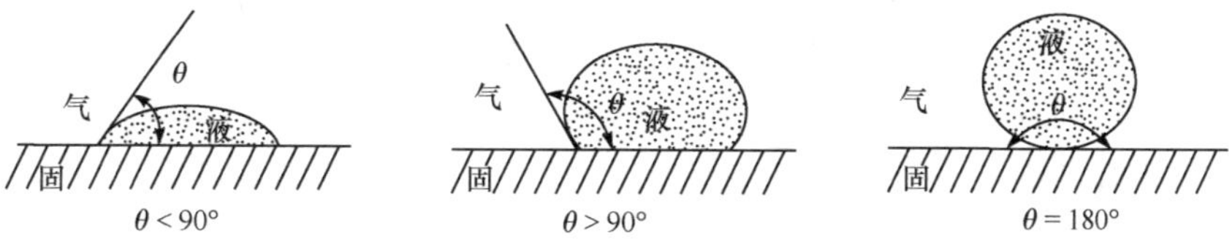

图 2-8 润湿和润湿角

接触角 θ 实际是液体表面张力和液-固界面张力的夹角。接触角 θ 的大小可用于估计液体对固体是否润湿及润湿程度的大小，一般 $\theta < 90°$ 时，称为固体能为液体所润湿，如水在许多矿物表面上；$\theta > 90°$ 时，固体不能为液体所润湿，如水银滴在玻璃上；$\theta = 0$ 和 $\theta = 180°$ 分别代表完全润湿和完全不润湿。最常见的液体是水，能被水润湿的固体称为亲水性固体，极性固体皆为亲水性固体，如硫酸盐、碳酸盐、硅酸盐、金属氧化物等；不能被水润湿的固体称为憎水性固体，非极性固体多为憎水性，如硫化物、石墨、炭黑以及聚乙烯、聚苯乙烯等非极性有机高分子聚合物都是憎水的，不易被水润湿。

表面活性物质在固体表面的吸附，能改变固体表面的特性，使原来不能润湿的变为可以润湿，这种能使液体润湿固体的物质称为润湿剂。例如，在喷洒农药时，要求农药对植物表面的润湿性很好，液滴应在被喷洒的叶面上易于铺开，如果润湿性能不好，在叶面上的药液就成球形，容易滚下，或者是水分挥发后，在叶面上留下药剂斑点，直接影响药效，所以在农药中常加有少量表面活性物质作为润湿剂，来改进药液对植物表面的润湿程度。在浮法选矿过程中，可以利用表面活性剂使亲水性固体表面憎水化，以达到分离有用矿物的目的。在纤维纺织品的印染着色、各种印刷品的印制着色、诸多工业产品的包装装潢过程中，都存在一个如何使印上去的染料、颜料、油墨等与底物表面牢固结合的问题，都需要解决润湿作用的问题。选用合适的表面活性剂以改善其润湿性，对这些过程都是必不可少的。

2. 起泡和消泡作用

通常所说的泡是由液体薄膜包围的气体，泡沫是很多气泡的聚集。泡沫浮游选矿、泡沫灭火、去污作用等，都需要起泡，而精制食糖、蒸馏操作等又需要消泡。能使泡沫生成并稳定存在的表面活性剂称为起泡剂，能够抑制或消除泡沫，起消泡作用的表面活性剂称为消泡剂。

只要向液体中通入气体，或通过剧烈搅拌、振荡，使空气中的气体进入液体内部，就能形成气泡，但这些气泡一般不能稳定存在。这是由于泡沫是一种分散体系，在热力学上不稳定，液体中分散的小气泡要自动聚结为大气泡，逸出液面而破裂。表面活性剂能够使泡沫生成并稳定存在，作为起泡剂的表面活性剂，其主要作用首先是降低表面张力，降低表面张力有助于降低体系的表面能而使体系得以稳定。其次是产生具有一定的机械强度的泡沫膜，良好的起泡剂结构一般是中等长度的碳链一端带有一个极性基团。像明胶、蛋白质这一类物质虽然降低表面张力不多，但形成的膜很牢固，也是很好的起泡剂。第三是产生适当的表面黏度，泡沫膜内包含的水受到重力作用和曲面压力，会从膜间排走，使泡沫膜变薄然后导致破裂，所以如果液体有适当的黏度，膜内的液体就不易流走，使泡沫稳定程度增加。

起泡作用应用广泛，如泡沫灭火，就是利用硫酸铝和碳酸氢钠反应时生成大量 CO_2 气体，在灭火药剂中加少量起泡剂，生成的 CO_2 就会往液相中形成大量泡沫，覆盖在燃烧物表面，以隔绝空气，达到灭火的目的；泡沫选矿需要起泡剂产生大量稳定的泡沫；在用甜菜制糖过程中，因甜菜汁液中含有蛋白质、树脂等发泡物质，阻碍了蔗糖的结晶，可用泡沫分离方法，使这些表面物质生成泡沫后除去；在塑料的生产过程中，加入发泡剂，可制得泡沫塑料。在混凝土的浇筑中，需加入少量表面活性剂，如松香树脂、烷基磺酸钠等作为发泡剂以获得稳定的微气泡，达到改善混凝土的各种物理力学性能的目的。

泡沫在许多场合中有广泛的用途，但有不少时候也会带来麻烦，如洗涤织物时大量泡沫给漂洗带来困难，蒸馏、萃取过程中大量泡沫会妨碍气-液两相或液-液两相的分离。为了消除泡沫，可以加入特定的表面活性剂作消泡剂，以破坏或抑制泡沫的形成。通常采用的方法有加入少量碳链为 5～8 的醇或醚，因其表面活性大，能顶走原来的发泡剂，但因自身链短不能形成坚固的膜而使泡沫破裂。也可加入另一种发泡剂，使其与原有的发泡剂作用而不再起泡。例如，在建筑涂料的生产过程中，原料间会产生物理、化学作用而产生气泡，影响生产操作和涂料质量，可加少量磷酸三丁酯作为消泡剂。

3. 增溶作用

使非极性物质在水溶液中“溶解度”增加的作用称为增溶作用，能起增溶作用的表面活性剂称为加溶剂或增溶剂。例如，非极性的碳氢化合物如苯等不能溶解于水，却能溶解于浓的肥皂溶液，在 100 mL 10％的油酸钠溶液中可以溶解 10 mL 苯。增溶作用发生在有大量胶束形成的离子型表面活性剂溶液中，是非极性的碳氢化合物溶解于胶束内憎水基团集中区域的过程。增溶作用既不同于溶解作用又不同于乳化作用，增溶作用是自发过程，使整个混合体系更加稳定。增溶作用是一个可逆的平衡过程，增溶后不存在两相，溶液是透明的。但增溶作用与真正的溶解作用也不相同，真正溶解过程会使溶剂的依数性质有很大的改变，但碳氢化合物增溶后，对溶剂依数性质影响很小，这说明增溶过程中溶质并未拆开成分子或离子，而是“整团”溶解在肥皂溶液中，所以质点数目没有增多。

增溶作用有着广泛的用途。在去除油脂污垢的洗涤作用中，增溶可以使油污溶于洗涤剂溶液中而易于除去，是去污作用中很重要的一部分；工业上合成丁苯橡胶时，需要利用增溶作用将原料溶于肥皂溶液中再进行聚合反应。增溶作用还可以用于染色，如橙色 OT 染料在胶体电解质溶液中被增溶后，就可以透入并溶于橙皮的蜡质外层，使橙子的色泽鲜艳。一些生理现象也与增溶作用有关，如小肠不能吸收脂肪，但依靠胆汁对脂肪的增溶作用，就能有效地将脂肪吸收到人体内部。增溶作用还用于纤维的染色、农药、医药等各方面。

4. 洗涤作用

洗涤作用是指表面活性剂去除灰尘、油脂等污垢的作用，这是一个比较复杂的过程，它综合了表面活性剂的润湿、起泡、增溶和乳化等功能。

污垢一般由油脂和灰尘等组成。去污过程可看作带有污垢的固体，浸入水中，在洗涤剂的作用下，降低污垢与固体表面的黏附力，从而使污垢脱落而去除的过程。当水中加入洗涤剂后，洗涤剂的憎水基团吸附在污物和固体表面，降低了其相互作用力，然后用机械搅拌等方法使污物从固体表面脱落，脱落的污垢周围形成了洗涤剂分子的吸附膜而悬浮在溶液中，使其容易通过水的漂洗而除去，洗涤剂分子同时也在洁净的固体表面形成吸附膜而防止污物重新在表面上沉积。

5. 减水作用

减水作用是在不影响混凝土工作性的条件下，能使单位用水量减少，或在不改变单位用水量的条件下，可改变混凝土的工作性质的作用，能够起到减水作用的表面活性剂称为减水剂。减水作用是表面活性剂对水泥水化过程所起的一种重要作用，目前使用的混凝土减水剂一般都是阴离子表面活性剂。

水泥与水搅拌后产生水化反应，出现一些絮凝状结构，它包裹着很多拌和水，从而降低了新拌混凝土的和易性(又称工作性，主要是指新鲜混凝土在施工中，即在搅拌、运输、浇灌等过程中能保持均匀、密实而不发生分层离析现象的性能)。施工中为了保持所需的和易性，就必须相应增加拌和水量，由于水量的增加会使水泥石结构中形成过多的孔隙，从而严重影响硬化混凝土的物理力学性能，若能将这些包裹的水分释放出来，混凝土的用水量就可大大减少。在制备混凝土的过程中，掺入适量减水剂，就能很好地起到这样的作用。混凝土中掺入减水剂后，减水剂的憎水基团定向吸附于水泥颗粒表面，而亲水基因指向水溶液，构成单分子或多分子层吸附膜，使水泥在加水初期所形成的絮凝状结构分散解体，从而将絮凝结构内的水释放出来，达到减水的目的。减水剂加入后，不仅可以使新拌混凝土的和易性改善，而且可以使水泥石内部孔隙体积明显减少，致密性加强，混凝土的抗压强度显著提高。减水剂的加入，还对水泥的水化速度、凝结时间有影响。

2.3 乳 状 液

乳状液属于粗分散体系，其分散质粒径一般为 100～1000 nm，用普通显微镜就可清楚地观察到。形成乳状液时，以小液滴的形式存在的液体称为分散相或内相，分散相是不连续相，另一种液体作为分散介质，也称为外相，是连续相。乳状液的分散程度比溶胶低，所以稳定性不如溶胶。由于液滴对光的反射和折射，一般的乳状液在外观上不透明或为半透明的乳白色。牛奶、豆浆、原油，某些植物茎叶裂口渗出的白浆以及人和动物机体中的血液、淋巴液等都是乳状液。

2.3.1 乳状液的类型

形成乳状液的两种液体，其中一种通常为水或水溶液，另一种是与水互不相溶的有机液体，统称为油。水与油相互混合时，根据分散情况，所形成的乳状液可分为两大类。水为分散剂，油为分散质，油以小液滴的形式分散在水中所形成的乳状液称为水包油型乳状液，用“油/水”或“O/W”表示，如图 2-9(a)所示，牛奶、豆浆、农药乳液等都是水包油型乳状液；如果是油为分散剂，水为分散质，水以小液滴的形式分散在油中所形成的乳状液称为油包水型乳状液，用“水/油”或“W/O”表示，如图 2-9(b)所示，原油、天然橡胶等是油包水型乳状液。

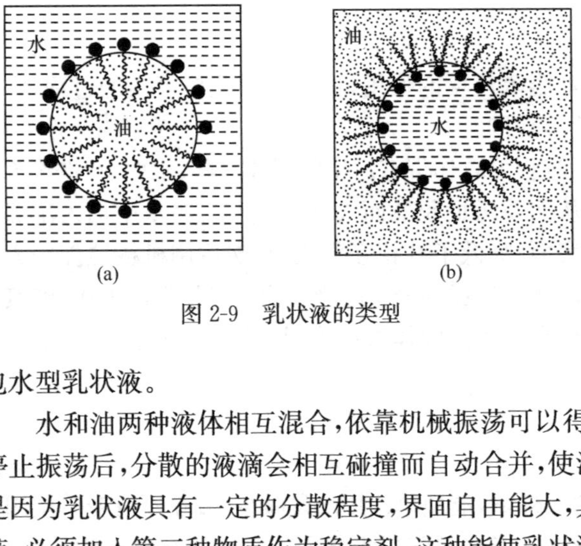

图 2-9　乳状液的类型

水和油两种液体相互混合，依靠机械振荡可以得到乳状液，但由此获得的乳状液不稳定，停止振荡后，分散的液滴会相互碰撞而自动合并，使油水迅速分离成两个互不相溶的液层。这是因为乳状液具有一定的分散程度，界面自由能大，具有聚结不稳定性。要想得到稳定的乳状液，必须加入第三种物质作为稳定剂，这种能使乳状液稳定存在的物质称为乳化剂。乳化剂能够使乳状液稳定的乳化机理主要有三点。首先是形成了具有一定机械强度的界面膜。具有双亲基团的乳化剂分子在油水界面定向排列，形成一层具有一定机械强度的界面膜，将分散质液滴隔开，防止其碰撞聚结，从而得到稳定的乳状液，如图 2-9 所示，界面膜的机械强度是决定乳状液稳定的主要原因。其次，乳化剂降低了油水界面能。乳状液是一个界面能较高的热力学不稳定体系，乳化剂分子在油水界面定向排列，部分平衡了油水的界面张力，减小了界面自由能，使乳化易于发生，提高了体系的稳定性。第三是液滴双电层的排斥作用。离子型表面活性剂作乳化剂时，由于其电离，可以使分散质液滴带电，周围形成双电层，相同电荷的静电排斥作用，阻碍了液滴间的相互聚结合并，从而使乳状液稳定存在。

乳化剂对于乳状液的制备和稳定是必不可少的，而且乳化剂的性质还决定了乳状液的类型，水油两相的相对体积并不能决定乳状液的类型。根据美国化学家哈金斯（Harkins William Draper）1929 年提出的定向楔理论，亲水性较强或极性基团的截面积较大的乳化剂有利于形成 O/W 型乳状液，亲油性较强或非极性基团的截面积较大的乳化剂有利于形成 W/O 型乳状液。乳化剂的种类很多，可以是蛋白质、明胶等天然产物，也可以是 SiO_2、石墨等固体粉末，但大多数是各种表面活性剂，乳化作用是表面活性剂的一个重要作用。常用的亲水性乳化剂有钠、钾等一价碱金属肥皂、蛋白质、动物胶，SiO_2、蒙脱石及氢氧化物粉末等。亲油性乳化剂有钙、铝等高价金属肥皂、高级醇类、高级酸类或石墨、炭黑粉末等。

2.3.2　乳状液的鉴别

在自然界、生产以及日常生活中经常会接触到各种乳状液，两种类型的乳状液在外观上并没有明显的区别，要确定乳状液究竟属于哪种类型，常用的鉴别方法有多种。

1. 染色法

利用水溶性染料只能染色水，油溶性染料只能染色油来进行鉴别的方法。将少量的水溶性染料加入到乳状液中，如果整个分散体系都被染上了颜色，说明水是外相，乳状液是 O/W 型；若分散体系中只有星星点点的液滴被染上了颜色，则说明水是内相，为 W/O 型乳状液。如果采用油溶性染料进行鉴别，其结果与上述情况相反。常见的水溶性染料有亚甲基蓝、荧光红等，油溶性染料有偶氮类、芳甲烷类和醌亚胺类染料，如红色苏丹Ⅲ、荧光黄、油溶品蓝等。

2. 稀释法

根据乳状液能够被外相液体稀释而鉴别乳状液的方法。如果将水加到乳状液中，分散体系被稀释，其稳定性未受影响，说明水是外相，乳状液是 O/W 型；如果将水加到乳状液中，分散体系不能被稀释而分层，甚至被破坏，则说明水是内相，乳状液是 W/O 型。例如，牛奶能被水稀释，因此牛奶是 O/W 型乳状液。

3. 电导法

利用水溶液和油导电能力的差异来鉴别乳状液的方法。O/W 型乳状液的分散介质是水溶液，其导电能力比 W/O 型乳状液大得多，通过电导率仪进行测定，如果乳状液的电导率比较大，导电能力强，说明其是 O/W 型乳状液，反之，则是 W/O 型乳状液。

4. 滤纸润湿法

根据滤纸容易被水润湿来鉴别乳状液的方法。将乳状液滴在滤纸上，液体立即铺展开来，而在中心留下一小油滴，说明水是外相，乳状液是 O/W 型；如果滤纸上的液体不能立即铺展开，则说明油是外相，乳状液是 W/O 型。该方法简单易行，但是，对于容易在滤纸上铺展的苯、环己烷等物质构成的乳状液，不能采用此方法进行鉴别。

2.3.3 乳状液的转型和破坏

1. 乳状液的转型

构成乳状液的任何一种液体都是既可以作分散质，也可以作分散介质，形成何种类型的乳状液，除受两种液体本身性质的影响外，还决定于乳化剂的性质、浓度以及温度等外界条件，当改变这些条件时，乳状液可能从一种类型转变为另一种类型，这就是乳状液的转型。

乳状液的转型是原来被分散的液滴重新聚结为连续相，而原来连续的分散介质被分散成小液滴的过程。这种转型通常是由外加物质使乳化剂的性质发生改变而引起的，如用钠肥皂可以形成 O/W 型的乳状液，如果向其中加入足量的氯化钙，则可以生成钙肥皂而使乳状液转化为 W/O 型。在乳状液的转型中，如果生成或加入的相反类型的乳化剂的量太少，乳状液的类型不会发生转化，如果外加物质用量适中，两种相反类型的乳化剂会同时起相反的效应，此时，乳状液变得不稳定甚至被破坏。温度的改变也可能引起乳状液的转型，特别是使用非离子型表面活性剂作乳化剂的乳状液，当温度升高时，乳化剂分子的亲水性变差，而亲油性增强，在某一温度时，O/W 型的乳状液就会转化为 W/O 型。

2. 乳状液的破坏

在生产实践中，有时需要制备稳定的乳状液，有时又要求破坏乳状液，使油、水两相分开，以便于工业加工。使乳状液中的水、油两相分离，称为破乳，为破坏乳状液而加入的物质称为破乳剂。例如，石油原油和橡胶类植物乳浆的脱水、牛奶中提取奶油、污水中除去油沫等都是破乳过程。

破坏乳状液主要是破坏乳化剂的保护作用，最终使水、油两相分层析出。破乳有物理法和化学法两类。物理破乳可以通过加热、离心、静电等方法实现。升高温度可以降低分散介质的黏度，并增加分散液滴互相碰撞的强度而降低乳化剂的吸附性能，从而降低了乳状液的稳定性使其被破坏。在离心力场下使乳状液浓缩，在外加电场下使分散的液滴聚结，在加压情况下使乳状液通过吸附剂层，加入无机酸等方法都可以起破乳的作用。化学破乳的原则是破坏乳化剂的乳化能力，从而使水、油两相分层析出。常用的方法有以下几种：

(1) 用不能生成牢固保护膜的表面活性物质取代原来的乳化剂。例如，异戊醇的表面活性大，但其碳氢链太短，不足以形成牢固的保护膜，就能起这种作用。

(2) 用试剂破坏乳化剂。例如，用皂类作乳化剂时，若加入无机酸，则皂类变成脂肪酸而析出。加酸可以破坏橡胶树浆而得到橡胶。

(3) 加入适当数量起相反效应的乳化剂，在转型过程中也可使乳状液被破坏。

2.4 胶体和乳状液的应用

胶体和乳状液在自然界尤其是生物界普遍存在，它与人类的生产、生活及环境有着密切的联系。胶体和乳状液的应用非常广泛，而且随着科学技术的进步，其应用领域还在不断扩大。在现代工农业生产和日常生活、科学研究等各个方面，如石油化工、食品工业、日用化工、皮革工业、纺织业、建筑业、造纸、医药、农药等领域，胶体、表面活性剂和乳状液都有着非常广泛而重要的应用。

2.4.1　在工农业生产中的应用

良好的土壤团粒结构的形成、土壤中的离子交换、离子吸附等许多物理和化学过程都与胶体有关，农药的乳化与分散等与胶体和乳状液有着紧密的联系。

土壤是农业生产最直接的载体，良好的团粒结构是肥沃土壤的共同特征。土壤团粒结构是多级团聚的产物，胶体相互聚沉及电解质的凝聚是形成团粒结构的基础。由腐殖质等形成的土壤胶体通常带负电荷，而无机矿物如氧化铁等形成的是正电性溶胶，带相反电荷的两种溶胶相互聚沉，容易形成疏松多孔的具有一定水稳性、力稳性的土壤团粒，这种结构对土壤的保水保肥、透水通气都具有重要的作用，有利于农作物的生长。所以在农业生产上，可以通过施加有机肥、合理轮作以形成和保持良好的土壤结构。某些高分子化合物如聚丙烯酰胺、聚丙烯酸、聚氧乙烯等能直接导致溶胶的絮凝，这些高分子絮凝剂作为一种土壤改良剂，也可以促进土壤团粒结构的形成，增加土壤稳定性，改善土壤的导水率和透气性，有利于植物生长。土壤里的黏土、腐殖质等许多物质以负电性的胶体形式存在，还可以发生离子交换和离子吸附。例如，NH_4^+ 和 K^+ 等阳离子容易被土壤胶体吸附，使其不容易随水分流失，能够起到保肥的作用，便于植物的根部进行吸收。

农药是一种特殊的工业品，在现代农业生产和生态环境中起着举足轻重的作用。工厂中生产的农药，未经加工之前称为原药，为使少量原药能够均匀地喷洒在大面积的农作物上，必须将原药制成各种制剂，如粉剂、乳剂、胶悬剂、可湿性粉剂、颗粒剂等。绝大多数原药是油溶性的，不能直接使用，因而制备除粉剂外的各种制剂都需加入表面活性剂，通过乳化、增溶、分散、润滑等作用，使原药在加水稀释时能均匀地分散在水中。使用时，表面活性剂还可使农药在植物上润湿铺展有利于药剂渗透到害虫栖息处，并黏附在虫体、菌体上，以充分发挥药效。乳油是目前农药最常用的剂型，大部分的有机农药，如有机膦、有机氯农药等都需配制成乳油使用。乳油主要由原药、溶剂和乳化剂组成，有些乳油中还加入少量助溶剂和稳定剂。溶剂多是芳香族的有机溶剂，如苯、甲苯、二甲苯等。溶剂主要起溶解和稀释农药的作用，帮助乳化分散、增加乳油流动性等。乳化剂都是表面活性剂，要求成本低，不能对农作物产生药害。一般来说，产生药害的大小顺序为阳离子型＞阴离子型＞非离子型。所以非离子型表面活性剂最好，但单独使用乳化效果不好，所以农药乳油中常采用非离子型和阴离子型复配的乳化剂，如十二烷基苯磺酸钙、蓖麻油聚氧乙烯醚等。阳离子型表面活性剂成本高，对农作物药害大，极少采用。胶悬剂是 20 世纪 60 年代末、70 年代初发展起来的一种农药剂型，很多除草剂、杀虫剂、杀菌剂都是胶悬剂，如多菌灵、莠去津等。胶悬剂是难溶的原粉在各种助剂存在下高度均匀分散在水或油中形成的胶体或悬浊液。配制胶悬剂所使用的助剂有润湿剂、分散剂、黏度调节剂、消泡剂和防冻剂等，它们大都是表面活性物质。

胶体、表面活性剂和乳状液已经渗透到了工业生产的各个领域，其应用不胜枚举，在此举例简要说明其在造纸、纺织工业等方面的应用。

造纸时的制浆是利用机械的或化学的方法，或者二者相结合，从植物纤维原料中分离出纤维的过程。从胶体化学的观点看，制浆过程就是将大块植物原料分散成纤维素分散体的过程，制浆方法分为机械法、化学法和化学机械法。在造纸工艺中乳状液主要用于纸浆添加剂、施胶剂、涂布加工纸胶结剂、纸张浸渍剂以及特种纸的加工等。例如，在抄纸过程中，在纸浆中加入干纸重 2%～5%聚合物乳液作添加剂，可以显著提高纸的干湿拉伸强度、耐化学性能、柔韧性和耐折性，若加入更多的聚合物乳液将赋予纸张很高的柔性和抗撕裂强度。作为纸浆添加剂的聚合物乳液主要有聚丙烯酯乳液、聚乙酸乙烯酯乳液、丁苯胶乳、氯丁胶乳、丁腈胶乳等。

在纺织工业中，从纺丝、纺纱、织布、印染和整理到成品的各道工序中，要使用多种纺织染整助剂，以提高操作效率、简化工艺过程、改善印染效果和提高纺织品质量、赋予织物优异的应用性能等。例如，织物在印染后，为改善或提高某些性能，还需进行后整理，整理的目的不同，整理方法也不同。其中柔软整理的目的是使织物具有柔软、丰满、滑爽的手感和变形回复性、悬重性等，所采用的柔软剂大多为表面活性剂。柔软剂能吸附在纤维表面上，从而赋予织物柔软性。常用的阴离子型柔软剂有高级醇硫酸酯和磷酸酯、磺化琥珀酸酯等；非离子型柔软剂有脂肪醇聚氧乙烯醚等，阳离子型柔软剂有二烷基二甲基铵盐等。阴离子型和非离子型柔软剂对纤维的吸附性弱，易清洗除去，耐久性低，对合成纤维的作用很小，阳离子型柔软剂几乎对所有纤维均有较强的结合力，耐温、耐洗涤、耐久性强，能赋予织物良好的手感，且具有一定的抗静电效果，是应用最广泛的柔软剂。再如，纺织品的拒油整理，这是使织物表面不易被油污润湿的整理，由于氟碳链具有不亲水又不亲油的特点，拒油整理经常使用的都是含氟有机化合物，如防油整理剂 FC-208 就是含全氟烷基化合物的聚丙烯酸酯乳状液，把这种乳状液浸轧到织物上经过两天的干燥或烘干都可以获得很好的拒油效果。

国防工业上有些火药、炸药必须制成胶体，冶金工业上的选矿，石油原油的脱水，塑料橡胶及合成纤维等的制造过程都会用到胶体分散体系。在金属加工行业中，金属切削加工的润滑剂和金属涂装使用的涂料都是乳状液。例如，高速切削金属时用的润滑冷却液是 O/W 型乳状液，其中水主要起冷却作用，油起润滑作用。

2.4.2 在生物医药领域的应用

在生物学、血液透析、血清纸上电泳、电泳分离氨基酸和蛋白质、制药与药理学等各方面，都需要运用胶体及乳状液的相关知识与理论。

在生物学中应用最广泛的是金溶胶。免疫胶体金技术是 20 世纪 80 年代继荧光素、放射性同位素和酶三大标记技术后发展起来的固相标记免疫测定技术。金溶胶带负电荷，可与蛋白质分子的正电荷基团牢固地结合，由于这种结合是静电结合，所以不影响蛋白质的生物学特性，而且胶体金颗粒对蛋白质有很强的吸附能力，能与很多物质非共价结合，如免疫球蛋白、毒素、糖蛋白、酶、抗生素、激素等，从而使其成为免疫反应的优良标记物，用于定性或定量的快速免疫检测方法中。根据胶体金的一些物理性状，如高电子密度、颗粒大小、形状和颜色反应等，加上结合物的免疫和生物学特性，胶体金已被广泛应用于免疫组织学、免疫学、病理学、细胞生物学、生物分子识别和生物传感器等生物医学领域，在医学临床检验中可以利用免疫胶体金技术进行早孕、乙肝、寄生虫、性病和病毒、细菌等的检测。

在医学上还可以利用高度分散的胶体来治疗疾病，如胶态磁流体治癌术是将磁性物质制成胶体粒子，作为药物的载体，在磁场作用下将药物送到病灶，从而提高疗效。血液本身就是由血球在血浆中形成的胶体分散系，与血液有关的疾病的一些治疗、诊断方法可以利用胶体的性质，如血液透析、血清纸上电泳等。使用乳状液形式的药剂有悠久的历史，一些乳化剂不仅直接被当作助消化药、杀菌消毒药、局部麻醉药使用，而且大量被用作制药的助剂、把药剂制成乳状液形式，以提高药剂的使用效果。由于 O/W 型乳状液对皮肤渗透力强，有利皮肤对药物的吸收，因此药物乳状液大多制成 O/W 型。例如，油溶性的维生素 A、维生素 D、维生素 E、维生素 K、鱼肝油以及有极苦和难闻味道的胆固醇类激素在制成乳状液形式后都更易于服用和利于肠壁对药物的吸收。一些驱虫药和麻醉药通常也制成乳状液形式，特别适于儿童服用。

在生理上，人体对脂肪营养物质的消化和吸收，必须依赖于脂肪乳化增溶才能进行。在脂肪的消化和吸收中，最重要的表面活性剂是胆汁盐，它们从胆固醇和卵磷脂衍生得到。胆汁盐在肝脏中合成，没有营养物存在时，胆汁酸通常浓缩并储存于胆囊中，在营养物的存在刺激下，胆汁分泌进入小肠上部，在肠壁肌肉的运动及胰酶等综合作用下，乳化脂肪，或者与卵磷脂等形成混合胶束，增溶不溶解的脂肪酸，乳化和增溶后的脂肪类物质与小肠壁接触并穿过上皮细胞膜，从而使其被吸收和消化。正常情况下，人体每天利用的胆汁大概有 3 g，但在脂肪消化过程中要循环反复 10 余次，

2.4.3　在日常生活中的应用

在日常生活中所接触的很多物品，如洗涤剂、化妆品、各种饮料中香料的乳化、乳制品、冰淇淋等，都是胶体和乳状液等各种分散体系。

1. 在食品加工中的应用

我国的食品安全形势一直不容乐观，而食品添加剂的规范使用对食品安全具有决定性的意义。很多食品以胶体或乳状液的形态存在，如饮料、冰淇淋、人造奶油等。乳化剂是食品工业中非常重要的、功能多样的高效食品添加剂，在食品加工过程中除了发挥表面活性剂的乳化、分散、悬浮、起泡、润湿、增溶、破乳等作用外，还广泛应用了增稠、润滑、保护、抑泡、消泡等作用，乳化剂与食品中的类脂、蛋白质、碳水化合物相互作用，对改进和提高食品质量起着重要作用。各种天然的和人工合成的乳化剂在食品工业中广泛应用，不仅在面包、糕点、人造奶油、冰淇淋、仿乳制品、巧克力、糖果、香肠、肉制品、饮料、豆制品、罐头等食品加工中得到应用，在食品涂膜保鲜和制糖工业中也有应用。例如，人造奶油又称人造黄油，是由食用油脂、乳化剂及其他添加剂与牛奶或水混合制成的油包水型乳状液。早期的人造黄油只是奶油的代用品，目前人造黄油已成为一种营养价值、风味及物理性能均优于奶油的油脂食品，特别是含有大量不饱和脂肪酸的人造奶油，对保护心血管系统十分有益。食品中使用的许多精油香料、维生素和色素都是油溶性的，由于它们不溶于水不能直接用水稀释使用。把它们配成乳状液或配成浓缩的可乳化形式，使用时可加水稀释，方便了使用。例如，β-胡萝卜素等脂溶性色素可用蔗糖酯、卵磷脂乳化成 O/W 型乳状液后使用，扩大其使用范围，而且使用方便，广泛用于人造奶油及饮料中作着色剂。

2. 在洗涤和化妆品中的应用

香皂、合成洗涤剂等洗涤用品是现代人生活中不可缺少的日用品，其在工业上的应用也越来越广泛。洗涤用品的主要有效成分就是表面活性剂，全世界每年一半以上的表面活性剂消耗在洗涤行业。

最早用作洗涤剂的是肥皂，它是动、植物油脂径 NaOH 或 KOH 皂化而制得的。肥皂虽是一种良好的洗涤剂，但在酸性溶液中会形成不溶性脂肪酸，在硬水中会与 Ca^{2+}、Mg^{2+} 等离子生成不溶性的脂肪酸盐，不但降低了去污性能，而且会污染织物表面。近几十年来，合成洗涤剂工业发展迅速，用烷基硫酸盐、烷基芳基磺酸盐及聚氧乙烯型非离子表面活性剂等原料制

成的各种合成洗涤剂去污能力比肥皂强，而且克服了肥皂的上述缺点，可制成片剂、粉剂或洗涤液，便于使用机械搅拌的方式进行洗涤。目前，洗涤剂的种类很多，分别适用于不同固体表面和污垢的洗涤，如厨房用的、住宅用的、洗衣用的、洗发用的及其他工业用洗涤剂，或者分为轻垢型洗涤剂和重垢型洗涤剂。无论何种洗涤剂，在合成过程中一般都需要考虑以下几个因素：①洗涤剂必须具有良好的润湿性能，使它与被清洁的固体表面有充分的接触；②能有效地降低被清洗固体与水及污垢与水的界面张力，使污物与固体的黏附作用变小而使污物脱落；③有一定的起泡或增溶作用，能及时把除下的污物分散；④能在洁净固体表面形成保护膜而防止污物重新沉积。所以在合成洗涤剂中往往除了含有某些起泡剂、乳化剂等表面活性物质外，还要加入一些硅酸盐、焦磷酸盐等非表面活性物质作为增效助剂，起缓冲、分散和螯合等作用，使溶液有一定的碱性，增强去污能力，同时也可防止清洁固体表面重新被污物沉积。三聚磷酸钠曾经是使用量最大的增效助剂，助洗效果十分显著，但其洗涤废水易造成水富营养化而污染环境，所以使用受到限制，现已开发出很多代用品，如亚胺磺酸盐、聚丙烯酸盐、羧甲基淀粉等。

随着人们生活水平的提高，化妆品在人们的日常生活中使用得越来越频繁。化妆品是清洁、美化和保养人体皮肤、毛发等的日常用品。

化妆品种类繁多，功能各异。按产品的形状分类，常见的有乳化状化妆品、悬浮状化妆品、粉状化妆品、液状化妆品、锭状化妆品、油状化妆品等。最常见的化妆品剂型是乳状液和乳化型膏状体，既有 O/W，也有 W/O 型，如洗面奶、护发素、润肤乳液、发乳、染发香波等为乳状液，乳化型膏状体是借助乳化剂使油、水两相均匀分散形成的软膏状固体，冷霜、润肤霜、清洁霜、按摩霜、发乳膏为 W/O 型，而雪花膏、洗发膏、剃须膏、粉底霜、营养霜是 O/W 型。把化妆品制成乳状液形式既可以保持油剂、水剂型化妆品的优点，又可以克服其不足之处。油剂型化妆品有很好的润滑效果，在皮肤表面形成的油膜有很好的保护效果，但使用时有油腻感觉，水剂型化妆品无油腻感但润滑效果差，在皮肤表面蒸发较快，使人有冷的感觉，而使用乳状液既可以发挥油、水的优势，又可避免其不足因而成为化妆品常用的剂型。例如，润肤液是通常为含油量较低的 O/W 型乳状液，它具有乳液质地细腻、用后无油腻感、稳定性好的优点。

在各种类型的化妆品中，表面活性剂都是不可缺少的原料，其主要起乳化、增溶、分散的作用，有时还用作杀菌剂、润湿剂、抗静电剂、抗晶析剂、染色助剂等。用于化妆品的表面活性剂必须具有很好的安全性，刺激性小，而且颜色要浅，无异味，稳定性好。在已使用的表面活性剂中，阴离子型和非离子型较多，阳离子型较少，常用的阴离子型表面活性剂有烷基硫酸盐、烷基(苯)磺酸盐、烷基聚氧乙烯硫酸盐等；阳离子型表面活性剂有烷基三甲基溴化铵、二烷基二甲基氯化铵等。非离子型和两性表面活性剂由于刺激性较小，配伍性很好，是现在的发展方向。非离子型表面活性剂有聚氧乙烯烷基酚醚、聚氧乙烯脂肪醇醚、脂肪酸多元醇酯等；两性表面活性剂有甜菜碱型、氨基酸型。

3. 水的净化

水是人类生活和生产不可缺少的物质，但天然水一般含有很多杂质，不同的领域对水质的要求不同，针对不同的用途，对水进行一定的净化处理是非常必要的。另外，生活和工业生产中往往产生大量污水，其中含有大量有害物质，直接排放会造成严重的环境污染，也必须进行净化处理使其达到排放标准，在水资源日趋紧张的现代社会，污水处理后的循环利用对水资源节约非常重要。

水处理过程比较复杂，其中最主要的是除去水中的胶体杂质，采用的方法一般是化学混凝法。化学混凝法是以溶胶聚沉为基础的自来水及污水净化工艺，即通过添加混凝剂，破坏水中胶体的稳定性，使其絮凝沉降。在水中，常含有一些胶体杂质，如黏土矿物、金属水合氧化物、腐殖酸、水藻、细菌及工业生产过程中产生的细小颗粒等，它们悬浮在水中，由于散射自然光而造成水体混浊。同时，它们往往吸附一些污水中的有毒物质，如重金属、农药等，对水质的影响很大。这些胶体杂质在水中的悬浮稳定性很高，直接用沉淀法难以除去，需加入一些处理剂，使胶体粒子聚集成大粒子，再通过沉淀或过滤等方法除去。混凝剂使胶体粒子聚集的作用机理与胶体的聚沉相同，主要表现在三个方面：静电中和、粒子间桥联和卷扫作用。本身带电或水解带电的混凝剂可以中和水中胶体的电荷，使其双电层结构被破坏而发生聚沉，高分子混凝剂由于桥联作用使胶体絮凝，卷扫作用是已发生凝聚生成的絮团体，在沉降过程中以其巨大表面吸附卷带其他胶粒，生成更大絮团。混凝剂的品种很多，可分为三大类，第一类是无机混凝剂，如明矾、$FeCl_3 \cdot 6H_2O$ 等；第二类是人工合成高分子絮凝剂，如聚丙烯酰胺和聚氧乙烯等；第三类是天然高分子絮凝剂，如淀粉类、纤维素衍生物类，但使用较少。例如，在水中加入无机混凝剂明矾[$KAl(SO_4)_2 \cdot 12H_2O$]，由于天然水中的悬浮粒子一般是负电性溶胶，明矾离解出的阳离子对其具有聚沉作用，明矾水解后生成 $Al(OH)_3$ 正溶胶又可以与水中悬浮粒子发生溶胶的相互聚沉作用，再加上 $Al(OH)_3$ 絮状物的吸附卷扫作用，可使污物沉淀，从而达到了净化水的目的。

2.4.4　在材料、建筑领域的应用

工农业生产和日常生活中的许多重要材料，如水泥、超细粉材料、合金、磁性材料、特种陶瓷、纤维、橡胶与塑料等，都在某种程度上与胶体有关。例如，在金属、陶瓷、聚合物等材料中加入固态胶体粒子，不仅可以改进材料的耐冲击强度、耐断裂强度、抗拉强度等机械性能，也可以改进材料的光学性质，有色玻璃就是由某些胶态金属氧化物分散于玻璃中制成的。金属氧化物和氢氧化物是塑料和橡胶必不可少的填料。

建筑业中使用了多种溶胶和乳状液形式的材料，如油漆、涂料、地板上光剂、水泥砂浆改性剂以及乳液沥青等。例如，常用的乳胶漆是水性涂料的一种，是以合成聚合物乳状液为基料，将颜料、填料、助剂等分散在其中形成的水包油型乳状液。乳胶漆有干燥快、盛装容器在使用后容易用水冲洗干净的优点。一般乳胶漆无味或稍有味，可在潮湿的气候条件下对潮湿表面施工，形成的涂膜有耐擦洗的特点，因此受到人们欢迎。沥青是一种重要的筑路材料，也是建筑物防水处理、木材防腐处理、制备防潮油毡所必需的原料。由于沥青在常温下是固体或半固状态，使用不便。把沥青乳化分散在水中形成沥青乳液具有处理设备简单、节省能源、不产生臭气、无毒、不污染环境等优点，因此沥青乳液在铺路和建筑行业得到广泛应用。

本 章 小 结

本章主要介绍了溶胶和乳状液两种分散体系，简要介绍了高分子溶液的性质、表面活性剂及其结构特点与应用。

分散质粒径为 1～100 nm 的分散体系称为胶体，胶体可以通过分散法或凝聚法进行制备。胶体是一个不均匀的多相体系，分散程度较高，界面能大，这决定了胶体具有特殊的光学性质、动力学性质和电学性质。

光学性质是指胶体具有丁铎尔现象，动力学性质是指胶体的布朗运动，电学性质是指胶体具有电泳和电渗现象，电动现象说明了胶体是带电的。胶粒的选择性吸附使胶体带电，并且形成了扩散双电层结构，胶体的结构常用胶团结构式来表示。扩散双电层结构和溶剂化作用是胶体稳定存在的主要原因。使胶粒从分散介质中分离沉降的过程称为胶体的聚沉，使溶胶聚沉的因素有多种，最重要的是电解质对溶胶的聚沉。与溶胶带相反电荷的离子起主要的聚沉作用，并且反离子的价数越高，聚沉能力越大。

相对分子质量大于 10^4 的物质称为高分子物质，高分子化合物具有亲水基，与水分子的结合力强，因此高分子溶液是单相体系，稳定性好。适量高分子物质对溶胶具有保护作用，而少量高分子物质由于搭桥效应，对溶胶具有絮凝作用。

能显著降低水的表面张力的物质称为表面活性剂。表面活性剂在两相界面定向排列、形成单分子膜，降低表面张力的作用称为表面活性作用。表面活性剂既具有亲水基又具有亲油基，这种双亲基团的结构特点决定了表面活性剂的性质。表面活性剂可分为离子型和非离子型两大类，离子型又分为阴离子型、阳离子型和两性表面活性剂三种。表面活性剂用途广泛，其主要作用有润湿、乳化、起泡、分散、洗涤、润滑、增溶、减水等。

一种液体以小液滴分散到另外一种与其互不相溶的液体中形成的分散体系称为乳状液。乳状液属于粗分散体系，有 O/W 和 W/O 两种类型，在制备乳状液时需加入乳化剂，亲水性乳化剂形成 O/W 型乳状液，亲油性乳化剂形成 W/O 型乳状液。乳化剂一般是表面活性剂，其在水油界面定向排列，形成一层具有一定机械强度的界面膜，降低了界面能，这是使乳状液稳定的主要原因。乳状液的鉴别方法有染色法、稀释法、电导法和滤纸润湿法，乳状液的类型可以相互转化，在一定条件下可以被破坏。

思考与练习

2-1 什么是分散体系？分散体系如何分类？如何区别各类分散体系？

2-2 溶胶有哪些特性？造成这些特性的主要原因是什么？

2-3 溶胶是一个热力学不稳定体系，但为何能长期稳定存在？

2-4 溶胶与高分子溶液有何异同？高分子溶液对溶胶的稳定性有何影响？

2-5 什么是表面活性剂？表面活性剂为何具有表面活性作用？

2-6 在乳状液的制备中，为什么需要加入乳化剂？

2-7 如何实现乳状液的转型和破乳？

2-8 举例说明表面活性剂和乳状液在日常生活中的应用。

2-9 利用 $AgNO_3$ 和 KI 溶液制备 AgI 溶胶，在 $AgNO_3$ 和 KI 分别过量时，所得 AgI 溶胶的胶团结构有何不同？胶核吸附电位离子有何规律？

2-10 等体积的 0.01 mol·L^{-1} $BaCl_2$ 和 0.008 mol·L^{-1} H_2SO_4 溶液混合得到 $BaSO_4$ 溶胶，写出该溶胶的胶团结构式。在电泳时，该溶胶会向电场的哪极移动？

2-11 在碱性溶液中利用 HCHO 还原 $HAuCl_4$ 制备金溶胶的反应如下

$$HAuCl_4 + 5NaOH \longrightarrow NaAuO_2 + 4NaCl + 3H_2O$$

$$2NaAuO_2 + 3HCHO + NaOH \longrightarrow 2Au + 3HCOONa + 2H_2O$$

写出所得金溶胶的胶团结构式。若分别用同浓度的下列电解质溶液对其聚沉，各电解质溶液聚沉能力的大小顺序如何？

(1) NaCl (2) Na_2SO_4 (3) $MgSO_4$ (4) $AlCl_3$

2-12 取某溶胶各 20 mL 分别置于三支试管中，用下列电解质溶液分别使其聚沉，所需电解质溶液的浓度和用量分别是 KCl，c=4 mol·L^{-1}，V=0.5 mL；Na_2SO_4，c=0.005 mol·L^{-1}，V=1.25 mL；Na_3PO_4，c=0.003 mol·L^{-1}，V=0.75 mL。计算各电解质的聚沉值，由此判断该溶胶胶粒带何种电荷。

第二篇　化学反应基本原理

作为化学研究对象的物质无以计数，它们所发生的化学反应千变万化，纷繁复杂，但是，从本质上说，化学反应都是原子或原子团的重新组合，是化学键的破坏与形成，所以化学反应在客观上必然存在着一定的规律性。

在化学反应的研究中，人们首先需要了解一个化学反应在指定的条件下能否朝着预定的方向进行，如果该反应能够进行，能达到什么限度？即化学变化的方向和限度问题。在明确了化学反应的方向和限度后，一个化学反应的速率究竟有多大？反应是经过什么样的机理(或历程)进行的？温度、压力、浓度、催化剂等外界条件对反应速率有什么影响？即化学反应的速率和机理问题。

化学反应的方向和限度问题属于化学热力学的研究范畴，化学反应的速率和机理问题属于化学动力学的研究范畴。化学热力学、化学动力学和物质结构理论组成了近代化学的三大基本理论，理解和掌握化学热力学与化学动力学的相关内容是认识化学反应基本规律的基础，是控制、设计和利用化学反应的前提。本篇将在化学热力学基础及化学平衡两章中介绍化学热力学的基本理论和基础知识，在化学动力学基础中介绍化学反应速率的相关理论和基础知识。

第 3 章　化学动力学基础

研究一个化学反应的规律,应该从热力学和动力学两个方面进行。化学热力学用于判断反应的方向和限度,化学动力学是研究化学反应速率和反应机理的科学。在一定条件下,经化学热力学判断可以发生、甚至正向进行趋势很大的反应,其反应速率可能非常慢,不能明显地观察到反应的进行,也就不能用于生产实践和科学研究。所以一个化学反应,必须了解其反应速率,明确温度、浓度等各种因素对反应速率的影响,研究反应经历的具体机理及其控制步骤,才能在科研和生产实践中控制反应条件,选择最合适的反应物用量配比,设计出科学合理的反应流程。

本章主要介绍化学反应速率的定量描述,讨论浓度、温度及催化剂等因素对化学反应速率的影响,简单阐述化学反应速率的碰撞理论和过渡态理论。

3.1　化学反应进度与反应速率

3.1.1　化学反应进度

不同的化学反应,其速率千差万别,如炸药的爆炸、水溶液中的酸碱反应等瞬间就能完成,而塑料的老化、煤和石油的形成等反应却需要很长的时间才能完成,所以需要定量地描述化学反应的快慢。国际纯粹与应用化学联合会(IUPAC)推荐采用化学反应进度来表示化学反应的速率。

描述和表征化学反应进行程度的物理量称为化学反应进度,用符号 ξ 表示,SI 单位为 mol。对于一般的化学反应

$$a\text{A(aq)}+d\text{D(aq)}=\!=\!=g\text{G(aq)}+h\text{H(aq)}$$

反应进度定义为

$$\xi=\frac{\Delta n(\text{A})}{-a}=\frac{\Delta n(\text{D})}{-d}=\frac{\Delta n(\text{G})}{g}=\frac{\Delta n(\text{H})}{h}$$

通式为

$$\xi=\frac{\Delta n(\text{B})}{\nu_\text{B}} \tag{3-1}$$

式中,$\Delta n(\text{B})$为反应体系中任一种反应物或生成物 B 的物质的量的变化值;ν_B 为物质 B 的化学计量系数,并规定对于反应物 ν_B 取负值,对于生成物 ν_B 取正值。例如,反应

$$3H_2(g)+N_2(g)=\!=\!=2NH_3(g)$$

若 $\xi=1$ mol,表示此时的反应进度为 1 mol,$\Delta n(H_2)=-3$ mol、$\Delta n(N_2)=-1$ mol、$\Delta n(NH_3)=+2$ mol,即 3 mol $H_2(g)$与 1 mol $N_2(g)$完全反应生成了 2 mol $NH_3(g)$。

而对于反应

$$H_2(g)+\frac{1}{3}N_2(g)=\!=\!=\frac{2}{3}NH_3(g)$$

若 $\xi=1$ mol,同样表示反应进度为 1 mol,但 $\Delta n(H_2)=-1$ mol、$\Delta n(N_2)=-1/3$ mol、$\Delta n(NH_3)=+2/3$ mol,即 1 mol $H_2(g)$与 1/3 mol $N_2(g)$完全反应生成了 2/3 mol $NH_3(g)$。

可见，对于同一反应，即使反应进度都为 1 mol，若反应方程式写法不同，反应物的消耗量与生成物的增加量也完全不同。因此，应用反应进度时，必须与具体的化学反应方程式相一致。

3.1.2　化学反应速率的表示和测定

通常化学反应是在指定的容器中进行，因此常用单位体积中反应进度随时间的变化率来表示反应速率。

$$\bar{v}=\frac{1}{V}\cdot\frac{\xi}{\Delta t}=\frac{1}{V}\cdot\frac{\Delta n(\mathrm{B})}{\nu_{\mathrm{B}}\cdot\Delta t}=\frac{1}{\nu_{\mathrm{B}}}\cdot\frac{\Delta c(\mathrm{B})}{\Delta t} \tag{3-2}$$

式(3-2)表示的是在时间 Δt 内化学反应的平均速率，速率的单位是“浓度 · 时间$^{-1}$”，常用的是 $\mathrm{mol\cdot L^{-1}\cdot s^{-1}}$。事实上，绝大多数化学反应都是非匀速的，不同时间段内，反应的平均速率不同。为了确切地表示化学反应在某一时刻的真实快慢，应使用瞬时速率，即反应时间间隔趋于 0 时的平均速率

$$v=\lim_{\Delta t\to 0}\left[\frac{1}{\nu_{\mathrm{B}}}\cdot\frac{\Delta c(\mathrm{B})}{\Delta t}\right]=\frac{1}{\nu_{\mathrm{B}}}\cdot\frac{\mathrm{d}c(\mathrm{B})}{\mathrm{d}t} \tag{3-3}$$

对任一反应 $a\mathrm{A(aq)}+d\mathrm{D(aq)}=\!=\!=g\mathrm{G(aq)}+h\mathrm{H(aq)}$，根据式(3-3)可得用各种反应物和生成物浓度表示的瞬时速率

$$v=\frac{1}{-a}\cdot\frac{\mathrm{d}c(\mathrm{A})}{\mathrm{d}t}=\frac{1}{-d}\cdot\frac{\mathrm{d}c(\mathrm{D})}{\mathrm{d}t}=\frac{1}{g}\cdot\frac{\mathrm{d}c(\mathrm{G})}{\mathrm{d}t}=\frac{1}{h}\cdot\frac{\mathrm{d}c(\mathrm{H})}{\mathrm{d}t}$$

瞬时反应速率可由图解法求得。测量某一反应物或产物在不同时刻的一系列浓度，绘制浓度随时间变化的曲线，由反应速率的定义式可见，曲线上任意一点切线的斜率$[\Delta c(\mathrm{B})/\Delta t]$再乘以 $1/\nu_{\mathrm{B}}$，即为反应在该时刻的瞬时速率。

【例 3-1】　已知反应 $2\mathrm{N_2O_5(g)}=\!=\!=4\mathrm{NO_2(g)}+\mathrm{O_2(g)}$的实验数据如下。

t/s	0	500	1000	1500	2000	2500	3000
$c(\mathrm{N_2O_5})/(\mathrm{mol\cdot L^{-1}})$	5.00	3.25	2.48	1.75	1.23	0.87	0.61

(1) 求 500～1000 s 及 2000～2500 s 的平均速率；

(2) 求 1000 s 时的瞬时速率。

解　(1) 根据平均速率的定义式可得

$$\bar{v}=\frac{1}{\nu_{\mathrm{B}}}\cdot\frac{\Delta c(\mathrm{B})}{\Delta t}=-\frac{1}{2}\cdot\frac{\Delta c(\mathrm{N_2O_5})}{\Delta t}=-\frac{1}{2}\cdot\frac{c_2(\mathrm{N_2O_5})-c_1(\mathrm{N_2O_5})}{t_2-t_1}$$

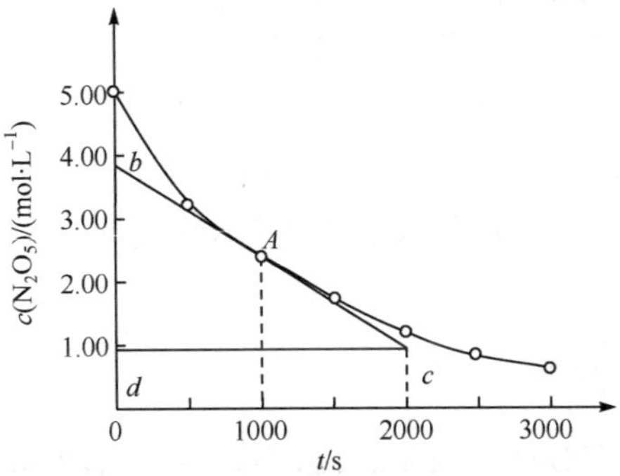

图 3-1　反应物浓度与时间的关系

则 500～1000 s 的平均速率为

$$\bar{v}_1=-\frac{1}{2}\times\frac{2.48-3.25}{1000-500}=7.7\times10^{-4}(\mathrm{mol\cdot L^{-1}\cdot s^{-1}})$$

2000～2500 s 的平均速率为

$$\bar{v}_2=-\frac{1}{2}\times\frac{0.87-1.23}{2500-2000}=3.6\times10^{-4}(\mathrm{mol\cdot L^{-1}\cdot s^{-1}})$$

(2) 根据题中所列实验数据作 $c(\mathrm{N_2O_5})$-t 曲线，如图 3-1 所示。可见反应物 $\mathrm{N_2O_5}$ 的浓度随反应时间的推移呈非线性降低。时间为 1000 s 时，曲线上对应的点是 A，过 A 点作曲线的切线，截取 bc 段，作直角三角形 bdc，则切线 bc 的斜率为

$$\frac{bd}{dc}=\frac{\Delta c}{\Delta t}=\frac{c_2-c_1}{t_2-t_1}=\frac{0.99-3.85}{2000-0.00}=-1.4\times10^{-3}(\text{mol}\cdot\text{L}^{-1}\cdot\text{s}^{-1})$$

所以该反应在 1000 s 时的瞬时速率为

$$v_{1000}=\frac{1}{\nu_B}\times\text{斜率}=-\frac{1}{2}\times(-1.4\times10^{-3})=7.0\times10^{-4}(\text{mol}\cdot\text{L}^{-1}\cdot\text{s}^{-1})$$

3.1.3　反应机理

一个化学反应方程式，只能说明反应物和生成物之间的计量关系，不能说明反应物是通过什么途径转变成生成物的。化学反应所经历的具体过程和途径称为反应机理或反应历程。由反应物分子一步直接转化为产物分子的反应称为基元反应，由基元反应构成的宏观化学反应称为简单反应；由两个或两个以上的基元反应构成的反应称为非基元反应，由非基元反应构成的宏观化学反应称为复杂反应。

一个化学反应是简单反应还是复杂反应，不能简单地从反应方程式上判断，需要通过实验对反应的中间产物进行检测来确定。例如，乙酸乙酯与碱的反应

$$CH_3COOC_2H_5+OH^-═CH_3COO^-+C_2H_5OH$$

该反应是一步完成的反应，为基元反应。

而反应 $2NO+2H_2═N_2+2H_2O$ 有中间产物 H_2O_2，是复杂反应，其反应机理为

$$2NO+H_2═N_2+H_2O_2\quad(\text{慢})$$

$$H_2O_2+H_2═2H_2O\quad(\text{快})$$

反应机理中各基元反应的速率相差较大，而复杂反应的速率取决于反应机理中速率最慢的基元反应，因此，该基元反应称为复杂反应的定速步骤或控制步骤。

3.2　浓度对反应速率的影响

化学反应速率主要取决于反应物的本性，其次还与反应物的浓度、反应时的温度以及是否使用催化剂有关。

3.2.1　质量作用定律和基元反应的速率方程

化学反应速率与反应物的浓度有关，如木炭在纯氧中比在空气中燃烧更为剧烈。实验证明，在一定温度下，基元反应的反应速率与各反应物的物质的量浓度以其化学计量系数的绝对值为幂指数的乘积成正比，此定量关系称为质量作用定律。

对于任一基元反应

$$aA(aq)+dD(aq)═gG(aq)+hH(aq)$$

根据质量作用定律

$$v=kc^a(A)c^d(D)\qquad(3\text{-}4)$$

式(3-4)是质量作用定律的数学表达式，也称基元反应的速率方程。式中，k 为反应速率常数，其物理意义为各反应物浓度均为 1 mol·L^{-1}时的反应速率。其大小与反应的本性、反应温度及催化剂有关，与反应物的浓度无关，速率常数 k 一般由实验测定。

质量作用定律只适用于基元反应，不适用于复杂反应。

3.2.2 复杂反应的速率方程

复杂反应由若干个基元反应构成，因此，质量作用定律对其中每一步反应都适用。若已知复杂反应的反应机理，则可由定速步骤写出总反应的速率方程。例如，复杂反应

$$2NO + 2H_2 \xlongequal{} N_2 + 2H_2O$$

其反应机理为

(1) $2NO + H_2 \xlongequal{} N_2 + H_2O_2$ （慢）

(2) $H_2O_2 + H_2 \xlongequal{} 2H_2O$ （快）

反应(1)是定速步骤，决定着整个复杂反应的速率，故反应的速率方程为

$$v = kc^2(NO)c(H_2)$$

然而，大多数复杂反应的机理无从知晓，这时其速率方程只能由实验确定。实验证明，大多数化学反应，无论是否为基元反应，其速率方程的形式一般与式(3-4)类似。即在一定温度下，对于任一化学反应

$$a\mathrm{A(aq)} + d\mathrm{D(aq)} \xlongequal{} g\mathrm{G(aq)} + h\mathrm{H(aq)}$$

其速率方程可写为

$$v = kc^x(A)c^y(D) \tag{3-5}$$

通过实验数据，计算出 x、y 和 k 值，就可以确定速率方程。

【例 3-2】 在 600 K 时，测得反应 $2NO(g) + O_2(g) \xlongequal{} 2NO_2(g)$ 的实验数据如下。

实验编号	起始浓度/($mol \cdot L^{-1}$)		反应速率 v/($mol \cdot L^{-1} \cdot s^{-1}$)
	$c(NO)$	$c(O_2)$	
1	0.0100	0.0100	1.26×10^{-3}
2	0.0100	0.0200	2.50×10^{-3}
3	0.0300	0.0200	2.26×10^{-2}

(1) 确定上述反应的速率方程；

(2) 求 $c(NO) = 0.0150\ mol \cdot L^{-1}$，$c(O_2) = 0.0250\ mol \cdot L^{-1}$ 时的反应速率。

解 (1) 设反应的速率方程为 $v = kc^x(NO)c^y(O_2)$

代入实验数据

$$v_1 = k(0.0100)^x \cdot (0.0100)^y = 1.26 \times 10^{-3} \quad ①$$

$$v_2 = k(0.0100)^x \cdot (0.0200)^y = 2.50 \times 10^{-3} \quad ②$$

$$v_3 = k(0.0300)^x \cdot (0.0200)^y = 2.26 \times 10^{-2} \quad ③$$

由②/①得

$$\left(\frac{0.0200}{0.0100}\right)^y = \frac{2.50 \times 10^{-3}}{1.26 \times 10^{-3}}$$

即 $2^y = 1.98$，故 $y \approx 1$。

由③/②得

$$\left(\frac{0.0300}{0.0100}\right)^x = \frac{2.26 \times 10^{-2}}{2.50 \times 10^{-3}}$$

即 $3^x = 9.0$，故 $x = 2$。

因此，该反应的速率方程为 $v = kc^2(NO)c(O_2)$。

将三组数据分别代入速率方程，可求得速率常数 k

$$k_1 = \frac{1.26 \times 10^{-3}}{(0.0100)^2 \times (0.0100)} = 1.26 \times 10^3 (mol^{-2} \cdot L^2 \cdot s^{-1})$$

$$k_2=\frac{2.50\times10^{-3}}{(0.0100)^2\times(0.0200)}=1.25\times10^3(\mathrm{mol^{-2}\cdot L^2\cdot s^{-1}})$$

$$k_3=\frac{2.26\times10^{-2}}{(0.0300)^2\times(0.0200)}=1.26\times10^3(\mathrm{mol^{-2}\cdot L^2\cdot s^{-1}})$$

因此　$$k=\frac{1}{3}(k_1+k_2+k_3)=1.26\times10^3\ \mathrm{mol^{-2}\cdot L^2\cdot s^{-1}}$$

(2) 当 $c(\mathrm{NO})=0.0150\ \mathrm{mol\cdot L^{-1}}$，$c(\mathrm{O_2})=0.0250\ \mathrm{mol\cdot L^{-1}}$时

$$v=kc^2(\mathrm{NO})c(\mathrm{O_2})=1.26\times10^3\times(0.0150)^2\times0.0250=7.09\times10^{-3}(\mathrm{mol\cdot L^{-1}\cdot s^{-1}})$$

值得注意的是，虽然该题的计算结果恰巧 $x=a$、$y=d$，即计算所得反应级数与对应反应物前的计量系数相同。但是，我们不能就此判断此化学反应就是基元反应，事实上，该反应经实验证明是一个复杂反应。

3.2.3　反应级数

速率方程 $v=kc^x(\mathrm{A})c^y(\mathrm{D})$中，各浓度项的指数称为反应级数，$x$ 为反应物 A 的反应级数，y 为反应物 D 的反应级数，$x+y$ 为反应总级数，简称反应级数，用 n 表示，即 $n=x+y$。反应级数的大小表明了反应物浓度对反应速率的影响程度，n 越大，浓度对反应速率的影响越剧烈。

对于基元反应，$x=a$，$y=d$，$n=a+d$，即基元反应的反应级数和速率方程可以直接根据基元反应方程式确定；对于复杂反应 x 和 y 不一定等于 a 和 d，所以复杂反应的反应级数和速率方程必须通过实验确定。

反应级数的值可以是整数、分数和 0，有时甚至可以为负数，且可因条件改变而变化。例如，蔗糖水解是二级反应，$v=kc(\text{蔗})c(\mathrm{H_2O})$，若反应系统中水的量很大，则水的浓度在任何时候几乎保持不变，为一常数，此时该反应表现为一级反应，即

$$v=k'c(\text{蔗})\qquad k'=kc(\mathrm{H_2O})$$

由于反应速率的单位是“浓度 · 时间$^{-1}$”，根据反应速率方程，反应速率常数的单位应是“浓度$^{1-n}$ · 时间$^{-1}$”，所以反应级数还决定着速率常数的单位，各反应级数对应的速率常数单位列于表 3-1。

表 3-1　反应级数与速率常数单位的关系

反应级数	速率方程	速率常数 k 的单位
零级	$v=k$	$\mathrm{mol\cdot L^{-1}}$ · 时间$^{-1}$
一级	$v=kc(\mathrm{A})$	时间$^{-1}$
二级	$v=kc^2(\mathrm{A})$或 $v=kc(\mathrm{A})c(\mathrm{D})$	$\mathrm{mol^{-1}\cdot L}$ · 时间$^{-1}$
三级	$v=kc^3(\mathrm{A})$或 $v=kc^2(\mathrm{A})c(\mathrm{D})$	$\mathrm{mol^{-2}\cdot L^2}$ · 时间$^{-1}$
n 级	$v=kc^x(\mathrm{A})c^y(\mathrm{D})$	$\mathrm{mol^{1-n}\cdot L^{n-1}}$ · 时间$^{-1}$

反应级数是重要的动力学参数，在研究反应机理或控制反应速率时往往需测定反应级数。

3.2.4　简单级数反应的积分速率方程

化学反应的速率方程仅说明了反应速率随反应物浓度而变化，但不能说明反应进行到某一特定时刻时反应物或生成物的浓度，而后者更具有实用意义，这可以通过积分速率方程解决。

1. 零级反应的积分速率方程

反应速率与反应物浓度无关的反应称为零级反应。常见的零级反应有表面催化反应和酶

催化反应，这时反应物总是过量的，反应速率决定于固体催化剂的有效表面活性位或酶的浓度。例如，金属钠与水的反应、氨在金属钨表面的催化分解反应都是零级反应。

对于零级反应
$$A \longrightarrow 产物$$
其速率方程为
$$v=kc(A)^0=k$$
即
$$-\frac{dc(A)}{dt}=k$$

设反应初始时 $t=0$，反应物的浓度为 c_0，反应进行到 t 时刻，反应物 A 的浓度为 c_t，对上式进行积分运算

$$\int_{c_0}^{c_t} -dc(A) = \int_0^t k dt$$

得零级反应的积分速率方程为

$$c_t=c_0-kt \tag{3-6}$$

由积分速率方程可以计算反应进行到任意时刻时反应物的浓度或反应物达到某一浓度所需要的时间，这对生产实践具有重要指导意义。据式(3-6)可知，当转化率为 50%，即反应物消耗一半时，该零级反应需要的时间为

$$t_{1/2}=\frac{c_0}{2k} \tag{3-7}$$

时间 $t_{1/2}$ 称为半衰期，是化学反应的一个重要动力学参数。由零级反应的积分速率方程可见，零级反应的反应物的浓度与时间呈线性关系，半衰期 $t_{1/2}$ 与反应物的初始浓度 c_0 成正比。

2. 一级反应的积分速率方程

反应速率与反应物浓度的一次方成正比的反应称为一级反应。放射性元素的蜕变反应、蔗糖的水解反应、分子的重排反应、热分解反应均属一级反应，土壤中的很多吸附反应、农药降解反应等通常也具有一级反应的特征。

对于一级反应
$$A \longrightarrow P$$
其速率方程为
$$v=-\frac{dc(A)}{dt}=kc(A)$$
即
$$-\frac{dc(A)}{c(A)}=kdt$$

设反应初始时 $t=0$，反应物的浓度为 c_0，反应进行到 t 时刻，反应物 A 的浓度为 c_t，对上式进行定积分运算

$$\int_{c_0}^{c_t} -\frac{dc(A)}{c(A)} = \int_0^t k dt$$

得一级反应的积分速率方程为

$$\ln\frac{c_0}{c_t}=kt$$

或
$$\ln c_t=\ln c_0-kt \tag{3-8}$$

式(3-8)表明了一级反应的浓度变化和时间的定量关系，据其可得一级反应的半衰期为

$$t_{1/2}=\frac{1}{k}\ln 2=\frac{0.6932}{k} \tag{3-9}$$

一级反应的积分速率方程说明一级反应反应物浓度的对数 $\ln c_t$ 与反应时间 t 之间呈线性

关系，其半衰期与速率常数成反比，与反应物的起始浓度无关，在一定温度条件下为常数，据此可判断反应是否为一级反应。

【例 3-3】 某一有机农药质量为 3.50 mg，经过 6.3 h 的自然降解后，该农药剩余 2.73 mg。如果有机农药的降解反应为一级反应，求(1) 该有机农药的半衰期；(2) 若要使该农药降解达到 99.99%，需经过多长时间？

解　(1) 设该有机农药的相对分子质量为 M，体积为 V，由一级反应的积分速率方程有

$$k=\frac{1}{t}\ln\frac{c_0}{c_t}=\frac{1}{6.3}\ln\frac{3.50/(MV)}{2.73/(MV)}=0.0394(\text{h}^{-1})$$

则

$$t_{1/2}=\frac{0.6932}{k}=\frac{0.6932}{0.0394}=17.6(\text{h})$$

(2) 若要使农药降解达到 99.99%，则

$$c_t=c_0\times(1-99.99\%)=1.00\times10^{-4}c_0$$

需经过的时间为

$$t=\frac{1}{k}\ln\frac{c_0}{c_t}=\frac{1}{0.0394}\ln\frac{c_0}{1.00\times10^{-4}c_0}=233.8\ (\text{h})$$

【例 3-4】 某一级反应，反应物消耗掉 30%时用去 35 min，求速率常数及反应 5 h 时反应物的转化率。

解　(1) 速率常数为

$$k=\frac{1}{t}\ln\frac{c_0}{c_t}=\frac{1}{35}\ln\frac{c_0}{c_0(1-30\%)}=0.0102(\text{min}^{-1})$$

(2) 设经过 5 h，反应的转化率为 α，则

$$\ln\frac{c_0}{c_0(1-\alpha)}=kt$$

$$\ln\frac{1}{1-\alpha}=0.0102\times5\times60=3.06$$

因此

$$\alpha=95.3\%$$

3.3　温度对反应速率的影响

温度对反应速率的影响极为显著，升高温度可使大多数化学反应的速率加快。从速率方程看出，当反应物浓度一定时，升高温度对反应速率的影响，实质上是通过改变速率常数的值来实现的，因此，只要找出速率常数 k 与温度 T 之间的函数关系，就能了解温度对反应速率的影响。

3.3.1　范特霍夫规则

1844 年荷兰化学家范特霍夫(van't Hoff)根据实验事实总结出温度影响反应速率的一个近似规律：对一般的化学反应，温度每上升 10 ℃，反应速率就增大为原来的 2～4 倍，即

$$\frac{k_{(t+10)}}{k_t}=\gamma=2\sim4\quad 或\quad \frac{k_{(t+10n)}}{k_t}=\gamma^n \tag{3-10}$$

式中，k_t、$k_{(t+10)}$、$k_{(t+10n)}$ 分别为温度在 t℃、$(t+10)$℃、$(t+10n)$℃时的反应速率常数。利用此规则可以粗略地估计温度对反应速率的影响。

3.3.2　阿伦尼乌斯公式

1889 年瑞典化学家阿伦尼乌斯(S. A. Arrhenius)根据大量实验事实，归纳总结出速率常数与温度之间的定量关系式

$$k=A\text{e}^{-E_\text{a}/RT} \tag{3-11}$$

若将式(3-11)取对数则有

$$\ln k=-\frac{E_a}{RT}+\ln A \tag{3-12}$$

式(3-11)、(3-12)都称为阿伦尼乌斯公式。式中,A 为指前因子,是与反应本性有关的常数;R 为气体摩尔常量;E_a 为反应的活化能(单位 $kJ \cdot mol^{-1}$)。对同一反应,在温度为 T_1 和 T_2 时,反应速率常数分别为 k_1 和 k_2,忽略温度对 E_a 和 A 的影响。根据式(3-12)得

$$\ln k_1=-\frac{E_a}{RT_1}+\ln A \quad ①$$

$$\ln k_2=-\frac{E_a}{RT_2}+\ln A \quad ②$$

②－①得

$$\ln\frac{k_2}{k_1}=\frac{E_a}{R}\left(\frac{T_2-T_1}{T_1T_2}\right) \tag{3-13}$$

利用式(3-13)可根据不同温度下的 k 值计算反应的活化能,也可根据活化能和某个温度下的速率常数计算另一温度下的速率常数。

【例 3-5】 已知某反应在 300 K 和 400 K 的速率常数分别为 0.1 s^{-1} 和 100 s^{-1};求

(1) 该反应的活化能;

(2) 当反应温度由 1000 K 升高到 1100 K 时,该反应的反应速率提高了多少倍?并与温度从 300 K 升高到 400 K 的速率变化进行比较,判断选择合适的提高反应速率的方法。

解 (1) 已知 T_1=300 K,k_1=0.1 s^{-1},T_2=400 K,k_2=100 s^{-1},根据阿伦尼乌斯公式

$$\ln\frac{100}{0.1}=\frac{E_a}{8.314}\cdot\left(\frac{400-300}{300\times400}\right)$$

解得

$$E_a=68917.3\ J\cdot mol^{-1}=68.9\ kJ\cdot mol^{-1}$$

(2) 设 T_3=1000 K,T_4=1100 K,则有

$$\ln\frac{k_4}{k_3}=\frac{E_a}{R}\left(\frac{T_4-T_3}{T_3\cdot T_4}\right)$$

即

$$\ln\frac{k_4}{k_3}=\frac{68.9\times10^3}{8.314}\left(\frac{1100-1000}{1000\times1100}\right)=0.753$$

$$k_4/k_3=2.12$$

当反应温度从 300 K 升高到 400 K 时

$$k_2/k_1=\frac{100}{0.1}=1000$$

显然,反应温度从 300 K 升高到 400 K 比从 1000 K 升高到 1100 K,反应速率增加的倍数大得多。

计算结果说明了在低温区域反应速率受温度的影响更为显著。这对科学实验和生产实际具有重要的指导意义。即在反应温度已经较高的情况下,就不应再用升高温度的办法来提高反应速率,而应选用适当的催化剂以达到目的。

阿伦尼乌斯公式定量地描述了反应速率与温度的关系,同时也表明了活化能对反应速率的影响。由于活化能 E_a 和温度 T 都位于指数项,说明它们对速率的影响都很大,其特征主要有以下几个方面。

(1) 活化能的大小取决于反应的本性,是影响化学反应速率的本质因素。当温度一定时,反应的活化能 E_a 越小,k 值越大,反应速率就越大;反之,反应速率就越小。

(2) 同一反应,随着温度的升高,k 值变大,反应速率加快;反之亦然。

(3) 同一反应,升高相同的温度,在低温区域反应速率增加的幅度比高温区域更大,即温

度对反应速率的影响在高温区和低温区是不同的。

(4) 不同的反应,在同一温度下,升高相同的温度,活化能 E_a 越大,$\ln(k_2/k_1)$越大,反应速率增加的倍数越多,即改变温度对活化能大的反应更有效。

3.4　催化剂对反应速率的影响

观察氢气和氧气合成水的反应可知,常温常压下,反应速率极慢,长时间观察不到水的生成,但若向系统中加入微量 Pt 粉,反应立即发生。反应后 Pt 粉的量没有改变。这种只需少量就能显著改变反应速率,而本身的组成、质量和化学性质在反应前后保持不变的物质称为催化剂。

有催化剂参加的反应称为催化反应,催化剂改变反应速率的作用称为催化作用。使反应速率加快的催化剂称为正催化剂,使反应速率降低的催化剂称为负催化剂或阻化剂。例如,为了阻止塑料、橡胶的老化,减缓金属的腐蚀,都需要添加适当的阻化剂,一般不特别说明,均指正催化剂。

3.4.1　催化剂的作用原理

催化剂改变反应速率的原因很复杂,它与反应类型、反应物的种类和状态、催化剂的种类及状态、反应的条件等各种因素都有关。但总的来说,催化剂之所以能加快反应速率,是因为催化剂参与了化学反应,改变了反应机理,从而降低了反应的活化能。催化剂对化学反应速率的影响与浓度或温度不一样,浓度或温度一般不改变反应的机理,而催化剂则改变了反应的机理。

例如,反应 A+B ══ AB,其反应进程中系统势能的变化如图 3-2 所示。无催化剂存在时,反应按途径Ⅰ(实线)进行

$$A+B \Longrightarrow AB \qquad E_a$$

有催化剂 K 存在时,反应按途径Ⅱ(虚线)分两步进行

$$A+K \Longrightarrow AK \qquad E_{a1}$$

$$AK+B \Longrightarrow AB+K \qquad E_{a2}$$

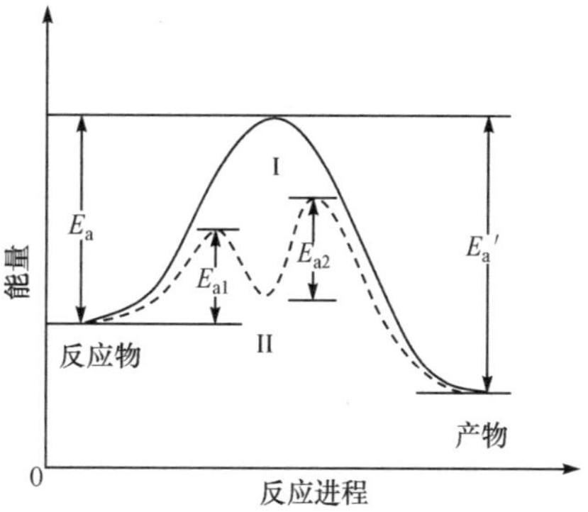

图 3-2　催化与非催化反应势能图

图 3-2 表明,非催化反应过程需要翻越一个较高的能峰才能完成,而在催化剂 K 参与下,反应途径被改变,此时只需翻越两个小小的能峰就能得到产物。由于 E_{a1} 和 E_{a2} 都远小于 E_a,所以反应速率大大提高;显然,加入催化剂后逆反应的活化能 E_a' 也同时降低,且降低值相同,因此逆反应速率也同倍数增加。

【例 3-6】 在 400 K 时,乙醛的分解反应为 $CH_3CHO \Longrightarrow CH_4 + CO$,无催化剂时反应的活化能为 190 kJ · mol^{-1},若用 I_2 蒸气作催化剂可使活化能降至 136 kJ · mol^{-1},试计算使用催化剂 I_2(g)后,可使反应速率提高多少倍。

解　设加催化剂前反应的活化能为 E_{a1},速率常数为 k_1,加入催化剂后反应的活化能为 E_{a2},速率常数为 k_2。根据阿伦尼乌斯公式有

$$\ln k_1 = -\frac{E_{a1}}{RT} + \ln A \qquad ①$$

$$\ln k_2 = -\frac{E_{a2}}{RT} + \ln A \qquad ②$$

②−①得

$$\ln\frac{k_2}{k_1} = \frac{E_{a1} - E_{a2}}{RT}$$

代入数据得

$$\ln\frac{k_2}{k_1}=\frac{(190-136)\times10^3}{8.314\times400}=16.24$$

$$\frac{k_2}{k_1}=1.1\times10^7$$

即加入催化剂 $I_2(g)$后，反应活化能降低了 54 kJ·mol^{-1}(约 28.4%)，乙醛分解反应速率增大了 1000 万倍。由此可见，催化作用效率非常高。

3.4.2　催化剂的特性

催化剂的应用非常广泛，工业生产中 80%以上的化学反应都需要使用催化剂，自然界中、生物体内的生理生化反应都是酶催化反应，所以催化剂的种类繁多，形态、性能各异，但催化剂及催化作用具有一些共同的特征。

(1) 催化剂只能改变反应速率，不能改变反应方向。对于热力学理论已经证明不能进行的反应，在相同条件下，加入催化剂也无法使之进行。

(2) 催化剂同时改变了正逆反应速率，且改变倍数相同。所以催化剂可以缩短达到平衡的时间，但不能改变平衡常数，不能使化学平衡移动。

(3) 催化剂具有选择性。一种催化剂通常只能定向催化某一个或某一类反应，如 V_2O_5 只催化 SO_2 的氧化反应。另外，同一反应物若选择不同的催化剂，可生成不同的产物。例如

$$C_2H_5OH\begin{cases}\xrightarrow[Cu]{473\sim523\ K}CH_3CHO+H_2\\ \xrightarrow[Al_2O_3\text{ 或 }ThO_2]{623\sim633\ K}C_2H_4+H_2O\\ \xrightarrow[H_2SO_4]{413.2\ K}C_2H_5OC_2H_5+H_2O\\ \xrightarrow[ZnO\cdot Cr_2O_3]{673.2\sim773.2\ K}CH_2=CH-CH=CH_2+H_2O\end{cases}$$

因此，人们通常利用催化剂的选择性，控制反应以获得所需要的产品。

(4) 杂质对催化剂性能有影响。有些杂质可增强催化功能，称为助催化剂；有些杂质可减弱催化功能，称为抑制剂；还有些杂质可严重阻碍催化功能，使催化剂“中毒”，完全失去催化作用，这种杂质称为“毒物”。

(5) 催化剂在反应前后，虽然质量、组成和化学性质不发生变化，但某些物理性质会发生变化，如外观改变、晶形消失、沉淀硬结等。因此工业生产中使用的催化剂必须经常再生或补充。

3.4.3　催化反应的类型

1. 均相催化反应

反应物与催化剂处于同一相的催化反应称为均相催化反应。例如，NO 气体对反应 $2SO_2(g)+O_2(g)=\!=\!=2SO_3(g)$的催化，反应可能的机理是

$$2NO+O_2=\!=\!=2NO_2$$

$$2NO_2+2SO_2=\!=\!=2NO+2SO_3$$

这是气相催化反应。又如，H^+对乙酸乙酯水解反应的催化作用是液相催化反应。

$$CH_3COOC_2H_5 + H_2O \xrightarrow{H^+} CH_3COOH + C_2H_5OH$$

2. 多相催化反应

反应物与催化剂处于不同相的催化反应称为多相催化反应。多相催化反应中，反应物一般是气体或液体，催化剂往往是固体。催化反应一般发生在固体表面，又称为表面催化反应。例如，Fe 粉催化合成氨反应，Cu 催化乙醇脱氢反应等。多相催化技术在现代工业生产中应用广泛。

3. 酶催化反应

酶是具有特殊催化功能的生物催化剂，是一种复杂的有机物。其中一类为纯蛋白质，如脲酶、胃蛋白酶等；一类为结合蛋白质，如脱氢酶、过氧化氢酶等。结合蛋白质是由称为酶蛋白的蛋白质部分和称为辅基的非蛋白质部分结合而成。

以酶为催化剂的反应，称为酶催化反应。生物体内进行的各种复杂化学反应都离不开酶的作用。人体内约有 3 万多种酶，它们起着各不相同的催化作用。如果人体内某些酶缺乏或过剩，都会引起代谢功能失调或紊乱，引发疾病。酶催化反应具有以下主要特点。

(1) 催化效率高　酶的催化效率比普通催化剂的效率高得多，如在室温下 1 mol 乙醇脱氢酶 1 s 可使 720 mol 乙醇转化为乙醛；若用 Cu 作催化剂，在 200 ℃下每 1 mol Cu 只能催化转化 0.1～1 mol 乙醇，可见酶的催化效率是普通催化剂无法比拟的。

(2) 反应条件温和　酶催化反应在生物体内进行，条件温和，一般为常温常压、中性或接近中性的介质。例如，生物固氮酶在常温常压下可使空气中的氮固定在土壤中，并将其转化为铵态氮，而工业合成氨反应需要在高温高压下进行。

(3) 高度特异性　也称酶催化的专一性。一般一种酶只能催化一种特定反应，如脲酶只催化尿素的水解反应，脂肪酶只专一催化脂肪水解为脂肪酸和甘油，对别的反应不起作用。但也有一些酶可以催化一类反应，如转氨酶和肽酶等，特异性不是太高。

(4) 酶易失去活性　酶催化剂对强酸、强碱及加热等外界条件都很敏感，耐受性较差。反应的 pH 一般接近 7，温度不超过 40 ℃或 50 ℃，否则酶会发生不可逆转的变性作用，甚至会中毒失去活性。

酶催化反应用于工业生产，可以简化工艺过程、降低能耗、节省资源、减少污染。目前酶催化法制酒和生产抗生素已成为一项重要的产业，生物过滤法和活性污泥处理污水的方法也是酶催化在环境工程中的应用。随着仿生科学的不断发展，利用生物化学方法模拟酶的研究将进入一个新的发展阶段，也许在不远的将来，人类有望用模拟酶取代普通催化剂，这必将引发意义深远的技术革命。

3.5　反应速率理论简介

化学反应速率方程和阿伦尼乌斯公式是人们对大量化学实验的经验总结，为了从本质上了解浓度和温度对化学反应速率的影响，明确化学反应速率的内在规律，在化学动力学的发展过程中，先后建立了化学反应速率的碰撞理论和过渡态理论。

3.5.1　碰撞理论

碰撞理论是在气体分子运动论和分子结构理论的基础上建立起来的，该理论假定反应分子都是刚性的硬球，其主要论点有以下几个方面。

1）反应物分子间的碰撞是引发化学反应的前提

单位时间、单位体积内反应物分子的碰撞次数称为碰撞频率 z，显然，对于气相反应 $A+B \longrightarrow C$，碰撞频率 z 与反应物的浓度成正比，即

$$z=z_0 c(\mathrm{A}) c(\mathrm{B})$$

式中，z_0 为A、B浓度均为1 $mol \cdot L^{-1}$时的碰撞频率，一定温度下为常数。根据气体分子运动论的计算可知，气体分子之间的碰撞频率极高，在标准状况下，可达 10^{28} 次 · $mL^{-1} \cdot s^{-1}$。若每次碰撞都能发生反应，那么一切气体反应都将在瞬间完成，这显然与事实不符。

2）只有活化分子间的碰撞才有可能引发化学反应

能够引发化学反应的碰撞称为有效碰撞。碰撞理论认为，只有那些相对动能足够大，达到或超过某一最低能量值 E_a 的分子相互碰撞，才有可能使旧的化学键断裂，新的化学键形成，从而发生化学反应。能量在 E_a 和 E_a 以上的分子称为活化分子，E_a 称为活化能，活化能是影响反应速率的能量因素，与反应的本性和所使用的催化剂有关，温度对活化能的影响不大，一般可以忽略。

据气体分子的麦克斯韦-玻耳兹曼（Maxwell-Bolzmann）能量分布规律，活化分子占总分子数的比例是很小的。如图3-3所示，横坐标表示能量 E，纵坐标表示能量在 ΔE 区间的气体分子分数，图中阴影面积代表能量在 E_a 以上的活化分子占总分子数的百分数，即活化分子分数，用 f 表示，f 与温度 T 和活化能 E_a 的关系是

$$f=\mathrm{e}^{-E_a/RT}$$

碰撞理论认为，活化分子分数 f 越大，引发有效碰撞的可能性越大，反应速率越快。

3）活化分子间碰撞时必须取向适当，才能发生有效碰撞而引发化学反应

例如，基元反应

$$\mathrm{CO(g)+NO_2(g)=\!=\!=CO_2(g)+NO(g)}$$

由于需要破坏N—O键形成C—O键，因此只有CO分子中的C原子与 NO_2 分子中的O原子相互碰撞，才能发生化学反应，否则为无效碰撞，如图3-4所示。反应物分子有利于反应取向的概率一般用取向因子 P 来表示。

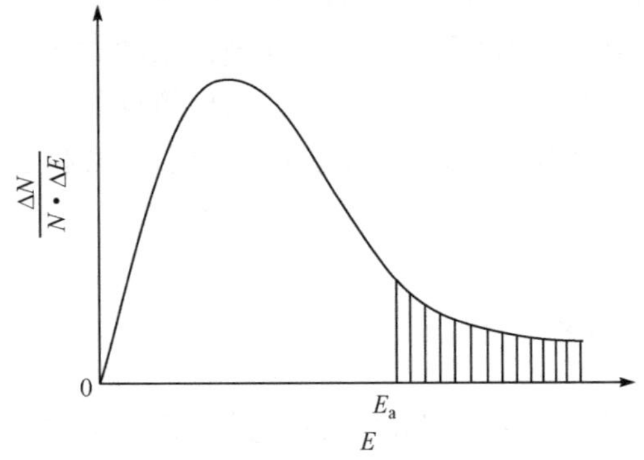

图3-3 气体分子动能分布曲线

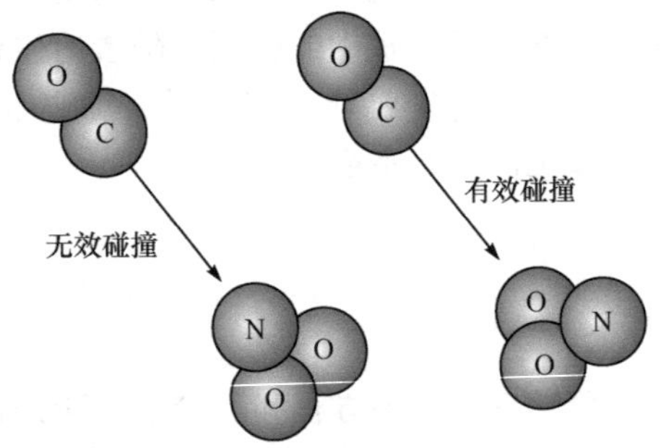

图3-4 有效碰撞与无效碰撞

综上所述，根据碰撞理论，只有能量足够，分子取向适当的活化分子间的碰撞才能发生化学反应，反应速率与碰撞频率 z、活化分子分数 f 及取向因子 P 成正比，即

$$v=z \cdot f \cdot P$$

对于基元反应 A+B⟶C，有 $v=z_0c(\mathrm{A})c(\mathrm{B})\cdot \mathrm{e}^{-E_a/RT}\cdot P$。一定温度下，$z_0$、$\mathrm{e}^{-E_a/RT}$、$P$ 均为常数，令 $A=z_0\cdot P$，则有

$$k=A\mathrm{e}^{-E_a/RT}\qquad v=kc(\mathrm{A})c(\mathrm{B})$$

可见，碰撞理论很好地说明了阿伦尼乌斯公式，明确了指前因子和活化能的物理意义，从本质上阐明了浓度、温度和催化剂对反应速率的影响，即

(1) 当 E_a 和 T 都不变时，增加反应物浓度，单位体积内的碰撞频率 z 增加，同时提高了活化分子浓度，有效碰撞次数随之增加，从而使反应速率增大。

(2) 当 E_a 不变时，升高反应温度 T，活化分子分数 f 增大，有效碰撞次数增加，反应速率增大。

(3) 当温度不变时，使用催化剂，降低了反应的活化能 E_a，活化分子分数 f 增大，有效碰撞次数增加，反应速率增大。

碰撞理论只是简单地将反应物分子看成没有内部结构和内部运动的刚性球体，因此该理论存在着一定的缺陷，特别是无法揭示活化能 E_a 的本质，也不能提供计算 E_a 的理论方法，更无法预测化学反应速率，使该理论的应用受到限制。

3.5.2 过渡态理论

过渡态理论是在用量子力学和统计学处理基元反应，计算反应过程中势能变化的基础上提出来的。该理论认为，化学反应的过程就是化学键重组的过程，但这一过程并不是一次简单的分子碰撞就能完成，反应系统必须经过一个反应物分子的旧键尚未完全断裂，新键也未完全生成的中间过渡状态，这个中间过渡状态的物质称为活化配合物。活化配合物处于高能状态，极不稳定，很快就会分解成产物分子或反应物分子，一般情况下，分解成产物的趋势较大。例如，反应

$$\mathrm{A+BC=\!=\!=AB+C}$$

实际发生的过程为

$$\mathrm{A+BC}\xrightarrow{\text{吸收能量}}\underset{\text{活化配合物}}{[\mathrm{A\cdots B\cdots C}]}\xrightarrow{\text{放出能量}}\mathrm{AB+C}$$

整个反应过程中系统的势能变化如图 3-5 所示。E_1 和 E_2 分别表示反应物分子和产物分子所具有的平均能量，E^* 表示活化配合物所具有的平均能量，它是反应物和产物之间一道能量很高的势能垒。无论反应正向进行，还是逆向进行，都必然经过同一过渡状态。反应的活化能就是翻越势能垒所需的最低能量，即等于活化配合物的平均能量与反应物分子(或生成物分子)的平均能量之差。图中 E_a 为正反应活化能，E'_a 为逆反应活化能，两者之差为反应的焓变 ΔH(反应热)，即

$$\Delta H=E_a-E'_a \tag{3-14}$$

若 $E_a<E'_a$，则 $\Delta H<0$，为放热反应；

若 $E_a>E'_a$，则 $\Delta H>0$，为吸热反应。

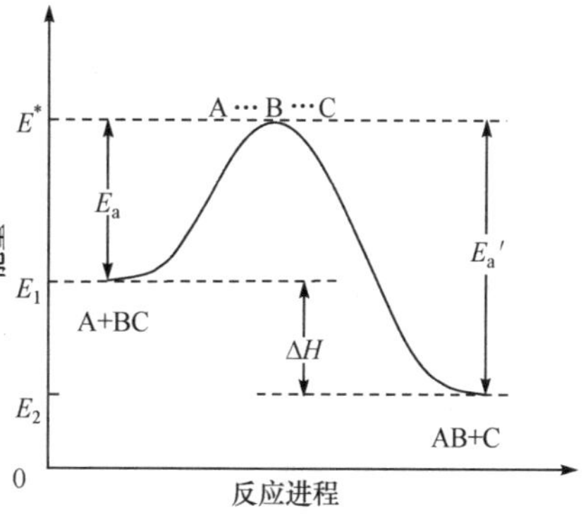

图 3-5　反应进程中的能量变化

过渡态理论充分考虑了分子的内部结构，从化学键重组的角度揭示了活化能的本质。原则上只要知道过渡态的结构，就可以计算活化能、反应速率常数等动力学数据。但目前许多反应的活化配合物结构难以确定，加之量子力学对多质点系统的计算还不成熟，所以过渡态理论的实际应用受到了限制。

3.6 化学动力学的应用

将一个化学反应由可能性变为现实性就必须考虑反应的速率，对人类有利的反应往往需要加快其反应速率，而不利的反应又需要尽可能地减慢其反应速率，控制化学反应速率在科学研究、生产实践以及日常生活中都是非常重要的。不同类型的反应，其速率差异很大，根据化学动力学基本理论，可以通过浓度的增减、温度的升降以及催化剂的选择来加快或减慢反应速率，使其按照人们希望的要求进行。

3.6.1 在工业生产中的应用

在生产实践中，为了提高生产效率，往往需要加快反应速率。采取的主要手段是升高温度，寻找合适的催化剂。

例如，作为化肥工业基础的 H_2 和 N_2 合成 NH_3 的反应，根据热力学原理，其在低温高压的条件才有较高的产率。但实际生产是在 200～300 个大气压，773～873 K，并以铁触媒作催化剂的条件下进行。这是因为合成 NH_3 的反应本身很慢，不能用于生产，通过动力学的研究，找到了合适的催化剂，同时升高温度，才使该反应速率加快到能够用于工业生产，为人类的粮食增产做出了巨大的贡献。

硫酸工业中，硫酸是通过硫铁矿的燃烧获得 SO_2，再将其氧化为 SO_3 并用低浓度的硫酸吸收而获得的。SO_2 氧化为 SO_3 的反应也较慢，实际生产中是在 723 K 这一较高的温度，并以 V_2O_5 作催化剂的条件下进行的。

经热力学证明，H_2 和 O_2 生成 H_2O 的反应在常温常压进行的趋势非常大，但实际反应很慢，基本看不出反应的进行，而一旦温度升高到 1073 K 时，该反应却以爆炸的方式进行。经化学动力学的研究，发现以钯作催化剂，该反应能在常温常压下以可控的速率进行，从而获得相应的能量，利用此反应现已成功地设计成氢氧燃料电池，用于航空航天等高科技领域。

3.6.2 在农业生产中的应用

化学反应动力学原理在农业生产中也有广泛的应用。利用光合作用将 CO_2 和 H_2O 转变为糖等有机物是农业生产的基础，这一反应必须在光照条件下通过叶绿素才能实现，叶绿素起到了光敏催化剂的作用。农业生产的目的是以较少的投入获得较高的产量，所以人们对光合作用进行了大量的研究，而根据化学反应动力学，改变光合作用的某些条件，提高光合作用的速率，是增加农作物产量的主要措施。具体采取的手段有适当增加 CO_2 的浓度，提供充足的 H_2O，适当延长光照时间，控制适宜的温度以使生物酶达到最佳的效果等。通过调控环境来最大限度地增加光合作用强度，在现代农业中已取得了丰硕的成果，但仍是人们孜孜以求、需要不断研究的重大课题。

生物固氮是化学动力学在农业领域的另一重要应用。通过适当方式固定大气中的游离氮素，将其转变为能参与生物体新陈代谢的氨态氮是维持生产力的一个重要生态反应。工业上将 N_2 和 H_2 转变为 NH_3 需要高温高压的条件，而豆科植物的根瘤菌、圆褐固氮菌、弗兰克氏放线菌等却能在常温常压的条件实现该反应。如果明确了生物固氮反应的机理，能够实现 NH_3 常温常压下的生产，将是人类生产的一次伟大革命。现在人们已经知道生物固氮是在固氮酶的催化作用下进行的，固氮酶是由铁蛋白和钼铁蛋白构成，但反应的具体细节尚需继续研究。应用化学反应速率理论，通过水、气调节，建立和完善生物固氮体系在解决人类目前所面临的人口、粮食、能源和环境等问题方面已发挥了重要作用。

在农产品的深加工中，化学反应速率的应用也必不可少。例如，水果、肉类农产品的储存和运输需要在低温冷冻下进行，这是由于温度低时，反应慢，细菌不易滋生，产品不易腐烂。酶促反应具有条件温和，反应速率高，产物中无有害物质残留，成本低等特点，所以酶制剂广泛应用于食品工业。例如，在面包生产中添加 α-淀粉酶，可使面包变得柔软，增强伸展性和保持气体的能力，容积增大，触感好，并且由于 α-淀粉酶能与淀粉作用生成糊精，使面包外皮色泽良好。果浆酶用于处理果浆、蔬菜浆及植物组织的浸渍，能有效地降解可溶性和不可溶性的果胶以及导致混浊的多糖，大大增加固、液态分离（即压榨和倾析）的能力，提高水果的出汁率。果胶酶可使果汁澄清、透明，在苹果、梨、及其他果蔬的酶解中皆有应用。中温淀粉酶和胰蛋白酶可改善婴幼儿食品的可消化性及可吸收性。在酱油的酿造过程中添加纤维素酶，可提高发酵速率，使大豆类原料的细胞膜膨胀软化破坏，包藏在细胞中的蛋白质和碳水化合物释放，这样既可提高酱油浓度，改善酱油质量，又可缩短生产周期，提高生产率，并且使其各项主要指标提高 3%。在进行酒精发酵时添加纤维素酶可缩短发酵时间，显著提高白酒的出酒率和原料的利用率，降低溶液的黏度，而且酒的口感醇香，杂醇油含量低。

3.6.3　在生活中的应用

生活中，食品、药品等需要在冰箱中保存，是利用了温度低，反应速率慢的原理。温度升高对药物稳定性减小带来的影响是明显的。例如，5-氟尿嘧啶的分解为一级反应，25 ℃时的 $k=4.97\times10^{-6}\ h^{-1}$，35 ℃时的 $k=1.89\times10^{-5}\ h^{-1}$。用一级反应的积分速率方程可计算药物降解至 90%的有效期，25 ℃和 35 ℃时的保存时间分别为 880 d 和 231 d。可见，温度升高 10 ℃，有效期缩短了 3.8 倍。因此，许多药物必须低温冷藏，以防过早变质。人体服药时，药物的起效取决于药物的吸收与分布，作用的终止则取决于药物的消除，绝大多数药物在体内的消除过程是按一级动力学规律进行的，由此可以计算出不同药物的服用剂量和服药间隔时间。例如，广谱青霉素 α-氨基苄青霉素钠盐，主要用于青霉素敏感革兰氏阳性球菌、大肠杆菌、变形杆菌、沙门氏菌、痢疾杆菌等治疗，内服后血、尿及胆汁中很快达到抑菌或杀菌浓度，其药效可维持近 10 h。

利用催化剂加快反应速率在生产和研究中应用非常普遍，在化学动力学的基础上，现在已发展形成了专业的、前沿的催化化学。近年来随着人类对能源、环境和健康等问题的普遍关注，催化化学特别是有机催化，其作用和地位得到了进一步的提高，其在绿色化学、生物医药、纳米技术、超临界流体技术等领域的应用也越来越广泛和重要。例如，纳米 TiO_2，一种广受关注的光催化剂，在与生活密切相关的废水处理、空气净化等领域中有着广泛的应用。

(1) 在废水处理方面的应用　TiO_2 光催化能够解决汞、铬、铅等无机金属离子的污染问题。汞是水中的主要的重金属污染物，对人体脑神经系统危害极大，铬污染能引起局部肉瘤，使肺癌发病率升高，铅污染也有可能导致呼吸系统癌变。利用 TiO_2 光催化可以将汞、铬、铅等有毒金属离子还原沉积到催化剂载体表面，从而消除其污染。在有机污染物方面，自 1976 年人们发现在紫外光照射下纳米 TiO_2 可使难生化降解的有机化合物多氯联苯脱氯后，纳米 TiO_2 光催化氧化法作为一种水处理技术就引起了广泛的重视。至今，已发现有 3000 多种难以降解的有机化合物可以在紫外线的照射下通过 TiO_2 迅速降解，特别当水中有机污染物浓度很高或用其他方法很难降解时，这种方法有着更明显的优势。

(2) 在空气净化中的作用　空气质量与人们的日常生活紧密相关，但随着社会飞速发展，也带来了严重的大气污染，空气中超标的CO、NO_x 与 SO_2 是严重危害人类健康的有害气体。氮氧化物和硫氧化物主要来源于汽车尾气与工业废气等，利用纳米 TiO_2 的光催化作用可将这些气体氧化，形成蒸气压低的硝酸或硫酸，在降雨过程中除去，从而达到降低大气污染的目的。例如，在透水性多孔混凝土砌块表面 7～8 mm 深度内掺入 50%以下的 TiO_2 微粉制成的混凝土对浓度为 1×10^{-5} 的 NO_x 具有很好的去除能力，去除率达到 80%。若将此砌块用于公路铺设，可有效去除汽车排出尾气中的 NO_x，明显改善大气质量。用纳米 TiO_2 制得的环保涂料，在室外太阳光作用下对 NO_x 光催化降解率很高，NO_x 几乎被全部降解。近年来室内装修热带来了室内的空气污染，有害气体主要是装饰材料等放出的甲醛及生活环境中产生的甲硫醇、硫化氢、氨气等，这些气体在百万分之几时即能使人产生不适感，而且降解困难。纳米 TiO_2 通过光催化作用可将吸附于其表面的这些物质分解氧化，从而使空气中这些物质的浓度降低，减轻或消除环境不适感。

随着经济的发展，古董收藏成为不少人的兴趣与投资，古董、化石年代的准确测定就利用了化学动力学的基本原理。其中使用最广泛的是碳-14 放射性测年法。碳-14 的衰变反应为

$$^{14}_{6}C \longrightarrow ^{14}_{7}N + ^{0}_{-1}e + ^{0}_{0}\nu$$

该反应为一级反应，半衰期为 5730 年。自然界中的碳-14 是宇宙射线与大气中的氮通过核反应产生的，随着生物体的吸收代谢，经过食物链进入活的动物或人体等一切生物体中。碳-14 一方面在生成，一方面又以一定的速率在衰变，致使碳-14 在自然界中，包括一切生物体内的含量与稳定同位素碳-12 的含量的相对比值基本保持不变。当生物体死亡后，新陈代谢停止，不能摄入碳-14 而其又不断衰变减小，因此体内碳-14 和碳-12 含量的相对比值相应不断减小。通过对出土化石中碳-14 和碳-12 含量的测定，就可以准确算出生物体生存的年代。该方法是美国放射化学家利比因(W. F. Libby)发明的，由于其为考古学做出的杰出贡献而荣获 1960 年诺贝尔化学奖。由于碳-14 含量极低，而且半衰期不是很长，所以用碳-14 只能准确测出 9 万年以内的出土文物，对于年代更久远的出土文物，如生活在 50 万年以前的周口店北京猿人，利用碳-14 测年法是无法测定出来的，这时需要利用铍-10、铝-26 等放射性物质的衰变反应进行测量，年代上亿的可利用铀-238 衰变成铅-206 的反应进行测量。

本章小结

本章主要介绍化学反应速率的表示方法和影响化学反应速率的因素，简要介绍了反应机理和反应速率理论。

化学反应速率用单位体积中反应进度随时间的变化率来表示，单位为 $mol\cdot L^{-1}\cdot$ 时间$^{-1}$，可通过作图法求得，其定义式为

$$v=\frac{1}{\nu_B}\cdot\frac{dc(B)}{dt}$$

化学反应所经历的具体过程称为反应机理，反应机理中最慢的一步为定速步骤。由反应物分子经一步直接转化为产物分子的反应称为基元反应，由两个或两个以上的基元反应构成的反应称为非基元反应。

影响化学反应速率的主要因素有浓度、温度和催化剂等。

增加反应物浓度可以加快化学反应速率，浓度与化学反应速率之间的关系可以用速率方程表示。对于基元反应 $aA(aq)+dD(aq)═══gG(aq)+hH(aq)$，根据质量作用定律，其速率方程是 $v=kc^a(A)c^d(D)$。对于任意化学反应 $aA+dD═══gG+hH$，其速率方程为 $v=kc^x(A)c^y(D)$。其中 $x+y=n$ 为反应的级数，k 称为速率常数，其单位由反应级数 n 确定，x、y 和 k 均由实验测定。只有反应为基元反应时，才有 $x=a$，$y=d$。零

级反应的积分速率方程为 $c_t=c_0-kt$，半衰期为 $t_{1/2}=c_0/2k$。一级反应的积分速率方程为 $\ln c_t=\ln c_0-kt$，其半衰期与反应物的起始浓度无关，$t_{1/2}=0.6932/k$。

升高温度通常使化学反应速率加快，温度对反应速率的影响是由于其改变了速率常数，两者的定量关系是阿伦尼乌斯公式，即 $k=Ae^{-E_a/RT}$。利用阿伦尼乌斯公式可以计算反应的活化能及确定温度对化学反应速率的定量影响，其常用形式是

$$\ln\frac{k_2}{k_1}=\frac{E_a}{R}\left(\frac{T_2-T_1}{T_1T_2}\right)$$

能够改变化学反应速率而本身在反应前后化学性质和物质的量不变的物质称为催化剂，加入催化剂是提高化学反应速率最有效的措施。催化剂的催化机理是催化剂参加了化学反应，改变了反应途径，降低了反应活化能，从而提高了反应速率。催化剂提高反应速率的效率可由阿伦尼乌斯公式计算，即

$$\ln\frac{k_2}{k_1}=\frac{E_{a1}-E_{a2}}{RT}$$

反应速率的碰撞理论指出只有能量足够、分子取向适当的活化分子间的碰撞才能发生化学反应。浓度、温度和催化剂对化学反应速率的影响可用碰撞理论来解释，三者影响的最终结果尽管都是活化分子数目的改变，但引起其改变的原因是不同的。浓度的影响是通过改变单位体积内活化分子的总数目，从而使单位时间内有效碰撞的次数发生变化来实现的；温度的影响是通过能量变化改变了活化分子百分率，从而改变反应速率；催化剂是通过降低活化能增加活化分子百分率，从而改变活化分子数目，改变反应速率。

反应速率的过渡态理论认为，化学反应的过程是化学键重组，反应必须经过一个高能量的过渡态才能完成。过渡态理论指出活化能的本质是改组化学键所需要的最低能量。

思考与练习

3-1　影响反应速率的主要因素有哪些？其中哪些因素对速率常数有影响？

3-2　简述酶催化反应的特点。

3-3　判断下列说法是否正确。

(1) 一个非基元反应由多个基元反应组成。

(2) 在复杂反应中，反应速率由反应机理中最慢的反应步骤控制。

(3) 在速率方程式中，若反应物浓度项的指数与反应方程式中相应反应物的化学计量系数相同，则反应一定是基元反应。

3-4　反应 $2NO(g)+Cl_2(g)=\!=\!=2NOCl(g)$ 为基元反应。

(1) 写出该反应的速率方程。

(2) 反应级数是多少？

(3) 其他条件不变，若容器体积增加到原来的 2 倍，反应速率如何变化？

(4) 若只将 NO 的浓度增加到原来的 3 倍，反应速率又将怎样变化？

3-5　已知 H_2 和 I_2 的反应按下列两步进行，写出 H_2 和 I_2 反应的速率方程。

(1) $I_2(g)=\!=\!=2I(g)$　　(快)

(2) $H_2(g)+2I(g)=\!=\!=2HI(g)$　　(慢)

3-6　已知反应 $A=\!=\!=2B+1/2C$，对 A 来说，反应为一级反应，其速率方程表达式应如何表示？如果 $\frac{dc(B)}{dt}=1.0\ mol\cdot L^{-1}\cdot min^{-1}$，则 $-\frac{dc(A)}{dt}$ 和 $\frac{dc(C)}{dt}$ 分别是多少？

3-7　某气体 A 的分解反应为 $A(g)=\!=\!=B(g)+C(g)$，当 A 的浓度为 $0.50\ mol\cdot L^{-1}$ 时，反应速率为 $0.014\ mol\cdot L^{-1}\cdot s^{-1}$，如果该反应分别属于(1) 零级反应；(2) 一级反应；(3) 二级反应，则当 A 的浓度等于 $1.0\ mol\cdot L^{-1}$ 时，反应速率各是多少？

3-8　已知在 1073 K 时，反应 $2NO+2H_2=\!=\!=N_2+2H_2O$ 的实验数据如下：

起始浓度/($mol \cdot L^{-1}$)		起始速率/($mol \cdot L^{-1} \cdot s^{-1}$)
$c(NO)$	$c(H_2)$	
0.0020	0.0060	3.20×10^{-6}
0.0040	0.0060	1.30×10^{-5}
0.0040	0.0030	6.40×10^{-6}

试求(1) 反应速率方程式和反应级数;(2) 此温度下的反应速率常数;(3) 当 $c(NO)=0.0025\ mol \cdot L^{-1}$,$c(H_2)=0.0050\ mol \cdot L^{-1}$时的反应速率。

3-9　已知过氧化氢分解成水和氧气的反应 $2H_2O_2(l)=2H_2O(l)+O_2(g)$是一级反应,其速率常数为 $0.0410\ min^{-1}$,求

(1) 若过氧化氢初始浓度为 $0.500\ mol \cdot L^{-1}$,反应进行 10 min 时其分解率是多少?

(2) H_2O_2 试样分解一半需多长时间?

3-10　溴乙烷分解反应在 650 K 时速率常数为 $2.14\times10^{-4}\ s^{-1}$,若要在 10 min 使反应完成 60%,应在什么温度下进行反应?(已知活化能 $E_a=229.3\ kJ \cdot mol^{-1}$)

3-11　已知 $A \longrightarrow B$ 的 $\Delta H=67\ kJ \cdot mol^{-1}$,$E_a=90\ kJ \cdot mol^{-1}$。求

(1) $B \longrightarrow A$ 的 E_a'。

(2) 若在 0 ℃,$k_1=1.1\times10^{-5}\ min^{-1}$,那么在 45 ℃时 k_2 为多少?

3-12　在 28 ℃时,鲜牛奶大约 4 h 变酸,但在 5 ℃的冰箱内可保持 48 h,假定反应速率与牛奶变酸时间成反比,试估算牛奶变酸反应的活化能。

3-13　尿素的水解反应 $CO(NH_2)_2+H_2O=2NH_3+CO_2$,无酶存在时反应的活化能为 $120\ kJ \cdot mol^{-1}$,当尿素酶存在时,反应的活化能降为 $46\ kJ \cdot mol^{-1}$,假设有酶或无酶存在时反应的指前因子 A 值相同。试计算

(1) 在 298 K 时,由于尿素酶的催化作用,反应速率是无酶存在时的多少倍?

(2) 无酶存在时,温度要升高到何值才能达到酶催化的反应速率?

3-14　已知某药物分解 30%即为失效。药物溶液的质量浓度为 $5\ g \cdot L^{-1}$,一年后质量浓度降为 $4.2\ g \cdot L^{-1}$。若此药物分解反应为一级反应,计算此药物的有效期。

3-15　某抗生素在人体血液中的生化反应为一级反应。如果给病人在上午 8 时注射一针抗生素,然后在不同时刻 t 测定抗生素在血液中的质量浓度,得到如下数据

t/h	4	8	12	16
ρ/($mg \cdot L^{-1}$)	4.80	3.26	2.22	1.51

试求

(1) 反应的速率常数和半衰期。

(2) 若抗生素在血液中的质量浓度不低于 $3.7\ mg \cdot L^{-1}$才为有效,则大约何时注射第二针?

第 4 章　化学热力学基础

化学热力学是化学的基础理论之一。化学热力学是研究能量的转换、回答反应的方向及限度的科学。在生产和研究中，反应的方向和限度是人们首先需要了解的问题，反应总是伴随着能量的变化，能量衡算决定着能量的合理利用。

将热力学的基本原理用于研究化学现象以及与化学有关的物理现象形成了化学热力学。热力学是从物理学发展起来的，是研究各种能量的相互转换过程及其规律的科学。热力学的基础主要是 19 世纪建立的热力学第一定律和热力学第二定律，20 世纪初又建立了热力学第三定律。以热力学第一定律为基础可以解决化学和物理变化中的能量转换问题，即计算化学和物理变化中的热效应；以热力学第二定律为基础，可以判断化学、物理过程的方向和限度。热力学第三定律说明了规定熵的问题，在化学平衡的计算上有重要的应用。

本章主要介绍热力学的基本概念，化学反应的热效应及其计算，阐述了热力学第二定律以及相关计算，讨论了化学反应方向的判断。

4.1　热力学基本概念

4.1.1　体系与环境

热力学研究中，应首先确定研究对象的范围。根据需要，在热力学中人为地将研究的部分物质或空间与其周围的物质或空间分开，这种被划分出来的研究对象称为体系，与体系有关的其余部分称为环境。例如，研究氨水和氯化镁在水溶液中的反应，溶液就是研究的体系，盛溶液的烧杯、溶液上方的空气等就是环境。体系与环境可以是实际的，也可以是理论抽象的。根据体系与环境之间有无能量和物质的交换，体系可分为三类。

(1) 敞开体系　体系与环境之间既有能量交换又有物质交换。

(2) 封闭体系　体系与环境之间只有能量交换而无物质交换。

(3) 孤立体系　体系与环境之间既无能量交换又无物质交换。

自然界中真正的孤立体系是不存在的，但在热力学研究中，适当的条件下，可以将体系和与体系有关的有限的环境合起来抽象为一个孤立体系。描述不同体系的变量是不同的，明确研究对象属于何种体系在热力学中至关重要，经典的化学热力学主要研究的是封闭体系。

从研究对象看，热力学探讨的是大量分子、原子构成的宏观体系，所以热力学不考虑物质的微观结构，不涉及变化的速率与机理问题。

4.1.2　体系的性质、状态与状态函数

体系总是以一定的状态存在，描述体系状态的各种宏观物理量称为体系的性质，如温度、体积、压力可以用来表明气体的状态，温度、体积、压力就是体系的性质。根据体系的性质与体系物理量的关系，性质可分为两类。

(1) 广度性质　数值与体系的数量成正比的性质，在一定条件下，体系内各部分广度性质数值的加和为体系该种性质的数值，即广度性质具有加和性，如质量、体积及本章将介绍的热

力学能、焓、熵、吉布斯自由能等。

(2) 强度性质　数值与体系内物质的量无关的性质，其数值取决于体系自身的特性，不具有加和性，如温度、压力、密度等。

体系的某种广度性质除以总质量或物质的量，或者体系的两个广度性质相除，可以得到体系的强度性质。例如，摩尔体积是强度性质，质量除以体积所得的密度是强度性质。

体系的状态是体系的所有物理和化学性质的综合表现。当体系的所有物理及化学性质都有确定的数值时，称体系处于一定状态。

当体系处于定态时，体系的性质具有一定的数值。当宏观性质都有确定值时，体系就处于一定的宏观状态。若体系的状态发生变化，其性质也将随之发生变化。所以体系的性质与体系状态是相对应的。在热力学中，将能够确定体系状态的各种宏观性质称为体系的状态函数，其基本特征主要表现在以下几个方面。

(1) 状态函数是体系状态的单值函数，即体系状态一定时，状态函数具有确定的数值。

(2) 状态函数将随体系状态的变化而变化，但状态函数的改变值只决定于体系的始态与终态，与变化的途径无关。经历一个循环过程，体系变化恢复到原来的状态时，状态函数也恢复为原来的数值。

(3) 状态函数之间是彼此关联的。在确定体系的状态时，只需指定其中几个独立变化的性质即可确定体系的状态，并不需要对体系的所有性质逐一描述。例如，理想气体的基本性质由压力(p)、体积(V)、温度(T)和物质的量(n)四个物理量决定，这四个物理量满足理想气体状态方程 $pV=nRT$，只要确定其中的三个性质，另外一个也就确定了。在一定条件下，对物质数量不变的理想气体，只需确定两个性质，就可以确定其状态。

(4) 状态函数的组合仍为状态函数。体系各状态函数有确定值时，体系处于定态；体系状态一定时，各状态函数有唯一确定值，各状态函数的组合也必为确定值，故状态函数的组合仍为状态函数。

4.1.3　过程与途径

在一定条件下，体系从一个状态变化到另一个状态称为过程，完成这一过程所经历的具体步骤称为途径。体系由始态到达终态的变化，可以有多种途径。在描写过程时，应指明体系的始态、终态和经由的途径。根据条件的不同，热力学的过程主要有以下几个方面。

(1) 定温过程　体系的始态温度、终态温度及环境温度均相等的过程，即 $T_1=T_2=T_e$。

(2) 定压过程　体系的始态压力、终态压力及环境压力均相等的过程，即 $p_1=p_2=p_e$。

(3) 定容过程　体系从始态到终态变化时体积不变的过程，即 $V_1=V_2$。

(4) 绝热过程　体系与环境间无热交换的过程，即 $Q=0$。

(5) 循环过程　体系经一系列变化后又回到原来状态的过程。此过程的始态与终态是同一状态。

4.1.4　热、功与热力学能

发生状态变化时，体系与环境之间要进行能量的交换或传递，其能量交换形式有热和功两种。

热是体系与环境之间由于温度差而引起的能量传递，热力学中以符号 Q 表示。由于能量的传递有方向，所以热的数值有正负之分，热力学规定：体系从环境吸热，Q 为正值；体系向环境放热，Q 为负值。

功是体系与环境之间除热以外的其他形式传递的能量，热力学中以符号 W 表示。根据国际纯粹与应用化学联合会的建议，体系对环境做功，W 为负值；环境对体系做功，W 为正值。功的种类有多种，如体积功、电功、表面功等。体积功也称膨胀功，是由于体系体积变化所做的功，除体积功以外的其他形式的功统称为非体积功或有用功。不同形式的功，有不同的计算方法，体积功的计算公式为

$$W=-p_e\Delta V \tag{4-1}$$

式中，p_e 为环境压力，即外压；ΔV 为体积变化。

热和功是体系的状态发生变化时与环境交换的能量，因此热和功总是与体系变化过程有关，是过程量，而不是状态函数。

化学热力学通常研究的是宏观静止的体系，不考虑体系的整体运动及外力场的存在，而只考虑体系内部的能量。体系内部包括分子运动的动能、分子间相互作用的势能以及分子中电子运动的动能、原子核能等的能量总和称为热力学能，用符号 U 表示，常用单位是 kJ。

热力学能是体系内部能量的总和，所以热力学能是体系本身的性质，由体系的状态决定，是体系的状态函数，具有广度性质，其变化值只决定于体系的始态和终态，与变化的途径无关。热力学能的绝对值无法确定，但在热力学研究中，只需计算热力学能的改变量就能解决问题，而不需要各状态下热力学能的绝对值。

4.1.5 热力学标准状态

同一种物质，在不同的温度、压力、组成等状态下，其性质不同。为了在研究中有一个比较的基准，热力学对各种物质规定了一个共同的标准状态。热力学标准状态是指在标准压力和某一指定温度下物质的状态，标准压力用符号 $p^\ominus$ 表示，上标“$^\ominus$”表示标准状态，$p^\ominus=100$ kPa。热力学对物质的标准状态的规定只指定了压力而没有规定具体的温度，通常的参考温度为 298.15 K。不同状态物质的热力学标准态规定不同。

(1) 气体的标准状态是在标准压力($p^\ominus$)下表现出理想气体性质的状态。

(2) 液体和固体的标准状态是指处于标准压力($p^\ominus$)下的纯液体和纯固体状态。

(3) 溶液中溶质的标准状态是指在标准压力($p^\ominus$)下，溶质的质量摩尔浓度 $b^\ominus=1\ \text{mol}\cdot\text{kg}^{-1}$ 时的状态，$b^\ominus$ 称为标准浓度。在计算中，可近似地用物质的量浓度 $c^\ominus=1\ \text{mol}\cdot\text{L}^{-1}$ 代替质量摩尔浓度作为标准浓度。

体系在不同状态下发生的变化，其状态函数的改变值不同，所以在热力学的计算中，状态函数的变化需注明其状态。如果参加化学反应的物质都处于标准状态，该化学反应就是标准状态下的反应，其状态函数的变化也需注明为标准状态。例如，标准状态下化学反应的焓变记为 $\Delta_r H^\ominus$，非标准状态下则记为 $\Delta_r H$。

4.2 热 化 学

化学反应总是伴随着能量的变化，要吸热或放热，这种能量变化是人类能量来源的基础，在生产生活中起着重要的作用。研究化学反应过程中的热及其变化规律的科学称为热化学，热化学是化学热力学的重要分支，其研究基础是热力学第一定律。

4.2.1　热力学第一定律

英国科学家焦耳(J. P. Joule)在对热功转换进行了20多年的研究并总结了大量前人的工作基础上，于1843年指出自然界中的一切物质都具有能量，能量可以从一种形式转化为另一种形式，在转化过程中，能量的总数量不变。这就是物质世界所遵循的基本规律——能量转化与守恒定律。将能量转化与守恒定律应用于热力学中，就是热力学第一定律。

当体系的状态发生变化时，体系和环境之间会发生能量交换。设想体系由状态Ⅰ(热力学能为U_1)变化到状态Ⅱ(热力学能为U_2)，根据能量守恒定律，该过程中热力学能的改变量(ΔU)必然等于体系从环境吸收的热(Q)与环境对体系所做功(W)的加和，即

$$\Delta U = U_2 - U_1 = Q + W \tag{4-2}$$

这就是热力学第一定律的数学表达式，该公式说明内能、热和功可以相互转化，利用该公式可以计算各种状态变化过程中的热力学能的变化。

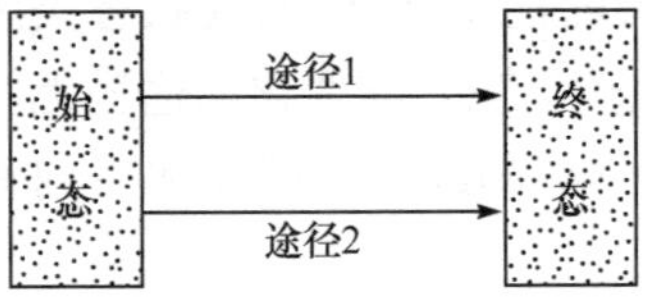

图4-1　体系状态变化

【例4-1】 某封闭体系由始态分别经1、2两个途径到达同一终态，见图4-1。若已知$Q_1=80$ kJ，$W_1=-40$ kJ，$Q_2=60$ kJ，W_2为多少？

解　由途径1可知，此过程的

$$\Delta U = Q_1 + W_1 = (80-40)\ \text{kJ} = 40\ \text{kJ}$$

因为途径1和途径2始、终态相同，ΔU为一定值，所以途径2的功为

$$W_2 = \Delta U - Q_2 = (40-60)\ \text{kJ} = -20\ \text{kJ}$$

4.2.2　化学反应热

不同条件下，化学反应吸收或放出的热是不一样的。热力学规定，发生化学反应时，如果反应体系只做体积功，当产物的温度恢复到反应物的初始温度时，反应体系所吸收或放出的热量称为化学反应的热效应，简称为反应热。

反应热与化学反应的过程有关，不是状态函数。大多数化学反应是在定温定压或定温定容条件下进行的，所以常见的反应热有定压热和定容热两种。

1. 定容反应热(Q_V)

若化学反应在定温定容、不做非体积功的条件下进行时，反应的热效应称为定容反应热，用符号Q_V表示。由于是在定容条件下，所以$\Delta V=0$，$W=p_e\Delta V=0$，即过程的功为0，根据热力学第一定律可得

$$\Delta U = Q_V \tag{4-3}$$

式(4-3)说明定温定容、不做非体积功的条件下，化学反应的定容热等于体系的热力学能变。实验室在密闭的弹式热量计中测定化学反应的热效应，就是定容反应热。

化学反应进度为1 mol时的热力学能变称为化学反应的摩尔热力学能变，用$\Delta_r U_m(T)$表示，如果反应在标准状态下进行，则为标准摩尔热力学能变，表示为$\Delta_r U_m^\ominus(T)$。式中，r表示化学反应；m表示化学反应进度为1 mol；T表示反应温度，温度为常用的298.15 K时，可以省略不写。

2. 定压反应热(Q_p)

若化学反应在定温定压、不做非体积功的条件下进行时，反应的热效应称为定压反应热，用符号 Q_p 表示。根据热力学第一定律有

$$\Delta U = Q_p - p_e \Delta V$$

即

$$Q_p = \Delta U + p_e \Delta V$$

将 $\Delta U = U_2 - U_1$，$\Delta V = V_2 - V_1$，$p_e = p_1 = p_2$ 代入上式并整理得

$$Q_p = (U_2 + p_2 V_2) - (U_1 + p_1 V_1)$$

U、p、V 都是状态函数，它们的组合 $U + pV$ 也一定是状态函数，热力学将其定义为焓，用 H 表示，即

$$H \equiv U + pV \tag{4-4}$$

所以有

$$Q_p = \Delta H \tag{4-5}$$

式(4-5)表明定温定压、不做非体积功的条件下，化学反应的定压热等于体系的焓变。大部分反应都是在定温定压、不做非体积功的条件下进行的，所以焓是一个非常重要的物理量，在使用焓时要注意。

(1) 焓是状态函数，具有能量的量纲。焓变只与状态变化时的始态与终态有关，与变化的途径无关。由于热力学能的绝对值无法确定，所以焓的绝对值也无法确定，在实际处理时，并不需要知道焓的绝对值，只要知道焓的改变量就能解决问题了。

(2) 焓是体系的广度性质，其值与物质的量有关，具有加和性。

(3) 对于一定量的某一种物质而言，聚集状态改变，其焓值也会随之改变。这是因为发生物态变化时需要吸热或放热，所以有 $H(\mathrm{g}) > H(\mathrm{l}) > H(\mathrm{s})$。一定量的某种物质，同一物态时，由低温上升到高温状态，要吸收热量，焓值增大，故 H(高温)$>H$(低温)。

(4) 对于定压化学反应，若 $\sum H$(生成物) $>$ $\sum H$(反应物)，$\Delta_r H > 0$，体系焓值增加，为吸热反应。若 $\sum H$(生成物) $<$ $\sum H$(反应物)，$\Delta_r H < 0$，体系焓值减小，为放热反应。

化学反应进度为 1 mol 时的焓变称为化学反应的摩尔焓变，用 $\Delta_r H_m(T)$ 表示。如果反应在标准状态下进行，则为标准摩尔焓变，用 $\Delta_r H_m^\ominus(T)$ 表示，温度为常用的 298.15 K 时，可以省略不写。

3. 定容反应热与定压反应热的关系

对于同一反应，利用化学热力学可以证明

$$Q_p = Q_V + p\Delta V$$

反应物和产物都是固体或液体的反应称为凝聚态反应，对于凝聚态反应，因固体和液体的体积在反应前后的变化很小，$p\Delta V \approx 0$，所以 $\Delta_r H_m \approx \Delta_r U_m$。

如果有气体参加的反应，将气体视为理想气体，气体物质的化学计量系数的加和为 $\sum \nu_B(\mathrm{g})$，$\nu_B(\mathrm{g})$ 表示某一气体物质 B 的化学计量系数，反应物取负，产物取正。则反应的定压热与定容热的关系是 $\Delta_r H_m = \Delta_r U_m + \sum \nu_B(\mathrm{g}) \cdot RT$。

4. 热化学方程式

表示化学反应与热效应关系的方程式称为热化学方程式。在热化学方程式中，热效应可

为定压反应热 $\Delta_r H_m$ 或定容反应热 $\Delta_r U_m$。实验测定的一般是定容反应热，但大部分反应是在定压条件下进行的，故常用的反应热是定压反应热 $\Delta_r H_m$。在书写热化学方程式时，除了正确写出反应物、产物并配平以外，还应注意以下几点。

(1) 必须在反应方程式后标注定容或定压热效应，一般用定压反应热 $\Delta_r H_m$。$\Delta_r H_m$ 取负号时为放热反应，$\Delta_r H_m$ 取正号时为吸热反应。

(2) 必须注明反应的温度和压力。例如，$\Delta_r H_m^\ominus(298.15K)$表示反应在 298.15 K 和 $p^\ominus=100$ kPa 的标准状态下，反应进度为 1 mol 时的焓变。通常温度 298.15 K 可以省略，其他温度则要注明。

(3) 必须注明反应物和产物的状态。液态、气态、固体、水溶液分别用小写英文字母 l、g、s、aq 表示，有多种晶体类型的固态物质还应注明其晶形。例如

$$C(石墨)+O_2(g)=\!=\!=CO_2(g) \qquad \Delta_r H_m^\ominus=-393.5\ kJ\cdot mol^{-1}$$

$$C(金刚石)+O_2(g)=\!=\!=CO_2(g) \qquad \Delta_r H_m^\ominus=-395.4\ kJ\cdot mol^{-1}$$

(4) 在热化学方程式中，允许化学计量系数是分数，但同一化学反应，化学计量系数不同，反应热也不同。例如

$$\frac{1}{2}N_2(g)+\frac{3}{2}H_2(g)=\!=\!=NH_3(g) \qquad \Delta_r H_m^\ominus(1)=-46.1\ kJ\cdot mol^{-1}$$

$$N_2(g)+3H_2(g)=\!=\!=2NH_3(g) \qquad \Delta_r H_m^\ominus(2)=-92.2\ kJ\cdot mol^{-1}$$

两反应的热效应关系为 $2\Delta_r H_m^\ominus(1)=\Delta_r H_m^\ominus(2)$。

(5) 由于 $\Delta_r H_m^\ominus$ 是状态函数的变量，故正逆反应的热效应数值相等，符号相反。例如

$$H_2O(l)=\!=\!=H_2(g)+\frac{1}{2}O_2(g) \qquad \Delta_r H_m^\ominus=285.8\ kJ\cdot mol^{-1}$$

$$H_2(g)+\frac{1}{2}O_2(g)=\!=\!=H_2O(l) \qquad \Delta_r H_m^\ominus=-285.8\ kJ\cdot mol^{-1}$$

4.2.3 化学反应热的计算

化学反应热可以由实验测定获得，但由于各种原因，某些反应的反应热无法由实验准确测定，利用热化学方法计算是获得化学反应热的一种重要的手段。

1. 利用热化学定律计算热效应

俄国科学家赫斯(G. H. Hess)根据大量的实验事实，于 1840 年总结出关于反应热的规律：一个化学反应，不论是一步完成还是分几步完成，其反应热是相同的，即一个化学反应分为几步进行时，其总反应的热效应等于各分步反应热效应之和。这就是热化学定律，也称为赫斯定律。

赫斯定律是由实验总结得出的经验规律，而热力学第一定律确定之后，赫斯定律显然就是热力学第一定律自然的结果。在定温定容或定温定压，不做非体积功的条件下，反应的定容热效应等于体系的热力学能变，即 $\Delta U=Q_V$，定压热效应等于体系的焓变，即 $\Delta H=Q_p$。而 ΔU、ΔH 都是状态函数的变量，根据状态函数的特征，其值只决定于体系的始、终态，而与变化途径无关。给定条件下，化学反应无论是一步完成，还是分几步完成，只是途径不同而已，反应物和反应的最终产物是不变的，即反应体系的始、终态不变，所以其反应热是相同的。

利用赫斯定律，可以由已经测得热效应的反应来间接计算难以用实验直接测定的反应热效应。把热化学方程式像普通代数方程一样进行加减合并计算，所得新反应的热效应就是各步反应的热效应进行相应代数运算的结果。赫斯定律既适用于反应热的计算，也适用于各种

状态函数变量的计算。

【例 4-2】 已知下列反应的化学反应热

$$C(石墨)+O_2(g)\!=\!=\!=CO_2(g) \qquad \Delta_r H_m^\ominus(1)=-393.5\ \text{kJ}\cdot\text{mol}^{-1}$$

$$H_2(g)+\frac{1}{2}O_2(g)\!=\!=\!=H_2O(l) \qquad \Delta_r H_m^\ominus(2)=-285.8\ \text{kJ}\cdot\text{mol}^{-1}$$

$$C_2H_6(g)+\frac{7}{2}O_2(g)\!=\!=\!=2CO_2(g)+3H_2O(l) \qquad \Delta_r H_m^\ominus(3)=-1559.7\ \text{kJ}\cdot\text{mol}^{-1}$$

不用查表，计算 $2C(石墨)+3H_2(g)\!=\!=\!=C_2H_6(g)$反应的 $\Delta_r H_m^\ominus(4)$。

解 四个方程式之间的关系是

$$(4)=2\times(1)+3\times(2)-(3)$$

根据赫斯定律，其反应热为

$$\begin{aligned}\Delta_r H_m^\ominus(4)&=2\Delta_r H_m^\ominus(1)+3\Delta_r H_m^\ominus(2)-\Delta_r H_m^\ominus(3)\\&=2\times(-393.5)+3\times(-285.8)-(-1559.7)=-84.7(\text{kJ}\cdot\text{mol}^{-1})\end{aligned}$$

2. 利用物质的标准摩尔生成焓计算化学反应的热效应

物质 B 的标准摩尔生成焓是指在一定温度及标准状态下，由指定单质生成 1 mol 的物质 B 时的反应热，即物质的标准摩尔生成焓就是其生成反应的热效应，用符号 $\Delta_f H_m^\ominus(T)$表示，单位为 $\text{kJ}\cdot\text{mol}^{-1}$，常用温度是 298.15 K。指定单质通常是给定条件下，单质最稳定的状态，如 $H_2(g)$、$Br_2(l)$、C(石墨)等，但也有例外，如磷的指定单质为白磷，而常温下红磷更稳定。在一定温度及标准状态下，指定单质的标准摩尔生成焓为 0，物质的标准摩尔生成焓是以指定单质为参考标准的一个相对值。在 298.15 K 的标准状态下，常见物质的标准摩尔生成焓 $\Delta_f H_m^\ominus$ 参见附录Ⅳ。例如

$$\frac{1}{2}H_2(g)+\frac{1}{2}Cl_2(g)\!=\!=\!=HCl(g) \qquad \Delta_f H_m^\ominus(HCl,g)=\Delta_r H_m^\ominus=-92.3\ \text{kJ}\cdot\text{mol}^{-1}$$

$$C(石墨)+2H_2(g)+\frac{1}{2}O_2(g)\!=\!=\!=CH_3OH(g) \qquad \Delta_f H_m^\ominus(CH_3OH,g)=\Delta_r H_m^\ominus=-200.7\ \text{kJ}\cdot\text{mol}^{-1}$$

$$\frac{1}{2}N_2(g)+\frac{1}{2}O_2(g)\!=\!=\!=NO(g) \qquad \Delta_f H_m^\ominus(NO,g)=\Delta_r H_m^\ominus=91.3\ \text{kJ}\cdot\text{mol}^{-1}$$

$$I_2(s)\!=\!=\!=I_2(g) \qquad \Delta_f H_m^\ominus(I_2,g)=\Delta_r H_m^\ominus=62.24\ \text{kJ}\cdot\text{mol}^{-1}$$

利用物质的标准摩尔生成焓可以方便地计算化学反应定压热。化学反应前后，元素并没有变化，所以反应物和生成物都可以由相同的指定单质生成。对于 298.15 K 及标准压力下的化学反应

$$aA+dD\!=\!=\!=gG+hH$$

由指定单质直接生成产物的途径Ⅰ和指定单质先生成反应物、再生成产物的途径Ⅱ，两者的始终态是相同的，如图 4-2 所示。

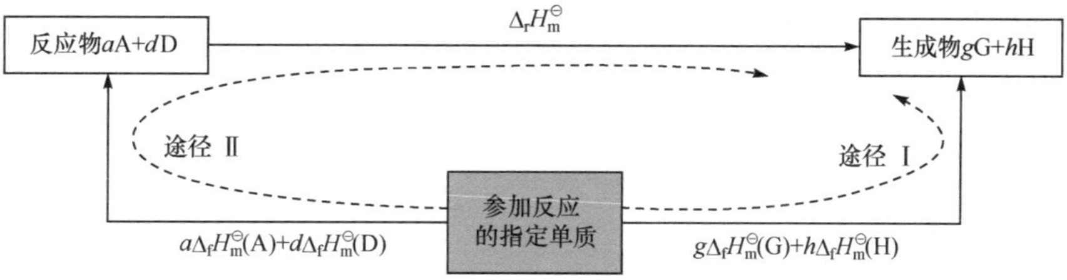

图 4-2 标准生成焓与反应热的关系

根据赫斯定律,两种途径总的热效应相同,所以化学反应的标准摩尔焓变为

$$\Delta_r H_m^\ominus(298.15\ \mathrm{K})=[g\Delta_f H_m^\ominus(\mathrm{G})+h\Delta_f H_m^\ominus(\mathrm{H})]-[a\Delta_f H_m^\ominus(\mathrm{A})+d\Delta_f H_m^\ominus(\mathrm{D})]$$

即

$$\Delta_r H_m^\ominus(298.15\ \mathrm{K}) = \sum_{\mathrm{B}}\nu_{\mathrm{B}}\Delta_f H_m^\ominus(\mathrm{B},298.15\ \mathrm{K}) \tag{4-6}$$

式中,$\Delta_r H_m^\ominus(\mathrm{B},298.15\ \mathrm{K})$为参加化学反应的任一种物质 B 在 298.15 K 时的标准摩尔生成焓;ν_{B} 为其化学计量系数,反应物取负值,产物取正值。式(4-6)表明,化学反应的标准摩尔焓变等于各反应物和产物的标准摩尔生成焓与其化学计量系数的乘积之和。利用式(4-6),可以很方便地利用各物质的标准摩尔生成焓来计算化学反应的标准摩尔焓变。

【例 4-3】 在用硝石制硝酸时,同时发生下列反应

(1) $$KNO_3(s)+H_2SO_4(l)=\!=\!=KHSO_4(s)+HNO_3(l)$$

(2) $$2KNO_3(s)+H_2SO_4(l)=\!=\!=K_2SO_4(s)+2HNO_3(l)$$

制得的硝酸中 80%是由反应(1)产生的,20%是由反应(2)产生的。则在 25 ℃制取 1 kg $HNO_3(l)$时将吸收多少热量?已知 $KNO_3(s)$、$H_2SO_4(l)$、$KHSO_4(s)$、$HNO_3(l)$、$K_2SO_4(s)$的标准生成焓($\Delta_f H_m^\ominus$,单位均为 $\mathrm{kJ\cdot mol^{-1}}$)依次为−494.6、−814.0、−1160.6、−133.9、−1437.6。

解 根据式 $\Delta_r H_m^\ominus(298.15\ \mathrm{K}) = \sum_{\mathrm{B}}\nu_{\mathrm{B}}\Delta_f H_m^\ominus(\mathrm{B},298.15\ \mathrm{K})$ 可得

(1) $\Delta_r H_m^\ominus(1)=[\Delta_f H_m^\ominus(KHSO_4,s)+\Delta_f H_m^\ominus(HNO_3,l)]-[\Delta_f H_m^\ominus(KNO_3,s)+\Delta_f H_m^\ominus(H_2SO_4,l)]$

$=-1160.6-133.9-[(-494.6)+(-814.0)]$

$=14.1(\mathrm{kJ\cdot mol^{-1}})$

(2) $\Delta_r H_m^\ominus(2)=[\Delta_f H_m^\ominus(K_2SO_4,s)+2\Delta_f H_m^\ominus(HNO_3,l)]-[2\Delta_f H_m^\ominus(KNO_3,s)+\Delta_f H_m^\ominus(H_2SO_4,l)]$

$=-1437.6+2\times(-133.9)-2\times(-494.6)-(-814.0)$

$=97.8(\mathrm{kJ\cdot mol^{-1}})$

HNO_3 的摩尔质量为 63 $\mathrm{g\cdot mol^{-1}}$,1 kg HNO_3 的物质的量为 $n=\frac{1000}{63}=15.9(\mathrm{mol})$,所以制取 1 kg $HNO_3(g)$时的反应热为

$$80\%\times15.9\times14.1+20\%\times\frac{1}{2}\times15.9\times97.8=335(\mathrm{kJ})$$

化学反应的焓变受温度的影响,但一般随温度的变化不大,其他温度时的标准摩尔焓变可近似地用 298.15 K 时反应的标准摩尔焓变代替。即

$$\Delta_r H_m^\ominus(T)\approx\Delta_r H_m^\ominus(298.15\ \mathrm{K})$$

3. 利用物质的标准摩尔燃烧焓计算化学反应的热效应

1 mol 的物质 B 在指定温度及标准状态下完全燃烧生成指定产物时的反应热称为该物质(B)的标准摩尔燃烧焓,即物质的标准摩尔燃烧焓是其燃烧反应的热效应,用符号 $\Delta_c H_m^\ominus(T)$表示,单位为 $\mathrm{kJ\cdot mol^{-1}}$,常用温度为 298.15 K。常见元素完全燃烧生成的指定产物为 $C\longrightarrow CO_2(g)$,$H\longrightarrow H_2O(l)$,$S\longrightarrow SO_2(g)$,$N\longrightarrow N_2(g)$,$Cl\longrightarrow HCl(aq)$。例如,在 298.15 K 及标准状态下,下面几种物质的燃烧焓

$CH_3CHO(l)+5/2O_2(g)=\!=\!=2CO_2(g)+2H_2O(l)$ $\quad\Delta_c H_m^\ominus(CH_3CHO,l)=-1166.9\ \mathrm{kJ\cdot mol^{-1}}$

$H_2(g)+\frac{1}{2}O_2(g)=\!=\!=H_2O(l)$ $\quad\Delta_c H_m^\ominus(H_2,g)=-285.8\ \mathrm{kJ\cdot mol^{-1}}$

$C_2H_2(g)+\frac{5}{2}O_2(g)=\!=\!=2CO_2(g)+H_2O(l)$ $\quad\Delta_c H_m^\ominus(C_2H_2,g)=-1301.1\ \mathrm{kJ\cdot mol^{-1}}$

$CH_4(g)+2O_2(g)$ ══ $CO_2(g)+2H_2O(l)$　　$\Delta_c H_m^\ominus(CH_4,g)=-890.8\ kJ\cdot mol^{-1}$

指定产物是完全燃烧的产物，很稳定，它们的标准摩尔燃烧焓均为0，即$CO_2(g)$、$H_2O(l)$、$SO_2(g)$、$N_2(g)$和$HCl(aq)$等的$\Delta_c H_m^\ominus=0$。常见有机物在298.15 K时的$\Delta_c H_m^\ominus$参见附录Ⅴ。

有机物质的$\Delta_f H_m^\ominus$往往不易测定，但有机物一般都可以燃烧，其标准摩尔燃烧焓$\Delta_c H_m^\ominus$可以测得，利用物质的标准摩尔燃烧焓可以方便地计算有有机物参与的化学反应的热效应。与利用标准摩尔生成焓计算热效应同理，根据赫斯定律可得298.15 K及标准压力下，对于化学反应

$$aA+dD = gG+hH$$

利用物质的标准摩尔燃烧焓计算其标准摩尔焓变的公式如下

$$\Delta_r H_m^\ominus(298.15\ K)=[a\Delta_c H_m^\ominus(A)+d\Delta_c H_m^\ominus(D)]-[g\Delta_c H_m^\ominus(G)+h\Delta_c H_m^\ominus(H)]$$

即

$$\Delta_r H_m^\ominus(298.15\ K)=-\sum_B \nu_B \Delta_c H_m^\ominus(B,298.15K) \tag{4-7}$$

【例4-4】 在298.15 K、$p^\ominus$下，葡萄糖和乳酸的标准摩尔燃烧焓分别为$-2802\ kJ\cdot mol^{-1}$和$-321.2\ kJ\cdot mol^{-1}$。求在该条件下，葡萄糖转化为乳酸的反应热。

解　葡萄糖转化为乳酸的反应为

$$C_6H_{12}O_6(s)\longrightarrow 2CH_3CHOHCOOH(l)$$

根据式(4-7)可得，反应的焓变为

$$\Delta_r H_m^\ominus=\Delta_c H_m^\ominus(\text{葡萄糖})-2\Delta_c H_m^\ominus(\text{乳酸})=-2802-2\times(-321.2)=-2159.6(kJ\cdot mol^{-1})$$

【例4-5】 已知甲醇的标准燃烧焓$\Delta_c H_m^\ominus(CH_3OH,l)=-726.1\ kJ\cdot mol^{-1}$，$\Delta_f H_m^\ominus(H_2O,l)=-285.8\ kJ\cdot mol^{-1}$，$\Delta_f H_m^\ominus(CO_2,g)=-393.5\ kJ\cdot mol^{-1}$，求甲醇的$\Delta_f H_m^\ominus$。

解　甲醇的燃烧反应为

$$CH_3OH(l)+\frac{3}{2}O_2(g) = CO_2(g)+2H_2O(l)$$

该燃烧反应的焓变就是甲醇的标准燃烧焓，则根据式(4-6)有

$$\Delta_c H_m^\ominus(CH_3OH,l)=2\Delta_f H_m^\ominus(H_2O,l)+\Delta_f H_m^\ominus(CO_2,g)-\Delta_f H_m^\ominus(CH_3OH,l)-\frac{3}{2}\Delta_f H_m^\ominus(O_2,g)$$

$$\begin{aligned}\Delta_f H_m^\ominus(CH_3OH,l)&=2\Delta_f H_m^\ominus(H_2O,l)+\Delta_f H_m^\ominus(CO_2,g)-\frac{3}{2}\Delta_f H_m^\ominus(O_2,g)-\Delta_c H_m^\ominus(CH_3OH,l)\\&=2\times(-285.8)+(-393.5)-0-(-726.1)\\&=-239.0(kJ\cdot mol^{-1})\end{aligned}$$

4.3　化学反应的方向

热力学第一定律阐明了一切过程都遵守能量守恒与转化定律，由此可以计算化学反应的热效应，为能量的合理利用提供了有效的途径。但在科学研究和生产中所遇到的反应，首先需要判断其能不能发生，如果能够发生，过程的方向和限度又如何？例如，常温常压下，是甲烷燃烧生成二氧化碳和水还是二氧化碳和水生成甲烷？这是热力学第一定律不能回答，而需要利用热力学第二定律来解决的问题。

4.3.1　自发过程

化学热力学对反应方向的判断来自于对自发过程特征的总结。在一定条件下，自然界发生的过程都有一定的方向和限度。例如，水从高水位处自发地流向低水位处，直至水位差为0，推动力是水位差；热自发地由高温物体流向低温物体，直至两物体的温度相等，推动力是温

度差；气体总是由高压处自发流向低压处，至两处压力相等时停止流动，推动力是压力差；浓度不均匀的溶液中，溶质自动向低浓度部分扩散，当各部分浓度相等时停止扩散，推动力是浓度差。这些过程都不需外界施加外力就可以自动发生。这种在一定条件下，不需外力推动就能自动发生的过程称为自发过程。

自发过程多种多样，具有各自不同的表现形式，但都具有一个共同的特征：有确定的方向和限度。自发过程总是由非平衡态向平衡态的方向转化，即沿着某一单方向进行。在一定条件下，自发过程达到平衡态时就停止变化，即过程的进行具有一定的限度。

自发过程的逆过程不能自动发生，是非自发过程。但非自发过程可以借助环境对其做功来完成。例如，理想气体向真空自由膨胀是一个自发过程，其逆过程非自发，但可以用定温可逆压缩的方法使膨胀的气体恢复原状。这一压缩过程中，环境对体系做功 W，体系复原后，将等量的热 Q 返还给环境。在这个过程结束后，环境的能量数值没有变化，但能量的形式发生了变化，失去功 W，得到了热 Q，环境不能复原了。

在热力学中，如果过程进行的每一步都无限接近平衡态，保证过程结束后体系与环境都完全复原而不发生其他变化，这种过程称为热力学可逆过程。如果体系经历某一过程后，无论用什么方法都不能使体系和环境同时复原而不引起任何其他变化，则这种过程称为不可逆过程。注意，热力学的可逆性与化学反应的可逆性是完全不同的概念。

一切自发过程在适当的条件下可以对外做功，而非自发过程则必须依靠外力，即环境消耗功才能进行，所以一切自发过程都是不可逆过程，这是一切自发过程的共同特征。不可逆过程是相互关联的，由一个过程的不可逆性可以推导出另一个过程的不可逆性。经过大量的经验总结，对于一切自发过程的不可逆性特征，德国物理学家克劳修斯(R. J. E. Clausius)于 1850 年将其总结为“热不能自动地由低温热源传到高温热源而不发生其他变化”；1851 年爱尔兰的开尔文勋爵(Lord Kelvin)将其总结为“不可能从单一热源取热使之全部转变为功而不产生其他变化”，这就是热力学第二定律的两种经典表述形式。克劳修斯指出了热传导的不可逆性，开尔文指出了热功转换的不可逆性，所以两种表述形式在本质上是一样的，都指出了某种自发过程的逆过程是不能自动进行的，而且一切不可逆过程都可以与热功转换的不可逆相联系。

利用热力学第二定律对过程能否自发进行作了说明，所以可以利用其判断过程的方向。但是，仅由热力学第二定律的两种文字表述形式去判断某一过程、特别是化学反应过程能否自发，即判断反应的方向和限度，显然是很困难的。为此，克劳修斯在卡诺循环的基础上，对热功转换进行了深入的研究，提出了一个新的、能够用以判断反应方向的状态函数——熵。

4.3.2 熵变与自发过程

1. 卡诺循环

19 世纪初，蒸汽机的使用揭开了人类文明的新篇章。在蒸汽机的使用中，人们总是希望最大限度地提高热机效率，将热尽可能地转化为功，但热机效率到底能够提高到多少呢？法国青年工程师萨迪·卡诺(N. L. S. Carnot)引入了一个理想的可逆热机，设计了一个可逆循环，即卡诺循环。

在卡诺循环中，理想的可逆热机工作于温度 T_1 大于温度 T_2 的两个热源之间，由高温热源吸热 Q_1，对环境做功 W，同时向低温热源放热 Q_2。在分析卡诺循环的基础上，卡诺提出了著名的卡诺定律：理想热机的效率(在工作时吸收的热转化为功的程度)比任何不可逆热机的效率都大。如果用 η_R 表示理想热机的效率，下标 R 表示可逆过程，用 η 表示任意热机的效率，卡诺定律可以表示为

$$\eta=\frac{Q_1+Q_2}{Q_1}\leqslant\eta_R=\frac{T_1-T_2}{T_1} \tag{4-8}$$

由于低温热源的温度 T_2 不可能为 0，说明最大的可逆热机效率 $\eta_R<1$，即热不可能完全转化为功，在理论上证明了热功的不等价性。卡诺定律解决了热机效率的极限问题，同时，根据热力学第二定律的表述及不可逆过程的关联性，卡诺定律中热功转换的不可逆性也就为判断化学反应过程的自发与否提供了依据。

2. 熵及其与反应自发性的关系

对式(4-8)进行整理重排可得

$$\frac{Q_1}{T_1}+\frac{Q_2}{T_2}\leqslant 0$$

过程热 Q 与温度 T 的比值称为热温商。卡诺循环热温商之和为零，把卡诺循环的结果推广到任意可逆循环过程，可得任意可逆循环过程的热温商之和为零。根据任意可逆循环过程的热温商之和为零，经推导证明可逆过程的热温商之和只取决于起始和最终状态，而与途径无关。因体系的状态函数在循环过程复原时其增量为零，显然，可逆过程的热温商具有状态函数的特征，即可逆过程的热温商之和必然表示体系在始、终两个状态间的某一个状态函数的改变量。克劳修斯定义此状态函数为熵，用符号 S 表示，其单位是 $J\cdot K^{-1}$。若用 S_A、S_B 分别表示体系在起始状态 A 和最终状态 B 的熵值，则体系从状态 A 变为状态 B 时，熵值改变为

$$\Delta S=S_B-S_A=\sum_i\left(\frac{\delta Q_i}{T_i}\right)_R \tag{4-9}$$

熵是广度性质的状态函数，具有加和性。克劳修斯将卡诺循环推广至任意的循环体系，经推导可得

$$\Delta S\geqslant\sum_i\frac{\delta Q_i}{T} \tag{4-10}$$

式(4-10)称为克劳修斯不等式。式中，δQ_i 为实际过程的热效应；T 为环境的温度。该式说明，可逆过程的热温商等于体系的熵变，不可逆过程的热温商小于体系的熵变。对于孤立体系而言，由于体系与环境之间既无能量交换又无物质交换，其中发生的过程必然是绝热的，即 $\delta Q_i=0$，则式(4-10)变为

$$(\Delta S)_{孤立}\geqslant 0$$

孤立体系不受环境的影响，在其中发生的不可逆过程必然是自发过程，而可逆过程就是平衡过程。所以孤立体系的自发过程总是向熵增的方向进行，直至平衡时熵达到该条件下的最大值，这一结论称为熵增原理或熵判据。利用熵判据，可以根据熵变判断孤立体系内反应的方向和限度，即

$(\Delta S)_{孤立}>0$，化学反应自发进行；

$(\Delta S)_{孤立}=0$，化学反应达平衡。

3. 物质的标准摩尔熵

熵是一个重要的状态函数，利用熵判据可以判断过程的方向和限度，解决了化学热力学的

关键问题。但在判断反应的方向和限度过程中，必须计算出反应的熵变。可逆过程的熵变可用熵的定义式(4-9)进行计算。不可逆过程的熵变，根据熵是状态函数，其变化值只决定于体系的始态和终态，只要知道了体系始、终态的绝对熵值，就可进行计算。

热是分子混乱运动的表现，而功则与有方向的运动相联系，是有秩序的运动。所以功热转换是规则运动与无规则运动的转化，是体系混乱程度的变化，因而从微观的角度理解，熵是体系混乱度的量度。一个体系内，分子的排列越不整齐，分子的运动越剧烈，其混乱度越大，熵就越大。在热力学温度为 0 K 时，纯物质的所有质点均处于最低能级、规则地排列在完全有规律的点阵结构中，形成一种唯一的排布状态的晶体，称为完美晶体，其熵值为 0。即 0 K 时，任何纯物质完美晶体的熵值为 0，这是 20 世纪初，人们根据大量的低温实验事实总结出来的规律，称为热力学第三定律。

热力学第三定律给出了计算任意条件下物质熵的基础，某种物质在定压、无相变下从 0 K 升温到 T 时，过程的熵变就等于物质在 T 时的绝对熵值 $S(T)$，即

$$\Delta S = S(T) - S(0\ \text{K}) = S(T)$$

在标准状态和指定温度下，1 mol 纯物质的熵值称为物质的标准摩尔熵，符号是 $S_m^{\ominus}$，单位为 $\text{J}\cdot\text{mol}^{-1}\cdot\text{K}^{-1}$。附录Ⅳ给出了 298.15 K 时，常见物质的标准摩尔熵 $S_m^{\ominus}$。但要注意，水溶液中离子的标准摩尔熵是以氢离子的标准摩尔熵 $S_m^{\ominus}(H^+, aq)=0$ 为参考标准得到的。

由于熵是体系混乱程度的量度，因此由体系混乱度的大小可以定性地判断物质标准摩尔熵的大小。

(1) 同一物质在相同条件下，物理聚集状态不同，分子运动的空间大小不同，混乱度不同，所以物质气态的标准摩尔熵大于液态，液态的大于固态。例如，298.15 K 时，H_2O 的标准摩尔熵 $S_m^{\ominus}(g)=188.8\ \text{J}\cdot\text{mol}^{-1}\cdot\text{K}^{-1} > S_m^{\ominus}(l)=70.0\ \text{J}\cdot\text{mol}^{-1}\cdot\text{K}^{-1} > S_m^{\ominus}(s)=39.9\ \text{J}\cdot\text{mol}^{-1}\cdot\text{K}^{-1}$。

(2) 温度升高，分子热运动加剧，所以同一物质的标准摩尔熵随温度的升高而变大。例如，$CS_2(l)$的标准摩尔熵 $S_m^{\ominus}(298.15\ \text{K})=150\ \text{J}\cdot\text{mol}^{-1}\cdot\text{K}^{-1} > S_m^{\ominus}(161\ \text{K})=103\ \text{J}\cdot\text{mol}^{-1}\cdot\text{K}^{-1}$。

(3) 同类物质，相对分子质量越大，分子内的原子、电子等微粒越多，结构越复杂，标准摩尔熵越大。例如，相同温度下气态卤素单质的标准摩尔熵为

$$S_m^{\ominus}(I_2,g) > S_m^{\ominus}(Br_2,g) > S_m^{\ominus}(Cl_2,g) > S_m^{\ominus}(F_2,g)$$

(4) 相同条件下，相对分子质量相近的物质，分子所含原子数越多，结构越复杂，通常其标准摩尔熵越大。例如，相同温度下

$$S_m^{\ominus}(C_2H_2,g) > S_m^{\ominus}(CO,g) > S_m^{\ominus}(N_2,g)$$

4. 化学反应熵变的计算

化学反应的熵变用符号 $\Delta_r S(T)$表示，若反应在标准状态下进行，且反应进度为 1 mol 时，则为化学反应标准摩尔熵变，表示为 $\Delta_r S_m^{\ominus}(T)$。

根据体系混乱度的变化，可以定性地估计化学反应的熵变。对于有气体参加的反应，反应中气体物质的量增加，熵增加，$\Delta_r S_m^{\ominus}(T)>0$；反应中气体物质的量减小，则熵减小，$\Delta_r S_m^{\ominus}(T)<0$；反应前后气体物质的量不变，通常 $\Delta_r S_m^{\ominus}(T)$很小，但熵随物质分子种类数的增加而增加。对于没有气体参加的凝聚态反应，$\Delta_r S_m^{\ominus}(T)$通常很小，一般情况下，如果反应前后物质的量增加，$\Delta_r S_m^{\ominus}(T)>0$；反应前后物质的量减少，$\Delta_r S_m^{\ominus}(T)<0$。

熵是体系的状态函数，熵变的计算遵循热化学定律，所以可以利用赫斯定律根据已知反应的熵变计算未知反应的熵变。化学热力学中，常用的是利用参加化学反应的各物质的

标准摩尔熵值定量计算化学反应的标准摩尔熵变。对于在 298.15 K 及标准压力下的化学反应

$$aA+dD=gG+hH$$

反应的标准摩尔熵变为

$$\Delta_r S_m^{\ominus}(298.15\ K)=\sum_B \nu_B S_m^{\ominus}(B, 298.15K) \tag{4-11}$$

$\Delta_r S_m^{\ominus}(T)>0$，是熵增反应，有利于反应自发进行；$\Delta_r S_m^{\ominus}(T)<0$，是熵减反应，不利于反应的自发进行。在化学反应中产物和反应物的熵值随温度升高而升高，但增加的程度相近，故在一般的计算中，只要温度变化不大，$\Delta_r S_m^{\ominus}(T)$ 可近似用 $\Delta_r S_m^{\ominus}(298.15\ K)$ 代替，即

$$\Delta_r S_m^{\ominus}(T)\approx\Delta_r S_m^{\ominus}(298.15\ K)$$

【例 4-6】 计算反应 $CaCO_3(s)=CaO(s)+CO_2(g)$ 的 $\Delta_r S_m^{\ominus}(298.15\ K)$。

解 查表得在 298.15 K 时各物质的标准摩尔熵为

	$CaCO_3(s)=$	$CaO(s)+$	$CO_2(g)$
$S_m^{\ominus}/(J\cdot mol^{-1}\cdot K^{-1})$	91.7	38.1	213.8

据 $\Delta_r S_m^{\ominus}(298.15\ K)=\sum_B \nu_B S_m^{\ominus}(B, 298.15\ K)$ 得

$$\Delta_r S_m^{\ominus}(298.15\ K)=S_m^{\ominus}(CO_2, g)+S_m^{\ominus}(CaO, s)-S_m^{\ominus}(CaCO_3, s)$$

$$=213.8+38.1-91.7=160.2(J\cdot mol^{-1}\cdot K^{-1})$$

4.3.3 吉布斯自由能

热力学第二定律找到了热力学基本状态函数熵，利用熵判据可以判断孤立体系内过程自发的方向和限度。但是，大多数反应是在封闭体系中进行的，当用熵变作为判据时，需要把封闭体系与其相关的环境当作一个大的孤立体系来处理，即需要涉及环境熵变的计算，这很不方便，而且环境的熵变不易求得，使熵判据的应用受到了很大的限制。为此，需要引入一个新的状态函数，以便直接利用体系的变量作为反应自发方向和限度的判据。

1. 吉布斯自由能的概念

放热和熵增有利于过程的自发，温度对反应的方向也有着重要的作用，即焓变、熵变和温度对反应的自发性均有影响。美国物理学家吉布斯(J. W. Gibbs)总结综合了这三个因素，于 1876 年提出了一个新的状态函数——吉布斯自由能或吉布斯函数，用 G 表示，其定义为

$$G\equiv H-TS \tag{4-12}$$

因为 H、T、S 均是状态函数，它们的组合必然是状态函数，所以吉布斯自由能是状态函数。吉布斯自由能 G 具有能量的量纲，是广度性质，具有加和性。当体系状态一定时，G 为定值，当自发发生状态变化时，体系将由 G 值大的状态向 G 值小的状态转变，ΔG 可看成是过程自发进行的推动力，而自发过程又可以被用来做非体积功。热力学证明，在定温、定压条件下，体系的吉布斯自由能变 ΔG 等于体系所做的最大非体积功，即

$$W'_{max}=\Delta G \tag{4-13}$$

式(4-13)说明了吉布斯自由能的物理意义，即体系的吉布斯自由能变 ΔG 是体系能够对外做最大非体积功的能力。而自发过程的特征就是能够对外做功，所以可以利用体系的 ΔG 判断反应的方向和限度。

2. 吉布斯自由能判据

当化学反应的反应进度为 1 mol 时，其吉布斯自由能变称为摩尔吉布斯自由能变，记为 $\Delta_r G_m(T)$，常用单位是 $kJ \cdot mol^{-1}$。若反应在标准状态下进行，反应进度为 1 mol 时，其吉布斯自由能变称为反应的标准摩尔吉布斯自由能变，表示为 $\Delta_r G_m^\ominus(T)$。

热力学证明，在定温、定压下，只做体积功的封闭体系总是自发地向着吉布斯自由能降低的方向变化，当吉布斯自由能降低到最小值时体系就达到了平衡态，体系吉布斯自由能升高的过程不能自动发生。即在任意状态下

$\Delta_r G_m < 0$ 时，反应正向自发进行；

$\Delta_r G_m = 0$ 时，反应达到平衡状态；

$\Delta_r G_m > 0$ 时，反应正向不能自发进行(反应逆向自发进行)。

对于标准状态下进行的定温定压且不做非体积功的化学反应，有

$\Delta_r G_m^\ominus < 0$ 时，反应正向自发进行；

$\Delta_r G_m^\ominus = 0$ 时，反应达到平衡状态；

$\Delta_r G_m^\ominus > 0$ 时，反应正向不能自发进行(反应逆向自发进行)。

这种利用吉布斯自由能变判断反应的方向和限度的方法称为吉布斯自由能判据。吉布斯自由能判据指出反应总是自发地倾向于吉布斯自由能最低，故该判据也称为吉布斯自由能降低原理。

3. 化学反应标准摩尔吉布斯自由能变的计算

与焓类似，G 的绝对值无法确定，只能得到其变化值 ΔG。G 是状态函数，ΔG 仅与体系的始态和终态有关，与体系变化的途径无关，所以可以根据赫斯定律由已知反应的 $\Delta_r G_m$ 计算未知反应的 $\Delta_r G_m$。还可以利用标准摩尔生成吉布斯自由能来计算反应的 $\Delta_r G_m$。

在一定温度和标准状态下，由指定单质生成一摩尔物质 B 时的吉布斯自由能变称为物质 B 的标准摩尔生成吉布斯自由能，用符号 $\Delta_f G_m^\ominus(T)$表示，单位为 $kJ \cdot mol^{-1}$。指定单质的标准摩尔生成吉布斯自由能规定为 0。例如，298.15 K 时，以下反应的标准摩尔吉布斯自由能变即为相应生成物质的标准摩尔生成吉布斯自由能。

$$C(石墨) + O_2(g) = CO_2(g) \qquad \Delta_r G_m^\ominus = \Delta_f G_m^\ominus(CO_2, g) = -394.4\ kJ \cdot mol^{-1}$$

$$\frac{1}{2}N_2(g) + O_2(g) = NO_2(g) \qquad \Delta_r G_m^\ominus = \Delta_f G_m^\ominus(NO_2, g) = 51.3\ kJ \cdot mol^{-1}$$

常见物质在 298.15 K 时的 $\Delta_f G_m^\ominus$ 参见附录Ⅳ。由赫斯定律可推导出利用物质的标准摩尔生成吉布斯自由能计算化学反应的标准摩尔吉布斯自由能变的公式。在 298.15 K 及标准压力下，对于任意的化学反应

$$aA + dD = gG + hH$$

反应的标准摩尔吉布斯自由能变为

$$\Delta_r G_m^\ominus(298.15\ K) = \sum_B \nu_B \Delta_f G_m^\ominus(B, 298.15\ K) \tag{4-14}$$

式中，ν_B 为参加反应的任一物质 B 的化学计量系数，反应物取值为负，生成物取值为正。

【例 4-7】 计算说明在 298.15 K、标准状态下，能否用二氧化碳和氨合成尿素？

解 查表可得合成尿素反应的各物质的标准摩尔生成吉布斯自由能分别为

	$CO_2(g)$	$+2NH_3(g)$	$=(NH_2)_2CO(s)$	$+H_2O(l)$
$\Delta_f G_m^\ominus(298.15\ K)/(kJ \cdot mol^{-1})$	−394.4	−16.4	−197.2	−237.1

根据式(4-14)可得

$$\Delta_r G_m^\ominus(298.15\ K)=\Delta_f G_m^\ominus[(NH_2)_2CO,s]+\Delta_f G_m^\ominus(H_2O,l)-[\Delta_f G_m^\ominus(CO_2,g)+2\Delta_f G_m^\ominus(NH_3,g)]$$
$$=-197.2-237.1-(-394.4)-2\times(-16.4)$$
$$=-7.1(kJ\cdot mol^{-1})$$

即 $\Delta_r G_m^\ominus(298.15\ K)<0$,反应正向自发进行。

因此,在此条件下能够利用二氧化碳和氨合成尿素。

4. 吉布斯-亥姆霍兹方程及其应用

焓变和熵变值受温度影响较小,其值随温度的变化可以忽略。在化学反应计算中,一般将 $\Delta_r H_m$ 和 $\Delta_r S_m$ 视为不随温度变化的常数,而直接使用 298.15 K 的数据。但吉布斯自由能变随温度的变化很大,其值随温度的变化不能忽略。式(4-14)式一般只能用于计算 298.15 K 时反应的 $\Delta_r G_m^\ominus$,不同温度条件下发生的定温反应,需要应用吉布斯-亥姆霍兹(Gibbs-Helmholtz)方程计算反应的 $\Delta_r G_m$。

根据吉布斯自由能的定义式(4-12)可知,在定温过程中,体系的吉布斯自由能变与焓变和熵变的关系是

$$\Delta G=\Delta H-T\Delta S \tag{4-15}$$

式(4-15)称为吉布斯-亥姆霍兹方程。将此式应用于化学反应,可得化学反应的吉布斯自由能变与焓变和熵变的关系是

$$\Delta_r G_m=\Delta_r H_m-T\Delta_r S_m \tag{4-16}$$

如果化学反应在标准状态下进行,则有

$$\Delta_r G_m^\ominus=\Delta_r H_m^\ominus-T\Delta_r S_m^\ominus \tag{4-17}$$

对于一个化学反应,$\Delta_r H_m$ 体现了反应能量的变化,放热有利于反应自发进行,吸热不利于反应自发进行;$\Delta_r S_m$ 描述了反应混乱度的变化,熵增有利于反应自发进行,熵减不利于反应自发进行。由吉布斯-亥姆霍兹方程可见,$\Delta_r H_m$、$\Delta_r S_m$ 和 T 三者共同影响着 $\Delta_r G_m$,即 $\Delta_r H_m$、$\Delta_r S_m$ 和 T 共同决定了化学反应的方向与限度。$\Delta_r H_m$、$\Delta_r S_m$ 和 T 三者对反应方向和限度的影响有四种情况,列于表 4-1。

表 4-1　$\Delta_r H_m$、$\Delta_r S_m$、T 与反应方向的关系

	$\Delta_r H_m$	$\Delta_r S_m$	$\Delta_r G_m=\Delta_r H_m-T\Delta_r S_m$	反应自发进行的温度条件
1	放热(−)	熵增(+)	任何温度(−)	任何温度下,反应均能正向自发进行
2	吸热(+)	熵减(−)	任何温度(+)	任何温度下,反应均不能正向自发进行
3	放热(−)	熵减(−)	低温(−)	低温时,反应正向自发进行
			高温(+)	高温时,反应不能正向自发进行
4	吸热(+)	熵增(+)	低温(+)	低温时,反应不能正向自发进行
			高温(−)	高温时,反应正向自发进行

综合表 4-1 可见,当化学反应的 $\Delta_r H_m$ 和 $\Delta_r S_m$ 符号不同时,两者对反应自发性的贡献是相同的,此时温度不影响反应自发的方向。当反应的 $\Delta_r H_m$ 和 $\Delta_r S_m$ 符号相同时,两者对反应自发性的贡献是相反的,此时温度就成为影响反应自发方向的决定因素。

【例 4-8】 分析下列反应自发进行的温度条件。

①　$2N_2(g)+O_2(g)\longrightarrow 2N_2O(g)$　　$\Delta_r H_m^\ominus=38.07\ kJ\cdot mol^{-1}$

② $Ag(s)+1/2Cl_2(g) \longrightarrow AgCl(s)$ $\quad \Delta_r H_m^\ominus = -127\ kJ \cdot mol^{-1}$

③ $HgO(s) \longrightarrow Hg(l)+1/2O_2(g)$ $\quad \Delta_r H_m^\ominus = 91\ kJ \cdot mol^{-1}$

④ $H_2O_2(l) \longrightarrow H_2O(l)+1/2O_2(g)$ $\quad \Delta_r H_m^\ominus = -98\ kJ \cdot mol^{-1}$

解 ① $\Delta_r H_m^\ominus > 0$，$\Delta_r S_m^\ominus < 0$，在任何温度下，$\Delta_r G_m^\ominus > 0$，反应都不能自发进行。

② $\Delta_r H_m^\ominus < 0$，$\Delta_r S_m^\ominus < 0$，在较低温度下，$\Delta_r G_m^\ominus < 0$，反应能自发进行。

③ $\Delta_r H_m^\ominus > 0$，$\Delta_r S_m^\ominus > 0$，在较高温度下，$\Delta_r G_m^\ominus < 0$，反应能自发进行。

④ $\Delta_r H_m^\ominus < 0$，$\Delta_r S_m^\ominus > 0$，在任何温度下，$\Delta_r G_m^\ominus < 0$，反应都能自发进行。

反应的 $\Delta_r G_m$ 随温度的变化而变化。当 $\Delta_r H_m$ 和 $\Delta_r S_m$ 符号相同时，焓变和熵变对反应自发性的贡献是相反的，随着温度的变化，$\Delta_r G_m$ 会发生符号的改变，从而使化学反应的方向发生改变。对于 $\Delta_r H_m < 0$、$\Delta_r S_m < 0$ 的反应，当温度由低到高变化时，吉布斯自由能变将逐渐增大，从 $\Delta_r G_m < 0$ 到 $\Delta_r G_m = 0$，最后 $\Delta_r G_m > 0$。即化学反应将由正向自发到建立平衡，最后变为正向非自发。对于 $\Delta_r H_m > 0$、$\Delta_r S_m > 0$ 的反应，当温度由低到高变化时，吉布斯自由能变将逐渐减小，从 $\Delta_r G_m > 0$ 到 $\Delta_r G_m = 0$，最后 $\Delta_r G_m < 0$。即化学反应将由正向非自发到平衡状态，最后变为正向自发。上述两种情况的转折点都在 $\Delta_r G_m = 0$，此时化学反应达到平衡状态，其对应的温度称为转变温度。根据吉布斯-亥姆霍兹方程可知转变温度为

$$T_{转} = \frac{\Delta_r H_m^\ominus}{\Delta_r S_m^\ominus}$$

【例 4-9】 已知 298.15 K 时，反应 $CaCO_3(s) = CaO(s)+CO_2(g)$ 的 $\Delta_r H_m^\ominus = 179.2\ kJ \cdot mol^{-1}$，$\Delta_r S_m^\ominus = 160.2\ J \cdot mol^{-1} \cdot K^{-1}$，求反应在 1200 K 时的 $\Delta_r G_m^\ominus$ 及反应自发进行的最低温度。

解 根据 $\Delta_r G_m^\ominus = \Delta_r H_m^\ominus - T\Delta_r S_m^\ominus$ 得

$$\begin{aligned} \Delta_r G_m^\ominus(1200\ K) &= \Delta_r H_m^\ominus(298.15\ K) - 1200 \times \Delta_r S_m^\ominus(298.15\ K) \\ &= 179.2 - 1200 \times 160.2 \times 10^{-3} \\ &= -13.0(kJ \cdot mol^{-1}) \end{aligned}$$

若反应自发进行，必有 $\Delta_r G_m^\ominus(T) < 0$，因 $\Delta_r H_m^\ominus$ 和 $\Delta_r S_m^\ominus$ 均大于 0，所以反应在高温自发，转变温度为

$$T > \frac{\Delta_r H_m^\ominus(298.15\ K)}{\Delta_r S_m^\ominus(298.15\ K)} = \frac{179.2 \times 1000}{160.2} = 1118.6(K)$$

计算结果表明，在标准态时，$CaCO_3$ 的最低分解温度为 1118.6 K。

【例 4-10】 汞的冶炼可采用朱砂（HgS）在空气中灼烧生成 HgO，炉中生成的 HgO 又继续分解而获得汞。反应式分别为 $2HgS(s)+3O_2(g) = 2HgO(s)+2SO_2(g)$，$2HgO(s) = 2Hg(g)+O_2(g)$。试估算炉内的灼烧温度在什么范围时才可以得到 Hg(g)。

解 对 HgS 的分解反应，查表得相应的热力学数据

	$2HgS(s)$	$+3O_2(g)$	$= 2HgO(s)$	$+2SO_2(g)$
$\Delta_f H_m^\ominus/(kJ \cdot mol^{-1})$	−58.2	0	−90.83	−296.8
$S_m^\ominus/(J \cdot mol^{-1} \cdot K^{-1})$	82.4	205.03	70.3	248.53

$$\Delta_r H_m^\ominus = 2\times(-296.8)+2\times(-90.83)-2\times(-58.2)-0 = -658.9(kJ \cdot mol^{-1})$$

$$\Delta_r S_m^\ominus = 2\times248.53+2\times70.3-3\times205.03-2\times82.4 = -142.2(J \cdot mol^{-1} \cdot K^{-1})$$

$\Delta_r H_m^\ominus < 0$，$\Delta_r S_m^\ominus < 0$，反应低温自发，高温非自发，转化温度为

$$T_{转} = \frac{\Delta_r H_m^\ominus}{\Delta_r S_m^\ominus} = \frac{-658.9}{-142.2 \times 10^{-3}} = 4634(K)$$

可得结论(1)：只有当 $T < 4634$ K 时，该反应才能自发进行。

对 HgO 的继续分解反应，同样有

$$2HgO(s) \xlongequal{} 2Hg(g) + O_2(g)$$

	$2HgO(s)$	$2Hg(g)$	$O_2(g)$
$\Delta_f H_m^\ominus/(kJ \cdot mol^{-1})$	-90.83	61.4	0
$S_m^\ominus/(J \cdot mol^{-1} \cdot K^{-1})$	70.3	175.0	205.03

$$\Delta_r H_m^\ominus = 0 + 2\times 61.4 - 2\times(-90.83) = 304.46(kJ \cdot mol^{-1})$$

$$\Delta_r S_m^\ominus = 2\times 175.0 + 205.03 - 2\times 70.3 = 414.4(J \cdot mol^{-1} \cdot K^{-1})$$

$\Delta_r H_m^\ominus > 0$，$\Delta_r S_m^\ominus > 0$，反应低温非自发，高温自发，转化温度为

$$T_{转} = \frac{\Delta_r H_m^\ominus}{\Delta_r S_m^\ominus} = \frac{304.46}{414.4\times 10^{-3}} = 734.7(K)$$

得结论(2)：只有当 $T > 734.7$ K 时，该反应才能自发进行。

综合两个结论可见，只有当温度处于 734.7 K$<T<$4634 K 时，才可得到 Hg(g)。

4.4　化学热力学的应用

热力学研究的能量转换规律是自然界的一个基本规律。化学热力学解决了化学变化过程中各种能量相互转化的规律问题，能够准确计算化学反应的热效应。利用化学热力学能够判断化学反应进行的方向和限度。化学热力学所解决的这两个问题都是化学反应的最基本的问题。因此，化学热力学在科学研究、工农业生产、环境保护、生理生化等各个领域都有着广泛的应用。

4.4.1　化学热力学在工农业生产中的应用

工农业生产中，任何一种产品的制备，都需要对其进行热力学分析。首先要确定其在热力学上是否是合理可行的，只有在热力学上能够自发进行的反应，才有进一步设计生产工艺的必要，否则就会造成巨大的人力物力的浪费。

例如，CO(g)是很多化工生产废气、汽车尾气中的一种有毒气体，是否可以通过加热或选择催化剂使其分解为 C 和 O_2 而消除其污染呢？通过热力学计算可知，反应 $CO(g) \xlongequal{} C$(石墨)$+1/2O_2(g)$的 $\Delta_r H_m^\ominus = 110.5\ kJ \cdot mol^{-1}$，$\Delta_r S_m^\ominus = -89.7\ J \cdot mol^{-1} \cdot K^{-1}$。显然这是一个焓增熵减的反应，在任何温度条件下都不能自发进行，所以就没有必要对该反应进行进一步的研究，而必须选择其他方法，如消耗 O_2 使其氧化为 $CO_2(g)$等方法来消除其污染。

农业生产中，氮肥生产的基础、合成氨反应 $3H_2(g) + N_2(g) \xlongequal{} 2NH_3(g)$，更是热力学、动力学、化学工艺等综合应用的一个典型实例。在常温常压下观察不到合成氨反应的进行，但由化学热力学的计算可知，$\Delta_r H_m^\ominus = -91.8\ kJ \cdot mol^{-1}$，$\Delta_r S_m^\ominus = -198.5\ J \cdot mol^{-1} \cdot K^{-1}$。这是一个焓减熵减的反应，在低温范围内能够自发进行，这才促使人们对该反应进行深入的研究。经过研究发现，由于反应的活化能较高，反应在温度较低时速率缓慢，因而不能直接用于工业生产。经过实验，在 200～300 大气压，773～873 K，并以铁触媒作催化剂的条件下，解决了反应速率缓慢的问题，现在该反应已经大量地运用于工业生产。事实上，常温常压下的合成氨反应在豆科植物内借助于根瘤菌，无时无刻不在进行着，这充分说明了热力学计算结果的正确性。常温常压下合成氨反应的实现还有待于人们的研究和努力。

能源是社会发展的支柱，人类进化发展的过程，就是不断向自然索取能源的历史。热力学研究阐明的能量转换规律已经渗透到现代生产生活的各个角落。蒸汽机的发明使人类进入了工业文明的新时代，化学能转变为电能使机械化大规模生产得以实现，汽油、天然气的燃烧改变了人们日常的生活方式。例如，汽车、轮船等交通工具依靠的是汽油、柴油等燃料燃烧提供

的能源，但经过热力学的计算，各种发动机的燃料能源利用效率是很低的，早期的汽油发动机的效率只有10%，这给人们提高效率提供广阔的空间，将压燃式改为转子式、采用废气涡轮增压、电控燃油喷射、气缸内直喷等技术，使发动机效率不断提高，现代的汽车发动机效率最高可达43%。我国是一个燃煤消耗大国，每年煤炭的消费达10亿吨以上，其中80%以上都是直接燃烧掉了，从热力学的计算来看，这是非常不可取的。例如，蜂窝煤的热效率最高，也只有50%，而作为环芳烃的重要来源，将煤直接燃烧更是大材小用，所以发达国家已基本不用煤做燃料了。现今，在化学热力学理论的指引下，将煤气化、焦化或液化，提高利用效率，获得CH_4、苯、蒽等宝贵的化工原料已是人们的共识，并已取得了巨大的成就。

工业生产要涉及形形色色的化学反应，有的放热，有的吸热，对其进行准确的热效衡算，是生产设计和运行的基础。例如，硫酸的工业生产，硫酸是制造肥料、染料、药物、橡胶、塑料等物质的基础化工原料，在金属冶炼、石油工业、煤炭工业等各生产领域有重要的作用。现在采取的主流硫酸制备方法是接触法，该方法是将硫铁矿在沸腾炉中焙烧转化成炉气，炉气经精制为SO_2，然后在催化剂作用下氧化为SO_3，用低浓度硫酸吸收而获得硫酸。这一过程中的各化学反应都是放热的，但硫铁矿的焙烧先要消耗能量，所以需要对各步骤的热效应进行计算，以准确控制温度，提高能量利用效率。实际生产中，沸腾炉的温度需控制在800～950℃，洁净后60 ℃的SO_2炉气需与转化得到的高温SO_3进行热交换，以达到440 ℃的转化温度。生产过程中多余的热量可用于建立热力发电厂，使能量得以充分利用。

在环境保护方面，化学热力学也发挥着重要的作用。工业生产中生产出化工产品的同时，会有废料的产生。废料排放会对土壤、大气、水域形成污染。利用化学热力学原理，可以减小或避免废料对环境的污染。例如，对建设项目的工艺中提出的反应、对废弃物的回收设计方案中的反应，对废水废气净化处理设计的反应等，利用化学热力学能判断其可行性、反应进行的限度等。化学热力学对这些问题的分析讨论，从定性的描述向定量的计算分析发展，给环境保护、污染治理和环境影响评价等提供了准确、可靠的科学依据。

4.4.2 化学热力学在材料科学中的应用

新材料的开发和应用是社会发展的主要动力，钢铁、水泥、合金等材料的应用使农业社会发展为工业社会，半导体、聚合物材料的应用使工业社会转变到了现在的信息社会。可见材料，特别是新材料对人类社会的重要性，而化学是材料发展的源泉，一切新材料皆来自于化学。在材料的开发和应用中，化学热力学由于对反应方向的判断而起着方向指引的作用。

例如，第一个稀有气体化合物$XePtF_6$就是在化学热力学的指引下合成的。1962年，在加拿大工作的26岁的英国青年化学家巴特列(N. Bartlett)发现PtF_6在室温下能与O_2反应形成深红色的固体O_2PtF_6。他进一步联想到O_2与Xe的第一电离能和微粒直径都很接近，Xe能否与PtF_6反应呢？经化学热力学的计算，Xe与PtF_6反应生成$XePtF_6$的$\Delta_r H_m^\ominus = -59.7\ kJ \cdot mol^{-1}$，这是一个焓减熵减的反应，能够在低温范围自发进行。在此理论计算的指导下，经一系列的实验，在室温条件下，巴特列终于在一玻璃系统中利用Xe与PtF_6反应得到了橙黄色的$XePtF_6$，打破了稀有气体的“惰性”，开辟了一个稀有气体化学的新天地。

人造金刚石的制备是化学热力学的指导下合成新材料的经典实例。金刚石璀璨夺目，不仅可以加工成价值连城的珠宝，在磨削、钻探、半导体、光学、电子等工业中也应用广泛。但天然的金刚石产量有限，不能满足人们的需要。自18世纪证实金刚石与便宜的石墨一样是由纯碳组成的以后，人们就开始了对人造金刚石的研究。但经化学热力学的计算和推导，在常温常压下，石墨不可能转化为金刚石。1938 年，洛锡涅(Rossini)等将热力学的理论计算首先用于石墨-金刚石的转化过程研究，1947 年，布里格曼(P. W. Brigman)发表了他计算的石墨-金刚石平衡线，经计算得知在 298.15 K 时，要实现石墨转化为金刚石，需 13 万个大气压以上，如果升高温度，如在 1200 K，要实现转化，需 4 万个大气压以上，从而解决了合成金刚石需要的超高压高温理论问题，从理论上为人工合成金刚石提供了依据。随着高压研究和高压实验技术的发展，1955 年，美国科学家霍尔(Hall)等在 1923 K 和 9.5 万个大气压下，首先合成了人造金刚石。现在人造金刚石的具体方法多达十几种，工业用金刚石 80%以上都已由人造品代替，全球的人造金刚石年产量已达 10 亿克拉(1 克拉＝0.2 g)。我国通用机械研究所和磨料研究所于 1963 年自主合成了人造金刚石，并于 1966 年投入了工业化生产，目前我国的人造金刚石年产量达 2 亿克拉，居世界第一。

4.4.3　化学热力学在药学及生命科学中的应用

随着社会的发展和医药的发达，现代社会的人们越来越重视身体健康和生命的质量。而人体的生命过程是建立在化学反应基础之上的一个非常复杂的体系。化学与生命科学相互交叉融合，形成了生命科学和化学的前沿领域。基于化学热力学原理的生命科学研究已取得了长足的发展，运用化学热力学原理对人体的生命过程进行研究，也为生命科学的发展开辟了广阔的空间。

经典的化学热力学研究的是封闭的体系，是平衡态的热力学。而生物体是一个开放体系，开放体系的熵决定于系统内产生的熵、外部流入的熵及系统流向外部的熵的数量。例如，人体这一开放体系，其熵的改变由两部分之和决定，一是机体内产生的熵，称为熵产生，用 $\mathrm{d_i}S$ 表示；二是体系和环境间由于物质和能量交换而引起的熵，称为熵流，用 $\mathrm{d_e}S$ 表示；总熵变化为 $\mathrm{d}S=\mathrm{d_i}S+\mathrm{d_e}S$。根据熵增原理，体系内经历可逆变化时，熵产生等于 0，经历不可逆变化时，熵产生大于 0，即 $\mathrm{d_i}S\geqslant0$，而 $\mathrm{d_e}S$ 取决于环境。一个正常的生命体是处于非平衡的稳态的，此时 $\mathrm{d}S=0$，故有 $\mathrm{d_e}S=-\mathrm{d_i}S$。从宏观来看，生命过程是一个熵增的过程，始态是生命的产生，终态是生命的结束，这个过程是一个自发的、单向的不可逆过程。衰老是生命系统的熵的一种长期的缓慢的增加，也就是说随着生命的衰老，生命系统的混乱度增大，当熵值达极大值时即死亡，这是一个不可抗拒的自然规律。但一个无序的世界是不可能产生生命的，有生命的世界必然是有序的。生物进化是由单细胞向多细胞、从简单到复杂、从低级向高级进化，也就是向着更为有序、更为精确的方向进化，这显然是一个熵减的方向，与孤立体系向熵增大的方向恰好相反。如何实现这种无序向有序的转变呢？非平衡态热力学认为，敞开的体系通过和环境进行不断的物质与能量交换，以及体系内部进行的不可逆过程就能实现。体系内部的不可逆过程显然是一个能量耗散的过程，所以比利时的普里高津(I. Prigogine)将这种有序状态称为耗散结构，生命体都是耗散结构。耗散结构理论是解释生命过程的热力学现象和生物进化的化学热力学理论基础之一。

根据耗散结构理论，生命体都是远离平衡状态的不平衡的开放系统，它们通过与外界不断地进行物质和能量交换，摄入高熵而排出低熵，经自组织而形成一系列的有序结构。如果这种有序结构被打破，出现异常的熵变，人体就会生病，甚至死亡。例如，肿瘤基因潜藏于每一个人体内，维持着自身的有序，一旦在各种内外因刺激下被激活，肿瘤细胞就会快速繁殖、扩散，使正常细胞基因癌变，体系从有序到无序，熵值异常增大，使人罹患癌症。以熵增的原理解释人体内肿瘤的产生与扩散为人们研制抗癌药物提供了重要的理论依据。

在天然药物提取纯化、新药的开发合成、药物制剂、药物代谢等领域，化学热力学在反应可能性、合成条件选择、有效结构预测等方面起着重要的作用。例如，阿司匹林是一种经典的解热镇痛药，但其溶解性不大，影响药效发挥。通过化学热力学的研究，人们发现阿司匹林能与β-环糊精自发进行包合反应，形成包合物，从而增大阿司匹林的溶解性，提高了其生物利用效率，为阿司匹林的广泛应用提供了新的途径。

作为化学的基本理论之一，化学热力学已经应用到了科学研究和生产生活的各个领域，随着科学研究的深入和社会生产的发展，化学热力学对人类的贡献必将会越来越大。

本章小结

本章主要介绍了化学热力学的基本概念、基本原理及其应用。阐明了利用热力学第一定律计算化学反应热效应的各种方法，讨论了利用热力学第二定律判断化学反应的方向和限度。

化学热力学的基本概念主要介绍了体系与环境、状态与状态函数、热(Q)和功(W)、热力学能(U)、焓(H)、反应的标准摩尔焓变($\Delta_r H_m^\ominus$)、物质的标准摩尔生成焓($\Delta_f H_m^\ominus$)、物质的标准摩尔燃烧焓($\Delta_c H_m^\ominus$)、熵(S)、物质的标准摩尔熵($S_m^\ominus$)、反应的标准摩尔熵变($\Delta_r S_m^\ominus$)、吉布斯自由能(G)、物质的标准生成吉布斯自由能($\Delta_f G_m^\ominus$)及反应的标准吉布斯自由能变($\Delta_r G_m^\ominus$)等。

定温定压、不做非体积功时，化学反应的$\Delta H = Q_p$，定温定容、不做非体积功时$\Delta U = Q_V$。各种热力学状态函数的变量遵循赫斯定律，即一个化学反应，不论是一步完成还是分几步完成，其反应热是相等的，总反应热效应等于各分步反应热效应之和。

标准状态下化学反应的热效应($\Delta_r H_m^\ominus$)常有三种计算方法。根据赫斯定律，利用已知反应的反应热计算未知反应的反应热，利用物质的$\Delta_f H_m^\ominus$计算或利用物质的$\Delta_c H_m^\ominus$计算。

$$\Delta_r H_m^\ominus(298.15\ \mathrm{K}) = \sum_B \nu_B \Delta_f H_m^\ominus(\mathrm{B}, 298.15\ \mathrm{K})$$

$$\Delta_r H_m^\ominus(298.15\ \mathrm{K}) = -\sum_B \nu_B \Delta_c H_m^\ominus(\mathrm{B}, 298.15\ \mathrm{K})$$

熵是可逆过程的热温商，熵是体系混乱度的度量，是体系的状态函数。标准状态下化学反应的熵变可利用标准摩尔熵计算。

$$\Delta_r S_m^\ominus(298.15\ \mathrm{K}) = \sum_B \nu_B S_m^\ominus(\mathrm{B}, 298.15\mathrm{K})$$

$G \equiv H - TS$，G称为吉布斯自由能。吉布斯自由能变是体系能够对外做功的能力，$W'_{max} = \Delta G$。298.15 K，标准状态下，化学反应的标准摩尔吉布斯自由能变可用$\Delta_f G_m^\ominus$计算。

$$\Delta_r G_m^\ominus(298.15\ \mathrm{K}) = \sum_B \nu_B \Delta_f G_m^\ominus(\mathrm{B}, 298.15\ \mathrm{K})$$

任意温度下，化学反应的标准摩尔吉布斯自由能变用吉布斯-亥姆霍兹方程计算

$$\Delta_r G_m^\ominus = \Delta_r H_m^\ominus - T\Delta_r S_m^\ominus$$

根据$\Delta_r G_m$可以判断化学反应进行的方向和限度，在任意状态下，$\Delta_r G_m < 0$时，反应正向自发进行；$\Delta_r G_m = 0$时，反应达到平衡状态；$\Delta_r G_m > 0$时，反应逆向自发。在标准状态下，用相应的$\Delta_r G_m^\ominus$判断反应的方向。

根据吉布斯-亥姆霍兹方程，影响$\Delta_r G_m$的因素有焓变、熵变和温度，化学反应的方向和限度由三者共同决定。

$\Delta_r H_m < 0$，$\Delta_r S_m > 0$，$\Delta_r G_m < 0$，任何温度下反应都能正向自发进行。

$\Delta_r H_m > 0$，$\Delta_r S_m < 0$，$\Delta_r G_m > 0$，任何温度下反应都逆向自发进行。

$\Delta_r H_m < 0$，$\Delta_r S_m < 0$，高温时$\Delta_r G_m > 0$，反应逆向自发进行；低温时$\Delta_r G_m < 0$，反应正向自发进行。

$\Delta_r H_m > 0$，$\Delta_r S_m > 0$，高温时$\Delta_r G_m < 0$，反应正向自发进行；低温时$\Delta_r G_m > 0$，反应逆向自发进行。

放热、熵减或吸热、熵增的反应，由于能量和混乱度两个因素对反应自发性的影响是相反的，所以随温度的变化，反应方向可能发生改变，在$\Delta_r G_m = 0$时对应的温度为反应的转变温度，计算公式是$T_{转} = \dfrac{\Delta_r H_m^\ominus}{\Delta_r S_m^\ominus}$。

思考与练习

4-1　化学热力学中所说的“标准状态”指什么？

4-2　什么是赫斯定律？赫斯定律的理论基础是什么？

4-3　任一封闭体系在任意指定的始末状态之间可以设计出很多个具体的途径，各具体途径的热和功皆不相等，但每个途径的热和功的代数和皆相等，原因何在？

4-4　判断下列说法是否正确。

(1) 因为 $\Delta_r H_m^\ominus = Q_p$，所以只有等压过程才有 $\Delta_r H_m^\ominus$。（　）

(2) $\Delta_r G_m^\ominus$ 与 $\Delta_r H_m^\ominus$ 和 $\Delta_r S_m^\ominus$ 一样，受温度的影响很小。（　）

(3) $H_2(g)$的 $\Delta_c H_m^\ominus$ 就是 $H_2O(g)$的 $\Delta_f H_m^\ominus$。（　）

(4) 绝热过程 $Q=0$，而由于 $\Delta H = Q_p$，因而 $\Delta H = 0$。（　）

(5) 凡是自由能降低的过程都是自发过程。（　）

4-5　在常压下，0 ℃以下的水会自发地结成冰，显然这是一个熵降低的过程，为什么该过程能自发进行？

4-6　一定量理想气体，在 298.15 K 时，体积为 10 L，定温下反抗 100 kPa 外压膨胀到体积为 16 L，体系做多少功？如果从始态先反抗 130 kPa 外压定温膨胀到中间态，再反抗 100 kPa 外压定温膨胀到 16 L，体系做功多少？

4-7　4 mol 的某理想气体，温度升高 20 ℃，求 $\Delta H - \Delta U$。

4-8　查出物质标准生成焓的数据，计算乙炔完全燃烧反应的标准摩尔焓变。

4-9　已知

(1) $Si(s) + O_2(g) = SiO_2(s)$　　$\Delta_r H_m^\ominus(1) = -910.9\ kJ \cdot mol^{-1}$

(2) $2Si(s) + 3H_2(g) = Si_2H_6(g)$　　$\Delta_r H_m^\ominus(2) = 80.3\ kJ \cdot mol^{-1}$

(3) $H_2(g) + \frac{1}{2}O_2(g) = H_2O(l)$　　$\Delta_r H_m^\ominus(3) = -285.8\ kJ \cdot mol^{-1}$

计算反应 $Si_2H_6(g) + \frac{7}{2}O_2(g) = 2SiO_2(s) + 3H_2O(l)$的 $\Delta_r H_m^\ominus$。

4-10　生物体内有机物的分级氧化对菌体的生长、营养的消耗十分重要，如乙酸杆菌可通过乙醇氧化反应而获得所需要的能量，其过程分两步完成：$CH_3CH_2OH \longrightarrow CH_3CHO \longrightarrow CH_3COOH$。根据下列反应及其反应热计算生物体内乙醇被氧化成乙醛及乙醛被氧化成乙酸的反应热。

(1) $CH_3CH_2OH(l) + 3O_2(g) = 2CO_2(g) + 3H_2O(l)$　　$\Delta_r H_m^\ominus(1) = -1366.8\ kJ \cdot mol^{-1}$

(2) $CH_3CHO(l) + \frac{5}{2}O_2(g) = 2CO_2(g) + 2H_2O(l)$　　$\Delta_r H_m^\ominus(2) = -1166.9\ kJ \cdot mol^{-1}$

(3) $CH_3COOH(l) + 2O_2(g) = 2CO_2(g) + 2H_2O(l)$　　$\Delta_r H_m^\ominus(3) = -874.2\ kJ \cdot mol^{-1}$

4-11　化学反应 $C_7H_{16}(l) + 11O_2(g) = 7CO_2(g) + 8H_2O(l)$在 25 ℃时，用容积恒定的"弹式热量计"测得 $Q_V = -4804\ kJ \cdot mol^{-1}$，求反应的等压热效应。

4-12　计算反应 $O_2(g) + 2H_2(g) = 2H_2O(g)$的 $\Delta_r S_m^\ominus(298.15\ K)$。

4-13　298.15 K 时，已知下列数据

(1) $H_2(g) + \frac{1}{2}O_2(g) = H_2O(l)$　　$\Delta_r G_m^\ominus(1) = -237.0\ kJ \cdot mol^{-1}$

(2) $2H_2O(g) + 2Cl_2(g) = 4HCl(g) + O_2(g)$　　$\Delta_r G_m^\ominus(2) = 76.0\ kJ \cdot mol^{-1}$

(3) $H_2O(l) = H_2O(g)$　　$\Delta_r G_m^\ominus(3) = 8.6\ kJ \cdot mol^{-1}$

计算 298.15 K 时，反应 $H_2(g) + Cl_2(g) = 2HCl(g)$的标准摩尔自由能变 $\Delta_r G_m^\ominus$。

4-14　计算反应 $CaCO_3(s) = CaO(s) + CO_2(g)$在 1173 K 时的 $\Delta_r G_m^\ominus$ 是多少？在 298.15 K 时 $\Delta_r G_m^\ominus$ 是多少？

4-15　金属锡制品在低温下会变为粉末状，俗称"锡疫"，原因是白锡转化为灰锡。计算白锡与灰锡的转变温度。

4-16　在标准状态下，298.15 K 时，反应 $4NH_3(g) + 5O_2(g) = 4NO(g) + 6H_2O(l)$的 $\Delta_r H_m^\ominus = -1169.5\ kJ \cdot mol^{-1}$，$\Delta_r S_m^\ominus = -533.3\ J \cdot mol^{-1} \cdot K^{-1}$，计算反应的 $\Delta_r G_m^\ominus$，并判断反应在标准状态时能否自发进行。

4-17　估计标准状态下，下列反应在 373 K 时发生的可能性并讨论温度对它的影响。

$$CO_2(g) + 2NH_3(g) = (NH_2)_2CO(s) + H_2O(l)$$

4-18 葡萄糖($C_6H_{12}O_6$)完全燃烧反应的方程式为 $C_6H_{12}O_6(s)+6O_2(g)══6CO_2(g)+6H_2O(l)$。该反应的 $\Delta_r H_m^\ominus=-2820\ kJ \cdot mol^{-1}$,反应热中约40%可用于肌肉活动的能量。试计算一匙葡萄糖(以3.8 g计)在人体内氧化时,可获得的肌肉活动能量。

4-19 分析下列反应自发进行的温度条件。

$$2H_2O_2(l)══2H_2O(l)+O_2(g) \qquad \Delta_r H_m^\ominus=-196\ kJ \cdot mol^{-1}$$

4-20 查表近似计算液溴正常沸腾时的温度。

第5章 化学平衡

化学平衡是一定条件下化学反应所能达到的最大限度。化学平衡决定了反应物的利用率,其涉及内容广泛,常见溶液中的酸碱反应、沉淀反应、配位反应和氧化还原反应都是典型的化学平衡。所以化学平衡是化学基本原理的重要基础内容,其相关理论在工农业生产和科学研究中有着不可替代的作用。

本章在化学热力学和化学动力学的基础上,介绍化学平衡的共同特点及其基本规律,通过平衡常数描述反应的进行程度,讨论温度、压力等外界因素对化学平衡的影响,为生产实践和科学研究中控制与选择适宜的反应条件,最大限度地提高转化率等提供理论基础。

5.1 可逆反应与化学平衡

5.1.1 可逆反应

在一定条件下,既能正向进行又能逆向进行的反应称为可逆反应。习惯上,按反应式从左到右进行的反应称为正反应,从右到左进行的反应称为逆反应。书写可逆反应方程时,通常用两个相反的箭头来表示。例如

$$H_2(g)+I_2(g)\rightleftharpoons 2HI(g)$$

理论上,任何化学反应都是可逆的,只是可逆的程度不同,即反应的可逆性是化学反应的普遍特征。有的反应可逆程度大,有的反应可逆程度小,若正反应速率大而逆反应速率相对很小,或者是逆反应条件尚未具备、正反应已经结束,这类反应的可逆程度很微弱,常称为不可逆反应,如强酸强碱间的酸碱反应、爆炸反应等。通常说的可逆反应都是指可逆程度较显著的反应。

5.1.2 化学平衡

对于一个可逆反应,开始时反应物浓度最大,正反应的速率相应最大,而此时无生成物,逆反应速率为0。随着反应进行,反应物被消耗,浓度不断减小,正反应的速率逐渐减小,而生成物不断增多,浓度不断增大,逆反应速率逐渐增大。在一定条件下,当正、逆反应速率相等时,反应体系中各物质的浓度不再随时间而改变,反应达到了最大限度,这种状态称为化学平衡状态,简称化学平衡。只要反应条件不变,化学平衡状态就将一直维持下去而不会发生改变。

例如,在四个密闭容器中分别加入不同量的 $N_2O_4(g)$、$NO_2(g)$,加热并恒温至 373 K,发生如下可逆反应

$$N_2O_4(g)\rightleftharpoons 2NO_2(g)$$

当各个容器中两种气体的浓度不再变化,反应达到了平衡时,测定反应体系中各物质的浓度。测定数据列于表5-1。

表 5-1　N_2O_4 反应体系在不同起始浓度下的平衡浓度

实验序号	起始浓度/(mol·L^{-1})		平衡浓度/(mol·L^{-1})		$\frac{[c(NO_2)]^2}{c(N_2O_4)}$
	$c(NO_2)$	$c(N_2O_4)$	$c(NO_2)$	$c(N_2O_4)$	
1	0.000	0.100	0.120	0.040	0.360
2	0.100	0.000	0.072	0.014	0.370
3	0.100	0.100	0.160	0.070	0.366
4	0.120	0.100	0.166	0.077	0.360

从表 5-1 可以看出，在一定温度下(373 K)，无论反应是从正向开始还是从逆向开始，也不论开始时它们的浓度如何，反应最终都能建立化学平衡，且达到平衡时，尽管在四个容器中反应物和生成物的浓度各不相同，但$[c(NO_2)]^2/c(N_2O_4)$这一比值基本上是一个常数。

对大量化学反应进行观察和研究表明，在一定温度下，只有封闭体系中进行的可逆反应才能够建立化学平衡，且化学平衡具有以下特征。

(1) 化学平衡是一种动态平衡　反应达平衡状态时，体系中各物质的浓度或分压都不再随时间而改变，宏观上看反应停止了，但在微观上，正、逆反应仍在继续进行，只不过此时正、逆反应进行的速率相等(即 $v_{正}=v_{逆}$)，因此化学平衡是动态平衡。

(2) 化学平衡是有条件的　化学平衡是在一定条件下的相对稳定状态，一旦维持平衡的条件(如浓度、温度、压力等)改变，正、逆反应速率随之发生变化，原有平衡就会被破坏，并在新的条件下建立起新的平衡。

(3) 化学平衡与达到平衡状态的途径无关　即在相同条件下，某一反应无论从正反应还是从逆反应开始，最终都能达到同一个平衡状态。

(4) 化学平衡是一定条件下反应能够达到的最大限度。

5.2　化学平衡常数

与反应 $N_2O_4(g) \rightleftharpoons 2NO_2(g)$类似，任何可逆反应，在一定温度下达到化学平衡时，体系中生成物浓度以其化学计量系数为幂次方的乘积与反应物浓度以其化学计量系数为幂次方的乘积之比为一常数，称为化学平衡常数，这个规律称为化学平衡定律。平衡时，反应体系内各物质的浓度称为平衡浓度，如果是气体，其压力称为平衡分压。

5.2.1　实验平衡常数

反应达平衡时，由实验测得各反应物、生成物的平衡浓度或平衡分压，并根据平衡定律计算得到的值称为实验平衡常数。由于反应类型不同，常见的实验平衡常数有三种情况。

1. 浓度平衡常数

对于溶液中的反应

$$aA(aq)+dD(aq) \rightleftharpoons gG(aq)+hH(aq)$$

在一定温度下达平衡时，若 A、D、G、H 各物质的平衡浓度分别为 $c(A)$、$c(D)$、$c(G)$、$c(H)$，根据化学平衡定律有

$$K_c=\frac{[c(G)]^g \cdot [c(H)]^h}{[c(A)]^a \cdot [c(D)]^d} \tag{5-1}$$

这种用反应体系中各物质的平衡浓度来表示的平衡常数称为浓度平衡常数 K_c。若反应体系中各物质的化学计量系数的加和表示为

$$\sum_{\mathrm{B}} \nu_{\mathrm{B}} = (g+h)-(a+d)$$

式中，ν_{B} 为参加反应的各物质的化学计量系数，并规定反应物取负号，生成物取正号。由于浓度的单位为 $\mathrm{mol \cdot L^{-1}}$，因此 K_c 的单位为 $(\mathrm{mol \cdot L^{-1}})^{\sum_{\mathrm{B}}\nu_{\mathrm{B}}}$。

2. 压力平衡常数

对于气相反应

$$a\mathrm{A(g)} + d\mathrm{D(g)} \rightleftharpoons g\mathrm{G(g)} + h\mathrm{H(g)}$$

在一定温度下达平衡，若 A、D、G、H 各气体物质的平衡分压分别为 $p(\mathrm{A})$、$p(\mathrm{D})$、$p(\mathrm{G})$、$p(\mathrm{H})$，根据化学平衡定律有

$$K_p = \frac{[p(\mathrm{G})]^g \cdot [p(\mathrm{H})]^h}{[p(\mathrm{A})]^a \cdot [p(\mathrm{D})]^d} \tag{5-2}$$

这种用反应体系中各气体物质的平衡分压来表示的平衡常数称为压力平衡常数 K_p。若平衡分压用 kPa 作单位，则 K_p 的单位为 $(\mathrm{kPa})^{\sum_{\mathrm{B}}\nu_{\mathrm{B}}}$。

由于气体的分压与浓度成正比，因此，气相反应的平衡常数可用 K_p 表示，也可用 K_c 表示，其 K_p 和 K_c 可以相互换算。若将各气体组分近似看成理想气体，根据理想气体状态方程有

$$p = \frac{n}{V}RT = cRT$$

即平衡时，任一气体组分 i 的平衡分压与平衡浓度的关系为 $p_i = c(i)RT$。将各组分气体的平衡分压代入压力平衡常数 K_p 的表达式中得

$$K_p = \frac{[p(\mathrm{G})]^g \cdot [p(\mathrm{H})]^h}{[p(\mathrm{A})]^a \cdot [p(\mathrm{D})]^d} = \frac{[c(\mathrm{G})]^g \cdot [c(\mathrm{H})]^h}{[c(\mathrm{A})]^a \cdot [c(\mathrm{D})]^d} \cdot (RT)^{\sum_{\mathrm{B}}\nu_{\mathrm{B}}}$$

即 K_p 和 K_c 的关系为

$$K_p = K_c(RT)^{\sum_{\mathrm{B}}\nu_{\mathrm{B}}} \tag{5-3}$$

显然，当 $\sum_{\mathrm{B}} \nu_{\mathrm{B}} = 0$，即反应后气体分子数相等时，$K_p = K_c$，此时，两者均无单位。

3. 混合平衡常数

对于多相反应，在表达平衡常数时，气体组分必须使用平衡分压，溶液中的组分用平衡浓度。因此，平衡常数表达式中同时出现了浓度项和分压项，这样的平衡常数称为混合平衡常数。

对于任一可逆反应

$$a\mathrm{A(g)} + d\mathrm{D(aq)} \rightleftharpoons g\mathrm{G(g)} + h\mathrm{H(aq)}$$

在一定温度下达平衡时，根据化学平衡定律，其混合平衡常数为

$$K = \frac{[p(\mathrm{G})]^g \cdot [c(\mathrm{H})]^h}{[p(\mathrm{A})]^a \cdot [c(\mathrm{D})]^d} \tag{5-4}$$

5.2.2 标准平衡常数

将反应体系中各组分的浓度或分压分别除以标准浓度或标准压力，得到的值称为相对浓度或相对分压，分别用 $c(i)/c^{\ominus}$、$p(i)/p^{\ominus}$ 表示。由于 $c(i)/c^{\ominus}$、$p(i)/p^{\ominus}$ 都是相对值，因此没有单

位。若用平衡态时反应体系各组分的相对平衡浓度或相对平衡分压代替平衡浓度或平衡分压表示平衡常数，得到的就是标准平衡常数，用 $K^{\ominus}$ 表示。由于相对浓度、相对分压没有单位，因此，标准平衡常数 $K^{\ominus}$ 没有单位。标准平衡常数可以从理论上根据标准热力学函数间接计算得到，故也称为热力学平衡常数，简称平衡常数。本书以后的讨论中，均采用标准平衡常数。在标准平衡常数的书写和应用中应注意以下问题。

(1) 在平衡常数表达式中，溶液中的物质必须用相对平衡浓度($c/c^{\ominus}$)，气体物质必须用相对平衡分压($p/p^{\ominus}$)。

(2) 如果反应涉及纯固体和纯液体物质，其浓度不写入平衡常数表达式中。例如

$$Fe_2O_3(s)+3CO(g) \rightleftharpoons Fe(s)+3CO_2(g) \qquad K^{\ominus}=\frac{[p(CO_2)/p^{\ominus}]^3}{[p(CO)/p^{\ominus}]^3}$$

$$N_2H_4(l) \rightleftharpoons N_2(g)+2H_2(g) \qquad K^{\ominus}=[p(N_2)/p^{\ominus}]\cdot[p(H_2)/p^{\ominus}]^2$$

(3) 在稀水溶液中进行的反应，即使有水参加反应，水的浓度也不写入平衡常数表达式中。这是因为水的量较大，反应达到平衡时水的浓度几乎保持不变，近似为一常数，已将其合并到平衡常数中。例如

$$HAc(aq)+H_2O(l) \rightleftharpoons H_3O^+(aq)+Ac^-(aq) \qquad K^{\ominus}=\frac{[c(H_3O^+)/c^{\ominus}]\cdot[c(Ac^-)/c^{\ominus}]}{[c(HAc)/c^{\ominus}]}$$

但在非水溶剂中，水参加化学反应时，其相对浓度要列入平衡常数表达式。例如

$$C_2H_5OH(l)+CH_3COOH(l) \rightleftharpoons CH_3COOC_2H_5(l)+H_2O(l)$$

$$K^{\ominus}=\frac{[c(CH_3COOC_2H_5)/c^{\ominus}]\cdot[c(H_2O)/c^{\ominus}]}{[c(C_2H_5OH)/c^{\ominus}]\cdot[c(CH_3COOH)/c^{\ominus}]}$$

(4) 平衡常数表达式与化学反应方程式需一一对应。同一反应，反应方程式写法不同，平衡常数的表达式和数值也不相同。例如

$$N_2(g)+3H_2(g) \rightleftharpoons 2NH_3(g) \qquad K_1^{\ominus}=\frac{[p(NH_3)/p^{\ominus}]^2}{[p(N_2)/p^{\ominus}]\cdot[p(H_2)/p^{\ominus}]^3}$$

$$\frac{1}{2}N_2(g)+\frac{3}{2}H_2(g) \rightleftharpoons NH_3(g) \qquad K_2^{\ominus}=\frac{[p(NH_3)/p^{\ominus}]}{[p(N_2)/p^{\ominus}]^{\frac{1}{2}}\cdot[p(H_2)/p^{\ominus}]^{\frac{3}{2}}}$$

$$2NH_3(g) \rightleftharpoons N_2(g)+3H_2(g) \qquad K_3^{\ominus}=\frac{[p(N_2)/p^{\ominus}]\cdot[p(H_2)/p^{\ominus}]^3}{[p(NH_3)/p^{\ominus}]^2}$$

显然，$K_1^{\ominus}\neq K_2^{\ominus}\neq K_3^{\ominus}$，它们的关系是 $K_1^{\ominus}=(K_2^{\ominus})^2=\frac{1}{K_3^{\ominus}}$。

(5) 标准平衡常数是温度的函数，应用时必须注明温度。

平衡常数 $K^{\ominus}$ 值的大小主要由反应的本性决定，其次与反应温度有关，但与浓度或压力无关。在一定条件下，不同化学反应，平衡常数 $K^{\ominus}$ 不同。当温度一定时，平衡常数 $K^{\ominus}$ 越大，表明平衡混合物中生成物的浓度或分压越大，反应物转化成生成物的趋势越大，即反应进行越完全，反应进行程度越大。所以平衡常数 $K^{\ominus}$ 是反应的特性常数，是衡量化学反应进行程度的标志。一般认为，$K^{\ominus}>10^7$ 时，反应进行得很完全；$K^{\ominus}<10^{-7}$ 时，则反应基本不能进行。$K^{\ominus}$ 在 $10^{-7}\sim10^7$ 是典型的可逆反应。

许多化学反应由于反应速率太慢，很难达到平衡，或者有副反应干扰，造成平衡浓度或平衡分压的测定比较困难，甚至无法测得。因此，平衡常数除了通过实验测定外，大多是由理论计算间接获得的。

【例 5-1】 298.15 K 时，反应 $Ag^+(aq)+Fe^{2+}(aq) \rightleftharpoons Ag(s)+Fe^{3+}(aq)$ 的标准平衡常数 $K^{\ominus}=3.2$。若反应前 $c(Ag^+)=c(Fe^{2+})=0.10\ mol \cdot L^{-1}$，计算反应达平衡时各离子的浓度。

解　设平衡时 $c(Fe^{3+})$ 为 $x\ mol \cdot L^{-1}$，则

	$Ag^+(aq)$	$+Fe^{2+}(aq) \rightleftharpoons Ag(s)$	$+Fe^{3+}(aq)$
起始浓度/$(mol \cdot L^{-1})$	0.10	0.10	0
平衡浓度/$(mol \cdot L^{-1})$	$0.10-x$	$0.10-x$	x

$$K^{\ominus}=\frac{[c(Fe^{3+})/c^{\ominus}]}{[c(Ag^+)/c^{\ominus}]\cdot[c(Fe^{2+})/c^{\ominus}]}=\frac{x}{(0.10-x)^2}=3.2$$

解得
$$x=0.020\ mol \cdot L^{-1}$$

$$c(Fe^{3+})=0.020\ mol \cdot L^{-1}\quad c(Fe^{2+})=0.080\ mol \cdot L^{-1}\quad c(Ag^+)=0.080\ mol \cdot L^{-1}$$

根据平衡常数 $K^{\ominus}$ 可初步判断一定条件下反应的限度，比较相同温度下不同反应进行的程度。利用平衡常数及相关数据，还可以计算反应体系的平衡组成及反应物的平衡转化率。反应达平衡状态时的转化率称为平衡转化率，用 α 表示。一定条件下，平衡转化率是反应理论上的最大转化率，一般所说的转化率都是指平衡转化率。转化率也能衡量反应的进行程度，其计算公式是

$$\alpha=\frac{\text{平衡时该物质已转化的量}}{\text{反应前该物质的总量}}\times 100\% \tag{5-5}$$

【例 5-2】 在容积一定的容器中装有等物质的量的 $PCl_3(g)$ 和 $Cl_2(g)$。已知在 523 K 发生以下反应

$$PCl_3(g)+Cl_2(g) \rightleftharpoons PCl_5(g)$$

达平衡时，$p(PCl_5)=100\ kPa$，$K^{\ominus}=0.764$。求

(1) 开始装入的 $PCl_3(g)$ 和 $Cl_2(g)$ 的分压；

(2) $PCl_3(g)$ 的平衡转化率；

(3) 若保持温度、容器容积不变，开始时装入 214 kPa 的 $PCl_3(g)$ 和 428 kPa 的 $Cl_2(g)$，当反应达平衡时，$PCl_3(g)$ 的平衡转化率又为多少？

解　(1) 由于开始时 $PCl_3(g)$ 和 $Cl_2(g)$ 物质的量相等，故两者的起始分压相等，设起始时它们的分压为 x kPa，则有

	$PCl_3(g)$	$+Cl_2(g) \rightleftharpoons$	$PCl_5(g)$
起始分压/kPa	x	x	0
平衡分压/kPa	$x-100$	$x-100$	100

该反应平衡常数的表达式为

$$K^{\ominus}=\frac{p(PCl_5)/p^{\ominus}}{[p(PCl_3)/p^{\ominus}]\cdot[p(Cl_2)/p^{\ominus}]}$$

即
$$0.764=\frac{100/100}{[(x-100)/100]\cdot[(x-100)/100]}$$

解得
$$x=214\ kPa$$

(2) 因平衡时，$p(PCl_5)=100\ kPa$，所以 $PCl_3(g)$ 的平衡转化率为

$$\alpha(PCl_3)=\frac{p_{\text{转化}}(PCl_3)}{p_{\text{起始}}(PCl_3)}\times 100\%=\frac{100}{214}\times 100\%=46.7\%$$

(3) 设平衡时，有 x kPa 的 $PCl_3(g)$ 发生了转化，则有

	$PCl_3(g)$	$+Cl_2(g) \rightleftharpoons$	$PCl_5(g)$
起始分压/kPa	214	428	0
平衡分压/kPa	$214-x$	$428-x$	x

根据平衡常数的表达式有

$$0.764=\frac{x/100}{[(214-x)/100]\cdot[(428-x)/100]}$$

解得 $x=146\ \text{kPa}$

此时转化率为

$$\alpha(PCl_3)=\frac{p_{转化}(PCl_3)}{p_{起始}(PCl_3)}\times100\%=\frac{146}{214}\times100\%=68.2\%$$

计算结果表明，在相同温度条件下，反应物的物料配比不同，平衡常数不变，但 $PCl_3(g)$的转化率却不同。可见，用转化率表示化学反应的进行程度虽然简单、直观，但是，相同温度下转化率的大小不仅与反应本身的性质有关，还受反应物起始浓度的影响，因此，用平衡常数表示反应进行程度更能说明可逆反应的本质。

5.2.3 多重平衡规则

在实际反应体系中，往往同时存在多个相互关联的反应，这些相互关联的反应中有一种或几种物质(可以是反应物，也可以是产物)是相同的，同一体系中相同物质的浓度或分压只有一个，因此，当其中一个反应达到平衡时，则所有的相关反应均达到平衡，这种现象称为多重平衡，包含有多重平衡的体系称为多重平衡体系。

在多重平衡体系中，如果一个反应可由几个反应相加得到，则该反应的平衡常数就等于这几个反应的平衡常数的乘积，即

$$反应(i)=反应(1)+反应(2)+\cdots \qquad K_i^{\ominus}=K_1^{\ominus}\cdot K_2^{\ominus}\cdots$$

如果一个化学反应是由两个反应相减得到，则该反应的平衡常数等于这两个反应的平衡常数之商，即

$$反应(i)=反应(1)-反应(2) \qquad K_i^{\ominus}=\frac{K_1^{\ominus}}{K_2^{\ominus}}$$

多重平衡中，这种总反应与各分步反应平衡常数之间的关系称为多重平衡规则。在化学反应体系中，很多化学反应都可看作是分步进行的，存在着多重平衡的现象。利用多重平衡规则，根据相关反应的平衡常数，可以很方便地求出所需反应的平衡常数。但应注意，所有平衡常数必须是相同温度时的值，各反应式中同一物质的聚集状态、浓度或分压必须相同。

【例 5-3】 已知 298.15 K 时，下列反应的平衡常数

(1) $2CO_2(g)\rightleftharpoons 2CO(g)+O_2(g) \qquad K_1^{\ominus}$

(2) $2H_2(g)+O_2(g)\rightleftharpoons 2H_2O(g) \qquad K_2^{\ominus}$

计算反应(3) $CO_2(g)+H_2(g)\rightleftharpoons CO(g)+H_2O(g)$在该温度时的平衡常数 $K_3^{\ominus}$。

解 三个反应之间的关系为

$$反应(3)=\frac{1}{2}\times反应(1)+\frac{1}{2}\times反应(2)$$

根据多重平衡规则，有

$$K_3^{\ominus}=(K_1^{\ominus}\cdot K_2^{\ominus})^{1/2}$$

5.3 化学反应等温方程及其应用

5.3.1 化学反应的反应商

任意状态时的可逆反应不一定达到了化学平衡状态，其正、逆反应速率不一定相等。为了区别于平衡状态，在任意状态时，生成物的相对浓度或相对分压以其化学计量系数为幂次方的乘积与反应物的相对浓度或相对分压以其化学计量系数为幂次方的乘积之比称为反应商，用

Q 表示。即对于任一可逆反应

$$a\mathrm{A(g)}+d\mathrm{D(aq)} \rightleftharpoons g\mathrm{G(g)}+h\mathrm{H(aq)}$$

在任意状态时有

$$Q=\frac{[p'(\mathrm{G})/p^{\ominus}]^{g}\cdot[c'(\mathrm{H})/c^{\ominus}]^{h}}{[p'(\mathrm{A})/p^{\ominus}]^{a}\cdot[c'(\mathrm{D})/c^{\ominus}]^{d}} \tag{5-6}$$

式中，$p'(\mathrm{A})/p^{\ominus}$、$p'(\mathrm{G})/p^{\ominus}$ 分别为气体物质 A、G 在任意状态时的相对分压；$c'(\mathrm{D})/c^{\ominus}$、$c'(\mathrm{H})/c^{\ominus}$ 分别为溶液中的物质 D、H 在任意状态时的相对浓度。

反应商 Q 与标准平衡常数 $K^{\ominus}$ 在表达式的形式、书写要求、单位等均相同，但它们的含义不同。Q 表示反应进行到任意状态时，体系中各组分的相对量之间的关系，在一定温度下 Q 值的大小随反应进度不同而不同，是一个变化量。而 $K^{\ominus}$ 只表示反应达到平衡状态时体系中各平衡组分相对量之间的关系，在一定温度下 $K^{\ominus}$ 是一个常数。只有在平衡状态时，$Q=K^{\ominus}$。

5.3.2　化学反应等温方程

根据热力学第二定律，在标准状态下，可以用 $\Delta_r G_m^{\ominus}(T)$ 的符号判断反应进行的自发方向。但大多数的化学反应都不在标准态，而是在非标准状态下进行的，此时只能用任意状态时的 $\Delta_r G_m(T)$ 值来判断反应的自发方向。

对任一化学反应

$$a\mathrm{A(g)}+d\mathrm{D(aq)} \rightleftharpoons g\mathrm{G(g)}+h\mathrm{H(aq)}$$

等温等压下有

$$\Delta_r G_m(T)=\Delta_r G_m^{\ominus}(T)+RT\ln Q \tag{5-7}$$

该式称为化学反应等温方程。式中，$\Delta_r G_m(T)$ 为任意状态时反应的摩尔吉布斯自由能变；$\Delta_r G_m^{\ominus}(T)$ 为标准状态时反应的标准摩尔吉布斯自由能变；Q 为反应商。使用化学反应等温方程时需注意，$\Delta_r G_m(T)$、$\Delta_r G_m^{\ominus}(T)$ 和 Q 必须是同一温度下的值。

式(5-7)表明，任意状态下化学反应的摩尔吉布斯自由能变 $\Delta_r G_m(T)$ 由 $\Delta_r G_m^{\ominus}(T)$ 和 $RT\ln Q$ 两项构成，如果 $\Delta_r G_m^{\ominus}(T)$ 的绝对值很大，它就基本决定了 $\Delta_r G_m(T)$ 的符号。因此，对于定温定压下的任一反应，通常认为，当 $\Delta_r G_m^{\ominus}(T)<-40\ \mathrm{kJ\cdot mol^{-1}}$ 时，反应正向自发进行；当 $\Delta_r G_m^{\ominus}(T)>40\ \mathrm{kJ\cdot mol^{-1}}$ 时，反应不能正向自发进行；当 $\Delta_r G_m^{\ominus}(T)$ 介于两者之间时，则要由 $\Delta_r G_m(T)$ 进行判断。

当反应达到平衡时，反应的 $\Delta_r G_m(T)=0$，即

$$\Delta_r G_m(T)=\Delta_r G_m^{\ominus}(T)+RT\ln Q=0$$

平衡态时的反应商 Q 就是标准平衡常数 $K^{\ominus}$，因此有

$$\Delta_r G_m^{\ominus}(T)=-RT\ln K^{\ominus} \tag{5-8}$$

或

$$\ln K^{\ominus}(T)=-\frac{\Delta_r G_m^{\ominus}}{RT} \tag{5-9}$$

式(5-8)和式(5-9)表明在一定温度下，标准平衡常数 $K^{\ominus}$ 与反应的标准摩尔吉布斯自由能变 $\Delta_r G_m^{\ominus}(T)$ 之间的定量关系。若将式(5-8)代入式(5-7)，可得

$$\Delta_r G_m(T)=-RT\ln K^{\ominus}+RT\ln Q \tag{5-10}$$

或

$$\Delta_r G_m(T)=RT\ln\frac{Q}{K^{\ominus}}$$

这是化学反应等温方程的另一种表达形式。它表明在一定的温度下，化学反应的摩尔吉布

斯自由能变 $\Delta_r G_m(T)$ 与反应商及平衡常数的定量关系。Q 和 $K^\ominus$ 的相对大小决定了 $\Delta_r G_m(T)$ 的符号，所以对于非标准状态下的化学反应，可以通过比较 Q 与 $K^\ominus$ 的大小来判断反应的方向，称为反应商判据。即

$Q<K^\ominus$，$\Delta_r G_m(T)<0$，反应正向自发；

$Q=K^\ominus$，$\Delta_r G_m(T)=0$，反应达到平衡状态；

$Q>K^\ominus$，$\Delta_r G_m(T)>0$，反应逆向自发。

【例 5-4】 已知反应 $2HI(g) \rightleftharpoons H_2(g)+I_2(g)$ 的 $\Delta_r H_m^\ominus=9.40\ kJ\cdot mol^{-1}$，$\Delta_r S_m^\ominus=-21.8\ J\cdot mol^{-1}\cdot K^{-1}$，求该反应在 320 K 时的平衡常数。

解 根据吉布斯-亥姆霍兹方程得

$$\Delta_r G_m^\ominus(320\ K)=\Delta_r H_m^\ominus - T\Delta_r S_m^\ominus=9.40-320\times(-21.8\times10^{-3})=16.4(kJ\cdot mol^{-1})$$

由化学反应等温方程有

$$\ln K^\ominus(320\ K)=-\frac{\Delta_r G_m^\ominus(320\ K)}{RT}=-\frac{16.4}{8.314\times10^{-3}\times320}=-6.16$$

解得

$$K^\ominus(320\ K)=2.11\times10^{-3}$$

【例 5-5】 已知 1500 K 时，反应 $2H_2(g)+O_2(g) \rightleftharpoons 2H_2O(g)$ 的 $K^\ominus=1.24\times10^6$，若 10 kPa 的 $H_2(g)$、10 kPa 的 $O_2(g)$ 和 100 kPa 的 $H_2O(g)$ 混合进行反应，试判断此条件下反应自发进行的方向。

解 在 1500 K 时，反应商为

$$Q=\frac{[p(H_2O)/p^\ominus]^2}{[p(H_2)/p^\ominus]^2\cdot[p(O_2)/p^\ominus]}=\frac{(100/100)^2}{(10/100)^2\cdot(10/100)}=1.0\times10^3$$

显然

$$Q<K^\ominus=1.24\times10^6$$

因此，上述条件下，反应正向自发进行。

【例 5-6】 在 500 K 时，反应 $NO_2(g) \rightleftharpoons NO(g)+\frac{1}{2}O_2(g)$ 的 $\Delta_r G_m^\ominus=21.4\ kJ\cdot mol^{-1}$，试判断在下列条件下反应进行的方向。

(1) $p(NO_2)=100\ kPa$，$p(O_2)=2.0\ kPa$，$p(NO)=1.0\ kPa$；

(2) $p(NO_2)=10.0\ kPa$，$p(O_2)=5.0\ kPa$，$p(NO)=10.0\ kPa$。

解 方法一，利用 $\Delta_r G_m$ 的正负判断反应方向。

(1)
$$Q(1)=\frac{[p(NO)/p^\ominus]\cdot[p(O_2)/p^\ominus]^{\frac{1}{2}}}{[p(NO_2)/p^\ominus]}=\frac{[1.0/100][2.0/100]^{\frac{1}{2}}}{[100/100]}=1.4\times10^{-3}$$

根据化学等温方程有

$$\Delta_r G_m(1)=\Delta_r G_m^\ominus(T)+RT\ln Q=21.4+8.314\times10^{-3}\times500\times\ln(1.4\times10^{-3})=-5.9(kJ\cdot mol^{-1})<0$$

因此在条件(1)时，反应正向自发进行。

(2)
$$Q(2)=\frac{[p(NO)/p^\ominus]\cdot[p(O_2)/p^\ominus]^{\frac{1}{2}}}{[p(NO_2)/p^\ominus]}=\frac{[10.0/100]\cdot[5.0/100]^{\frac{1}{2}}}{[10.0/100]}=0.22$$

$$\Delta_r G_m(2)=\Delta_r G_m^\ominus(T)+RT\ln Q=21.4+8.314\times10^{-3}\times500\times\ln 0.22=15.1(kJ\cdot mol^{-1})>0$$

因此在条件(2)时，反应逆向自发进行。

方法二，利用 Q 和 $K^\ominus$ 的相对大小判断反应方向。

(1) 根据化学等温方程，在 500 K 时有

$$\ln K^\ominus=-\frac{\Delta_r G_m^\ominus}{RT}=\frac{21.4}{8.314\times10^{-3}\times500}=-5.15$$

解得

$$K^\ominus=5.80\times10^{-3}$$

$Q(1)=1.4\times10^{-3}<K^\ominus$，反应正向自发进行。

(2) 同理，$Q(2)=0.22>K^\ominus$，反应逆向自发进行。

5.4 化学平衡移动

化学平衡是动态的平衡，是反应体系在一定条件下达到的相对稳定状态，此时 $Q=K^{\ominus}$。一旦维持平衡的反应条件(如浓度、压力、温度等)发生改变，可能引起反应商或平衡常数改变，导致 $Q\neq K^{\ominus}$，此时宏观上表现为反应正向或逆向自发，即原来的平衡被破坏。经过变化后，体系在新的条件下将建立起新的平衡。这种因反应条件的改变使化学反应从一种平衡状态转变到另一种平衡状态的过程称为化学平衡的移动。

5.4.1 浓度对化学平衡移动的影响

在一定温度下，化学反应的平衡常数 $K^{\ominus}$ 为一定值。对于一已达平衡的反应，$Q=K^{\ominus}$，若改变反应体系中某一组分的浓度，其反应商 Q 将发生改变，由 Q 与 $K^{\ominus}$ 的相对大小可判断反应的方向，从而确定化学平衡的移动。

对于任一反应

$$a\mathrm{A(aq)}+d\mathrm{D(aq)}\rightleftharpoons g\mathrm{G(aq)}+h\mathrm{H(aq)}$$

其反应商为

$$Q=\frac{[c'(\mathrm{G})/c^{\ominus}]^{g}\cdot[c'(\mathrm{H})/c^{\ominus}]^{h}}{[c'(\mathrm{A})/c^{\ominus}]^{a}\cdot[c'(\mathrm{D})/c^{\ominus}]^{d}}$$

由反应商的表达式可见，当增加反应物 A、D 的浓度或减少生成物 G、H 的浓度时，反应商 Q 值将变小，使 $Q<K^{\ominus}$，$\Delta_r G_m(T)<0$，此时体系不再处于平衡状态，反应将正向自发进行，即平衡正向移动。随着反应的进行，Q 值逐渐增大，直至重新等于 $K^{\ominus}$，在新的条件下建立起新的平衡。反之，当减少反应物浓度或增加生成物浓度时，Q 值将变大，使 $Q>K^{\ominus}$，$\Delta_r G_m(T)>0$，反应将逆向自发进行，平衡逆向移动。Q 值随反应的逆向进行而逐渐减小，至其重新等于 $K^{\ominus}$ 时，重新达到新的平衡状态。

一定温度下，浓度的改变会使化学平衡发生移动，建立新的平衡，在新的平衡体系中各组分的平衡浓度已发生了变化，即平衡点变了，但反应的平衡常数不变。

5.4.2 压力对化学平衡移动的影响

压力改变对液相或固相反应的平衡几乎没有影响，一般不予考虑。对于有气体物质参加的化学反应，在一定温度下，压力改变可能会导致平衡的移动，导致平衡点发生改变，但平衡常数仍然不变。

1. 部分物质分压改变的影响

气体的分压与浓度成正比。一定温度下已达平衡的反应，如果保持温度、总体积不变，改变平衡体系部分物质分压，这种改变对化学平衡的影响与浓度相同。增大反应物的分压或减小生成物的分压，相当于是增加了反应物的浓度或减少了生成物的浓度，反应商 Q 减小，平衡正向移动；反之，减小反应物的分压或增大生成物的分压，相当于是减少了反应物的浓度或增加了生成物的浓度，使反应商 Q 增大，平衡逆向移动。

2. 体系总压力改变的影响

通过压缩或膨胀，可以改变反应体系的总压，相应的化学平衡也可能受到影响。对于任一

气相反应

$$aA(g)+dD(g)\rightleftharpoons gG(g)+hH(g)$$

在一定温度下达平衡时，其平衡常数为

$$K^{\ominus}=\frac{[p(G)/p^{\ominus}]^{g}\cdot[p(H)/p^{\ominus}]^{h}}{[p(A)/p^{\ominus}]^{a}\cdot[p(D)/p^{\ominus}]^{d}}$$

若将该反应体系的总压力增加或减小为原来的 x 倍时，体系中各组分气体的分压也相应增加或减小为原来的 x 倍，此时，反应商为

$$Q=\frac{[x\cdot p(G)/p^{\ominus}]^{g}\cdot[x\cdot p(H)/p^{\ominus}]^{h}}{[x\cdot p(A)/p^{\ominus}]^{a}\cdot[x\cdot p(D)/p^{\ominus}]^{d}}=\frac{[p(G)/p^{\ominus}]^{g}\cdot[p(H)/p^{\ominus}]^{h}}{[p(A)/p^{\ominus}]^{a}\cdot[p(D)/p^{\ominus}]^{d}}\cdot x^{\sum_{B}\nu_B}$$

即

$$Q=K^{\ominus}\cdot x^{\sum_{B}\nu_B}$$

可见，x 及 $\sum_{B}\nu_B$ 的大小决定了 Q 和 $K^{\ominus}$ 的相对大小，从而决定了化学平衡的移动方向。

1）反应前后气体物质分子数相等的反应

反应前后气体物质分子数相等的反应，其 $\sum_{B}\nu_B=0$，无论增大还是减小总压，即 x 无论取何值，$Q=K^{\ominus}$，$\Delta_r G_m(T)=0$，说明反应仍处于平衡状态，平衡不移动。对于反应前后气体分子数相等的反应，改变平衡体系总压，平衡不移动。

例如，气体反应 $H_2(g)+I_2(g)\rightleftharpoons 2HI(g)$，该反应在一定温度下达平衡时，无论增大或减小反应体系的总压，由于反应前后气体物质分子数相等，其反应商不变，平衡不发生移动。

2）反应前后气体物质分子数不相等的反应

(1) 如果增大体系总压，即 $x>1$，对于 $\sum_{B}\nu_B>0$，反应后气体物质分子数增加的反应，其 $x^{\sum_{B}\nu_B}>1$，所以 $Q>K^{\ominus}$，$\Delta_r G_m(T)>0$，反应逆向自发进行，平衡逆向移动，即平衡向气体物质分子数减小的方向移动。对于 $\sum_{B}\nu_B<0$ 的反应可得同样的结论。

(2) 如果减小体系总压，即 $x<1$，对于 $\sum_{B}\nu_B>0$，反应后气体物质分子数增加的反应，其 $x^{\sum_{B}\nu_B}<1$，所以 $Q<K^{\ominus}$，$\Delta_r G_m(T)<0$，反应正向自发进行，平衡正向移动，即平衡向气体物质分子数增加的方向移动。对于 $\sum_{B}\nu_B<0$ 的反应可得同样的结论。

综上可见，对于反应前后气体物质分子数不相等的反应，在一定温度下达平衡后，增加体系总压，平衡向着气体分子数减少的方向移动；减小体系总压，平衡向着气体分子数增加的方向移动。

例如，气体反应 $2NO_2(g)\rightleftharpoons N_2O_4(g)$ 在一定温度下达平衡时，如果增大体系总压，平衡将向生成 N_2O_4 的正反应方向移动；如果减小体系总压，平衡将向生成 NO_2 的逆反应方向移动。

【例 5-7】 在 325 K 和 100 kPa 下，反应 $N_2O_4(g)\rightleftharpoons 2NO_2(g)$ 达平衡时，$N_2O_4(g)$ 的转化率为 50.2%。计算

(1) 该反应的 $K^{\ominus}$；

(2) 若温度不变，压缩体系的体积使反应体系的压力增大到 200 kPa，此时，平衡将向何方移动？

解 (1) 设反应起始时，$n(N_2O_4)=1$ mol，则

	$N_2O_4(g)$	$\rightleftharpoons 2NO_2(g)$
平衡时物质的量/mol	$1-\alpha$	2α

平衡时总的物质的量为

$$n=(1-\alpha)+2\alpha=1+\alpha$$

由 $p_i=x_i\cdot p_{总}$ 得

$$p(N_2O_4)=\frac{1-\alpha}{1+\alpha}\times 100=\frac{1-0.502}{1+0.502}\times 100=33.2(\text{kPa})$$

$$p(NO_2)=\frac{2\alpha}{1+\alpha}\times 100=\frac{2\times 0.502}{1+0.502}\times 100=66.8(\text{kPa})$$

解得 $$K^\ominus=\frac{[p(NO_2)/p^\ominus]^2}{[p(N_2O_4)/p^\ominus]}=\frac{[66.8/100]^2}{[33.2/100]}=1.34$$

(2) 当体系总压力增加到原来的两倍时,体系中各组分的分压也变为原来的两倍,即

$$p(N_2O_4)=2\times 33.2=66.4\ \text{kPa} \qquad p(NO_2)=2\times 66.8=133.6\ \text{kPa}$$

此时 $$Q=\frac{[p(NO_2)/p^\ominus]^2}{[p(N_2O_4)/p^\ominus]}=\frac{[133.6/100]^2}{[66.4/100]}=2.69$$

因温度不变,平衡常数不变,$K^\ominus=1.34$。

因此 $Q>K^\ominus$,平衡逆向移动。即体系总压力增加,平衡向气体分子数减少的方向移动。

3. 惰性气体的影响

凡不参与化学反应的气体统称为惰性气体。惰性气体虽然不参加反应,但它的引入可能会影响化学平衡,使其发生移动。惰性气体引入反应体系的常见方式有两种。

1) 等温等容下已达到平衡的反应引入惰性气体

由于总体积不变,惰性气体的引入使体系总物质的量增加,因而体系的总压增加,但参与反应的各组分气体的分压$\left(p_i=\dfrac{n_i}{V}RT\right)$并没改变,$Q=K^\ominus$,平衡不移动。

2) 等温等压下已达到平衡的反应引入惰性气体

由于惰性气体的引入会占一定压力,为了维持体系总压不变,体系的总体积必然膨胀,参与反应的各组分气体的分压必然减小,这相当于减小了平衡体系的总压,若 $\sum_B \nu_B \neq 0$,平衡将向气体分子数增大的方向移动。所以加入惰性气体对气体分子数增大的反应有利。

【例 5-8】 在 873 K 和 100 kPa 下,乙苯脱氢制苯乙烯的反应为

$$C_6H_5CH_2CH_3(g) \rightleftharpoons C_6H_5CH{=}CH_2(g)+H_2(g) \quad K^\ominus=0.178$$

若原料气中乙苯和水蒸气的比例为 1∶9,求乙苯的最大转化率。若不添加水蒸气,乙苯的转化率为多少?

解 假设起始时通入 1 mol 乙苯和 9 mol 水蒸气,平衡时乙苯的转化率为 α,则

	$C_6H_5CH_2CH_3(g) \rightleftharpoons$	$C_6H_5CH{=}CH_2(g)$	$+H_2(g)$
平衡时物质的量/mol	$1-\alpha$	α	α

平衡时总的物质的量为

$$n_{总}=(1-\alpha)+2\alpha+9=10+\alpha$$

各物质的分压分别为

$$p(C_6H_5CH_2CH_3)=\frac{1-\alpha}{10+\alpha}\times 100,\ p(C_6H_5CH{=}CH_2)=\frac{\alpha}{10+\alpha}\times 100,\ p(H_2)=\frac{\alpha}{10+\alpha}\times 100$$

$$K^\ominus=\frac{[p(C_6H_5CH{=}CH_2)/p^\ominus]\cdot[p(H_2)/p^\ominus]}{p(C_6H_5CH_2CH_3)/p^\ominus}=\frac{\left(\dfrac{\alpha}{10+\alpha}\times 100/100\right)^2}{\left(\dfrac{1-\alpha}{10+\alpha}\times 100/100\right)}=0.178$$

解方程得 $\alpha=0.725$,即加入水蒸气(惰性气体)时乙苯的转化率为 72.5%。

若不加水蒸气,则平衡时总的物质的量为

$$n'_{总}=(1-\alpha')+2\alpha'=1+\alpha'$$

$$K^{\ominus}=\frac{[p(C_6H_5CH=CH_2)/p^{\ominus}]\cdot[p(H_2)/p^{\ominus}]}{[p(C_6H_5CH_2CH_3)/p^{\ominus}]}=\frac{\left(\frac{\alpha'}{1+\alpha'}\times 100/100\right)^2}{\left(\frac{1-\alpha'}{1+\alpha'}\times 100/100\right)}=0.178$$

解得 $\alpha'=0.389$，即无水蒸气(惰性气体)时乙苯的转化率为 38.9%。

可见，加入水蒸气(惰性气体)使乙苯的转化率提高了将近一倍。

5.4.3 温度对化学平衡移动的影响

温度对平衡的影响与浓度、压力的影响有着本质区别。浓度、压力改变，不会影响平衡常数 $K^{\ominus}$，只是改变了反应商 Q，使 $Q\neq K^{\ominus}$，引起平衡移动。而温度发生改变，首先改变平衡常数 $K^{\ominus}$，从而导致 $Q\neq K^{\ominus}$，引起平衡移动。根据热力学原理，可以得到温度与平衡常数的关系。

对任一化学反应，在一定温度下有

$$\Delta_r G_m^{\ominus}(T)=-RT\ln K^{\ominus}(T)$$

$$\Delta_r G_m^{\ominus}(T)=\Delta_r H_m^{\ominus}(T)-T\Delta_r S_m^{\ominus}(T)$$

综合两式可得

$$\ln K^{\ominus}=-\frac{\Delta_r H_m^{\ominus}}{RT}+\frac{\Delta_r S_m^{\ominus}}{R} \tag{5-11}$$

式(5-11)称为范德霍夫(van't Hoff)方程。式中，$\Delta_r H_m^{\ominus}$ 和 $\Delta_r S_m^{\ominus}$ 受温度的影响很小，可视为常数。范德霍夫方程表明，$\ln K^{\ominus}(T)$与 $1/T$ 呈直线关系。如果通过实验测得不同温度下的标准平衡常数，利用 $\ln K^{\ominus}(T)$对 $1/T$ 作图，可以求出化学反应的 $\Delta_r H_m^{\ominus}$ 和 $\Delta_r S_m^{\ominus}$。

若反应温度为 T_1 和 T_2 时，相应的标准平衡常数分别为 $K_1^{\ominus}$ 和 $K_2^{\ominus}$，由式(5-11)有

$$\ln K_1^{\ominus}=-\frac{\Delta_r H_m^{\ominus}}{RT_1}+\frac{\Delta_r S_m^{\ominus}}{R}$$

$$\ln K_2^{\ominus}=-\frac{\Delta_r H_m^{\ominus}}{RT_2}+\frac{\Delta_r S_m^{\ominus}}{R}$$

两式相减，整理可得

$$\ln\frac{K_2^{\ominus}}{K_1^{\ominus}}=\frac{\Delta_r H_m^{\ominus}}{R}\left(\frac{T_2-T_1}{T_1T_2}\right) \tag{5-12}$$

式(5-12)也称为范德霍夫方程，它说明了不同温度下标准平衡常数与温度的关系。利用该式可以计算不同温度条件下反应的平衡常数，范德霍夫方程表明温度对平衡常数的影响与化学反应的标准摩尔焓变 $\Delta_r H_m^{\ominus}$ 有关。

(1) 升高反应温度时，$T_1<T_2$。对于吸热反应，$\Delta_r H_m^{\ominus}>0$，则 $\ln\frac{K_2^{\ominus}}{K_1^{\ominus}}>0$，$K_1^{\ominus}<K_2^{\ominus}$，此时 $Q<K^{\ominus}$，平衡正向移动，即升高温度平衡向吸热反应方向移动。对于放热反应，$\Delta_r H_m^{\ominus}<0$，同理可得升高温度平衡逆向移动，仍然是向吸热反应方向移动。

(2) 降低反应温度时，$T_1>T_2$。对于吸热反应，$\Delta_r H_m^{\ominus}>0$，则 $\ln\frac{K_2^{\ominus}}{K_1^{\ominus}}<0$，$K_1^{\ominus}>K_2^{\ominus}$，此时 $Q>K^{\ominus}$，平衡逆向移动，即降低温度平衡向放热反应方向移动。对于放热反应，$\Delta_r H_m^{\ominus}<0$，同理可得降低温度平衡正向移动，仍然是向放热反应方向移动。

综上所述，改变温度，平衡必然发生移动。升高温度平衡向吸热反应方向移动；降低温度平衡向放热反应方向移动，并且平衡移动的结果不仅改变了平衡点，而且改变了平衡常数。

【例 5-9】 在高温下 HgO 按下式分解

$$2HgO(s) \rightleftharpoons 2Hg(g) + O_2(g) \qquad \Delta_r H_m^\ominus = 304\ kJ \cdot mol^{-1}$$

在 693 K 时分解总压力为 51.6 kPa。求反应在 793 K 时的标准平衡常数 $K^\ominus$。

解 在 693 K 反应达到平衡时，设反应的标准平衡常数为 $K_1^\ominus$，根据反应方程可得各气体的平衡分压为

$$p(O_2) = \frac{1}{3} p_{总} = \frac{1}{3} \times 51.6 = 17.2(kPa)$$

$$p(Hg) = 2p(O_2) = 2 \times 17.2 = 34.4(kPa)$$

$$K_1^\ominus = [p(Hg)/p^\ominus]^2 \cdot [p(O_2)/p^\ominus] = \left(\frac{34.4}{100}\right)^2 \times \frac{17.2}{100} = 2.04 \times 10^{-2}$$

在 793 K 时，设反应的标准平衡常数为 $K_2^\ominus$，由范德霍夫方程 $\ln \frac{K_2^\ominus}{K_1^\ominus} = \frac{\Delta_r H_m^\ominus}{R}\left(\frac{T_2 - T_1}{T_1 T_2}\right)$ 得

$$\ln \frac{K_2^\ominus}{2.04 \times 10^{-2}} = \frac{304}{8.314 \times 10^{-3}}\left(\frac{793 - 693}{793 \times 693}\right) = 6.65$$

解得

$$K_2^\ominus = 15.8$$

上述计算结果表明 $K_2^\ominus \gg K_1^\ominus$，说明升高温度，平衡正向（吸热反向）移动了，且该反应的平衡常数受温度的影响很大。

对于液体的气化过程，如水的气化 $H_2O(l) \rightleftharpoons H_2O(g)$，若液体的标准摩尔气化焓为 $\Delta_{vap} H_m^\ominus$，由于其标准平衡常数为 $K^\ominus = p(H_2O)/p^\ominus$，则气化过程的范德霍夫方程形式为

$$\ln \frac{p_2}{p_1} = \frac{\Delta_{vap} H_m^\ominus}{R}\left(\frac{T_2 - T_1}{T_1 T_2}\right) \tag{5-13}$$

式(5-13)称为克拉贝龙-克劳修斯(Clapeyron-Clausis)方程。该方程表明了液体在不同温度下蒸气压之间的定量关系或不同外压下沸点间的定量关系，利用此方程，可方便地进行沸点和蒸气压的有关计算。

【例 5-10】 根据有关热力学数据，近似计算外压为 200 kPa 时水的沸点。

解　　$H_2O(l) \rightleftharpoons H_2O(g)$

$\Delta_f H_m^\ominus/(kJ \cdot mol^{-1})$　　-285.8　　-241.8

水的标准摩尔气化焓为

$$\Delta_{vap} H_m^\ominus = \Delta_r H_m^\ominus = -241.8 - (-285.8) = 44.0(kJ \cdot mol^{-1})$$

水的正常沸点为 373 K，由克拉贝龙-克劳修斯方程有

$$\ln \frac{200}{100} = \frac{44.0 \times 10^3}{8.314}\left(\frac{T_2 - 373}{373 T_2}\right)$$

解得

$$T_2 = 392\ K$$

综合浓度、压力和温度对化学平衡移动的影响可见，如果改变平衡体系的某一条件，平衡将向减弱这种改变的方向移动，这一普遍规律称为平衡移动原理。它最早由法国科学家勒夏特列(Le Chatelier)于 1884 年根据大量实验事实总结提出，故也称为勒夏特列原理。勒夏特列原理只适用于已达平衡的体系，对于非平衡体系不适用。

5.5　化学平衡的应用

化学平衡是化学的基础理论之一，是化学的基本思想之一。酸碱平衡、沉淀溶解平衡、配位平衡和氧化还原平衡都是化学平衡基本原理在具体反应中的应用。化学平衡不仅在化学化工、生产生活中有着重要的应用，而且在生理生化、工程物理，甚至人文社科等其他学科领域中

都有广泛的应用，是各学科间综合的重要结合点。研究化学平衡的规律、条件和化学平衡的移动及其应用等对工农业生产、科学研究和日常生活都具有重要的指导意义。

5.5.1 化学平衡在工农业生产中的应用

在石油化工、钢铁冶炼、塑料橡胶、合成制药、化肥生产等工农业生产的各个领域，从工艺设计、物料衡算到条件控制、实际生产，每个环节都要考虑转化率、反应速率及能量利用等与化学平衡相关的问题。根据化学平衡原理，在生产实践中，可以通过调整浓度、气体压力和温度等生产条件，加快反应速率，缩短反应达平衡所需的时间，提高反应物的转化率。

根据浓度对化学平衡的影响规律，在实际生产中，为了尽可能地利用某一反应物，往往使用过量的另一反应物与其反应，使平衡尽可能正向移动，以提高前者的转化率，达到充分利用某一物质的目的。例如，工业上合成硫酸工艺中的一步重要反应

$$2SO_2(g)+O_2(g)\rightleftharpoons 2SO_3(g)$$

实际生产中就是利用通入过量的空气来提高成本较高的 SO_2 气体的转化率。同样，若能不断地将生成物从反应体系中分离出来，也可使平衡不断地向正向移动，从而提高转化率。例如，生产乙酸乙酯的反应

$$C_2H_5OH(aq)+CH_3COOH(aq)\rightleftharpoons CH_3COOC_2H_5(aq)+H_2O(aq)$$

生产中可以利用分水器及时把水除去，使酯化反应完全，以提高产率。

在高炉炼铁中，其反应 $Fe_2O_3+3CO\rightleftharpoons 2Fe+3CO_2$ 是可逆的，通过增大 CO 气体的压力，将高炉气中的 CO 循环利用，就可以在不改变温度的前提下提高 Fe_2O_3 的转化率。

化肥是现代农业保证丰产不可或缺的物资，至 2011 年，我国的氮肥产量已达 4700 万吨，合成氨工业是氮肥生产的基础，化学平衡原理在合成氨工业中的应用是其在工业生产中应用的一个典型实例。H_2 和 N_2 化合生成 NH_3 的反应为

$$N_2(g)+3H_2(g)\rightleftharpoons 2NH_3(g)$$

$$\Delta_r H_m^\ominus=-91.8\ kJ\cdot mol^{-1},\Delta_r S_m^\ominus=-198.5\ J\cdot mol^{-1}\cdot K^{-1}$$

这是一个放热、气体分子数减小的反应，根据化学平衡原理，该反应在低温高压的条件下进行才有利于提高 NH_3 的产率。但实际上，该反应速率很慢，需要在高温、高压和有催化剂存在的条件下进行。1909 年德国化学家哈伯(F. Haber)进行了一系列实验，成功地设计出循环法合成氨的工艺流程，即哈伯氨合成法。

(1) 为了在较低温度下使反应能更快进行，采用铁系催化剂。它对平衡移动不产生影响，只能同等程度地加快正、逆反应速率，从而缩短反应到达平衡的时间。

(2) 采用过量的 N_2 与 H_2 反应并循环使用，同时不断地将生成的氨气分离出来，通过这种方式增加反应物浓度，同时减少生成物浓度，使平衡向有利于生成氨的正反应方向移动，提高 NH_3 的产率。

(3) 在高压下进行，使平衡向气体分子数减少即生成 NH_3 的方向移动。只要技术上可能，压力越高越有利于氨的生成，但在生产上，压力太高，对设备的要求也很高。而且氨气在高压下能穿透特种钢的容器壁。考虑到设备的耐压能力和安全防护，以及能源消耗，设备投资费等，合成氨一般采用 200～300 个大气压。

(4) 综合考虑温度对反应速率与化学平衡的影响，以及催化剂的活性温度，合成塔最适宜的温度一般控制在较高的 500～600 ℃。

合成氨生产方法的创立不仅开辟了获取固定氮的途径，更重要的是这一生产工艺的实现

对整个化学工艺的发展产生了重大的影响。合成氨的研究来自化学平衡正确的理论指导，反过来又推动了化学科学理论的发展。合成氨生产条件的选择还说明，理论和实践是有差异的，化学化工生产需要综合化学动力学、化学热力学、化学平衡以及生产中的技术、设备、材料、成本、工艺流程、环保、安全等相关问题，并结合化学反应的特点进行具体分析与设计。

5.5.2　化学平衡在生活中的应用

现代的人们生活在化学世界中，在日常生活中的许多方面，都与化学平衡有紧密的联系。

常用于自来水消毒的氯胺消毒法就是化学平衡的典型应用。氯胺消毒法是指用氯消毒自来水时，另外加入少量液氨，氯和氨反应生成一氯胺和二氯胺以完成氧化和消毒的方法。液氯作自来水消毒剂的原理是氯与水发生反应生成盐酸和次氯酸，利用次氯酸的强氧化性杀灭水中细菌，其化学方程式为

$$Cl_2 + H_2O \longequal HCl + HClO$$

次氯酸不稳定，受热或见光发生分解。

$$2HClO \longequal 2HCl + O_2\uparrow$$

此反应使得消毒时间缩短，从而降低消毒的效果。若加入一定量的液氨后，液氨与氯水中的次氯酸反应，即

$$NH_3 + HClO \longequal H_2O + NH_2Cl\text{（一氯氨）}$$

液氨与次氯酸反应生成较 HClO 稳定的 NH_2Cl 后，不影响 HClO 的杀菌效率。消毒杀菌后，次氯酸被消耗，浓度逐渐减小，上述平衡向生成次氯酸的方向进行，当次氯酸浓度较高时，平衡向生成 NH_2Cl 的方向移动，相当于将次氯酸暂时“储存”起来，这样就延长了液氯的消毒时间。同时，氯和水反应生成盐酸和次氯酸的反应不完全，氯气容易逸失，而氨溶于水后形成氨水，可以与盐酸和次氯酸分别生成对应的盐，可以增加氯气溶解量，减少散失。此消毒法中，氯胺与水中腐殖物质作用较小，还可减少腐殖物质与游离氯所形成的三卤甲烷等致癌物质，并且管网中的氯胺形成的余氯持续时间长，能有效地抑制残余细菌的再繁殖，同时避免了氯引起的臭味。

酒后驾车对自身及社会危害甚大，测试是否饮酒的比色型酒精仪，其工作原理就是化学平衡的应用。人饮酒后，血液中乙醇含量增多，呼出的气体中有乙醇的蒸气，遇到测定仪中的重铬酸钾，发生如下反应

$$Cr_2O_7^{2-}\text{（橙红色）} + 3C_2H_5OH + 8H^+ \rightleftharpoons 2Cr^{3+}\text{（绿色）} + 3CH_3CHO + 7H_2O$$

通过颜色和电阻的变化就能测出人呼出的气体中是否有乙醇以及其浓度。酒精测定仪中还要加入硫酸，一方面提供酸性介质，一方面防止 $Cr_2O_7^{2-}$ 转化为 CrO_4^{2-}。

人们日常生活中的洗涤也与化学平衡密不可分。油性污垢中的油脂成分因不溶于水而很难洗去，油脂的化学组成是高级脂肪酸的甘油酯，如果能水解成高级脂肪酸和甘油，就很容易洗去。油脂水解的方程式是

$$(RCOO)_3C_3H_5 + 3H_2O \rightleftharpoons 3RCOOH + C_3H_5(OH)_3$$

使用各种洗涤剂进行洗涤时，洗涤剂水溶液呈碱性，能与高级脂肪酸作用，上述化学平衡向正反应方向移动，高级脂肪酸转化为钠盐，在水中溶解度增大，使油污容易被洗去。洗衣粉特别是加酶洗衣粉在温水中效果更好，这是由于温度升高，洗衣粉溶解度增大，即浓度较大，温水还有利于酶催化蛋白质等高分子化合物水解，同时蛋白质的水解、油脂的水解都是吸热反应，所以适当提高水温，会使洗涤效果更佳，但也应该注意，温度过高会降低酶的催化能力，使其失去活性，从而降低洗涤效果。

碳酸饮料和啤酒中的二氧化碳有抑制细菌繁殖和氧化的作用，使其存放较长时间不易变质。打开碳酸饮料或啤酒时，会泛起大量泡沫。据化学平衡移动原理，这是由于碳酸饮料或啤酒中溶解有大量二氧化碳气体，打开瓶盖，压力下降，平衡向放出二氧化碳的方向移动。二氧化碳的释放要带走热量，所以喝碳酸饮料或啤酒时，人体会倍觉凉爽。

烧锅炉时，总要鼓入过量的空气，使煤炭完全燃烧。空气充足，化学平衡向燃烧的方向移动，煤燃烧生成 CO_2 越充分，放热越多；若空气不足，则煤燃烧部分生成 CO，放出的热量大大减少，而且 CO 排到空气中造成污染。

本章小结

本章主要介绍了化学平衡的基本概念及化学平衡原理。阐述了化学平衡常数与反应的吉布斯自由能变的关系，简要介绍了化学平衡的应用。

一定条件下，既能正向进行又能逆向进行的反应称为可逆反应。可逆反应达到正、逆反应速率相等的状态时称为化学平衡状态。化学平衡时，体系中各物质的浓度不再随时间改变。化学平衡是一种动态平衡，是反应在一定条件下所能到达到的最大限度。

化学平衡用平衡常数来定量表征。由实验直接测定平衡组成计算得到的平衡常数称为实验平衡常数，常用的是标准平衡常数。标准平衡常数无单位，在一定温度下是反应的特征常数，只决定于反应的本性，而与物质浓度、压力等因素无关。平衡常数是化学反应进行程度的数量标志，可通过实验测定，也可利用化学反应等温方程、范德霍夫方程及多重平衡规则等进行计算。

在一个体系中一种或几种物质同时参加了多个反应，这多个反应建立的平衡称为多重平衡。在多重平衡体系中，反应方程式相加减，其对应的平衡常数相乘除，此规则称为多重平衡规则。利用此规则可计算未知反应的平衡常数。

平衡转化率 α 也可描述反应的进行程度。α 是指达到平衡时某物质已转化的量与反应前该物质的总量之比。平衡转化率 α 与平衡常数不同，其不仅与反应本身的性质、反应温度有关，也受反应物浓度、压力的影响。

化学反应等温方程说明了平衡常数与摩尔吉布斯自由能的关系，其形式是

$$\Delta_r G_m(T) = -RT\ln K^\ominus + RT\ln Q$$

在标准状态时为

$$\Delta_r G_m^\ominus(T) = -RT\ln K^\ominus(T)$$

利用化学反应等温方程可以实现平衡常数与热力学函数的换算，从而能够判断各种状态下反应的方向和限度。

平衡常数与温度有关，其定量关系是范德霍夫方程

$$\ln\frac{K_2^\ominus}{K_1^\ominus} = \frac{\Delta_r H_m^\ominus}{R}\left(\frac{T_2 - T_1}{T_1 T_2}\right)$$

利用范德霍夫方程可以计算不同温度条件下反应的平衡常数。

化学平衡是有条件的动态的平衡。当条件改变时，反应体系可以从一种平衡状态转变到另一种平衡状态，这一过程称为化学平衡的移动。影响化学平衡的因素有浓度、压力和温度等。

温度一定时，增加反应物的浓度或减少生成物的浓度，平衡向正反应方向移动；减少反应物的浓度或增加生成物的浓度，平衡向逆反应方向移动。压力只影响有气体参与的反应。温度一定时，增加体系总压，平衡向气体分子数减少的方向移动；降低体系总压，平衡向气体分子数增加的方向移动。温度对平衡的影响与化学反应的标准摩尔焓变 $\Delta_r H_m^\ominus$ 有关。升高温度，平衡向吸热反应方向移动；降低温度，平衡向放热反应方向移动。

各种因素对化学平衡的影响遵循勒夏特列原理，即改变平衡体系的条件之一，平衡将向减弱这种改变的方向移动。勒夏特列原理是平衡移动所遵循的普遍原理。

思考与练习

5-1　判断下列说法的正确性并解释之。

(1) 对于反应 $2CO(g)+O_2(g) \rightleftharpoons 2CO_2(g)$，增加总压平衡正向移动。

(2) 对放热反应($\Delta_r H_m^\ominus<0$)，升高温度，$K^\ominus$ 值增大，平衡逆向移动。

(3) 浓度(或压力)对平衡移动的影响是因为改变了反应的 Q，但不改变 $K^\ominus$。温度对平衡移动的影响是因为改变了反应的 $K^\ominus$。

(4) 一个反应达到平衡的标志是 $\Delta_r G_m^\ominus=0$。

(5) 因为 $\Delta_r G_m^\ominus(T)=-RT\ln K^\ominus(T)$，所以当反应中各组分处于标准状态时，也就达到平衡状态。

(6) 向 $4NH_3(g)+5O_2(g) \rightleftharpoons 4NO(g)+6H_2O(g)$ 的平衡体系中加入惰性气体以增加体系的压力，平衡时 NH_3 和 NO 的量并没有变。

(7) 反应 $C_{12}H_{22}O_{11}(s)+12O_2(g) \rightleftharpoons 12CO_2(g)+11H_2O(l)$ 的 $\Delta_r H_m^\ominus<0$，要提高 $C_{12}H_{22}O_{11}(s)$ 的转化率可采取加热升温的措施。

5-2　写出下列反应的标准平衡常数 $K^\ominus$ 的表达式。

(1) $2NH_3(g) \rightleftharpoons N_2(g)+3H_2(g)$

(2) $H_2S(g)+NH_3(g) \rightleftharpoons NH_4HS(s)$

(3) $2H_2O_2(aq) \rightleftharpoons 2H_2O(l)+O_2(g)$

(4) $C(s)+H_2O(g) \rightleftharpoons CO(g)+H_2(g)$

(5) $Fe(s)+2H^+(aq) \rightleftharpoons Fe^{2+}(aq)+H_2(g)$

5-3　对于可逆反应 $C(s)+H_2O(g) \rightleftharpoons CO(g)+H_2(g)$，下列说法对不对？

(1) 达到平衡时各反应物和生成物的浓度相等。

(2) 达平衡时各反应物和生成物浓度为恒定值。

(3) 因为反应前后分子数目相等，所以增加压力对平衡没有影响。

5-4　已知下列反应在 1123 K 时的标准平衡常数。

(1) $C(s)+CO_2(g) \rightleftharpoons 2CO(g)$　　$K^\ominus(1)=1.3\times10^{14}$

(2) $CO(g)+Cl_2(g) \rightleftharpoons COCl_2(g)$　　$K^\ominus(2)=6.0\times10^{-3}$

计算反应 $2COCl_2(g) \rightleftharpoons C(s)+CO_2(g)+2Cl_2(g)$ 在 1123 K 时的标准平衡常数 $K^\ominus$。

5-5　已知下列反应在指定温度时的 $\Delta_r G_m^\ominus$ 和 $K^\ominus$。

(1) $N_2(g)+\frac{1}{2}O_2(g) \rightleftharpoons N_2O(g)$　　$\Delta_r G_m^\ominus(1)$，$K^\ominus(1)$

(2) $N_2O_4(g) \rightleftharpoons 2NO_2(g)$　　$\Delta_r G_m^\ominus(2)$，$K^\ominus(2)$

(3) $\frac{1}{2}N_2(g)+O_2(g) \rightleftharpoons NO_2(g)$　　$\Delta_r G_m^\ominus(3)$，$K^\ominus(3)$

写出反应(4) $2N_2O(g)+3O_2(g) \rightleftharpoons 2N_2O_4(g)$ 的 $\Delta_r G_m^\ominus(4)$ 和 $K^\ominus(4)$ 的表达式。

5-6　反应 $2NO(g)+Br_2(g) \rightleftharpoons 2NOBr(g)$ 在 623 K 时建立平衡，测得平衡混合物中各物质的浓度为 $c(NO)=0.30\ mol\cdot L^{-1}$、$c(Br_2)=0.11\ mol\cdot L^{-1}$、$c(NOBr)=0.046\ mol\cdot L^{-1}$。求 K_c 和 K_p(用 Pa 表示)。

5-7　55 ℃、100 kPa 时，N_2O_4 部分分解成 NO_2，体系平衡混合物的平均摩尔质量为 $61.2\ g\cdot mol^{-1}$，求(1) 离解度 α 和平衡常数 $K^\ominus$；(2) 计算 55 ℃总压为 10 kPa 时的离解度。

5-8　已知 $Ag_2O(s)$ 的 $\Delta_f G_m^\ominus=-11.2\ kJ\cdot mol^{-1}$。求 $2Ag_2O(s) \rightleftharpoons 4Ag(s)+O_2(g)$ 在 298.15 K 达平衡时，氧的分压(kPa)。

5-9　已知 $CaCO_3(s) \rightleftharpoons CaO(s)+CO_2(g)$ 在 973 K 时，$K^\ominus=3.00\times10^{-2}$，在 1173 K 时 $K^\ominus=1.00$，则(1) 上述反应是吸热还是放热反应？(2) 该反应的 $\Delta_r H_m^\ominus$ 是多少？

5-10　$Ag_2CO_3(s)$ 遇热以下式分解

$$Ag_2CO_3(s) \rightleftharpoons Ag_2O(s)+CO_2(g)\qquad \Delta_r G_m^\ominus(383\ K)=14.8\ kJ\cdot mol^{-1}$$

在 110 ℃烘干时，空气中掺入一定量的 CO_2 就可避免 Ag_2CO_3(s)的分解。则空气中掺入多少 CO_2 可以避免 Ag_2CO_3 的分解？

5-11 已知反应

$$C(石墨)+CO_2(g) \rightleftharpoons 2CO(g)$$

(1) 计算反应在 298.15 K 及标准状态时的 $K^\ominus$，判断反应方向。

(2) 计算反应在 1198 K 及标准状态时的 $K^\ominus$，判断反应方向。

(3) 在 1198 K 时，若 $p(CO_2)=200$ kPa、$p(CO)=100$ kPa，判断此时的反应方向。

5-12 根据有关热力学数据，近似计算 CCl_4(l)在 100 kPa 压力下和 20 kPa 压力下的沸点。已知 CCl_4(g)的 $\Delta_f H_m^\ominus=102.93\ kJ\cdot mol^{-1}$，$S_m^\ominus=309.47\ J\cdot mol^{-1}\cdot K^{-1}$。

第三篇　水溶液中的化学平衡

在自然界和人类生产生活中，大部分化学反应都是在水溶液中进行的，因而此类反应是化学平衡中至关重要而应用最为广泛的部分。水溶液中的化学平衡主要包括酸碱离解平衡、沉淀溶解平衡、配位平衡及氧化还原四大类。这四类平衡分别具有自身的特点，但都遵循化学平衡的基本规律、服从化学热力学与化学动力学的基本原理。在实际的溶液体系中可能单独存在某一类平衡，也可能同时存在几类不同的平衡。

本篇从化学平衡的基本原理出发，分别讨论了酸碱反应、配位反应、沉淀溶解反应和氧化还原反应的平衡建立、影响因素及平衡移动等具体特征和共同规律。

第 6 章　酸 碱 平 衡

酸碱是一类重要的物质，在工农业生产和日常生活中，人们使用着大量的酸碱，几乎每一个生化过程都涉及酸碱反应。因此，了解物质的酸碱性及酸碱反应的本质和规律具有重要的意义。

本章在化学平衡原理的基础上，应用酸碱质子理论，讨论水溶液中弱酸、弱碱的离解平衡以及各类酸碱溶液 pH 的计算；介绍缓冲溶液的组成、性质及缓冲溶液 pH 的计算。

6.1　酸碱质子理论

6.1.1　酸碱理论发展简介

酸碱理论是阐述酸、碱及酸碱反应本质的各种理论。在历史上曾有多种酸碱理论，其中重要的有阿伦尼乌斯的酸碱电离理论、富兰克林(E. C. Franklin)的溶剂理论、布朗斯台德(J. N. Bronsted)和劳瑞(T. M. Lowry)的酸碱质子理论、路易斯(G. N. Lewis)的酸碱电子理论、皮尔逊(R. G. Pearson)的软硬酸碱理论等。了解这些理论的产生、形成和发展的过程，可以使人们全面而系统的认识酸碱。

早期人们仅凭着日常生活的经验来判定和理解酸碱。17 世纪末，英国化学家波义耳(R. Boyle)根据实验和性质直观地总结出了酸碱的定义：酸是水溶液能溶解某些金属、跟碱接触会失去原有的特性、而且能使石蕊试液变红的物质；碱是水溶液有苦涩味、能腐蚀皮肤、与酸接触后失去原有特性、而且能使石蕊试液变蓝的物质。波义耳的酸碱定义有很多不完善之处，易与盐混淆。法国拉瓦锡(A . L. Lavishers)提出氧是所有酸中必不可少的元素。英国戴维(H. Davy)以盐酸中不含氧的实验事实证明拉瓦锡的看法是错误的。戴维认为，酸中必含有氢元素。但很多有机化合物和氨都含有氢，而它们并不是酸。德国李比希(J. Liebig)弥补了戴维的不足，为酸和碱下了更科学的定义：所有酸都是氢的化合物，但其中的氢必须能够很容易地被金属所置换；碱则是能够中和酸并产生盐的物质。但他不能解释为什么有的酸强，有的酸弱。

1887 年瑞典化学家阿伦尼乌斯在电离理论的基础上，建立了酸碱电离理论，使人们对酸碱的认识上升到理性的阶段。酸碱电离理论认为，凡是在水溶液中电离出来的阳离子全部是 H^+ 的物质是酸，凡是在水溶液中电离出来的阴离子全部是 OH^- 的物质是碱，酸碱中和反应的实质是 H^+ 和 OH^- 结合生成 H_2O。酸碱电离理论从物质的化学组成上揭示了酸碱的本质，提高了人们对酸碱的认识。溶液中 H^+ 和 OH^- 的浓度是可以测定的，利用酸碱平衡常数人们可以精确地比较各种酸碱的相对强度，并能够很好地说明酸碱在水溶液中的反应。酸碱电离理论应用化学平衡原理找到了衡量酸碱强弱的定量标度，对化学学科的发展起到了重大的作用，所以至今仍然普遍应用。

酸碱电离理论也存在着一定的缺陷。由于该理论把酸碱的概念局限在水溶液中，因此对非水体系和无溶剂体系都不适用。气态的 HCl 和 NH_3 都无法电离出 H^+ 或 OH^-，用电离理论就无法解释它们的酸碱性，也不能解释它们在气相中发生的反应。例如

$$HCl(g)+NH_3(g)=\!=\!=NH_4Cl(s)$$

该理论把碱限制为氢氧化物，也无法解释 NH_3 的水溶液呈碱性这一事实，因为 NH_3 电离不出 OH^-。人们曾错误地认为 NH_3 溶解于水中生成 NH_4OH，实际上从未分离出该物质。另外，在酸碱电离理论中，把酸和碱看成是两种绝对不同的物质，忽视了酸碱既对立又统一的关系。

为了弥补阿伦尼乌斯电离理论的不足，1905 年，英国化学家富兰克林提出了著名的酸碱溶剂理论，将酸定义为能离解产生溶剂正离子的物质，碱定义为能离解产生溶剂负离子的物质，酸碱反应的实质是溶剂正离子和溶剂负离子结合为溶剂分子。酸碱溶剂理论把酸碱扩大到了任何能够产生溶剂正、负离子的溶剂中，扩展了电离理论，能较好地解释非水溶剂中的酸碱反应，但不能解释非离解溶剂体系内的酸碱反应规律。

1923 年，丹麦化学家布朗斯台德和英国化学家劳瑞同时独立地提出了酸碱质子理论，也称为布朗斯台德-劳瑞酸碱理论。该理论不但扩大了酸碱的物种范围，也使酸碱理论的适用范围扩展到非水体系和无溶剂体系。本章主要讨论和应用酸碱质子理论。

在酸碱质子理论提出的同时，美国化学家路易斯从电子得失的角度提出了酸碱的电子理论。酸碱电子理论认为，凡是可以接受电子对的物质称为酸，凡是可以给出电子对的物质称为碱。酸碱反应的实质是形成配位键、生成酸碱配合物的过程。电子理论对酸碱的定义涉及了物质的微观结构，故它更能体现物质的本质属性。路易斯酸碱电子理论无论是在无机化学中，或是在有机化学中都有广泛的应用。该理论最大缺点是不易确定酸碱的相对强度，对酸碱的认识过于笼统，酸碱的特征不明显。

1963 年，美国化学家皮尔逊提出软硬酸碱理论，将路易斯酸碱按硬酸、软酸、交界酸和硬碱、软碱、交界碱进行分类，并总结出软硬酸碱规则。皮尔逊的软硬酸碱理论能定性地预计酸碱反应的方向、速率和酸碱配合物的稳定性，也可以指导无机合成和有机合成，应用范围较广，但该理论只能定性应用而不能定量，因此，仍需进一步补充和完善。

6.1.2　酸碱质子理论

1. 质子酸碱的定义

酸碱质子理论认为，一定条件下凡是能给出质子的物质都是酸，凡是能接受质子的物质都是碱。例如，HCl、NH_4^+、$H_2PO_4^-$、H_3O^+、HAc 等都能给出质子，是酸；而 NH_3、HPO_4^{2-}、NaOH、Ac^- 等都能接受质子，是碱。根据酸碱质子理论的定义，酸和碱可以是分子，也可以是阳离子(如 NH_4^+)或阴离子(如 HSO_4^-)。如果酸或碱是中性分子时，称为分子酸或分子碱；酸或碱是带正、负电荷的离子时，称为离子酸或离子碱。有些物质(如 HS^-、HPO_4^{2-}、H_2O 等)既能给出质子又能接受质子，这类物质称为两性物质。例如，H_2O 给出质子后变成 OH^-，H_2O 是酸；而 H_2O 接受质子后变成 H_3O^+，H_2O 是碱。在质子理论中没有了盐的概念，电离理论中的盐生成的离子都成了离子酸和离子碱。质子理论扩大了酸碱的范围。

按照酸碱质子理论，酸是质子给予体，碱是质子接受体。酸给出质子后必然转变为碱，而碱接受质子后形成的是相应的酸。所以酸与碱彼此不是孤立的，它们通过给出或接受一个质子而处于相互依存，相互转化的关系。酸碱的这种关系称为共轭关系，处于共轭关系的酸和碱，互称为共轭酸、共轭碱。例如，HAc 是 Ac^- 的共轭酸，而 Ac^- 是 HAc 的共轭碱。共轭酸与共轭碱一起构成共轭酸碱对，如 HAc-Ac^- 是一对共轭酸碱对。表明共轭酸碱对相互转化关

系的反应式称为酸碱半反应，其通式为

$$\text{酸(共轭酸)} \rightleftharpoons H^+ + \text{碱(共轭碱)}$$

例如

$$HCl \longrightarrow H^+ + Cl^-$$

$$HAc \rightleftharpoons H^+ + Ac^-$$

$$NH_4^+ \rightleftharpoons H^+ + NH_3$$

$$HCO_3^- \rightleftharpoons H^+ + CO_3^{2-}$$

显然，共轭酸碱对中，酸给出质子的能力越强，则其共轭碱接受质子的能力就越弱，即酸性越强的酸，其共轭碱的碱性就越弱；反之，酸性越弱的酸，其共轭碱的碱性就越强。

2. 酸碱反应

一个共轭酸碱对构成一个酸碱半反应，但酸碱半反应不能独立存在。当某一酸给出质子后，必定要有一种碱来接受酸给出的质子。所以只有作为酸和作为碱的两个共轭酸碱对同时存在时，酸才能给出质子，碱才能接受质子，从而发生酸碱反应。例如，HCl 与 NH_3 在气相中的反应，当 HCl 与 NH_3 接触时，作为碱的 NH_3 接受酸 HCl 给出的质子，完成质子传递过程，发生了酸碱反应。

$$\underset{\text{酸(1)}}{HCl} + \underset{\text{碱(2)}}{NH_3} \rightleftharpoons \underset{\text{酸(2)}}{NH_4^+} + \underset{\text{碱(1)}}{Cl^-}$$

可见，酸碱反应由两个酸碱半反应构成，酸碱反应的实质是两个共轭酸碱对之间质子的传递。给出质子能力强的酸是强酸，其共轭碱是弱碱；接受质子能力强的碱是强碱，其共轭酸是弱酸。酸碱反应自发进行的方向必然是强酸给出质子形成弱碱，强碱接受质子变为弱酸，质子传递的过程是

$$\overbrace{\text{强酸(1)}+\text{强碱(2)}}^{H^+} \rightleftharpoons \text{弱酸(2)}+\text{弱碱(1)}$$

酸(1)将质子传递给碱(2)，完成质子传递后，酸(1)本身变为其共轭碱(1)，而碱(2)则变为其共轭酸(2)。质子传递过程不受溶剂的限制，只要能够进行质子传递，就能够发生酸碱反应。所以酸碱质子理论摆脱了溶剂的局限，极大地扩展了酸碱反应的范围。酸碱电离理论中的酸碱电离反应、酸碱中和反应以及盐类水解反应，都能应用酸碱质子理论得到很好说明。例如，下列水溶液中的反应

$$\underset{\text{酸(1)}}{HCl} + \underset{\text{碱(2)}}{H_2O} \longrightarrow \underset{\text{酸(2)}}{H_3O^+} + \underset{\text{碱(1)}}{Cl^-} \tag{1}$$

$$\underset{\text{酸(1)}}{HAc} + \underset{\text{碱(2)}}{H_2O} \rightleftharpoons \underset{\text{酸(2)}}{H_3O^+} + \underset{\text{碱(1)}}{Ac^-} \tag{2}$$

$$\underset{\text{酸(1)}}{H_2O} + \underset{\text{碱(2)}}{NH_3} \rightleftharpoons \underset{\text{酸(2)}}{NH_4^+} + \underset{\text{碱(1)}}{OH^-} \tag{3}$$

$$\underset{\text{酸(1)}}{NH_4{}^+} + \underset{\text{碱(2)}}{H_2O} \rightleftharpoons \underset{\text{酸(2)}}{H_3O^+} + \underset{\text{碱(1)}}{NH_3} \tag{4}$$

$$\underset{\text{酸(1)}}{H_2O} + \underset{\text{碱(2)}}{Ac^-} \rightleftharpoons \underset{\text{酸(2)}}{HAc} + \underset{\text{碱(1)}}{OH^-} \tag{5}$$

$$\underset{\text{酸(1)}}{H_3O^+} + \underset{\text{碱(2)}}{OH^-} \longrightarrow \underset{\text{酸(2)}}{H_2O} + \underset{\text{碱(1)}}{H_2O} \tag{6}$$

根据电离理论，上述反应(1)、(2)、(3)是酸碱的电离，(4)、(5)是盐类的水解反应，只有(6)

是酸碱中和反应。而根据质子理论，上面的每个反应都是由两个共轭酸碱对的半反应构成，是共轭酸碱对之间传递质子的过程，所以都是酸碱反应。质子理论将水溶液中的反应更加系统化，简化了讨论问题的方法。

3. 酸碱的强弱

酸碱反应是质子传递的过程，反应的完全程度取决于酸碱的强弱，因此定性定量地了解酸碱的强弱至关重要。

1）溶剂的拉平效应与区分效应

给出质子的能力说明了酸的强弱，接受质子的能力说明了碱的强弱，但单独存在的酸碱不可能给出或接受质子，物质表现出酸碱性是因为与溶剂之间发生了质子的传递。因此，酸碱的强弱由两个方面决定。

（1）酸碱自身的性质，即酸给出质子的能力，碱接受质子的能力。

（2）溶剂的性质，即溶剂给出质子或接受质子的能力。

酸碱的强弱是相对的，同一溶剂中，溶剂给出或接受质子的能力是一定的，酸碱的强弱仅取决于酸碱自身的性质。在不同溶剂中，由于不同溶剂给出或接受质子的能力不同，因此，同一物质在不同溶剂中的酸碱性强弱有很大差异，甚至导致酸碱的性质发生变化。例如，HAc 在 H_2O 中为弱酸，在液氨中为强酸，而在无水 H_2SO_4 中则为碱。

一些酸碱在某种溶剂中都表现出强酸性或强碱性，而在另一种溶剂中它们的酸性或碱性却表现出明显的差异。例如，HI、HBr、HCl 和 $HClO_4$ 这四种酸，从分子结构看，它们各自对质子的结合力不同，给出质子的能力是不同的。实验证明，各酸给出质子的能力大小为 $HClO_4>HI>HBr>HCl$，但在水溶液中，这种差异表现不出来，都是强酸。这是因为它们在水中给出质子的能力很强，作为碱的 H_2O 能够完全接受这些酸给出的质子转变成 H_3O^+ 离子。

$$HClO_4+H_2O \longrightarrow H_3O^+ + ClO_4^- \qquad HI+H_2O \longrightarrow H_3O^+ + I^-$$

$$HBr+H_2O \longrightarrow H_3O^+ + Br^- \qquad HCl+H_2O \longrightarrow H_3O^+ + Cl^-$$

因此，这些酸的强度全都是由 H_3O^+ 表现出来，即酸的强度统统被拉平到 H_3O^+ 的强度水平。这种将不同强度的酸拉平到溶剂化质子（H_3O^+）水平的效应称为拉平效应。具有拉平效应的溶剂称为拉平溶剂。水就是上述四种强酸的拉平溶剂。显然，任何比 H_3O^+ 的酸性更强的酸，都能被水拉平到 H_3O^+ 的水平，即水溶液中 H_3O^+ 是能够稳定存在的最强的酸。

如果是在冰醋酸中，由于 HAc 的碱性比 H_2O 弱，结合质子的能力弱，HAc 不能完全接受上述四种酸给出的质子转变成溶剂化质子 H_2Ac^+，使强酸给出质子能力的差异表现出来。此时，这四种酸的酸性强度就表现为 $HClO_4>HI>HBr>HCl$，有明显的差异。

$$HClO_4+HAc \rightleftharpoons H_2Ac^+ + ClO_4^- \qquad HI+HAc \rightleftharpoons H_2Ac^+ + I^-$$

$$HBr+HAc \rightleftharpoons H_2Ac^+ + Br^- \qquad HCl+HAc \rightleftharpoons H_2Ac^+ + Cl^-$$

这种能够区分酸或碱强度的效应称为区分效应，具有区分效应的溶剂称为区分溶剂。冰醋酸是上述四种强酸的区分溶剂。

溶剂的拉平效应和区分效应与溶质和溶剂酸性相对强弱有关。同一种溶剂既可以是拉平溶剂，也可以是区分溶剂。例如，水对上述四种酸是拉平溶剂，但对 HCl 和 HAc 却是区分溶剂。HCl 在水中完全离解，HAc 在水中只有部分离解，即水不能同等程度地将它们的质子接受过来转变成 H_3O^+。因此，水区别出了 HCl 和 HAc 的酸强度差异。

溶剂对酸碱强度的区分能力是有限的。例如，水溶液的 pH 为 0～14 的酸碱，水是它们区分溶剂。超过这个范围，酸的强度都由 H_3O^+ 表现出来，碱的强度都由 OH^- 表现出来，水对这些酸碱的强弱就没有区别能力了，此时，水是它们的拉平溶剂，即水对强酸强碱有拉平效应，对弱酸弱碱有区分效应。由此可见，要区分酸的强度，最好在酸性溶剂中进行；如果要区分碱的强度，最好在碱性溶剂中进行。

2）酸碱的离解常数和离解度

要比较不同酸碱的强弱，必须在同一种溶剂中进行。水是最常用的溶剂，通常以水作为溶剂比较酸、碱传递质子的能力。在水中 HCl、H_2SO_4、HNO_3 等都是强酸，OH^- 是强碱，它们给出或接受质子的能力很强，与水传递质子的反应几乎完全进行到底，而 HAc、NH_4^+ 等是弱酸，NH_3、$Al(OH)_3$ 等是弱碱，它们给出或接受质子的能力较弱，与水传递质子的反应可逆性较大，在一定条件下会达到平衡状态，称为弱酸弱碱的离解平衡。例如，HAc 在水中的离解平衡为

$$HAc(aq)+H_2O(l) \rightleftharpoons H_3O^+(aq)+Ac^-(aq)$$

在一定温度下，反应达到平衡时，根据化学平衡定律，其标准平衡常数为

$$K_a^\ominus(HAc)=\frac{[c(H_3O^+)/c^\ominus]\cdot[c(Ac^-)/c^\ominus]}{[c(HAc)/c^\ominus]} \tag{6-1}$$

NH_3 是弱碱，它在水中的离解过程按酸碱质子理论可以表示为

$$NH_3(aq)+H_2O(l) \rightleftharpoons NH_4^+(aq)+OH^-(aq)$$

在一定温度下，反应达到平衡时，根据化学平衡定律，其标准平衡常数为

$$K_b^\ominus(NH_3)=\frac{[c(NH_4^+)/c^\ominus]\cdot[c(OH^-)/c^\ominus]}{[c(NH_3)/c^\ominus]} \tag{6-2}$$

$K_a^\ominus(HAc)$、$K_b^\ominus(NH_3)$ 分别为 HAc 和 NH_3 的离解常数。对于一般的弱酸、弱碱，通常用 $K_a^\ominus$、$K_b^\ominus$ 分别表示它们的离解常数，其值大小只与弱酸、弱碱的本性和温度有关，而与弱酸、弱碱的浓度无关。$K_a^\ominus$、$K_b^\ominus$ 是弱酸、弱碱的特征常数，当温度一定时，$K_a^\ominus$ 越大，表示该弱酸在水中的离解程度越大，弱酸的酸性越强；$K_b^\ominus$ 越大，表示该弱碱在水中的离解程度越大，弱碱的碱性越强。因此，在相同温度下，根据各种弱酸、弱碱的离解常数就可以比较酸、碱的强弱。当温度变化时，$K_a^\ominus$、$K_b^\ominus$ 值会随之改变。但温度变化不大时，离解常数的变化不明显。在一般计算中直接使用 298.15 K 时的 $K_a^\ominus$、$K_b^\ominus$ 值。298.15 K 时，常见弱酸弱碱在水溶液中的 $K_a^\ominus$、$K_b^\ominus$ 值参见附录Ⅵ和Ⅶ。

弱酸、弱碱在水中的离解程度也常用离解度（α）来表示。离解度是指弱酸或弱碱在水中离解达到平衡时，酸或碱已离解的浓度占其原始浓度的百分率，即

$$\alpha=\frac{\text{酸或碱已离解的浓度}}{\text{离解前酸或碱的原始浓度}}\times 100\% \tag{6-3}$$

离解度实际是转化率在弱酸、弱碱离解平衡中的一种表达形式。离解度的大小主要决定于弱酸、弱碱的本性，其次与溶液的温度有关，也与弱酸、弱碱浓度有关。离解常数则只与弱酸、弱碱的本性及温度有关，与其浓度无关。因此，利用离解常数比较酸、碱在水中的离解程度，更能够反映酸碱的本质。

6.2 水的质子自递反应与水溶液的酸碱性

很多重要反应都是在水溶液中进行的，水的性质及其酸碱性对其中的化学反应往往影响很大，了解水的性质对于掌握水溶液中的酸碱反应规律很有必要。

6.2.1 水的质子自递反应

实验表明，纯水有很微弱的导电性，说明水可以发生微弱的离解，水的离解过程为

$$H_2O(l)+H_2O(l)\rightleftharpoons H_3O^+(aq)+OH^-(aq)$$

可见，水的离解过程是水分子间传递质子的过程，故水的离解反应又称为水的质子自递反应。在一定温度下，水的质子自递反应达平衡时，根据化学平衡定律，其标准平衡常数为

$$K_w^\ominus=[c(H_3O^+)/c^\ominus]\cdot[c(OH^-)/c^\ominus] \qquad (6\text{-}4)$$

$K_w^\ominus$ 称为水的离子积常数，简称水的离子积。它表明在一定温度下，纯水中 H_3O^+ 与 OH^- 离子相对平衡浓度的乘积为一个常数。$K_w^\ominus$ 是一个标准平衡常数，其值与体系中各离子的浓度无关，但 $K_w^\ominus$ 值随温度改变而改变。298.15 K 时，实验测得 $K_w^\ominus=1.00\times10^{-14}$。由于水的质子自递反应是吸热反应，因此，温度升高 $K_w^\ominus$ 值增大。但温度变化不大时，$K_w^\ominus$ 受温度的影响不明显。一般情况下采用 298.15 K 的数值。不同温度下水的离子积 $K_w^\ominus$ 及 $pK_w^\ominus$ 列于表 6-1。

表 6-1 不同温度下水的离子积常数

T/K	273	283	293	298	313	323	363	373
$K_w^\ominus$	1.137×10^{-15}	2.917×10^{-15}	6.807×10^{-15}	1.007×10^{-14}	2.917×10^{-14}	5.470×10^{-14}	3.784×10^{-13}	5.508×10^{-13}
$pK_w^\ominus$	14.944	14.535	14.167	13.997	13.535	13.262	12.422	12.259

6.2.2 水溶液的酸碱性

任何一种水溶液中，均存在水的质子自递反应，故在任何水溶液中，无论是酸性、中性或碱性溶液，均同时存在有 H_3O^+ 和 OH^-。根据水的离子积 $K_w^\ominus$，如果知道了溶液中的 H_3O^+ 浓度，就可以算出 OH^- 离子浓度，反之亦然。因此，溶液的酸碱性一般只用溶液中 H_3O^+ 浓度表示。

实际反应大多数是在稀溶液中进行，其 $c(H_3O^+)$浓度都很小，为了使用和表示方便，1909 年丹麦化学家索伦森(P. L. Sorensen)提出用 pH 来表示溶液的酸碱性。pH 定义为

$$pH=-\lg[c(H_3O^+)/c^\ominus]$$

同理，$pOH=-\lg[c(OH^-)/c^\ominus]$。显然，根据离子积 $K_w^\ominus$ 的表达式，$pH+pOH=14$。

通常溶液中 $c(H_3O^+)$在 $1\sim1.0\times10^{-14}$ $mol\cdot L^{-1}$时，溶液的酸碱性用 pH 表示，即 pH 的范围是 0～14，pH 越小，酸性越强。当 $c(H_3O^+)$大于 1 $mol\cdot L^{-1}$时，溶液的酸碱性直接用 $c(H_3O^+)$表示。pH>14 时，溶液碱性很强，其酸碱性直接用 $c(OH^-)$表示。

水溶液的酸碱性与 pH 的关系是

$c(H_3O^+)=c(OH^-)$，即 $c(H_3O^+)=1.0\times10^{-7}$，$pH=7.00$，溶液呈中性；

$c(H_3O^+)>c(OH^-)$，即 $c(H_3O^+)>1.0\times10^{-7}$，$pH<7.00$，溶液呈酸性；

$c(H_3O^+)<c(OH^-)$，即 $c(H_3O^+)<1.0\times10^{-7}$，$pH>7.00$，溶液呈碱性。

6.2.3 水溶液中共轭酸碱对 $K_a^\ominus$ 与 $K_b^\ominus$ 的关系

在水溶液中，任意弱酸 HB(aq)会离解给出质子变为其共轭碱 $B^-(aq)$，而离子碱 $B^-(aq)$也可以接受质子变为相应的共轭酸 HB(aq)，其离解反应分别为

(1) $HB(aq)+H_2O(l)\rightleftharpoons H_3O^+(aq)+B^-(aq)$ $\qquad K_a^\ominus(HB)$

(2) $B^-(aq)+H_2O(l)\rightleftharpoons HB(aq)+OH^-(aq)$ $\qquad K_b^\ominus(B^-)$

方程(1)+(2)可得

(3) $H_2O(l)+H_2O(l) \rightleftharpoons H_3O^+(aq)+OH^-(aq)$ $K_w^\ominus$

根据多重平衡规则,平衡(1)、(2)、(3)的平衡常数之间的关系为 $K_w^\ominus=K_a^\ominus(HB) \cdot K_b^\ominus(B^-)$,该式表明了水溶液中共轭酸碱对的 $K_a^\ominus$ 与 $K_b^\ominus$ 的关系,对任意共轭酸碱对都是适用的,即

一元弱酸弱碱共轭酸碱对 $K_w^\ominus=K_a^\ominus \cdot K_b^\ominus$ (6-5)

二元弱酸弱碱共轭酸碱对 $K_{a1}^\ominus \cdot K_{b2}^\ominus=K_{a2}^\ominus \cdot K_{b1}^\ominus=K_w^\ominus$

三元弱酸弱碱共轭酸碱对 $K_{a1}^\ominus \cdot K_{b3}^\ominus=K_{a2}^\ominus \cdot K_{b2}^\ominus=K_{a3}^\ominus \cdot K_{b1}^\ominus=K_w^\ominus$

6.2.4 酸碱指示剂

不同的酸或碱具有不同的酸碱性,同一酸或碱的不同浓度溶液 pH 也各不相同,溶液的酸碱性或 pH 需借助于酸碱指示剂来说明。酸碱指示剂是利用颜色的改变来指示溶液酸碱性或 pH 的物质。酸碱指示剂是一类结构复杂的弱有机酸或有机碱,由于其酸式及共轭碱式形态具有不同的结构,因而在不同酸碱性的溶液中呈现出不同的颜色。当溶液 pH 改变时,指示剂的结构发生转变,导致溶液的颜色发生变化,从而可以估计溶液的 pH。

例如,酚酞指示剂在水溶液中存在下列离解平衡

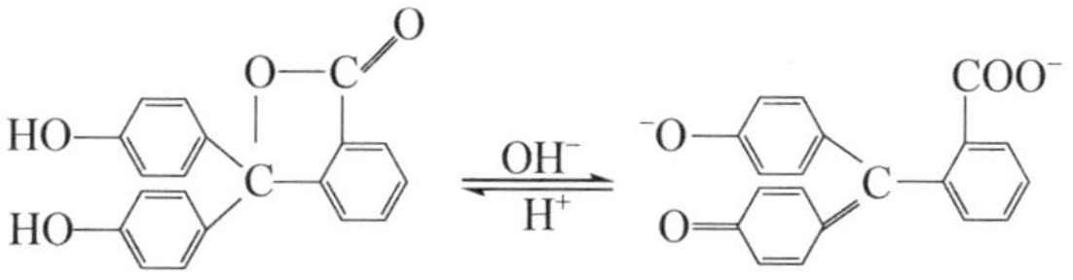

内酯式(无色) 醌式(红色)

若增大溶液的酸度,上述平衡向左移动,酚酞主要以内酯式形态存在,溶液为无色;若加碱,H^+ 浓度减小,平衡向右移动,酚酞主要以醌式形态存在,溶液为红色。

对于弱酸型指示剂,若以 HIn 表示指示剂的酸式形态,以 In^- 表示 HIn 的共轭碱,则指示剂在水溶液中的离解平衡为

$$HIn+H_2O \rightleftharpoons H_3O^+ +In^-$$

在一定温度下达离解平衡时,HIn 的离解平衡常数为

$$K_a^\ominus(HIn)=\frac{[c(H_3O^+)/c^\ominus] \cdot [c(In^-)/c^\ominus]}{[c(HIn)/c^\ominus]}$$

因此,有

$$\frac{c(In^-)}{c(HIn)}=\frac{K_a^\ominus(HIn)}{c(H_3O^+)/c^\ominus}$$

在一定温度下,指示剂的酸式与共轭碱式浓度的比值 $c(In^-)/c(HIn)$ 仅决定于溶液中的 $c(H_3O^+)$。溶液中 $c(H_3O^+)$ 改变,必然导致 $c(In^-)/c(HIn)$ 的改变,从而引起溶液颜色的变化。但由于人眼辨别颜色的能力是有限的,当 $c(In^-)/c(HIn)$ 变化较小时,引起溶液颜色的变化很微弱,人眼是观察不到溶液颜色变化的。只有当 $c(HIn)$、$c(In^-)$ 相差较大、一般达到 10 倍以上时,人们才能观察到明显的溶液颜色变化。

一般来说,当 $c(In^-)/c(HIn) \geqslant 10$ 时,指示剂以共轭碱 In^- 为主要存在形式,溶液呈现共轭碱 In^- 的颜色,此时,$pH \geqslant pK_a^\ominus(HIn)+1$。当 $c(In^-)/c(HIn) \leqslant 0.1$ 时,指示剂以酸 HIn 为主要存在形式,溶液呈现 HIn 的颜色,此时,$pH \leqslant pK_a^\ominus(HIn)-1$。如果 $c(In^-)/c(HIn)$ 在 0.1~10,溶液呈现出 HIn 和 In^- 的混合色,此时,$pK_a^\ominus(HIn)-1 \leqslant pH \leqslant pK_a^\ominus(HIn)+1$。如果 $c(In^-)/c(HIn)=1$ 时,$pH=pK_a^\ominus(HIn)$,此 pH 称为指示剂的理论变色点。

当溶液的 pH 由 $pK_a^\ominus(HIn)-1$ 变化到 $pK_a^\ominus(HIn)+1$ 时,指示剂由酸式结构转变为碱式结

构，溶液表现出明显的颜色变化，这种指示剂颜色呈现明显变化的 pH 范围称为指示剂的变色范围，即酸碱指示剂的变色范围为 $pH = pK_a^\ominus(HIn) \pm 1$。显然，不同指示剂因其 $K_a^\ominus(HIn)$ 不同，具有各自不同的变色范围。但要注意，实际指示剂的变色范围并不是根据 $pK_a^\ominus$ 计算出来的，而是依靠人的眼睛观察出来的，由于人眼对各种颜色的敏感程度不同，加上两种颜色互相掩盖，影响观察，所以实际观察结果与理论计算是有差别的。表 6-2 列出了一些常见的酸碱指示剂及其变色范围。

表 6-2　常见的酸碱指示剂及变色范围

指示剂	变色范围(pH)	酸色	碱色	$pK_a^\ominus(HIn)$	浓度
百里酚蓝	1.2～2.8	红	黄	1.7	0.1%的 20%乙醇溶液
甲基黄	2.9～4.0	红	黄	3.3	0.1%的 90%乙醇溶液
甲基橙	3.1～4.4	红	黄	3.4	0.05%的水溶液
甲基红	4.4～6.2	红	黄	5.0	0.1%的 60%乙醇溶液或其钠盐水溶液
溴百里酚蓝	6.2～7.6	黄	蓝	7.3	0.1%的 20%乙醇溶液或其钠盐水溶液
中性红	6.8～8.0	红	黄橙	7.4	0.1%的 60%乙醇溶液
酚酞	8.0～10.0	无	红	9.1	0.5%的 90%乙醇溶液

6.3　水溶液中的酸碱平衡

水溶液的酸碱性及其酸度的计算在生产实践和科学研究中非常重要，利用酸碱质子理论，根据化学平衡原理，可以计算各种弱酸、弱碱溶液的酸度。

6.3.1　一元弱酸、弱碱的离解平衡

以 HB 表示某一任意弱酸，在其水溶液中，同时存在着两个离解平衡

$$HB(aq) + H_2O(l) \rightleftharpoons H_3O^+(aq) + B^-(aq)$$

$$H_2O(l) + H_2O(l) \rightleftharpoons H_3O^+(aq) + OH^-(aq)$$

溶液中的 H_3O^+ 来自于弱酸 HB 和 H_2O 的离解。由于弱酸 HB 的酸性比 H_2O 强得多，弱酸 HB 离解产生的 H_3O^+ 必然使 H_2O 的离解减弱，即水的离解受到抑制。弱酸的浓度不是特别小时，溶液中的 H_3O^+ 主要来自于弱酸 HB 的离解，水的离解可以忽略。因此，溶液中 $c(H_3O^+)$ 的计算可推导如下

$$HB(aq) + H_2O(l) \rightleftharpoons H_3O^+(aq) + B^-(aq)$$

起始浓度/$(mol \cdot L^{-1})$　　c　　　　0　　0

平衡浓度/$(mol \cdot L^{-1})$　　$c - c(H_3O^+)$　　$c(H_3O^+)$　$c(H_3O^+)$

一定温度下，离解达平衡时

$$K_a^\ominus = \frac{[c(H_3O^+)/c^\ominus] \cdot [c(B^-)/c^\ominus]}{c(HB)/c^\ominus}$$

将平衡浓度代入上式得

$$K_a^\ominus = \frac{[c(H_3O^+)/c^\ominus]^2}{[c - c(H_3O^+)]/c^\ominus}$$

整理，解该一元二次方程得其合理解为

$$c(H_3O^+)/c^\ominus = \frac{-K_a^\ominus + \sqrt{(K_a^\ominus)^2 + 4K_a^\ominus c/c^\ominus}}{2} \tag{6-6}$$

式(6-6)是计算一元弱酸溶液中 $c(H_3O^+)$ 比较精确的公式。如果弱酸的 $\alpha \leqslant 5\%$ 或 $\frac{c/c^\ominus}{K_a^\ominus} \geqslant 500$，则式(6-6)可简化为

$$c(H_3O^+)/c^\ominus = \sqrt{K_a^\ominus c/c^\ominus} \tag{6-7}$$

式(6-7)是计算一元弱酸溶液酸度的最简式。使用式(6-7)时应注意满足上述近似条件，否则会造成较大的误差。

由于弱酸的离解度 $\alpha = \frac{c(H_3O^+)}{c} \times 100\%$，则根据式(6-7)可得弱酸的离解度与离解常数的关系为

$$\alpha = \sqrt{\frac{K_a^\ominus}{c/c^\ominus}} \tag{6-8}$$

式(6-8)称为稀释定律。它表明在一定温度下，弱酸的离解度与弱酸的原始浓度的平方根成反比，即稀释将使弱酸的离解度增大。

同理可推导出一元弱碱溶液中 $c(OH^-)$ 浓度比较精确的计算公式为

$$c(OH^-)/c^\ominus = \frac{-K_b^\ominus + \sqrt{(K_b^\ominus)^2 + 4K_b^\ominus c/c^\ominus}}{2} \tag{6-9}$$

当弱碱的 $\alpha \leqslant 5\%$ 或 $\frac{c/c^\ominus}{K_b^\ominus} \geqslant 500$ 时，则有最简式

$$c(OH^-)/c^\ominus = \sqrt{K_b^\ominus c/c^\ominus} \tag{6-10}$$

弱碱的离解度与离解常数的关系为

$$\alpha = \sqrt{\frac{K_b^\ominus}{c/c^\ominus}} \tag{6-11}$$

【例 6-1】 计算 298.15 K 时，0.10 mol·L^{-1} HAc 溶液中的 $c(H_3O^+)$、$c(Ac^-)$、$c(HAc)$、pH 和 HAc 的离解度。已知 HAc 的 $K_a^\ominus = 1.74\times10^{-5}$。

解 HAc 是一元弱酸，其离解平衡为

$$HAc(aq) + H_2O(l) \rightleftharpoons H_3O^+(aq) + Ac^-(aq)$$

平衡浓度/(mol·L^{-1}) $0.10 - c(H_3O^+)$　　$c(H_3O^+)$　$c(H_3O^+)$

由于 $\frac{c/c^\ominus}{K_a^\ominus} = \frac{0.10/1.0}{1.74\times10^{-5}} = 5.7\times10^3 > 500$，可以利用最简式计算，因此

$$c(H_3O^+)/c^\ominus = \sqrt{K_a^\ominus c/c^\ominus} = \sqrt{1.74\times10^{-5}\times0.10/1.0} = 1.32\times10^{-3}$$

即　$c(H_3O^+) = 1.32\times10^{-3}$ mol·L^{-1}　　$c(Ac^-) = c(H_3O^+) = 1.32\times10^{-3}$ mol·L^{-1}

$$c(HAc) = 0.10 - c(H_3O^+) \approx 0.10\ (\text{mol}\cdot\text{L}^{-1})$$

$$\text{pH} = -\lg[c(H_3O^+)/c^\ominus] = -\lg[1.32\times10^{-3}/1.0] = 2.88$$

$$\alpha = \sqrt{\frac{K_a^\ominus}{c/c^\ominus}} = \sqrt{\frac{1.74\times10^{-5}}{0.10/1.0}} = 1.32\%$$

【例 6-2】 计算 298.15 K 时，0.10mol·L^{-1} NaAc 溶液的 pH。

解 NaAc 溶于水后，离解成 Ac^-、水合钠离子 Na^+。水合 Na^+ 是极弱的酸，几乎不与水进行质子传递反应，溶液中的 H_3O^+ 来自离子碱 Ac^- 和 H_2O 的离解。忽略水的离解后，溶液的 pH 由离子碱 Ac^- 决定。

根据共轭酸碱对离解常数的关系 $K_w^\ominus = K_a^\ominus \cdot K_b^\ominus$ 得

$$K_b^\ominus(Ac^-) = \frac{K_w^\ominus}{K_a^\ominus(HAc)} = \frac{1.00\times10^{-14}}{1.74\times10^{-5}} = 5.75\times10^{-10}$$

由于 $\frac{c/c^\ominus}{K_b^\ominus(Ac^-)} = \frac{0.10/1.0}{5.75\times10^{-10}} = 1.74\times10^8 > 500$，因此

$$c(OH^-)/c^\ominus=\sqrt{K_b^\ominus c/c^\ominus}=\sqrt{5.75\times10^{-10}\times0.10/1.0}=7.58\times10^{-6}$$

即 $$pOH=-\lg[c(OH^-)/c^\ominus]=-\lg[7.58\times10^{-6}/1.0]=5.12$$

$$pH=14-pOH=8.88$$

6.3.2 多元弱酸、弱碱的离解平衡

1. 多元弱酸的离解平衡

多元弱酸是指在水溶液中能给出一个以上质子(H^+)的弱酸，如 H_2CO_3 和 H_2S 为二元弱酸，H_3PO_4 为三元弱酸。多元弱酸在水溶液中的离解是分步进行的。每一步离解都有相应的离解常数。例如，二元弱酸 H_2S 在水中的离解

一级离解 $H_2S+H_2O \rightleftharpoons H_3O^++HS^-$ $$K_{a1}^\ominus=\frac{[c(H_3O^+)/c^\ominus]\cdot[c(HS^-)/c^\ominus]}{[c(H_2S)/c^\ominus]}=1.3\times10^{-7}$$

二级离解 $HS^-+H_2O \rightleftharpoons H_3O^++S^{2-}$ $$K_{a2}^\ominus=\frac{[c(H_3O^+)/c^\ominus]\cdot[c(S^{2-})/c^\ominus]}{[c(HS^-)/c^\ominus]}=7.1\times10^{-15}$$

$K_{a1}^\ominus$、$K_{a2}^\ominus$分别为二元弱酸 H_2S 的第一级和第二级离解常数，其分级离解常数是逐渐减小的。$K_{a1}^\ominus \gg K_{a2}^\ominus$，说明 H_2S 的第一级离解程度远大于第二级离解。这是因为第二级离解是由带负电的 HS^- 给出一个 H^+，显然比中性分子 H_2S 给出一个 H^+ 更困难；另外，一级离解出的 H_3O^+ 对二级离解有抑制作用，使二级离解产生的 H_3O^+ 很少，与第一级离解相比较，通常可以忽略不计。因此，H_2S 溶液的酸性，主要由一级离解决定。故计算 H_2S 溶液的酸度时，只考虑其一级离解，按一元弱酸近似处理。

(1) 当 $K_{a1}^\ominus \gg K_{a2}^\ominus$($\frac{2K_{a2}^\ominus}{\sqrt{cK_{a1}^\ominus/c^\ominus}}<0.05$)时，只考虑一级离解提供的 $c(H_3O^+)$，此时，溶液中 $c(H_3O^+)$为

$$c(H_3O^+)/c^\ominus=\frac{-K_{a1}^\ominus+\sqrt{(K_{a1}^\ominus)^2+4K_{a1}^\ominus c/c^\ominus}}{2}$$

(2) 当 $K_{a1}^\ominus \gg K_{a2}^\ominus$，且 $\alpha \leqslant 5\%$或$\frac{c/c^\ominus}{K_{a1}^\ominus}\geqslant 500$ 时

$$c(H_3O^+)/c^\ominus=\sqrt{K_{a1}^\ominus\cdot c/c^\ominus}$$

多元弱酸的二级离解很微弱，常忽略不计，所以多元酸的酸性的相对强弱可通过比较它们的一级离解常数的大小来说明。

【例 6-3】 298.15 K 时，将 H_2S 气体通入纯水中达到饱和，试计算饱和 H_2S 溶液中 $c(H_3O^+)$、$c(HS^-)$ 及$c(S^{2-})$。(已知 H_2S 的 $K_{a1}^\ominus=1.3\times10^{-7}$，$K_{a2}^\ominus=7.1\times10^{-15}$)。在常温常压下，饱和 H_2S 水溶液的浓度为0.1 $mol\cdot L^{-1}$。

解 设溶液中 $c(H_3O^+)$为 x $mol\cdot L^{-1}$、$c(S^{2-})$为 y $mol\cdot L^{-1}$。

因为 $K_{a1}^\ominus \gg K_{a2}^\ominus$，溶液中的 H_3O^+ 主要来自一级离解，同时忽略水的质子自递反应，有

	$H_2S(aq)$	$+H_2O(l) \rightleftharpoons H_3O^+(aq)$	$+HS^-(aq)$
起始浓度/($mol\cdot L^{-1}$)	0.10	0	0
平衡浓度/($mol\cdot L^{-1}$)	$0.10-x$	x	x

由于$\frac{c/c_a^\ominus}{K_{a1}^\ominus}=\frac{0.10}{1.3\times10^{-7}}>500$，因此

$$c(H_3O^+)=\sqrt{K_{a1}^\ominus c/c^\ominus}\cdot c^\ominus=\sqrt{1.3\times10^{-7}\times0.10/1.0}=1.1\times10^{-4}(mol\cdot L^{-1})$$

$$c(HS^-)\approx c(H_3O^+)=1.1\times10^{-4}\,mol\cdot L^{-1}$$

溶液中 S^{2-} 来自 H_2S 的第二级离解，因此，溶液中 $c(S^{2-})$ 需利用 H_2S 的第二级离解进行计算

$$HS^-(aq) + H_2O(l) \rightleftharpoons H_3O^+(aq) + S^{2-}(aq)$$

起始浓度/$(mol \cdot L^{-1})$ $\quad x \quad\quad x \quad\quad 0$

平衡浓度/$(mol \cdot L^{-1})$ $\quad x-y \quad\quad x+y \quad\quad y$

由于 H_2S 的二级离解很微弱，因此，溶液中 S^{2-} 离子浓度很小，因此

$$x-y \approx x \qquad x+y \approx x$$

$$K_{a2}^{\ominus} = \frac{[c(H_3O^+)/c^{\ominus}] \cdot [c(S^{2-})/c^{\ominus}]}{[c(HS^-)/c^{\ominus}]} = \frac{(x+y) \cdot y}{x-y} \approx y$$

即
$$c(S^{2-}) \approx K_{a2}^{\ominus} \cdot c^{\ominus} = 7.1 \times 10^{-15}\, mol \cdot L^{-1}$$

可见，饱和 H_2S 溶液中，酸根离子 S^{2-} 的浓度与 H_2S 的原始浓度无关。

将 H_2S 的两级离解平衡相加，可得 H_2S 的总离解平衡

$$H_2S + 2H_2O \rightleftharpoons 2H_3O^+ + S^{2-}$$

根据多重平衡规则，H_2S 总的离解平衡常数为

$$K_a^{\ominus} = \frac{[c(H_3O^+)/c^{\ominus}]^2 \cdot [c(S^{2-})/c^{\ominus}]}{c(H_2S)/c^{\ominus}} = K_{a1}^{\ominus} \cdot K_{a2}^{\ominus} = 9.2 \times 10^{-22}$$

注意，H_2S 的离解是分步进行的，其总离解平衡并不代表 H_2S 的实际离解过程，总的离解平衡常数仅表示 H_2S 体系中 $c(H_3O^+)$、$c(S^{2-})$ 及 $c(H_2S)$ 之间的数量关系。

如果是在一定酸度的溶液中，通入 H_2S 气体至饱和，由于溶液中的 H_3O^+ 对 H_2S 离解的抑制作用，溶液中 S^{2-} 的浓度将小于纯 H_2S 溶液体系。由 H_2S 总的离解平衡，可得一定酸度的饱和 H_2S 溶液中

$$c(S^{2-})/c^{\ominus} = \frac{K_{a1}^{\ominus} \cdot K_{a2}^{\ominus}[c(H_2S)/c^{\ominus}]}{[c(H_3O^+)/c^{\ominus}]^2} = \frac{9.2 \times 10^{-23}}{[c(H_3O^+)/c^{\ominus}]^2} \tag{6-12}$$

式(6-12)表明，在一定酸度的饱和 H_2S 溶液中，酸根离子 S^{2-} 的浓度与 H_3O^+ 离子浓度的平方成反比，酸度的增加将使 S^{2-} 的浓度大幅度地降低。这说明溶液中 S^{2-} 离子浓度可以通过调节溶液的酸度来控制，这种方法经常被用于阳离子的定性分析和物质的分离提纯中。

【例 6-4】 向浓度为 $0.10\ mol \cdot L^{-1}$ 的 HCl 溶液中通入 H_2S 气体至饱和，求溶液的 $c(H_3O^+)$、$c(HS^-)$ 及 $c(S^{2-})$。

解 HCl 电离出的 H_3O^+ 对 H_2S 离解有抑制作用，使 H_2S 离解很少，所以平衡体系中 $c(H_3O^+) = c(HCl) = 0.10\ mol \cdot L^{-1}$，设 $c(HS^-) = x$，由 H_2S 的第一级离解得

$$H_2S(aq) + H_2O(l) \rightleftharpoons H_3O^+(aq) + HS^-(aq)$$

平衡浓度/$(mol \cdot L^{-1})$ $\quad 0.10 - x \approx 0.1 \quad\quad 0.10 + x \approx 0.10 \quad\quad x$

$$K_{a1}^{\ominus} = \frac{[c(H_3O^+)/c^{\ominus}] \cdot [c(HS^-)/c^{\ominus}]}{c(H_2S)/c^{\ominus}} = \frac{0.10 \times [x/c^{\ominus}]}{0.10} = 1.3 \times 10^{-7}$$

解得
$$c(HS^-) = 1.3 \times 10^{-7}\, mol \cdot L^{-1}$$

由式(6-12)得

$$c(S^{2-}) = \frac{9.2 \times 10^{-23}}{[c(H_3O^+)/c^{\ominus}]^2} \cdot c^{\ominus} = \frac{9.2 \times 10^{-23}}{(0.10/1.0)^2} = 9.2 \times 10^{-21}(mol \cdot L^{-1})$$

与例 6-3 比较可见，当溶液酸度提高后，$c(HS^-)$ 及 $c(S^{2-})$ 都大幅度降低了。

高价金属阳离子是一类多元离子酸，它们在水中都是以水合阳离子酸的形式存在，在水中的离解也是分步进行的。例如

$$[Al(H_2O)_6]^{3+} + H_2O \rightleftharpoons H_3O^+ + [Al(H_2O)_5(OH)]^{2+}$$

$$[Al(H_2O)_5(OH)]^{2+} + H_2O \rightleftharpoons H_3O^+ + [Al(H_2O)_4(OH)_2]^+$$

$$[Al(H_2O)_4(OH)_2]^+ + H_2O \rightleftharpoons H_3O^+ + [Al(H_2O)_3(OH)_3]$$

高价金属阳离子与水传递质子的这类反应常称为金属离子的水解反应。金属离子水解反应的产物通常为氢氧化物或碱式盐沉淀。例如

$$FeCl_3 + 3H_2O \rightleftharpoons Fe(OH)_3\downarrow + 3HCl$$

$$SnCl_2 + H_2O \rightleftharpoons Sn(OH)Cl\downarrow + HCl$$

$$BiCl_3 + H_2O \rightleftharpoons BiOCl\downarrow + 2HCl$$

H_3O^+是水解反应的主要产物之一，根据化学平衡移动原理，在溶液中加入酸，会使高价金属阳离子的水解平衡逆向移动，这种减弱水解反应的作用称为水解的抑制。通过加酸对水解产生抑制的方法常用于实际工作中。例如，实验室配制 Fe^{3+}、Bi^{3+}、Sn^{2+}等高价金属阳离子水溶液时，为了防止它们水解产生沉淀，往往先将它们溶解在酸中，然后再加水稀释，以抑制高价金属阳离子的水解发生。

水解反应是吸热反应，加热可以促进水解的进行。例如，实验室制备 $Fe(OH)_3$ 溶胶时，就是将 $FeCl_3$ 溶液滴入沸水中加热水解而成。此外，稀释也能够促进水解的进行。

2. 多元弱碱的离解平衡

多元弱碱是指在水溶液中能接受一个以上质子(H^+)的弱碱。例如，S^{2-}、CO_3^{2-} 是二元弱碱，PO_4^{3-} 是三元弱碱。多元弱碱在水溶液中的离解也是分步进行的。每一步离解都有其相应的离解常数，多元弱碱的相对强弱，可通过比较其一级离解常数的大小而说明。例如，二元弱碱 CO_3^{2-} 在水中的分步离解

一级离解 $$CO_3^{2-} + H_2O \rightleftharpoons HCO_3^- + OH^-$$

$$K_{b1}^\ominus = \frac{[c(OH^-)/c^\ominus]\cdot[c(HCO_3^-)/c^\ominus]}{c(CO_3^{2-})/c^\ominus} = \frac{K_w^\ominus}{K_{a2}^\ominus} = 2.14\times10^{-4}$$

二级离解 $$HCO_3^- + H_2O \rightleftharpoons H_2CO_3 + OH^-$$

$$K_{b2}^\ominus = \frac{[c(OH^-)/c^\ominus]\cdot[c(H_2CO_3)/c^\ominus]}{c(HCO_3^-)/c^\ominus} = \frac{K_w^\ominus}{K_{a1}^\ominus} = 2.29\times10^{-8}$$

两级离解平衡相加，得 CO_3^{2-} 的总离解平衡

$$CO_3^{2-} + 2H_2O \rightleftharpoons H_2CO_3 + 2OH^-$$

根据多重平衡规则，总离解平衡常数为

$$K_b^\ominus = \frac{[c(OH^-)/c^\ominus]^2\cdot[c(H_2CO_3)/c^\ominus]}{c(CO_3^{2-})/c^\ominus} = K_{b1}^\ominus\cdot K_{b2}^\ominus = 4.90\times10^{-12}$$

与多元弱酸的处理方法相同，多元弱碱(B^{2-})溶液的酸度可以按照一元弱碱的有关公式进行计算。

(1) 当 $K_{b1}^\ominus \gg K_{b2}^\ominus$($\frac{2K_{b2}^\ominus}{\sqrt{cK_{b1}^\ominus/c^\ominus}} < 0.05$)时，计算结果相对误差小于5%只考虑一级离解提供的 OH^-，此时，溶液中$c(OH^-)$为

$$c(OH^-)/c^\ominus = \frac{-K_{b1}^\ominus + \sqrt{(K_{b1}^\ominus)^2 + 4K_{b1}^\ominus c/c^\ominus}}{2}$$

(2) 当 $K_{b1}^\ominus \gg K_{b2}^\ominus$，且 $\alpha \leqslant 5\%$或$\frac{c/c^\ominus}{K_{b1}^\ominus} \geqslant 500$ 时，溶液中的 $c(OH^-)$用最简式计算

$$c(OH^-)/c^\ominus = \sqrt{K_{b1}^\ominus c/c^\ominus}$$

(3) 二元弱碱的二级离解很微弱。因此,溶液中 $c(H_2B)\approx K_{b2}^{\ominus}\cdot c^{\ominus}$,$c(HB^-)\approx c(OH^-)$。

离子碱在水溶液中也会发生水解作用,其水解产物为弱酸及 OH^-。因此,在配制离子碱溶液时,为了防止其水解变质,往往加入少量强碱抑制水解。例如,配制离子碱 Na_2CO_3 溶液时,通常需要加入少量 NaOH 来抑制 CO_3^{2-} 水解。

【例 6-5】 计算室温条件下,0.10 mol·L^{-1}的 $Na_2C_2O_4$ 溶液的 pH。(已知 $C_2O_4^{2-}$ 的 $K_{b1}^{\ominus}=1.56\times10^{-10}$,$K_{b2}^{\ominus}=1.69\times10^{-13}$)

解 因为 $K_{b1}^{\ominus}\gg K_{b2}^{\ominus}$,所以只考虑 $C_2O_4^{2-}$ 的一级离解。

而且 $\dfrac{c/c^{\ominus}}{K_{b1}^{\ominus}}=\dfrac{0.10/1.0}{1.56\times10^{-10}}>500$,因此用最简式计算

$$c(OH^-)/c^{\ominus}=\sqrt{K_{b1}^{\ominus}c/c^{\ominus}}=\sqrt{1.56\times10^{-10}\times0.10/1.0}=3.95\times10^{-6}$$

$$pOH=-\lg[c(OH^-)/c^{\ominus}]=-\lg(3.95\times10^{-6}/1.0)=5.40$$

即

$$pH=14-pOH=14-5.40=8.60$$

6.3.3 两性物质水溶液的酸碱性

根据酸碱质子理论,既能给出质子、又能接受质子的物质称为两性物质。水溶液中常见的两性物质有两性阴离子(酸式盐,如 HCO_3^-、$H_2PO_4^-$、HPO_4^{2-} 等)、阳离子酸与阴离子碱组成的物质(弱酸弱碱盐,如 NH_4Ac、NH_4CN 等)。两性物质在水溶液中的质子传递过程比较复杂,现以 $NaHCO_3$ 溶液为例,来讨论两性物质溶液的酸度计算方法。

$NaHCO_3$ 在水溶液中完全离解,生成水合 Na^+、HCO_3^-,水合 Na^+ 是极弱的酸,几乎不与水传递质子,如果忽略水的质子自递过程,则溶液中 $c(H_3O^+)$由 HCO_3^- 离解决定。

HCO_3^- 在水溶液中作为酸,其酸式离解相当于 H_2CO_3 的第二级离解

$$HCO_3^-+H_2O\rightleftharpoons H_3O^++CO_3^{2-}$$

$$K_{a2}^{\ominus}=\frac{[c(H_3O^+)/c^{\ominus}]\cdot[c(CO_3^{2-})/c^{\ominus}]}{[c(HCO_3^-)/c^{\ominus}]}=4.68\times10^{-11}$$

HCO_3^- 在水溶液中作为碱,其碱式离解相当于 CO_3^{2-} 的第二级离解

$$HCO_3^-+H_2O\rightleftharpoons OH^-+H_2CO_3$$

$$K_{b2}^{\ominus}=\frac{[c(OH^-)/c^{\ominus}]\cdot[c(H_2CO_3)/c^{\ominus}]}{[c(HCO_3^-)/c^{\ominus}]}=\frac{K_w^{\ominus}}{K_{a1}^{\ominus}}=2.29\times10^{-8}$$

因为 $K_{b2}^{\ominus}\gg K_{a2}^{\ominus}$,说明 HCO_3^- 的碱式离解程度远大于其酸式离解的程度,因此,溶液中 OH^- 离子浓度远远大于 H_3O^+ 离子浓度,溶液呈碱性。即两性物质水溶液的酸碱性由其酸式和碱式离解程度的相对大小决定。

$K_a^{\ominus}>K_b^{\ominus}$,酸式离解程度大于碱式离解程度,水溶液呈酸性;

$K_a^{\ominus}<K_b^{\ominus}$,酸式离解程度小于碱式离解程度,水溶液呈碱性;

$K_a^{\ominus}=K_b^{\ominus}$,酸式离解程度与碱式离解程度大小相当,水溶液呈中性。

根据溶液中的酸碱平衡,如果忽略水的质子自递过程,当两性物质的浓度不太小时,可推导出 $NaHCO_3$ 溶液中计算 $c(H_3O^+)$的最简式

$$c(H_3O^+)/c^{\ominus}=\sqrt{K_{a1}^{\ominus}\cdot K_{a2}^{\ominus}}$$

式中,$K_{a1}^{\ominus}$为 HCO_3^- 作为碱时其共轭酸的酸常数;$K_{a2}^{\ominus}$为 HCO_3^- 作为酸时的酸常数。从上式可见,两性物质溶液的 $c(H_3O^+)$与两性物质的起始浓度无关。将上式推广,可得两性物质水溶液酸度近似计算的一般公式

$$c(H_3O^+)/c^\ominus=\sqrt{K_a^\ominus(B)\cdot K_a^\ominus(A)} \tag{6-13}$$

式中，$K_a^\ominus(B)$为两性物质作为碱时，其共轭酸的酸常数；$K_a^\ominus(A)$为两性物质作为酸时的酸常数。例如

$H_2PO_4^-$ 水溶液的酸度

$$c(H_3O^+)/c^\ominus=\sqrt{K_{a1}^\ominus(H_3PO_4)\cdot K_{a2}^\ominus(H_3PO_4)}$$

HPO_4^{2-} 水溶液的酸度

$$c(H_3O^+)/c^\ominus=\sqrt{K_{a2}^\ominus(H_3PO_4)\cdot K_{a3}^\ominus(H_3PO_4)}$$

NH_4CN 水溶液的酸度

$$c(H_3O^+)/c^\ominus=\sqrt{K_a^\ominus(HCN)\cdot K_a^\ominus(NH_4^+)}$$

【例 6-6】 计算 298.15 K 时，0.10 mol·L^{-1}的 $NaHCO_3$ 溶液的 pH。已知 $K_{a1}^\ominus=4.37\times10^{-7}$，$K_{a2}^\ominus=4.68\times10^{-11}$。

解

$$c(H_3O^+)/c^\ominus=\sqrt{K_{a1}^\ominus\cdot K_{a2}^\ominus}=\sqrt{4.37\times10^{-7}\times4.68\times10^{-11}}=4.52\times10^{-9}$$

$$pH=8.34$$

【例 6-7】 计算 0.10 mol·L^{-1} NH_4Ac 溶液的 pH。已知 $K_b^\ominus(NH_3)=1.79\times10^{-5}$，$K_a^\ominus(HAc)=1.74\times10^{-5}$。

解 NH_4Ac 是两性物质，则

$$K_a^\ominus(NH_4^+)=\frac{K_w^\ominus}{K_b^\ominus(NH_3)}=\frac{1.00\times10^{-14}}{1.79\times10^{-5}}=5.59\times10^{-10}$$

据式(6-13)有

$$c(H_3O^+)/c^\ominus=\sqrt{K_a^\ominus(HAc)\cdot K_a^\ominus(NH_4^+)}=\sqrt{1.74\times10^{-5}\times5.59\times10^{-10}}=9.86\times10^{-8}$$

$$pH=7.01$$

6.4 缓冲溶液

6.4.1 同离子效应和盐效应

酸碱的离解平衡和其他化学平衡一样，是有条件的动态平衡，一旦维持平衡的条件改变，平衡就被破坏，从而发生酸碱离解平衡的移动。电解质影响酸碱平衡会产生同离子效应和盐效应两种作用。

1. 同离子效应

若在 HAc 溶液中加入少量固体 NaAc，由于 NaAc 是强电解质，在水溶液中完全离解，导致溶液中 Ac^- 的浓度增大，HAc 的离解平衡被破坏，平衡向左移动，即

$$NaAc\longrightarrow Na^++Ac^-$$

$$HAc+H_2O\rightleftharpoons H_3O^++Ac^-$$

当重新达到平衡时，HAc 的浓度有所增大，而 H_3O^+ 离子浓度有所减小，即 HAc 的离解度降低了。

这种在弱酸、弱碱溶液中加入与其具有相同离子的强电解质后，使弱酸、弱碱的离解度降低的现象，称为同离子效应。共轭酸碱对共存的溶液都存在同离子效应。

【例 6-8】 在 1.0 L 浓度为 0.10 $mol \cdot L^{-1}$ 的 HAc 溶液中，加入 0.10 mol 固体 NaAc 后，HAc 的离解度如何变化？（忽略加入固体 NaAc 后溶液体积的变化）

解 加入 NaAc 之前，HAc 的离解度为

$$\alpha_1 = \sqrt{\frac{K_a^{\ominus}}{c/c^{\ominus}}} = \sqrt{\frac{1.74 \times 10^{-5}}{0.10/1.0}} = 1.3\%$$

加入 0.10 mol NaAc 固体之后，溶液中 $c(Ac^-) = 0.10\ mol \cdot L^{-1}$，设此时 HAc 的离解度为 α_2 则

$$HAc + H_2O \rightleftharpoons H_3O^+ \quad + \quad Ac^-$$

平衡浓度/$(mol \cdot L^{-1})$　　$0.10(1-\alpha_2)$　　$0.10\alpha_2$　　$0.10(1+\alpha_2)$

由于溶液中 Ac^- 浓度增加，平衡向左移动，HAc 的离解度很小，可近似认为 $0.10(1-\alpha_2) \approx 0.10$，$0.10(1+\alpha_2) \approx 0.10$，根据平衡定律有

$$K_a^{\ominus}(HAc) = \frac{[c(H_3O^+)/c^{\ominus}] \cdot [c(Ac^-)/c^{\ominus}]}{[c(HAc)/c^{\ominus}]}$$

即

$$1.74 \times 10^{-5} = \frac{(0.10\alpha_2/1.0) \times (0.10/1.0)}{(0.10/1.0)}$$

解得

$$\alpha_2 = \frac{1.74 \times 10^{-5}}{0.10/1.0} = 1.7 \times 10^{-4} = 0.017\%$$

由计算结果可见，加入 NaAc 后，HAc 的离解度从 1.3%下降到了 0.017%。说明同离子效应强烈地抑制了 HAc 的离解，使 HAc 的离解度大幅度降低了。

2. 盐效应

若在弱酸、弱碱溶液中，加入与其含有不同离子的强电解质后，将使弱酸、弱碱的离解度略有增大，这种现象称为盐效应或异离子效应。例如，在弱酸 HAc 溶液中加入 NaCl 固体后，由于 NaCl 是强电解质，在水溶液中完全离解产生 Na^+ 和 Cl^-，导致溶液中总离子浓度增大，离子之间的牵制作用增强，H_3O^+ 和 Ac^- 的有效浓度下降，平衡向右移动。

$$NaCl \longrightarrow Na^+ + Cl^-$$

$$HAc + H_2O \rightleftharpoons H_3O^+ + Ac^-$$

当重新达到平衡时，HAc 的浓度略有所减小，H_3O^+ 离子浓度略有所增大，即 HAc 的离解度略有增大。

根据盐效应产生的原因，当存在同离子效应时，必然同时伴随着盐效应的产生。即盐效应能够独立存在，而同离子效应则不然。两种效应对弱酸弱碱离解的影响程度不同，同离子效应比盐效应更显著。在稀溶液中，当两种效应同时存在时，一般情况下，只考虑同离子效应，而忽略盐效应的影响。

6.4.2　缓冲溶液和缓冲作用

1. 缓冲溶液的概念

缓冲溶液是一种能够抵抗少量酸碱作用，保持 pH 相对稳定的溶液。缓冲溶液表现出的这种特殊性质，使得它在生命科学、分析化学、医学、制药等众多方面应用广泛，了解缓冲作用，熟悉缓冲原理及其相关计算意义重大。

表 6-3 反映了向不同溶液中加入少量强酸、强碱或稀释时，溶液 pH 的变化情况。

表 6-3　不同溶液 pH 的变化

溶液	纯水	0.10 mol·L^{-1} NaCl 溶液	0.10 mol·L^{-1} HAc 溶液	0.10 mol·L^{-1} HAc-NaAc 溶液	0.10 mol·L^{-1} NH_3-NH_4Cl 溶液
1.0L 水溶液的 pH	7.00	7.00	2.88	4.76	9.25
加 0.01 mol NaOH 后的 pH	12.00	12.00	3.81	4.85	9.34
加 0.01 mol HCl 后的 pH	2.00	2.00	2.00	4.67	9.16
加纯水稀释 10 倍后的 pH	7.00	7.00	3.38	4.76	9.25

从表 6-3 的数据可看出，加入少量强酸、强碱时，对于纯水和一般稀溶液，pH 变化显著。而对于 HAc-NaAc、NH_3-NH_4Cl 这类溶液，它们的 pH 几乎没有变化。这种能够抵抗外来少量酸碱及稀释的影响，维持溶液本身 pH 基本不变的作用，称为缓冲作用。具有缓冲作用的溶液，称为缓冲溶液或缓冲体系。

从组成看，缓冲溶液通常有两大类：一类是弱酸及其共轭碱或者是弱碱及其共轭酸共存的混合溶液，如 HAc-NaAc 混合溶液。另一类是两性物质，尤其是离解常数相差较小的多元弱酸的酸式盐溶液，如邻苯二甲酸氢钾、酒石酸氢钾等水溶液（这类缓冲溶液的 pH 准确可靠、有较高的缓冲能力和抗稀释能力，通常作为标准缓冲溶液）。该两类缓冲溶液，其组成上都有一个区别于其他溶液的共同特点，即在缓冲溶液中至少存在一对共轭酸碱对，组成缓冲溶液的共轭酸碱对称为缓冲对或缓冲系。另外，高浓度的强酸或强碱的水溶液，由于其 H_3O^+ 或 OH^- 浓度较大，少量酸碱的加入，不易使其酸度发生改变，也具有一定的缓冲作用。

常见的缓冲对有 HAc-Ac^-、NH_4^+-NH_3、H_2CO_3-HCO_3^-、$H_2PO_4^-$-HPO_4^{2-} 等。当它们的浓度足够大时，都能组成缓冲溶液。

2. 缓冲作用原理

缓冲溶液之所以具有缓冲作用，是缓冲体系中同离子效应的结果，由缓冲溶液的组成特点决定的。例如，在 HAc-NaAc 混合溶液中，存在着以下离解平衡

$$HAc(aq)+H_2O(l) \rightleftharpoons H_3O^+(aq)+Ac^-(aq)$$

强电解质 NaAc 的离解产生了大量的 Ac^-，由于强烈的同离子效应，溶液中 HAc 的离解度很小，溶液中共轭酸 HAc、共轭碱 Ac^- 的浓度都比较大，而 H_3O^+ 浓度很小。

当向 HAc-NaAc 缓冲溶液中加入少量强酸时，H_3O^+ 浓度增加，溶液中浓度较大的共轭碱 Ac^- 将与 H_3O^+ 反应，生成其共轭酸 HAc，平衡向左移动，部分抵消了外加的 H_3O^+ 的影响。当重新达到平衡时，HAc 的浓度略有增大，Ac^- 的浓度略有减少，H_3O^+ 浓度无明显增大，保持了溶液的 pH 基本不变。共轭碱 Ac^- 起了抵抗少量外加强酸的作用，是缓冲溶液的抗酸成分。

当向 HAc-NaAc 缓冲溶液中加入少量强碱时，OH^- 与溶液中的 H_3O^+ 结合成 H_2O，使 H_3O^+ 离子浓度减小，平衡向右移动，大量存在的共轭酸 HAc 将离解生成 H_3O^+，补充被 OH^- 消耗的 H_3O^+，使溶液的 pH 基本保持不变。共轭酸 HAc 起了抵抗少量外加强碱的作用，是缓冲溶液的抗碱成分。

正是由于缓冲溶液中存在大量的抗酸和抗碱成分，所以在外加少量强碱、强酸时，缓冲溶液的组成不会发生质的变化，从而保持了溶液 pH 的相对稳定。

6.4.3　缓冲溶液 pH 的计算

缓冲溶液自身具有确定的 pH，由于缓冲溶液是共轭酸碱共存的混合体系，是同离子效应

的应用，所以根据同离子效应存在时的酸碱离解平衡可以计算其 pH。

例如，HAc-NaAc 缓冲溶液，若共轭酸 HAc 的初始浓度为 c_a，共轭碱 NaAc 的初始浓度为 c_b，在一定温度下，HAc 的离解达平衡时，溶液中 H_3O^+ 浓度为 $c(H_3O^+)$，则有

$$HAc(aq)+H_2O(l) \rightleftharpoons H_3O^+(aq)+Ac^-(aq)$$

平衡浓度　　$c_a-c(H_3O^+)$　　$c(H_3O^+)$　　$c_b+c(H_3O^+)$

由于 NaAc 的电离，产生了强烈的同离子效应，使得 HAc 的离解度大大降低，因此，平衡时，$c(H_3O^+)$ 很小，则 $c_a-c(H_3O^+)\approx c_a$，$c_b+c(H_3O^+)\approx c_b$。根据化学平衡原理有

$$K_a^\ominus(HAc)=\frac{[c(H_3O^+)/c^\ominus]\cdot[c(Ac^-)/c^\ominus]}{[c(HAc)/c^\ominus]}\approx\frac{[c(H_3O^+)/c^\ominus]\cdot[c_b/c^\ominus]}{c_a/c^\ominus}$$

即

$$c(H_3O^+)/c^\ominus=K_a^\ominus(HAc)\cdot\frac{c_a/c^\ominus}{c_b/c^\ominus}$$

所以溶液的 pH 为

$$pH=pK_a^\ominus(HAc)-\lg\frac{c_a/c^\ominus}{c_b/c^\ominus}$$

将上式推广，对于任意共轭酸碱组成的缓冲溶液，其 pH 的计算公式为

$$pH=pK_a^\ominus-\lg\frac{c_a/c^\ominus}{c_b/c^\ominus} \tag{6-14}$$

式(6-14)称为缓冲方程。式中，c_a 与 c_b 分别为缓冲溶液中共轭酸、碱的初始浓度，两者之和为缓冲对的总浓度；共轭酸与共轭碱浓度的比值 c_a/c_b 称为缓冲比，缓冲比也可用物质的量来表示。

注意，对于两性物质组成的缓冲溶液，首先要确定共轭酸，才能确定 $pK_a^\ominus$。例如，$NaHCO_3$-Na_2CO_3缓冲溶液，其共轭酸是 HCO_3^-，而 HCO_3^- 的酸式离解相当于 H_2CO_3 的二级离解，因此计算时应使用 $pK_{a2}^\ominus(H_2CO_3)$。如果是弱碱及其共轭酸组成的缓冲溶液，$pK_a^\ominus$ 应由共轭碱的 $K_b^\ominus$ 通过 $pK_a^\ominus+pK_b^\ominus=pK_w^\ominus$ 计算求得。例如，NH_3-NH_4Cl 缓冲溶液中，共轭酸是 NH_4^+，其 $pK_a^\ominus$ 应由 NH_3 的 $K_b^\ominus$ 来计算，常温条件下，NH_4^+ 的 $pK_a^\ominus=14-pK_b^\ominus=9.25$。

缓冲方程说明，缓冲溶液的 pH 取决于 $pK_a^\ominus$ 以及缓冲比。适当调节缓冲比，可以调节缓冲溶液的 pH。另外，当加水稀释时，由于缓冲比不变，缓冲溶液的 pH 基本不变。因此，缓冲溶液具有一定抗稀释的能力。

【例 6-9】 将 10 mL 0.20 mol · L^{-1}的 NaOH 与 10 mL 0.40 mol · L^{-1}的 HAc 溶液混合(设混合后总体积为混合前的体积之和)。已知 HAc 的 $pK_a^\ominus=4.76$

(1) 计算该混合溶液的 pH。

(2) 若向此混合溶液中加入 5 mL 0.010 mol · L^{-1}的 NaOH 溶液，则溶液的 pH 为多少？

(3) 若向上述混合溶液中改加 5 mL 0.010 mol · L^{-1}的 HCl 溶液，则溶液的 pH 又为多少？

解　(1) 两溶液等体积混合，各物质浓度减半，即

$$c(NaOH)=\frac{0.20}{2}=0.10(mol\cdot L^{-1})\qquad c(HAc)=\frac{0.40}{2}=0.20(mol\cdot L^{-1})$$

NaOH 与 HAc 发生酸碱反应 $HAc+NaOH = NaAc+H_2O$，反应后溶液中 $c(NaAc)=0.10$ mol · L^{-1}，剩余 HAc 的浓度为 $c(HAc)=0.20-0.10=0.10$ mol · L^{-1}。此时，构成 HAc-NaAc 缓冲溶液，根据缓冲方程得

$$pH=pK_a^\ominus-\lg\frac{c_a/c^\ominus}{c_b/c^\ominus}=4.76-\lg\frac{0.10/1.0}{0.10/1.0}=4.76$$

(2) 加入 NaOH 之后，NaOH 与 HAc 反应生成 Ac^-，反应完成之后溶液中

$$c(\text{HAc})=\frac{20\times0.10-5\times0.010}{20+5}=0.078(\text{mol}\cdot\text{L}^{-1})$$

$$c(\text{Ac}^-)=\frac{20\times0.10+5\times0.010}{20+5}=0.082(\text{mol}\cdot\text{L}^{-1})$$

此时
$$\text{pH}=\text{p}K_a^\ominus-\lg\frac{c_a/c^\ominus}{c_b/c^\ominus}=4.76-\lg\frac{0.078/1.0}{0.082/1.0}=4.78$$

(3) 若改加 HCl,则 HCl 与 NaAc 反应生成 HAc,反应完成之后溶液中

$$c(\text{HAc})=\frac{20\times0.10+5\times0.010}{20+5}=0.082(\text{mol}\cdot\text{L}^{-1})$$

$$c(\text{Ac}^-)=\frac{20\times0.10-5\times0.010}{20+5}=0.078(\text{mol}\cdot\text{L}^{-1})$$

此时
$$\text{pH}=\text{p}K_a^\ominus-\lg\frac{c_a/c^\ominus}{c_b/c^\ominus}=4.76-\lg\frac{0.082/1.0}{0.078/1.0}=4.74$$

从计算结果可知,在 20 mL HAc-NaAc 缓冲溶液中加入少量 NaOH 或 HCl 后,缓冲溶液的 pH 变化很小,仅仅改变了 0.02 个单位。可见缓冲溶液的缓冲作用是非常明显的。

6.4.4 缓冲容量及缓冲范围

1. 缓冲容量

缓冲溶液的缓冲作用有一定的限度。在缓冲溶液中加入少量强酸或强碱时,缓冲溶液的 pH 基本不变,表现出明显的缓冲作用。但是如果加入强酸或强碱的量较多,接近或超过了缓冲溶液抗酸或抗碱成分的浓度,缓冲溶液的 pH 就会发生显著改变,失去缓冲能力。

不同的缓冲溶液缓冲能力不相同。缓冲溶液缓冲能力的大小常用缓冲容量来量度。缓冲容量是指使单位体积缓冲溶液的 pH 改变一个单位所需加入强酸或强碱的物质的量。缓冲容量越大的缓冲溶液,其缓冲能力越强,反之亦然。缓冲容量的大小决定于缓冲对的总浓度与缓冲比,它们的关系为

(1) 对一确定缓冲系,当缓冲比一定时,缓冲对的总浓度越大,缓冲容量越大。这是因为总浓度越大,溶液中抗酸成分和抗碱成分的量越多,少量强酸或强碱的加入引起缓冲溶液 pH 的改变越小,缓冲容量越大,缓冲能力越强。

(2) 对一确定缓冲系,当缓冲对的总浓度一定时,缓冲比等于 1 时,缓冲容量最大,缓冲比偏离 1 越远,缓冲容量越小。

(3) 稀释时,由于缓冲对的总浓度减小,缓冲容量减小,缓冲溶液的缓冲能力减弱。

2. 缓冲范围

向缓冲溶液中加入强酸或强碱,会引起缓冲比改变。当缓冲比的变化范围在 1/10～10/1 时,缓冲溶液都表现出较强的缓冲能力,但超过这个范围,缓冲溶液的缓冲能力很弱,可以认为没有缓冲作用了。具有有效缓冲作用的 pH 范围称为缓冲溶液的缓冲范围。根据缓冲方程,缓冲范围为 $\text{pH}=\text{p}K_a^\ominus\pm1$。

显然,不同缓冲溶液的缓冲范围不同。例如,NH_3-NH_4Cl 缓冲溶液,其缓冲范围是 8.25～10.25;HAc-NaAc 缓冲溶液,其缓冲范围是 3.76～5.76。

6.4.5 缓冲溶液的配制

在实际工作中,经常需要配制一定 pH 的缓冲溶液。配制缓冲溶液时,首先要选择适合的

缓冲对。为了保证配制的缓冲溶液缓冲能力较强，应尽量使缓冲比等于或接近1，根据缓冲方程，此时，$pH=pK_a^\ominus$ 或 $pH\approx pK_a^\ominus$。所以应选择 $pK_a^\ominus$（或 $14-pK_b^\ominus$）与所需缓冲溶液pH相等或尽可能接近的弱酸与其共轭碱作缓冲对。而且选择的缓冲对不应与反应体系中的物质发生反应或对测定产生干扰。如果选择的缓冲对的 $pK_a^\ominus$ 与需要配制的缓冲溶液的pH不完全相等，则按所需pH，由缓冲方程确定缓冲比，然后，利用缓冲比算出共轭酸和共轭碱的用量，就可配制得到所需要的缓冲溶液。

实际配制缓冲溶液时，还应保证一定的共轭酸碱的总浓度。虽然增大共轭酸碱的总浓度可提高缓冲溶液的缓冲能力，但酸碱总浓度也不宜过大，过大会造成试剂浪费，甚至会对反应体系产生副作用。因此，总浓度一般控制在 $0.1\sim1.0\text{mol}\cdot L^{-1}$。

【例6-10】 如何配制 pH=5.00 的缓冲溶液100 mL？

解 (1) 选择缓冲系。

查表知，常见弱酸中，HAc 的 $pK_a^\ominus=4.76$，接近所要配制缓冲溶液的pH。因此，选择HAc-NaAc缓冲系。

(2) 确定HAc和NaAc的量。

为了使缓冲溶液有较强的缓冲能力和配制方便，可选用相同浓度的HAc和NaAc溶液进行配制。若选用浓度均为 $0.10\ \text{mol}\cdot L^{-1}$ 的HAc和NaAc溶液，设需用HAc溶液的体积为 V mL，则需用NaAc溶液的体积为 $(100-V)$mL。

根据缓冲方程 $pH=pK_a^\ominus-\lg\frac{n_a}{n_b}$ 得

$$5.00=4.76-\lg\frac{c_aV}{c_b(100-V)}=4.76-\lg\frac{V}{100-V}$$

解得 $V=36.5\ \text{mL}\qquad 100-V=63.5\ \text{mL}$

将36.5 mL 0.10 mol·L⁻¹的HAc溶液与63.5 mL 0.10 mol·L⁻¹的NaAc溶液混合，就可得pH=5.00的缓冲溶液100 mL。必要时，可使用酸度计进行校正。

【例6-11】 欲配制 pH=9.25，$c(NH_3)=1.0\ \text{mol}\cdot L^{-1}$ 的缓冲溶液500 mL，需要固体 NH_4Cl 多少克？$15\ \text{mol}\cdot L^{-1}$ 的浓氨水多少毫升？

解 由 $K_w^\ominus=K_a^\ominus\cdot K_b^\ominus$ 得

$$K_a^\ominus(NH_4^+)=\frac{K_w^\ominus}{K_b^\ominus(NH_3)}=\frac{1.00\times10^{-14}}{1.79\times10^{-5}}=5.59\times10^{-10}$$

即 NH_4^+ 的 $pK_a^\ominus=9.25$。

根据缓冲方程 $pH=pK_a^\ominus-\lg\frac{c_a/c^\ominus}{c_b/c^\ominus}$ 得

$$9.25=9.25-\lg\frac{c(NH_4^+)/1.0}{1.0/1.0}$$

解得 $c(NH_4^+)=1.0\ \text{mol}\cdot L^{-1}$

NH_4Cl 的摩尔质量为 $53.5\ \text{g}\cdot\text{mol}^{-1}$，则需要固体 NH_4Cl 的质量

$$m=500\times10^{-3}\times1.0\times53.5=27(\text{g})$$

需要浓氨水的体积 $V=\frac{1.0\times500}{15}=33(\text{mL})$

即称取27 g固体氯化铵溶于少量纯水中，加入 $15\ \text{mol}\cdot L^{-1}$ 的浓氨水33 mL，加水稀释至500 mL即可得所需缓冲溶液。

通过查阅有关的手册，按照缓冲溶液的现成配方和配法也可配制相应的缓冲溶液。如果需要配制精确pH的缓冲溶液，还需用酸度计对所配缓冲溶液的pH进行校正。必要时可滴加稀HCl或稀NaOH，使缓冲溶液的pH与要求的pH一致。

6.5 酸碱反应和酸碱平衡的应用

酸碱是广泛存在的一大类物质，很多的化学反应都是在一定的酸碱性溶液中进行的。所以酸碱反应和酸碱平衡在工业、农业、医药、化学、生物学等方面都有很重要的应用，掌握和应用酸碱反应及酸碱平衡具有非常重要的意义。

6.5.1 在工农业生产中的应用

2010 年，我国硫酸的年产量达 7060.18 万吨，HCl 的年产量达 836.96 万吨，HNO_3 的年产量达 235.72 万吨，NaOH 的年产量达 2086.6 万吨，$NaCO_3$ 的年产量达 2029.34 万吨。可见酸碱在工农业生产中起着重要作用。调整溶液的酸碱性、测定体系的 pH 对很多生产过程至关重要，在物质分离、原料合成、材料处理等各方面经常需要利用酸碱反应和酸碱平衡，酸碱本身也是重要的生产原料。例如，硫酸，既是化学工业的重要产品，又是许多工业生产的重要原料。在石油工业中，硫酸用于汽油、润滑油等产品的精炼，并用于烯烃的烷基化反应，以生产高辛烷值汽油。钢铁工业需用硫酸进行酸洗，以除去钢铁表面的氧化铁皮，这一工序是轧板、冷拔钢管以及镀锌等加工所必需的预处理。在有色冶金工业中，湿法冶炼过程需用硫酸浸取铜矿、铀矿和钡矿；电解法精炼铜、锌、镍、镉等，需用硫酸配制电解液。用萤石和硫酸可制取氢氟酸，它是现代氟工业的基础，与核工业及航天工业密切关联。在硝化棉、梯恩梯、硝化甘油、苦味酸等炸药的制造中，硫酸是硝化工序不可缺少的脱水剂。在化学纤维工业中，硫酸用于配制粘胶纤维的抽丝凝固浴；维纶生产需用硫酸进行缩醛化。在塑料工业方面，环氧树脂和聚四氟乙烯等的生产也需用数量可观的硫酸。在染料工业中，硫酸用于制造染料中间体，硫酸与钛铁矿反应可制得重要的白色颜料二氧化钛等。由于硫酸在国民经济的各个方面都具有广泛用途，所以常被誉为化学工业的发动机，被列为国家主要化工产品之一，人们往往用硫酸的年产量来衡量一个国家的化工生产能力。

酸雨的防治、江河湖泊污染的治理、生产过程中酸碱性废水废气的处理等也必须利用酸碱反应和酸碱平衡。例如，硫酸厂的污水中含有硫酸等杂质，可以用熟石灰来进行中和处理，使其生成硫酸钙沉淀和水而消除污染。

在现代农业生产中，化肥和农药是必不可少的生产资料。硫酸铵、过磷酸钙、碳酸铵等常用化肥都是酸碱反应的产物。农药的生产也离不开硫酸、盐酸等酸碱。土壤是农业生产的基础，酸碱性是土壤的重要性能指标，不同农作物的生长也具有各自不同的适宜 pH。我国土壤 pH 大多为 4.5～8.5，少数强碱性土壤的 pH 高达 10.5。土壤之所以有酸碱性，是因为在土壤中存在一定量的氢离子和氢氧根离子。影响土壤酸碱性的因素除了降水之外，还与人类的生产方式密切相关。

土壤溶液中含有碳酸、硅酸、磷酸、腐殖酸和其他有机酸等弱酸及其盐类，还有土壤胶体等，它们构成了一个良好的缓冲体系，因此土壤溶液是很好的缓冲溶液。土壤的缓冲性能使土壤具有缓和其酸碱度发生变化的能力。土壤保持酸碱的相对稳定，为植物生长和土壤生物的活动创造了稳定的环境，所以土壤的缓冲性能是土壤的重要性质之一。例如，土壤中的氨基酸、胡敏酸等有机酸是两性物质，具有缓冲作用，所以腐殖酸含量高的土壤缓冲能力强，有利于植物的生长。

利用酸碱反应原理还可改良土壤。在土壤里，由于有机物在分解的过程中会生成有机酸，矿物的风化也可能产生酸性物质，空气污染形成的酸雨，都会导致土壤呈酸性，从而不利于作物的生长。若施用适量的碱，就能中和土壤里的酸性物质，使土壤适合作物生长，并促进微生物的繁殖。例如，向土壤中加入 $Ca(OH)_2$ 时，它可与碳酸作用，生成溶解度较小的碳酸钙，限制了土壤酸度。对于碱性土壤，简单地降低土壤的 pH 可引起许多元素溶解度的变化，提高它们对植物的效力。例如，向土壤中加入硫酸等物质，可以溶解钙、镁的碳酸盐和碳酸氢盐，硫酸与更惰性的物质反应，还可释放出磷、铁等植物需要的养分。所以在高 pH 的石灰质土壤上施用硫酸，可使植物生长健壮，增加收成。

6.5.2 在生物医药领域的应用

人体内各种体液必须具有适宜的酸碱度，这是维持正常生理活动的重要条件之一。组织细胞在代谢过程中不断产生酸性和碱性物质，还有一定数量的酸性和碱性物质随食物进入体内。机体可通过一系列的调节作用，最后将多余的酸性或碱性物质排出体外，达到酸碱平衡。动植物体内有着复杂的缓冲系统，维持着体液的 pH 基本稳定，以保证生命活动的正常进行。例如，人体血液的 pH 是一个稳定的数值，正常值是 7.35～7.45。这一数值保证了在血液中各种生化反应的正常进行。人体新陈代谢产生的酸性物质和碱性物质会进入血液，但血液的 pH 仍保持稳定，这是因为人体血液中存在着 H_2CO_3-$NaHCO_3$、NaH_2PO_4-Na_2HPO_4、K 蛋白-H 蛋白等多种缓冲对，构成了复杂的缓冲系统，这些缓冲对之间互相影响、互相制约，共同确保血液的 pH 在正常值。血液的 pH 如果超出正常值范围，就会影响各种生物酶的活性，从而引起组织细胞新陈代谢障碍，机体各种生理机能紊乱，甚至出现生命危险。例如，当发生肾功能障碍、肺功能衰退或腹泻、高烧等疾病时，血液中的 HCO_3^- 和 H_2CO_3 的比例将失调，造成酸中毒或碱中毒。

各种药物都具一定的酸性或碱性，中性的药物是极少的。例如，胃蛋白酶、水杨酸、维生素 C、维生素 B_1、扑尔敏、盐酸普鲁卡因、杜冷丁、青霉素 G 钠、氯霉素、盐酸土霉素、硫酸庆大霉素、肾上腺素注射液、甘露醇注射液、止血敏、硫酸阿托品、盐酸氯丙嗪、催产素等为酸性药物。甘草流浸膏、利尿素、硫酸卡那霉素注射液、磺胺嘧啶钠注射液、苯巴妥钠、乌洛托品等是碱性药物。在药物的生产、服用、代谢过程中都要用到酸碱反应和酸碱平衡。例如，水杨酸是一种消毒防腐药，用于局部角质增生及皮肤真菌感染。作为医药中间体，水杨酸还广泛用于止痛灵、利尿素、乙酰水杨酸、水杨酰胺等药物的生产。水杨酸的生产一般是通过苯酚与氢氧化钠反应生成苯酚钠，蒸馏脱水后，通二氧化碳进行羧基化反应，制得水杨酸钠盐，再经硫酸酸化、升华精制而得。由于酸碱反应生成盐，这必然影响药效的发挥，甚至可能产生不利于健康的有害物质或新的化合物。所以明确药物的酸碱性，避免用药时的酸碱配伍禁忌是非常重要的。例如，人的胃液呈酸性，当胃液的 pH 为 0.8～1.5 时，有助于食物消化。如果胃酸过多就会使人感到不适，这时可以口服一些碱性药物如氢氧化铝、苏打水等，使碱与胃酸反应生成无毒的中性物质，从而治疗胃酸过多。胃病病人假若长期服用胃舒平进行治疗，这时如果同时伴有消化不良的症状，就不宜加服胃蛋白酶合剂，因为胃舒平是一种碱性药的复方制剂，所含的主要成分是氢氧化铝、三硅酸镁和颠茄浸膏，其药理作用是降低胃内的酸度缓解疼痛，保护胃黏膜。而胃蛋白酶必须在酸性条件下才能正常发挥作用，所以胃蛋白酶合剂特地加入了稀盐酸组分，合剂呈弱酸性，这两种药若同时服用，就构成了典型的酸碱配伍禁忌。

6.5.3　在日常生活中的应用

日常生活中许多方面都与酸碱反应及酸碱平衡息息相关。例如，柠檬水，橙汁有酸味，醋的酸味较大，它们都是弱酸；小苏打水有略涩的碱性。酸味大小与水溶液中氢离子浓度有关；而碱味与水溶液中羟基离子浓度有关。人们如果被蚊虫叮咬可用氨水消肿止痒，是因为昆虫的唾液等分泌物为酸性，酸碱中和可消除其毒性。由于食物残渣使口腔环境为弱酸性，容易腐蚀牙齿，产生龋齿，所以牙膏都是弱碱性的。洗涤用品都是碱性，这才有利于污垢的洗涤。

人们日常所吃的食物可分为酸性食物和碱性食物两大类。所谓的酸性食物，是指食物在体内的代谢产物是酸性的，如鱼、肉、禽、蛋、油、米、面等；所谓的碱性食物，是指食物在体内的代谢产物是碱性的，如蔬菜、水果、奶制品等。通过人体酸碱平衡调节系统的调节，可以保证人体在合理饮食条件下的酸碱平衡。但如果人们饮食不当，摄入的酸性食物过多，超过了人体酸碱平衡的调节能力，人体的酸碱平衡就会被破坏，使体内酸碱失衡，长期积累下去，就会形成酸性体质，出现酸中毒反应并且使体内环境严重恶化，因此预防酸性体质首先要从饮食开始。

本 章 小 结

本章主要介绍了弱酸、弱碱溶液的离解平衡及各类酸碱溶液 pH 的计算。阐述了缓冲溶液的组成、性质、pH 的计算及配制方法。简要介绍了酸碱质子理论、同离子效应等基本概念以及酸碱反应的应用。

根据酸碱质子理论，凡是能给出质子的物质都是酸，凡是能接受质子的物质都是碱。酸碱之间存在着共轭关系。酸碱反应的实质是两个共轭酸碱对之间质子的转移。酸碱的强弱由酸碱自身的性质和溶剂性质决定，同一溶剂中，酸碱的强弱决定于酸碱本身的性质。溶剂对酸碱具有区分效应和拉平效应。

水的离解是水分子间质子的传递，其标准平衡常数称为水的离子积 $K_w^\ominus$，其值随温度升高而增大，298.15 K 时，$K_w^\ominus=1.00\times10^{-14}$。当溶液中 $c(H_3O^+)<1\ mol\cdot L^{-1}$时，用 pH 表示溶液的酸度。$pH=-\lg[c(H_3O^+)/c^\ominus]$。

弱酸、弱碱与水传递质子的过程称为弱酸、弱碱的离解平衡，其离解常数用 $K_a^\ominus$、$K_b^\ominus$ 表示。$K_a^\ominus$、$K_b^\ominus$ 反映了弱酸、弱碱在水中的离解程度及弱酸、弱碱的强弱。其值大小主要决定于弱酸、弱碱的本性，受温度的影响较小。在水溶液中，共轭酸碱对的离解常数关系为 $K_w^\ominus=K_a^\ominus\cdot K_b^\ominus$，即酸的酸性越强，则其共轭碱的碱性越弱。

弱酸、弱碱的离解度随酸碱浓度的减小而增大，该规律称为稀释定律，其表达式为

$$\alpha=\sqrt{\frac{K_{a/b}^\ominus}{c_{a/b}/c^\ominus}}$$

对于一元弱酸溶液，若 $\alpha\leqslant5\%$或$\dfrac{c/c^\ominus}{K_a^\ominus}\geqslant500$ 时，$c(H_3O^+)/c^\ominus=\sqrt{K_a^\ominus c/c^\ominus}$。

对于一元弱碱溶液，若 $\alpha\leqslant5\%$或$\dfrac{c/c^\ominus}{K_b^\ominus}\geqslant500$ 时，$c(OH^-)/c^\ominus=\sqrt{K_b^\ominus c/c^\ominus}$。

多元弱酸弱碱是分步离解的，每一步离解都有其对应的离解常数。一般情况下，$K_1^\ominus\gg K_2^\ominus\gg K_3^\ominus$。当$\dfrac{2K_2^\ominus}{\sqrt{cK_1^\ominus/c^\ominus}}<0.05$ 时，可将多元弱酸弱碱当作一元弱酸弱碱近似处理。

既能给出质子又能接受质子的物质称为两性物质。两性物质水溶液的酸度取决于其酸式离解和碱式离解程度的相对大小。两性物质溶液酸度的近似计算公式是 $c(H_3O^+)/c^\ominus=\sqrt{K_a^\ominus(B)\cdot K_a^\ominus(A)}$。

在弱电解质溶液中，加入与其含有相同离子的强电解质时，弱电解质离解度减小的现象称为同离子效应。同离子效应产生时，必然伴随盐效应产生。

能抵抗少量外来强酸、强碱或稀释的影响，保持本身的 pH 几乎不变的溶液称为缓冲溶液，缓冲溶液是同离子效应的具体应用。常见的缓冲溶液有两类：一类是弱酸及其共轭碱，或弱碱及其共轭酸共存的溶液；另

一类是两性物质的溶液。由于缓冲溶液中存在大量的抗酸成分和抗碱成分，因此，缓冲溶液表现出一定的缓冲作用。缓冲溶液 pH 的计算公式为

$$pH = pK_a^{\ominus} - \lg \frac{c_a/c^{\ominus}}{c_b/c^{\ominus}}$$

缓冲溶液的 pH 主要决定于 $pK_a^{\ominus}$，其次决定于缓冲比。缓冲溶液的缓冲能力是有限的，缓冲能力的大小用缓冲容量来表示，缓冲系总浓度和缓冲比决定了缓冲容量的大小。缓冲比越接近于 1，缓冲容量越大；缓冲系的总浓度越大，缓冲容量越大。稀释使缓冲容量减小，缓冲能力降低。缓冲溶液能起缓冲作用的 pH 范围称为缓冲范围，缓冲范围一般为 $pH = pK_a^{\ominus} \pm 1$。配制缓冲溶液时，应选择 $pK_a^{\ominus}$ 与所需 pH 接近的弱酸及其共轭碱作缓冲对。

思考与练习

6-1 写出下列分子或离子的共轭酸的化学式。

H_2O HCO_3^- $H_2PO_4^-$ SO_4^{2-} NH_3 S^{2-}

6-2 写出下列分子或离子的共轭碱的化学式。

H_2O NH_4^+ H_2S H_2SO_4 $H_2PO_4^-$ $[Fe(H_2O)_6]^{3+}$

6-3 根据质子理论，下列分子或离子哪些是酸？哪些是碱？哪些既是酸又是碱？

H_2O HS^- CO_3^{2-} $H_2PO_4^-$ NH_3 H_2S HAc OH^- NO_2^-

6-4 求下列各质子酸的共轭碱的 $K_b^{\ominus}$ 值，并按其碱性由强到弱排序。

(1) HCN $K_a^{\ominus} = 6.17 \times 10^{-10}$

(2) HCOOH $K_a^{\ominus} = 1.78 \times 10^{-4}$

(3) HCO_3^- $K_{a1}^{\ominus} = 4.37 \times 10^{-7}$，$K_{a2}^{\ominus} = 4.68 \times 10^{-11}$

(4) $H_2C_2O_4$ $K_{a1}^{\ominus} = 5.90 \times 10^{-2}$，$K_{a2}^{\ominus} = 6.40 \times 10^{-5}$

6-5 在氨水中分别加入少量下列物质，对氨水的离解常数、离解度及 pH 有何影响？

(1) NH_4Cl (2) NaCl (3) H_2O (4) NaOH

6-6 在 HAc 溶液中分别加入少量 NaAc、HCl、NaOH，HAc 的离解度各有何变化？加水稀释又如何？试从化学平衡移动原理说明。

6-7 将下列溶液的 pH 换算为 $c(H_3O^+)$。

(1) 牛奶 pH=6.5 (2) 柠檬汁 pH=2.3 (3) 葡萄酒 pH=3.3

6-8 将下列 $c(H_3O^+)$ 换算为 pH。

(1)某人胃液的 $c(H_3O^+) = 4 \times 10^{-2}\,mol \cdot L^{-1}$

(2)人体血液的 $c(H_3O^+) = 4 \times 10^{-8}\,mol \cdot L^{-1}$

6-9 计算室温下饱和 CO_2 水溶液（$0.040\,mol \cdot L^{-1}$）的 $c(H_3O^+)$、$c(HCO_3^-)$ 和 $c(CO_3^{2-})$。

6-10 已知 $0.01\,mol \cdot L^{-1}$ HAc 溶液中 HAc 的离解度为 4.2%，求 HAc 的离解常数和该溶液的 $c(H_3O^+)$。

6-11 已知 HClO 的 $K_a^{\ominus} = 2.88 \times 10^{-8}$，计算 $0.05\,mol \cdot L^{-1}$ HClO 溶液中的 $c(H_3O^+)$、$c(ClO^-)$ 和离解度。

6-12 将 10 mL $0.30\,mol \cdot L^{-1}$ 的 HAc 和 20 mL $0.15\,mol \cdot L^{-1}$ 的 HCN 混合，求混合溶液中的 $c(H_3O^+)$、$c(Ac^-)$、$c(CN^-)$。已知 $K_a^{\ominus}(HAc) = 1.74 \times 10^{-5}$，$K_a^{\ominus}(HCN) = 6.17 \times 10^{-10}$。

6-13 配制 $SnCl_2$、$FeCl_3$ 溶液时，为什么不能用蒸馏水而用稀盐酸？

6-14 配制 pH=3.5 左右的缓冲溶液，下列哪组缓冲对最适合？配制 pH=9.0 左右的缓冲溶液又该如何选择？

(1) NH_3-NH_4Cl (2) HAc-NaAc (3) HCOOH-HCOONa (4) HPO_4^{2-}-PO_4^{3-}

6-15 下列哪种溶液具有缓冲作用？

(1) 含适量 $NaHCO_3$ 和 Na_2CO_3 的溶液。

(2) 1 L 水中加入 $0.01\,mol \cdot L^{-1}$ HAc 和 $0.01\,mol \cdot L^{-1}$ NaAc 各 1 滴。

(3) 1 L $0.1\,mol \cdot L^{-1}$ HAc 中加入 1 滴 $0.01\,mol \cdot L^{-1}$ 的 NaAc。

6-16 根据下列酸、碱的离解常数，选取适当的酸及其共轭碱来配制 pH=4.50 和 pH=10.0 的缓冲溶液，其共轭酸、碱的浓度比应是多少？

HAc　$NH_3 \cdot H_2O$　$H_2C_2O_4$　$NaHCO_3$　H_3PO_4　NaAc　Na_2HPO_4　NH_4Cl

6-17 今有 2.00 L 0.500 mol · L^{-1} NH_3(aq)和 2.00 L 0.500 mol · L^{-1} HCl 溶液，若配制 pH=9.00 的缓冲溶液，不允许再加水，最多能配制多少升缓冲溶液？其中 $c(NH_3)$、$c(NH_4^+)$各为多少？

6-18 计算下列各溶液的 pH。

(1) 20.0 mL 0.10 mol · L^{-1} HCl 和 20.0 mL 0.10 mol · L^{-1} NH_3(aq)混合。

(2) 20.0 mL 0.10 mol · L^{-1} HCl 和 20.0 mL 0.20 mol · L^{-1} NH_3(aq)混合。

(3) 20.0 mL 0.10 mol · L^{-1} NaOH 和 20.0 mL 0.20 mol · L^{-1} NH_4Cl(aq)溶液混合。

(4) 20.0 mL 0.20 mol · L^{-1} HAc 和 20.0 mL 0.10 mol · L^{-1} NaOH 溶液混合。

(5) 20.0 mL 0.10 mol · L^{-1} HCl 和 20.0 mL 0.10 mol · L^{-1} NaOH 溶液混合。

6-19 欲配制 250 mL pH 为 5.00 的缓冲溶液，在 125 mL 1.00 mol · L^{-1} NaAc 溶液中应加入多少毫升 6.00 mol · L^{-1}的 HAc 溶液？

6-20 今有 3 种酸 $ClCH_2COOH$、HCOOH 和 HAc，它们的离解常数 $K_a^{\ominus}$ 分别为 1.35×10^{-3}、1.78×10^{-4} 和 1.74×10^{-5}，则(1)配制 pH=3.50 的缓冲溶液选用哪种酸最好？(2)需要多少毫升浓度为 4.0 mol · L^{-1}的酸和多少克 NaOH 才能配成 1 L 共轭酸碱对的总浓度为 1.0 mol · L^{-1}的缓冲溶液？

6-21 麻黄素($C_{10}H_{15}ON$)是一种生物碱，被用于鼻喷雾剂，以减轻充血。已知 $K_b^{\ominus}(C_{10}H_{15}ON)=1.4\times10^{-4}$

(1) 写出麻黄素离解反应方程式。

(2) 写出麻黄素的共轭酸，并计算其 $K_a^{\ominus}$ 值。

第 7 章　沉淀溶解平衡

在科学研究、生产生活和污染治理等领域常常需要利用沉淀溶解平衡来进行离子鉴定、重量分析、物质分离提纯、无机制备、废水处理等。沉淀溶解平衡是固体难溶电解质的饱和溶液中，难溶电解质固体与溶解于溶液中的相应离子之间的平衡。沉淀溶解平衡是多相平衡，是溶液中的四大化学平衡之一。

本章将化学平衡的基本原理应用于沉淀溶解平衡，阐述沉淀溶解平衡规律，从理论上讨论在科学研究和生产实践中经常遇到的沉淀生成、溶解、转化等相关问题。

7.1　沉淀溶解平衡与溶度积

7.1.1　沉淀溶解平衡与溶度积

在水中绝对不溶解的物质是不存在的，通常把溶解度小于 0.01 g/(100 g H_2O)的物质称为难溶物质，溶解度在 0.01～0.1g/(100 g H_2O)的物质称为微溶物质，溶解度大于 0.1 g/(100 g H_2O)的物质称为易溶物质。

在一定温度下，将难溶电解质 AgCl 固体投入水中，其表面溶解部分完全离解，离解的 Ag^+ 和 Cl^- 在水分子的作用下离开固体表面进入溶液，这个过程称为溶解。进入溶液的 Ag^+ 和 Cl^- 由于热运动或受固体表面 Cl^- 和 Ag^+ 的静电吸引会重新聚集到固体表面形成 AgCl 固体，这个过程称为沉淀。难溶电解质的溶解速率与离子的沉淀速率相等时所建立的平衡称为沉淀溶解平衡，在此平衡体系中既有固相又有液相，所以沉淀溶解平衡是多相离子平衡，平衡状态时的溶液是饱和溶液。AgCl 的沉淀溶解平衡为

$$\mathrm{AgCl(s)} \underset{\text{沉淀}}{\overset{\text{溶解}}{\rightleftharpoons}} \mathrm{Ag^+(aq)} + \mathrm{Cl^-(aq)}$$

对于任一难溶电解质 A_mB_n，其沉淀溶解平衡为

$$\mathrm{A}_m\mathrm{B}_n\mathrm{(s)} \underset{\text{沉淀}}{\overset{\text{溶解}}{\rightleftharpoons}} m\mathrm{A}^{n+}\mathrm{(aq)} + n\mathrm{B}^{m-}\mathrm{(aq)}$$

对于沉淀溶解平衡，其标准平衡常数用 $K_{sp}^{\ominus}$ 表示，根据平衡原理，$K_{sp}^{\ominus}$ 表达式为

$$K_{sp}^{\ominus}(\mathrm{A}_m\mathrm{B}_n) = [c(\mathrm{A}^{n+})/c^{\ominus}]^m \cdot [c(\mathrm{B}^{m-})/c^{\ominus}]^n \tag{7-1}$$

$K_{sp}^{\ominus}$ 是难溶电解质的特征常数，称为难溶电解质的溶度积常数，简称溶度积。$K_{sp}^{\ominus}$ 值的大小取决于难溶电解质的本性，受温度影响，与体系中各离子的浓度无关。$K_{sp}^{\ominus}$ 的大小反映了难溶电解质溶解趋势的大小或沉淀的难易程度，常见难溶电解质在 298.15 K 时的溶度积常数参见附录Ⅷ。

7.1.2　溶度积与溶解度

溶度积 $K_{sp}^{\ominus}$ 的大小说明了一定温度下难溶电解质溶解程度的大小，同时，难溶电解质溶解程度的大小还可以用溶解度 s 来描述。溶解度 s 是指一定温度下饱和溶液中难溶电解质的浓度。溶度积和溶解度都能说明难溶电解质的溶解能力，两者之间必然有一定关系。根据溶度

积表达式，溶解度和溶度积之间可以相互换算。由于溶度积表达式中所用浓度为物质的量浓度，单位是 mol·L^{-1}，为了换算的方便，溶解度的单位也应该采用 mol·L^{-1}。难溶电解质的溶解度很小，换算时，可以近似地认为其饱和溶液的密度与纯水密度一样，即以溶液密度为 1 g·mL^{-1}进行换算。

对于任一难溶电解质 A_mB_n，若其溶解度为 s mol·L^{-1}，沉淀溶解平衡时，饱和溶液中溶质 A_mB_n 的浓度为s mol·L^{-1}，由于其全部离解，因此溶液中 A^{n+} 的浓度为ms mol·L^{-1}，B^{m-} 的浓度为 ns mol·L^{-1}，根据溶度积的表达式有

$$K_{sp}^{\ominus}(A_mB_n)=[c(A^{n+})/c^{\ominus}]^m\cdot[c(B^{m-})/c^{\ominus}]^n=(ms/c^{\ominus})^m\cdot(ns/c^{\ominus})^n=m^m\cdot n^n\cdot(s/c^{\ominus})^{m+n}$$

即溶度积 $K_{sp}^{\ominus}$和溶解度 s 之间的换算关系与难溶电解质的类型有关，几类常见类型的难溶电解质的 $K_{sp}^{\ominus}$与 s 之间的关系是

AB 型　　$K_{sp}^{\ominus}=(s/c^{\ominus})^2$

A_2B/AB_2 型　　$K_{sp}^{\ominus}=4(s/c^{\ominus})^3$

A_3B/AB_3 型　　$K_{sp}^{\ominus}=27(s/c^{\ominus})^4$

【例 7-1】 25 ℃时氯化银、硫酸钡的溶解度分别为 1.90×10^{-3} g·L^{-1}、2.41×10^{-3} g·L^{-1}，求 $K_{sp}^{\ominus}$(AgCl)和 $K_{sp}^{\ominus}(BaSO_4)$。已知 M(AgCl)=143 g·mol^{-1}，$M(BaSO_4)$=233 g·mol^{-1}。

解 先将溶解度(s)单位换算为 mol·L^{-1}。

$$s(AgCl)=(1.90\times10^{-3}\ g\cdot L^{-1})/(143\ g\cdot mol^{-1})=1.33\times10^{-5}\ mol\cdot L^{-1}$$

$$s(BaSO_4)=(2.41\times10^{-3}\ g\cdot L^{-1})/(233\ g\cdot mol^{-1})=1.03\times10^{-5}\ mol\cdot L^{-1}$$

AgCl 与 $BaSO_4$ 都属于 AB 型难溶强电解质，则

$$K_{sp}^{\ominus}(AgCl)=[s(AgCl)/c^{\ominus}]^2=(1.33\times10^{-5})^2=1.77\times10^{-10}$$

$$K_{sp}^{\ominus}(BaSO_4)=[s(BaSO_4)/c^{\ominus}]^2=(1.03\times10^{-5})^2=1.06\times10^{-10}$$

【例 7-2】 室温时铬酸银的饱和溶液中铬酸银的含量为 2.60×10^{-2} g·L^{-1}，假设不发生其他副反应，求其 $K_{sp}^{\ominus}$。

解 已知 Ag_2CrO_4 的摩尔质量为 332 g·mol^{-1}。

$$s(Ag_2CrO_4)=(2.60\times10^{-2}\ g\cdot L^{-1})/(332\ g\cdot mol^{-1})=7.83\times10^{-5}\ mol\cdot L^{-1}$$

Ag_2CrO_4 属于 A_2B 型难溶强电解质，则

$$K_{sp}^{\ominus}(Ag_2CrO_4)=4[s(Ag_2CrO_4)/c^{\ominus}]^3=4\times(7.83\times10^{-5})^3=1.92\times10^{-12}$$

【例 7-3】 已知 25 ℃时 $K_{sp}^{\ominus}[Cu(OH)_2]=5.66\times10^{-20}$，假设不发生其他副反应，求 $Cu(OH)_2$ 的溶解度。

解 $Cu(OH)_2$ 属于 AB_2 型难溶强电解质，则

$$K_{sp}^{\ominus}[Cu(OH)_2]=4\{s[Cu(OH)_2]/c^{\ominus}\}^3$$

$$s[Cu(OH)_2]=\sqrt[3]{K_{sp}^{\ominus}/4}\cdot c^{\ominus}=\sqrt[3]{5.66\times10^{-20}/4}=2.41\times10^{-7}(mol\cdot L^{-1})$$

总结比较上述各例中难溶电解质的溶解度和溶度积的相对大小可见

$s(AgCl)>s(BaSO_4)$　　$K_{sp}^{\ominus}(AgCl)>K_{sp}^{\ominus}(BaSO_4)$

$s(Ag_2CrO_4)>s[Cu(OH)_2]$　　$K_{sp}^{\ominus}(Ag_2CrO_4)>K_{sp}^{\ominus}[Cu(OH)_2]$

$s(AgCl)<s(Ag_2CrO_4)$　　$K_{sp}^{\ominus}(AgCl)>K_{sp}^{\ominus}(Ag_2CrO_4)$

$s(AgCl)>s[Cu(OH)_2]$　　$K_{sp}^{\ominus}(AgCl)>K_{sp}^{\ominus}[Cu(OH)_2]$

上述结果说明，相同类型的难溶电解质，溶解度大的其溶度积也大，反之亦然。对于同类型的难溶电解质，可以用 $K_{sp}^{\ominus}$的大小直接比较其溶解度的大小。但对于不同类型的难溶电解质，溶解度大的其溶度积不一定大，所以不能用 $K_{sp}^{\ominus}$的相对大小直接比较溶解度的相对大小，必须通过具体的计算才能判断。

需要指出的是，以上溶度积 $K_{sp}^{\ominus}$ 和溶解度 s 之间的换算关系式适用于基本不水解的难溶强电解质，而不适用于显著水解的难溶强电解质、难溶弱电解质以及易形成离子对的难溶强电解质，如 $Pb(OH)_2$、$Cu(OH)_2$、Cu_2S、Ag_2S、ZnS 等。因为阳、阴离子其一或两者显著水解、或电解质对应的离解常数较小、或在溶液中易形成离子对，都使得阳、阴离子的浓度与该难溶电解质的溶解度相差较大。但为方便起见，本章所讨论的难溶电解质均视作基本上不水解的难溶强电解质，不考虑副反应。

难溶电解质的溶度积 $K_{sp}^{\ominus}$ 可以通过测定难溶电解质饱和溶液中阴离子或阳离子的浓度计算得到。但有些难溶电解质的溶解度非常小，直接测定困难或误差较大，这时可以利用化学热力学或电化学的方法计算得到。例如，利用标准摩尔吉布斯自由能变与平衡常数的关系 $\Delta_r G_m^{\ominus}=-RT\ln K^{\ominus}$ 以及标准电极电势 $\varphi^{\ominus}$ 与平衡常数的关系 $\ln K^{\ominus}=\dfrac{nF\varepsilon^{\ominus}}{RT}=\dfrac{nF(\varphi_+^{\ominus}-\varphi_-^{\ominus})}{RT}$ 等求算。

【例 7-4】 试利用有关的热力学数据求算 $K_{sp}^{\ominus}(AgCl)$。

解　查表可得相关物质的 $\Delta_f G_m^{\ominus}$ 为

$$AgCl(s) \rightleftharpoons Ag^+(aq) + Cl^-(aq)$$

$$\Delta_f G_m^{\ominus}/(kJ \cdot mol^{-1}) \quad -109.72 \qquad 77.11 \qquad -131.17$$

$$\begin{aligned}\Delta_r G_m^{\ominus} &= \Delta_f G_m^{\ominus}(Ag^+) + \Delta_f G_m^{\ominus}(Cl^-) - \Delta_f G_m^{\ominus}(AgCl)\\ &= 77.11 + (-131.17) - (-109.72) = 55.66\ (kJ \cdot mol^{-1})\end{aligned}$$

根据化学反应等温方程有

$$\ln K_{sp}^{\ominus}(AgCl) = -\frac{\Delta_r G_m^{\ominus}}{RT} = -\frac{55.66\times 10^3}{8.314\times 298.15} = -22.45$$

所以

$$K_{sp}^{\ominus}(AgCl) = 1.8\times 10^{-10}$$

7.2　沉淀溶解平衡的移动

7.2.1　影响沉淀溶解平衡的因素

沉淀溶解平衡是一个动态的、有条件的平衡，一旦条件发生改变，平衡就会移动。根据化学平衡移动原理，沉淀溶解平衡受温度和离子浓度的影响。难溶电解质的溶解一般是吸热过程，温度升高时，平衡向溶解的方向移动，难溶电解质的溶解度增加；温度降低，平衡向沉淀的方向移动，难溶电解质的溶解度减小。溶度积随温度的变化可以根据范特霍夫方程进行计算。

离子浓度影响沉淀溶解平衡的表现形式有同离子效应、盐效应和副反应三种情形。

1. 同离子效应

同离子效应是指在含有难溶电解质的饱和溶液中加入与难溶电解质含有相同离子的易溶强电解质，使难溶电解质溶解度降低的现象。例如，在 AgCl 的饱和溶液中有

$$AgCl(s) \rightleftharpoons Ag^+(aq) + Cl^-(aq)$$

若向其中加入 $AgNO_3$ 或 NaCl 固体，溶液中 Ag^+ 或 Cl^- 的浓度增加，根据平衡移动原理，原平衡被破坏，平衡向左移动，更多的 AgCl 沉淀从溶液中析出，AgCl 的溶解度降低。

2. 盐效应

盐效应是指向含有难溶电解质的饱和溶液中加入与难溶电解质含有不同离子的易溶强电

解质,沉淀的溶解度略有增加的现象。与酸碱平衡类似,盐效应的产生是由于随着溶液中正、负离子浓度的增加,带相反电荷的离子之间的相互牵制作用加强,妨碍了离子的自由运动,相当于减少了离子的有效浓度,从而使离子与固体表面碰撞的机会相应减小,降低了沉淀生成的速度,破坏了沉淀溶解平衡,使平衡向溶解的方向移动。当再次建立起新的平衡时,难溶电解质的溶解度就增大了。例如,在 $BaSO_4$ 饱和溶液中有

$$BaSO_4(s) \rightleftharpoons Ba^{2+}(aq) + SO_4^{2-}(aq)$$

如向其中加入易溶强电解质 KCl 固体,进入溶液中的 KCl 离解出大量的 K^+ 和 Cl^-。Ba^{2+} 被大量的异号离子 Cl^- 包围,SO_4^{2-} 被大量的异号离子 K^+ 包围,Ba^{2+} 和 SO_4^{2-} 的自由运动受到阻碍,两者结合而沉淀的速率减小,使离子沉淀速率小于沉淀溶解速率,平衡右移,沉淀的溶解度增加。

根据盐效应的产生原因可见,在产生同离子效应的同时,必然也存在盐效应,但由于与同离子效应相比较,盐效应的影响很小,所以一般不予考虑。

3. 副反应

若组成难溶电解质的阳离子或阴离子在体系中发生了除沉淀和溶解之外的其他副反应,如弱酸弱碱离子与水发生的水解反应、金属离子与过量的沉淀剂发生的配位反应等,使难溶电解质离子浓度降低,破坏了沉淀溶解平衡,平衡向溶解的方向移动,会使难溶电解质的实际溶解度大于根据 $K_{sp}^{\ominus}$ 计算所得的数值。

例如,$CaCO_3$ 饱和溶液中的阴离子 CO_3^{2-} 是弱碱,易发生水解反应

$$CO_3^{2-} + H_2O \rightleftharpoons HCO_3^- + OH^-$$

$Fe(OH)_3$ 饱和溶液中的阳离子 Fe^{3+} 是弱酸,易发生水解反应

$$Fe^{3+} + H_2O \rightleftharpoons Fe(OH)^{2+} + H^+$$

稍过量的 Cl^- 可使 Ag^+ 沉淀更完全,但若 Cl^- 浓度过大,则与 Ag^+ 生成 $[AgCl_2]^-$ 等配离子,反而使其溶解度增大。

$$Ag^+ + 2Cl^- \rightleftharpoons [AgCl_2]^-$$

离子发生副反应的趋势越大,难溶电解质的实际溶解度与利用 $K_{sp}^{\ominus}$ 的计算值相差越远。

【例 7-5】 求 25 ℃时,AgCl 在 0.010 mol · L^{-1} 的 NaCl 溶液中的溶解度。不考虑其他副反应,已知 $K_{sp}^{\ominus}(AgCl) = 1.8\times10^{-10}$。

解 设 AgCl 在 0.010 mol · L^{-1} 的 NaCl 溶液中的溶解度为 x mol · L^{-1},则

$c(Ag^+) = x$ mol · L^{-1} $c(Cl^-) = 0.01 + x \approx 0.01$ mol · L^{-1}(由于同离子效应,略去 x)

根据溶度积的计算式 $K_{sp}^{\ominus} = [c(Ag^+)/c^{\ominus}] \cdot [c(Cl^-)/c^{\ominus}]$,得

$$0.010x = 1.8\times10^{-10}$$

解得

$$x = 1.8\times10^{-8} \text{ mol} \cdot L^{-1}$$

即 AgCl 在 0.010 mol · L^{-1} 的 NaCl 溶液中的溶解度为 1.8×10^{-8} mol · L^{-1}。

与例 7-1 中 AgCl 在纯水中的溶解度 1.77×10^{-5} mol · L^{-1} 比较,AgCl 在0.010 mol · L^{-1} 的 NaCl 溶液中的溶解度减小了 3 个数量级,说明同离子效应使 AgCl 的溶解度大为降低,溶液中 Ag^+ 沉淀得更完全。由此可见,利用同离子效应,可使某种离子沉淀得更完全,这在离子的分离纯化、贵重金属的回收等应用中有很强的实用价值,但注意沉淀剂不宜过量太多,否则将得不偿失或产生其他副反应,经验表明,一般过量约 20%就足够了。

7.2.2　溶度积规则

在一定温度下，任一时刻，对任一沉淀溶解反应

$$A_mB_n(s) \underset{沉淀}{\overset{溶解}{\rightleftharpoons}} mA^{n+}(aq) + nB^{m-}(aq)$$

根据化学反应等温方程，有

$$\Delta_r G_m(T) = RT\ln\frac{Q_i}{K^\ominus} \tag{7-2}$$

式中，$Q_i=[c'(A^{n+})/c^\ominus]^m \cdot [c'(B^{m-})/c^\ominus]^n$，$c'(A^{n+})$、$c'(B^{m-})$为沉淀溶解反应在任意时刻各离子的浓度，不一定是平衡浓度；Q_i 为沉淀溶解反应的反应商，又称离子积。根据式(7-2)可见

$Q_i < K_{sp}^\ominus$时，$\Delta_r G_m(T) < 0$，平衡正向移动，即沉淀溶解或无沉淀生成，体系处于未饱和状态；

$Q_i = K_{sp}^\ominus$时，$\Delta_r G_m(T) = 0$，达到平衡状态，既无沉淀溶解，也无沉淀生成，为饱和溶液；

$Q_i > K_{sp}^\ominus$时，$\Delta_r G_m(T) > 0$，平衡逆向移动，即有沉淀生成，体系处于过饱和状态。

上述关于沉淀生成和溶解的规律，称为溶度积规则。利用溶度积规则，可创造条件，实现沉淀的生成、分步沉淀以及沉淀的溶解、沉淀的转化等，解决科学研究和生产实践中的具体问题。

7.2.3　溶度积规则的应用

1. 沉淀的生成

根据溶度积规则，$Q_i > K_{sp}^\ominus$是产生沉淀的必要条件。在难溶电解质的溶液中，只要溶液中离子浓度较大，使 $Q_i > K_{sp}^\ominus$，就可以生成沉淀，从而达到分离、提纯、制备等目的。

【例 7-6】 将下列浓度的 $AgNO_3$ 和 K_2CrO_4 溶液等体积混合，有无砖红色的 Ag_2CrO_4 沉淀析出？已知 $K_{sp}^\ominus(Ag_2CrO_4) = 1.12\times10^{-12}$。

(1) 0.00020 $mol \cdot L^{-1}$ $AgNO_3$ 和 0.0020 $mol \cdot L^{-1}$ K_2CrO_4；

(2) 0.00020 $mol \cdot L^{-1}$ $AgNO_3$ 和 0.00020 $mol \cdot L^{-1}$ K_2CrO_4。

并计算要在 0.00020 $mol \cdot L^{-1}$ $AgNO_3$ 溶液中析出 Ag_2CrO_4 沉淀所需等体积的 K_2CrO_4 溶液的浓度。

解　两溶液等体积混合后，各物质浓度减半。

(1)　$c(Ag^+) = 0.00010\ mol \cdot L^{-1}$，$c(CrO_4^{2-}) = 0.0010\ mol \cdot L^{-1}$

$$Q_i = [c(Ag^+)/c^\ominus]^2 \cdot [c(CrO_4^{2-})/c^\ominus] = (0.00010)^2 \times 0.0010 = 1.0\times10^{-11} > K_{sp}^\ominus(Ag_2CrO_4) = 1.12\times10^{-12}$$

因此，两溶液混合后有砖红色 Ag_2CrO_4 沉淀生成。

(2)　$c(Ag^+) = 0.00010\ mol \cdot L^{-1}$，$c(CrO_4^{2-}) = 0.00010\ mol \cdot L^{-1}$

$$Q_i = [c(Ag^+)/c^\ominus]^2 \cdot [c(CrO_4^{2-})/c^\ominus] = (0.00010)^2 \times 0.00010 = 1.0\times10^{-12} < K_{sp}^\ominus(Ag_2CrO_4) = 1.12\times10^{-12}$$

因此，两溶液混合后无砖红色 Ag_2CrO_4 沉淀生成。

要在 0.00020 $mol \cdot L^{-1}$ $AgNO_3$ 溶液中析出 Ag_2CrO_4 沉淀，等体积混合 $AgNO_3$ 和 K_2CrO_4 溶液后，混合体系中 Ag^+ 浓度和 CrO_4^{2-} 浓度应满足 $Q_i > K_{sp}^\ominus(Ag_2CrO_4)$，即

$$(0.00010)^2 \times [c(CrO_4^{2-})/c^\ominus] > 1.12\times10^{-12}$$

$$c(CrO_4^{2-}) > 1.12\times10^{-4}\ mol \cdot L^{-1} \qquad 1.12\times10^{-4}\times2 = 2.24\times10^{-4}(mol \cdot L^{-1})$$

即混合之前 K_2CrO_4 溶液的浓度应大于 $2.24\times10^{-4}\ mol \cdot L^{-1}$才能析出 Ag_2CrO_4 沉淀。

在离子鉴定、重量分析、物质分离提纯、无机制备、废水处理等领域中，常需要利用生成沉淀达到制备、分离或除去某些离子的目的。这就需要加入合适的试剂使沉淀生成，并尽可能地

使离子沉淀完全，根据沉淀溶解平衡，任何一种离子都不可能100%沉淀完全，因此，一般溶液中残留的离子浓度小于 10^{-5} mol·L^{-1}，即可认为定性沉淀完全；离子浓度小于 10^{-6} mol·L^{-1}，可认为定量沉淀完全。本书中若未特别说明，所谓沉淀完全都是指定性沉淀完全。为使某种离子尽可能沉淀完全，常采用以下措施。

(1) 选择适当的沉淀剂，使沉淀物的溶解度尽可能小。例如，要沉淀溶液中的 SO_4^{2-}，常选用 $BaCl_2$ 作为沉淀剂。这是因为与 $CaCl_2$ 或 $Pb(NO_3)_2$ 相比，由于 $K_{sp}^{\ominus}(BaSO_4) < K_{sp}^{\ominus}(PbSO_4) < K_{sp}^{\ominus}(CaSO_4)$，用 $BaCl_2$ 作沉淀剂，SO_4^{2-} 沉淀更完全。

(2) 适当加入过量的沉淀剂，利用同离子效应，使离子沉淀完全。

(3) 控制溶液的 pH，使离子沉淀完全。对于难溶氢氧化物和弱酸根形成的难溶电解质（如硫化物、碳酸盐等），除了选择适当的沉淀剂和加入适当过量的沉淀剂外，还必须控制溶液的 pH，才能确保沉淀完全。

【例 7-7】 在 10 mL 0.0030 mol·L^{-1}的 Na_2SO_4 溶液中，加入 5 mL 0.030 mol·L^{-1}的 $BaCl_2$ 溶液，试计算 SO_4^{2-} 是否沉淀完全。已知 $K_{sp}^{\ominus}(BaSO_4)=1.1\times10^{-10}$。

解 两溶液混合后

$c(SO_4^{2-})=0.0030\times2/3$ mol·$L^{-1}=0.0020$ mol·L^{-1}，$c(Ba^{2+})=0.030\times1/3$mol·$L^{-1}=0.010$ mol·L^{-1}

$$Q_i=[c(SO_4^{2-})/c^{\ominus}]\cdot[c(Ba^{2+})/c^{\ominus}]=0.0020\times0.010=2.0\times10^{-5}\gg1.1\times10^{-10}$$

因此，有 $BaSO_4$ 沉淀析出。

当析出沉淀后，溶液中尚有过量的 Ba^{2+}，过量的 Ba^{2+} 浓度为 $c(Ba^{2+})=0.010-0.0020=0.0080$ (mol·L^{-1})，最后达到平衡时，剩余的 SO_4^{2-} 浓度应为

$$c(SO_4^{2-})/c^{\ominus}=\frac{K_{sp}^{\ominus}}{c(Ba^{2+})/c^{\ominus}}=\frac{1.1\times10^{-10}}{0.0080}=1.4\times10^{-8}<10^{-5}\ \text{mol}\cdot\text{L}^{-1}$$

由于 Ba^{2+} 过量，溶液中 SO_4^{2-} 已沉淀完全。

影响难溶电解质溶解度的因素很多，除同离子效应、pH 外，盐效应、配位效应、温度、晶体的结构和颗粒大小等也有影响。因此在实际工作中，必须综合考虑各种因素，才能找出促使沉淀完全的最佳条件。

2. 分步沉淀

向含有多种混合离子的溶液中逐渐加入某种能与这些离子都能生成沉淀的沉淀剂，由于各离子开始沉淀时所需沉淀剂的浓度不一样，加入沉淀剂后，各离子会按一定的先后次序沉淀出来，这种按先后次序沉淀的现象称为分步沉淀。例如，在含有等浓度的 Cl^-、Br^- 和 I^- 的混合溶液中，逐滴加入 $AgNO_3$ 溶液，I^- 最先沉淀，Br^- 次之，最后沉淀的是 Cl^-。

由溶度积规则可知，离子积先达到溶度积的离子先沉淀，或者说，开始产生沉淀时需要沉淀剂浓度小的离子先沉淀。

【例 7-8】 溶液中 Cl^-、Br^- 和 CrO_4^{2-} 离子浓度都是 0.10 mol·L^{-1}。当以 $AgNO_3$ 作沉淀剂时，(1)计算说明哪种离子先沉淀？(2)最后一种离子沉淀时，溶液其他两种离子的浓度是多少？已知 $K_{sp}^{\ominus}(AgCl)=1.8\times10^{-10}$，$K_{sp}^{\ominus}(AgBr)=5.35\times10^{-13}$，$K_{sp}^{\ominus}(Ag_2CrO_4)=1.12\times10^{-12}$。

解 (1)各离子开始沉淀时所需 Ag^+ 的浓度分别为

Cl^- 沉淀所需 Ag^+ 的浓度：
$$c(Ag^+)/c^{\ominus}>\frac{K_{sp}^{\ominus}(AgCl)}{c(Cl^-)/c^{\ominus}}=\frac{1.8\times10^{-10}}{0.10}=1.8\times10^{-9}$$

Br^- 沉淀所需 Ag^+ 的浓度：
$$c(Ag^+)/c^{\ominus}>\frac{K_{sp}^{\ominus}(AgBr)}{c(Br^-)/c^{\ominus}}=\frac{5.35\times10^{-13}}{0.10}=5.35\times10^{-12}$$

CrO_4^{2-} 沉淀所需 Ag^+ 的浓度：　$c(Ag^+)/c^{\ominus} > \sqrt{\dfrac{K_{sp}^{\ominus}}{c(CrO_4^{2-})/c^{\ominus}}} = \sqrt{\dfrac{1.12\times10^{-12}}{0.10}} = 3.35\times10^{-6}$

比较可知，Br^- 沉淀所需 Ag^+ 的浓度最小，所以 Br^- 最先沉淀。

(2)由(1)知，CrO_4^{2-} 最后沉淀，当其开始沉淀时，溶液中 Ag^+ 离子浓度大于 3.35×10^{-6} mol · L^{-1}，此时

$$c(Cl^-)/c^{\ominus} < \frac{K_{sp}^{\ominus}(AgCl)}{c(Ag^+)/c^{\ominus}} = \frac{1.8\times10^{-10}}{3.35\times10^{-6}} = 5.4\times10^{-5}$$

$$c(Br^-)/c^{\ominus} < \frac{K_{sp}^{\ominus}(AgBr)}{c(Ag^+)/c^{\ominus}} = \frac{5.35\times10^{-13}}{3.35\times10^{-6}} = 1.60\times10^{-7}$$

从例 7-8 的计算可见，当 CrO_4^{2-} 开始沉淀时，Br^- 浓度为 1.60×10^{-7} mol · L^{-1}，已沉淀完全；Cl^- 的浓度为 5.4×10^{-5} mol · L^{-1}，已近沉淀完全。因此，在定量分析化学中，用沉淀滴定法测 Cl^- 含量时，用 $AgNO_3$ 作标准溶液，K_2CrO_4 作指示剂，开始产生白色 AgCl 沉淀，当有红色 Ag_2CrO_4 沉淀生成时，说明 Cl^- 已基本沉淀完全，即达到滴定终点。

在分步沉淀时，当被沉淀离子的浓度相等时，若生成相同类型的沉淀，$K_{sp}^{\ominus}$小的先沉淀，这时可直接用 $K_{sp}^{\ominus}$的大小判断分步沉淀的先后顺序，如 $K_{sp}^{\ominus}(AgBr) < K_{sp}^{\ominus}(AgCl)$，$Br^-$ 先沉淀。若生成不同类型的沉淀，则不能直接用 $K_{sp}^{\ominus}$的大小直接判断，而必须通过计算、比较所需沉淀剂的浓度大小来判断说明，如 $K_{sp}^{\ominus}(AgCl) > K_{sp}^{\ominus}(Ag_2CrO_4)$，但 Cl^- 先沉淀。当被沉淀离子的浓度不相等或相差较大时，无论是生成相同类型的沉淀，还是生成不同类型的沉淀，都必须通过计算来比较先后顺序，而不能依据 $K_{sp}^{\ominus}$大小直接判断。总之，分步沉淀的先后顺序由各沉淀的 $K_{sp}^{\ominus}$值和溶液中各离子的浓度值共同决定。

适当控制条件，利用分步沉淀可以达到分离、提纯离子的目的，这在分析化学和工业生产上有重要的应用。例如，要除去浓度皆为 0.10 mol · L^{-1}的 Br^- 和 CrO_4^{2-} 混合溶液中的 Br^-，根据例 7-8 的计算知，只需要控制 Ag^+ 浓度范围在 5.35×10^{-8}～3.35×10^{-6} mol · L^{-1}即可。以氢氧化物沉淀或以金属硫化物沉淀形式除去杂质，进行离子分离，还常采取控制溶液 pH 的方法控制 OH^- 或 S^{2-} 的浓度，从而达到分离、除杂的目的。

【例 7-9】 已知 20 ℃时 $CuSO_4 \cdot 5H_2O$ 的溶解度为 32.0 g/(100 gH_2O)，要以 $Fe(OH)_3$ 的形式除去饱和 $CuSO_4$ 溶液中的杂质 Fe^{3+}，pH 应该控制在什么范围?（整个过程忽略体积变化，溶液的密度近似看作1 g · mL^{-1}。）

已知 $K_{sp}^{\ominus}[Cu(OH)_2]=5.66\times10^{-20}$，$K_{sp}^{\ominus}[Fe(OH)_3]=2.79\times10^{-39}$。

解　要将 $CuSO_4$ 溶液中的杂质 Fe^{3+} 沉淀除去，一是不能使 Cu^{2+} 生成沉淀，二是需将 Fe^{3+} 沉淀完全。20 ℃时饱和 $CuSO_4$ 溶液的浓度为

$$c(CuSO_4) = \frac{n(CuSO_4 \cdot 5H_2O)}{V(\text{溶液})} = \frac{m(CuSO_4 \cdot 5H_2O)/M(CuSO_4 \cdot 5H_2O)}{m(\text{溶液})/d}$$

$$= \frac{32.0/250}{[(100+32.0)/1]\times10^{-3}} = 0.97(\text{mol} \cdot \text{L}^{-1})$$

Cu^{2+} 开始沉淀时

$$c(OH^-)/c^{\ominus} = \sqrt{\frac{K_{sp}^{\ominus}[Cu(OH)_2]}{c(Cu^{2+})/c^{\ominus}}} = \sqrt{\frac{5.66\times10^{-20}}{0.97}} = 2.42\times10^{-10} \qquad pH=4.4$$

Fe^{3+} 完全沉淀时

$$c(OH^-)/c^{\ominus} = \sqrt[3]{\frac{K_{sp}^{\ominus}[Fe(OH)_3]}{c(Fe^{3+})/c^{\ominus}}} = \sqrt[3]{\frac{2.79\times10^{-39}}{1.0\times10^{-5}}} = 6.53\times10^{-12} \qquad pH=2.8$$

pH 应该控制在 2.8～4.4，才能将 $CuSO_4$ 溶液中的杂质 Fe^{3+} 沉淀除去。

【例 7-10】 某溶液中含浓度均为 0.10 mol · L^{-1}的 Zn^{2+} 和 Mn^{2+}，欲利用硫化物沉淀法将两种离子分离。

(1) 哪种离子先沉淀?

(2) 为使第一种离子沉淀完全，第二种离子不沉淀，溶液 S^{2-} 离子浓度应控制在何范围？

(3) 若通入 H_2S 气至饱和，溶液中 pH 应控制在何范围可将两种离子分离？（饱和溶液中 H_2S 浓度为 0.10 mol·L^{-1}）

已知 $K_{sp}^{\ominus}(ZnS)=2.5\times10^{-22}$，$K_{sp}^{\ominus}(MnS)=4.65\times10^{-14}$，$K_{a1}^{\ominus}(H_2S)=1.3\times10^{-7}$，$K_{a2}^{\ominus}(H_2S)=7.1\times10^{-15}$。

解 (1) 因两种沉淀的类型相同，离子浓度相同，故溶度积小的沉淀先产生，即 Zn^{2+} 先被沉淀。

(2) 当 Zn^{2+} 沉淀完全时，$c(Zn^{2+})<10^{-5}$ mol·L^{-1}，则

$$c(S^{2-})/c^{\ominus}>\frac{K_{sp}^{\ominus}(ZnS)}{c(Zn^{2+})/c^{\ominus}}=\frac{2.5\times10^{-22}}{10^{-5}}=2.5\times10^{-17}$$

要使 Mn^{2+} 不沉淀，必须使溶液中

$$c(S^{2-})/c^{\ominus}<\frac{K_{sp}^{\ominus}(MnS)}{c(Mn^{2+})/c^{\ominus}}=\frac{4.65\times10^{-14}}{0.10}=4.65\times10^{-13}$$

因此，溶液中 S^{2-} 离子浓度应控制在 $2.5\times10^{-17}\sim4.65\times10^{-13}$ mol·L^{-1}。

(3) 若通入 H_2S 气体至饱和，则有 H_2S 的解离平衡 $H_2S \rightleftharpoons 2H^+ + S^{2-}$，根据解离平衡常数的表达式

$$K_{a1}^{\ominus}(H_2S)\cdot K_{a2}^{\ominus}(H_2S)=\frac{[c(H^+)/c^{\ominus}]^2\cdot[c(S^{2-})/c^{\ominus}]}{c(H_2S)/c^{\ominus}}$$

有 $c(H^+)/c^{\ominus}=\sqrt{\dfrac{K_{a1}^{\ominus}(H_2S)\cdot K_{a2}^{\ominus}(H_2S)\cdot[c(H_2S)/c^{\ominus}]}{c(S^{2-})/c^{\ominus}}}$，则

Zn^{2+} 沉淀完全时

$$c(H^+)/c^{\ominus}\leqslant\sqrt{\frac{1.3\times10^{-7}\times7.1\times10^{-15}\times0.10}{2.5\times10^{-17}}}=1.9\times10^{-3}\qquad pH\geqslant2.7$$

Mn^{2+} 不被沉淀时

$$c(H^+)/c^{\ominus}\geqslant\sqrt{\frac{1.3\times10^{-7}\times7.1\times10^{-15}\times0.10}{4.65\times10^{-13}}}=1.4\times10^{-5}\qquad pH\leqslant4.9$$

因此，溶液 pH 控制在 2.7～4.9 即可将 Zn^{2+} 和 Mn^{2+} 两种离子分开。

3. 沉淀的溶解

根据溶度积规则，$Q_i<K_{sp}^{\ominus}$ 时，沉淀溶解。只要能采用合适的方法有效降低难溶电解质溶液中阴离子或阳离子的浓度，满足 $Q_i<K_{sp}^{\ominus}$，沉淀就会溶解。降低阴、阳离子浓度的方法有多种。

1）生成弱电解质使沉淀溶解

由氢氧根及弱酸根形成的难溶电解质[如 $Mg(OH)_2$、FeS、$CaCO_3$ 等]溶于酸时，离解出的氢氧根或弱酸根与酸作用生成弱电解质，如 NH_3、H_2O、H_2S、H_2CO_3 等，降低了阴离子浓度，使 $Q_i<K_{sp}^{\ominus}$，沉淀将溶解。弱酸根形成的 1－1 型难溶电解质 MA 溶于强酸 HB 时，整个过程包含三个方面。

沉淀溶解平衡	$MA(s) \rightleftharpoons M^+ + A^-$	$K_{sp}^{\ominus}(MA)$
强酸完全离解	$HB \longrightarrow B^- + H^+$	
酸碱平衡	$H^+ + A^- \rightleftharpoons HA$	$1/K_a^{\ominus}(HA)$
总的溶解反应为	$MA(s) + H^+ \rightleftharpoons M^+ + HA$	$K^{\ominus}$

沉淀溶解平衡与酸碱平衡共存于同一溶液体系，根据多重平衡原理，难溶电解质溶解反应的总平衡常数为

$$K^{\ominus}=K_{sp}^{\ominus}(MA)/K_a^{\ominus}(HA)\tag{7-3}$$

由式(7-3)可见，沉淀溶解于强酸的平衡常数 $K^{\ominus}$ 值取决于难溶电解质以及生成的弱酸的本性。难溶电解质的溶度积 $K_{sp}^{\ominus}$ 越大，所生成的弱酸 $K_a^{\ominus}$ 越小，反应的标准平衡常数 $K^{\ominus}$ 越大，反应正向进行的趋势越大，难溶电解质溶解度越大，即 MA 越易溶解于强酸，反之亦然。通常

认为总平衡常数大于 10^{-7}时，溶解反应即可发生。同理，可以推导难溶电解质溶于弱酸的情况。

【例 7-11】 试分别计算 $CaCO_3$ 溶于盐酸和乙酸反应的标准平衡常数，并说明 $CaCO_3$ 在两种酸中的溶解情况。已知 $K_{sp}^{\ominus}(CaCO_3)=3.36\times10^{-9}$，$K_{a1}^{\ominus}(H_2CO_3)=4.37\times10^{-7}$，$K_{a2}^{\ominus}(H_2CO_3)=4.68\times10^{-11}$，$K_a^{\ominus}(HAc)=1.74\times10^{-5}$。

解 $CaCO_3$ 溶于盐酸的反应为

$$CaCO_3(s)+2H^+ \rightleftharpoons Ca^{2+}+H_2CO_3$$

$$K^{\ominus}=\frac{K_{sp}^{\ominus}(CaCO_3)}{[K_{a1}^{\ominus}(H_2CO_3)]\cdot[K_{a2}^{\ominus}(H_2CO_3)]}=\frac{3.36\times10^{-9}}{4.37\times10^{-7}\times4.68\times10^{-11}}=1.64\times10^{8}$$

平衡常数很大，说明 $CaCO_3$ 易溶于盐酸中。

$CaCO_3$ 溶于乙酸的反应为

$$CaCO_3(s)+2HAc \rightleftharpoons Ca^{2+}+H_2CO_3+2Ac^-$$

上述反应包括 $CaCO_3$ 的沉淀溶解平衡、HAc 的离解平衡、CO_3^{2-} 的一级、二级离解平衡

$$CaCO_3(s) \rightleftharpoons Ca^{2+}+CO_3^{2-} \qquad K_{sp}^{\ominus}(CaCO_3)$$

$$HAc \rightleftharpoons H^+ + Ac^- \qquad K_a^{\ominus}(HAc)$$

$$CO_3^{2-}+2H^+ \rightleftharpoons H_2CO_3 \qquad K^{\ominus}=1/[K_{a1}^{\ominus}(H_2CO_3)\cdot K_{a2}^{\ominus}(H_2CO_3)]$$

根据多重平衡原理可得 $CaCO_3$ 溶于乙酸的标准平衡常数为

$$K^{\ominus}=\frac{K_{sp}^{\ominus}(CaCO_3)\cdot[K_a^{\ominus}(HAc)]^2}{[K_{a1}^{\ominus}(H_2CO_3)]\cdot[K_{a2}^{\ominus}(H_2CO_3)]}=\frac{3.36\times10^{-9}\times(1.74\times10^{-5})^2}{4.37\times10^{-7}\times4.68\times10^{-11}}=4.97\times10^{-2}$$

由 $K^{\ominus}$可知，$CaCO_3$ 可溶于乙酸，但其溶解趋势远远小于在盐酸中的溶解趋势。适量盐酸即可将碳酸钙溶解，但必须使用高浓度的乙酸才能使碳酸钙溶解，否则碳酸钙溶解不完全。

【例 7-12】 今有 FeS 和 CuS 两种沉淀各 0.1 mol，问分别需用 1 L 多大浓度的强酸才能使它们溶解？硫化氢饱和溶液中 $c(H_2S)=0.10\ mol\cdot L^{-1}$，$K_{sp}^{\ominus}(FeS)=1.59\times10^{-19}$，$K_{sp}^{\ominus}(CuS)=1.27\times10^{-36}$，$K_{a1}^{\ominus}(H_2S)=1.3\times10^{-7}$，$K_{a2}^{\ominus}(H_2S)=7.1\times10^{-15}$。

解 FeS 溶于强酸的多重平衡为

$$FeS(s)+2H^+ \rightleftharpoons Fe^{2+}+H_2S$$

根据多重平衡原理，反应的标准平衡常数为

$$K^{\ominus}=\frac{K_{sp}^{\ominus}(FeS)}{K_{a1}^{\ominus}(H_2S)\cdot K_{a2}^{\ominus}(H_2S)}=\frac{1.59\times10^{-19}}{1.3\times10^{-7}\times7.1\times10^{-15}}=1.7\times10^{2}$$

由 FeS 的溶解反应可得其标准平衡常数的表达式为 $K^{\ominus}=\frac{[c(Fe^{2+})/c^{\ominus}]\cdot[c(H_2S)/c^{\ominus}]}{[c(H^+)/c^{\ominus}]^2}$，即

$$1.7\times10^{2}=\frac{0.10\times0.10}{[c(H^+)/c^{\ominus}]^2}$$

解得 $$c(H^+)=0.0077\ mol\cdot L^{-1}$$

用 1 L 强酸溶解 0.1 mol FeS，需 $c(H^+)=0.2+0.0077=0.2077\ (mol\cdot L^{-1})$。

CuS 溶于强酸的多重平衡为

$$CuS(s)+2H^+ \rightleftharpoons Cu^{2+}+H_2S$$

反应的标准平衡常数为

$$K^{\ominus}=\frac{K_{sp}^{\ominus}(CuS)}{K_{a1}^{\ominus}(H_2S)\cdot K_{a2}^{\ominus}(H_2S)}=\frac{1.27\times10^{-36}}{1.3\times10^{-7}\times7.1\times10^{-15}}=1.4\times10^{-15}$$

同理可求得溶解 CuS 后溶液的酸度为

$$c(H^+)=2.7\times10^{6}\ mol\cdot L^{-1}$$

用 1 L 强溶解 0.1 mol CuS，需 $c(H^+)=2.7\times10^{6}+0.2\approx2.7\times10^{6}(mol\cdot L^{-1})$。

显然，$c(H^+)$为 $2.7\times10^{6}\ mol\cdot L^{-1}$的强酸是不可能存在的，故 CuS 不能溶于强酸。其实，溶解平衡常数已经表明了这种结果，FeS 溶解于强酸的平衡常数为 1.7×10^{2}，即稍过量的

强酸就能使其溶解；而 CuS 溶解于强酸的平衡常数为 1.4×10^{-15}，远远小于 10^{-7}，正向溶解反应根本不能进行，故 CuS 不溶于强酸。

【例 7-13】 今有 0.10 mol $Mg(OH)_2$ 和 $Fe(OH)_3$，则分别需用 1 L 多少浓度的 NH_4Cl 才能使它溶解？已知 $K_{sp}^{\ominus}[Mg(OH)_2]=5.61\times10^{-12}$，$K_b^{\ominus}(NH_3\cdot H_2O)=1.8\times10^{-5}$，$K_{sp}^{\ominus}[Fe(OH)_3]=2.79\times10^{-39}$。

解 设 $Mg(OH)_2$ 溶解完全后溶液中 NH_4^+ 的浓度为 x mol·L^{-1}，则

$$Mg(OH)_2(s)+2NH_4^+ \rightleftharpoons Mg^{2+}+2NH_3\cdot H_2O$$

平衡浓度/(mol·L^{-1}) x 0.10 0.20

溶解反应的标准平衡常数为

$$K^{\ominus}=\frac{[c(Mg^{2+})/c^{\ominus}]\cdot[c(NH_3\cdot H_2O)/c^{\ominus}]^2}{[c(NH_4^+)/c^{\ominus}]^2}=\frac{K_{sp}^{\ominus}[Mg(OH)_2]}{[K_b^{\ominus}(NH_3\cdot H_2O)]^2}$$

即

$$\frac{0.10\times0.20^2}{x^2}=\frac{5.61\times10^{-12}}{(1.8\times10^{-5})^2}$$

解得 $x=0.48$ mol·L^{-1}。

因此，溶解 0.10 mol $Mg(OH)_2$ 需 1 LNH_4Cl 溶液的总浓度为

$$c(NH_4Cl)=0.20+0.48=0.68\ (mol\cdot L^{-1})$$

设 $Fe(OH)_3$ 溶解完全后溶液中 NH_4^+ 的浓度为 y mol·L^{-1}，则有

$$Fe(OH)_3(s)+3NH_4^+ \rightleftharpoons Fe^{3+}+3NH_3\cdot H_2O$$

平衡浓度/(mol·L^{-1}) y 0.10 0.30

溶解反应的标准平衡常数为

$$K^{\ominus}=\frac{[c(Fe^{3+})/c^{\ominus}]\cdot[c(NH_3\cdot H_2O)/c^{\ominus}]^3}{[c(NH_4^+)/c^{\ominus}]^3}=\frac{K_{sp}^{\ominus}[Fe(OH)_3]}{[K_b^{\ominus}(NH_3\cdot H_2O)]^3}$$

即

$$\frac{0.10\times0.30^3}{y^3}=\frac{2.79\times10^{-39}}{(1.8\times10^{-5})^3}$$

解得 $y=1.8\times10^7$ mol·L^{-1}。

溶解 0.10 mol $Fe(OH)_3$ 需 NH_4Cl 的总浓度为

$$c(NH_4Cl)=0.30+1.8\times10^7\approx1.8\times10^7\ (mol\cdot L^{-1})$$

不可能配制浓度达 1.8×10^7 mol·L^{-1} 的 NH_4Cl 溶液，所以 $Fe(OH)_3$ 不能溶解于 NH_4Cl 溶液。如果 $Fe(OH)_3$溶解于强酸，反应为 $Fe(OH)_3(s)+3H^+ \rightleftharpoons Fe^{3+}+3H_2O$，该溶解反应的平衡常数为

$$K^{\ominus}=\frac{K_{sp}^{\ominus}[Fe(OH)_3]}{[K_w^{\ominus}(H_2O)]^3}=\frac{2.79\times10^{-39}}{(1.0\times10^{-14})^3}=2.79\times10^3$$

$K^{\ominus}$ 比较大，说明 $Fe(OH)_3$ 易溶于强酸溶液，以上结果与实验事实完全相符。

2）通过氧化还原反应使沉淀溶解

由前述的计算可知，FeS、ZnS 等 $K_{sp}^{\ominus}$ 值不太小的难溶金属硫化物可以溶解于强酸，而 CuS、HgS 等难溶金属硫化物的 $K_{sp}^{\ominus}$ 值特别小，即使用高浓度的强酸也不能使之溶解。但如果使用具有氧化性的 HNO_3，CuS、HgS 等难溶金属硫化物却可以溶解，这是由于难溶金属硫化物离解出的具有还原性的 S^{2-} 与氧化性的 HNO_3 发生了氧化还原反应，使溶液中的 S^{2-} 浓度有效降低，满足了 $Q_i<K_{sp}^{\ominus}$，从而使沉淀溶解。例如，CuS 溶解于稀硝酸

沉淀溶解平衡	$CuS(s) \rightleftharpoons Cu^{2+}+S^{2-}$	$K_{sp}^{\ominus}(CuS)$
氧化还原反应	$3S^{2-}+2NO_3^-+8H^+ \rightleftharpoons 3S+2NO+4H_2O$	$K_{ox\text{-}red}^{\ominus}$
总反应	$3CuS(s)+8H^++2NO_3^- \rightleftharpoons 3Cu^{2+}+3S+2NO+4H_2O$	$K^{\ominus}$

根据多重平衡原理，CuS 总溶解反应的平衡常数为 $K^{\ominus}=K_{sp}^{\ominus 3}(CuS)\cdot K_{ox\text{-}red}^{\ominus}$。$K_{ox\text{-}red}^{\ominus}$ 为氧化还原反应的平衡常数，其值与体系中各氧化还原态物质的本性有关。将氧化还原反应设计

成原电池，若正、负极的标准电极电势分别为 $\varphi_+^\ominus$、$\varphi_-^\ominus$，电池反应电子转移数为 n，则 $\lg K_{\text{ox-red}}^\ominus = \frac{n(\varphi_+^\ominus - \varphi_-^\ominus)}{0.0592}$。即 $K_{sp}^\ominus$ 值特别小的难溶金属硫化物，能否利用氧化还原反应使其溶解，可以通过电化学的定量计算来判断说明。

3) 生成配合物使沉淀溶解

某些难溶电解质，其离解出的离子可以与一定的配位剂形成配位化合物，有效降低了离子浓度，也能使沉淀溶解。

例如，AgCl 不溶于强酸，但可溶于氨水。这是由于 AgCl(s)离解出的 Ag^+ 与 NH_3 结合生成了稳定的配合物 $[Ag(NH_3)_2]^+$，有效降低了 Ag^+ 浓度，使 $Q_i < K_{sp}^\ominus$，从而使 AgCl(s)溶解。溶解过程包含

沉淀溶解平衡　$AgCl(s) \rightleftharpoons Ag^+ + Cl^-$　$K_{sp}^\ominus(AgCl)$

配位离解平衡　$Ag^+ + 2NH_3 \rightleftharpoons [Ag(NH_3)_2]^+$　$K_f^\ominus\{[Ag(NH_3)_2]^+\}$

总的溶解反应为　$AgCl(s) + 2NH_3 \rightleftharpoons [Ag(NH_3)_2]^+ + Cl^-$　$K^\ominus$

根据多重平衡原理，总溶解反应的平衡常数为

$$K^\ominus = K_f^\ominus\{[Ag(NH_3)_2]^+\} \cdot K_{sp}^\ominus(AgCl)$$

$K_f^\ominus$ 为配位离解平衡常数，也称为配合物的稳定常数，可由附录查得。难溶电解质能否通过生成配合物而溶解，可以根据 $K_{sp}^\ominus$ 和 $K_f^\ominus$ 值通过定量计算判断说明。生成配合物的稳定性和难溶电解质的溶解性决定了难溶电解质溶解程度的大小，生成的配合物越稳定，$K_f^\ominus$ 越大，难溶电解质的溶解度越大，$K_{sp}^\ominus$ 越大，则 $K^\ominus$ 越大，难溶电解质越易通过生成配合物而溶解。

4) 综合利用多种方法使沉淀溶解

某些难溶物，既不溶于强酸，也不能单独通过氧化还原反应或生成配合物而溶解。例如，由于 HgS 的 $K_{sp}^\ominus$ 值(6.44×10^{-53})极小，单独采用任何一种方法降低阴离子或阳离子浓度，都不能有效降低 Q_i，不能达到 $Q_i < K_{sp}^\ominus$ 而使其溶解。但 HgS 能溶于王水，这是由于 HgS 离解出的 Hg^{2+} 与王水中的 HCl 发生配位反应生成配合物 $[HgCl_4]^{2-}$，S^{2-} 与王水中的 HNO_3 发生氧化还原反应生成单质 S，综合利用氧化还原反应和生成配合物两种方法，同时降低阴离子和阳离子浓度，使 Q_i 得以有效降低，满足了 $Q_i < K_{sp}^\ominus$，从而使 HgS 溶解。溶解过程如下

$$HgS(s) \rightleftharpoons Hg^{2+} + S^{2-}$$

$$Hg^{2+} + 4Cl^- \rightleftharpoons [HgCl_4]^{2-}$$

$$3S^{2-} + 2NO_3^- + 8H^+ \rightleftharpoons 3S + 2NO + 4H_2O$$

总的溶解反应为

$$3HgS(s) + 2HNO_3(\text{浓}) + 12HCl(\text{浓}) \rightleftharpoons 3S + 3H_2[HgCl_4] + 2NO + 4H_2O$$

同理，CdS 溶于浓盐酸，是综合了生成弱电解质和生成配合物两种方法

$$CdS(s) \rightleftharpoons Cd^{2+} + S^{2-}$$

$$2H^+ + S^{2-} \rightleftharpoons H_2S$$

$$Cd^{2+} + 4Cl^- \rightleftharpoons [CdCl_4]^{2-}$$

总反应为

$$CdS(s) + 2H^+ + 4Cl^- \rightleftharpoons [CdCl_4]^{2-} + H_2S$$

上述各种使沉淀溶解的方法，总的溶解反应都是由两个或两个以上的平衡加和而成的，这类反应是多个平衡之间的竞争，称为竞争平衡，对应的平衡常数称为竞争平衡常数。根据多重平衡原理，竞争平衡常数可以由各分平衡的平衡常数通过乘除运算得到。

4. 沉淀的转化

由一种沉淀转化为另一种沉淀的过程称为沉淀的转化。沉淀的转化反应是两个沉淀反应之间的竞争反应。例如，1－1 型沉淀 MA 与 MB 之间的转化

$$MA(s) \rightleftharpoons M^{+} + A^{-} \qquad K_{sp}^{\ominus}(MA)$$

$$M^{+} + B^{-} \rightleftharpoons MB(s) \qquad 1/K_{sp}^{\ominus}(MB)$$

总转化反应为 $$MA(s) + B^{-} \rightleftharpoons MB(s) + A^{-} \qquad K^{\ominus}$$

根据多重平衡原理，沉淀转化的平衡常数为

$$K^{\ominus} = K_{sp}^{\ominus}(MA)/K_{sp}^{\ominus}(MB) \tag{7-4}$$

由式(7-4)可见，沉淀转化的平衡常数大小取决于两种沉淀溶度积的大小。对于相同类型的沉淀，溶度积大的沉淀易于转化为溶度积小的沉淀，如锅炉内壁锅垢的主要成分 $CaSO_4$ 既难溶于水又难溶于酸，若用 Na_2CO_3 溶液处理，可将溶度积大的 $CaSO_4$ 转化为溶度积小的 $CaCO_3$，而 $CaCO_3$ 可溶于酸，从而达到除去锅垢的目的。该沉淀转化过程为

$$CaSO_4(s) \rightleftharpoons Ca^{2+} + SO_4^{2-}$$

$$Na_2CO_3 \longrightarrow CO_3^{2-} + 2Na^{+}$$

$$Ca^{2+} + CO_3^{2-} \rightleftharpoons CaCO_3(s)$$

总反应转化反应为

$$CaSO_4(s) + CO_3^{2-} \rightleftharpoons CaCO_3(s) + SO_4^{2-}$$

转化反应的平衡常数为 $K^{\ominus} = K_{sp}^{\ominus}(CaSO_4)/K_{sp}^{\ominus}(CaCO_3) = 4.93\times10^{-5}/(3.36\times10^{-9}) = 1.47\times10^{4}$。$K^{\ominus}$ 值较大，说明上述沉淀转化反应向右进行的趋势较大，$CaSO_4$ 很容易转化为 $CaCO_3$。

因浓度会影响平衡的移动，沉淀转化反应的方向除了与转化前后两种沉淀的 $K_{sp}^{\ominus}$ 大小有关外，还要考虑相应沉淀剂的浓度。

【例 7-14】 计算用 1 L $c(Na_2CO_3) = 0.20\ mol \cdot L^{-1}$ 的碳酸钠水溶液可使多少克 $CaSO_4$ 转化为 $CaCO_3$？

解 设有 x mol $CaSO_4$ 转化为 $CaCO_3$。

$$CaSO_4(s) + CO_3^{2-} \rightleftharpoons CaCO_3(s) + SO_4^{2-}$$

平衡浓度/($mol \cdot L^{-1}$) $\qquad 0.20-x \qquad\qquad x$

$$K^{\ominus} = \frac{c(SO_4^{2-})/c^{\ominus}}{c(CO_3^{2-})/c^{\ominus}} = \frac{x}{0.20-x} = 1.47\times10^{4}$$

解得 $$x \approx 0.20\ mol$$

可转化的硫酸钙的质量为

$$m(CaSO_4) = 136\times0.20 = 27(g)$$

【例 7-15】 已知 $K_{sp}^{\ominus}(AgCl) = 1.8\times10^{-10}$，$K_{sp}^{\ominus}(Ag_2CrO_4) = 1.12\times10^{-12}$，计算说明白色的 AgCl 沉淀能否转化为砖红色的 Ag_2CrO_4 沉淀。

解 AgCl 沉淀转化为 Ag_2CrO_4 沉淀的反应为

$$2AgCl(s) + CrO_4^{2-} \rightleftharpoons Ag_2CrO_4(s) + 2Cl^{-}$$

反应的平衡常数为

$$K^{\ominus} = \frac{[K_{sp}^{\ominus}(AgCl)]^2}{K_{sp}^{\ominus}(Ag_2CrO_4)} = \frac{(1.8\times10^{-10})^2}{1.12\times10^{-12}} = 2.89\times10^{-8}$$

$K^{\ominus} < 10^{-7}$，转化反应基本不能正向进行，说明白色的 AgCl 沉淀不能转化为砖红色的 Ag_2CrO_4 沉淀。

例 7-15 的计算说明，虽然 $K_{sp}^{\ominus}(AgCl) = 1.8\times10^{-10} > K_{sp}^{\ominus}(Ag_2CrO_4) = 1.12\times10^{-12}$，但

溶度积大的 AgCl 沉淀不能转化为溶度积小的 Ag_2CrO_4 沉淀。所以不同类型的沉淀，溶度积大的不一定能够转化为溶度积小的沉淀，能否实现沉淀的转化以及转化的难易程度需要根据溶度积通过具体计算来判断。但一般情况下，溶解度大的沉淀易于转化为溶解度小的沉淀。

7.3 沉淀溶解平衡的应用

利用沉淀溶解平衡可以制取难溶化合物、进行离子分离、除去溶液中的杂质以及进行重量分析等，所以沉淀溶解平衡在科学研究、自然地质、工农业生产、生活、医疗等方面都有重要的应用。

7.3.1 在生活中的应用

沉淀溶解平衡广泛地存在于自然界中。例如，石灰石（$CaCO_3$）的沉淀溶解平衡移动造就了瑰丽多姿的钟乳石、石笋及溶洞等自然奇观。由于空气中 CO_2 的溶解或者动植物腐烂生成的腐殖酸的作用，使某些地下水显酸性，当酸性的地下水流经石灰石时，发生以下反应

$$CaCO_3(s)+2H^+ \longrightarrow Ca^{2+}+H_2O+CO_2$$

$$CaCO_3(s)+CO_2+H_2O \rightleftharpoons Ca^{2+}+2HCO_3^-$$

酸性的水流经地表岩石，岩石逐渐溶解就会在地表形成水坑；当酸性的水流经地下缝隙，周围的碳酸岩逐渐溶解，就在地下形成溶洞。当含有 Ca^{2+} 和 HCO_3^- 的地下水从溶洞的边沿向下滴落时，由于气压的变化，水和二氧化碳的挥发，上述平衡向左移动，生成 $CaCO_3$ 沉淀，从而形成形态各异的钟乳石和石笋。

生活中，人们也会经常接触沉淀溶解平衡。例如，经常使用含氟牙膏可以防止龋齿的形成而保护牙齿。这是因为人体牙齿的主要成分羟基磷灰石[$Ca_5(PO_4)_3(OH)$]是一种难溶的磷酸钙类沉淀，它在唾液中存在如下沉淀溶解平衡

$$[Ca_5(PO_4)_3(OH)](s) \rightleftharpoons 5Ca^{2+}+3PO_4^{3-}+OH^-$$

口腔中残留的食物，特别是糖，在酶的作用下，分解产生乳酸，乳酸离解出的 H^+ 与 OH^- 结合生成 H_2O，使羟基磷灰石的沉淀溶解平衡向溶解的方向移动，从而使牙齿表面的羟基磷灰石被破坏，导致龋齿的发生。

$$Ca_5(PO_4)_3(OH)(s)+4H^+ \rightleftharpoons 5Ca^{2+}+3HPO_4^{2-}+H_2O$$

但如果饮用水或者牙膏中含有 F^-，F^- 与牙齿表面 Ca^{2+} 和 PO_4^{3-} 反应生成更难溶的氟磷灰石[$Ca_5(PO_4)_3F$]，覆盖在牙齿表面。

$$Ca_5(PO_4)_3(OH)(s)+F^- \rightleftharpoons Ca_5(PO_4)_3F(s)+OH^-$$

氟磷灰石比羟基磷灰石更能抵抗酸的侵蚀，并能抑制口腔中的细菌产生酸，因而能有效保护牙齿，降低龋齿的发生率。

医疗上，做 X 射线检查时，用 $BaSO_4$ 作内服造影剂也利用了沉淀溶解平衡。医生常给病人服用辅助剂 $BaSO_4$ 与 Na_2SO_4 的混合物，即通常所说的“钡餐”。原因在于，X 射线不能穿过 $BaSO_4$，而 Ba^{2+} 对人体具有很大的毒性，同时服下的 Na_2SO_4 离解出 SO_4^{2-}，利用同离子效应抑制 $BaSO_4$ 溶解，使体内几乎不引入 Ba^{2+}。但是不能用 $BaCO_3$ 作内服造影剂，因为人体内胃酸的酸性较强（pH=0.9～1.5），如果服下 $BaCO_3$，胃酸与 CO_3^{2-} 反应生成 CO_2 和水，CO_3^{2-} 离子浓度降低，使 $BaCO_3$ 的沉淀溶解平衡向右移动，体内的 Ba^{2+} 浓度增大而引起人体中毒。

基于上述原理，误食可溶性钡盐，造成 Ba^{2+} 中毒时，应尽快给患者服用 5.0%的 Na_2SO_4 洗胃。Ba^{2+} 以 $BaSO_4$ 的形式沉淀下来，从而降低 Ba^{2+} 浓度，达到解毒的目的。若用 Na_2CO_3

洗胃，一方面，引入的 Na_2CO_3 在胃酸的作用下会分解；另一方面，即使生成 $BaCO_3$ 沉淀，在胃酸的作用下也很快分解出 Ba^{2+}，根本达不到降低 Ba^{2+} 浓度的目的。

7.3.2　在工业生产中的应用

有些工业生产中会用到锅炉，锅炉水垢既会降低燃料的利用率，造成能源浪费，也会影响锅炉的使用寿命，造成安全隐患，因此必须定期清除锅炉水垢。锅炉水垢的主要成分为 $CaCO_3$、$Mg(OH)_2$、$CaSO_4$，在处理水垢时，通常先加入饱和 Na_2CO_3 溶液浸泡，将既难溶于水又难溶于酸的 $CaSO_4$ 转化成 $CaCO_3$；然后再向处理后的水垢中加入 NH_4Cl 溶液，NH_4^+ 使 $CaCO_3$ 和 $Mg(OH)_2$ 分别生成弱电解质 H_2CO_3 和 $NH_3 \cdot H_2O$ 而溶解，从而锅炉水垢被全部清除，由于 NH_4Cl 酸性较弱，锅炉本体基本不被腐蚀。整个过程的反应如下

$$CaSO_4(s) + CO_3^{2-} \rightleftharpoons CaCO_3(s) + SO_4^{2-} \qquad K^{\ominus} = 1.47\times10^{4}$$

$$Mg(OH)_2(s) + 2NH_4^+ \rightleftharpoons Mg^{2+} + 2NH_3 + 2H_2O \qquad K^{\ominus} = 1.7\times10^{-2}$$

$$CaCO_3(s) + 2NH_4^+ \rightleftharpoons Ca^{2+} + 2NH_3 + H_2CO_3 \qquad K^{\ominus} = 5.1\times10^{17}$$

根据溶度积规则进行沉淀分离，提纯无机盐是化工和冶金生产中常用的一种手段。例如，从软锰矿制得的 $MnCl_2$ 或 $MnSO_4$ 常含有 Pb^{2+}、Cd^{2+}、Cu^{2+} 等杂质离子，各金属离子硫化物的溶度积分别为 $K_{sp}^{\ominus}(MnS)=4.65\times10^{-14}$、$K_{sp}^{\ominus}(PbS)=9.0\times10^{-29}$、$K_{sp}^{\ominus}(CdS)=1.4\times10^{-29}$、$K_{sp}^{\ominus}(CuS)=1.27\times10^{-36}$。根据沉淀的转化规律，从 $K_{sp}^{\ominus}$ 的数据可见，MnS 沉淀在 Pb^{2+}、Cd^{2+}、Cu^{2+} 等离子存在下可转化为 PbS、CdS 和 CuS 沉淀。所以通过添加 MnS 的办法可以除去溶液中的 Pb^{2+}、Cd^{2+}、Cu^{2+} 等杂质离子，而不会引入新的杂质，从而可以获得纯净的 $MnCl_2$ 或 $MnSO_4$。

本章小结

本章主要介绍了沉淀溶解平衡与难溶电解质的溶度积、溶度积规则及溶度积规则的应用、沉淀溶解平衡的应用。

难溶电解质固体与其溶解离解出的离子之间的平衡，称为沉淀溶解平衡。平衡状态时的溶液是饱和溶液，沉淀溶解平衡的标准平衡常数称为难溶电解质的溶度积 $K_{sp}^{\ominus}$。$K_{sp}^{\ominus}$ 值取决于难溶电解质的本性，受温度影响，$K_{sp}^{\ominus}$ 反映难溶电解质溶解趋势的大小或沉淀的难易程度。溶度积 $K_{sp}^{\ominus}$ 和溶解度 s 之间可以进行相互换算。

AB 型难溶电解质：　　$K_{sp}^{\ominus}=(s/c^{\ominus})^2$

A_2B/AB_2 型难溶电解质：　　$K_{sp}^{\ominus}=4(s/c^{\ominus})^3$

A_3B/AB_3 型难溶电解质：　　$K_{sp}^{\ominus}=27(s/c^{\ominus})^4$

根据吉布斯自由能判据，总结出的判断难溶电解质沉淀生成和溶解的普遍规律，即溶度积规则。

若 $Q_i<K_{sp}^{\ominus}$，平衡正向移动，即沉淀溶解或无沉淀生成，体系处于未饱和状态；

若 $Q_i=K_{sp}^{\ominus}$，达到平衡状态，即既无沉淀溶解也无沉淀生成，体系处于饱和状态；

若 $Q_i>K_{sp}^{\ominus}$，平衡逆向移动，即有沉淀生成，体系处于过饱和状态。

利用溶度积规则，可创造条件，实现沉淀的生成、分步沉淀、沉淀的溶解以及沉淀的转化，解决科学研究和生产实践中的具体问题。在沉淀离子时，离子定性沉淀完全的要求是 $c(M^{n+})\leqslant10^{-5}\ mol\cdot L^{-1}$，离子定量沉淀完全的要求是 $c(M^{n+})\leqslant10^{-6}\ mol\cdot L^{-1}$。沉淀溶解平衡在科学研究、自然地质、工业生产、生活、医疗等方面有着重要的应用。

思考与练习

7-1　写出下列难溶电解质的溶度积常数表示式。

$PbCl_2$　$AgBr$　$Ba_3(PO_4)_2$　Ag_2S

7-2　试计算下列化合物的溶解度(以 $mol \cdot L^{-1}$ 表示,不考虑副反应),计算所得溶解度比实际溶解度是高还是低,还是比较接近?为什么?

(1) 碘化亚铜　$K_{sp}^{\ominus}(CuI) = 1.1 \times 10^{-12}$

(2) 氟化镁　$K_{sp}^{\ominus}(MgF_2) = 6.3 \times 10^{-9}$

(3) 草酸银　$K_{sp}^{\ominus}(Ag_2C_2O_4) = 5.0 \times 10^{-12}$

(4) 硫酸钡　$K_{sp}^{\ominus}(BaSO_4) = 1.06 \times 10^{-10}$

7-3　做两个实验,一是用 100 mL 蒸馏水洗涤 $BaSO_4$ 沉淀,二是用 100 mL 0.010 $mol \cdot L^{-1}$ H_2SO_4 溶液洗 $BaSO_4$ 沉淀。如果洗液对 $BaSO_4$ 是饱和的,计算在每一个实验中,$BaSO_4$ 溶解的物质的量。根据计算结果分析在沉淀法测定 Ba^{2+} 的量时,$BaSO_4$ 沉淀的洗涤用蒸馏水还是用稀硫酸作洗涤液更合适。

7-4　10 mL 0.1 $mol \cdot L^{-1}$ $MgCl_2$ 和 10 mL 0.01 $mol \cdot L^{-1}$ 氨水相混合时,是否有 $Mg(OH)_2$ 沉淀?

7-5　在含有 0.10 $mol \cdot L^{-1}$ $FeCl_3$ 溶液中加入等体积的含有 0.20 $mol \cdot L^{-1}$ $NH_3 \cdot H_2O$ 和 2.0 $mol \cdot L^{-1}$ NH_4Cl 的混合溶液,能否产生 $Fe(OH)_3$ 沉淀?

7-6　在 20 mL 0.050 $mol \cdot L^{-1}$ $MgCl_2$ 和 50 mL 0.50 $mol \cdot L^{-1}$ NH_3 混合溶液中,至少需加入多少克 NH_4Cl 可使溶液无沉淀生成(忽略体积变化)?

7-7　向 0.10 $mol \cdot L^{-1}$ Na_2S 溶液中滴加 $MnCl_2$ 溶液,首先生成的是 MnS 还是 $Mn(OH)_2$ 沉淀?

7-8　将 H_2S 气体通入 0.10 $mol \cdot L^{-1}$ $ZnCl_2$ 溶液中达到饱和状态。H^+ 浓度必须控制在什么范围才能阻止 ZnS 沉淀?已知 $K_{sp}^{\ominus}(ZnS) = 2.5 \times 10^{-22}$。

7-9　已知 CaF_2 的溶度积为 4.0×10^{-11},求 CaF_2 在下列情况时的溶解度(以 $mol \cdot L^{-1}$ 表示,不考虑副反应)。

(1)在纯水中;

(2)在 1.0×10^{-2} $mol \cdot L^{-1}$ NaF 溶液中;

(3)在 1.0×10^{-2} $mol \cdot L^{-1}$ $CaCl_2$ 溶液中。

7-10　某溶液中含有 0.10 $mol \cdot L^{-1}$ Ba^{2+} 和 0.10 $mol \cdot L^{-1}$ Ag^+,在向混合液中滴加 Na_2SO_4 溶液时(忽略体积的变化),哪种离子首先沉淀出来?当第二种离子沉淀析出时,第一种被沉淀离子是否沉淀完全?两种离子有无可能用此沉淀法分离?

7-11　现有一瓶含有 Fe^{3+} 杂质的 0.10 $mol \cdot L^{-1}$ $MgCl_2$ 溶液,欲使 Fe^{3+} 以 $Fe(OH)_3$ 沉淀形式除去,溶液的 pH 应控制在什么范围?

7-12　试计算下列沉淀转化反应的 $K^{\ominus}$ 值:

(1) $PbCrO_4(s) + S^{2-} \Longrightarrow PbS(s) + CrO_4^{2-}$　　(2) $Ag_2CrO_4(s) + 2Cl^- \Longrightarrow 2AgCl(s) + CrO_4^{2-}$

7-13　1 L HAc 中加入 $MgCO_3(s)$,完全溶解后,溶液中 $c(HAc) = 0.25$ $mol \cdot L^{-1}$。已知常温常压下 H_2CO_3 的饱和浓度为 0.04 $mol \cdot L^{-1}$,则溶解了多少 $MgCO_3(s)$?HAc 的初浓度为多少?

7-14　一旦水中 $\rho(SO_4^{2-}) \geqslant 0.25$ $g \cdot L^{-1}$ 时,则会导致腹泻而不能饮用。如果地下水流经石膏矿($CaSO_4 \cdot 2H_2O$)并被 $CaSO_4$ 饱和,此水还能否饮用?

7-15　大约 50%的肾结石是由磷酸钙 $Ca_3(PO_4)_2$ 组成的。正常尿液中的钙含量每天约为 0.10 g Ca^{2+},正常的排尿量每天为 1.4 L。为不使尿中形成 $Ca_3(PO_4)_2$,其中 PO_4^{3-} 浓度不得高于多少?对肾结石患者来说,医生总让其多饮水,请简单解释之。

7-16　方解石和文石是碳酸钙两种不同的晶体类型。珊瑚是方解石,而珍珠是文石。已知 25 ℃时,$K_{sp}^{\ominus}\{方解石\} = 5.0 \times 10^{-9}$,$K_{sp}^{\ominus}\{文石\} = 7.0 \times 10^{-9}$。请分析

(1) 哪种晶形在水中的溶解度更大?

(2) 在水中两者是否可以相互转化?

(3) 廉价的珊瑚是用石膏($CaSO_4 \cdot 2H_2O$)制作的,设计一简单的实验用于区分真假珊瑚。

第 8 章　配位离解平衡

配位化合物简称配合物，形成配合物的反应称为配位反应，配合物在溶液中发生离解，并最终达到平衡状态，建立配位离解平衡。配位离解平衡是水溶液中的四大化学平衡之一。由于配合物及配位离解平衡的重要作用，现今，配合物的研究已发展成一门独立的化学分支学科——配位化学。

配位化学是研究配位化合物的制备、性质、结构及应用的一门科学，它是在无机化学基础上发展起来的，是当代化学最为活跃的前沿领域之一。配位化学与有机化学、物理化学、生物化学、固体化学等渗透，已成为贯通众多学科的交叉点。作为一门学科分支，配位化学的历史并不长。1704 年，普鲁士人迪斯巴赫(H. Diesbach)在偶然情况下发现了普鲁士蓝，后来经研究确定其化学式为 $Fe_4[Fe(CN)_6]_3$。1798 年，法国人塔赦特(B. M. Tassaert)合成了第一个氨合物 $CoCl_3 \cdot 6NH_3$，并测得它的组成为 $[Co(NH_3)_6]Cl_3$，揭开了人们对配合物了解和研究的序幕。1892 年，瑞士人维尔纳(A. Werner)提出了配位理论，从理论上对配合物进行了解释，开启了现代配位化学的开端。配位理论的提出，为配位化学的发展奠定了基础，从此，配位化学不断发展和丰富，许多新型配合物不断被合成与开发。配合物的应用非常广泛，特别是在分析化学、有机合成、材料科学、生命科学、医疗科学等领域越来越显示出重要价值。

本章主要阐述了配合物的基本概念，并将化学平衡的基本原理应用于配位离解平衡，讨论了影响配位离解平衡的因素及平衡的移动，简要介绍了配合物及配位离解平衡的应用。

8.1　配合物的基本概念

8.1.1　配合物的组成

由两种或多种可以独立存在的简单分子、离子或原子等通过各种作用力结合形成的具有一定组成和结构的部分称为配位个体，含有配位个体的物质称为配合物。配合物一般由内界和外界两部分组成，内界与外界之间通常以离子键结合。配合物的内界为配位个体，是配合物的特征部分，通常说配合物是一类复杂化合物，就在于配位个体的复杂性、多样性，在绝大多数情况下讨论的配合物实际上仅指配位个体部分。

配位个体包括中心原子(离子)和配体两部分。中心原子与配体之间的作用力可以是配位键、氢键、静电引力、范德华作用力、疏水力等一种或多种，中心原子与配体两者的形状和大小相互补充、相互约束从而相互配合，以形成均匀、稳定的空间构型。配合物的组成如图 8-1 所示。配位个体的电荷数等于中心原子和配体总电荷数的代数和。配位个体可以是中性分子，也可以是带电离子。若配位个体是中性分子，则配合物只有内界，没有外界，这类配合物常称为配位分子，如 $[Fe(CO)_5]$、$[PtCl_2(NH_3)_2]$等。若配位个体是带电离子，带正电荷的称为配阳离子，带负电荷的称为配阴离子，两者统称为配离子，如 $[Cu(NH_3)_4]^{2+}$、

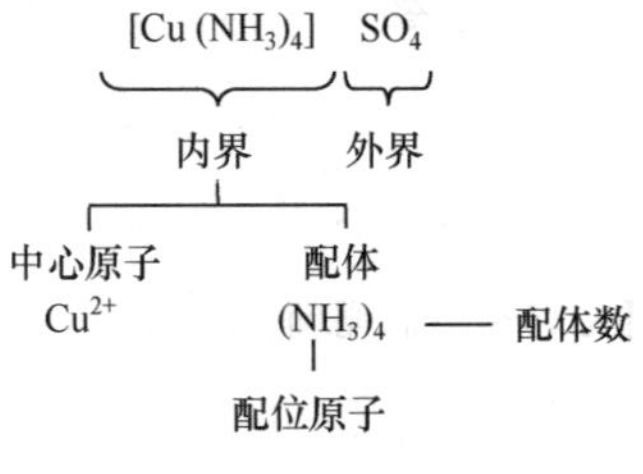

图 8-1　配合物组成图

$[Fe(CN)_6]^{3-}$等。对于配离子，为了保持配合物的电中性，必然有电荷数量相等符号相反的外界离子与其结合。

1. 中心原子

中心原子位于配合物的中心，是内界的核心部位，也称为配合物的形成体。中心原子通常是过渡金属阳离子，但也可以是中性原子、非金属元素的高氧化数离子或阴离子。例如，$[CoCl(NH_3)_5]^{2+}$、$[Fe(CN)_6]^{4-}$中的Co^{3+}、Fe^{2+}等为过渡金属离子；$V(CO)_6$、$Ni(CO)_4$中的 V、Ni 为中性原子；$[SiF_6]^{2-}$中的Si^{4+}为非金属元素的高氧化数离子；$[Fe(CO)_4]^{2-}$、$[Co(CO)_4]^{-}$、$[Mn(CO)_4]^{3-}$中的Fe^{2-}、Co^{-}、Mn^{3-}等为阴离子。随着主客体化学和超分子化学研究内容的扩展，中心原子的概念已经扩展到了无机、有机和生物中的各种阳离子、阴离子、中性分子。

2. 配体与配位原子

在中心原子周围，与中心原子以一定键合作用直接结合的离子或分子称为配体，包含配体的物质称为配位剂。H_2O、NH_3、CN^-、F^-、CO 为常见的重要配体。配体可以是各种无机、有机阴阳离子或生物阳离子、阴离子甚至中性分子（如蛋白质、聚核苷酸和糖类）等（表 8-1）。

表 8-1　常见配体

	配体及名称		配位原子	配体及名称		配位原子	配体及名称		配位原子
单齿配体	H_2O	水	O	Cl^-	氯	Cl	ONO^-	亚硝酸根	O
	NH_3	氨	N	Br—	溴	Br	SCN^-	硫氰酸根	S
	CO	羰基	C	I^-	碘	I	NCS^-	异硫氰酸根	N
	NO	亚硝酰	N	S^{2-}	硫	S	CH_3O^-	甲氧	O
	O^{2-}	氧	O	HS^-	硫氢根	S	CH_3S^-	甲硫	S
	OH^-	羟基	O	CN^-	氰	C	CH_3NH_2	甲胺	N
	F^-	氟	F	NO_2^-	硝基	N	$P(C_2H_5)_3$	三乙基磷	P

多齿配体

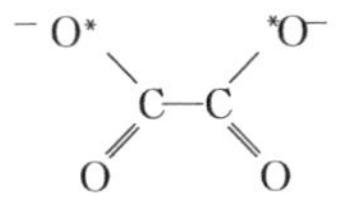
草酸根（ox^{2-}）

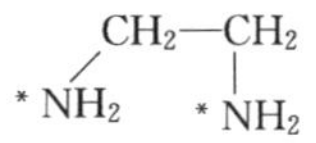
乙二胺（en）

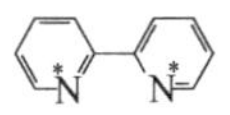
联吡啶（bpy）

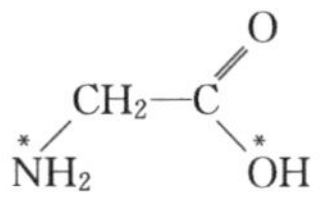
氨基乙酸

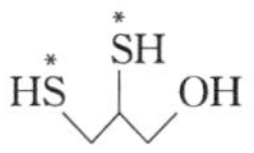
2,3-二巯丙醇

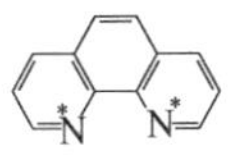
1,10-邻二氮菲（邻菲罗啉）

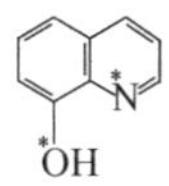
8-羟基喹啉

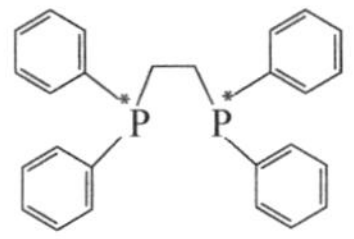
1,2-二苯基磷乙烷

1,1-二氨甲基环己烷

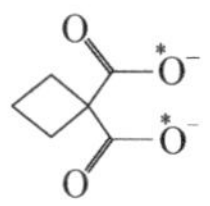
1.1-环丁二酸

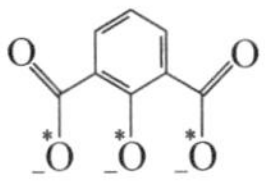
二羟基间苯二甲酸根

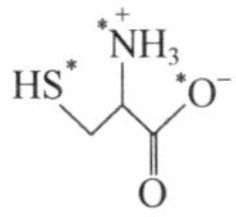
半胱氨酸

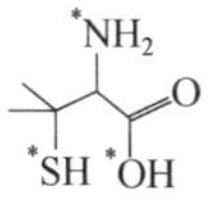
D-青霉胺

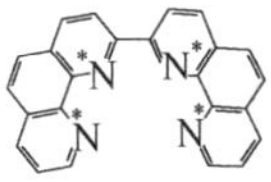
2,2′-二(1,10-邻二氮菲)

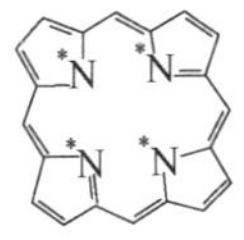
卟啉环

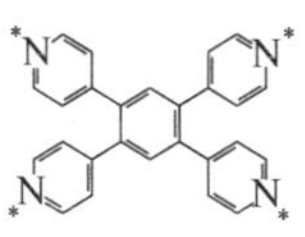
1,2,4,5-四(4-吡啶)苯

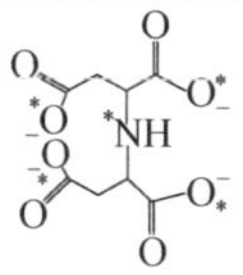
二(2-丁二酸)氨

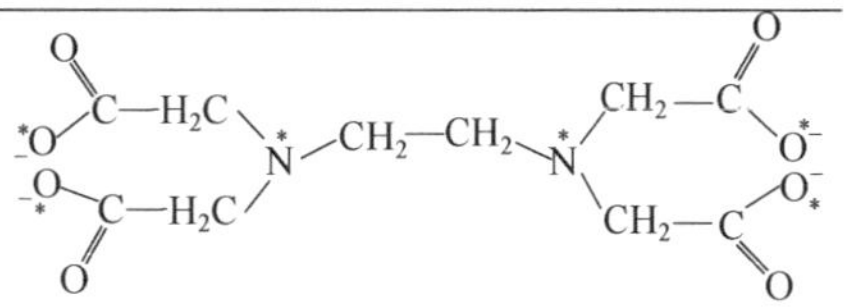
乙二胺四乙酸根(EDTA)

注：带 * 号的为配位原子。

配体中与中心原子直接键合的原子称为配位原子，一般常见的配位原子主要是元素周期表中电负性大的非金属元素原子，如N、O、S、P、C、F、Cl、Br、I等。一个配体可以含一个或多个配位原子，只含一个配位原子的配体称为单齿(基)配体。含两个或两个以上、可同时与中心原子直接键合的配位原子的配体称为多齿(基)配体。多齿配体多是有机分子，如乙二胺(en)、草酸根(ox^{2-})、氨基乙酸、乙二胺四乙酸根(EDTA，常记为Y^{4-})、1,10-邻二氮菲等。表8-1列出了常见的一些配体。

经典的维尔纳型配合物，其中心原子为具有空轨道的过渡金属阳离子或中性原子，具有确定的氧化态。配体具有明确的孤电子对，配体的孤对电子与中心原子空轨道所形成的化学键为配位键，配位键为σ键。随着研究的深入，20世纪60年代初杜威尔(M. J. S. Dewer)和查特(J. Chatt)指出，在不饱和配体配合物中，配体既可以给出电子，又可以接受电子。配体给出孤对电子或不定域共轭电子与中心原子形成σ键和π键；配体接受具有d电子的过渡金属中心原子反馈的电子形成反馈π键，此时，中心原子具有反常的氧化数，甚至为0或负数。近年来迅速发展的主客体化学和超分子化学，其发现的许多新型配合物的情况更加复杂。

3. 配位数

配位个体中，与中心原子直接结合的配位原子的总数称为中心原子的配位数。中心原子的配位数与配体数是有区别的，配体数是指配体的个数。一个单齿配体只提供一个配位原子，故仅由单齿配体形成的配合物，配位数等于配体数。一个多齿配体可提供两个或两个以上的配位原子，故含多齿配体的配合物，配位数大于配体数。例如，在$[Fe(CN)_6]^{4-}$中，CN^-是单齿配体，所以Fe的配位数为6，配体数也为6。而在$[CoCl_2(en)_2]^+$中，有两个双齿配体en(提供的配位数为4)，两个单齿配体Cl^-，所以Co的配位数为6，而配体数为4。

常见中心原子的配位数一般为2、4、6等偶数，最常见的为4和6。中心原子配位数的多少由中心原子和配体的半径、电荷等本性决定，受配体浓度、形成配体的温度等因素影响。通常情况下，中心原子的电荷越高，吸引配体的数目越多，配位数越大；配体的负电荷越多，配体间的斥力越大，配位数越小；中心原子的半径越大，周围可容纳的配体越多，配位数越大；配体的半径越大，中心原子周围能容纳的配体越少，配位数越小；增大配体的浓度或降低温度，有利于形成高配位数的配合物。影响配位数的因素很复杂，但通常条件下的某一中心原子，常有一些特征配位数，常见中心原子的特征配位数列于表8-2。

表8-2　一些中心原子的特征配位数

中心原子	特征配位数	中心原子	特征配位数	中心原子	特征配位数
Cr^{4-}	4	Os	5	Cr^{3+}	6
Mo^{4-}	4	Cu^+	2,4	Fe^{3+}	6
W^{4-}	4	Ag^+	2	Co^{3+}	2,6
Mn^{3-}	4	Au^+	2,4	Au^{3+}	4,6
V^{3-}	5	Ca^{2+}	6	Ru^{3+}	6
Fe^{2-}	4	Mg^{2+}	6	Mn^{3+}	6
Fe^-	4	Fe^{2+}	4,6	Eu^{3+}	4
Co^-	4	Co^{2+}	4,6	B^{3+}	4
Cr^-	4	Cu^{2+}	4,6	Pt^{4+}	4,6

续表

中心原子	特征配位数	中心原子	特征配位数	中心原子	特征配位数
V^-	6	Zn^{2+}	4,6	Ti^{4+}	4,6
Mn^-	5	Pt^{2+}	4,6	Zr^{4+}	4,6
Re^-	5	Pb^{2+}	4	Rh^{4+}	4
Te^-	5	Hg^{2+}	2,4	Pd^{4+}	4,6
Ir^-	6	Ni^{2+}	4,6	Mo^{4+}	4
Sm^-	6	Cd^{2+}	4	Ru^{4+}	4,6
Nb^-	6	Sn^{2+}	4	Ir^{4+}	6
Fe	5	Pd^{2+}	4	Re^{4+}	6
Ni	4	Pd^{2+}	4	Os^{4+}	6
Cr	6	Ru^{2+}	4,6	Si^{4+}	6
Ru	5	Rh^{2+}	4	P^{5+}	6
Mo	6	Be^{2+}	2	Sb^{5+}	6
W	6	Os^{2+}	6	W^{6+}	5,10
V	6	Al^{3+}	4,6		

8.1.2　配合物的命名

配合物的命名法有系统命名法、商业命名法等，但通常采用国际纯粹与应用化学联合会(IUPAC)推荐的系统命名法，遵循一般无机化合物的命名原则。

配合物的命名总原则是先命名阴离子后命名阳离子，外界为简单阴离子时，阴阳离子间用“化”连接，外界为复杂阴离子时，阴阳离子间用“酸”连接。若阴离子为复杂阴离子，阳离子为氢，则称为“某酸”。按照此原则，含配阳离子的配合物命名与无机化合物命名完全相同，含配阴离子的配合物命名只需将配阴离子视作复杂阴离子即可，若配合物没有外界，则直接以配位个体名称命名。

对配位个体命名时，应遵循的原则是：配体名称列于中心原子名称之前，配体与中心原子之间用“合”字相连。配体数目在其名称前用汉字一、二、三、……标明，“一”通常省略。有机配体名称用括号括起来。不同配体名称之间以中圆点“·”分开。中心原子的氧化数在其名称后用加有小括号的罗马数字(Ⅰ)、(Ⅱ)、(Ⅲ)、……标明。

在配位个体中含有多种不同配体时，各配体的命名顺序规定如下：

(1) 配位个体中既有无机配体，又有有机配体时，则无机配体名称排列在前，有机配体名称排列在后，如$[PtCl_2(Ph_3P)_2]$命名为二氯·二(三苯基磷)合铂(Ⅱ)。

(2) 在无机配体和有机配体中，阴离子名称排列在前，阳离子和中性分子名称排列在后，如 $K[PtCl_3NH_3]$命名为三氯·氨合铂(Ⅱ)酸钾。

(3) 同类配体，按配位原子元素符号的英文字母顺序排列，如$[Co(NH_3)_5H_2O]Cl_3$，因 NH_3 和 H_2O 的配位原子分别为 N、O，故命名为三氯化五氨·水合钴(Ⅲ)。

(4) 同类配体，相同配位原子，则将含较少原子数的配体排在前，较多原子数的配体排列在后，如$[Co(NO_2)_3(NH_3)_3]$命名为三硝基·三氨合钴(Ⅲ)。

(5) 同类配体，配位原子相同，配体中原子的数目也相同时，则按在结构式中与配位原子相连的原子元素符号的字母顺序排列，如[$Pt(NH_2)(NO_2)(NH_3)_2$]命名为氨基·硝基·二氨合铂(Ⅱ)。

注意一些无机配体命名时的例外，如 OH^-(羟)、NH_2^-(氨基)、NO(亚硝酰)、CO(羰基)。还有少数配体化学式相同，但配位原子不同时，其命名不同。例如，—NO_2^-(N 为配位原子)称为硝基，—ONO^-(O 为配位原子)称为亚硝酸根；—SCN^-(S 为配位原子)称为硫氰酸根，—NCS^-(N 为配位原子)称为异硫氰酸根。

对于有机配体，烷烃、烯烃、炔烃失去质子后所得的配体称为烃基配体，以烃基名称命名。烃基与金属连接时一律表现为负一价阴离子，如[$Fe(C_5H_5)_2$](俗名二茂铁)命名为二(环戊二烯基)合铁(Ⅱ)。除烃基外，其他有机物失去质子而形成的阴离子都用"根"字结尾，氧化数按负一价计算，如 CH_3COO^-(乙酸根)、$(CH_3)_2N^-$(二甲氨根)、CH_3CONH^-(乙酰胺根)等。

部分配合物的命名举例如下：

[$Cu(NH_3)_4$]SO_4	硫酸四氨合铜(Ⅱ)
[$CrCl(NH_3)_5$]Cl_2	二氯化氯·五氨合铬(Ⅲ)
[$Co(ONO)(NH_3)_5$]SO_4	硫酸亚硝酸根·五氨合钴(Ⅲ)
[$CoCl(SCN)(en)_2$]NO_3	硝酸氯·硫氰酸根·二(乙二胺)合钴(Ⅲ)
[$CrCl(NH_3)(en)_2$]SO_4	硫酸氯·氨·二(乙二胺)合铬(Ⅲ)
[$Pt(NO_2)(NH_3)(NH_2OH)(Py)$]Cl	氯化硝基·氨·(羟氨)·(吡啶)合铂(Ⅱ)
Na_2[SiF_6]	六氟合硅(Ⅳ)酸钠
K_3[$Fe(CN)_6$]	六氰合铁(Ⅲ)酸钾
K_3[$Fe(NCS)_6$]	六异硫氰酸根合铁(Ⅲ)酸钾
K_2[$Zn(OH)_4$]	四羟合锌(Ⅱ)酸钾
Na_3[$Ag(S_2O_3)_2$]	二硫代硫酸根合银(Ⅰ)酸钠
K[$Co(NO_2)_4(NH_3)_2$]	四硝基·二氨合钴(Ⅲ)酸钾
NH_4[$Cr(NH_3)_2(SCN)_4$]	四硫氰酸根·二氨合铬(Ⅲ)酸铵
H_2[$PtCl_6$]	六氯合铂(Ⅳ)酸
Na_3[$V(CO)_5$]	五羰基合钒(－Ⅲ)酸钠
[$Pt(NH_3)_6$][$PtCl_4$]	四氯合铂(Ⅱ)酸六氨合铂(Ⅱ)
[$Pt(NH_3)_2Cl_2$]	二氯·二氨合铂(Ⅱ)
[$Mn(CO)_5Br$]	溴·五羰基合锰(Ⅰ)

在研究初期，由于不明白其结构式，且大多都有明显的颜色，故有时还根据配合物的颜色加以命名，所以有的配合物还常用简称或俗名。例如，K_4[$Fe(CN)_6$]称为亚铁氰化钾，俗名黄血盐；K_3[$Fe(CN)_6$] 称为铁氰化钾，俗名赤血盐；[$Cu(NH_3)_4$]$^{2+}$ 称为铜氨离子，[$Ag(NH_3)_2$]$^+$称为银氨离子。

8.1.3 配合物的分类

配合物范围广泛，种类繁多，有多种分类方法。按配体形式不同，可分为非螯合物和螯合物；按中心原子数目，可分为单核配合物与多核配合物；按配体种类的异同，可分为单一配体配合物和混合配体配合物；按配合物价键特点，可分为经典配合物和非经典配合物。综合考虑各种因素，一般将配合物分为简单配合物、螯合物、特殊配合物三类。

1. 简单配合物

由单齿配体形成的配合物称为简单配合物，如$[Ag(NH_3)_2]Cl$、$[Pt(NH_3)_2Cl_2]$、$K_3[Fe(CN)_6]$、$Na_2[SiF_6]$、$K_3[Fe(NCS)_6]$等均为简单配合物。大量水合物实质上也是以H_2O为配体的简单配合物，如$CuSO_4 \cdot 5H_2O$即$[Cu(H_2O)_4]SO_4 \cdot H_2O$，$FeCl_3 \cdot 6H_2O$即$[Fe(H_2O)_6]Cl_3$等。

2. 螯合物

螯合物是由多齿配体与中心原子形成的具有环状结构的配合物。在此种配合物中，同一配体中的多个配位原子像螯钳一样钳住中心原子，因而形象地称为螯合物。例如，螯合物$[Cu(en)_2]^{2+}$中，乙二胺(en)是双齿配体，2 个乙二胺中的 4 个配位原子分别与中心原子Cu^{2+}键合，形成 2 个五元环。螯合物$[Fe(phen)_3]^{2+}$中，1，10-邻二氮菲(*o*-phen)是双齿配体，3 个 1，10-邻二氮菲中的 6 个配位原子分别与中心原子Fe^{2+}键合，形成 3 个五元环，$[Cu(en)_2]^{2+}$和$[Fe(phen)_3]^{2+}$的结构如图 8-2 所示。

能与中心原子形成螯合物的多齿配体称为螯合剂，螯合剂多是含 N、O、S 等配位原子的有机化合物，如乙二胺(en)、1，10-邻二氮菲(*o*-phen)、氨基乙酸(NH_2CH_2COOH)、氨基三乙酸$[N(CH_2COOH)_3]$和乙二胺四乙酸(EDTA)等。螯合剂与中心原子形成螯合物时，具有如下结构特点。

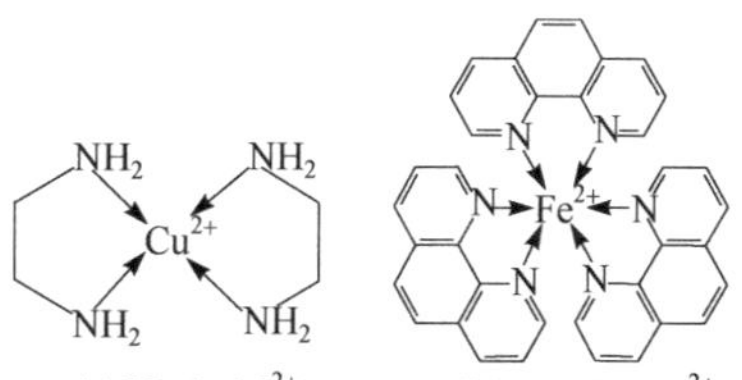

(a) $[Cu(en)_2]^{2+}$　　(b) $[Fe(phen)_3]^{2+}$

图 8-2　螯合物的结构

(1) 螯合剂中的 2 个或 2 个以上配位原子同时与一个中心原子键合。

(2) 螯合剂中两个配位原子之间间隔 2～3 个其他原子，中心原子与配体形成稳定性大的五元环或六元环。

由于螯环的形成，使螯合物的稳定性比具有相同配位数、相同配位原子的简单配合物的稳定性大得多，这种现象称为螯合效应。螯环越多，稳定性越强。$Ni(NH_2CH_2CH_2NH_2)_3$较$Ni(NH_2CH_3)_6$稳定就是由于螯合效应的缘故。很多螯合物还具有特征颜色、难溶于水、易溶于有机溶剂等特点，因而被广泛地用于沉淀分离、溶剂萃取、比色测定、滴定分析等分离、分析工作。

螯合物在生物学上很重要，生化反应中的大部分酶都是金属螯合物或是能形成螯合物的物质。例如，叶绿素和血红素就是卟啉环分别与镁和铁形成的复杂螯合物，其结构如图 8-3、图 8-4所示。

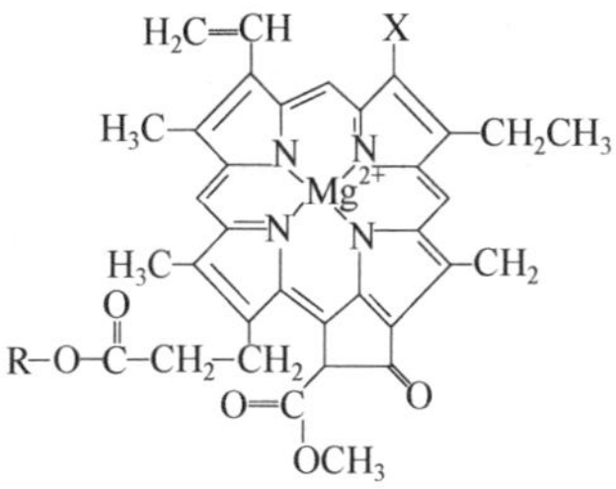

图 8-3　叶绿素 A 的Mg^{2+}活性中心结构

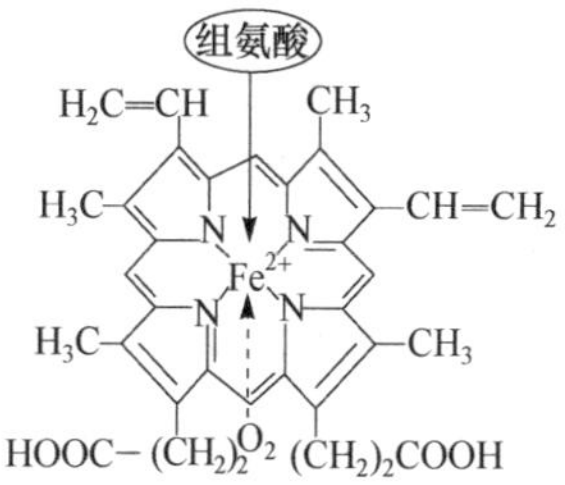

图 8-4　血红素的Fe^{2+}活性中心结构

3. 特殊配合物

配合物种类新颖繁多，而且不断出现新类型，因而对其分类无严格界限。相对于上述两类配合物，其他配合物均称作特殊配合物，特殊配合物又可分为多种。

1) 多核配合物

在一个配合物中有两个或两个以上中心原子，中心原子之间不形成金属-金属(M-M)键的化合物，称为多核配合物。多核配合物通常由桥基相连，O_2、OH^-、NH_2^-、NO_2^- 这一类多电子原子都可以成桥。例如，硫酸二(μ-羟基)·二[四水合铁(Ⅱ)]、四氯化(μ_1- O_2)·(μ_2- NH_2)·二[四氨合钴(Ⅲ)]，其中 μ-表示“桥联基团”，如图 8-5 所示。

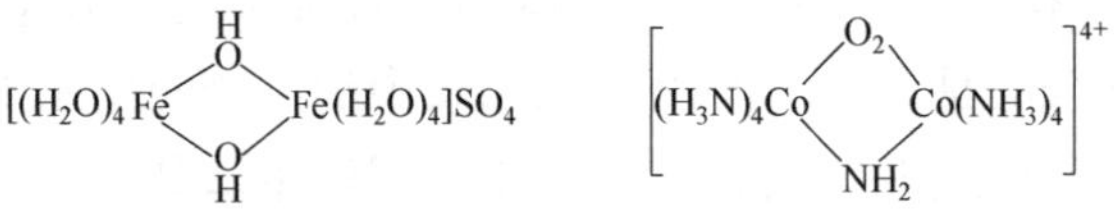

图 8-5　多核配合物

2) 金属有机配合物

金属有机配合物主要是指含金属-碳键的一类化合物，包括金属烷基配合物、金属羰基化合物、金属夹心配合物。通常情况下，有机配体与金属主要以两种形式成键：配体中的碳原子通过 σ 键与金属键合；配体以 π 键的形式与金属键合，金属反馈电子与配体键合形成反馈 π 键。

(1) 金属羰基化合物　以一氧化碳(CO)为配体的金属配合物称为金属羰基化合物。这种配合物中金属原子的氧化态一般很低，有的甚至为 0 或负数，如[$Mn(CO)_5Br$]、[$Ni(CO)_4$]、$Na[Co(CO)_4]$、$Na_3[V(CO)_4]$、$Na_4[Cr(CO)_4]$等。几乎全部的过渡金属都可以形成稳定的金属羰基化合物，配位数为 6 的金属羰基化合物的结构如图 8-6 所示。

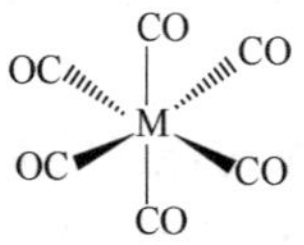

图 8-6　金属羰基化合物

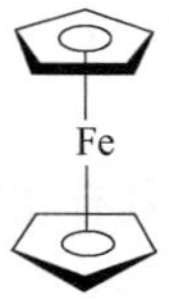

图 8-7　二茂铁

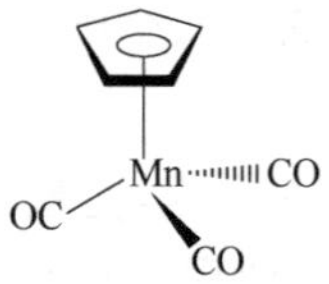

图 8-8　单茂夹心

金属羰基化合物在结构和性质上都比较特殊，熔点、沸点一般不高，较易挥发，不溶于水，易溶于有机溶剂，被广泛应用于制纯金属。金属羰基化合物在配位催化领域也有广泛用途。另外，金属羰基化合物有毒，使用时需注意安全！

(2) 金属夹心配合物　研究最多的金属夹心配合物是金属茂夹心配合物，这是一种金属被对称地夹在两个平行的环戊二烯阴离子(简称茂基或 cp)配体之间的化合物。广义的金属茂夹心配合物还包括茂环间有一定夹角的不对称夹心型配合物、单个茂环的配合物、多核夹心配合物等。茂环上的 π 电子数符合休克尔(Hükel)规则，为六电子 π 给体。

二茂铁是 1951 年合成的第一个夹心配合物，英国化学家威尔金森(G. Wilkinson)和德国化学家费歇尔(E. O. Fischer)证实并确定了其结构是两个环戊二烯平面平行，铁原子夹在中间，Fe 与两环的电子形成键，而不是与个别的碳原子形成键，如图 8-7 所示。

只含一个茂环的单茂夹心配合物最典型的代表是 $cpMn(CO)_3$，结构中的茂环与三个羰基所构成的平面平行，如图 8-8 所示。两个茂环将多个金属原子夹在中间形成多核夹心配合物，其金属与金属之间通过桥键作用或通过金属-金属键直接相互作用，如图 8-9 所示。其他金属茂夹心配合物如多层夹心配合物、不对称夹心配合物分别如图 8-10、图 8-11 所示。金属茂夹心配合物在烯烃催化聚合、电化学、医药等领域具有巨大的应用潜力。

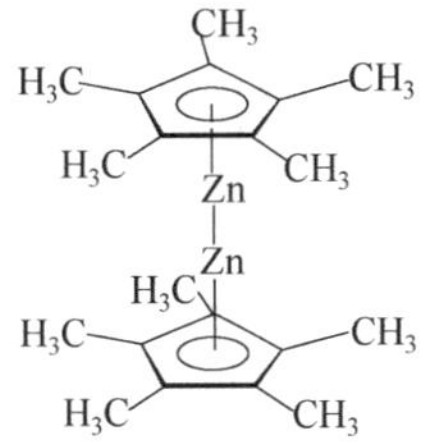

图 8-9　多核夹心配合物

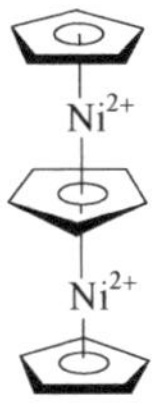

图 8-10　多层夹心配合物

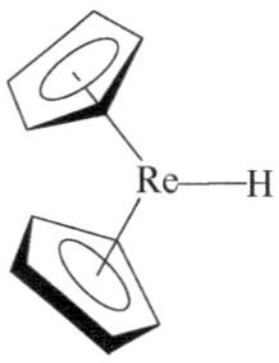

图 8-11　不对称夹心配合物

(3) 金属烷基配合物　烷基与金属以 σ 键键合的化合物称为金属烷基配合物。烷基是最常见的单电子配体，其形成的金属烷基化合物(M-R)结构简单，化学性质活泼，如格氏试剂、叔丁基铝、炔化银、甲基锂等。金属烷基化合物是与实际应用联系最为紧密的金属有机化合物之一，在有机合成中应用非常广泛。进一步的研究表明，带有较大体积烷基的烷基化合物可以作为立体选择性反应的试剂。

(4) π 键金属有机配合物　烯烃、炔烃与过渡金属形成 π 键的化合物称为 π 键金属有机配合物。对于乙烯、乙炔等对称烯烃、炔烃的金属有机化合物，其主要结构特征是重键的两个碳原子与金属原子的距离相等。金属原子与乙烯配体之间的相互作用主要包括：离子-偶极之间的静电相互作用；乙烯中充满电子的 π 轨道与过渡金属原子空的 s 轨道相互重叠形成的配键；金属原子中充满电子的 d 轨道和乙烯中的 π 反键轨道形成的反馈 π 键，如图 8-12 所示。

3) 原子簇状配合物

至少含两个金属原子，并形成金属-金属(M-M)键的配合物称为原子簇状配合物，简称簇合物。形成簇合物的金属离子主要是过渡金属。过渡金属簇合物最根本的结构特征是簇合物中存在金属-金属键，并且金属-金属之间的距离特别短，远小于相应金属键的长度，金属之间存在强相互作用。如$[Re_2Cl_8]^{2-}$簇合物中每个 Re 分别与 4 个 Cl 以配位键结合，而 2 个 Re 之间以多重键结合，Re-Re 键长比金属铼中的 Re-Re 短得多，如图 8-13 所示。

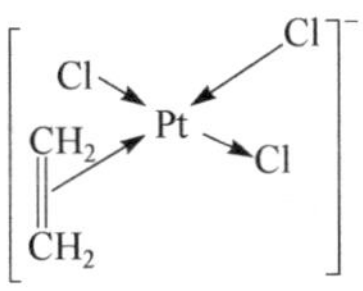

图 8-12　π 键金属有机配合物

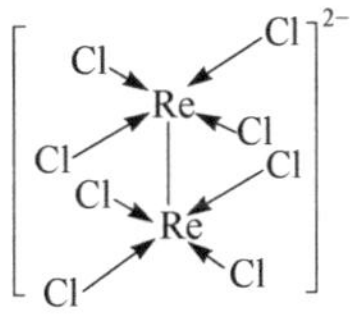

图 8-13　$[Re_2Cl_8]^{2-}$的结构

此外，金属之间的相互作用也可以是弱相互作用，甚至排斥作用。关于钌原子簇的研究是其中最为活跃的领域之一，目前，人们已合成了与含磷配体、含氧配体、含氮配体、含硫配体等配合的一系列新型钌原子簇。

4) 超分子聚合物

超分子是两个或两个以上的化学物种通过分子间作用力缔合在一起而形成的具有更高复杂性的有组织实体，超分子化学的基础是识别、配位以及自组装。超分子概念的提出扩大了配位化学研究的基础，对于深入理解生命现象有重要意义。例如，光合作用中叶绿素发挥作用的本质是芳环的堆积，这种作用就是使叶绿素分子在生物体内缔合成新的有序体，发挥光合作用的功能。

5）配位聚合物

配位聚合物是指由配体与配位中心体以配位键和其他弱化学键的形式形成无限伸展结构的配合物，是近几年配位化学的一个重要研究热点。从配位聚合物的构成看，配位中心可以是带正电荷的金属离子及构造单元，也可以是带负电荷的构造单元以及中性构造单元。对配体而言，按荷电情形可以分为带正电荷配体、带负电荷配体和中性配体。带正电荷的配体相对较少，目前构造配位聚合物的配体主要是电中性和带负电荷的配体。

8.2 配位离解平衡

8.2.1 配合物的稳定常数

中心原子与配体生成配合物的反应称为配位反应。配合物是一个相对稳定的结构单元，但实验证明，在稳定的配合物溶液中仍然存在着少量游离的中心原子和配体，说明配合物发生了离解反应。配合物的离解反应与配位反应互为逆反应，两者在一定条件下达成的平衡称为配合物的配位离解平衡。

例如，ML_n 型配合物在溶液中存在下列配位离解平衡（为书写简便，略去离子的电荷）

$$M+nL \underset{\text{离解}}{\overset{\text{配位}}{\rightleftharpoons}} ML_n$$

该配位离解平衡的标准平衡常数用 $K_f^\ominus$ 表示，即

$$K_f^\ominus=\frac{c(ML_n)/c^\ominus}{[c(M)/c^\ominus][c(L)/c^\ominus]^n}$$

$K_f^\ominus$ 是配合物的特征常数，其大小仅取决于配合物的本性和温度，与溶液中各组分的浓度无关。对于给定的配合物，$K_f^\ominus$ 仅是温度的函数，但常温时，$K_f^\ominus$ 随温度变化不大，所以如果没有特别说明，近似地将 $K_f^\ominus$ 当作常数来处理。一些常见配合物在 298.15K 时的稳定常数 $K_f^\ominus$ 参见附录Ⅸ。

$K_f^\ominus$ 的大小说明了溶液中配位反应的完全程度。$K_f^\ominus$ 值越大，说明配位反应进行越完全，离解反应越难进行，配合物在溶液中越稳定，所以 $K_f^\ominus$ 也称为配合物的稳定常数。例如，实验测得配合物$[Zn(NH_3)_4]^{2+}$、$[Zn(CN)_4]^{2-}$的 $K_f^\ominus$ 分别为 2.9×10^9、5×10^{16}，说明在水溶液中$[Zn(CN)_4]^{2-}$比$[Zn(NH_3)_4]^{2+}$要稳定得多。但要注意，只有在配合物类型相同（配体类型相同，配位数相同）的条件下，才能用 $K_f^\ominus$ 的大小直接比较配合物的稳定性，对于不同类型的配合物，应该通过计算说明。

配位及离解反应实际上是分步进行的，各级配合物在溶液中都有相应的动态平衡，与之对应的标准平衡常数称为逐级稳定常数。

$$M+L \rightleftharpoons ML \qquad K_{f1}^\ominus$$

$$ML+L \rightleftharpoons ML_2 \qquad K_{f2}^\ominus$$

…

$$ML_{n-1}+L \rightleftharpoons ML_n \qquad K_{fn}^\ominus$$

总反应为 $$M+nL \rightleftharpoons ML_n \qquad K_f^\ominus$$

$K_{f1}^\ominus$、$K_{f2}^\ominus$、…、$K_{fn}^\ominus$代表各级反应的稳定常数，分别称为第一、第二、……、第 n 级稳定常数。一般情况下，$K_{f1}^\ominus>K_{f2}^\ominus>\cdots>K_{fn}^\ominus$，这是由于后面配位的配体受到前面已经配位的配体的排斥，减弱

了中心原子的配位能力。由于配合物的逐级稳定常数相互之间差别不太大，使得在计算溶液中各级配合物的浓度时就显得十分困难。在实际工作中，总是加入过量的配位剂，使平衡强烈右移，溶液中配合物主要以最高配位数的形式存在，其他各级低配位数形式的配合物浓度可忽略不计，从而使有关计算大为简化。根据多重平衡规则，总反应的 $K_f^\ominus = K_{f1}^\ominus \cdot K_{f2}^\ominus \cdots K_{fn}^\ominus$。

配合物的稳定性也可用离解平衡常数 $K_d^\ominus$ 来表示，$K_d^\ominus$ 又称配合物的不稳常数，与稳定常数 $K_f^\ominus$ 互为倒数关系，即

$$K_d^\ominus = \frac{1}{K_f^\ominus}$$

在化学的有关计算，特别是滴定分析中，为了讨论问题的需要，有时也用配合物的累积稳定常数 β_n。$\beta_1 = K_{f1}^\ominus$、$\beta_2 = K_{f1}^\ominus \cdot K_{f2}^\ominus$、…、$\beta_n = K_{f1}^\ominus \cdot K_{f2}^\ominus \cdots K_{fn}^\ominus$，$\beta_1$、$\beta_2$、…、$\beta_n$ 分别称为第一、第二、……、第 n 级累积稳定常数。第 i 级累积稳定常数 β_i 相当于溶液中配体数为 i 的配合物的稳定常数，把最高级累积稳定常数 β_n 称为总稳定常数。显然，β_n 为配合物的稳定常数 $K_f^\ominus$，如将含 Fe^{3+} 与 F^- 的溶液混合，得到含配合物$[FeF]^{2+}$、$[FeF_2]^+$、$[FeF_3]$…、$[FeF_6]^{3-}$等的溶液，其中$[FeF_6]^{3-}$的 β_3 就相当于$[FeF_3]$的 $K_f^\ominus$。

利用配合物的稳定常数，可计算配合物溶液中各物质的浓度。

【例 8-1】 0.10 mol·L^{-1} $AgNO_3$ 与 0.50 mol·L^{-1} NH_3 溶液等体积混合，计算平衡时溶液中各物质的浓度。已知 $K_f^\ominus\{[Ag(NH_3)_2]^+\} = 1.12\times10^7$。

解　溶液等体积混合，物质浓度减半，$c(Ag^+) = 0.050$ mol·L^{-1}，$c(NH_3) = 0.25$ mol·L^{-1}。

由于 $K_f^\ominus\{[Ag(NH_3)_2]^+\}$ 很大，说明配位反应进行的程度很大，可认为 Ag^+ 完全反应生成了$[Ag(NH_3)_2]^+$，设反应完成之后，溶液中剩余 Ag^+ 的浓度为 x mol·L^{-1}。

	Ag^+	$+\ 2NH_3$	$\rightleftharpoons\ [Ag(NH_3)_2]^+$
起始浓度/(mol·L^{-1})	0.050	0.25	0
平衡浓度/(mol·L^{-1})	x	$0.15+2x\approx0.15$	$0.050-x\approx0.050$

$$K_f^\ominus = \frac{c\{[Ag(NH_3)_2]^+\}/c^\ominus}{[c(Ag^+)/c^\ominus]\cdot[c(NH_3)/c^\ominus]^2} = \frac{0.05}{x\cdot(0.15)^2} = 1.12\times10^7$$

解得 $x = 1.98\times10^{-7}$ mol·L^{-1}。

$c(Ag^+) = 1.98\times10^{-7}$ mol·L^{-1}　　$c(NH_3)\approx0.15$ mol·L^{-1}

$c([Ag(NH_3)_2]^+)\approx0.050$ mol·L^{-1}　　$c(NO_3^-)\approx0.050$ mol·L^{-1}

8.2.2　配位离解平衡的移动

配位离解平衡和其他化学平衡一样，是一个有条件的动态平衡，当外界条件发生变化时，平衡会发生移动，在新的条件下建立新的平衡。向配位离解平衡体系中加入酸、碱、沉淀剂、氧化性或还原性物质、其他配位剂等，若这些试剂能与中心原子或配体发生化学反应，即在体系中引入了酸碱平衡、沉淀溶解平衡、氧化还原平衡或另一配位平衡，体系中存在多种平衡的竞争，各组分的浓度就会发生改变，从而促使配位平衡发生移动。

1. 配位平衡与酸碱平衡

配合物中许多配体为弱碱，如 F^-、CN^-、SCN^-、CO_3^{2-}、$C_2O_4^{2-}$ 和 NH_3 等，它们能与外加的酸生成相应的弱电解质，使配体浓度减小，从而降低配体的配位能力，使配位离解平衡向离解的方向移动，配合物的稳定性下降。这种增加酸度使配体配位能力降低的作用称为配体的酸效应，配体的酸效应实际上是配位平衡与酸碱平衡的多重竞争平衡。

例如，在$[Ag(NH_3)_2]^+$溶液中加入H^+

(1) $[Ag(NH_3)_2]^+ \rightleftharpoons Ag^+ + 2NH_3$ $K^\ominus = \dfrac{1}{K_f^\ominus\{[Ag(NH_3)_2]^+\}}$

(2) $NH_3 + H^+ \rightleftharpoons NH_4^+$ $K^\ominus = \dfrac{1}{K_a^\ominus(NH_4^+)}$

总反应为 $[Ag(NH_3)_2]^+ + 2H^+ \rightleftharpoons Ag^+ + 2NH_4^+$

根据多重平衡规则，总反应的标准平衡常数$K^\ominus$为

$$K^\ominus = \frac{1}{K_f^\ominus\{[Ag(NH_3)_2]^+\} \cdot [K_a^\ominus(NH_4^+)]^2}$$

温度一定时，$K^\ominus$值的大小取决于配合物的本性和生成的弱电解质的本性，配合物越稳定，$K_f^\ominus$值越大，生成的弱电解质酸性越强，$K_a^\ominus$值越大，则竞争平衡常数$K^\ominus$值越小，配合物越难于受到外加酸的影响，只有浓度较大的酸才可能使配合物发生酸效应而离解。反之，配合物稳定性越差，$K_f^\ominus$值越小，生成的弱电解质酸性越弱，$K_a^\ominus$越小，则$K^\ominus$就越大，配合物越易受外加酸的影响，浓度较小的酸也能使配合物发生酸效应而离解。

$[Ag(NH_3)_2]^+$溶液与H^+反应的平衡常数$K^\ominus$值为

$$K^\ominus = \frac{1}{K_f^\ominus\{[Ag(NH_3)_2]^+\} \cdot [K_a^\ominus(NH_4^+)]^2} = \frac{[K_b^\ominus(NH_3)]^2}{K_f^\ominus\{[Ag(NH_3)_2]^+\} \cdot (K_w^\ominus)^2}$$

$$= \frac{(1.8\times10^{-5})^2}{(1.12\times10^{7})\times(1.0\times10^{-14})^2} = 2.89\times10^{11}$$

反应的平衡常数很大，说明反应正向进行很彻底，$[Ag(NH_3)_2]^+$的稳定性受溶液 pH 的影响很大，容易被酸破坏。

如果向$[Ag(CN)_2]^-$溶液中加入强酸，同样存在$[Ag(CN)_2]^-$的配位离解平衡与酸碱平衡的竞争，总反应是

$$[Ag(CN)_2]^- + 2H^+ \rightleftharpoons Ag^+ + 2HCN$$

该竞争反应的标准平衡常数为

$$K^\ominus = \frac{1}{K_f^\ominus\{[Ag(CN)_2]^-\} \cdot [K_a^\ominus(HCN)]^2} = \frac{1}{(1.25\times10^{21})\times(6.17\times10^{-10})^2} = 2.10\times10^{-3}$$

可见，由于配离子$[Ag(CN)_2]^-$的稳定常数很大，竞争平衡常数2.10×10^{-3}比较小，说明$[Ag(CN)_2]^-$的稳定性受溶液 pH 的影响很小，$[Ag(CN)_2]^-$基本不被加入的酸破坏。

2. 配位平衡与沉淀溶解平衡

沉淀溶解平衡与配位平衡要相互影响。在某些难溶电解质的沉淀中，加入配位剂可形成配合物而使沉淀溶解。同样，在某些配合物溶液中加入沉淀剂会生成沉淀，使中心原子或配体浓度减小，配合物稳定性降低而促使配合物离解。例如，向蓝色$[Cu(NH_3)_4]^{2+}$溶液中加入Na_2S溶液，可生成黑色 CuS 沉淀，体系中Cu^{2+}浓度减小，使$[Cu(NH_3)_4]^{2+}$的稳定性降低，配位离解平衡向离解的方向移动。外加沉淀剂对配合物的影响由配位平衡和沉淀溶解平衡共同决定。

$[Cu(NH_3)_4]^{2+} \rightleftharpoons Cu^{2+} + 4NH_3$ $K_1^\ominus = \dfrac{1}{K_f^\ominus\{[Cu(NH_3)_4]^{2+}\}}$

$Cu^{2+} + S^{2-} \rightleftharpoons CuS(s)$ $K_2^\ominus = \dfrac{1}{K_{sp}^\ominus(CuS)}$

总反应为 $[Cu(NH_3)_4]^{2+} + S^{2-} \rightleftharpoons CuS(s) + 4NH_3$

该竞争反应的标准平衡常数为

$$K^{\ominus}=\frac{1}{K_{f}^{\ominus}\{[Cu(NH_3)_4]^{2+}\}\cdot K_{sp}^{\ominus}(CuS)}$$

$K^{\ominus}$值取决于配合物的稳定常数 $K_f^{\ominus}$ 和生成沉淀的溶度积 $K_{sp}^{\ominus}$。配合物越稳定,$K_f^{\ominus}$ 值越大;生成的沉淀越易溶解,$K_{sp}^{\ominus}$值越大,则 $K^{\ominus}$值就越小,配合物越难转变为沉淀。反之,配合物就易于转变为沉淀。

【例 8-2】 0.10 $mol\cdot L^{-1}$的$[Ag(NH_3)_2]^+$溶液与同浓度的 NaCl 溶液等体积混合后,混合液中$[Ag(NH_3)_2]^+$的浓度为多少?已知 $K_f^{\ominus}[Ag(NH_3)_2^+]=1.12\times10^7$,$K_{sp}^{\ominus}(AgCl)=1.8\times10^{-10}$。

解 $[Ag(NH_3)_2]^+$溶液与 NaCl 溶液混合后,$[Ag(NH_3)_2]^+$将转变为 AgCl 沉淀,平衡时,设混合溶液中$[Ag(NH_3)_2]^+$的浓度为 x $mol\cdot L^{-1}$,则

$$[Ag(NH_3)_2]^+ + Cl^- \rightleftharpoons AgCl(s) + 2\,NH_3$$

平衡浓度/($mol\cdot L^{-1}$)　　x　　x　　$0.10-2x$

$$K^{\ominus}=\frac{1}{K_f^{\ominus}[Ag(NH_3)_2^+]\cdot K_{sp}^{\ominus}(AgCl)}=\frac{[c(NH_3)/c^{\ominus}]^2}{\{c[Ag(NH_3)_2^+]/c^{\ominus}\}\cdot[c(Cl^-)/c^{\ominus}]}$$

即

$$\frac{1}{1.12\times10^7\times1.8\times10^{-10}}=\frac{(0.10-2x)^2}{x\cdot x}$$

解得　　$x=4.12\times10^{-3}$ $mol\cdot L^{-1}$

【例 8-3】 在 1 L 5 $mol\cdot L^{-1}$的氨水中能溶解 AgI 多少克?忽略 AgI 固体溶解后溶液体积的变化,已知 $K_f^{\ominus}\{[Ag(NH_3)_2]^+\}=1.12\times10^7$,$K_{sp}^{\ominus}(AgI)=8.52\times10^{-17}$。

解 设能溶解 x mol AgI,则

$$AgI(s)+2NH_3 \rightleftharpoons [Ag(NH_3)_2]^+ + I^-$$

平衡浓度/($mol\cdot L^{-1}$)　　$5-2x\approx5$　　x　　x

$$K^{\ominus}=K_f^{\ominus}\{[Ag(NH_3)_2]^+\}\cdot K_{sp}^{\ominus}(AgI)=\frac{\{c[Ag(NH_3)_2^+]/c^{\ominus}\}\cdot[c(I^-)/c^{\ominus}]}{[c(NH_3)/c^{\ominus}]^2}$$

$$1.12\times10^7\times8.52\times10^{-17}=\frac{x\cdot x}{5^2}$$

解得　　$x=1.54\times10^{-4}$ mol

在 1 L 5$mol\cdot L^{-1}$的氨水中能溶解 AgI 的质量为 $1.54\times10^{-4}\times235=3.62\times10^{-2}$(g)。

计算结果说明,由于 AgI 的溶度积常数很小,AgI 几乎不能溶于氨水,即 AgI 沉淀不能转化为配离子$[Ag(NH_3)_2]^+$,但$[Ag(NH_3)_2]^+$容易转化为 AgI 沉淀。

3. 配位平衡与氧化还原平衡

配位平衡与氧化还原反应要相互影响、相互竞争。在氧化还原体系中引入配位平衡,会改变氧化性或还原性物质的氧化还原能力。在配合物体系中,加入氧化性或还原性物质,若中心原子或配体发生氧化还原反应,使中心原子或配体的浓度发生改变,配位平衡将发生移动。例如,在血红色$[Fe(SCN)_6]^{3-}$溶液中加入 $SnCl_2$ 后,溶液的血红色消失,这是因为 Sn^{2+}将溶液中游离的 Fe^{3+}还原为 Fe^{2+},从而降低了 Fe^{3+}浓度,使配位平衡遭到破坏。

$$[Fe(SCN)_6]^{3-} \rightleftharpoons Fe^{3+}+6SCN^- \qquad K_1^{\ominus}=\frac{1}{K_f^{\ominus}\{[Fe(SCN)_6]^{3-}\}}$$

$$2Fe^{3+}+Sn^{2+} \rightleftharpoons 2Fe^{2+}+Sn^{4+} \qquad K_2^{\ominus}=K_{ox\text{-}red}^{\ominus}$$

总反应为

$$2[Fe(SCN)_6]^{3-}+Sn^{2+} \rightleftharpoons 2Fe^{2+}+Sn^{4+}+12SCN^-$$

则该竞争反应的标准平衡常数为

$$K^{\ominus}=\frac{K^{\ominus}_{\text{ox-red}}}{\{K^{\ominus}_{f}([Fe(SCN)_6]^{3-})\}^2}$$

$K^{\ominus}_{\text{ox-red}}$与体系中各氧化还原物质的本性有关，可根据氧化还原反应的电子转移数和氧化还原电对的标准电极电势计算，其值为 8.8×10^{20}。

$$K^{\ominus}=\frac{K^{\ominus}_{\text{ox-red}}}{\{K^{\ominus}_{f}([Fe(SCN)_6]^{3-})\}^2}=\frac{8.8\times10^{20}}{(2.29\times10^{3})^2}=1.7\times10^{14}$$

平衡常数非常大，说明反应正向进行得很彻底，所以在血红色$[Fe(SCN)_6]^{3-}$溶液中加入 $SnCl_2$ 后，$[Fe(SCN)_6]^{3-}$很快离解，溶液的血红色很快消失。

如果向$[FeF_6]^{3-}$配合物溶液体系中加入 KI，体系中可能发生竞争反应

$$2I^- + 2[FeF_6]^{3-} \rightleftharpoons 2Fe^{2+} + I_2 + 12F^-$$

反应的平衡常数为

$$K^{\ominus}=\frac{K^{\ominus}_{\text{ox-red}}}{\{K^{\ominus}_{f}([Fe(F)_6]^{3-})\}^2}=\frac{9.0\times10^{7}}{(1.13\times10^{12})^2}=7.0\times10^{-17}$$

平衡常数非常小，说明反应正向不能进行，而逆向进行得很彻底，所以在$[FeF_6]^{3-}$配合物溶液体系中加入 KI，体系中不会有单质 I_2 生成，即体系不会由无色变成棕色。

氧化还原反应对配位平衡的影响取决于氧化还原反应进行的程度和配合物的稳定性，受加入氧化性或还原性试剂浓度的影响。若配合物的稳定性低，氧化还原反应进行的程度很大，则总反应的 $K^{\ominus}$很大，配合物离解很彻底，可以发生相应转化。反之，则配合物基本不受氧化性或还原性试剂的影响。

4. 配合物之间的转化

向配合物体系中加入另一种能与中心原子生成其他配合物的配体，或加入另一种能与配体生成其他配合物的中心原子，则会发生两个配位平衡之间的竞争反应，使配合物之间相互转化。例如，在$[Ag(NH_3)_2]^+$溶液中加入配体 CN^-时，体系中存在如下平衡

$$[Ag(NH_3)_2]^+ \rightleftharpoons Ag^+ + 2NH_3 \qquad 1/K^{\ominus}_{f}\{[Ag(NH_3)_2]^+\}$$

$$Ag^+ + 2CN^- \rightleftharpoons [Ag(CN)_2]^- \qquad K^{\ominus}_{f}\{[Ag(CN)_2]^-\}$$

总反应为　$$[Ag(NH_3)_2]^+ + 2CN^- \rightleftharpoons [Ag(CN)_2]^+ + 2NH_3 \qquad K^{\ominus}$$

根据多重平衡规则可得

$$K^{\ominus}=\frac{K^{\ominus}_{f}[Ag(CN)_2^-]}{K^{\ominus}_{f}\{[Ag(NH_3)_2]^+\}}=\frac{1.25\times10^{21}}{1.12\times10^{7}}=1.12\times10^{14}$$

因为 $K^{\ominus}_{f}\{[Ag(CN)_2]^-\} \gg K^{\ominus}_{f}\{[Ag(NH_3)_2]^+\}$，上述反应的 $K^{\ominus}$很大，反应向右进行的程度很大，说明$[Ag(NH_3)_2]^+$容易转化为$[Ag(CN)_2]^-$，而反过来的转化很难进行。

许多金属离子在水溶液中的配位反应，本质上是水合配合物与某种配合物之间的转化。例如，无水 $CuSO_4$ 溶于水呈浅蓝色的$[Cu(H_2O)_4]^{2+}$溶液，向其中加入氨水，生成深蓝色$[Cu(NH_3)_4]^{2+}$溶液，实际上是$[Cu(H_2O)_4]^{2+}$转变成$[Cu(NH_3)_4]^{2+}$。

能与配体生成其他配合物的中心原子的加入也可能引起配合物的转化。例如，在$[Pb(CN)_4]^{2-}$溶液中加入 Ni^{2+}时，有如下反应

$$[Pb(CN)_4]^{2-} + Ni^{2+} \rightleftharpoons [Ni(CN)_4]^{2-} + Pb^{2+}$$

反应的平衡常数为

$$K^{\ominus}=\frac{K_f^{\ominus}\{[Ni(CN)_4]^{2-}\}}{K_f^{\ominus}\{[Pb(CN)_4]^{2-}\}}=\frac{2.0\times10^{31}}{1.0\times10^{11}}=2.0\times10^{20}$$

因为 $K_f^{\ominus}\{[Ni(CN)_4]^{2-}\}\gg K_f^{\ominus}\{[Pb(CN)_4]^{2-}\}$，上述反应的 $K^{\ominus}$ 很大，反应正向进行得很彻底，说明 $[Pb(CN)_4]^{2-}$ 完全转化为 $[Ni(CN)_4]^{2-}$，而反过来的转化不能进行。

如果向 $[Ag(NH_3)_2]^+$ 溶液中加入 Cu^{2+}，可能发生下列转化反应

$$2[Ag(NH_3)_2]^+ + Cu^{2+} \rightleftharpoons [Cu(NH_3)_4]^{2+} + 2Ag^+$$

反应的平衡常数为

$$K^{\ominus}=\frac{K_f^{\ominus}\{[Cu(NH_3)_4]^{2+}\}}{\{K_f^{\ominus}[Ag(NH_3)_2^+]\}^2}=\frac{2.09\times10^{13}}{(1.12\times10^{7})^2}=0.166$$

$[Ag(NH_3)_2]^+$ 和 $[Cu(NH_3)_4]^{2+}$ 两种配合物的稳定常数差别比较大，但属于两种不同类型的配合物，使得 $K^{\ominus}$ 不太大也不太小。$K^{\ominus}$ 的数值表明，反应进行的方向取决于外加 Cu^{2+} 的浓度，而不能简单地判断能否发生配合物的转化。

综上，配合物之间转化反应进行的方向和程度取决于两种配合物的稳定常数。一般情况下，相同类型的配合物，稳定性小的配合物容易转化成稳定性大的，而且稳定性相差越大，转化越彻底。不同类型的配合物，必须经过计算才能定论。

8.3　配合物的应用

配位化学于 19 世纪末创立，20 世纪 40 年代中期发展成为一门独立的分支学科。人们发现和研究的配合物已有千万种之多。配合物的应用非常广泛，在地质学、矿石浮选、金属的防锈除锈、环境保护、纺织工业、造纸工业、橡胶工业、塑料工业、油漆工业、航天航空等方面都需要用到配合物，并且在许多领域越来越显示出其重要价值。下面简单介绍配合物在分析化学、有机合成、材料科学、生命科学、医疗科学等领域中的应用。

8.3.1　在分析和有机合成中的应用

配合物和配位反应在分析化学领域有广泛的应用，其中许多方面为化学工作者所熟悉，例如，各种化学分析中使用萃取剂、掩蔽剂、指示剂和显色剂等都是配位反应的应用；利用配合物在溶解度、颜色以及稳定性等方面的差别可以进行元素的分离、鉴定、富集和提取；定量分析化学中，配位滴定分析利用配位反应来测定物质含量，如常用滴定剂 EDTA 与 Ca^{2+}、Mg^{2+} 等金属离子生成稳定的螯合物，从而可以测定水中 Ca^{2+}、Mg^{2+} 的含量。

在生物化学光分析和电化学分析领域，由于配合物具有特殊的光物理和光化学性质而备受关注。如钌配合物 $[Ru(bpy)_2(dppz)]^{2+}$ 和 $[Ru(phen)_2(dppz)]^{2+}$，在水溶液中不表现荧光或荧光极弱，但在加入 DNA 后便有强烈的荧光发出，因此，可作为水溶液中双链 DNA 的敏感光谱探针。又例如，Eu 配合物荧光试剂，具有较长的荧光寿命，通过 π 堆积到单壁碳纳米管表面，用作时间分辨荧光，检测人尿中的溶解酵素，其检测限低至 $0.9\ nmol\cdot L^{-1}$，比普通的荧光适配体传感器检测限低 60 倍。大量的研究表明，配合物用作生物探针、荧光传感器比普通的生物探针、荧光传感器具有更高的灵敏度和更低的检测限。

金属茂夹心配合物具有优良的电化学活性，因而在电化学分析领域得到了广泛应用。例如，利用硼酸/酯作为路易斯酸受体可以选择性键合 HF，将硼酸/酯基团引入到茂夹心配合物中，可以构筑一个 HF 的高选择性电化学传感器。以二茂铁-PAN 衍生物修饰的 Au 电极在与

其互补的DNA溶液中表现出电化学响应，这预示着PAN修饰的二茂铁有可能用于DNA序列的测定。另外，联吡啶钌配合物具有氧化还原转换的光学性质，将Ru配合物通过DNA修饰到电极表面，可用作电化学发光分析检测DNA。

在有机合成中，常用配合物作催化剂。例如，二茂铁及其衍生物在燃速催化、不对称催化、羟醛缩合、烯烃常压氢化、苯酮氢化硅烷化等反应中有广泛应用。在甲苯氯化反应中，用二茂铁作催化剂，可以增加对氯甲苯的产率。在气相制备碳纤维的过程中，以二茂铁作催化剂，可以获得高质量的碳纤维产品。将二茂铁和钾吸附在活性炭上作为合成氨催化剂，可使合成氨反应在缓和的条件下进行，并且二茂铁的含量增加，催化的活性也随之增加。在不对称合成催化方面，手性二茂铁膦配体以其特殊的刚性骨架结构和良好的电子效应从众多的手性配体中脱颖而出，不断合成新的手性二茂铁配体成为20世纪90年代不对称催化研究的热点之一。配合物还在有机合成中用作反应原料，例如，烷基锂是有机合成中仅次于格氏试剂的重要的金属有机化合物，具有与格氏试剂类似的性质，但其反应速率比格氏试剂快100倍。

8.3.2 在材料科学中的应用

配合物作为功能材料应用广泛。配合物可作为皮革工业用鞣剂使生皮变成革，该类鞣剂机理明确，应用工艺成熟，成革性能优异。钌配合物可在照相术中作定影剂，溶解照片明胶凝胶中未感光的卤化银，生成水溶性的配离子。在金属表面技术中，经常使用可与金属离子配位的缓冲剂和添加剂等，降低相应自由金属离子的浓度，以获得各种功能的优异镀层。

随着具有特殊光、电、热、磁等功能的新型配合物不断涌现，特别是具有丰富光物理、光化学性质的配合物、具有特殊电学性质的配合物的合成与发展，使得配合物在光储存、光导、光学计算机等方面，以及在计算机的分子器件及显示和印刷系统方面，有着诱人的应用前景。如金属有机配合物可作为光存储染料应用，聚金属含氧酸盐和有机底物间的分子间配合物，具有良好的非线性光学特性，可成为高效的激光倍频材料。某些具有特定结构的有机金属配合物可作为分子开关、光转换分子器件等。典型的多面体配位结构$YBaCu_3O_{7\sim5}$具超导性能，钼的一些簇合物具有一维导电性能，可在计算机的显示和印刷系统方面作为分子器件。某些新型特殊功能材料的配合物可用于高纯金属原材料和镀膜的制备，某些笼状超分子配合物具有分子、离子识别功能等。

8.3.3 在生命科学中的应用

很多生命过程都离不开配合物。生物体内的许多蛋白质和各种各样起特殊催化作用的酶，几乎都与有机金属配合物密切相关。植物体内的叶绿素是以Mg^{2+}为中心的卟啉类大环配合物(图8-3)，在植物光合作用中作为催化剂。植物固氮酶是铁、钼的蛋白质配合物。动物体内，Fe^{2+}与卟啉形成的血红素蛋白(图8-4)，在体内参与氧的运输、储存和利用，是生物体内和呼吸作用密切相关的活性中心。铁与含硫配体结合的铁硫蛋白(也称非血红素蛋白)，主要作为电子传递体，参与生物体的各种氧化还原作用。生物体内的锌参与许多酶的组成并使酶表现活性，当人体缺锌时，许多酶的活性降低，引起有关代谢紊乱；铜在人体中的含量仅次于铁和锌，它是酪氨酸酶、细胞分裂素氧化酶及抗坏血酸等的活性组分，若遗传性的缺乏酪氨酸酶会导致白化病。钴配合物最典型的例子是维生素B_{12}，又名钴胺素，在防治恶性贫血症方面效果显著。锰以Mn^{2+}和Mn^{3+}存在于体内，大部分以结合状态的金属蛋白质存在于肌肉、骨骼、肝脏和血液中，主要参与造血过程，影响血的运输和代谢。微量元素硒是心肌和肝内谷胱甘肽过氧化物酶的组成部分，该酶催化氧化还原反应，使过氧化氢和不饱和脂肪酸的过氧化物消耗，保护血红蛋白。除此之外，钼、铬、镍、钒等都以金属酶的形式存在，参与各种代谢过程。而且各种酶的特定催化作用过程也涉及配合物的生成与转化。例如，在铜-锌超氧化歧化酶歧化超氧离子的过程中，咪唑桥的断裂，水解切割多肽或蛋白质的含有 Zn^{2+} 离子的羧肽酶的作用等，均涉及酶活性中心金属离子的配位变化。

随着配位化学的发展，配体进一步涉及生命过程中的生物活性物质，如蛋白质、聚核苷酸和糖类等，与生命活动相关的金属酶或蛋白活性中心的化学模拟也日益引人注目。

8.3.4　在医药科学中的应用

配合物在医疗科学中的应用主要以药物形式表现。

1. 金属配合物作为药物

某些金属离子具有治疗作用，但因其毒性大、刺激性强、难吸收等缺点而不能直接在临床上应用，若使用金属配合物既能降低毒性和刺激性，又利于吸收。如某些铁配合物可作为抗病毒剂，柠檬酸铁配合物可以治疗缺铁性贫血，酒石酸锑钾可以治疗糖尿病和血吸虫病，含钴配合物维生素 B_{12} 可治疗恶性贫血，博莱霉素与钴离子配合后其亲肿瘤活性明显增强。阿霉素的铁、铜配合物比阿霉素更易被小肠吸收，并透入细胞，相对于单独的 8-羟基喹啉或铜、铁配合物，它们之间的配合物呈明显的抗菌作用。镁、锰、钙与四环素配合使其对金黄色葡萄球菌、大肠杆菌的抗菌活性大增。阿司匹林及水杨酸衍生物等与铜配合后抗风湿炎症疗效大增。顺铂类配合物、联吡啶钌配合物、Cp_2MCl_2 型茂夹心配合物（M＝Ti、Mo、V、Nb）能选择性地结合 DNA，阻碍癌细胞的分裂，表现出良好的抗癌活性等。

2. 配体作为螯合药物

许多金属元素和某些类金属元素（如砷、汞）都是有毒的，轻金属 Be 导致癌症或铍肺病，毒性很大，重金属钡离子可以致死。有害金属在体内无法靠机体自身转化为无毒物质排出，一般选择合适的配体与其配位形成水溶性螯合物经肾脏排出体外而解毒，这种方法称为配体疗法，所用的配体称为解毒剂。常用解毒剂如二硫基丙醇 $SHCH_2CH(SH)CH_2OH$，通过两个 S 与金属离子形成稳定的配合物，从有机体内排出砷、汞、铝、钒、镉、锑、金、铅、铋等金属。Ca-EDTA治疗铅中毒是利用其稳定性小于 Pb-EDTA 的稳定性，Pb^{2+} 取代 Ca^{2+} 成为可溶性的 Pb-EDTA 螯合物经肾脏排出。二羟基丁酸（DMSA）对血铅和尿铅等有明显作用，被广泛用于治疗铅、汞和砷中毒。铜缺乏会引起贫血病，但积累过多又会导致 Wilson 氏病（即肝豆状变性），D-青霉胺 $CH_3C(CH_3)(SH)CH(NH_2)COOH$ 是 Wilson 病的有效药物，临床口服青霉胺，与铜形成稳定的螯合物被排出体外。口服 *N*-乙酰基-青霉胺可用于钋、钨的促排。DTPA、EHDP 等螯合剂对放射性核素具有优良的亲和性，尤其对锕系、镧系金属元素有良好的促排效果。

配合物在医疗上还用作抗凝血剂和抑菌剂，如加少量的 EDTA 钠盐和柠檬酸钠可螯合血液中的 Ca^{2+}，防止血液凝固而利于保存；EDTA 与细菌所必需的金属离子结合成稳定的配合物，可防止生物碱、维生素、肾上腺素等药物被细菌破坏而变质。在临床检验中，配合物还常用于定性和定量分析。例如，尿铅含量的测定，常用二硫腙与 Pb^{2+} 生成红色螯合物后进行比色分析，检验 Fe^{3+} 利用硫氰酸盐和其生成血红色配合物来实现。

作为化学研究的前沿和热点，许多新型配合物正在不断被合成与开发，具有特殊光、电、热、磁和生物等功能性的配合物不断涌现，使配位化学在深度、广度方面都有令人瞩目的发展。无论是在化学还是医药领域、无论是合成新材料还是用作催化剂，配合物在现代生产生活的各方面都显示出越来越重要的作用、展现出越来越广阔的应用前景。

本章小结

本章主要介绍了配合物的概念、组成与命名，讨论了配位离解平衡及其移动，简单介绍了配合物的应用。

由两种或多种可以独立存在的分子、离子或原子通过各种结合作用形成的具有一定组成和结构的单元称为配位个体，包含配位个体的物质称为配合物。

配合物一般由内界和外界两部分组成，内界与外界之间以离子键结合。配合物的内界为配位个体，是配合物的特征部分，包括中心原子和配体两部分。中心原子通常是过渡金属离子或原子，在中心原子周围，与中心原子以一定键合作用直接结合的离子或分子称为配体，配体中与中心原子直接结合的原子称为配位原子，中心原子与配体通常以配位键结合。只含一个配位原子的配体称为单齿(基)配体。含两个或两个以上的配位原子，可同时与中心原子直接键合的配体称为多齿(基)配体。配位个体中，与中心原子直接结合的配位原子的总数称为中心原子的配位数，常见中心原子的配位数一般为2、4、6等偶数。配合物的命名通常采用国际纯粹与应用化学联合会推荐的系统命名法，遵循一般无机化合物的命名原则。通常将配合物分为简单配合物、螯合物、特殊配合物三类。

中心原子与配体生成配合物的反应称为配位反应。配合物的离解反应与配位反应互为逆反应，两者在一定条件下达成的平衡称为配合物的配位离解平衡。配合物在水溶液中的稳定性用配合物的稳定常数 $K_f^\ominus$ 衡量，$K_f^\ominus$ 越大，配合物在水溶液中越稳定。类型相同的配合物可用 $K_f^\ominus$ 直接比较稳定性的大小。在水溶液中，配合物的稳定性是相对的，当外界条件发生变化时，平衡发生移动，在新的条件下建立新的平衡。配位平衡与酸碱平衡、沉淀平衡、氧化还原和另一配位平衡之间存在相互竞争，竞争反应趋势的大小可用总反应的平衡常数来估计。

配合物的应用非常广泛，在地质学、矿石浮选、金属的防锈除锈、环境保护、纺织工业、造纸工业、橡胶工业、塑料工业、油漆工业、航天航空等方面都会用到配合物，并且在分析化学、有机合成、材料科学、生命科学、医疗科学等领域中越来越显示出其重要价值。

思考与练习

8-1 指出下列配合物的中心原子、配体及配位数、配离子的电荷和配合物的名称。

(1) $K_2[PtCl_6]$　(2) $K_4[Fe(CN)_6]$　(3) $K[Ag(SCN)_2]$

(4) $Na[Co(CO)_4]$　(5) $K_2[Co(SCN)_4]$　(6) $[Fe(phen)_3]Cl_2$

(7) $[Co(NO_3)_3(NH_3)_3]$　(8) $[Mn(CO)_5Br]$　(9) $(NH_4)_3[SbCl_6]$

(10) $[CoBr_2Cl(NH_3)_2(H_2O)]$　(11) $[Co(en)_3]Cl_3$　(12) $[PtCl(OH)(NH_3)_2]$

(13) $Na_4[Cr(CO)_4]$　(14) $[CrCl_2(H_2O)_4]Cl$　(15) $[Cu(en)_2]^{2+}$

8-2 下列说法是否正确？不正确的请说明理由。

(1) 配合物必须由内界和外界两部分组成

(2) 只有金属离子才能作为配合物的中心原子

(3) 配体的数目就是中心原子的配位数

(4) 对于两种配合物，$K_f^\ominus$ 大的配合物的稳定性大

(5) 配位剂浓度越大，生成配合物的配位数越大

(6) 螯合物的稳定性比具有相同配位原子的简单配合物要高

8-3 下列物质中，不能作为螯合剂的有哪些？

(1) NH_3　(2) $CH_3CH_2NH_2$　(3) NH_2NH_2　(4) $NH_2CH_2CH_2NH_2$　(5) EDTA

8-4　解释下列实验现象，并写出有关的反应式。

(1) AgCl 沉淀可溶于过量的氨水，却不能溶于 NH_4Cl。

(2) $[Cu(NH_3)_4]^{2+}$ 溶液中加稀 H_2SO_4，溶液由深蓝色变浅蓝色。

(3) 水溶液中 Fe^{3+} 能将 I^- 氧化为 I_2，滴加 CCl_4 用力振摇后，得到紫色 CCl_4 层；再加入 KCN，用力振摇后紫色 CCl_4 层褪色。

(4) EDTA 的钙盐常作为 Pb^{2+} 中毒的解毒剂，但不能用 EDTA 治疗 Pb^{2+} 中毒。已知 $\lg K_f^\ominus\{[CaY]^{2-}\}=11.0$，$\lg K_f^\ominus\{[PbY]^{2-}\}=18.3$。

(5) Co^{3+} 很不稳定，氧化性很强，而 Co(Ⅲ)的氨合物的氧化性大为减弱，稳定性显著增强。

(6) 摄影技术上，废定影液中含大量的 $[Ag(S_2O_3)_2]^{3-}$，回收其中的银需用 Na_2S 试剂。

8-5　计算在含 1.0 $mol\cdot L^{-1}$ NH_3 的 0.1 $mol\cdot L^{-1}$ $[Cu(NH_3)_4]^{2+}$ 溶液中 Cu^{2+} 的浓度。已知 $[Cu(NH_3)_4]^{2+}$ 的 $K_f^\ominus=2.09\times10^{13}$。

8-6　计算说明往 $[Ag(CN)_2]^-$ 中滴加稀盐酸，有什么现象发生？已知 $[Ag(CN)_2]^-$ 的 $K_f^\ominus=1.25\times10^{21}$，HCN 的 $K_a^\ominus=6.17\times10^{-10}$。

8-7　欲使 0.10 mmol AgI 完全溶解，至少需要 1.0 L 多大浓度的氨水？至少需要 1.0 L 多大浓度的 KCN？忽略沉淀溶解后溶液体积的变化，已知 $K_f^\ominus\{[Ag(NH_3)_2]^+\}=1.12\times10^7$，$K_f^\ominus\{[Ag(CN)_2]^-\}=1.25\times10^{21}$，$K_{sp}^\ominus(AgI)=8.52\times10^{-17}$。

8-8　查阅相关附录，计算下列反应的平衡常数。

(1) $2[Ag(CN)_2]^- + S^{2-} \xlongequal{} Ag_2S + 4CN^-$

(2) $AgCl + 2S_2O_3^{2-} \xlongequal{} [Ag(S_2O_3)_2]^{3-} + Cl^-$

(3) $[FeF_6]^{3-} + 6CN^- \xlongequal{} [Fe(CN)_6]^{3-} + 6F^-$

(4) $[Cu(NH_3)_4]^{2+} + 4H^+ \xlongequal{} Cu^{2+} + 4NH_4^+$

8-9　298.15 K 时，$[Ag(NH_3)_2]^+$ 溶液中 $c\{[Ag(NH_3)_2]^+\}=0.10\ mol\cdot L^{-1}$，$c(NH_3)=1.0\ mol\cdot L^{-1}$，加入 $Na_2S_2O_3$ 使 $c(S_2O_3^{2-})=1.0\ mol\cdot L^{-1}$，计算平衡时溶液中 NH_3、$[Ag(NH_3)_2]^+$ 的浓度。

8-10　二巯丙醇[$HSCH_2CH(HS)CH_2OH$，简称 BLA]是一种治疗金属中毒的药物，该药物曾经用于降低战争使用的致命毒气 $ClCH=CHAsCl_2$ 的危害。药物的解毒机理是其作为双基配体可与金属形成螯合物，请画出二巯丙醇与金属形成的可能的螯合环。

8-11　通过计算解释，向血红色的 $Fe(SCN)_3$ 溶液中加饱和 NH_4F 溶液，会有何现象出现？并解释说明为何在用 KSCN 试剂鉴定溶液中 Co^{2+} 时，若溶液含 Fe^{3+} 离子，需加入 NH_4F 试剂，消除 Fe^{3+} 的影响？

第9章　氧化还原与电化学基础

根据反应前后元素原子的氧化数是否发生了变化，化学反应可分为两大类，一类是反应前后元素原子的氧化数无变化的，称为非氧化还原反应；另一类是反应前后元素原子氧化数发生改变的，称为氧化还原反应。氧化还原反应是化学反应的主要类型之一，广泛存在于自然界中，在工农业生产中应用频繁，是一类极为重要的化学反应。电化学是以氧化还原反应为基础，研究化学能和电能之间相互转化及其相关物理化学过程的科学。电化学在现代化工、能源、材料、环境、信息等科学中有着不可或缺的重要作用。

本章主要介绍氧化还原反应的基本概念，电极电势的产生及其影响因素，电极电势与氧化还原反应的方向和限度的关系，极化和超电势，氧化还原反应及电化学的应用。

9.1　氧化还原反应

9.1.1　氧化数

氧化数是判断氧化还原反应的重要依据。1970年国际纯粹与应用化学联合会将氧化数定义为元素原子在化学实体中的荷电数(或形式电荷数)，计算元素的氧化数时，假定化学键中的成键电子都归于电负性较大的原子。氧化数的确定规则有以下几点。

(1) 单质中元素原子的氧化数为0，如H_2、O_2、F_2、Ne等物质中的H、O、F、Ne的氧化数均为0。

(2) 氢在化合物中氧化数一般为+1，但在活泼金属的氢化物(如NaH、CaH_2等)中，氢的氧化数为−1。

(3) 氧在化合物中的氧化数一般为−2，但在过氧化物(如H_2O_2、Na_2O_2等)中，氧化数为−1；在超氧化物(如KO_2)中，氧化数为−1/2；在OF_2中，氧化数为+2。

(4) 在一般化合物中，碱金属和碱土金属的氧化数分别为+1和+2，卤素为−1，氟元素的电负性最大，它的全部化合物中其氧化数都为−1。

(5) 中性化合物中，所有原子氧化数的代数和为0，离子中各原子氧化数的代数和等于离子所带的电荷数。

氧化数是为了说明物质的氧化状态而引入的，是按一定规则人为计算出来的，所以氧化数是元素原子的形式电荷数，其取值可以是整数、分数和0，如在Fe_3O_4中，Fe的氧化数为+8/3。氧化数与化合价是不同的概念，化合价表示的是元素原子相互化合的数目，是离子键和共价键的电价数和共价数，不能为分数。

9.1.2　氧化还原反应

在反应前后元素原子氧化数发生了变化的反应，称为氧化还原反应。氧化还原反应过程中，元素原子氧化数升高(失电子)的过程称为氧化反应，元素原子氧化数降低(得电子)的过程称为还原反应。同一氧化还原反应中，有氧化数的升高，就必然有氧化数的降低，且氧化数升高总数与氧化数降低总数相等。氧化数升高的物质称为还原剂，还原剂是使另一种物质还原，自身被氧化，其反应产物是氧化产物；氧化数降低的物质称为氧化剂，氧化剂是使另一种物质氧化，自身被还原，其反应产物是还原产物。氧化还原反应的实质是电子从还原剂转移至氧化剂。

例如，氧化还原反应 $Cu^{2+}+Zn \longrightarrow Zn^{2+}+Cu$ 中，Zn 原子的氧化数由 0 升高到 +2，发生了氧化反应，Zn 是还原剂，其形成的 Zn^{2+} 是氧化产物；与此同时，Cu 原子的氧化数由 +2 降低至 0，发生了还原反应，Cu^{2+} 是氧化剂，其形成的 Cu 是还原产物。Zn 原子的氧化数升高的总数等于 Cu 原子的氧化数降低的总数，均等于 2，该反应的实质是电子由 Zn 原子转移至 Cu^{2+}。

一般的氧化还原反应，氧化剂和还原剂是不同物质，但有一类特殊的氧化还原反应，氧化剂和还原剂是同一物质。例如，反应 $2KClO_3 \longrightarrow 2KCl+3O_2$，氧化数的升高和降低都发生在 $KClO_3$ 中，$KClO_3$ 既是氧化剂又是还原剂，这类氧化还原反应称为自身氧化还原反应。如果自身氧化还原反应中氧化数的升降发生在同一物质内同一元素的不同原子上，这类反应称为歧化反应，如反应 $Cl_2+H_2O \longrightarrow HCl+HClO$。

一个氧化还原反应总是由方向相反但又相互依存的氧化（失电子）和还原（得电子）两个过程共同组成的，每个单一的过程称为半反应，即任何一个氧化还原反应都可以分解成氧化和还原两个半反应。例如，氧化还原反应 $Zn+Cu^{2+} \longrightarrow Zn^{2+}+Cu$ 可分解成下面两个半反应

氧化反应：　$Zn-2e^- \rightleftharpoons Zn^{2+}$

还原反应：　$Cu^{2+}+2e^- \rightleftharpoons Cu$

氧化还原反应的这种半反应分解在电化学上具有极为重要的实际意义，因为在原电池或电解池中发生的氧化还原反应，其氧化反应和还原反应分别在称为阳极和阴极的两不同电极上进行，所以电化学中把上述半反应都称为电极反应，氧化反应称为阳极反应，还原反应称为阴极反应。

每个半反应（电极反应）都是由同种元素的不同氧化数的两种物质构成，氧化数较高的物质称为氧化态，用符号 Ox 表示，氧化数较低的物质称为还原态，用符号 Red 表示，同一元素不同氧化数的一对物质称为一个氧化还原电对，简称电对，用符号 Ox/Red 表示，显然，一个电对就对应一个半反应，即电对 Ox/Red 对应半反应 $Ox+ne^- \rightleftharpoons Red$。例如

电对 Cu^{2+}/Cu 对应半反应：　$Cu^{2+}+2e^- \rightleftharpoons Cu$

电对 H^+/H_2 对应半反应：　$2H^++2e^- \rightleftharpoons H_2$

9.2　原电池和电极电势

9.2.1　原电池与电极

氧化还原过程中有电子的转移，所以利用氧化还原反应可以将化学能转化为电能。

1. 原电池

如果将金属锌片置于一盛有 $CuSO_4$ 溶液的烧杯中，则会自发发生氧化还原反应

$$Zn(s)+Cu^{2+}(aq) \longrightarrow Zn^{2+}(aq)+Cu(s)$$

随着反应的进行，电子从 Zn 转移到 Cu^{2+}，锌片被氧化溶解进入溶液，与此同时溶液中的 Cu^{2+} 被还原沉积在锌片上。该氧化还原过程中，还原剂 Zn 和氧化剂 Cu^{2+} 直接接触，两个半反应在同一地点同时进行，电子的转移不能有秩序地进行，因而无法产生电流，反应的化学能不能转化为电能，只能转化为热能而导致溶液的温度升高。

如果将该反应的两个半反应分开，如图 9-1 所示，金属锌片置于一盛 $ZnSO_4$ 溶液的烧杯中，金属铜片置于另一盛 $CuSO_4$ 溶液的烧杯中，两烧杯中的溶液用盐桥联通，两金属片用导线连接，并串联一个灵敏的检流计。这时该装置中也发生氧化还原反应，锌片被氧化溶入 $ZnSO_4$ 溶液，电子则通过导线由 Zn 片定向移动至 Cu 片，同时 $CuSO_4$ 溶液中的 Cu^{2+} 从浸入其中的铜片上获得电子被还原而沉积，检流计的指针发生偏转，说明有电流产生。在这一装置中，还原剂 Zn 和氧化剂 Cu^{2+} 没有直接接触，两个半反应在不同地点同时进行，电子通过导线有秩序地转移，从而在回路中形成电流，反应的化学能转化为了电能。这种使化学能转变为电能的装置，称为原电池。

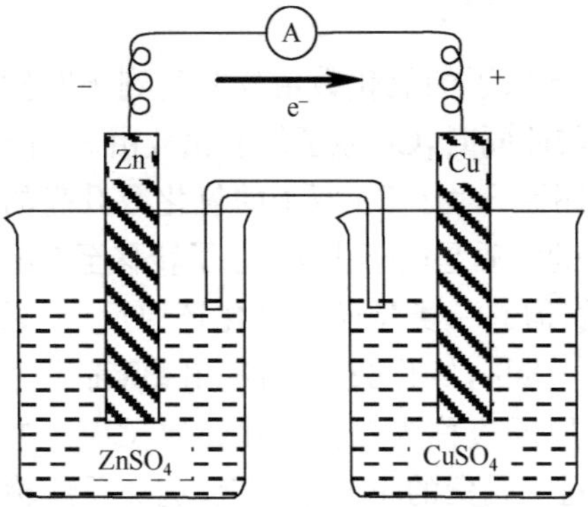

图 9-1　铜锌原电池

原电池是由左、右两个半电池组合而成的，每个半电池由氧化还原电对和导体构成。每一个半电池称为一个电极，电极可用电极符号来表示，如铜电极的电极符号表示为 Cu | $CuSO_4(c)$。在半电池中发生的半反应称为电极反应，发生氧化反应的电极（电子流出）称为原电池的负极（或阳极），发生还原反应的电极（电子流入）称为原电池的正极（或阴极），在铜-锌原电池中，Zn 电极为负极，Cu 电极为正极，两电极上发生的电极反应为

Zn 电极（负极）：　$Zn - 2e^- \rightleftharpoons Zn^{2+}$　（氧化反应）

Cu 电极（正极）：　$Cu^{2+} + 2e^- \rightleftharpoons Cu$　（还原反应）

两电极反应式相加，即得铜-锌原电池的电池反应

$$Zn(s) + Cu^{2+}(aq) = Zn^{2+}(aq) + Cu(s)$$

原电池可用电池符号来表示，上述铜-锌原电池的电池符号可以表示为

$$(-)\quad Zn(s) \mid ZnSO_4(c_1) \parallel CuSO_4(c_2) \mid Cu(s)\quad (+)$$

在电池符号中，| 表示不同物相的接界面，‖ 表示盐桥。在书写电池符号时应注意

(1) 电池的负极写在左边，正极写在右边。

(2) 组成电池的各种物质依次以化学式表示，并在其后注明存在状态（固、液、气）和温度，气体须注明压力，溶液中的物质要注明浓度。若温度为 298.15 K、压力为 $p^{\ominus}$、浓度为 $c^{\ominus}$ 时可省略不写。

(3) 同一相中不同物质之间用“,”隔开，如水溶液中的 Fe^{3+}，Fe^{2+}。

2. 电极的类型

电极是组成原电池的基本部分，原则上任何两个电极都可组合成一个原电池，根据电极物质的形态，常见电极可分为以下几类。

1) 金属电极

金属浸入含有该金属离子的溶液中所构成的电极，如铜电极

电极符号：Cu | $CuSO_4(c)$　　电极反应：$Cu^{2+} + 2e^- \rightleftharpoons Cu$

2) 金属-金属难溶盐电极

由金属、该金属的难溶盐以及与此难溶盐具有相同阴离子的可溶性化合物的溶液组成。例如，甘汞电极

电极符号：Hg | Hg_2Cl_2(s) | KCl(c)　　电极反应：$Hg_2Cl_2+2e^- \rightleftharpoons 2Hg+2Cl^-$

此类电极还包括金属-难溶氧化物电极，即由金属、该金属的难溶氧化物以及一种碱溶液所构成的电极。例如

电极符号：Hg | HgO(s) | NaOH(c)　　电极反应：$HgO + H_2O+2e^- \rightleftharpoons Hg+2OH^-$

3) 气体电极

由一种惰性金属(如 Pt)吸附某种气体，浸在含有相应离子的溶液中构成。例如，氢电极、氧电极、氯电极，其电极符号和电极反应分别是

电极符号：Pt | H_2(p) | H^+(c)　　电极反应：$2H^+ +2e^- \rightleftharpoons H_2$

电极符号：Pt | O_2(p) | OH^-(c)　　电极反应：$O_2+2H_2O+4e^- \rightleftharpoons 4OH^-$

电极符号：Pt | Cl_2(p) | Cl^-(c)　　电极反应：$Cl_2+2e^- \rightleftharpoons 2Cl^-$

4) 氧化还原电极

将金属铂或石墨等惰性导电材料浸入含有同种元素不同氧化态物质的溶液中构成的电极称为氧化还原电极，如将金属铂浸入含有 Fe^{3+}、Fe^{2+} 的溶液中构成的电极。

电极符号：Pt | $Fe^{3+}(c_1)$，$Fe^{2+}(c_2)$　　电极反应：$Fe^{3+}+e^- \rightleftharpoons Fe^{2+}$

理论上讲，任何一个自发的氧化还原反应都可以设计为一个原电池，实现化学能与电能的转换。原电池把电学现象与化学反应联系起来了，从而使人们可以方便地运用电学方法探讨化学反应的规律。

9.2.2 电极电势

1. 电极电势的产生

在铜-锌原电池中，如果用导线将先前处于断开状态的两电极接通，在导线中立刻就会发现有电流通过，这说明铜-锌原电池的两电极在断开状态下就存在着电势差，每一个电极本身就具有一定的电势，这种电极电势是如何产生的呢？

将一块金属 M 单独浸入其可溶性盐溶液中，如图 9-2 所示。在金属 M 及其盐溶液的两相界面上，金属 M 会氧化溶解进入盐溶液，并把电子留在金属相中，盐溶液中金属离子 M^{n+} 也会从金属相获得电子还原沉积到金属 M 表面，这是两个同时发生而又完全相反的过程。

氧化反应：　$M(s)-ne^- \rightleftharpoons M^{n+}(aq)$

还原反应：　$M^{n+}(aq)+ne^- \rightleftharpoons M(s)$

开始时，这两个过程的速率并不相等，但随着两个过程不断同时进行，最终两过程必将达到速率相等的平衡状态。

$$M(s) \rightleftharpoons M^{n+}(aq)+ne^-$$

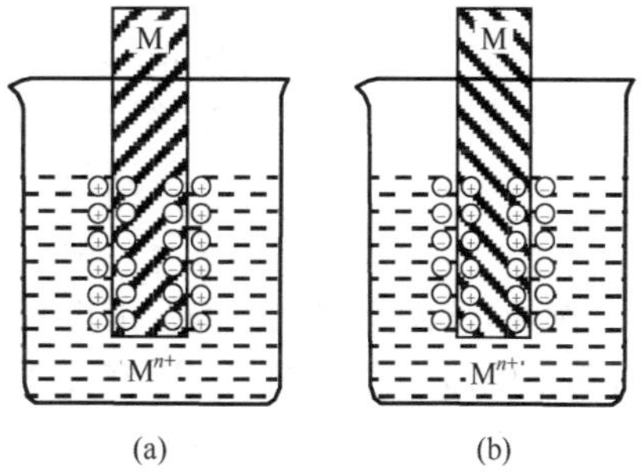

图 9-2　电极电势的产生

若金属比较活泼，原子失电子的倾向大于离子得电子的倾向，则开始时，氧化反应速率大于还原反应速率，达到平衡状态时，金属 M 表面会出现多余的电子而带上负电荷，它将以库仑力吸引溶液中多余的正电荷，从而在界面上形成双电层结构，在金属 M 和它的盐溶液之间产生电势差，如图 9-2(a)所示，这种电极两相界面之间产生的电势差就是电极电势。若金属不够活泼，原子失电子的倾向小于离子得电子的倾向，则开始时，还原反应速率大于氧化反应速率，达到平衡时金属 M 表面

会出现多余的金属离子而带上正电荷，它以库仑力吸引溶液中多余的负电荷，在两相界面上也形成了双电层，同样产生了电极电势，如图 9-2(b)所示。

电极电势用符号 φ 表示，其受多种因素的影响，构成原电池的两个电极不同，其电极电势也不同，原电池的两个电极在断开状态下的电势差称为原电池的电动势，用符号 E 表示，单位为伏(V)，电池的电动势与电极电势的关系是

$$E=\varphi_+-\varphi_- \tag{9-1}$$

2. 标准电极电势

电极电势的大小与电极的本性、浓度、温度及介质等多种因素有关，处于热力学标准状态的电极称为标准电极，热力学标准状态是指参与电极反应的各物质浓度均为 $c^\ominus=1\ \text{mol}\cdot\text{L}^{-1}$，气体的分压为 $p^\ominus=100\ \text{kPa}$，液体或固体均为纯净物质的状态。标准电极的电极电势称为标准电极电势，用 $\varphi^\ominus$ 表示。

电极电势的绝对值在理论上不能精确计算，实验也无法测量，为了比较不同电极电势的相对大小，1953 年国际纯粹与应用化学联合会规定统一采用标准氢电极作为衡量基准，得到各种电极电势的相对值，称为该电极的相对电极电势，简称电极电势。

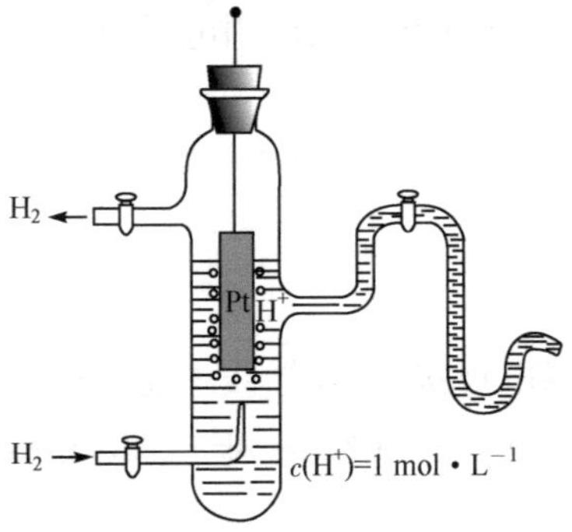

图 9-3 标准氢电极

标准氢电极是将镀有铂黑的铂片浸入 H^+ 浓度为 $1\ \text{mol}\cdot\text{L}^{-1}$ 的溶液中，通入压力为100 kPa的纯氢气使铂黑吸附氢气达到饱和，温度通常为 298.15 K。其结构如图 9-3 所示，电极反应为

$$2H^+ + 2e^- \rightleftharpoons H_2$$

任意温度时标准氢电极的电极电势规定为 0，即 $\varphi^\ominus(H^+/H_2)=0\ \text{V}$。利用标准氢电极与其他电极组成原电池，通过实验测得原电池的电动势，就可以获得到各种电极的电极电势。

相对电极电势是一个特殊原电池的电动势，该原电池的正极是某指定电极，如 $M(s)/M^{n+}(c)$，负极是标准氢电极，其原电池符号为

$$(-)\text{Pt} \mid H_2(p^\ominus=100\ \text{kPa}) \mid H^+(c^\ominus=1\ \text{mol}\cdot\text{L}^{-1}) \parallel M^{n+}(c) \mid M(s)(+)$$

在实验温度下，该原电池的电动势就是指定电极的相对电极电势，若指定电极是标准电极，测得的标准电动势就是该电极的标准电极电势，即

$$\varphi(M^{n+}/M)=E=\varphi_+-\varphi^\ominus(H^+/H_2)$$

$$\varphi^\ominus(M^{n+}/M)=E^\ominus=\varphi_+^\ominus-\varphi^\ominus(H^+/H_2)$$

例如，欲测定锌电极的标准电极电势 $\varphi^\ominus(Zn^{2+}/Zn)$，将标准锌电极与标准氢电极组成原电池，测得电池的电动势为-0.7618 V，则

$$\varphi^\ominus(Zn^{2+}/Zn)=E^\ominus=\varphi_+^\ominus(Zn^{2+}/Zn)-\varphi^\ominus(H^+/H_2)=-0.7618\ \text{V}$$

标准锌电极的电极电势小于 0，说明 Zn 失去电子的倾向大于 H_2，或者 Zn^{2+} 获得电子变成 Zn 的倾向小于 H^+，所以在该原电池中，锌电极实际上作负极，氢电极实际作正极，电子由锌电极向氢电极转移。

标准氢电极的制备和使用不太方便，在实际应用中常以参比电极代替。常用的参比电极有甘汞电极和氯化银电极等，它们制备简单、性能稳定、使用方便，其标准电极电势已用标准氢电极精确测定，所以也称为二级标准电极。甘汞电极的结构如图 9-4 所示，其电极反应为

$$Hg_2Cl_2(s)+2e^- \rightleftharpoons 2Hg(l)+2Cl^-$$

甘汞电极的电极电势决定于 Cl^- 的浓度，只要 Cl^- 浓度保持不变，甘汞电极的电极电势就是一个常数。若 KCl 溶液是饱和的，则称为饱和甘汞电极，298.15 K 时，饱和甘汞电极的电极电势是 0.2412 V。

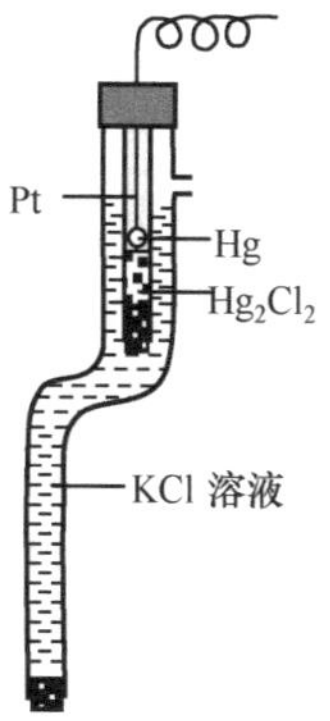

图 9-4　甘汞电极

各种电极的标准电极电势都可以通过上述原电池装置测得，某些剧烈与水反应而不能直接测定的电极，如 Na^+/Na、F_2/F^- 等电极，其电极电势可以利用热力学数据间接计算而得。标准电极电势是一个很重要的参数，很多电化学的计算及判断都要用到。常见物质在水溶液中的标准电极电势参见附录Ⅹ的标准电极电势表，为正确使用标准电极电势表，应注意以下几点。

(1) 标准电极电势是强度性质，其数值只与电极的本性、温度及介质等有关，而与电极物质的浓度、气体压力、电极反应的书写方式等无关。例如，对于 Zn^{2+}/Zn 电极

$$Zn^{2+}+2e^- \rightleftharpoons Zn \qquad \varphi^\ominus(Zn^{2+}/Zn)=-0.7618\ V$$

$$\frac{1}{2}Zn^{2+}+e^- \rightleftharpoons \frac{1}{2}Zn \qquad \varphi^\ominus(Zn^{2+}/Zn)=-0.7618\ V$$

$$Zn \rightleftharpoons Zn^{2+}+2e^- \qquad \varphi^\ominus(Zn^{2+}/Zn)=-0.7618\ V$$

(2) 标准电极电势受介质酸碱性的影响，所以标准电极电势表分酸表和碱表两种，酸性介质中的标准电极电势用 $\varphi_A^\ominus$ 表示，凡是电极反应中出现 H^+ 或电极反应中出现的物质只能在酸性介质中才能稳定存在的，应查酸表。碱性介质中的标准电极电势用 $\varphi_B^\ominus$ 表示，凡是电极反应中出现 OH^- 或电极反应中出现的物质只能在碱性介质中才能稳定存在的，应查碱表。例如

$$O_2+4H^++4e^- \rightleftharpoons 2H_2O \qquad \varphi_A^\ominus(O_2/H_2O)=+1.229\ V(\text{酸表})$$

$$Co(NH_3)_6^{3+}+e^- \rightleftharpoons Co(NH_3)_6^{2+} \qquad \varphi_B^\ominus\{[Co(NH_3)_6]^{3+}/[Co(NH_3)_6]^{2+}\}=+0.108\ V(\text{碱表})$$

(3) 标准电极电势可以是正值，也可以是负值。物质在水溶液中的氧化还原能力，可以用标准电极电势值定量的加以衡量。标准电极电势代数值越大，表示电对中氧化态物质夺取电子能力越强，还原态物质失去电子能力越弱；代数值越小，表示电对中还原态物质失去电子能力越强，氧化态物质夺取电子能力越弱。

(4) 电极反应一律写成还原反应的形式，即

$$Ox+ne^- \rightleftharpoons Red$$

同一种物质在某一电对中是氧化态，在另一电对中也可以是还原态，使用时要注意区分。例如，Fe^{2+} 有关的电极电势

Fe^{2+} 作氧化态：　$Fe^{2+}+2e^- \rightleftharpoons Fe$　　$\varphi^\ominus(Fe^{2+}/Fe)=-0.447\ V$

Fe^{2+} 作还原态：　$Fe^{3+}+e^- \rightleftharpoons Fe^{2+}$　　$\varphi^\ominus(Fe^{3+}/Fe^{2+})=+0.771\ V$

3. 电池电动势与吉布斯自由能变的关系

原电池的电动势是原电池的一个重要特征参数，它体现了原电池对外做非体积功即电功的能力大小。原电池能够对外所做的最大电功为 $W_{max}=-nFE$，式中，n 为电池反应进度为 1 mol时转移电子的物质的量；F 为法拉第常量，是 1 mol 电子所带的电量，其数值为 96485 $C\cdot mol^{-1}$（或 $J\cdot V^{-1}\cdot mol^{-1}$）；$E$ 为电池电动势。

原电池是把化学能转化为电能的装置，因此，原电池的电动势与相应的氧化还原反应的吉布斯自由能变 Δ_rG_m 密切相关。根据热力学原理，在等温等压条件下，吉布斯自由能的减少等

于体系对外所做的最大非体积功，即 $\Delta_r G_m = W_{max}$，所以

$$\Delta_r G_m = -nFE \tag{9-2}$$

如果电池反应在标准状态下进行时，则有

$$\Delta_r G_m^\ominus = -nFE^\ominus \tag{9-3}$$

上述两个关系式在化学热力学与电化学之间搭建了一座联系的桥梁。原电池电动势的数值在电化学实验中很容易精确测得，这就为化学热力学中求算反应的吉布斯自由能变提供了一个简单易行的方法。反过来，利用化学热力学中反应的吉布斯自由能变也能方便地计算化学反应对应原电池的电动势，从而省去实验测量的麻烦。

【例 9-1】 根据标准电极电势，计算 298.15 K 时反应 $Zn + Cu^{2+} \rightleftharpoons Zn^{2+} + Cu$ 的 $\Delta_r G_m^\ominus$。

解 将该氧化还原反应设计为原电池

$$(-)Zn(s) \mid Zn^{2+}(1\ mol \cdot L^{-1}) \parallel Cu^{2+}(1\ mol \cdot L^{-1}) \mid Cu(s)(+)$$

查表得

$$\varphi^\ominus(Zn^{2+}/Zn) = -0.7618\ V \qquad \varphi^\ominus(Cu^{2+}/Cu) = +0.3419\ V$$

该原电池的标准电动势为

$$E^\ominus = \varphi^\ominus(Cu^{2+}/Cu) - \varphi^\ominus(Zn^{2+}/Zn) = 0.3419 - (-0.7618) = 1.1037(V)$$

$$\Delta_r G_m^\ominus = -nFE^\ominus = -2 \times 96485 \times 1.1037 = -212.98(kJ \cdot mol^{-1})$$

9.3 影响电极电势的因素

9.3.1 能斯特方程

非标准状态下电极的电极电势不仅与电极物质的本性有关，还要受物质的浓度、分压、温度等因素的影响。1889 年德国化学家能斯特(W. H. Nernst)推导出了浓度、分压、温度等因素与电极电势的定量关系，即能斯特方程。

对于电极反应 $a\mathrm{Ox} + ne^- \rightleftharpoons b\mathrm{Red}$，根据电极电势的定义，其电极电势就是下列电池的电动势 E。

$$(-)Pt \mid H_2(p^\ominus = 100\ kPa) \mid H^+(c^\ominus = 1\ mol \cdot L^{-1}) \parallel \text{指定电极}(+)$$

负极反应： $\frac{n}{2}H_2 - ne^- = nH^+$

正极反应： $a\mathrm{Ox} + ne^- = b\mathrm{Red}$

电池反应： $\frac{n}{2}H_2 + a\mathrm{Ox} = b\mathrm{Red} + nH^+$

对于电池反应，在等温等压时，其反应商为

$$Q = \frac{[c(\mathrm{Red})/c^\ominus]^b \cdot [c(H^+)/c^\ominus]^n}{[c(\mathrm{Ox})/c^\ominus]^a \cdot [p(H_2)/p^\ominus]^{n/2}} = \frac{[c(\mathrm{Red})/c^\ominus]^b}{[c(\mathrm{Ox})/c^\ominus]^a}$$

将 $\Delta_r G_m = -nFE$、$\Delta_r G_m^\ominus = -nFE^\ominus$ 及反应商代入化学反应等温方程 $\Delta_r G_m(T) = \Delta_r G_m^\ominus(T) + RT\ln Q$ 可得

$$E = E^\ominus - \frac{RT}{nF}\ln Q = E^\ominus + \frac{RT}{nF}\ln\frac{[c(\mathrm{Ox})/c^\ominus]^a}{[c(\mathrm{Red})/c^\ominus]^b}$$

由于标准氢电极的电极电势等于零，所以 $E = \varphi(\mathrm{Ox/Red})$，上式即

$$\varphi(\mathrm{Ox/Red}) = \varphi^\ominus(\mathrm{Ox/Red}) + \frac{RT}{nF}\ln\frac{[c(\mathrm{Ox})/c^\ominus]^a}{[c(\mathrm{Red})/c^\ominus]^b} \tag{9-4}$$

这就是能斯特方程。式中，$\varphi(Ox/Red)$为任意状态时的电极电势；$\varphi^{\ominus}(Ox/Red)$为标准状态下的电极电势；$R$ 为摩尔气体常量；T 为热力学温度；n 为电极反应的反应进度为 1 mol 时转移电子的物质的量；F 为法拉第常量；a、b 分别为电极反应式中氧化态物质 Ox 和还原态物质 Red 前的计量系数；$c^{\ominus}$为标准浓度。

在温度为 $T=298.15$ K 时，将 R、T、F 的数值代入，并将自然对数换算为常用对数，能斯特方程可简化为

$$\varphi(Ox/Red)=\varphi^{\ominus}(Ox/Red)+\frac{0.0592}{n}\lg\frac{[c(Ox)/c^{\ominus}]^{a}}{[c(Red)/c^{\ominus}]^{b}} \tag{9-5}$$

利用能斯特方程可以方便地计算任意状态时电极的电极电势值，但在能斯特方程的应用中应注意以下几点。

(1) 纯固体、纯液体及稀水溶液中溶剂水的浓度不列入能斯特方程的浓度项中。例如，下列电极反应的能斯特方程

$$AgI(s)+e^{-}\rightleftharpoons Ag(s)+I^{-}(aq)$$

$$\varphi(AgI/Ag)=\varphi^{\ominus}(AgI/Ag)+\frac{RT}{F}\ln\frac{1}{c(I^{-})/c^{\ominus}}$$

(2) 不仅是氧化态物质和还原态物质本身，凡参与电极反应的物质都应代入方程的浓度项中，如介质中的 H^{+}、OH^{-} 等。例如，下列电极反应的能斯特方程

$$MnO_4^{-}+8H^{+}+5e^{-}\rightleftharpoons Mn^{2+}+4H_2O$$

$$\varphi(MnO_4^{-}/Mn^{2+})=\varphi^{\ominus}(MnO_4^{-}/Mn^{2+})+\frac{RT}{5F}\ln\frac{[c(MnO_4^{-})/c^{\ominus}]\cdot[c(H^{+})/c^{\ominus}]^{8}}{[c(Mn^{2+})/c^{\ominus}]}$$

(3) 有气体参加电极反应时，需用气体的相对压力代入能斯特方程的浓度项中。例如，下列电极反应的能斯特方程

$$O_2+2H_2O+4e^{-}\rightleftharpoons 4OH^{-}$$

$$\varphi(O_2/OH^{-})=\varphi^{\ominus}(O_2/OH^{-})+\frac{RT}{4F}\ln\frac{p(O_2)/p^{\ominus}}{[c(OH^{-})/c^{\ominus}]^{4}}$$

9.3.2　浓度对电极电势的影响

由能斯特方程可知，当温度一定时，改变浓度项的值将导致电极的电极电势值发生变化。

【例 9-2】 计算 298.15 K 时，当 $c(Cu^{2+})=0.1\ mol\cdot L^{-1}$ 和 $c(Cu^{2+})=2.0\ mol\cdot L^{-1}$ 时电极 Cu | Cu^{2+} 的电极电势 $\varphi(Cu^{2+}/Cu)$。

解　该电极的电极反应式为 $Cu^{2+}+2e^{-}\rightleftharpoons Cu$，其能斯特方程为

$$\varphi(Cu^{2+}/Cu)=\varphi^{\ominus}(Cu^{2+}/Cu)+\frac{0.0592}{2}\lg[c(Cu^{2+})/c^{\ominus}]$$

查表知 $\varphi^{\ominus}(Cu^{2+}/Cu)=+0.3419$ V，当 $c(Cu^{2+})=0.1\ mol\cdot L^{-1}$ 时代入上式得

$$\varphi(Cu^{2+}/Cu)=+0.3419+\frac{0.0592}{2}\lg 0.1=0.3123(V)$$

当 $c(Cu^{2+})=2.0\ mol\cdot L^{-1}$ 时

$$\varphi(Cu^{2+}/Cu)=+0.3419+\frac{0.0592}{2}\lg 2.0=0.3508(V)$$

计算表明，电对中氧化态物质浓度减小导致电极电势降低，氧化态物质浓度增大导致电极电势升高。不难推断，电对中还原态物质浓度减小会导致电极电势升高，还原态物质浓度增大会导致电极电势降低。

9.3.3 酸度对电极电势的影响

若有 H^+ 或 OH^- 参加电极反应，电极的电极电势会受溶液酸度变化的影响，电极中的氧化态物质的氧化能力和还原态物质的还原能力会随溶液酸度的变化而变化。

【例 9-3】 已知电极反应 $H_2O_2 + 2H^+ + 2e^- \rightleftharpoons 2H_2O$ 的 $\varphi^\ominus(H_2O_2/H_2O) = +1.77\ V$，计算当溶液中 $c(H_2O_2) = 1\ mol \cdot L^{-1}$，而 $c(H^+)$ 分别为 0.01 $mol \cdot L^{-1}$ 和 0.1 $mol \cdot L^{-1}$ 时的 $\varphi(H_2O_2/H_2O)$。

解 由电极反应式知其能斯特方程为

$$\varphi(H_2O_2/H_2O) = \varphi^\ominus(H_2O_2/H_2O) + \frac{0.0592}{2}\lg\{[c(H_2O_2)/c^\ominus] \cdot [c(H^+)/c^\ominus]^2\}$$

当 $c(H^+) = 0.01\ mol \cdot L^{-1}$ 时

$$\varphi(H_2O_2/H_2O) = \varphi^\ominus(H_2O_2/H_2O) + \frac{0.0592}{2}\lg\{[c(H_2O_2)/c^\ominus] \cdot [c(H^+)/c^\ominus]^2\}$$

$$= +1.77 + \frac{0.0592}{2}\lg(0.01)^2 = +1.65(V)$$

当 $c(H^+) = 0.1\ mol \cdot L^{-1}$ 时

$$\varphi(H_2O_2/H_2O) = +1.77 + \frac{0.0592}{2}\lg(0.1)^2 = +1.71(V)$$

计算结果表明，溶液的酸度增大，$\varphi(H_2O_2/H_2O)$ 的值增大，H_2O_2 的氧化能力增强，这就是化学实验中使用 H_2O_2 作氧化剂时往往要事先酸化溶液的原因所在。

【例 9-4】 已知 $\varphi^\ominus(Cr_2O_7^{2-}/Cr^{3+}) = +1.232\ V$，计算 $c(H^+)$ 分别为 10.0 $mol \cdot L^{-1}$ 和 $1.00 \times 10^{-4}\ mol \cdot L^{-1}$，其他物质浓度均与标准态相同时的 $\varphi(Cr_2O_7^{2-}/Cr^{3+})$。

解 该电极反应为

$$Cr_2O_7^{2-} + 14H^+ + 6e^- \rightleftharpoons 2Cr^{3+} + 7H_2O$$

能斯特方程形式为

$$\varphi(Cr_2O_7^{2-}/Cr^{3+}) = \varphi^\ominus(Cr_2O_7^{2-}/Cr^{3+}) + \frac{0.0592}{6}\lg\frac{[c(Cr_2O_7^{2-})/c^\ominus] \cdot [c(H^+)/c^\ominus]^{14}}{[c(Cr^{3+})/c^\ominus]^2}$$

当 $c(H^+) = 10.0\ mol \cdot L^{-1}$，其他物质浓度均与标准态相同时

$$\varphi(Cr_2O_7^{2-}/Cr^{3+}) = +1.232 + \frac{0.0592}{6}\lg\frac{1 \times 10.0^{14}}{1} = 1.37(V)$$

当 $c(H^+) = 1.00 \times 10^{-4}\ mol \cdot L^{-1}$，其他物质浓度均与标准态相同时

$$\varphi(Cr_2O_7^{2-}/Cr^{3+}) = +1.232 + \frac{0.0592}{6}\lg\frac{1 \times (1.00 \times 10^{-4})^{14}}{1} = 0.679(V)$$

上述能斯特方程中，$c(H^+)$ 以 14 次方出现，可见介质酸度对 $Cr_2O_7^{2-}$ 电极电势的影响很大。计算表明，介质酸度越大，$\varphi(Cr_2O_7^{2-}/Cr^{3+})$ 越大，$Cr_2O_7^{2-}$ 的氧化能力越强，所以 $Cr_2O_7^{2-}$ 能氧化浓盐酸中的 Cl^- 放出 Cl_2 而不能氧化 NaCl 水溶液中的 Cl^-。与 $Cr_2O_7^{2-}$ 类似，MnO_4^- 等含氧酸盐、MnO_2 等大多数氧化物在强酸性介质中氧化能力很强，而在中性或碱性介质中氧化能力很弱或没有氧化能力。

9.3.4 沉淀反应和配位反应对电极电势的影响

在溶液中加入能与参加电极反应的物质发生沉淀或配位反应的物质时，由于沉淀反应和配位反应的发生并最终达到平衡状态，降低了原电极反应中有关物质的浓度，必然会使其电极电势值发生改变。

【例 9-5】 已知 $Ag^+ + e^- \rightleftharpoons Ag$ 的 $\varphi^\ominus(Ag^+/Ag) = +0.7996\ V$，在此电极的溶液中加入 KCl，若沉淀反

应达到平衡状态时 $c(Cl^-)=1.00\ mol\cdot L^{-1}$，求此时的 $\varphi(Ag^+/Ag)$ 值。

解　沉淀反应为 $Ag^+ + Cl^- \rightleftharpoons AgCl$，查表知 $K_{sp}^{\ominus}=1.77\times10^{-10}$，反应达到平衡状态时，由于 $c(Cl^-)=1.00\ mol\cdot L^{-1}$，故有

$$c(Ag^+)/c^{\ominus}=\frac{K_{sp}^{\ominus}(AgCl)}{c(Cl^-)/c^{\ominus}}=\frac{1.77\times10^{-10}}{1.00}=1.77\times10^{-10}$$

根据能斯特方程得

$$\varphi(Ag^+/Ag)=\varphi^{\ominus}(Ag^+/Ag)+0.0592\lg[c(Ag^+)/c^{\ominus}]=+0.7996+0.0592\lg(1.77\times10^{-10})=+0.222(V)$$

由于沉淀或配离子在溶液中的生成，电极系统中出现新的氧化还原电对，该氧化还原电对与原氧化还原电对共存于同一电极系统中，相当于原电池的正负极一直处于短路状态，这时，原电池必然没有放电能力，其电动势 $E=0\ V$，根据公式 $\Delta_r G_m=-nFE$，该电池反应(沉淀反应或配位反应)的 $\Delta_r G_m=0$，电池反应必然处于化学平衡状态，正、负两电极的电极电势相等，即 $\varphi_+=\varphi_-$，由此可以得到新的氧化还原电对的 $\varphi^{\ominus}$。

上述例题中，由于沉淀的生成，出现了新的氧化还原电对 AgCl/Ag，反应达平衡后，电极系统等同于下列原电池处于正、负极短路状态

$$(-)Ag\mid AgCl(s)\mid Cl^-(c_1)\parallel Ag^+(c_2)\mid Ag(+)$$

负极反应：　$Ag+Cl^- - e^- \rightleftharpoons AgCl$

正极反应：　$Ag^+ + e^- \rightleftharpoons Ag$

电池反应：　$Ag^+ + Cl^- \rightleftharpoons AgCl$

因此，原氧化还原电对的 $\varphi(Ag^+/Ag)$ 值等于新的氧化还原电对 AgCl/Ag 构成的电极 $Ag\mid AgCl(s)\mid Cl^-(1.0\ mol\cdot L^{-1})$ 的电极电势 $\varphi^{\ominus}(AgCl/Ag)$，即

$$\varphi^{\ominus}(AgCl/Ag)=\varphi(Ag^+/Ag)=\varphi^{\ominus}(Ag^+/Ag)+0.0592\lg K_{sp}^{\ominus}(AgCl)=+0.222(V)$$

【例 9-6】　已知 $\varphi^{\ominus}(Cu^{2+}/Cu)=+0.3419\ V$，$K_f^{\ominus}\{[Cu(NH_3)_4]^{2+}\}=2.09\times10^{13}$，求 $\varphi^{\ominus}\{[Cu(NH_3)_4]^{2+}/Cu\}$。

解　在电极 $Cu\mid Cu^{2+}(c)$ 的溶液中通入氨气，使配位反应达到平衡状态，此时体系中存在两个电对，电极系统等同于下列原电池处于正、负极短路状态。

$$(-)Cu\mid Cu^{2+}(c_1)\parallel [Cu(NH_3)_4]^{2+}(c_2), NH_3(c_3)\mid Cu(+)$$

负极反应：　$Cu-2e^- \rightleftharpoons Cu^{2+}$

正极反应：　$[Cu(NH_3)_4]^{2+}+2e^- \rightleftharpoons Cu+4NH_3$

电池反应：　$[Cu(NH_3)_4]^{2+} \rightleftharpoons Cu^{2+}+4NH_3$

$$\varphi(Cu^{2+}/Cu)=\varphi\{[Cu(NH_3)_4]^{2+}/Cu\}$$

根据能斯特方程有

$$\varphi^{\ominus}(Cu^{2+}/Cu)+\frac{0.0592}{2}\lg[c(Cu^{2+})/c^{\ominus}]=\varphi^{\ominus}[Cu(NH_3)_4^{2+}/Cu]+\frac{0.0592}{2}\lg\frac{c([Cu(NH_3)_4]^{2+})/c^{\ominus}}{[c(NH_3)/c^{\ominus}]^4}$$

即 $\varphi^{\ominus}\{[Cu(NH_3)_4]^{2+}/Cu\}=\varphi^{\ominus}(Cu^{2+}/Cu)+\frac{0.0592}{2}\lg[c(Cu^{2+})/c^{\ominus}]-\frac{0.0592}{2}\lg\frac{c([Cu(NH_3)_4]^{2+})/c^{\ominus}}{[c(NH_3)/c^{\ominus}]^4}$

$$\varphi^{\ominus}\{[Cu(NH_3)_4]^{2+}/Cu\}=\varphi^{\ominus}(Cu^{2+}/Cu)+\frac{0.0592}{2}\lg\frac{[c(Cu^{2+})/c^{\ominus}]\cdot[c(NH_3)/c^{\ominus}]^4}{c([Cu(NH_3)_4]^{2+})/c^{\ominus}}$$

$$=\varphi^{\ominus}(Cu^{2+}/Cu)+\frac{0.0592}{2}\lg\frac{1}{K_f^{\ominus}([Cu(NH_3)_4]^{2+})}$$

$$\varphi^{\ominus}\{[Cu(NH_3)_4]^{2+}/Cu\}=+0.3419+\frac{0.0592}{2}\lg\frac{1}{2.09\times10^{13}}=-0.052(V)$$

9.4　电极电势的应用

理论上任何一个氧化还原反应都可设计在原电池中进行，甚至一些非氧化还原反应，如沉

淀反应、配位反应等也可设计在原电池中进行，而化学反应无论是在恒温恒压且只做体积功的普通条件下进行，还是在原电池中对外做非体积(电功)条件下进行，反应的始终态相同，其吉布斯自由能变 $\Delta_r G_m$ 也必然相同，根据关系式 $\Delta_r G_m = -nFE$，就可利用电化学方法解决化学热力学中的许多问题，所以电极电势在电化学及化学热力学问题中应用广泛。

9.4.1 判断氧化还原反应进行的方向

根据热力学第二定律，由 $\Delta_r G_m$ 的符号可以判断化学反应的方向，对于氧化还原反应，由于 $\Delta_r G_m = -nFE = -nF(\varphi_+ - \varphi_-)$，电池电动势的正负或电极电势的相对大小决定了 $\Delta_r G_m$ 的符号。所以对于任一氧化还原反应，只需将其设计为原电池，根据电池正、负极电极电势的相对大小即可判断该氧化还原反应的方向，即

$\varphi_+ > \varphi_-$ 时，$E > 0$，$\Delta_r G_m < 0$，反应正向自发进行；

$\varphi_+ = \varphi_-$ 时，$E = 0$，$\Delta_r G_m = 0$，反应处于平衡状态；

$\varphi_+ < \varphi_-$ 时，$E < 0$，$\Delta_r G_m > 0$，反应逆向自发进行。

若是在标准状态下，则利用相应的标准电极电势或标准电动势判断，即

$\varphi_+^\ominus > \varphi_-^\ominus$ 时，$E^\ominus > 0$，$\Delta_r G_m^\ominus < 0$，反应正向自发进行；

$\varphi_+^\ominus = \varphi_-^\ominus$ 时，$E^\ominus = 0$，$\Delta_r G_m^\ominus = 0$，反应处于平衡状态；

$\varphi_+^\ominus < \varphi_-^\ominus$ 时，$E^\ominus < 0$，$\Delta_r G_m^\ominus > 0$，反应逆向自发进行。

【例 9-7】 在标准状态下，判断反应 $Sn^{4+} + Sn = 2Sn^{2+}$ 在酸性溶液中能否自发正向进行。

解 将反应 $Sn^{4+} + Sn = 2Sn^{2+}$ 设计为原电池

$$(-)Sn \mid Sn^{2+}(1\ mol \cdot L^{-1}) \parallel Sn^{4+}(1\ mol \cdot L^{-1}), Sn^{2+}(1\ mol \cdot L^{-1}) \mid Pt(+)$$

查表知

$$\varphi_+^\ominus(Sn^{4+}/Sn^{2+}) = +0.151\ V \qquad \varphi_-^\ominus(Sn^{2+}/Sn) = -0.1364\ V$$

其电动势

$$E^\ominus = \varphi_+^\ominus(Sn^{4+}/Sn^{2+}) - \varphi_-^\ominus(Sn^{2+}/Sn) = +0.151 - (-0.1364) = +0.287(V)$$

$$\varphi_+^\ominus(Sn^{4+}/Sn^{2+}) > \varphi_-^\ominus(Sn^{2+}/Sn) \qquad E^\ominus > 0, \Delta_r G_m^\ominus < 0$$

因此，该反应能自发正向进行。

【例 9-8】 在 298.15 K 时，某溶液中 $c(Sn^{2+}) = 1.0\ mol \cdot L^{-1}$ 和 $c(Pb^{2+}) = 0.1\ mol \cdot L^{-1}$，当把金属铅块放入该溶液时，能否从中置换出金属 Sn？

解 金属铅置换金属锡的氧化还原反应为 $Pb + Sn^{2+} \rightleftharpoons Pb^{2+} + Sn$，将其设计为电池

$$(-)Pb \mid Pb^{2+}(0.1\ mol \cdot L^{-1}) \parallel Sn^{2+}(1.0\ mol \cdot L^{-1}) \mid Sn(+)$$

负极反应： $Pb - 2e^- \rightleftharpoons Pb^{2+}$ $\qquad \varphi_-^\ominus(Pb^{2+}/Pb) = -0.1262\ V$

正极反应： $Sn^{2+} + 2e^- \rightleftharpoons Sn$ $\qquad \varphi_+^\ominus(Sn^{2+}/Sn) = -0.1364\ V$

$$\varphi_-(Pb^{2+}/Pb) = \varphi_-^\ominus(Pb^{2+}/Pb) + \frac{0.0592}{2}\lg[c(Pb^{2+})/c^\ominus] = -0.1262 + \frac{0.0592}{2}\lg 0.1 = -0.156(V)$$

正极为标准态

$$\varphi_+^\ominus(Sn^{2+}/Sn) = -0.1364\ V$$

电池的电动势

$$E = -0.1364 - (-0.156) = +0.0196(V) > 0$$

电池反应正向自发进行，说明金属铅能从溶液中置换出金属锡。

9.4.2 判断反应进行的顺序和限度

氧化还原反应进行的程度可用其平衡常数 $K^\ominus$ 来衡量，而 $K^\ominus$ 可以通过标准电极电势来计

算。根据热力学原理，$K^\ominus$ 与 $\Delta_r G_m^\ominus$ 有如下关系

$$\Delta_r G_m^\ominus = -RT\ln K^\ominus$$

而 $\Delta_r G_m^\ominus$ 又可以用标准电动势或标准电极电势进行计算

$$\Delta_r G_m^\ominus = -nFE^\ominus = -nF(\varphi_+^\ominus - \varphi_-^\ominus)$$

所以 $\Delta_r G_m^\ominus = -RT\ln K^\ominus = -nFE^\ominus = -nF(\varphi_+^\ominus - \varphi_-^\ominus)$，即

$$\ln K^\ominus = \frac{nFE^\ominus}{RT} = \frac{nF(\varphi_+^\ominus - \varphi_-^\ominus)}{RT} \tag{9-6}$$

在 298.15 K 时，将各常数代入，并进行对数换算可得

$$\lg K^\ominus = \frac{nE^\ominus}{0.0592} = \frac{n(\varphi_+^\ominus - \varphi_-^\ominus)}{0.0592} \tag{9-7}$$

只要获得相关的标准电动势或标准电极电势，就可由公式(9-7)方便地计算标准平衡常数，从而判断反应进行的程度。并且由 $K^\ominus$ 与 $E^\ominus$ 或 $\varphi^\ominus$ 的定量关系可见，$E^\ominus$ 越大，或正负电极的 $\varphi^\ominus$ 相差越大，$K^\ominus$ 越大，反应进行的程度就越大。

【例 9-9】 在 298.15 K 时，计算反应 $Zn + Cu^{2+} \rightleftharpoons Zn^{2+} + Cu$ 的标准平衡常数 $K^\ominus$。

解　将该反应设计为原电池

$$(-)Zn(s) \mid Zn^{2+}(c_1) \parallel Cu^{2+}(c_2) \mid Cu(s)(+)$$

查表得

$$\varphi^\ominus(Zn^{2+}/Zn) = -0.7618\ V \qquad \varphi^\ominus(Cu^{2+}/Cu) = +0.3419\ V$$

该原电池的标准电动势为

$$E^\ominus = \varphi^\ominus(Cu^{2+}/Cu) - \varphi^\ominus(Zn^{2+}/Zn) = 0.3419 - (-0.7618) = 1.1037(V)$$

$$\lg K^\ominus = \frac{nE^\ominus}{0.0592} = \frac{2\times 1.1037}{0.0592} = 37.287$$

$$K^\ominus = 1.94\times 10^{37}$$

利用电极电势还可以判断氧化还原反应的顺序。$\Delta_r G_m^\ominus$ 与 $E^\ominus$ 或 $\varphi^\ominus$ 的定量关系说明 $E^\ominus$ 越大，或正负电极的 $\varphi^\ominus$ 相差越大，$\Delta_r G_m^\ominus$ 就负得越多，$\Delta_r G_m^\ominus$ 越小，反应正向自发的趋势越大。因此，在一定条件下，如果多个氧化还原反应共存，氧化还原反应首先发生在电极电势差值最大的两个电对之间。

例如，在标准状态下向 Cu^{2+} 和 Fe^{2+} 的混合溶液中加入锌粉，这里涉及三个氧化还原电对，即 Zn^{2+}/Zn、Cu^{2+}/Cu 和 Fe^{2+}/Fe，查表知 $\varphi^\ominus(Zn^{2+}/Zn) = -0.7618\ V$，$\varphi^\ominus(Cu^{2+}/Cu) = +0.3419\ V$，$\varphi^\ominus(Fe^{2+}/Fe) = -0.477\ V$。在开始阶段，溶液中可以同时发生下列三个氧化还原反应

(1)　$Cu^{2+} + Zn \rightleftharpoons Cu + Zn^{2+}$

(2)　$Fe^{2+} + Zn \rightleftharpoons Fe + Zn^{2+}$

(3)　$Cu^{2+} + Fe \rightleftharpoons Cu + Fe^{2+}$

注意其中的反应(2)+(3)=(1)，即这一阶段，溶液中实际表现为只有反应(1)在进行，即标准电极电势之差最大的两个电对之间的反应优先进行，只有溶液中 Cu^{2+} 基本被完全还原，直至 $\varphi(Cu^{2+}/Cu) = \varphi^\ominus(Fe^{2+}/Fe)$ 时，才会发生 Fe^{2+} 和 Zn 的反应。

9.4.3　判断氧化剂和还原剂的强弱

电对的电极电势值的大小可以定量地衡量电对中氧化态物质的氧化能力和还原态物质的还原能力的强弱，电极电势越大，该电对中氧化态物质的氧化能力越强，还原态物质的还原能

力越弱。因此，如果获得了不同电对的电极电势，就可以比较不同电对中各氧化剂的氧化能力和还原剂还原能力的相对强弱。

【例 9-10】 比较氧化剂 MnO_4^-、I_2、Fe^{3+} 的氧化能力及还原剂 Mn^{2+}、I^-、Fe^{2+} 还原能力的相对大小。

解 查表知 $\varphi^\ominus(MnO_4^-/Mn^{2+})=+1.507V$，$\varphi^\ominus(I_2/I^-)=+0.5355\ V$，$\varphi^\ominus(Fe^{3+}/Fe^{2+})=+0.771\ V$。

所以各氧化态物质和还原态物质的氧化还原能力的相对大小是

氧化剂的氧化能力：$MnO_4^- > Fe^{3+} > I_2$。

还原剂的还原能力：$I^- > Fe^{2+} > Mn^{2+}$。

9.4.4 选择适当的氧化剂和还原剂

根据氧化还原反应自发进行的条件，利用电极电势可以选择适当的氧化剂或还原剂，从而实现某些组分的选择性氧化或还原。

【例 9-11】 在含有 Cl^-、Br^-、I^- 三种离子的溶液中，欲使 I^- 氧化为 I_2，而不使 Br^- 和 Cl^- 被氧化，常用的氧化剂 $KMnO_4$ 与 $Fe_2(SO_4)_3$ 中应选择哪个适宜？

解 查表得 $\varphi^\ominus(Cl_2/Cl^-)=+1.36\ V$，$\varphi^\ominus(Br_2/Br^-)=+1.066\ V$，$\varphi^\ominus(I_2/I^-)=+0.5355\ V$。

欲氧化 I^-，氧化剂电对的 $\varphi^\ominus$ 需大于 $+0.5355\ V$，同时要使 Br^-、Cl^- 不被氧化，氧化剂电对的 $\varphi^\ominus$ 应小于 $+1.066\ V$，即合适氧化剂电对的 $\varphi^\ominus$ 应满足 $+0.5355\ V<\varphi^\ominus<+1.066\ V$。

查表得 $\varphi^\ominus(MnO_4^-/Mn^{2+})=+1.507\ V$，$\varphi^\ominus(Fe^{3+}/Fe^{2+})=+0.771\ V$，显然，$\varphi^\ominus(Fe^{3+}/Fe^{2+})$ 才符合要求，故选 $Fe_2(SO_4)_3$ 才适宜。

9.5 元素电势图及其应用

9.5.1 元素电势图

一种元素往往具有多种氧化态，能够形成多个氧化还原电对，为了比较同一元素不同氧化态物质的氧化还原能力，物理学家拉蒂默(W. M. Latimer)于 1952 年提出了元素电势图的概念。将同一元素的不同氧化态物质，按氧化数由高到低的顺序自左向右排列，并将能够形成电对的不同氧化态物质用直线连接起来，并在直线上标出电对的标准电极电势。这种表示同种元素各种氧化态物质之间标准电极电势关系的图形就是元素电势图。元素电势图分酸性介质和碱性介质两种。

锰元素在酸性介质中的元素电势图

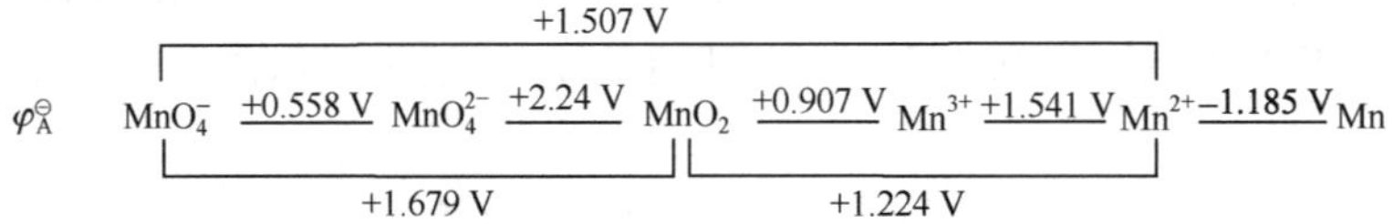

锰元素在碱性介质中的元素电势图

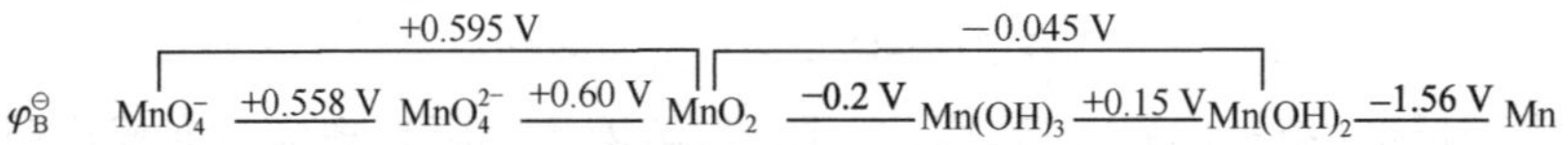

元素电势图直观而全面地表示出同一种元素的各种氧化态物质在一定介质中的氧化还原能力，具有重要的应用。

9.5.2 元素电势图的应用

1. 判断歧化反应能否发生

利用元素电势图可以判断处于中间氧化数的物质能否发生歧化反应。

【例 9-12】 酸性溶液中氧的电势图为 $O_2 \xrightarrow{+0.695\ V} H_2O_2 \xrightarrow{+1.776\ V} H_2O$，判断能否发生下列歧化反应

$$2H_2O_2 \rightleftharpoons O_2 + 2H_2O$$

解 将反应 $2H_2O_2 \rightleftharpoons O_2+2H_2O$ 设计为原电池

$$(-)Pt, O_2(p) \mid H_2O_2(c_1), H^+(c_2) \parallel H^+(c_3), H_2O_2(c_4), H_2O(c_5) \mid Pt(+)$$

由氧的电势图可知

正极：$\varphi^\ominus(H_2O_2/H_2O)=+1.776\ V$　　负极：$\varphi^\ominus(O_2/H_2O_2)=+0.695\ V$

电池的标准电动势为

$$E^\ominus=+1.776-(+0.695)=+1.081(V)>0$$

因此，在酸性溶液中能发生歧化反应。

由例题 9-12 的判断过程总结可得发生歧化反应的条件，若元素电势图为

$$A \xrightarrow{\varphi^\ominus_{左}} B \xrightarrow{\varphi^\ominus_{右}} C$$

当 $\varphi^\ominus_{右} > \varphi^\ominus_{左}$ 时，标准状态下，B 能发生歧化反应：$B \longrightarrow A + C$；

当 $\varphi^\ominus_{右} < \varphi^\ominus_{左}$ 时，标准状态下，B 不能发生歧化反应，但其逆反应能发生：$A+C \longrightarrow B$。

2. 求算未知电对的标准电极电势

若已知两个或两个以上相邻电对的标准电极电势，就可以利用元素电势图求算另一电对的未知标准电极电势。如果某元素的电势图为

$$A \xrightarrow[n_1]{\varphi_1^\ominus、\Delta_r G_{m1}^\ominus} B \xrightarrow[n_2]{\varphi_2^\ominus、\Delta_r G_{m2}^\ominus} C \xrightarrow[n_3]{\varphi_3^\ominus、\Delta_r G_{m3}^\ominus} D$$

n_1、n_2、n_3 分别表示相应电对中的电子转移数；$\varphi_1^\ominus$、$\varphi_2^\ominus$、$\varphi_3^\ominus$ 分别表示相邻电对的标准电极电势。电极电势是强度性质，不具有加和性，但 $\Delta_r G_m^\ominus$ 具有加和性。$\Delta_r G_{m1}^\ominus$、$\Delta_r G_{m2}^\ominus$、$\Delta_r G_{m3}^\ominus$ 分别为相邻电对电极作正极与标准氢电极作负极时所组成原电池的电池反应的标准摩尔吉布斯自由能变。即

$$A+\frac{n_1}{2}H_2 = B+n_1H^+ \qquad \Delta_r G_{m1}^\ominus=-n_1FE_1^\ominus=-n_1F\varphi_1^\ominus \qquad ①$$

$$B+\frac{n_2}{2}H_2 = C+n_2H^+ \qquad \Delta_r G_{m2}^\ominus=-n_2FE_2^\ominus=-n_2F\varphi_2^\ominus \qquad ②$$

$$C+\frac{n_3}{2}H_2 = D+n_3H^+ \qquad \Delta_r G_{m3}^\ominus=-n_3FE_3^\ominus=-n_3F\varphi_3^\ominus \qquad ③$$

$$A+\frac{n_1+n_2+n_3}{2}H_2 = D+(n_1+n_2+n_3)H^+$$

$$\Delta_r G_m^\ominus=-(n_1+n_2+n_3)FE^\ominus=-(n_1+n_2+n_3)F\varphi^\ominus(A/D) \qquad ④$$

显然，上述四个反应的关系是④=①+②+③，根据赫斯定律有

$$\Delta_r G_m^\ominus=\Delta_r G_{m1}^\ominus+\Delta_r G_{m2}^\ominus+\Delta_r G_{m3}^\ominus$$

即　$-(n_1+n_2+n_3)F\varphi^\ominus(A/D)=(-n_1F\varphi_1^\ominus)+(-n_2F\varphi_2^\ominus)+(-n_3F\varphi_3^\ominus)$

整理可得

$$\varphi^\ominus(A/D)=\frac{n_1\varphi_1^\ominus+n_2\varphi_2^\ominus+n_3\varphi_3^\ominus}{n_1+n_2+n_3} \tag{9-8}$$

【例 9-13】 锰元素在酸性溶液中的元素电势图如下，求 $\varphi^\ominus(MnO_4^{2-}/MnO_2)$。

$$MnO_4^- \xrightarrow{+0.558\ V} MnO_4^{2-} \xrightarrow{\quad\quad} MnO_2 \quad (MnO_4^- \xrightarrow{+1.679\ V} MnO_2)$$

解　由 $\varphi^{\ominus}(MnO_4^-/MnO_2)=\dfrac{n_1\varphi^{\ominus}(MnO_4^-/MnO_4^{2-})+n_2\varphi^{\ominus}(MnO_4^{2-}/MnO_2)}{n_1+n_2}$得

$$1.679=\frac{1\times 0.558+2\varphi^{\ominus}(MnO_4^{2-}/MnO_2)}{1+2}$$

$$\varphi^{\ominus}(MnO_4^{2-}/MnO_2)=\frac{3\times 1.679-0.558}{2}=+2.24(V)$$

9.6　极化和超电势

前面讨论的都是可逆电池，电池的充放电过程均是在接近平衡的条件下进行的。但在使用化学电源或进行电解操作时，都有电流通过电极，会破坏电极的平衡状态，使电极上的过程变为不可逆，产生极化现象。研究极化和超电势对于电化学工业、金属腐蚀、化学电源以及电化学分析等都有重要的意义。

9.6.1　极化和超电势

1. 极化和超电势

原电池的电动势 E 是原电池的两极处于断开状态、电池回路中没有电流通过时，两极之间的电势差。当电极上无电流通过时，电极处于平衡状态，其对应的电极电势是平衡电势 $\varphi_{平}$，前面所讨论的电极电势都是平衡电势 $\varphi_{平}$，利用能斯特方程可计算出两电极的平衡电极电势，正极平衡电极电势减去负极平衡电极电势就可得到电池电动势 E。

实际工作的原电池，其正、负两极是连通的，电池回路中不可能没有电流通过，否则原电池就无法向外界提供电能。电池回路中有电流通过时，原电池两极之间的电势差总是远小于其电动势的数值，这说明电极上有电流通过时，电极的电极电势 φ 将偏离其平衡电极电势 $\varphi_{平}$，这种现象在电化学里称为极化。处于极化条件下的电势称为极化电势，极化电势与平衡电极电势的差值 $\varphi-\varphi_{平}$ 称为超电势，用符号 η 表示，即 $\eta=\varphi-\varphi_{平}$。

2. 电极极化的原因

电极极化是电极过程受阻、偏离平衡态所致。任何电极过程都不是一个简单的得失电子的过程，当有稳定电流通过时，在电极上将发生一系列复杂的步骤过程，如离子扩散，表面吸附、脱附，反应产物的复合、分解、歧化，生成新相等。这些复杂的步骤以一定的速率进行，使电极过程或多或少地偏离其平衡状态，从而导致“电极/溶液”界面上的电场分布情况发生改变，不同于电极上无电流通过时的电场分布，因而电极电势偏离其平衡电极电势，电极发生极化，出现超电势 η。

电极发生极化时，各个步骤使电极偏离其平衡状态的程度是不同的，有的偏离很远，而有的就在其平衡状态附近，一般情况下，一个电极过程总是有一个严重偏离其平衡状态的步骤与若干在其平衡状态附近的步骤串联组成，整个电极反应速率实际是由这一严重偏离其平衡状态的步骤所控制的，电极反应速率的动力学特征也与这一步骤的动力学特征相同，这一步骤的进行速率远慢于其他步骤，称为电极过程的控制步骤，电极的超电势 η 主要由控制步骤贡献。特殊情况下，电极过程的控制步骤可以不止一个，这时称电极过程为联合控制。

在电化学中有一类电极，在一定电极电势范围内，可以借助电源任意改变双电层的带电状况，而不致引起任何电极反应发生，电极就如同一个电容器一样，这样的电极称为理想极化电极，如将纯汞放入 KCl 溶液中组成的汞电极，这种电极对于研究双电层结构有很重要的意义，与之对应的还有一种称为理想不极化电极。这种电极当一定电流通过它时，其电极过程的所有组成步骤均处于其平衡状态附近，电极电势稳定在其平衡电极电势的值，这种电极常用作电化学测量的参考电极，如甘汞电极。

9.6.2　极化及超电势的类型

电极反应发生时，电极上必定有电流通过，电极上通过的电流大小直接与电极反应速度相关，考虑到电极面积对电流大小的影响，在电化学中用电流密度来表示电极反应速率。电流密度是指单位面积电极上通过的电流大小，用符号 i 表示，单位常用 $A \cdot cm^{-2}$。

随着电极上电流密度的增加，电极的不可逆程度越来越大，电池所能做的电功也越来越小。极化电极电势或超电势随着电流密度的变化而变化，描述电流密度与极化电极电势或超电势之间关系的曲线称为极化曲线，在电化学中常用极化曲线来描述电极反应的动力学特征。极化原因不同，极化曲线就不同，根据控制步骤的差异，极化和超电势有多种类型。

1. 电化学超电势 η_{CT}

电极反应总是分若干步进行的，当电流通过电极时，若其中一步反应速率较慢，造成电极上的带电程度与平衡电极不同，从而导致电极电势偏离平衡电势，这种因电极反应的迟缓性引起的极化称为电化学极化或活化极化，相应的超电势称为电化学超电势或活化超电势。

根据化学动力学理论，化学反应都需要一定的活化能，特别是活化能大的反应，反应速率相对较慢，要使反应顺利进行，环境必须提供足够的能量，所以电化学超电势的大小与电极反应最慢步骤的活化能有关。

反应中如果有气体生成，则需要有更多的能量才能使气体逸出，例如，氢在许多金属上析出就是电化学步骤充当唯一的控制步骤，需要一定的氢超电势。1905 年德国科学家塔菲尔(J. Tafel)在大量研究氢离子放电生成氢气类电极反应的基础上提出了超电势与电流密度的关系

$$\eta = a + b\lg i \tag{9-9}$$

这就是著名的塔菲尔方程。a、b 称为塔菲尔常数，它们决定于电极材料、电极表面状态、温度和溶液组成等，在一定温度下，对于确定的金属电极和溶液组成，a、b 为常数。塔菲尔方程在电流密度较高时适用，该方程说明电流密度的对数与超电势呈线性关系。

2. 浓差超电势 η_d

当电流通过电极时，电极附近某离子浓度由于电极反应而发生变化，本体溶液中离子扩散的速度又来不及弥补这个变化，导致电极附近溶液的浓度与本体溶液间产生浓度梯度，这种浓度差别引起的电极电势的改变称为浓差极化，对应的超电势称为浓差超电势。

浓差极化是由于物质扩散缓慢而引起的，浓差超电势由浓差的大小决定。阴极上的浓差极化使其电极电势变得比平衡电势更小，阳极上的浓差极化使其电极电势变得比平衡电势更大。

使用旋转圆盘电极，减少电流密度，搅拌和升温等方法可以减少浓差极化，降低浓差超电势。但由于电极表面扩散层的存在，所以不能将浓差极化完全消除。但人们也可以利用这种极化，如极谱分析就是利用滴汞电极上所形成的浓差极化来进行分析测试的一种方法。

3. 电阻极化超电势 η_Ω

由于电极金属上形成氧化物等覆盖层从而对电流的通过发生阻力所引起的极化称为电阻

极化，相应的超电势称为电阻超电势。如铅酸蓄电池放电过程中，两极的活性物质 PbO_2 或 Pb 都变成 $PbSO_4$，$PbSO_4$ 是绝缘物，通电时电极上产生电势降，这就是电阻极化超电势 η_{Ω}，而非电解液内的电势降。

电阻极化的 i-η 关系近乎直线，符合欧姆定律。电阻极化在停电后立即消失，其他类型超电势的消失需要一定时间，浓差超电势消失最慢，需要几秒钟的时间。

以上简单介绍了几种基本的极化超电势的特点，实际上一个电极反应往往会有几种超电势同时存在，电极总的超电势应是各种超电势的总和。超电势的大小受很多因素的影响，如电极反应、电极材料、电极的表面性状和光洁程度、电流密度、温度、溶液组成、浓度等。通常电流密度小时，浓差极化较小，电化学极化起主要作用；电流密度大时，浓差极化成为主要因素。析出金属时，超电势较小，析出气体时，特别是 H_2 和 O_2 时，超电势较大。

处理任何实际电化学问题时，一方面需将整个电池（电解）反应分解为若干个电极反应分别加以研究，以弄清每一电极反应在整个电池（电解）反应中的作用和地位，另一方面又必须将各个电极反应综合起来加以考虑，只有这样，才能对电化学装置中发生的过程有比较全面的认识，切不可以脱离电化学装置整体而只是孤立地考虑单个电极过程，那是没有现实意义的。

9.7 氧化还原反应及电化学的应用

9.7.1 氧化还原反应的应用

氧化还原反应作为化学反应的基本类型之一，在生活和生产中得到了广泛的应用。

首先，生产和生活中所需的能量，很大一部分是由氧化还原反应提供的，如天然气、石油、液化气及煤等的燃烧提供了我们生活中做饭和照明所需的能量、交通运输所需的能量、工农业生产所需的能量。

其次，自然界中所有动植物的生命过程中都伴随着大量的氧化还原反应，如动物体内的新陈代谢过程中就有许多氧化还原反应发生，植物的光合作用过程是典型的氧化还原过程。

再者，在生活和生产中还需有目的地应用许多氧化还原反应，如为提高刀具的防腐能力和锋利程度，人们在制作刀具时将烧红的炽热刀具浸入水中，发生氧化还原反应：$3Fe+4H_2O \xrightarrow{高温} Fe_3O_4+4H_2$，以便在刀具表面得到一层硬度高且不易腐蚀的 Fe_3O_4 层。为防止食品变质，延长其保存时间，常在其中添加一些称为食品添加剂的物质，如焦亚硫酸钠等，其原理就是让其与空气中的 O_2 发生氧化还原反应，从而减少食品被 O_2 氧化变质的机会。自来水厂为了消毒杀菌，往自来水中添加液氯，就是利用氧化还原反应 $Cl_2+H_2O \rightleftharpoons HCl+HClO$ 在水中制得有杀菌作用的 HClO。在生产中有目的应用氧化还原反应的例子更多，如工业上生产化肥尿素，首先得合成氨气，即 $N_2+3H_2 \rightleftharpoons 2NH_3$，这是一个典型的氧化还原反应。又如，氨氧化法制取 HNO_3，是利用一系列的氧化还原反应来进行的。

$$4NH_3+5O_2 \rightleftharpoons 4NO+6H_2O$$

$$2NO+O_2 \rightleftharpoons 2NO_2$$

$$3NO_2+H_2O \rightleftharpoons 2HNO_3+NO$$

环境保护也需大量地应用氧化还原反应。例如，工业废水中所含 Cr^{6+} 是一种世界公认的强致癌物，为了保护环境，国家严禁其流入江河水中。为了处理废水中的 Cr^{6+}，通常采用加还原剂（如 $FeSO_4$、$Na_2S_2O_3$ 等）与 Cr^{6+} 发生氧化还原反应使其被还原成 Cr^{3+}，再将 Cr^{3+} 转化为

$Cr(OH)_3$ 沉淀加以封存利用，从而保护了环境。

9.7.2 电化学的应用

电化学在化工、冶金、机械、电子、航空、航天、轻工、仪表、医学、材料、能源、金属腐蚀与防护、环境保护等领域中，都有着重要而广泛的应用。

1. 电解和电镀

用电解方法可以制取许多重要的化工产品，如氯碱工业中用电解食盐水的方法制得烧碱 NaOH，其阳极反应为 $2Cl^- - 2e^- \rightleftharpoons Cl_2$，阴极反应为 $2H^+ + 2e^- \rightleftharpoons H_2$，总的电解反应为

$$2NaCl + 2H_2O \xrightleftharpoons{\text{电解}} 2NaOH + H_2 + Cl_2$$

$KMnO_4$ 是用电解 K_2MnO_4 水溶液的方法制取的，双氧水是由电解硫酸铵先制得过硫酸铵，再将过硫酸铵水解制得双氧水的。

电冶金是制取许多重要金属的方法。例如，金属锂和钠完全是采用电解法制得的，金属铝是将 Al_2O_3 加入到熔解剂冰晶石 $3NaF \cdot AlF_3$ 中并加入 CaF_2 降低熔盐的熔点，在约 970 ℃的高温下电解熔盐制得的。

电解法还可精炼金属。例如，电解精炼铜，把粗铜作为阳极，以 $H_2SO_4 + CuSO_4$ 水溶液作为电解液，精铜作阴极，通电时，阳极反应为 $Cu - 2e^- \rightleftharpoons Cu^{2+}$，阴极反应为 $Cu^{2+} + 2e^- \rightleftharpoons Cu$，这样可将粗铜精炼到纯度 99.99%的精铜，以满足电力工业中把铜作为导体使用的要求。电解加工还能完成一般钻床无法完成的高精度加工任务，如在汽轮机、涡轮叶片上钻直径 2～5 mm，深达 30 cm 的许多冷却孔。

电镀是电解方法在机械制造部门的重要应用。电镀时，把待镀工件作为阴极，把需要镀到工件表面上的金属作为阳极，电镀液通常是含有阳极金属的可溶性盐的水溶液。通电后，工件表面就会沉积出一薄层金属镀层，可以起到装饰、防腐和增强抗磨能力等作用。如螺丝钉、水泥钉、高速公路防护栏等是被镀锌后钝化处理过的，自行车钢圈是镀铬的，电器零件是镀银或镀镍的。

电镀法还是当今材料科学中生产各种表层功能材料和金属基复合结构材料的重要方法。如电沉积非晶态合金，纳米级多层膜(交替沉积纳米级厚度的不同金属膜)以及梯度功能材料(整个厚度的沉积层内材料成分连续地变化着)。电镀法是修复大型工件磨损的有效方法。电泳涂漆法作为取代传统的喷漆工艺的新型涂漆工艺，在汽车外壳、自行车架的涂漆施工中被广泛采用，具有无毒、安全、自动操作、一次加工完成，且少浪费漆的优点。

2. 化学电源

化学电源是把化学能转化为电能的装置，它具有比火力发电更高的化学能利用率及可移动的优点，这是汽轮机或发电机不能替代的，也是目前所倡导的低碳生产生活的理想选择。

化学电源按其能否充电重复使用，可分为一次电池和二次电池两类。一般手电筒照明用的锌锰干电池就是一次电池，而手机和笔记本电脑等用的镍-氢电池或锂电池，汽车启动用的铅酸蓄电池等均属二次电池。

Zn-MnO_2 干电池是最常用的化学电源，其结构是以外壳的金属 Zn 作负极，中间的碳棒作正极，在碳棒的周围是细密的石墨与去极化剂 MnO_2 的混合物，在混合物周围装入糊状的以 NH_4Cl 溶液浸湿的 $ZnCl_2$、淀粉或其他填充物，顶端用蜡密封以避免水分的蒸发。干电池使用

放电时的反应为

正极反应：　$2NH_4^+ + 2MnO_2 + 2e^- \rightleftharpoons 2NH_3 + 2MnO(OH)$

负极反应：　$Zn - 2e^- \rightleftharpoons Zn^{2+}$

电池反应：　$Zn + 2NH_4^+ + 2MnO_2 \rightleftharpoons 2NH_3 + 2MnO(OH) + Zn^{2+}$

蓄电池可以通过多次的充电和放电反复使用，充电是使直流电通过蓄电池，在电池内进行化学反应，将电能转化为化学能并积蓄起来，使用时，蓄电池内进行与充电时方向相反的电极反应，将化学能转化为电能。常用的铅酸蓄电池以 PbO_2 作正极，海绵 Pb 作负极，H_2SO_4 作电解液，放电时的反应为

正极反应：　$PbO_2 + H_2SO_4 + 2H^+ + 2e^- \rightleftharpoons PbSO_4 + 2H_2O$

负极反应：　$Pb + H_2SO_4 - 2e^- \rightleftharpoons PbSO_4 + 2H^+$

电池反应：　$PbO_2 + Pb + 2H_2SO_4 \rightleftharpoons 2PbSO_4 + 2H_2O$

燃料电池作为一种能够连续工作的新型化学电源，最适合于建立小型发电站和作为各种动力电源使用。燃料电池的负极由惰性电极和燃料组成，燃料可为煤、水煤气、氢气、甲烷、天然气等，正极是惰性电极和氧气或空气组成，如氢-氧燃料电池

$$(-)Ni \mid H_2(g) \mid KOH(c) \mid O_2(g) \mid Ni(+)$$

负极反应：　$H_2 + 2OH^- - 2e^- \rightleftharpoons 2H_2O$

正极反应：　$O_2 + 2H_2O - 4e^- \rightleftharpoons 4OH^-$

电池反应：　$2H_2 + O_2 \rightleftharpoons 2H_2O$

显然，燃料电池比传统的火力发电有更高的化学能利用率，更环保低碳，目前已用于航天和军事领域，不久的将来一定会有更广阔的应用范围。

使用半导体电极组成的光电化学电池，是一种将太阳能转变为电能的新方法。地球上一年内接受的太阳能，约为地球每年消耗总能量的一万倍，人们若将太阳能的 1%以 1%的效率加以利用，就能解决全球的能源问题。我国的西北地区最适宜建设大型太阳能发电厂，光电化学电池是解决能源危机问题的一种具有美好前景的选择。

3. 金属腐蚀与防护

电化学在金属的腐蚀与防护中有重要的应用。金属与外界介质发生化学反应，造成金属物体变质损坏的过程称为金属的腐蚀。金属腐蚀损耗是全世界面临的一个难题，全世界一年的钢铁产量约有 1/3 因腐蚀而消耗掉。金属腐蚀大多是按电化学机理进行的，也就是形成无数的微电池。两种不同的金属接触时，若同时又与潮湿的空气、水或电解质溶液相互接触，则形成原电池，发生电化学反应，使电极电势低的金属材料受到腐蚀。例如，地下管道在土壤中的腐蚀，金属船体和海上平台在海水中的腐蚀，车辆、桥梁构件等各种金属制品在潮湿空气中的腐蚀等。

为防止金属腐蚀，电化学是常用的手段，具体的方法有：①将耐腐蚀性强的金属镀在被保护金属上防止腐蚀；②电化学保护，包括牺牲阳极法、阴极保护法、阳极保护法等；③缓蚀剂保护，即在腐蚀性介质中加入少量缓蚀剂提高金属的极化性能，降低金属腐蚀速率；④金属钝化保护，既可以用强氧化剂，也可用电化学的方法使金属钝化。例如，在海洋中行驶的大型货轮的底部往往要贴上许多的锌块，跨海大桥的钢桩旁边要连接一根锌柱等都是牺牲阳极的电化学保护法。

电化学还与生物学和医学关系密切。生物体内的细胞膜起着电化学电极的作用，植物的光合作用和动物对食物的消化作用，实质上都是按电化学机理进行的；生物体内双电层与电势

差的存在，使得通过神经传递信息成为可能；电麻醉、心电图、脑电图等均是与电化学有关的现象，而电化学传感器在生物学与医学的科研及诊断方面，也是十分有用的。

本章小结

本章介绍了氧化数、氧化还原反应等基本概念，重点讨论了电极电势的产生及其影响因素，电极电势的应用。简单说明了极化与超电势的相关概念，举例说明了氧化还原反应及电化学的应用。

氧化数发生改变的反应称为氧化还原反应，其实质是电子的转移。氧化数降低的物质是氧化剂，氧化数升高的物质是还原剂，在氧化还原反应中氧化数升高和降低的总数相等。

利用氧化还原反应将化学能转变为电能的装置称为原电池，原电池由正负两个电极构成，每一个电极都具有一定的电极电势 φ。标准状态时的电极电势称为标准电极电势 $\varphi^{\ominus}$，φ 与构成电极物质的本性、浓度、温度等因素有关，各因素对电极电势的影响，可由能斯特方程进行定量计算。298.15 K 时能斯特方程的形式是

$$\varphi=\varphi^{\ominus}+\frac{0.0592}{n}\lg\frac{[c(\mathrm{Ox})/c^{\ominus}]^a}{[c(\mathrm{Red})/c^{\ominus}]^b}$$

电极电势体现了物质氧化还原能力的强弱。φ 值越大，相应氧化态物质氧化能力越强，还原态物质还原能力越弱，氧化还原反应总是在较强的氧化剂与较强的还原剂之间发生。利用电极电势可以计算电池的电动势、反应的 $\Delta_r G_m^{\ominus}$，判断氧化还原反应进行的方向、次序和限度。电极电势与反应的 $\Delta_r G_m^{\ominus}$、$K^{\ominus}$ 的关系分别是

$$\Delta_r G_m^{\ominus}=-nFE^{\ominus}=-nF(\varphi_+^{\ominus}-\varphi_-^{\ominus})$$

$$\lg K^{\ominus}=\frac{nE^{\ominus}}{0.0592}=\frac{n(\varphi_+^{\ominus}-\varphi_-^{\ominus})}{0.0592}$$

电极上有电流通过时，电极的电极电势将偏离其平衡电极电势 $\varphi_{平}$，这种现象称为极化，处于极化条件下的电势称为极化电势，极化电势与平衡电极电势的差值称为超电势 $\eta=\varphi-\varphi_{平}$。根据极化原因不同，超电势有电化学超电势、浓差超电势和电阻超电势等多种类型。

氧化还原及电化学在材料科学、电解电镀、化学电源、金属腐蚀与防护等生产生活中都有重要而广泛的应用。

思考与练习

9-1　计算下列物质中画"—"元素的氧化数。

$Na_2\underline{S_2}O_4$　　$H_2\underline{O_2}$　　$K_2\underline{Cr_2}O_7$　　$K_2\underline{Mn}O_4$　　$H\underline{Cl}O$　　$\underline{N_2}O_4$　　$Na\underline{Br}O_3$

9-2　写出与下列反应相对应的电池符号。

(1) $Cu^{2+}+Fe \rightleftharpoons Fe^{2+}+Cu$

(2) $Sn^{2+}+Tl^{3+} \rightleftharpoons Sn^{4+}+Tl^+$

(3) $Zn+H_2SO_4 \rightleftharpoons ZnSO_4+H_2$

9-3　写出下列电池的电极反应和电池反应，并求电池电动势。

(1) $(-)Ag \mid Ag^+(0.01\ mol\cdot L^{-1}) \parallel Zn^{2+}(0.01\ mol\cdot L^{-1}) \mid Zn(+)$

(2) $(-)Ag \mid AgCl \mid Cl^-(0.001\ mol\cdot L^{-1}) \parallel Cr^{3+}(0.1\ mol\cdot L^{-1}),Cr_2O_7^{2-}(0.01\ mol\cdot L^{-1}),H^+(0.001\ mol\cdot L^{-1}) \mid Pt(+)$

9-4　判断在标准状态下，下列反应自发进行的方向。

(1) $Cd+Zn^{2+} \rightleftharpoons Cd^{2+}+Zn$　　[已知 $\varphi^{\ominus}(Cd^{2+}/Cd)=-0.403V$]

(2) $2Fe^{2+}+I_2 \rightleftharpoons 2Fe^{3+}+2I^-$

(3) $Hg^{2+}+Hg \rightleftharpoons Hg_2^{2+}$

(4) $Sn^{4+}+2Fe^{2+} \rightleftharpoons Sn^{2+}+2Fe^{3+}$

9-5　比较下列电对在标准状态下的电极电势，指出氧化剂、还原剂的相对强弱，并指出哪些氧化剂的氧化能力随溶液酸度增强而增大。

MnO_4^-/Mn^{2+}，I_2/I^-，Fe^{3+}/Fe^{2+}，BrO_3^-/Br_2，Hg_2^{2+}/Hg

9-6　在标准状态下，将下列还原剂按还原能力由强到弱排序。

$SnCl_2$　$FeCl_2$　H_2　Na_2SO_3　H_2O_2　Zn

9-7　将下列电对在给定条件下构成原电池，判断电池的正负极。并写出相应的电极反应，电池反应及电池符号。

(1) Fe^{3+}/Fe^{2+}，H^+/H_2(标准状态)

(2) Zn^{2+}/Zn，Cd^{2+}/Cd(标准状态)

(3) Fe^{3+}/Fe^{2+}，I_2/I^-[$c(Fe^{3+})=0.0001\ mol\cdot L^{-1}$，$c(I^-)=0.0001\ mol\cdot L^{-1}$，其余物质为标准状态]

9-8　判断下列各组物质在溶液中能否共存，说明理由。

(1) Fe^{3+}，Cu^{2+}　　(2) Fe^{3+}，$Cr_2O_7^{2-}$(酸性介质中)

(3) BrO_3^-，Br^-(酸性介质中)　　(4) Fe^{3+}，Sn^{2+}

9-9　利用 $\varphi^\ominus$ 值解释下列现象，并写出有关反应方程式。

(1) H_2S 水溶液在空气中放置时变浑浊。

(2)在配制 $SnSO_4$ 溶液时，常加入一些固体锡粒。

(3)在 $FeSO_4$ 溶液中放置铁钉，可防止溶液变黄。

(4) Na_2SO_3 溶液在空气中放置久了，其含量会减小。

9-10　利用反应 $Zn+Cu^{2+}\rightleftharpoons Zn^{2+}+Cu$ 组成原电池，向铜电极中加入一定量的 NH_3 溶液后，该电池的电动势 E 如何变化？该反应的 $K^\ominus$ 是否会变化？为什么？

9-11　已知 $\varphi^\ominus(Ag^+/Ag)=+0.7996\ V$，$K_{sp}^\ominus(AgCl)=1.77\times10^{-10}$，$K_{sp}^\ominus(AgI)=8.52\times10^{-17}$，求 $\varphi^\ominus(AgCl/Ag)$，$\varphi^\ominus(AgI/Ag)$。说明为什么 Ag 不能从 HCl 中置换出 H_2，却能从 HI 中置换出 H_2。

9-12　已知 $Mg^{2+}+2e^-\rightleftharpoons Mg$，$\varphi^\ominus(Mg^{2+}/Mg)=-2.372\ V$；$Mg(OH)_2+2e^-\rightleftharpoons Mg+2OH^-$，$\varphi^\ominus[Mg(OH)_2/Mg]=-2.690\ V$，求 $Mg(OH)_2$ 的 $K_{sp}^\ominus$。

9-13　将 Cu 片插入 $0.5\ mol\cdot L^{-1}$ $CuSO_4$ 溶液中，Fe 片插入 $0.5\ mol\cdot L^{-1}$ $FeSO_4$ 溶液中构成原电池。已知 $\varphi^\ominus(Cu^{2+}/Cu)=+0.3419\ V$，$\varphi^\ominus(Fe^{2+}/Fe)=-0.477\ V$。

(1) 写出电池符号。

(2) 写出电极反应和电池反应。

(3) 求电池电动势。

(4) 计算反应的平衡常数。

9-14　由两氢电极 Pt | H_2(100 kPa) | $H^+(0.010\ mol\cdot L^{-1})$ 和 Pt | H_2(100kPa) | $H^+(x\ mol\cdot L^{-1})$ 组成原电池，测得原电池的电动势为 0.016 V，若第二个电极作为正极，求该电极溶液中 H^+ 浓度。又若第二个电极作为负极，则该电极溶液中 H^+ 浓度又是多少？

9-15　已知反应 $Ag^++Fe^{2+}\rightleftharpoons Ag+Fe^{3+}$，$\varphi^\ominus(Ag^+/Ag)=+0.7996\ V$，$\varphi^\ominus(Fe^{3+}/Fe^{2+})=+0.771\ V$。

(1) 若将上述反应组成原电池，写出其电池符号。

(2) 计算该电池的 $E^\ominus$ 和该反应的 $K^\ominus$(298.15 K)。

(3) 若 Fe^{2+} 起始浓度为 $0.10\ mol\cdot L^{-1}$，平衡时 Ag^+ 离子浓度为 $1.0\ mol\cdot L^{-1}$，Fe^{3+} 起始浓度为 0，求 298.15 K 时 Fe^{2+} 的转化率；

(4) 当电池中 Fe^{2+} 离子浓度为 $0.10\ mol\cdot L^{-1}$，Fe^{3+} 离子浓度为 $0.2\ mol\cdot L^{-1}$ 时，若在银半电池中加入 NaCl(s)，使 Cl^- 平衡浓度为 $0.1\ mol\cdot L^{-1}$，求此时该电池在 298.15 K 时的电动势 E，并指出反应进行的方向。

9-16　计算 $0.10\ mol\cdot L^{-1}$ HAc 水溶液($K_a^\ominus=1.8\times10^{-5}$)与 $p(H_2)=100$ kPa 的 H_2(g)组成电极的电极电势 $\varphi(H^+/H_2)$。

9-17　在 298.15 K 时，将反应 $2Al(s)+3Ni^{2+}\rightleftharpoons 2Al^{3+}+3Ni$ 设计成原电池，已知 $\varphi^\ominus(Ni^{2+}/Ni)=-0.25\ V$，$\varphi^\ominus(Al^{3+}/Al)=-1.66\ V$，$c(Ni^{2+})=0.8\ mol\cdot L^{-1}$，$c(Al^{3+})=0.002\ mol\cdot L^{-1}$，试计算该反应的 Δ_rG_m 及平衡常数 $K^\ominus$。

9-18　已知在碱性介质中溴元素的标准元素电势图

$$\overbrace{BrO_3^- \text{———} \underbrace{BrO^- \xrightarrow{+1.065\ V} \frac{1}{2}Br_2 \text{———} Br^-}_{+0.76\ V}}^{+0.61\ V}$$

(1) 求算 $\varphi^{\ominus}(BrO_3^-/BrO^-)$和 $\varphi^{\ominus}(Br_2/Br^-)$。

(2) 判断标准状态下,BrO^-能否发生歧化反应?

9-19　已知 298.15 K 时反应 $Cr_2O_7^{2-}+6Fe^{2+}+14H^+ \rightleftharpoons 2Cr^{3+}+6Fe^{3+}+7H_2O$ 的 $\Delta_r H_m^{\ominus}=759\ kJ \cdot mol^{-1}$,$\varphi^{\ominus}(Cr_2O_7^{2-}/Cr^{3+})=+1.33\ V$,$\varphi^{\ominus}(Fe^{3+}/Fe^{2+})=+0.771\ V$,试计算反应在 298.15 K 时 $\Delta_r S_m^{\ominus}$。

9-20　高锰酸钾在酸性介质中的电极反应为

$$MnO_4^-+8H^++5e^- \rightleftharpoons Mn^{2+}+4H_2O \qquad \varphi^{\ominus}(MnO_4^-/Mn^{2+})=+1.51\ V$$

若 $c(MnO_4^-)=c(Mn^{2+})$,试计算 $c(H^+)=0.010\ mol \cdot L^{-1}$和 $c(H^+)=10\ mol \cdot L^{-1}$时 $\varphi(MnO_4^-/Mn^{2+})$的值。

第四篇 物质结构

由元素周期表中有限的一百多种元素神奇地衍生出了数千万种物质，这些物质构成了浩瀚苍穹、深邃宇宙和多彩的世界。化学正是研究物质的组成、结构、性质及其变化规律的科学。不同的物质性质差异巨大，每种物质都有自己独特的性质，物质之间的化学反应千变万化。但是，物质都是由各种化学元素构成的，物质之间的化学反应总是原子与原子的重新组合。宏观性质决定于微观结构，所以要深入了解物质的性质以及物质之间化学反应的本质原因，就必须进入微观世界，了解组成物质的微粒——原子、分子的性质。

结构化学是在原子、分子的水平上，深入到电子层次，研究物质的微观结构及其与宏观性质之间关系的科学。本篇包括原子结构、化学键与分子结构以及晶体结构三章，分别介绍原子中电子的运动、化学键的形成和晶体构型的基础知识和基本理论。

第 10 章　原子结构

不同的原子结构是决定物质具有特定物理化学性质的关键，了解原子的内部结构、明确原子核外电子的运动特征是理解物质性质及其变化规律的根本。

一般化学反应不涉及原子核内的变化，只是原子核外电子的运动状态发生了改变，因此，本章主要根据现代原子结构理论讨论原子核外电子的运动特征和规律，说明原子核外电子的排布及其与元素性质的关系，了解元素性质的周期性变化规律。

10.1　原子结构理论的发展

物质是由分子或原子构成的，原子又是由原子核和核外电子组成，原子核由质子和中子等组成。关于物质结构的基本观念现今已深入人心，但原子结构的发现，原子结构科学理论的形成却经历了一个漫长而艰辛的过程。

人们早就开始思考物质到底是由什么组成的问题。远古时代的哲学家们对物质的组成提出了不同的论说，早在公元前 1140 年，我国《易经》就已提出了关于物质组成的“五行”“八卦”学说。公元前五世纪，古希腊的安培多克尔(Empedocles)提出宇宙是由水、火、气、土四原质构成的学说。古希腊德谟克里特(Democritus)最早提出了原子一词，但直到 1803 年，才由英国化学家道尔顿创立了相对科学的原子论，解释了当时化学中的一些经验规律，如“质量守恒定律”、“倍比定律”等。道尔顿的原子论认为所有物质都是由既不能分割也不能毁灭的最小微粒所组成，这种微粒称为原子；物质之间的化合就是一种元素的一定数目的原子与另一种元素的一定数目的原子相结合；在化学反应中，原子的本性保持不变。道尔顿的原子论使人们开始从微观的角度探求化学反应的本质，在化学的发展上有着重要的意义，但其原子不可分割的观点是缺乏实验依据的，是错误的，随着科学技术的进步，人们发现了电子，才使化学进入了一个崭新的时代。

10.1.1　构成物质的基本微粒

德国玻璃工盖斯勒(H. Geissler)于 1858 年制成了低压放电管，使人们在利用盖斯勒管进行放电实验时发现了阴极射线。1871 年英国物理学家瓦利莱(C. F. Varley)发现阴极射线带有负电荷，并认为这是从阴极发射出的微小粒子；1879 年，英国物理学家克鲁克斯(W. Crookes)观察到阴极射线粒子可以在磁场中发生偏转，并将这些阴极射线粒子称为电子。1897 年，英国物理学家汤姆孙(J. J. Thomson)在前人的研究基础之上，测定了阴极射线中微粒的荷质比(e/m)，由此确立了电子的发现。

电子的发现叩开了原子结构的大门，使人类能够一窥物质内部的奥秘。人们随后又发现了原子核中的质子、中子，并将其与电子和光子一道称为构成物质的基本粒子。但随着科学的发展，实验技术的进步，人们已经发现组成物质的微粒是多种多样的，曾经认为的“基本粒子”电子、质子、中子和光子不再“基本”。到目前为止，发现的微观粒子已有 700 多种，研究各种粒子的性质、结构及其转化规律，已成了现代结构化学和物理学的重要课题。例如，1963 年美国科学家盖尔曼(M. Gell Mann)提出质子和中子是由夸克组成的假说,并于 20 世纪 70 年代经实验所证实。1965 年我国的物理学家还提出了层子模型,层子模型和夸克模型一样引起了世人的关注。

通常将比原子核还小的物质单元泛称为亚原子粒子(subatomic particle)或基本粒子(elementary particle),包括电子、中子、质子、光子以及在宇宙射线和高能原子核实验中发现的一系列粒子。各种亚原子粒子都有确定的质量、电荷、自旋、平均寿命等;它们多数是不稳定的,在经历一定平均寿命后转化为另一种基本粒子。一般可按其质量大小及其性质的差异把基本粒子分为光子、轻子、介子、重子(包括核子、超子)四大类。许多基本粒子都有对应的反粒子;基本粒子之间存在着强弱不同的相互作用,并且按一定方式相互转化。

物质是否是无限可分的?基本粒子是否还有内部结构?人们对物质结构的认识正随着科学的发展而不断的深入。

10.1.2 原子结构模型和氢原子发射光谱

发现带负电荷的电子后,人们自然想到电中性的原子中应该还有带正电荷的部分。汤姆孙于 1904 年提出了一个原子结构模型。他认为,正电荷部分均匀地分布在整个原子中,电子被分散在与负电荷粒子总量相等的正电荷的平衡体系中。人们形象地将汤姆孙的原子结构模型称为"蛋糕式镶嵌"模型。但该模型在 1911 年被其学生卢瑟福(E. Rutherford)的 α 粒子散射实验[图 10-1(a)]所否定。卢瑟福的 α 粒子散射实验[图 10-1(b)]表明,通过金属箔的 α 粒子绝大部分运动方向没发生任何变化,少数粒子的运动方向发生了偏离,极少数 α 粒子被弹回。由此说明原子中绝大部分是空的,但在原子的中心有一个几乎集中了原子的全部质量、粒径只有原子的万分之一、带正电荷的微粒,卢瑟福将其称之为原子核,并认为电子像行星绕太阳运转一样绕核运动,人们将这种模型称为原子结构的"行星式含核模型"。

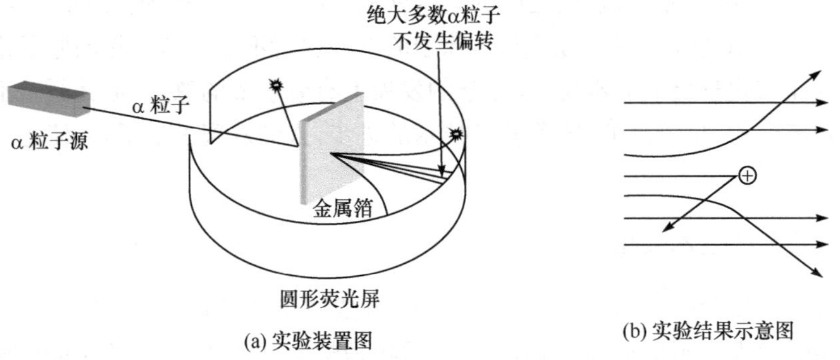

图 10-1 卢瑟福的 α 粒子散射实验

卢瑟福的行星式含核模型有一定的实验基础,可该模型描述的电子运动与经典的电磁学理论是相矛盾的。根据电磁学理论,高速运动的带电微粒会不断地以电磁波的形式发射出能量,由于能量的减小,电子运动的角动量将不断减小,电子将进行螺旋式的运动,逐渐向原子核靠近,最终落到原子核上,导致原子的毁灭,这显然是与事实相违背的;另外,电子连续发射出的电磁波经棱镜分光后,得到的应是连续发射光谱,而这也是与当时已知的氢原子发射光谱是不连续的线状光谱所不符的。

物质受到高能量激发后,会以光的形式发射出能量,经分光后所得的按波长顺序排列的若干条不连续的谱线称为原子发射光谱。不同元素的原子发射光谱是不同的,最简单的是氢原子发射光谱。1883年瑞典物理学家巴尔麦(J. J. Balmer)首先在可见光区发现了氢原子发射光谱的四条谱线,称为巴尔麦系,如图10-2所示。随后,在红外光区又陆续发现了派兴(Paschen)系、勃拉克特(Brackett)系、芬德(Pfund)系。

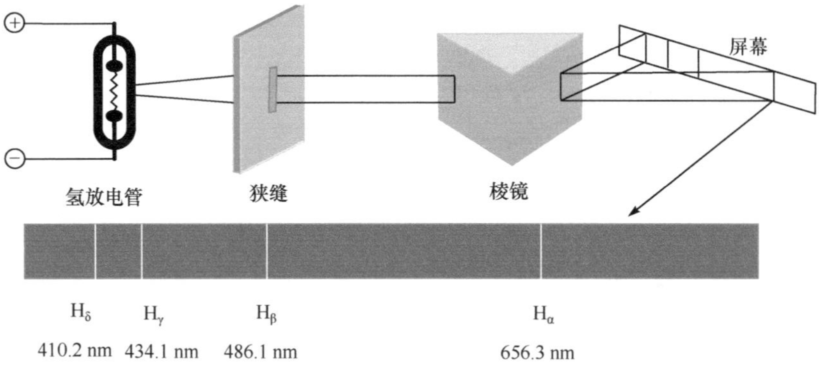

图10-2 可见光区的氢原子线状光谱及实验示意图

经过对氢原子发射光谱的各谱线频率的规律性研究,1913年瑞典物理学家里德堡(J. R. Rydberg)提出了能概括各光区氢原子发射光谱规律的经验公式

$$\frac{1}{\lambda}=R_{\rm H}\left(\frac{1}{n_1^2}-\frac{1}{n_2^2}\right) \quad 或 \quad \nu=R_{\rm H}\cdot c\left(\frac{1}{n_1^2}-\frac{1}{n_2^2}\right) \tag{10-1}$$

式中,c 为光速;$R_{\rm H}=1.097\times10^7\ {\rm m^{-1}}$ 为里德堡常量(也有将 $R_{\rm H}\cdot c=3.289\times10^{15}\ {\rm s^{-1}}$ 称为里德堡常量);$n_1<n_2$,均为正整数;λ 为波长;ν 为光谱频率。将相应的正整数代入到公式中,就可以得到一系列的氢原子发射光谱,如将 $n_1=2$,$n_2=3$、4、5、6、…代入式(10-1)就可得到巴尔麦系的谱线。

10.1.3 玻尔氢原子结构理论

氢原子发射光谱的实验事实与原子结构模型以及经典电磁学理论的矛盾促进了人们对原子结构理论的进一步探索。为了解释氢原子的发射光谱,1913年,丹麦物理学家玻尔(N. H. D. Bohr)根据普朗克的量子论和爱因斯坦的光子学说中光子能量与辐射频率的关系提出了玻尔原子结构理论。该理论认为:

(1) 原子核外电子不能在任意的轨道上运动,只能在符合玻尔量子化条件的、具有确定半径的圆形轨道上运动,这种轨道称为稳定轨道,电子在稳定的原子轨道上运动时,既不吸收、也不放出能量。

玻尔量子化条件为

$$mrv=n\cdot\frac{h}{2\pi} \tag{10-2}$$

式中,m 为电子质量;r 为电子运动的半径;v 为电子运动的速度;h 为普朗克常量(6.62×10^{-34} J·s);n 为量子数,其取值为正整数,即 $n=1$、2、3、…

(2) 电子在不同的稳定轨道上运动,其能量是不同的。原子处于能量最低的状态称为基态,其他的状态称为激发态;根据量子化条件,氢原子各原子轨道的能量计算公式是

$$E_n=-\frac{2.179\times10^{-18}}{n^2}\ {\rm J} \tag{10-3}$$

(3) 电子在不同的原子轨道间跃迁时，才能发生能量的辐射或吸收。通常情况下，电子处于基态，电子可吸收能量被激发到激发态，处于激发态的原子不稳定，电子会跃迁回基态，同时以光的形式发射出能量(图 10-3)。发射光的能量等于两个轨道能量之差，即

$$\nu=\frac{E_2-E_1}{h} \tag{10-4}$$

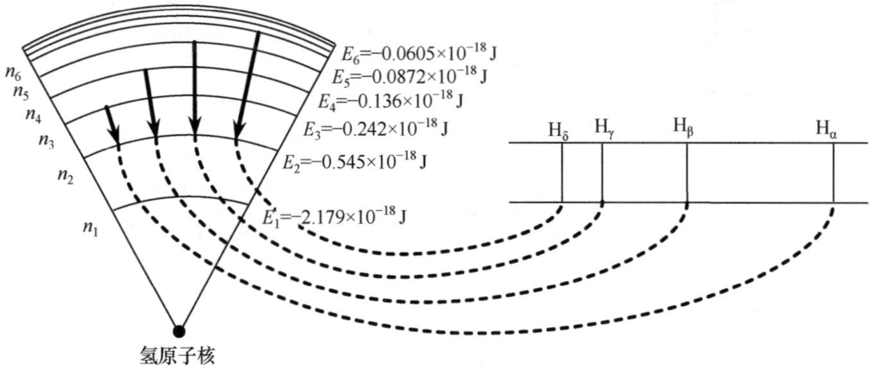

图 10-3　氢原子光谱产生示意图

玻尔氢原子结构理论第一次将量子化的概念引入了原子结构，成功地解释了氢原子和类氢离子(如 He^+、Li^{2+}等)的光谱，也能解释原子发光现象，对原子结构理论的发展起到了重要的作用。但是，玻尔理论只能初步说明氢原子及类氢离子的发射光谱，而不能解释多电子原子的发射光谱，也不能说明氢原子发射光谱的精细结构。究其原因，玻尔假说只是在经典力学的基础之上引入了一些人为的量子化条件，它仍然是应用牛顿力学解决问题，没有摆脱经典力学的束缚，故玻尔理论不能正确反映微观粒子的运动规律，它必定被新的原子结构理论所替代。

10.1.4　电子的波粒二象性

1924 年，法国物理学家德布罗意(L. De Broglie)在光具有波粒二象性的启发下，提出了电子等微观粒子也具有波粒二象性的假设。

光在传播过程中的干涉、衍射等现象说明光具有波动性，而在光电效应中，光又体现了微粒性，在历经两个世纪的争论后，20 世纪初期，人们终于统一了认识，确定光具有波动性和微粒性两重性质，即波粒二象性，表征光的波动性的波长 λ 和表征光的微粒性的动量 p 可由普朗克常量 h 相互联系起来，即

$$\lambda=\frac{h}{p}=\frac{h}{mv} \tag{10-5}$$

德布罗意大胆推测，电子、原子等实物微粒子也应和光子一样，既具有波动性，也具有微粒性，其波动性和微粒性的关系与式(10-5)一样。1927 年，美国物理学家戴维逊(C. J. Davisson)和革末(L. H. Germer)用已知能量的电子在晶体上进行衍射实验，得到了与 X 射线相似的衍射环纹，证实了电子波的存在(图 10-4)。随后人们观察到中子、质子、原子、分子等微粒都能产生与电子相似的衍射现象，因此，波粒二象性是物质所具有的普遍特性，无论是宏观物质还是微观粒子，都具有波粒二象性，只是对于不同的物质、在不同的条件下，所表现出来的主要方面不同而已。如宏观物质，由于本身长度比其波长大得多，其波动性就不能表现出来。

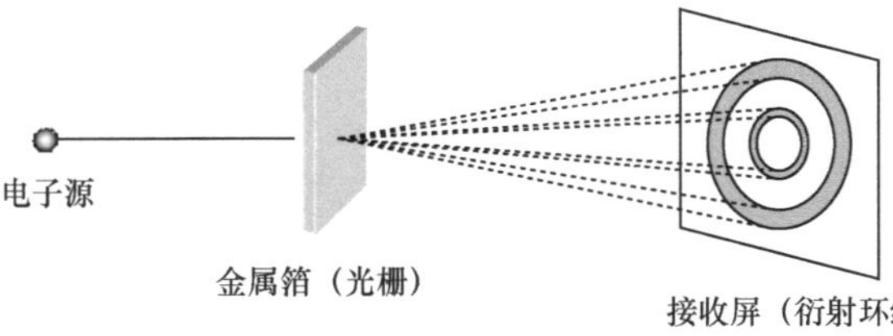

(a) 电子衍射实验装置

(b) 电子通过Al的衍射环纹

图 10-4　电子衍射实验图

戴维逊和革末的电子衍射实验不仅证实了电子具有波动性，而且还说明了电子波的本质和特征。当我们控制电子发射源，让其每次只能发射出一个电子，再在接收屏上观察，结果发现每个电子在屏幕上出现的位置是不能预知的、不确定的、毫无规律的，这时体现的是电子的微粒性；当电子发射源持续不断的发射出电子，将每个电子在屏幕上的位置叠加起来，就逐渐形成了有规律性的衍射环纹(图 10-4b)，这种衍射环纹与电子发射源在某一瞬间发射出大量电子所形成的图像是完全相同的。由此说明电子波不同于机械波，它是由大量电子运动或单个电子长期运动所表现出来的性质。在衍射图中，亮的地方衍射强度大，电子出现的概率大(机会多)，在暗的地方衍射强度小，电子出现的概率小(机会少)。也就是说，空间任何一点电子波的衍射强度与电子在该处出现的概率成正比，所以电子波又称概率波。

具有波粒二象性的粒子的运动与宏观物质的运动规律有很大的不同。对于宏观的物质，根据经典力学，在运动过程中的某一瞬间，其位置和动量可以同时准确确定。对于具有波粒二象性的微观粒子，海森堡(W. Heisenberg)于 1927 年提出其运动瞬间的位置和动量是不能同时准确测定的，位置的测量误差和动量的测量误差符合以下关系

$$\Delta x \cdot \Delta p \approx h \tag{10-6}$$

即当位置测定越准确，Δx 值越小，电子的动量测定就越不准确，Δp 值就越大，反之亦然，这个规律称为海森堡不确定原理。

海森堡不确定原理是微观粒子波粒二象性的反映，并不是说电子的运动是不可知的，而是进一步说明了人们对电子运动特征的深入认识，即电子的运动不再遵循经典的牛顿力学，而是符合量子力学的规律。

10.2　核外电子的运动状态

10.2.1　薛定谔方程

根据量子力学的基本理论，1926 年，奥地利物理学家薛定谔(E. Schrödinger)建立了描述电子运动的波动方程——薛定谔方程。不同的原子体系，电子的波动方程是不同的，氢原子和类氢离子中电子运动的波动方程为

$$\frac{\partial^2 \psi}{\partial x^2}+\frac{\partial^2 \psi}{\partial y^2}+\frac{\partial^2 \psi}{\partial z^2}+\frac{8\pi^2 m}{h^2}(E-V)\psi=0 \tag{10-7}$$

式中，ψ 是描述电子运动状态的函数式，称为波函数；m 为电子的质量；h 为普朗克常量；E 为电子的总能量；V 为电子的势能；x、y、z 为电子在空间的三维直角坐标。在薛定谔方程中，既有描述电子微粒性的物理量 m、E、V，也有描述电子波动性的波函数 ψ，电子的波动性和微粒性通过普朗克常量 h 有机地联系起来，因此，该方程能够正确地描述电子的运动状态。

求解薛定谔方程的过程中，需要将三维直角坐标(x、y、z)转化为球极坐标(r、θ、ϕ)，转换关系如图 10-5 所示。薛定谔方程式(10-7)的球极坐标形式为

$$\frac{1}{r^2}\frac{\partial}{\partial r}\left(r^2\frac{\partial\psi}{\partial r}\right)+\frac{1}{r^2\sin\theta}\frac{\partial}{\partial\theta}\left(\sin\theta\frac{\partial\psi}{\partial\theta}\right)+\frac{1}{r^2\sin^2\theta}\frac{\partial^2\psi}{\partial\phi^2}+\frac{8\pi^2 m}{h^2}\left(E+\frac{Ze^2}{4\pi\varepsilon_0 r}\right)\psi=0 \tag{10-8}$$

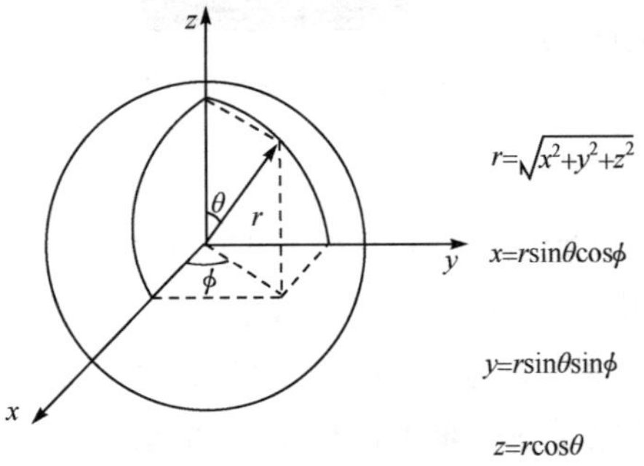

图 10-5　球极坐标和直角坐标的关系

这是一个二阶偏微分方程，与一般的数学方程求解所得结果为一个具体的数值不同，由薛定谔方程求解所得到的结果是一个包含三个常数(n、l、m)和三个未知数(r、θ、ϕ)的函数式。未知数(r、θ、ϕ)为电子的球极坐标，它确定了电子在原子核外空间所处的位置；三个常数(n、l、m)称之为量子数，它们的取值有一定的规律和限制，当一组量子数确定后，波函数的形式也就确定了。具有确定形式的波函数能够描述电子特定的一种运动状态，这种描述一种确定的电子运动状态的波函数为原子轨道函数，简称为原子轨。但请注意，这里的原子轨道与玻尔氢原子结构理论中的原子轨道的含义是不同的，它没有固定轨迹的意思，指的是一个特定的描述电子运动状态的函数式。

由薛定谔方程求解可以得到单电子原子体系原子轨道的能量计算公式

$$E_n=-2.179\times10^{-18}\frac{Z^2}{n^2}\ \mathrm{J} \tag{10-9}$$

10.2.2　四个量子数

求解薛定鄂方程可以得到描述电子在三维空间运动状态的三个量子数(n、l、m)，但根据实验和理论研究证明，电子本身还有自旋运动，还需要第四个量子数(m_s)来描述其运动。一组特定的量子数确定一个波函数，因此，各个量子数的物理意义及其取值规则对原子核外电子运动状态的描述是非常重要的。

1. 主量子数

主量子数用 n 表示，其取值为正整数，即 $n=1$、2、3、4、5、6、7、…，各取值用相应的光谱符号 K、L、M、N、O、P、Q、…来表示，主量子数取值相同的一组原子轨道为一个电子层，如 $n=1$ 为第一电子层即 K 层，$n=2$ 为第二层即 L 层……。

主量子数确定了电子层，主量子数的大小表明了电子出现概率最大处离核的远近和原子轨道能量的高低。主量子数取值越大，电子出现概率最大处离核越远，能量越高。对单电子原子体系，原子轨道的能量只决定于主量子数，只要主量子数相同，原子轨道的能量就相等；对多电子原子体系，原子轨道的能量同时受到主量子数和角量子数的影响。

2. 角量子数

角量子数也称副量子数，用符号 l 表示，其取值规定为 $l=0$、1、2、3、…、($n-1$)。相应的光谱符号分别为 s、p、d、f、g、h、…。显然，角量子数 l 的取值和取值个数是由主量子数决定的，如 $n=1$ 时，$l=0$，只有唯一的一个取值；$n=2$ 时，$l=0$、1，有两个取值。由角量子数的取值规则可见，角量子数的取值个数正好等于主量子数的值。角量子数取值相同的一组原子轨

道称为一个电子亚层，一个电子层中含有的电子亚层数等于该电子层所对应的主量子数的取值。

角量子数表明了原子轨道角动量的大小，具体而言，它体现的是原子轨道在空间各个方向上的伸展情况，即决定了原子轨道的形状，角量子数取值不同，原子轨道的形状就不同。例如$l=0$时的s轨道为球形，$l=1$的p轨道为两个相切的球形等(图10-6)。角量子数还和主量子数一起决定多电子原子轨道的能量。

3. 磁量子数

m称为磁量子数，取值为$m=0$、±1、±2、…、$\pm l$。磁量子数的取值和取值个数是由角量子数确定的，在一个电子亚层中，磁量子数的取值个数为$2l+1$。

磁量子数与原子轨道的能量无关，它体现的是电子绕核运动的角动量在空间给定方向上的分量，即磁量子数确定的是原子轨道在空间的伸展方向。磁量子数的每一个取值决定原子轨道的一种伸展方向，一种伸展方向就是一个原子轨道，因此，一个电子亚层中的原子轨道数与磁量子数的取值个数相同，即一个电子亚层中有$2l+1$个原子轨道。例如，$l=1$的p电子亚层，其轨道在空间三维坐标系中的分布，就是由磁量子数决定的，此时，$m=0$、$+1$、-1，有三个取值，说明p轨道只有三种空间伸展方向，该亚层中有三个原子轨道，它们分别沿着x、y和z轴分布。

在一个电子亚层中，各原子轨道的能量是相等的，这种能量相等的原子轨道称为简并轨道，简并轨道的数目称为简并度。由于单电子原子体系的原子轨道能量只决定于主量子数，因此，单电子原子体系与多电子原子体系中简并轨道的情况不同。单电子原子体系中，只要主量子数n相同，电子层中各轨道的能量都是相等的，都是简并轨道，而在多电子原子体系中，n、l都相同的轨道才是简并轨道。

【例10-1】 H原子和Na原子中$n=3$的电子层，有哪些原子轨道，哪些是简并轨道，简并度分别是多少？

解 $n=3$的电子层中，有三个电子亚层3s、3p、3d，3s亚层只有一个原子轨道，3p亚层中有三个轨道，3d亚层中有五个轨道。

H原子为单电子原子体系，$E_{3s}=E_{3p}=E_{3d}$，它们都是简并轨道，简并度为9。

Na原子为多电子原子体系，3p亚层为简并轨道，简并度为3；3d亚层为简并轨道，简并度为5。

4. 自旋量子数

1921年，德国科学家施特恩(O. Stern)和格拉赫(W. Gerlach)通过实验发现银原子发射光谱在磁场作用下会分裂为两条谱线，用其他原子光谱进行类似的实验，可以得到相同的结果。一条原子发射光谱线经精密光谱仪分光后，得到频率非常相近的两条谱线，这称为光谱的精细结构。

光谱的精细结构难以用电子的轨道运动来解释，为了说明光谱的精细结构，1925年荷兰的乌伦贝克(G. E. Uhlenbeck)和歌德希密特(S. A. Goudsmit)提出了电子具有自旋运动的假设，认为电子绕核运动的同时还有自旋运动，电子的自旋有两种状态。为了描述电子的自旋运动，引入了自旋量子数m_s。m_s的取值只有$+1/2$和$-1/2$两种。当两个电子的自旋量子数取值相同时，称为自旋平行，可用两个同向的箭头“↑↑”或“↓↓”来形象地表示；若两个电子的自旋量子数取值不同，则称为自旋相反，用两个反方向的箭头“↑↓”来表示。电子的自旋运动不能简单地想象为经典力学中类似地球绕自身地轴的自旋一样，它仅仅表示电子运动的两种不同状态。

由四个量子数的取值规则及物理意义可见，确定一个原子轨道，需要 n、l、m 三个量子数；确定一个电子的运动状态需要有四个量子数，n、l、m、m_s 均相同的状态称同一运动状态。表 10-1 列出主量子数为 1～4 的量子数与电子的运动状态。

表 10-1　量子数与电子的运动状态

主量子数 n	电子层符号	角量子数 l	轨道符号	磁量子数 m	轨道空间取向（轨道数）	电子层中轨道总数	自旋量子数	状态总数（$2n^2$）
1	K	0	1s	0	1	1	±1/2	2
2	L	0	2s	0	1	4	±1/2	8
		1	2p	0，±1	3			
3	M	0	3s	0	1	9	±1/2	18
		1	3p	0，±1	3			
		2	3d	0，±1，±2	5			
4	N	0	4s	0	1	16	±1/2	32
		1	4p	0，±1	3			
		2	4d	0，±1，±2	5			
		3	4f	0，±1，±2，±3	7			

10.2.3　波函数和电子云的图形

波函数 ψ 描述了电子在原子核外空间的概率密度分布情况，说明了在该状态下微观体系的各种性质。利用数学的变数分离法，可以将波函数 $\psi_{n,l,m}(r,\theta,\phi)$ 化为包含半径 r 和角度 θ、ϕ 两个函数的乘积，即

$$\psi_{n,l,m}(r,\theta,\phi)=R_{n,l}(r)\cdot Y_{l,m}(\theta,\phi) \tag{10-10}$$

$R_{n,l}(r)$ 表示波函数随半径 r 的变化，称为径向波函数；$Y_{l,m}(\theta,\phi)$ 反映了波函数随角度的变化，称为角度波函数。由薛定鄂方程求解所得的氢原子和类氢离子的部分波函数形式见表 10-2。

表 10-2　氢原子和类氢离子的部分波函数

波函数符号 ψ	$\psi(r,\theta,\phi)$	$R(r)$	$Y(\theta,\phi)$
ψ_{1s}	$\frac{1}{\sqrt{\pi}}\left(\frac{Z}{a_0}\right)^{3/2}e^{-Zr/a_0}$	$2\left(\frac{Z}{a_0}\right)^{3/2}e^{-Zr/a_0}$	$\sqrt{\frac{1}{4\pi}}$
ψ_{2s}	$\frac{1}{4\sqrt{2\pi}}\left(\frac{Z}{a_0}\right)^{3/2}\left(2-\frac{Z}{a_0}r\right)e^{-Zr/2a_0}$	$\frac{1}{\sqrt{8}}\left(\frac{Z}{a_0}\right)^{3/2}\left(2-\frac{Z}{a_0}r\right)e^{-Zr/2a_0}$	$\sqrt{\frac{1}{4\pi}}$
ψ_{2p_z}	$\frac{1}{4\sqrt{2\pi}}\left(\frac{Z}{a_0}\right)^{3/2}\left(\frac{Z}{a_0}r\right)e^{-Zr/2a_0}\cos\theta$	$\frac{1}{\sqrt{24}}\left(\frac{Z}{a_0}\right)^{3/2}\left(\frac{Z}{a_0}r\right)e^{-Zr/2a_0}$	$\sqrt{\frac{3}{4\pi}}\cos\theta$
ψ_{2p_x}	$\frac{1}{4\sqrt{2\pi}}\left(\frac{Z}{a_0}\right)^{3/2}\left(\frac{Z}{a_0}r\right)e^{-Zr/2a_0}\sin\theta\cos\phi$		$\sqrt{\frac{3}{4\pi}}\sin\theta\cos\phi$
ψ_{2p_y}	$\frac{1}{4\sqrt{2\pi}}\left(\frac{Z}{a_0}\right)^{3/2}\left(\frac{Z}{a_0}r\right)e^{-Zr/2a_0}\sin\theta\sin\phi$		$\sqrt{\frac{3}{4\pi}}\sin\theta\sin\phi$

波函数 ψ 是三维空间坐标的函数，将波函数 ψ 用图形表示出来，可以使抽象的数学表达式

转化为具体的图像，从而能够比较形象、具体而直观地理解电子的运动状态及特征，对了解原子的结构和性质、原子结合为分子的过程具有重要的意义。

1. 波函数的角度分布图

波函数的图形有多种，其中最重要的是角度分布图。角度波函数 $Y_{l,m}(\theta,\phi)$随角度 θ、ϕ 变化的图形就是波函数的角度分布图，即原子轨道的角度分布图。角度分布图通常采用球极坐标，先将 $Y_{l,m}(\theta,\phi)$函数的数值按给定的角度$(\theta$、$\phi)$代入求出，作图时，从相当于原子核位置的坐标原点出发，沿给定的$(\theta$、$\phi)$方向取相当于$|Y|$值长度的线段，注明正负号，将空间各方向上代表 Y 值大小线段的端点连成曲面，即得波函数的角度分布图。

原子轨道的角度分布图只与量子数 l、m 有关。l 决定了原子轨道角度分布图的形状，m 决定了其空间伸展方向。由于波函数的角度分布图不涉及径向波函数 $R_{n,l}(r)$，因而不能当作波函数的实际形状图，该图主要反映原子轨道的大致外形以及轨道的对称性。图 10-6 为 s、p、d 轨道的角度分布剖面正视图。

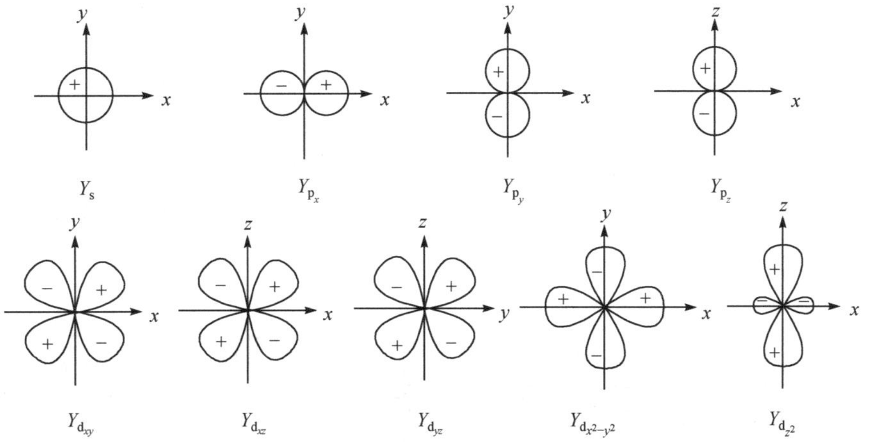

图 10-6　原子轨道的角度分布图

2. 波函数的径向分布图

径向波函数 $R_{n,l}(r)$随 r 变化的图形就是波函数的径向分布图。该图形表明了径向波函数 $R_{n,l}(r)$的大小随着半径的变化关系。例如，1s 的 $R_{n,l}(r)$，随着 r 从 0 趋于无穷大时，从最大值 $2\sqrt{1/a_0^3}$趋近于 0，如图 10-7 所示。

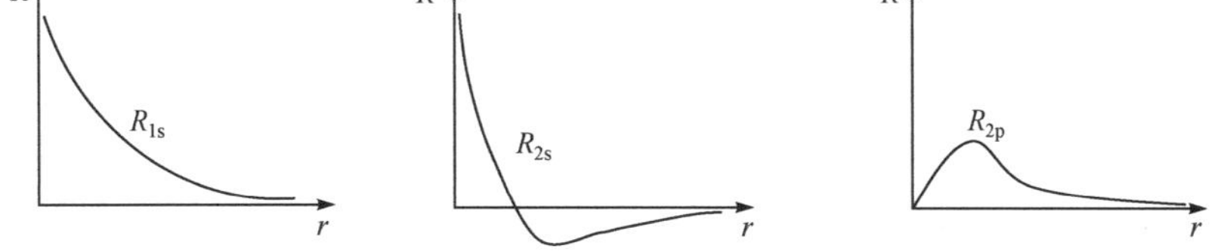

图 10-7　原子轨道的径向波函数图

3. 电子云的角度分布图

根据光的波粒二象性，光波振幅的平方与光子的密度成正比。德国物理学家波恩(M. Born)用类比的方法将其用到电子波上，指出空间某点电子波波函数的平方(ψ^2)可以表示电子在该点附近单位微体积内出现的概率，即概率密度。因此，ψ^2 在空间各点的分布就表示了电子在空间各点出现的概率密度分布。电子在核外空间某点(r,θ,ϕ)附近一定体积($d\tau$)中出现的概率 $d\rho$ 就等于概率密度和体积单元两个因素的乘积，即 $d\rho=\psi^2 d\tau$。为便于理解和表示方便，常用小黑点来表示电子在核外空间可能出现的位置，用小黑点的密集程度来表示电子出现的概率密度的大小。在小黑点密集的地方，电子出现的概率密度大，在小黑点稀疏的地方，电子出现的概率密度小。这种用小黑点来形象化地表示电子在原子核外空间的概率密度分布的图形，称为电子云，图 10-8 为 1s 的电子云图。由图 10-8 可见，1s 电子云呈球形，说明 ψ_{1s}^2 与角度 θ、ϕ 无关，s 态电子在核外空间半径相同的各个方向上出现的概率密度相同，但随着离核距离的增加而逐渐减小。

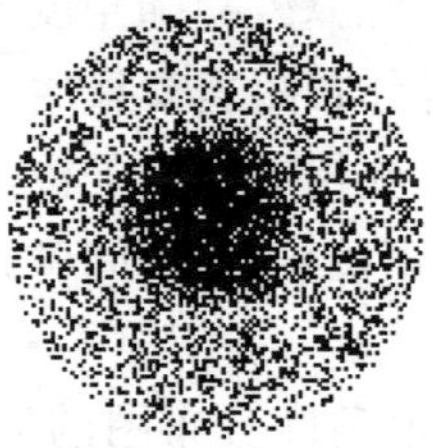

图 10-8　1s 电子云小黑点图

与原子轨道的角度波函数相似，称 $Y^2(\theta,\phi)$为电子云的角度分布函数。由 $Y^2(\theta,\phi)$随角度 θ、ϕ 的变化作图就可以得到电子云的角度分布图，如图 10-9 所示。电子云的角度分布图表明了在同一球面上各电子出现的概率密度的相对大小。例如，s 电子云是以原点为球心的球面，说明 s 电子云是没有方向性的，在距核半径相同的球面上，各个方向电子出现的概率密度都是相等的。

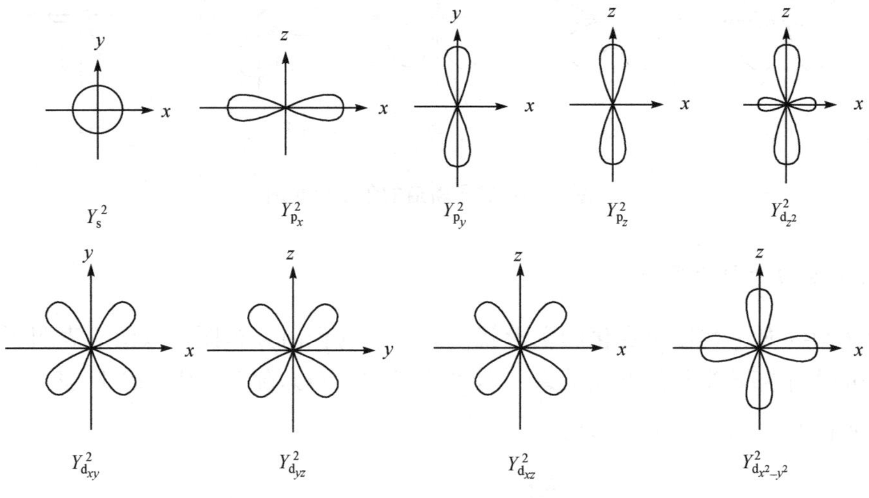

图 10-9　电子云的角度分布图

比较电子云的角度分布图和原子轨道的角度分布可见，两者既有相似之处，也有明显的不同。两者在空间出现极大值的位置和大小是相同的，在空间各个方面上的伸展趋势是相似的，即形状上有相似性。两者的不同之处在于：①原子轨道的角度分布图有正负之分，而电子云的角度分布只有正值；②p、d 态电子云的角度分布图比原子轨道的角度分布要瘦小些。例如，p 轨道的原子轨道角度分布图是在原点相切的双球面，而其电子云的角度分布图则是交于原点的两个橄榄形曲面。两者之所以有所区别，是由于角度波函数 $Y(\theta,\phi)$的取值范围在 $+1\sim-1$

所决定的。与原子轨道的角度分布图一样，电子云的角度分布图也只由 l、m 两个量子数确定，而与主量子数 n 无关。

4. 电子云的径向分布图

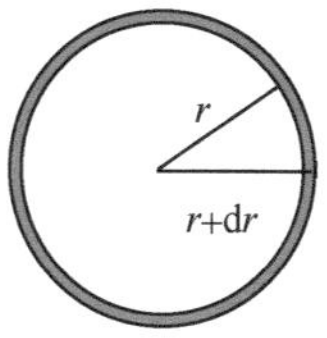

图 10-10 球壳薄层示意图

$R^2(r)$称为电子云径向密度函数，它表示特定的角度 θ、ϕ 方向上电子在距核为 r 的某处附近单位体积内电子出现的概率。为了了解电子在距核 r 处的球面上出现的概率密度，引入了电子云的径向分布函数 $D(r)$，它是指在距原子核为 r 的一个薄的单位厚度球壳夹层中电子出现的概率，如图 10-10 所示。

$$D(r)=r^2\cdot R^2(r) \tag{10-11}$$

用 $D(r)$对半径 r 作图，就得到了电子云的径向分布图，这种图形反映了电子云随半径 r 的变化。氢原子各种电子云的径向分布图如图 10-11 所示。由电子云的径向分布图可见：

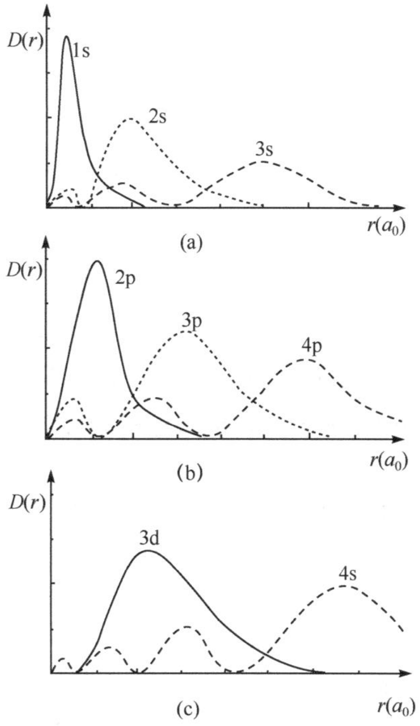

图 10-11 氢原子电子云径向分布图

(1) 径向分布图中有极大值出现，如氢原子 1s 态电子在玻尔半径 $r=a_0=52.9$ pm 处出现极大值，这表明在半径为 52.9 pm 附近薄的球壳夹层中电子出现的概率密度是最大的。径向分布图中有极大值出现是由于电子云的径向分布函数中有 r^2 和 $R^2(r)$两项，而这两项的变化趋势是相反的，其乘积必然会出现极大值。对各径向分布图进行比较分析发现，径向分布图中出现极大值的数目是有规律性的，主量子数为 n，角量子数为 l 的原子轨道，其电子云的径向分布图中有$(n-l)$个极大值。

(2) 不同状态的电子云径向分布图的最高峰位置是不同的，角量子数相同的原子轨道，主量子数越大，电子出现概率密度最大处、即最高峰离核越远，能量越高，如 $E_{1s}<E_{2s}<E_{3s}$。由此说明核外电子是按能量高低顺序从里到外分层排布的。

(3) 主量子数相同的原子轨道，角量子数越小，极大值出现的个数就越多，并且一些小峰伸入到了离核较近的内层空间，这种现象称为钻穿效应。例如，4s 轨道的三个小峰伸入到了 3d 轨道内。l 值越小，小峰离核越近，钻穿效应越强。钻穿效应对多电子原子体系的原子轨道能级高低有很重要的影响。

10.2.4 基态原子核外电子的排布

1. 原子轨道的能级

原子轨道能量高低的顺序称为原子轨道的能级。在氢原子和类氢离子中，由于只有一个电子，只存在电子与原子核间的作用力，轨道能量由主量子数确定，主量子数相同的轨道能量相同。但在多电子原子体系中，除电子与原子核间的吸引力外，还存在电子与电子之间的排斥作用力，使得主量子数相等的原子轨道能量不同。由于电子之间的排斥作用，往往减弱了原子核对电子的吸引从而引起作用在电子上的有效核电荷降低，这种现象称为屏蔽效应。密集在原子核附近的内层电子对外层电子有较大的屏蔽作用，同层电子相互间也有一定的屏蔽效应，而外层电子对内层电子的排斥作用影响较小，常忽略不计。在屏蔽效应中，被削弱的核电荷称为屏蔽常数，用 σ 表示。由于屏蔽效应，作用在电子上的有效核电荷(Z^*)比实际核电荷(Z)小一些，即

$$Z^* = Z - \sigma \tag{10-12}$$

考虑到屏蔽效应，多电子原子体系中，原子轨道的能量计算公式应修正为

$$E_n = -2.179\times10^{-18}\frac{(Z-\sigma)^2}{n^2}\ \text{J} = -2.179\times10^{-18}\frac{Z^{*}}{n^2}\ \text{J} \tag{10-13}$$

由上式可见，σ 的大小影响了各个原子轨道的轨道能量。σ 的大小与产生屏蔽作用的电子的多少以及这些电子所处的原子轨道有关，也与该电子本身所在的轨道有关，即 σ 与 n、l 有关。在多电子原子体系中，受到屏蔽效应影响，使得主量子数相同的原子轨道能量不同，产生能级分裂。例如，在钠原子中，$E_{3s}<E_{3p}<E_{3d}$。屏蔽效应和钻穿效应的共同作用还会进一步引起能级交错现象，即内层轨道的能量高于外层轨道的能量。例如，在核电荷 $Z=15\sim20$ 时，由于 4s 轨道具有钻穿效应，多个小峰伸入到了 3d 轨道内部，离核更近，受原子核的吸引更强，同时，又很好地回避了 3d 轨道对它的屏蔽效应，使 4s 轨道的能量降低，其能量的降低值大于由于主量子数增加而引起的能量升高，从而使 $E_{3d}>E_{4s}$。

在原子中，能量相近的一组原子轨道称为一个能级组。我国化学家徐光宪院士在 1956 年提出用 $n+0.7l$ 的数值大小来比较原子轨道能级高低的经验规则。$n+0.7l$ 的数值越大，原子轨道的能量越高，$n+0.7l$ 值的整数位相同的轨道归为一个能级组，能级组的序号就是 $n+0.7l$ 值的整数位。例如，6s、4f、5d、6p 原子轨道属第六能级组，各轨道的 $n+0.7l$ 分别为 6.0、6.1、6.4、6.7。各能级组内轨道能量相差较小，而能级组间能量差较大。能级组的划分对核外电子的填充及元素周期的划分有重要的意义。

原子轨道的能级高低主要是通过光谱实验确定的。图 10-12 和图 10-13 分别是鲍林(L. Pauling)和科顿(F. A. Cotton)的原子轨道能级图。在鲍林原子轨道能级图中，每个方框中的轨道在同一能级组。该轨道能级图是针对多电子原子体系的原子轨道近似能级顺序，它形象地说明了多电子原子体系中原子轨道能量的高低以及能级组的划分，指明了多电子原子体系中电子的填充顺序。鲍林的原子轨道能级图是按原子轨道的能量高低来排列的，而不是按原子轨道离核的远近顺序或主量子数、角量子数依次增大的顺序来排列的。科顿原子轨道能级图除了表明原子轨道的能量高低外，还说明了以下几点。

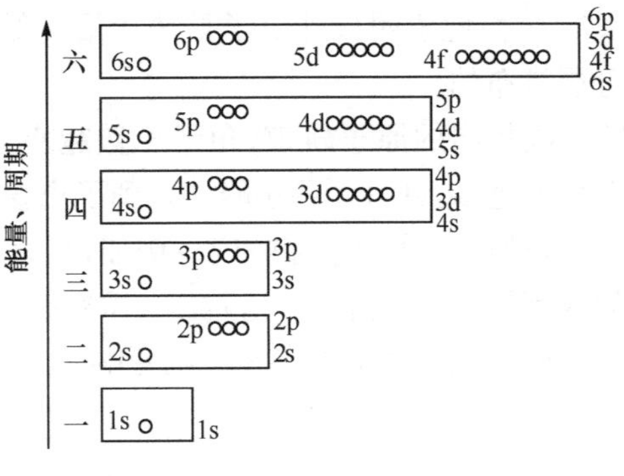

图 10-12　鲍林原子轨道能级图

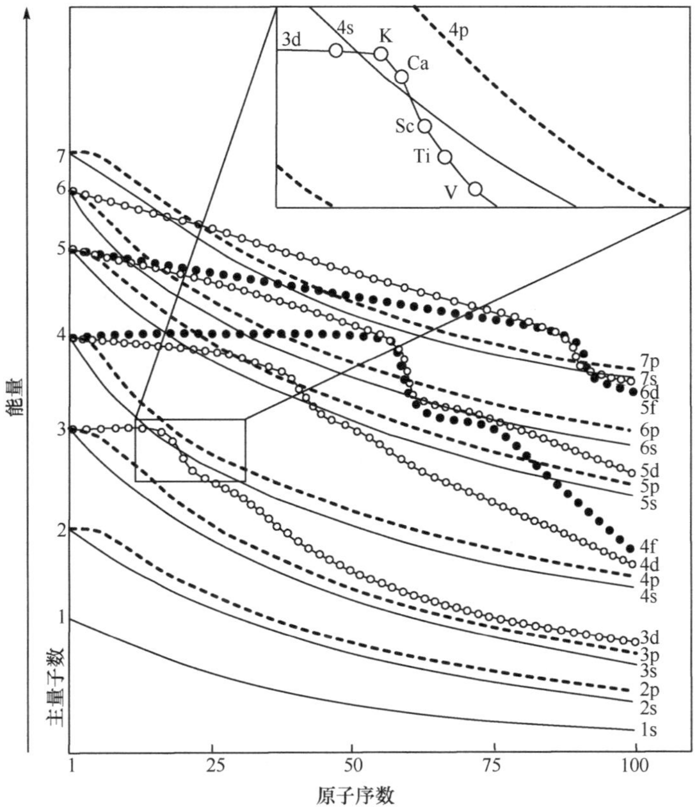

图 10-13　科顿原子轨道能级图

(1) 氢原子的原子轨道简并状态　由图 10-13 可见，当核电荷 $Z=1$ 时，只要主量子数 n 相同的原子轨道，能量曲线都相交于一点，即其原子轨道的能量只决定于主量子数 n。

(2) 能级交错现象及其发生范围　由于屏蔽效应和钻穿效应，发生了能级交错，而且在不同的核电荷范围，发生的能级交错是不同的，如在原子序数 $Z=1\sim14$ 时，$E_{3d}<E_{4s}$；$Z=15\sim20$ 时，$E_{3d}>E_{4s}$；而当 $Z\geqslant21$ 后，$E_{3d}<E_{4s}$，但又发生了 4d 与 5s 的能级交错。这是由于在不同的多电子原子体系中，电子间、电子与原子核间的作用力不同所引起的，原子轨道的能量主要还是由主量子数 n 决定的，随着原子核电荷的增加，n 相同的内层轨道，随角量子数 l 的不同所引起的能量分化越来越小，以至于某些内层原子轨道的能级交错现象消失。

(3) 原子轨道的能量与核电荷紧密相关　同种类型的原子轨道，在不同的原子体系中，能量不同，如 $E_{H,1s}>E_{Na,1s}$。这是由于随着原子序数的增大，核对电子的吸引能力增强，轨道离核更近的原因。

2. 核外电子排布原理

原子中，电子总是处于量子条件所允许的某一确定状态中而不会任意分布，根据光谱实验结果和对元素周期律的分析，多电子原子体系基态原子核外电子的排布遵循能量最低原理、泡利(W. E. Pauli)不相容原理和洪德(F. Hund)规则。

(1) 泡利不相容原理　1925 年，奥地利化学家泡利根据光谱实验的事实总结得出，在同一原子中，没有运动状态完全相同的电子，或者说，在同一原子中，没有四个量子数完全相同的电子。根据泡利不相容原理可推断,一个原子轨道中最多只能容纳两个自旋状态相反的电子;一个电子亚层中最多可以填充 $2(2l+1)$ 个电子,如 s、p、d、f 亚层最多可容纳电子数分别为 2、6、10、14;一个电子层中最多可以填充 $2n^2$ 个电子。

(2) 能量最低原理　在不违背泡利不相容原理的前提下,电子总是优先占据能量较低的轨道,使整个原子的能量处于最低状态。光谱实验数据证明,基态原子中电子是按照鲍林近似能级图中原子轨道能量由低到高的顺序填充各轨道的。

(3) 洪德规则　洪德规则是在 1925 年,由德国科学家洪德根据光谱数据总结出来的。该规则指出,电子在填充简并轨道时,总是尽可能以自旋平行的方式单独进入简并轨道。这是因为一个原子轨道已经填充了一个电子后,另一个电子要继续进入该轨道,就必然要克服先填入电子的排斥作用力,从而使整个体系的能量升高,这种克服电子间的排斥力而使其成对所需要的额外能量称为电子成对能。当电子单独填充进入简并轨道时,就不需要电子成对能,整个原子体系的能量最低。所以洪德规则实际上是能量最低原理的补充。

在洪德规则中有一类特例,当简并轨道的电子处于全充满,如 p^6、d^{10}、f^{14};半充满,如 p^3、d^5、f^7 和全空如 p^0、d^0、f^0 时,原子体系有特殊的稳定性。因此,电子填充时总是优先形成这类排布。

3. 基态多电子原子核外电子的排布

根据核外电子排布的原理和鲍林近似能级图,将基态原子的电子按能级的增加依次填充到原子轨道内,最后按主量子数 n、角量子数 l 递增的顺序书写,即可得到基态原子核外电子的结构式或基态原子的电子组态。原子核外电子结构式常用光谱符号式表示。例如

O(8)　　$1s^2 2s^2 2p^4$

Na(11)　　$1s^2 2s^2 2p^6 3s^1$

Cr(24)　　$1s^2 2s^2 2p^6 3s^2 3p^6 3d^5 4s^1$

24 号铬(Cr)原子是洪德规则的一个特例,其 3d 轨道处于半充满时更稳定。类似为洪德规则特例的还有 Cu、Ag 等原子。

在核外电子结构式中,除去填有电子的最高能级组后,剩下的部分与前一周期稀有气体元素原子的电子结构式相同,称为原子实,用对应的稀有气体元素符号加一个方括号来表示。用原子实来表示可以简化核外电子结构式的书写。原子核外电子结构也可以用短线、○或□等来形象的表示原子轨道,轨道位置的高低还可以表示能量的大小,以↑和↓表示自旋状态不同的电子并将其填入轨道中,从而可以得到核外电子排布的原子轨道图式。原子轨道图式形象而直观地反映了轨道能量、电子自旋状态和成单电子数等信息,但为简单起见,实际应用中一般只写出价层电子构型。例如,Cl、Cu 的电子组态用原子实和原子轨道图式表示为图 10-14。

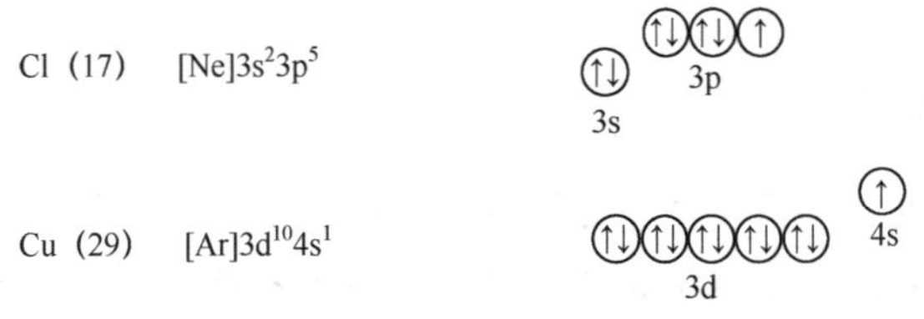

图 10-14　电子组态的原子实及轨道图式

在电子结构式的书写中,原子轨道的书写顺序与电子的填充顺序不一定完全一致。在原

子失去电子变成离子时，失去电子的顺序也不一定正好就是电子填充顺序的逆过程。一般来说，原子总是优先失去最外层的电子，如 Cu^{+} 的电子组态为[Ar]$3d^{10}$而不是[Ar]$3d^{9}4s^{1}$。

经光谱实验证实，绝大部分原子的电子结构与理论完全一致，但也有少数例外，如 41 号铌(Nb)、44 号钌(Ru)、45 号铑(Rh)等。这类问题在现代原子结构理论上还没有满意的解释，有待于进一步研究。经光谱学实验证实的元素周期表中各元素基态原子的电子结构式列于表 10-3。

表 10-3 原子的电子层结构

周期	原子序数	元素名称	元素符号	电子层																	
				K	L		M			N				O				P			Q
				1s	2s	2p	3s	3p	3d	4s	4p	4d	4f	5s	5p	5d	5f	6s	6p	6d	7s
1	1	氢	H	1																	
	2	氦	He	2																	
2	3	锂	Li	2	1																
	4	铍	Be	2	2																
	5	硼	B	2	2	1															
	6	碳	C	2	2	2															
	7	氮	N	2	2	3															
	8	氧	O	2	2	4															
	9	氟	F	2	2	5															
	10	氖	Ne	2	2	6															
3	11	钠	Na	2	2	6	1														
	12	镁	Mg	2	2	6	2														
	13	铝	Al	2	2	6	2	1													
	14	硅	Si	2	2	6	2	2													
	15	磷	P	2	2	6	2	3													
	16	硫	S	2	2	6	2	4													
	17	氯	Cl	2	2	6	2	5													
	18	氩	Ar	2	2	6	2	6													
4	19	钾	K	2	2	6	2	6		1											
	20	钙	Ga	2	2	6	2	6		2											
	21	钪	Sc	2	2	6	2	6	1	2											
	22	钛	Ti	2	2	6	2	6	2	2											
	23	钒	V	2	2	6	2	6	3	2											
	24*	铬	Cr	2	2	6	2	6	5	1											
	25	锰	Mn	2	2	6	2	6	5	2											
	26	铁	Fe	2	2	6	2	6	6	2											
	27	钴	Co	2	2	6	2	6	7	2											
	28	镍	Ni	2	2	6	2	6	8	2											
	29*	铜	Cu	2	2	6	2	6	10	1											
	30	锌	Zn	2	2	6	2	6	10	2											
	31	镓	Ga	2	2	6	2	6	10	2	1										
	32	锗	Ge	2	2	6	2	6	10	2	2										
	33	砷	As	2	2	6	2	6	10	2	3										
	34	硒	Se	2	2	6	2	6	10	2	4										
	35	溴	Br	2	2	6	2	6	10	2	5										
	36	氪	Kr	2	2	6	2	6	10	2	6										

续表

周期	原子序数	元素名称	元素符号	电子层																	
				K	L		M			N				O				P			Q
				1s	2s	2p	3s	3p	3d	4s	4p	4d	4f	5s	5p	5d	5f	6s	6p	6d	7s
	37	铷	Rb	2	2	6	2	6	10	2	6			1							
	38	锶	Sr	2	2	6	2	6	10	2	6			2							
	39	钇	Y	2	2	6	2	6	10	2	6	1		2							
	40	锆	Zr	2	2	6	2	6	10	2	6	2		2							
	41*	铌	Nb	2	2	6	2	6	10	2	6	4		1							
	42*	钼	Mo	2	2	6	2	6	10	2	6	5		1							
	43	锝	Tc	2	2	6	2	6	10	2	6	5		2							
	44*	钌	Ru	2	2	6	2	6	10	2	6	7		1							
	45*	铑	Rh	2	2	6	2	6	10	2	6	8		1							
5	46*	钯	Pd	2	2	6	2	6	10	2	6	10									
	47*	银	Ag	2	2	6	2	6	10	2	6	10		1							
	48	镉	Cd	2	2	6	2	6	10	2	6	10		2							
	49	铟	In	2	2	6	2	6	10	2	6	10		2	1						
	50	锡	Sn	2	2	6	2	6	10	2	6	10		2	2						
	51	锑	Sb	2	2	6	2	6	10	2	6	10		2	3						
	52	碲	Te	2	2	6	2	6	10	2	6	10		2	4						
	53	碘	I	2	2	6	2	6	10	2	6	10		2	5						
	54	氙	Xe	2	2	6	2	6	10	2	6	10		2	6						
	55	铯	Cs	2	2	6	2	6	10	2	6	10		2	6			1			
	56	钡	Ba	2	2	6	2	6	10	2	6	10		2	6			2			
	57*	镧	La	2	2	6	2	6	10	2	6	10		2	6	1		2			
	58*	铈	Ce	2	2	6	2	6	10	2	6	10	1	2	6	1		2			
	59	镨	Pr	2	2	6	2	6	10	2	6	10	3	2	6			2			
	60	钕	Nd	2	2	6	2	6	10	2	6	10	4	2	6			2			
	61	钷	Pm	2	2	6	2	6	10	2	6	10	5	2	6			2			
	62	钐	Sm	2	2	6	2	6	10	2	6	10	6	2	6			2			
	63	铕	Eu	2	2	6	2	6	10	2	6	10	7	2	6			2			
	64*	钆	Gd	2	2	6	2	6	10	2	6	10	7	2	6	1		2			
	65	铽	Tb	2	2	6	2	6	10	2	6	10	9	2	6			2			
	66	镝	Dy	2	2	6	2	6	10	2	6	10	10	2	6			2			
	67	钬	Ho	2	2	6	2	6	10	2	6	10	11	2	6			2			
	68	铒	Er	2	2	6	2	6	10	2	6	10	12	2	6			2			
6	69	铥	Tm	2	2	6	2	6	10	2	6	10	13	2	6			2			
	70	镱	Yb	2	2	6	2	6	10	2	6	10	14	2	6			2			
	71	镥	Lu	2	2	6	2	6	10	2	6	10	14	2	6	1		2			
	72	铪	Hf	2	2	6	2	6	10	2	6	10	14	2	6	2		2			
	73	钽	Ta	2	2	6	2	6	10	2	6	10	14	2	6	3		2			
	74	钨	W	2	2	6	2	6	10	2	6	10	14	2	6	4		2			
	75	铼	Re	2	2	6	2	6	10	2	6	10	14	2	6	5		2			
	76	锇	Os	2	2	6	2	6	10	2	6	10	14	2	6	6		2			
	77	铱	Ir	2	2	6	2	6	10	2	6	10	14	2	6	7		2			
	78*	铂	Pt	2	2	6	2	6	10	2	6	10	14	2	6	9		1			
	79*	金	Au	2	2	6	2	6	10	2	6	10	14	2	6	10		1			
	80	汞	Hg	2	2	6	2	6	10	2	6	10	14	2	6	10		2			
	81	铊	Tl	2	2	6	2	6	10	2	6	10	14	2	6	10		2	1		
	82	铅	Pb	2	2	6	2	6	10	2	6	10	14	2	6	10		2	2		
	83	铋	B	2	2	6	2	6	10	2	6	10	14	2	6	10		2	3		

续表

周期	原子序数	元素名称	元素符号	电子层																	
				K	L		M			N				O				P			Q
				1s	2s	2p	3s	3p	3d	4s	4p	4d	4f	5s	5p	5d	5f	6s	6p	6d	7s
6	84	钋	Pi	2	2	6	2	6	10	2	6	10	14	2	6	10		2	4		
	85	砹	At	2	2	6	2	6	10	2	6	10	14	2	6	10		2	5		
	86	氡	Rn	2	2	6	2	6	10	2	6	10	14	2	6	10		2	6		
7	87	钫	Fr	2	2	6	2	6	10	2	6	10	14	2	6	10		2	6		1
	88	镭	Ra	2	2	6	2	6	10	2	6	10	14	2	6	10		2	6		2
	89*	锕	Ac	2	2	6	2	6	10	2	6	10	14	2	6	10		2	6	1	2
	90*	钍	Th	2	2	6	2	6	10	2	6	10	14	2	6	10		2	6	2	2
	91*	镤	Pa	2	2	6	2	6	10	2	6	10	14	2	6	10	2	2	6	1	2
	92*	铀	U	2	2	6	2	6	10	2	6	10	14	2	6	10	3	2	6	1	2
	93*	镎	Np	2	2	6	2	6	10	2	6	10	14	2	6	10	4	2	6	1	2
	94	钚	Pu	2	2	6	2	6	10	2	6	10	14	2	6	10	6	2	6		2
	95	镅	Am	2	2	6	2	6	10	2	6	10	14	2	6	10	7	2	6		2
	96*	锔	Cm	2	2	6	2	6	10	2	6	10	14	2	6	10	7	2	6	1	2
	97*	锫	Bk	2	2	6	2	6	10	2	6	10	14	2	6	10	9	2	6		2
	98	锎	Cf	2	2	6	2	6	10	2	6	10	14	2	6	10	10	2	6		2
	99	锿	Es	2	2	6	2	6	10	2	6	10	14	2	6	10	11	2	6		2
	100	镄	Fm	2	2	6	2	6	10	2	6	10	14	2	6	10	12	2	6		2
	101	钔	Md	2	2	6	2	6	10	2	6	10	14	2	6	10	13	2	6		2
	102	锘	No	2	2	6	2	6	10	2	6	10	14	2	6	10	14	2	6		2
	103	铹	Lr	2	2	6	2	6	10	2	6	10	14	2	6	10	14	2	6	1	2
	104	𬬻	Rf	2	2	6	2	6	10	2	6	10	14	2	6	10	14	2	6	2	2
	105	𬭊	Db	2	2	6	2	6	10	2	6	10	14	2	6	10	14	2	6	3	2
	106	𬭳	Sg	2	2	6	2	6	10	2	6	10	14	2	6	10	14	2	6	4	2
	107	𬭛	Bh	2	2	6	2	6	10	2	6	10	14	2	6	10	14	2	6	5	2
	108	𬭶	Hs	2	2	6	2	6	10	2	6	10	14	2	6	10	14	2	6	6	2
	109	鿏	Mt	2	2	6	2	6	10	2	6	10	14	2	6	10	14	2	6	7	2
	110		Ds	2	2	6	2	6	10	2	6	10	14	2	6	10	14	2	6	9	1
	111		Uuu	2	2	6	2	6	10	2	6	10	14	2	6	10	14	2	6	10	1
	112		Uub	2	2	6	2	6	10	2	6	10	14	2	6	10	14	2	6	10	2

注：表中原子序数为 100 以上的元素电子排布是预测的，带 * 号的元素是洪德规则特例或不遵循电子排布规则的。数据摘自：Lide D R. CRC Handbook of Chemistry and Physics. 90th ed. Boca Raton: CRC Press. 2009。

10.3　原子结构与元素周期律

根据原子核外电子的排布原理，可以得到各周期元素的电子结构通式

第一周期　1s　　　　第二周期　[He]2s 2p

第三周期　[Ne]3s 3p　　　　第四周期　[Ar]3d 4s 4p

第五周期　[Kr]4d 5s 5p　　　　第六周期　[Xe]4f 5d 6s 6p

第七周期　[Rn]5f 6d 7s 7p

显然，核外电子排布是有规律的，也正是这种规律性导致了元素周期表的划分，以及元素性质的周期性变化规律。

10.3.1 原子结构与元素周期表

1869 年 3 月，俄国化学家门捷列夫(МеНgeЛееВ)发现了元素周期律，它改变了人们固有的思维方法，为化学的研究开辟了一条崭新的道路。但在元素周期律刚提出时，人们只发现了 64 种元素，而且门捷列夫是按照原子量的大小来排列元素的，经过多年的发展和完善，才形成了现在的化学元素周期表。在元素周期表中，将各元素划分为周期、族和区。

1. 周期的划分

在元素周期表中，每一横排为一周期。除第一周期外，每一个周期都是从碱金属开始到稀有气体元素结束，已知的元素共有 7 个周期。从周期表中的核外电子排布可见，元素的周期序数与该元素原子轨道的最高能级组或者说是与该原子填有电子的原子轨道的最大主量子数是完全对应的(Pd 例外)。每个周期所包含的元素种类与该周期最高能级组的原子轨道内所能容纳的电子数相同。第一周期最高能级组为 1s，故只有 H 和 He 两种元素，为特短周期；第二、三周期最高能级组分别为 2s2p、3s3p，这两个周期各有 8 种元素，为短周期；第四、五周期最高能级组为$(n-1)dnsnp$，由于增加了次外层的 d 轨道，每周期共有 18 种元素，为长周期；第六周期最高能级组为$(n-2)f(n-1)dnsnp$，增加了 f 轨道，有 32 种元素，为特长周期；第七周期还未填满，称为不完全周期。

随着人类实验技术的不断进步，人们还在不断地发现新元素。例如，2004 年才被命名为 Darmstadtium、元素符号为 Ds 的 110 号化学元素，是在 1994 年由德国的达姆斯塔特重离子研究所的科学家西格德·霍夫曼(S. Hofmann)率领的科研小组首先发现的，随后有报道得到了 111 号、112 号元素；1998 年俄罗斯杜布纳核联合研究所的科学家合成了 114 号元素；2015 年，国际纯粹与应用化学联合会(IUPAC)认定日本理化学研究所合成了 113 号元素，美俄科学家合成了 115 号、117 号和 118 号元素。但人类在完善元素周期表的过程中并不是一帆风顺的。例如，在 1999 年曾有美国科学家声称合成了 116 号、118 号元素，可在 2002 年被证实是错误的。人类对物质世界的认识是永无止境的，到底存在多少种元素？超重元素是否还遵循现有的电子排布规律？这些问题还有待于人类更加深入的研究。

2. 族的划分

在元素周期表中，每一纵列称为族。族是根据原子外层电子构型划分的。同族元素有相似的电子构型。族又分为主族(A 族)和副族(B 族)。

最后一个电子填充进入 ns 或 np 轨道的元素属主族，包括从ⅠA 到ⅦA 共 7 个。主族元素电子构型的特点是基态原子的内层为全满或内层 d 轨道全空(ⅠA、ⅡA)，其外层电子构型是 $ns^{1\sim2}$或 $ns^2np^{1\sim5}$。主族元素所在的族序数等于最外电子层上的电子数。例如，Br(35)的电子组态是 [Ar]$3d^{10}4s^24p^5$，所以位于第四周期ⅦA；Pb(82) 的电子组态是 [Xe]$4f^{14}5d^{10}6s^26p^2$，位于第六周期ⅣA。从左至右，主族元素金属性逐渐减弱，ⅠA、ⅡA 是典型的金属元素，ⅦA 为典型的非金属元素。

在周期表的最后一列除 He 为 $1s^2$ 电子构型外，其余为 ns^2np^6 电子构型，称为稀有气体元素或零族元素。由于零族元素最外层共有 8 个电子，这种电子层结构比较稳定，长期以来人们认为它们不会形成化合物，称为惰性气体，氧化数为 0，故又称零族。实际上，“惰性气体不惰”，所谓 8 电子的结构的稳定性也是相对而言的。自 1962 年英国化学家巴特列(N. Bartlett)

制得首个稀有气体化合物 $XePtF_6$ 以来，大量的实验不断证明在一定条件下，惰性气体可以形成不少化合物，如 XeF_2，XeO_3 等。

最后一个电子填充进入 $(n-1)$d 轨道的元素属副族，包括从ⅠB 到ⅦB、Ⅷ族等。其特征电子构型是 $(n-1)d^{1\sim10}ns^{1\sim2}$，第四、第五周期的副族元素次外层上的电子数在 9～18。副族元素所在的族序数有三种情况。

ⅠB～ⅡB 族元素所在的族序数等于最外层上的电子数。ⅠB 元素原子的外电子层构型为 $(n-1)d^{10}ns^1$。ⅡB 元素原子的外电子层构型为 $(n-1)d^{10}ns^2$。

ⅢB～ⅦB 族元素所在的族序数等于最高能级组中的电子数。例如

Cr(24)： $[Ar]3d^5 4s^1$，第四周期，ⅥB

Zr(40)： $[Kr]4d^2 5s^2$，第五周期，ⅣB

Ⅷ族，包括周期表中第 8、9、10 三个纵列。元素原子最高能级组中电子数是 8～10。例如，第四周期Ⅷ族的三个元素的电子构型为

Fe(26)： $[Ar]3d^6 4s^2$

Co(27)： $[Ar]3d^7 4s^2$

Ni(28)： $[Ar]3d^8 4s^2$

ⅠB 到ⅦB，以及Ⅷ族元素也称过渡元素。第四、第五周期各有 10 个过渡元素，分别称为第一、第二过渡元素。最后的电子填充进入 $(n-2)$f 轨道的元素称为内过渡元素，包括镧系和锕系元素。其外层电子构型一般为 $(n-2)f^{1\sim14}(n-1)d^{0\sim1}ns^2$，但也有特殊的，如 Th 元素的外层电子构型为 $5f^0 6d^2 7s^2$，没有 f 电子。

由于元素原子在进行化学反应时，往往是最外层或最高能级组的原子轨道发生电子的得失或偏移，因此，原子的最外层或最高能级组的电子排布是决定元素化学性质的主要因素。一般将原子最外层或最高能级组中能参与形成化学键的电子称为价电子，其最外层或最高能级组的电子构型就称之为价电子构型。主族元素的价电子构型为最外层电子构型，如氯元素的价电子构型为 $3s^2 3p^5$、价电子数为 7；副族元素的价电子构型常为最高能级组的电子构型，如锰的价电子构型为 $3d^5 4s^2$、价电子数为 7。但并不是所有过渡元素的最高能级组电子都能参与成键，如铜元素，价电子构型为 $3d^{10} 4s^1$，而一般可参加反应的电子只有 2 个。元素周期表中，同族元素由于具有相同的价电子构型，因而常具有相似的化学性质，所以了解元素原子的价电子构型、正确区分元素所在的族，对了解元素原子的化学性质是非常重要的。

3. 区的划分

根据元素原子的核外电子排布特征以及最后一个电子填充进入的原子轨道，周期表中的元素可划分为五个区（表 10-4）。

表 10-4 周期表中元素的分区

周期	ⅠA	ⅡA	ⅢB～ⅦB	Ⅷ	ⅠB	ⅡB	ⅢA～ⅦA	零族
1								
2								
3								
4	s区						p区	
5			d区		ds区			
6								
7								
镧系	f区							
锕系								

最后一个电子填充进入 s 轨道，最外电子层结构为 ns^1 或 ns^2，次外层没有 d 电子(H、He 无次外层)的元素属于 s 区，包括ⅠA 族碱金属和ⅡA 族碱土金属元素。该区元素内层为全满或全空的稳定结构，因此，这些元素的原子是活泼金属，容易失去最外层的 s 电子，形成 +1 或 +2 价离子。

最后一个电子填充进入 p 轨道，最外电子层结构为 $ns^2np^{1\sim6}$ 的元素属于 p 区，它们位于周期表的右侧，即ⅢA 到ⅦA 族和零族元素。该区元素除零族为 8 电子稳定结构外，其余最外层均未达到 8 电子稳定结构，所以随着原子序数增加，元素从倾向于失去电子逐渐变为倾向于获得电子，化学性质从金属性向非金属性过渡。

最后一个电子填充进入次外层 d 轨道，并且 d 轨道未完全填满，原子电子层结构的特点为为 $(n-1)d^{1\sim9}ns^{1\sim2}$ 的元素属于 d 区，包括ⅢB～ⅦB 和Ⅷ族元素，位于长周期表的中部。由于该区元素最外层都只有 1～2 个电子，容易失去，故都是金属元素，并且其次外层的 d 轨道一般未完全充满，可以参加化学反应，所以过渡元素常常具有多种氧化数。

最后一个电子填充进入次外层 d 轨道，并且 d 轨道已全充满，原子的电子层结构特点为 $(n-1)d^{10}ns^{1\sim2}$ 的元素属于 ds 区，包括ⅠB 族和ⅡB 族元素。该区元素外层有 1～2 个电子，容易失去，都是金属元素，又因为内层为全满的稳定结构，元素表现出的氧化数只有 +1、+2。

最后一个电子填充进入倒数第三层的 f 轨道，原子的电子层结构特点为 $(n-2)f^{1\sim14}(n-1)d^{0\sim2}ns^2$ 的元素属于 f 区。该区元素由于最外两层电子数基本相同，只是在倒数第三层 $(n-2)$f 轨道上的电子数不同，故它们的化学性质非常相似，包括镧系和锕系元素。

10.3.2　元素基本性质的周期性

由于元素周期表中元素原子的核外电子排布呈现出周期性的变化规律，因而元素或原子的某些性质如有效核电荷、原子半径、电离能、电子亲和能、电负性等也呈现出周期性的变化规律。

1. 有效核电荷

在多电子原子体系中，对于选定的电子，真正有效的作用在该电子上的核电荷称为有效核电荷，这里讨论的是作用于元素原子的最外层电子上的有效核电荷在周期表中的变化规律。

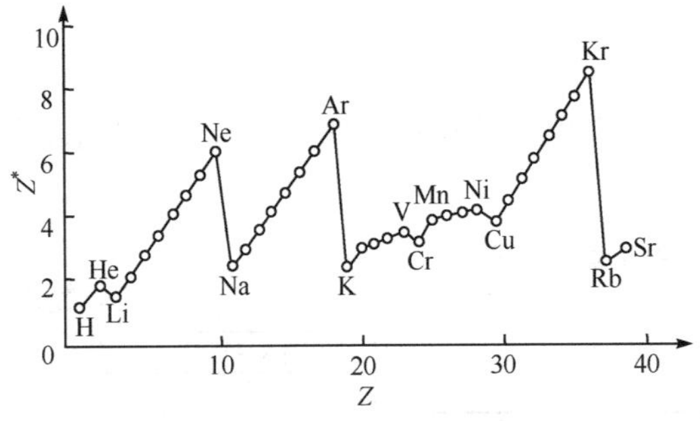

图 10-15　有效核电荷变化曲线

图 10-15 是有效核电荷随原子序数变化的趋势图。从图中可以看出，同一周期的元素，从左到右，有效核电荷逐渐增加。但主族元素变化趋势明显，副族元素变化不明显。这是因为同周期主族元素电子结构的差别在于最外的同层轨道的电子数，屏蔽效应较小，而副族元素电子结构的差别则是次外层的 d 轨道上的电子数，其对最外层电子的屏蔽效应较大，被削弱的核电荷多。镧系和锕系元素的电子构型的差别是屏蔽能力更强的 f 轨道上的电子数，对核电荷的削弱更多，因此，从左到右，其有效核电荷增加得更少。

同族的元素，从上到下，随着核电荷的增加，电子层数在增加，具有屏蔽效应的内层电子数增加，两相抵消，使原子的有效核电荷增加得很少或没有增加。

2. 原子半径

由于电子运动具有波粒二象性,电子是在原子核外一个很大的区域内运动,并且不能确定某一瞬间电子所处的位置。因此,原子没有明确的大小,孤立地讨论单个原子的半径也是没有意义的。但是,在原子与原子互相作用发生键合时,原子核间总会保持一定的平衡距离,这种平衡距离必然与原子本身的大小和原子之间的结合力有关,因此,通常将原子半径定义为接触半径,即将单质分子或晶体中相邻原子核间平均距离的一半定义为该原子的半径。显然,原子间结合力不同,原子半径不同。如果原子间的结合力为共价键,则称为共价半径,一般 p 区的非金属元素,原子半径为共价半径;结合力为金属键时,称为金属半径,金属原子的半径就是金属半径;如果原子间仅仅靠微弱的分子间力(范德华力)相结合,所得半径就称为范德华半径,只有稀有气体元素原子的半径为范德华半径。在三种结合力中,通常共价键力是最强的,金属键力次之,范德华力最小,所以原子半径的大小一般来说总是共价半径<金属半径<范德华半径。

一般只比较相同类型的原子半径。原子半径的数据还常因测定的条件、方法的不同而有一定的差异,常用的原子半径数据如图 10-16 所示,该图形象地显示出了元素周期表中各原子半径的近似大小和变化趋势。

周期	ⅠA	ⅡA	ⅢB	ⅣB	ⅤB	ⅥB	ⅦB	Ⅷ			ⅠB	ⅡB	ⅢA	ⅣA	ⅤA	ⅥA	ⅦA	0
1	H 0.037																	He 0.122
2	Li 0.152	Be 0.111											B 0.080	C 0.077	N 0.070	O 0.066	F 0.064	Ne 0.160
3	Na 0.186	Mg 0.160											Al 0.143	Si 0.117	P 0.110	S 0.104	Cl 0.099	Ar 0.191
4	K 0.220	Ca 0.197	Sc 0.161	Ti 0.145	V 0.131	Cr 0.125	Mn 0.137	Fe 0.124	Co 0.125	Ni 0.125	Cu 0.128	Zn 0.133	Ga 0.153	Ge 0.123	As 0.121	Se 0.117	Br 0.114	Kr 0.198
5	Rb 0.248	Sr 0.216	Y 0.181	Zr 0.160	Nb 0.143	Mo 0.136	Tc 0.136	Ru 0.133	Rh 0.135	Pd 0.138	Ag 0.145	Cd 0.149	In 0.163	Sn 0.141	Sb 0.141	Te 0.143	I 0.133	Xe 0.209
6	Cs 0.265	Ba 0.217	La 0.188	Hf 0.156	Ta 0.143	W 0.137	Re 0.137	Os 0.134	Ir 0.136	Pt 0.138	Au 0.144	Hg 0.160	Tl 0.170	Pb 0.175	Bi 0.155	Po 0.187	At 0.145	Rn 0.214

La	Ce	Pr	Nd	Pm	Sm	Eu	Gd	Tb	Dy	Ho	Er	Tm	Yb	Lu
0.188	0.183	0.182	0.181	0.181	0.180	0.199	0.180	0.178	0.177	0.177	0.173	0.175	0.194	0.173

图 10-16　原子半径变化趋势图(单位:nm)

同周期的主族元素,从左到右,随着原子序数增加,有效核电荷增加,核对外层电子的吸引力增强,因此,原子半径显著减小。当到最后一族的稀有气体元素时,由于由共价半径变为范德华半径，所以原子半径突然增大较多。同周期的副族元素，从左到右，原子半径总体趋势也是逐渐减小，但是，由于增加的电子填充到次外层的 d 轨道，使屏蔽效应增强，有效核电荷递增的幅度较小，所以其原子半径减小的幅度也比主族元素小。到ⅠB、ⅡB，原子半径不仅没有减小，反而增大了，这是由于原子的次外层处于全充满的 18 电子结构，对最外层电子的屏蔽作用很大，屏蔽效应所削弱的核电荷大于核电荷本身的增加，作用在外层电子上的有效核电荷反而减小的缘故。对于镧系和锕系元素，由于增加的电子填充到倒数第三层的$(n-2)$f 轨道，它对最外层电子的屏蔽作用更大，使原子的有效核电荷增加得非常少，因此，随着原子序数的增加，镧系元素原子半径缓慢地减小，这种现象称为镧系收缩。虽然由于屏蔽效应，镧系元素原子半径减小很缓慢，但镧系中 14 种元素原子半径减小的累计值还是不少的，从镧到镥原子半径总共减小了 11 pm，因此导致镧系元素后的几个第六周期副族元素的原子半径与相应的第五周期同族元素的原子半径十分接近，使其性质也十分相似，这种现象称为镧系收缩效应。例如，铪(Hf)和锆(Zr)、钽(Ta)和铌(Nb)、钨(W)和钼(Mo)等的原子半径和性质都十分接近。

同一族的元素，从上到下，随着原子序数的增加，电子层数增加，内层电子对外层电子的屏蔽效应也逐渐增强，使有效核电荷增加很小，有效核电荷增加使半径缩小的趋势不如电子层数增加使半径增大的趋势大，所以原子半径总体趋势上依次增大，但过渡元素增加缓慢，第五、六周期的过渡元素由于受到镧系收缩效应的影响，半径非常接近。

3. 电离能

1 mol 气态基态原子失去 1 个电子成为 1 价的气态正离子时所需要的能量称为该元素的第一电离能，用 I_1 表示，单位为 $kJ \cdot mol^{-1}$。若气态+1 价离子再失去 1 个电子变成气态+2 价离子时所吸收的能量称为该元素的第二电离能，用 I_2 来表示，以此类推，1 个原子有多少个电子，理论上就有多少个电离能。例如

$$Mg(g) \longrightarrow Mg^{+}(g) + e^{-} \qquad I_1 = 730\ kJ \cdot mol^{-1}$$

$$Mg^{+}(g) \longrightarrow Mg^{2+}(g) + e^{-} \qquad I_2 = 1450\ kJ \cdot mol^{-1}$$

$$Mg^{2+}(g) \longrightarrow Mg^{3+}(g) + e^{-} \qquad I_3 = 7740\ kJ \cdot mol^{-1}$$

显然，电离能数值的大小说明了元素原子失去电子的难易程度。对同一元素的原子，由于核电荷不变，失去的电子越多，有效核电荷增加得越多，核对外层电子的吸引力越大，剩下的电子就越不容易失去，所以 $I_1 < I_2 < I_3 < \cdots$，并且同一元素原子各级电离能的大小还可以说明原子核外电子的分层排布以及元素通常情况下容易呈现的价态。

对于不同的元素，一般只比较其第一电离能的大小。既然电离能说明了原子失去电子的难易程度，它必然也体现了元素金属性的强弱，电离能的数值越小，气态原子越容易失去电子，元素金属性越强，反之亦然。元素周期表中各元素的第一电离能数值及其周期性的变化规律参见附录Ⅺ和图 10-17。

影响元素原子第一电离能大小的主要因素是原子的有效核电荷、原子半径以及原子的电子组态。从图 10-17 可见，同一周期的元素，从左到右，第一电离能的总体变化趋势是逐渐增大的，到每周期的最后一个元素稀有气体时，第一电离能的数值达到最大。这是由于同一周期元素，从左到右，电子层没有变化，有效核电荷逐渐增加，原子半径逐渐减小，核对外层电子的吸引力增强的结果。在主族元素第一电离能的规律性变化中，还出现了一些明显的波折现象，如 $I_{1,Be} > I_{1,B}$、$I_{1,N} > I_{1,O}$、$I_{1,Mg} > I_{1,Al}$、$I_{1,P} > I_{1,S}$等，这一现象可用洪德规则加以解释。当外层

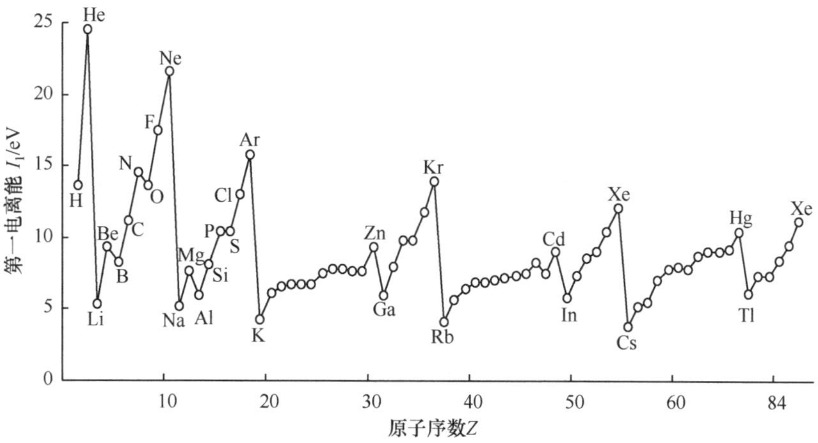

图 10-17　元素的第一电离能随原子序数的周期性变化

电子构型为全充满、半充满或全空时，原子体系的能量较低，相对稳定。处于相对稳定电子构型的原子难以失去电子，第一电离能大；若失去电子后能形成此种电子构型的原子，就容易失去电子，第一电离能小。例如，N 原子的电子组态为 $1s^2 2s^2 2p^3$，$2p^3$ 是半充满结构，比较稳定，不易失去电子，有较高的第一电离能，而 O 原子的电子组态为 $1s^2 2s^2 2p^4$，失去一个电子后得到 $2p^3$ 的半充满状态，因而 O 原子相对 N 原子容易失去电子，第一电离能低，所以使 $I_{1,N} > I_{1,O}$。

同一主族的元素，自上而下，第一电离能的总体变化趋势是逐渐减小的，这是因为从上到下，电子层数增加，原子半径变大，有效核电荷减小，核对外层电子的吸引力减弱的结果。而对于副族元素，由第四周期到第五周期，同族元素的第一电离能降低，但从第五周期到第六周期，第一电离能升高，第六周期元素第一电离能升高的主要原因是镧系收缩。

4. 电子亲和能

与电离能相对应，元素基态的气态原子获得 1 个电子变成气态－1 价离子时的能量变化称为该原子的第一电子亲和能，用 E_1 表示，以此类推，同样有 E_2、E_3、…，如

$$Cl(g) + e^- \longrightarrow Cl^-(g) \qquad E_1 = -348.7\ kJ \cdot mol^{-1}$$

与电离能不同，电子亲和能既有正值也有负值(图 10-18)，正值说明元素原子获得电子时需要吸收能量，负值说明元素原子获得电子时要放出能量。电子亲和能的大小表明了元素原子获得电子的能力大小，电子亲和能的代数值越小，即负得越多，说明该原子获得电子的能力越强，元素的非金属性越强，金属性越弱，反之，说明原子越难以结合电子，金属性越强，非金属性越弱。

影响电子亲和能的主要因素也是原子半径和有效核电荷的大小。在同一周期中，从左至右，电子亲和能的代数值逐渐减小；在同一族中，从上到下，电子亲和能的代数值逐渐增大，但是，由于电子亲和能的测定较困难，准确性稍差，因而其规律性不如电离能。一些元素电子亲和能数据参见附录Ⅺ。

5. 电负性

电离能和电子亲和能分别说明了元素原子失去和获得电子的能力，但一个原子总是既具有失去电子、也具有获得电子的能力。那么，当其在分子中是更多地表现出失去电子的能力还是获得电子的能力呢？为了说明这个问题，美国的化学家鲍林在 1926 年提出了电负性的概

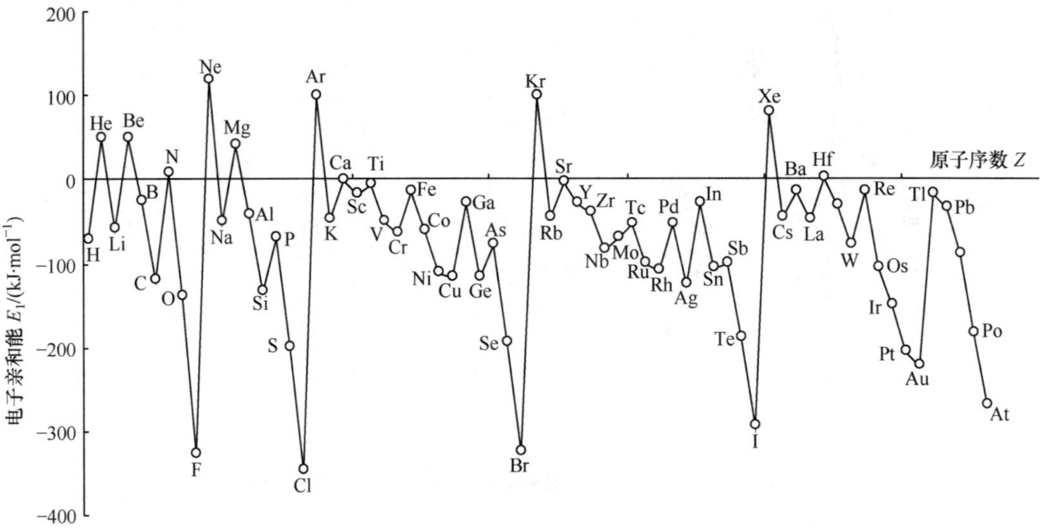

图 10-18　电子亲和能的周期性变化

念，指出电负性是元素的原子在分子中吸引成键电子的能力，用 χ 表示。χ 的数值越大说明该元素原子在分子中吸引成键电子的能力越强；χ 的数值越小，则说明其吸引成键电子的能力越弱。电负性是一个相对的数值，选择的标准和计算方法不同时，电负性的数值不同，常用的鲍林电负性数据参见附录Ⅺ。鲍林是以最活泼的非金属元素氟为标准，假定其电负性 $\chi_F=4.0$，再根据键能和成键元素电负性的关系，计算出其他元素的电负性。

由于原子电子层结构的周期性，电负性也表现出周期性的变化规律，如图 10-19 所示。影响电负性的主要因素与影响电离能和电子亲和能的因素是一样的。同一周期的元素，从左到右，随着原子半径的减小、有效核电荷的增加，原子电负性逐渐增加。同一族的元素，从上到下，随着原子半径的增大、核对外层电子吸引力的减弱，原子电负性逐渐减少。主族元素与副族元素比较，主族元素原子的电负性变化规律较强，副族元素原子电负性变化规律性稍差。

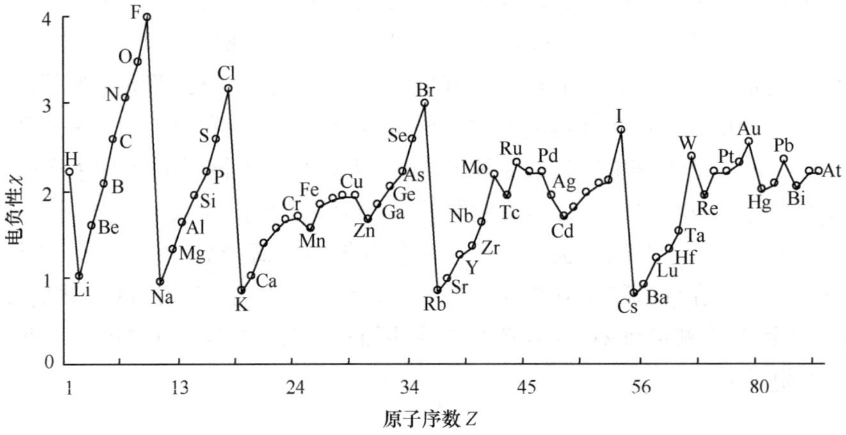

图 10-19　原子电负性的周期性变化

元素原子的电负性综合说明了元素原子得失电子的能力，表明了元素的金属性和非金属性的强弱。通常将电负性 $\chi=2.0$ 作为金属非金属的近似划分标准，$\chi>2.0$ 为非金属元素；

$\chi<2.0$为金属元素。但有不少例外的情况，如 Pt 和 Au 为典型的金属元素，但二者的电负性分别为 2.2 和 2.4，这是因为元素的金属性和非金属性并没有绝对严格的界限，而是一个逐渐变化的过程，并且还与作用的对象有关。

本章小结

本章简要介绍了原子结构理论的发展，根据现代原子结构理论，描述了核外电子的运动状态，说明了原子结构与元素周期律。

在微观体系中运动的电子具有波粒二象性。电子波是一种概率波，是大量电子或一个电子长期运动所表现出来的、在原子核外空间各个位置所出现的机会大小不同的统计性规律。由于电子运动具有波粒二象性，所以电子的运动状态需要用量子力学来描述。

根据量子力学建立的薛定鄂方程求解可得描述电子的运动状态的波函数，波函数决定于四个量子数 n、l、m、m_s 的取值。四个量子数有不同的取值规则和物理意义。

主量子数 n 取正整数，即 $n=1、2、3、\cdots$，主量子数表明了原子轨道离核的远近，同时说明了原子轨道能量的高低。

角量子数 l 的取值为 $l=0、1、2、3、\cdots、(n-1)$。角量子数表明了原子轨道角动量的大小，体现了原子轨道在空间各个方向上的伸展，即决定了原子轨道的形状，同时，角量子数还要影响多电子原子体系原子轨道的能量。

磁量子数 m 的取值为 $m=0、\pm1、\pm2、\cdots、\pm(l-1)$。磁量子数说明了原子轨道在空间的伸展方向。

自旋量子数 m_s 的取值只有 $+1/2$ 和 $-1/2$ 两种。它描述的是电子的自旋运动状态。

当量子数取值确定时，波函数的形式就确定了，一个具有确定形式的波函数能够描述电子的一种运动状态，具有确定形式的波函数称为原子轨道。波函数的平方 ψ^2 表示了电子在原子核外空间各点附近出现的概率密度的大小。

原子轨道角度分布图表明了波函数的大体形状，并说明了极大值出现在空间的方位以及波函数在空间各方向的正负值；电子云的角度分布图表明了在同一球面上各电子出现的概率密度的相对大小；波函数和电子云的角度分布图有相似之处，但也有明显的不同。电子云的径向分布图反映了电子云随半径 r 的变化，由该图可见原子核外电子的分层排布以及多电子原子体系中电子的钻穿效应。

在单电子原子体系中，原子轨道的能量只由主量子数 n 确定，主量子数 n 越大，能量越高。在多电子原子体系中，由于存在钻穿效应和屏蔽效应，发生能级分裂和交错，轨道能量由主量子数 n 和角量子数 l 共同确定。能量相近的原子轨道称为一个能级组，能级组以 $n+0.7l$ 的数值大小来划分，$n+0.7l$ 整数位相同的为一个能级组，$n+0.7l$ 的数值越大，原子轨道的能量越高。

基态多电子原子核外电子的排布遵循三个基本规律：泡利不相容原理、能量最低原理和洪德规则。基态多电子原子核外电子的排布常用电子结构式表示。

元素周期表中，每一横排为一个周期，周期是按照能级组的顺序来划分的，共七个周期；每一纵列称为一个族，族是根据原子核外电子排布的最高能级组的特征来进行划分的。根据最后一个电子填充进入的轨道，各族元素可划分为 s、p、ds、d 和 f 五个区。

电子结构的规律性决定了元素性质的周期性。常见的呈现周期性变化的性质主要有

(1) 原子半径　同周期元素，从左到右，由于电子层数不变，有效核电荷增大，原子半径逐渐增大；同族元素，从上到下，电子层数增加，有效核电荷减小，原子半径逐渐增大。

(2) 第一电离能　同周期元素，从左到右，有效核电荷增加，原子半径逐渐增加，第一电离能逐渐增大，但最外层是全充满或半充满时的原子例外；同族元素，从上到下，有效核电荷减小，原子半径逐渐增大，核对外层电子吸引力减小，元素原子第一电离能逐渐减小。

(3) 电负性　同一周期元素，从左到右，随着原子半径的减小、有效核电荷的增加，元素原子电负性 χ 逐渐增加。同族元素，从上到下，随着原子半径的增大、核对外层电子吸引力的减弱，元素原子电负性 χ 逐渐减少。

思考与练习

10-1 微观体系中的电子运动与宏观物质比较,有什么不同?现代原子结构理论是如何来描述电子的运动状态的?

10-2 量子力学的原子轨道概念与玻尔理论的原子轨道概念有什么不同?

10-3 原子轨道和电子云的角度分布图有哪些异同?

10-4 电子云的径向分布图说明了哪些问题?

10-5 四个量子数的取值和物理意义分别是什么?

10-6 什么是屏蔽效应和钻穿效应?它们对原子轨道能量有何影响?

10-7 多电子原子体系核外电子的排布遵循哪些规律?

10-8 元素原子第一电离能的周期性变化规律及其原因是什么?

10-9 什么是镧系收缩?什么是镧系收缩效应?

10-10 试分析下列各组量子数是否合理。

(1) $n=2, l=1, m=0$　　(2) $n=2, l=2, m=-1$

(3) $n=2, l=0, m=-1$　　(4) $n=2, l=3, m=2$

(5) $n=3, l=2, m=-2$　　(6) $n=4, l=-1, m=0$

(7) $n=4, l=1, m=-2$　　(8) $n=3, l=3, m=-3$

10-11 填充合理的量子数。

(1) $n \geqslant ?, l=2, m=0, m_s=+\frac{1}{2}$　　(2) $n=4, l=2, m=0, m_s=?$

(3) $n=2, l=0, m=?, m_s=+\frac{1}{2}$　　(4) $n=2, l=?, m=1, m_s=-\frac{1}{2}$

10-12 试说明下列符号表示的意义:(1) s　(2) 3d　(3) $2p^2$。

10-13 A、B两元素,A原子的M层和N层的电子数分别比B原子的M层和N层的电子数少7个和4个,写出A、B两原子的名称和电子结构式。

10-14 按照能量大小顺序排列下列原子轨道,并解释轨道能量的大小顺序。

(1) $E_{1s}, E_{4s}, E_{3s}, E_{2s}$　　(2) E_{3d}, E_{3s}, E_{3p}　　(3) E_{4s}, E_{3d}

10-15 下列各原子的电子构型中,何者是基态、激发态或不正确的?

(1) $1s^2 2s^1 2d^1$　　(2) $1s^2 2s^2 2p^4 3s^1$

(3) $1s^2 2s^1 2p^2$　　(4) $1s^2 2s^2 2p^6 3s^2 3p^8$

(5) $1s^2 2s^2 2p^6 3s^2 3p^1$

10-16 用四个量子数描述基态N原子中最外电子层上的各电子的运动状态。

10-17 写出Cr、Cu、Ag、V等原子和Co^{2+}、Fe^{3+}、Sn^{2+}、I^-等离子的电子组态。

10-18 不查周期表,分别写出下列元素在周期表中的位置(周期、族、区),元素符号及名称。

(1) Z=47。

(2) 基态原子中有 $3d^6$ 电子。

(3) 基态原子中有两个未成对的3d电子。

(4) 基态原子的电子构型为[Kr]$4d^4 5s^1$。

(5) 基态原子的最高能级组电子构型为 $3d^1 4s^2$。

10-19 不用查表确定下列各组元素中电离能最大的一个元素。

(1) Na,Mg,Al　　(2) Na,K,Rb

(3) Si,P,S　　(4) K,Ca,Mg

10-20 ⅠA和ⅠB族元素的最外层电子数都是1,但它们的金属性强弱却很不同,试从有效核电荷数和原子半径两方面予以解释。

第 11 章　化学键与分子结构

在丰富多彩的物质世界里，只有稀有气体等少数物质是以单原子的形态存在，其他物质总是以原子或离子相互结合成分子或晶体的形式存在。分子是保持物质化学性质的最小微粒，通常是物质参与化学反应的基本单元。物质的化学性质主要决定于分子的性质，而分子的性质又是由分子的内部结构决定的，因此，研究原子与原子是怎样结合成分子的、分子的内部结构等，对了解物质的化学性质、探求化学反应基本规律的本质等有着重要的作用。

原子与原子之间以一定的结合力连接在一起，形成了分子，原子与原子间强烈的相互作用力称为化学键。化学键是决定物质化学性质的主要因素。根据化学键的特征，一般将其分为三大类：离子键、共价键和金属键。本章在原子结构的基础上，以化学键为线索，侧重讨论离子化合物、共价化合物中原子之间的相互作用、分子的空间构型、分子间作用力、氢键的基本知识以及结构与性质的关系，简单介绍配位化合物的结构理论。

11.1　离子键与离子型化合物

11.1.1　离子键理论

离子化合物是常见的一类重要物质，1916 年，德国基尔大学的化学家柯塞尔(W. Kossel)根据稀有气体原子的电子层结构特别稳定的事实，首先提出了离子键理论，用以说明离子键和离子晶体的形成以及离子化合物的性质。离子键理论的基本要点主要有以下几点。

(1) 原子都有达到稳定电子构型的倾向，当容易失去电子的金属原子与容易得到电子的非金属原子互相靠近时，金属原子失去电子形成带正电荷的阳离子，非金属原子获得电子形成带负电荷的阴离子。

(2) 带有正、负电荷的阴、阳离子在静电作用下，相互吸引，相互靠近。在靠近的同时，离子的电子云之间以及原子核间的排斥作用力增加，当吸引力和排斥力相等时，整个体系的能量降到最低，阴、阳离子间就形成了稳定的化学键。这种依靠阴、阳离子间的静电作用力而形成的化学键称为离子键，由离子键形成的化合物称为离子型化合物。

例如，气态氯原子与气态钠原子靠近时，具有较小电离能的钠原子失去电子变为阳离子 Na^+，具有较小电子亲和能的氯原子获得电子成为阴离子 Cl^-，由于带有相反电荷，Na^+ 和 Cl^- 之间相互吸引、相互靠近，同时放出能量，当作用力达到平衡时，Na^+ 和 Cl^- 之间就形成了离子键，即

$$Na(g) \longrightarrow Na^+(g) + e^- \qquad I_1 = 496\ kJ \cdot mol^{-1}$$

$$Cl(g) + e^- \longrightarrow Cl^-(g) \qquad E_1 = -349.0\ kJ \cdot mol^{-1}$$

$$Na^+(g) + Cl^-(g) \longrightarrow NaCl(s) \qquad U = 770.8\ kJ \cdot mol^{-1}$$

电负性较小的活泼金属易失去电子，电负性较大的活泼非金属易得到电子。通常近似地认为 $\Delta\chi \geqslant 1.7$ 的金属和非金属之间形成的化学键为离子键。成键原子的电负性差值越大，键的离子性越强，反之，键的离子性越弱。离子键主要存在于离子晶体中，也可存在于气态分

子中。

由离子键理论可见，离子键的本质是静电作用力，是正、负电荷之间的相互吸引与排斥综合作用的结果。阴、阳离子单独存在时，其电荷总是球形对称的，在它周围的各个方向上，只要空间允许，静电作用力足够大，它就能够吸引与其带有相反电荷的离子成键，所以离子键既没有方向性，也没有饱和性。但注意，没有饱和性并不是说能与一个离子结合的、带相反电荷的离子数目(通常称为离子的配位数)是无限的，相反，在离子化合物中，各种离子的配位数总是确定的。例如，一个 Na^+ 只能与 6 个 Cl^- 结合，一个 Cl^- 也只能和 6 个 Na^+ 结合，从而形成了 1∶1型的 NaCl 离子晶体。这种离子配位数的有限性不是由于正负电荷吸引力达到了饱和，而是由于每个离子都有一定的大小，其周围的空间是有限的，在有效的静电作用力范围内，每个离子周围就只能排列有限数目的与其带相反电荷的离子，也就是说离子配位数的多少主要决定于阴、阳离子的半径比和电荷数的多少。

离子键的强弱通常用离子晶体的晶格能(U)来表示。将 1 mol 的离子晶体解离成自由的气态阴、阳离子时所吸收的能量称为离子晶体的晶格能，单位为 $kJ \cdot mol^{-1}$。晶格能的数据难以从实验直接测定，通常是利用化学热力学的方法间接计算得到。对相同类型的离子晶体，晶格能的大小与阴、阳离子的电荷数成正比，与离子间的距离成反比。离子所带电荷越高，阴、阳离子半径越小，其晶格能越大，阴、阳离子间的结合力越强，形成离子晶体的离子键越牢固，晶体越稳定。例如，MgO 和 NaCl 是同类型的晶体，MgO 晶体中的离子电荷高，离子半径小，NaCl 的晶格能为 $U=770.8\ kJ \cdot mol^{-1}$，而 MgO 的晶格能为 $U=3916.2\ kJ \cdot mol^{-1}$，显然 MgO 晶体比 NaCl 晶体的晶格能大得多，MgO 比 NaCl 的热稳定性高。

11.1.2　离子的特征

根据库仑定律，静电作用力与阴阳离子的电荷以及离子之间的距离有关，当阳离子和阴离子的电荷数分别为 q_+ 和 q_-，半径分别为 r_+ 和 r_- 时，离子间的静电作用力可表示为

$$F=k \cdot \frac{q_+ \cdot q_-}{(r_+ + r_-)^2} \tag{11-1}$$

由式(11-1)可见，影响离子间作用力大小的因素主要是离子半径、离子所带电荷，还有离子的电子构型，即离子本身的特性决定了离子键的强弱。

1. 离子的半径

单个的离子与原子一样，由于电子运动的波动性，没有确定的半径，常说的离子半径仍然是一种接触半径。两个离子相互接触成键后，离子的核间距 d 就是两个离子半径的加和，即 $d=r_+ + r_-$，若知道了离子的核间距离 d 和其中的任一离子的半径 r，另一离子的半径就可以计算求得。离子的核间距离 d 可以通过实验测定，在计算离子半径时，若采取的实验数据不同、计算标准不同，离子半径是有一定差异的。常用的是以 1926 年歌德希密特(S. A. Goldschmidt)由晶体结构数据推出的 F^-、O^{2-} 离子半径[$r(F^-)=133$ pm、$r(O^{2-})=132$ pm]为标准，通过晶体 X 射线分析实验测得离子的核间距 d，从而计算出其他离子的半径。1960 年，鲍林根据离子半径与有效核电荷成反比，由核电荷和屏蔽常数推算出了另一套离子半径。两种离子半径分别列于表 11-1。

表 11-1　歌德西密特和鲍林离子半径(r/pm)

离子	r(G)	r(P)	离子	r(G)	r(P)	离子	r(G)	r(P)
H^-	154	208	Be^{2+}	34	31	La^{3+}	104	115
F^-	133	136	Mg^{2+}	78	65	Ga^{3+}	60	62
Cl^-	181	181	Ga^{2+}	106	99	In^{3+}	81	81
Br^-	196	195	Sr^{2+}	127	113	Ti^{3+}	91	95
I^-	220	216	Ba^{2+}	143	135	Fe^{3+}	53	—
O^{2-}	132	140	Ra^{2+}	—	140	Cr^{3+}	53	—
S^{2-}	174	184	Zn^{2+}	69	74	C^{4+}	15	15
Se^{2-}	191	198	Cd^{2+}	103	97	Si^{4+}	38	41
Te^{2-}	211	221	Hg^{2+}	93	110	Ti^{4+}	60	68
Li^+	78	60	Pb^{2+}	117	121	Zr^{4+}	77	80
Na^+	98	95	Mn^{2+}	91	80	Ce^{4+}	87	101
K^+	133	133	Fe^{2+}	83	76	Ge^{4+}	54	53
Rb^+	149	148	Co^{2+}	82	74	Sn^{4+}	71	71
Cs^+	165	169	Ni^{2+}	68	69	Pb^{4+}	81	84
Cu^+	95	96	Cu^{2+}	72	—	As^{3+}	69	47
Ag^+	113	126	B^{3+}	2	20	Sb^{3+}	90	—
Au^+	—	137	Al^{3+}	45	50	Sb^{5+}	—	62
Tl^+	149	140	Sc^{3+}	68	81	Bi^{3+}	120	—
NH_4^+	—	148	Y^{3+}	90	93	Bi^{5+}	—	74

周期表中各元素离子半径的变化规律如下：

(1) 阳离子的半径比同元素的原子半径小，阴离子半径比相应的原子半径大。

(2) 同种元素的原子形成不同价态的离子时，阳离子的价态越高，离子半径越小，阴离子的价态越高，离子半径越大。

(3) 同一周期的主族元素，从左至右，电子构型相同时，阳离子的电荷数越多，离子半径越小，如 $r(Na^+)>r(Mg^{2+})>r(Al^{3+})$；阴离子的电荷数越多，离子半径就越大，如 $r(N^{3-})>r(O^{2-})>r(F^-)$。

(4) 同一主族元素的原子，从上到下，具有相同外层电子构型、相同电荷的离子，半径依次增大，如 $r(Li^+)<r(Na^+)<r(K^+)$，$r(F^-)<r(Cl^-)<r(Br^-)<r(I^-)$。

(5) 周期表中处于相邻族元素的原子，左上方和右下方斜对角线上的阳离子半径相近。例如，Li^+(60 pm)与 Mg^{2+}(65 pm)、Na^+(95 pm)与 Ca^{2+}(99 pm)、Sc^{3+}(81 pm)与 Zr^{4+}(80 pm)的离子半径都很相近。

过渡元素由于往往可以形成多种价态的离子，不同元素的离子半径一般不做比较，但其基本规律与主族元素是一致的。

2. 离子的电荷

简单离子所带电荷就是其得失电子数，即阳离子的电荷数就是原子失去的电子数，阴离子的电荷数就是原子获得的电子数。离子间的静电作用力与离子电荷的乘积成正比，当离子的半径差别不大时，离子的电荷是决定离子键强弱的主要因素。阴、阳离子所带的电荷越多，离子间的静电引力越大，离子键越强，离子化合物就越稳定。例如，BeO 和 NaCl 的核间距相近，但 BeO 的离子电荷乘积为 NaCl 的 4 倍，因此，BeO 的离子键比 NaCl 的离子键更强，BeO 晶体比 NaCl 晶体更稳定，BeO 晶体的熔点为 1920 ℃，NaCl 的只有 800 ℃。

3. 离子的电子构型

除了离子半径和离子的电荷外，离子的电子构型也要影响离子化合物的性质。离子的电子构型是指影响离子性质的最外层和次外层电子的填充方式。对简单阴离子来说，原子在获得电子后，一般形成最外层为 8 电子的稳定结构，如 F^-、Cl^-、S^{2-}、O^{2-} 等。对于简单阳离子，常形成以下几种电子构型。

(1) 2 电子构型　最外层为 $1s^2$ 结构，如 Li^+、Be^{2+}。

(2) 8 电子构型　最外层为 ns^2np^6 结构，Ⅰ A、Ⅱ A 和Ⅲ A 的离子常形成这种结构，如 Na^+、Mg^{2+}、Al^{3+} 等。

(3) 18 电子构型　最外层为 $ns^2np^6nd^{10}$ 结构，Ⅰ B、Ⅱ B 的元素常可形成这种较稳定的电子构型，如 Zn^{2+}、Cu^+、Ag^+ 等。

(4) 18+2 电子构型　最外层为 2 个电子，次外层为 18 个电子的 $ns^2np^6nd^{10}(n+1)s^2$ 结构。ⅢA、ⅣA、ⅤA 和ⅥA 的元素原子失去 p 电子后可以形成这种电子构型，如 Sn^{2+}、Pb^{2+}、Bi^{3+} 等。

(5) 9～17 电子构型　最外层为 9～17 个电子的 $ns^2np^6nd^{1\sim9}$ 构型，过渡金属元素容易形成这种电子构型，如 Fe^{2+}、Ni^{2+}、Cu^{2+}、Cr^{3+} 等。

在离子的半径相近、电荷相同时，不同电子构型的阳离子对同一阴离子的作用力大小不同，其顺序为

$$8\text{ 电子构型} < 9\sim17\text{ 电子构型} < 18\text{ 和 }18+2\text{ 电子构型}$$

例如，NaCl 和 CuCl，阴离子相同，阳离子的半径大小差不多，$r(Na^+)=95$ pm，$r(Cu^+)=96$ pm，但 Na^+ 为 8 电子构型，Cu^+ 为 18 电子构型，这就导致了两者性质的显著差异，NaCl 易溶于水，而 CuCl 难溶于水。

11.2　共价键与分子结构

离子键理论较好地说明了离子型化合物的形成和特点，但共价型的化合物是物质世界中更多、存在更为广泛的一类物质，这类物质分子的形成和性质必须用共价键理论加以解释。

早在 1916 年，美国化学家路易斯为了解释非金属单质分子能稳定存在的原因，考察了各种分子及稀有气体的电子结构，在此基础上，假设电子有成对的倾向，提出了元素原子通过共用电子对达到稀有气体稳定结构而形成分子的八偶规则。这种两个原子通过共用电子对的形式相互结合形成的化学键称为共价键。路易斯的经典共价键理论能够说明一些简单小分子的形成，如 H_2、O_2 等，但更多的分子不遵循八偶规则，它对共价键的本质也不能加以说明。随着量子力学的发展，1927 年，德国化学家海特勒(W. Heitler)和伦敦(F. London)将量子力学用于处理 H_2 分子的结构，才阐明了共价键的本质。后来，鲍林等发展了这一成果，建立了现代价键理论(valence bond theory，简称 VB 法)，较好地说明了共价型分子的形成和结构。

11.2.1　价键理论

1. 氢分子的形成和共价键的本质

海特勒和伦敦在用量子理论处理氢分子的形成时，认为当两个氢原子相距很远时，彼此孤立存在，而一旦两个原子相互靠近，原子间就要产生相互作用，发生原子轨道的重叠。运用量

子力学理论可以建立描述两个电子运动状态的薛定谔方程，近似求解 H_2 分子的薛定谔方程得到描述两个电子运动状态的波函数和能量方程，由波函数可以了解电子云密度的分布，由能量方程可以了解体系的能量状态变化。处理的结果，得到了 H_2 分子形成的两种状态。

当两个氢原子的 1s 电子自旋状态相同时，原子相互靠近，发生原子轨道的重叠，但由于自旋状态相同时电子产生相互排斥作用，两个原子核间的电子云密度减小，如图 11-1(b)所示，体系的能量随着两个氢原子核间距离 R 的减小而逐渐升高，并且始终高于两个孤立存在的氢原子能量之和，如图 11-2 中的曲线Ⅰ，因此，这种状态下两个氢原子不能形成共价键，也不可能形成稳定的氢分子，该状态称为 H_2 分子的排斥态(或推斥态)。当两个氢原子的 1s 电子自旋状态相反时，原子相互靠近，发生原子轨道的重叠，电子云密集在两个原子核之间，如图 11-1(a)，从而将两个氢原子连接在一起，其能量变化曲线如图 11-2 中的曲线Ⅱ所示。由曲线Ⅱ可见，随着两个氢原子的靠近，核间距 R 逐渐减小，体系的能量不断降低，达到平衡距离 R_0＝87 pm(实验值为 R_0＝74 pm)时，体系的能量达到最低，当超过平衡距离 R_0 后，原子继续靠近时，由于原子核间的斥力增强，体系的能量会陡然升高，并可能高过孤立存在的两个氢原子的能量之和，因此，在平衡距离 R_0 处，两个氢原子形成了共价键，组成了稳定的氢分子，这种状态称为 H_2 分子的基态。由氢分子的形成过程可见，在分子中也必须是自旋状态相反的两个电子才能占据同一个轨道空间，这正好与泡利不相容原理是相符合的。

(a) 基态　　　　(b) 排斥态

图 11-1　H_2 分子的两种状态

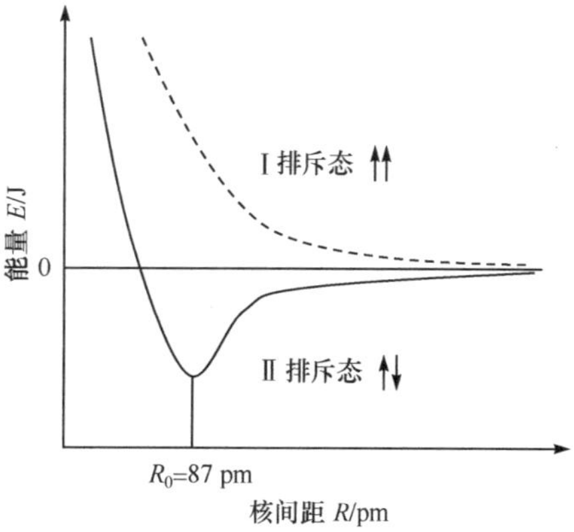

图 11-2　H_2 的能量与核间距的关系曲线

量子化学对氢分子形成过程的解释揭示了共价键的本质，即共价键是电性的，是自旋状态相反的两个成单电子密集在两核之间，将带正电荷的两个原子核吸引到一起形成的化学键。但这种电性作用不能用经典的静电理论来解释，它是通过量子力学用原子轨道的线性组合，即原子轨道的重叠来说明的。

2. 价键理论的基本要点

斯莱特(J. C. Slater)和鲍林将海特勒和伦敦用量子力学处理 H_2 分子的结果加以推广和发展，建立了现代价键理论(VB 法)，也称为电子配对法。该理论的基本要点主要有以下 3 点。

(1) 形成共价键时，仅成键原子的外层轨道及其中的电子参加作用。

(2) 原子相互接近时，外层能量相近、且含有自旋相反的未成对电子的轨道发生重叠，核间电子概率密度增大，系统能量降低，形成共价键。所以共价键的本质是原子轨道的重叠。

由于每种元素的原子所能提供的成键轨道的数目以及所能提供的未成对电子数目是确定的，所以原子能够形成共价键的数目也是确定的，即共价键具有饱和性。

(3) 原子轨道的重叠要遵循最大重叠原理。即为了有效地形成共价键，在成键时，两个原子轨道必须尽可能多地重叠。原子轨道重叠得越多，核间电子云密度就越大，体系能量越低，形成的共价键越稳定。

只有原子轨道符号相同部分重叠，才能有效成键。除了 s 轨道呈球形对称外，其余原子轨道都具有一定的空间伸展方向，只有在某个特定的方向才能实现原子轨道的最大重叠，所以共价键具有方向性。原子轨道总是尽可能地沿着轨道伸展的轴线方向相互重叠，才能满足最大重叠原理，图 11-3 是 s 与 p 轨道重叠的三种方式，只有图 11-3(c)中，s 和 p_x 轨道才能发生最大重叠形成稳定的共价键。

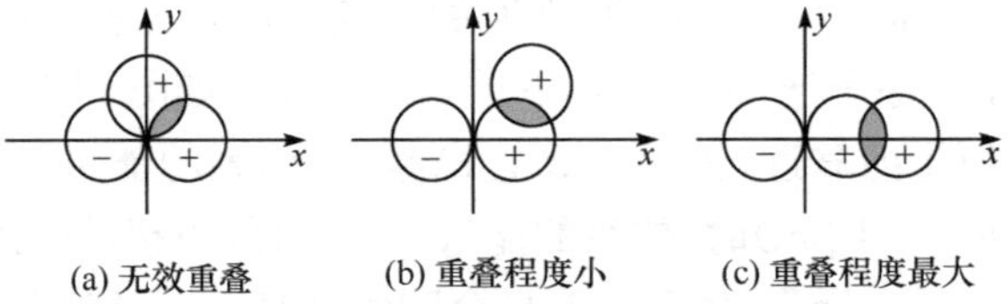

图 11-3　s 和 p_x 轨道的三种重叠方式

11.2.2　共价键的类型和键参数

1. 共价键的类型

根据原子轨道重叠方式不同，共价键可分为不同的类型。当两个原子轨道沿着键轴相互靠近发生轨道重叠形成的对键轴成圆柱形对称的共价键称为 σ 键，形象地将 σ 键的形成称为原子轨道沿键轴发生“头碰头”的重叠。如图 11-4，s-s、s-p_x、p_x-p_x 轨道间都是沿键轴方向发生原子轨道“头碰头”的重叠形成 σ 键。σ 键重叠程度较大，键能高，稳定性好。由于 σ 键针对键轴呈圆柱形的对称，所以成键的两原子绕着键轴可以任意相对旋转，而 σ 键不会被破坏，这正是以 σ 键结合的物质常有不同构象的原因。这种现象在有机物的立体化学中是很常见的，如环己烷有船式构象和椅式构象。

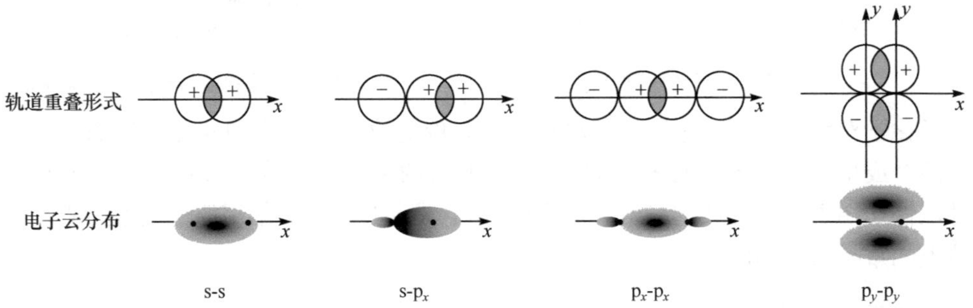

图 11-4　形成 σ 键和 π 键的轨道重叠形式

当两个原子轨道沿着键轴相互靠近发生原子轨道重叠成键时，若通过键轴有一个电子云密度为零的结面，这种共价键称为 π 键。π 键的形成可形象地描述为原子轨道沿着键轴产生“肩并肩”的重叠。如图 11-4，p_y-p_y、p_z-p_z 之间相互重叠形成的是 π 键。π 键重叠程度较小，键能低于 σ 键，稳定性较差。一般含有 π 键的物质化学性质活泼，容易参加化学反应。另外，由于 π 键针对键轴反对称，所以形成 π 键的两原子不能相对自由旋转，否则 π 键将被破坏。

根据 σ 键和 π 键的形成，分子中的共价单键必为 σ 键，π 键不能单独存在，只能和 σ 键一起存在，即共价双键中，一个是 σ 键、一个是 π 键，共价叁键中一个是 σ 键，另外两个是 π 键。如 N_2 分子的形成，两个 N 原子的 $2p_x$ 轨道之间相互“头碰头”的重叠形成一个 σ 键；$2p_y$ 与 $2p_y$、$2p_z$ 与 $2p_z$ 之间相互“肩并肩”重叠形成两个 π 键，三个共价键彼此垂直。

σ 键和 π 键只是共价键中最简单的两种类型，除此之外，还存在多种共价键类型，如在有机化合物中还经常碰到离域 π 键。所谓离域 π 键，也称大 π 键，是由于分子中多个原子有相互平行的 p 轨道时，各 p 轨道依次重叠，构成一个整体，p 电子不再局限于某两个原子间，而是在多个原子间运动而形成的一类化学键，常用 π_n^m 来表示，其中，n 为提供 p 轨道的原子数，m 为离域电子数，如在苯中形成的离域 π 键为 π_6^6、在 O_3 中有 π_3^4 等。另外，还有 d-p 大 π 键、δ 键等。

2. 键参数

表征化学键性质的物理量称为键参数，常见的键参数有键能、键长、键角等，这些键参数在理论上可以由量子力学算出，也可以通过实验直接或间接测出。

(1) 键能　断开化学键所需要的能量称为键能，用 E 表示。在标准压力 100 kPa、298.15 K 条件下，将 1 mol 理想气体分子中某一化学键断开为气态原子时所需要的能量称为键离解能，用 D 表示。双原子分子的键离解能就是其键能，三个或三个以上的多原子分子，键能是指分子中同种类型共价键离解能的平均值。例如，H_2 分子中，键能和键离解能相等。

$$H_2(g) \longrightarrow 2H(g) \qquad E_{H-H}=D_{H-H}=436\ kJ \cdot mol^{-1}$$

NH_3 分子中 N—H 键的键离解能和键能分别为

$$NH_3(g) \longrightarrow NH_2(g)+H(g) \qquad D_1=435.1\ kJ \cdot mol^{-1}$$

$$NH_2(g) \longrightarrow NH(g)+H(g) \qquad D_2=397.5\ kJ \cdot mol^{-1}$$

$$NH(g) \longrightarrow N(g)+H(g) \qquad D_3=338.9\ kJ \cdot mol^{-1}$$

N—H 键的键能为

$$E_{N-H}=\frac{D_1+D_2+D_3}{3}=390.5\ kJ \cdot mol^{-1}$$

键能的大小反映了共价键的稳定性。键能越大，说明破坏该键需要的能量越多，键越牢固，相应的分子越稳定。化学反应的实质往往是化学键的改组，化学反应的热效应本质上就来源于化学键改组时，键能的变化。因此，键能是表征共价键强弱的重要物理量，常见共价键的键能列于表 11-2。

表 11-2　常见共价键的键能 E(kJ · mol^{-1})

键能		H	F	Cl	Br	I	O	S	N	P	C	Si
单键	H	436										
	F	565	155									
	Cl	431	252	243								
	Br	368	239	218	193							
	I	297	—	209	180	151						
	O	465	184	205	—	201	138					
	S	364	340	272	214	—	—	264				
	N	389	272	201	243	201	201	247	159			
	P	318	490	318	272	214	352	230	300	214		
	C	415	486	327	276	239	343	289	293	264	331	
	Si	320	540	360	289	214	368	226	—	214	281	197

键能								
双键	C═C	620	C═N	615	C═O	798	C═S	578
	O═O	498	N═N	419	S═O	420	S═S	423
叁键	C≡C	812	N≡N	945	C≡N	879	C≡O	1072

(2) 键长　成键两原子核间的平衡距离称为键长。键长对确定分子的几何构型以及键的强弱有重要的影响，通常键长越长，共价键越弱，形成的分子越活泼；键长越短，共价键越牢固，形成的分子越稳定。常见共价键的键长列于表 11-3。共价键的键长主要取决于成键两原子的性质，同种共价键在不同的分子中键长是很接近的，即键长有一定的守恒性。例如，C—C 单键在金刚石中键长为 154.2 pm，在乙烷中为 154 pm。

表 11-3　一些双原子分子的键长(pm)

分子	键长	分子	键长
F_2	142	HCl	127
Cl_2	199	HBr	141
Br_2	228	HI	161
I_2	267	H_2	74
ClF	163	N_2	110
BrF	176	O_2	120.7
BrCl	214	NO	115.1
ICl	232	CO	112.8
HF	92		

(3) 键角　分子中相邻两个共价键键轴之间的夹角称为键角。键角反映了分子的空间构型。例如，实验测得 H_2O 分子中，两个 O—H 键之间的夹角为 104°45′，由此可说明水分子是 V 形结构而不是直线形。另外，键角对多原子分子的极性也有重要影响。

(4) 键的极性　如果形成共价键的两个原子是完全相同的，它们对电子的吸引能力相同，成键电子对处于两原子核的正中间，整个共价键的正负电荷重心是重合的，这种共价键是非极性共价键，如 H_2、Cl_2、N_2 等同核双原子分子中的共价键为非极性共价键。如果形成共价键的两个原子是不同的，两原子的电负性不同，它们对共用电子对的吸引能力不同，成键电子对要偏向电负性大的原子使其带上部分负电荷，偏离电负性小的原子使其带部分正电荷，共价键中正负电荷重心不重合，这种共价键称为极性共价键，如 HCl、HF 等分子中的共价键。显然，极性共价键的极性大小是由成键两原子电负性的差值决定的，电负性的差值越大，成键电子对的偏移越大，键的极性就越强，如果成键的两原子电负性相差很大，共用电子对强烈的偏移以至于完全转移到电负性大的原子上，就形成了离子键。所以离子键可以看做极性最强的键。

11.2.3　杂化轨道理论

价键理论阐明了共价键的形成和本质，但它在说明分子的空间构型时却遇到了困难。例如，甲烷(CH_4)的空间构型为正四面体，键角为 109°28′，但用价键理论是不能解释的。C 原子的电子排布为 $1s^22s^22p^2$，价电子层中只有 2p 轨道中的两个电子是成单电子，根据价键理论，C 就只能形成两个共价键，且键角应为 90°，这显然与实验事实不符。为了说明多原子分子的空间构型，在价键理论的基础上，鲍林根据电子具有波动性，波可以叠加的观点，提出了杂化轨道理论。

1. 杂化轨道理论的基本要点

(1) 原子在形成分子的过程中，在周围原子的影响下，其能量相近的不同类型的原子轨道可以相互混合，重新线性组合得到一组新的原子轨道。这种原子轨道的重新组合过程称为原子轨道的杂化，简称杂化，杂化后的原子轨道称为杂化轨道。

(2) 原子轨道在杂化过程中，轨道数目保持不变。例如，1 个 ns 轨道和 2 个 np 轨道形成 3 个 sp^2 杂化轨道。

(3) 杂化轨道在空间的伸展和分布情况要发生改变，其电子云分布较原轨道更集中，更突出，成键能力增强了。在与其他原子成键时，杂化轨道更易成键，重叠程度更高，形成的分子更加稳定。sp 杂化轨道的分布如图 11-5 所示。

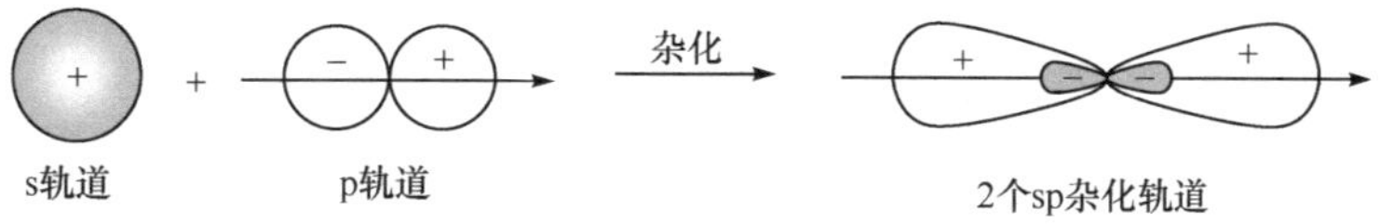

图 11-5　sp 杂化轨道形成示意图

(4) 为了使轨道间的排斥作用力最小，体系能量最低，杂化轨道要尽量远离，使杂化轨道间的夹角最大，因而杂化轨道在空间是有规则排列的。

根据最大重叠原理，具有一定空间伸展方向的杂化轨道与其他原子轨道沿键轴方向重叠形成 σ 键。例如，由 1 个 ns 轨道和 1 个 np 轨道形成的 2 个 sp 杂化轨道在空间呈直线形排布，夹角为 180°，形成直线形分子。因此，由杂化轨道类型可以推断分子的空间构型。

(5) 杂化轨道有等性杂化和不等性杂化之分，如果各杂化轨道所包含的参与杂化的原子轨道的成分是相同，称为等性杂化；若杂化轨道中有部分轨道被孤对电子占有，称为不等性杂化。以不等性杂化成键的共价分子，其空间构型由杂化轨道的类型和形成的 σ 键数共同决定。

2. 杂化轨道类型与分子构型

分子的几何构型主要取决于分子中 σ 键，杂化轨道形成的都是 σ 键，因此，只要知道了原子的杂化轨道类型，就能够判断简单分子的几何构型。

(1) sp 杂化　1 个 ns 轨道和 1 个 np 轨道杂化，形成 2 个 sp 杂化轨道，每个杂化轨道含有 1/2s 轨道成分和 1/2p 轨道成分。两个杂化轨道为了满足排斥力最小，要尽量远离，呈直线形分布，轨道夹角为 180°。若 2 个杂化轨道均形成 σ 键，分子为直线形。例如，$BeCl_2$ 分子的形成，中心原子 Be 的 2s 轨道中的一个电子被激发到能量相近的 2p 轨道上，含有一个电子的 2s 轨道与含有一个电子的 2p 轨道杂化，形成两个等性的 sp 杂化轨道，它们分别与两个 Cl 原子的 p_x 轨道重叠形成两个 σ 键，所以 $BeCl_2$ 为直线形分子，键角为 180°。$BeCl_2$ 分子的形成过程如图 11-6 所示，与 $BeCl_2$ 类似的还有 BeH_2、$HgCl_2$、CO_2、HCN 等分子。

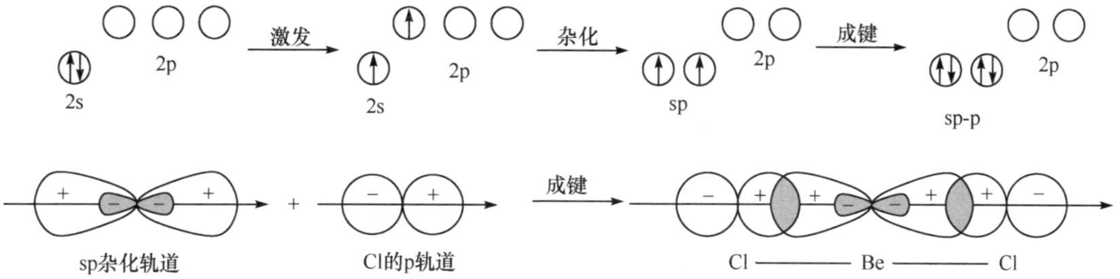

图 11-6　$BeCl_2$ 分子的形成

(2) sp^2 杂化　1 个 ns 轨道和 2 个 np 轨道杂化，形成 3 个 sp^2 杂化轨道，每个杂化轨道含有 1/3s 轨道成分和 2/3p 轨道成分(图 11-7)。3 个杂化轨道沿平面正三角形的三个顶点分布，如图 11-8(a)所示。若 3 个 sp^2 杂化轨道均形成 σ 键，形成的分子空间构型为平面正三角形。例如，BF_3 分子的形成，B 原子的 1 个 2s 电子激发到 2p 空轨道上，变成 $1s^2 2s^1 2p_x^1 2p_y^1$ 的排布，2s 轨道和 2 个 2p 轨道进行杂化，形成 3 个 sp^2 杂化轨道，其形成过程如图 11-7 所示。3 个 sp^2 杂化轨道再与 F 原子的单电子 2p 轨道重叠成键，形成分子，BF_3 分子的空间几何构型为平面正三角形，键角为 120°，如图 11-8(b)所示。与 BF_3 分子类似的还有 BBr_3、HCHO、$COCl_2$、NO_3^-、CO_3^{2-} 等分子或离子。

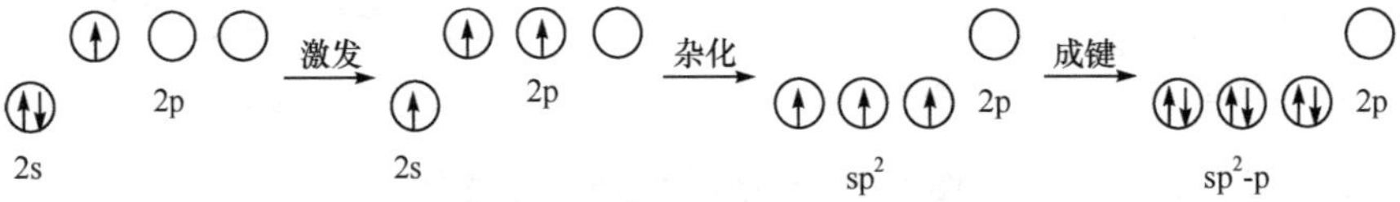

图 11-7　sp^2 杂化轨道的形成

(3) sp^3 杂化　1 个 ns 轨道和 3 个 np 轨道杂化，形成 4 个 sp^3 杂化轨道，每个杂化轨道含有 1/4s 轨道成分和 3/4p 轨道成分。4 个 sp^3 杂化轨道沿正四面体的四个顶点分布，如图 11-9(a)所示。若 4 个 sp^3 杂化轨道均形成 σ 键，形成的分子空间构型为正四面体形。例如，CH_4 分子的形成，C 原子的 1 个 2s 电子激发到空的 2p 轨道上，变成 $1s^2 2s^1 2p_x^1 2p_y^1 2p_z^1$ 的排布，2s 轨道和 3 个 2p 轨道杂化形成 4 个 sp^3 杂化轨道，其形成过程如图 11-10 所示。4 个 sp^3 杂化轨道分别与 H 原子含单电子的 1s 轨道重叠成键，形成 CH_4 分子。所以 CH_4 分子是正四面体形，键角为 109°28′，如图 11-9(b)所示。与 CH_4 分子类似的还有 CCl_4、SO_4^{2-}、ClO_4^-、PO_4^{3-} 等分子或离子。

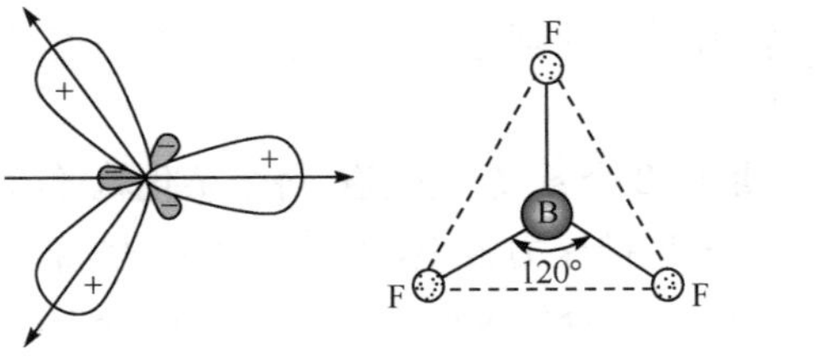

(a) sp^2空间排列　(b) BF_3空间构型

图 11-8　BF_3 的杂化轨道及分子空间构型

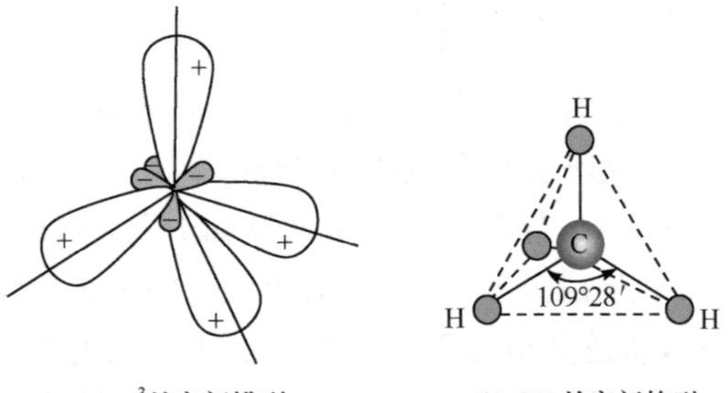

(a) sp^3的空间排列　(b) CH_4的空间构型

图 11-9　sp^3 杂化轨道及 CH_4 的空间构型

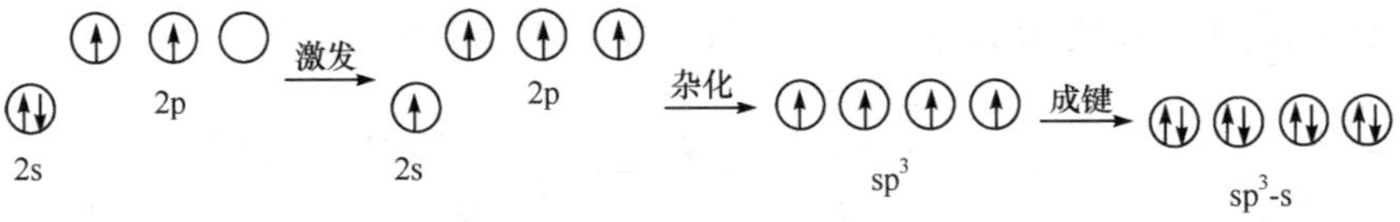

图 11-10　sp^3 杂化轨道的形成

(4) sp^3 不等性杂化　前面讨论的三种 s 与 p 轨道的杂化中，组合成的杂化轨道是完全相同的，这种杂化称为等性杂化。具有孤对电子的原子轨道也可以参与杂化，形成组成成分不同的杂化轨道，称为不等性杂化，如 NH_3 分子和 H_2O 分子的形成。

NH_3 分子的中心原子 N 原子的外层电子组态为 $2s^2 2p_x^1 2p_y^1 2p_z^1$，2s 轨道填有 2 个电子，在成键过程中，1 个 2s 轨道和 3 个 2p 轨道杂化形成 4 个 sp^3 杂化轨道，4 个 sp^3 杂化轨道为了满足排斥力最小，尽量远离，仍然沿四面体的四个顶点分布。但这 4 个杂化轨道共有 5 个电子，必然有一个杂化轨道中的电子是成对的，它不能参与成键，称为孤对电子，该杂化轨道显然更多的来自于 2s 轨道，其 s 成分必然大于 1/4s，而 p 轨道成分小于 3/4p，另三个杂化轨道各有一个未成对电子，其 s 成分必然小于 1/4s，p 轨道成分大于 3/4p。可见，孤对电子的存在是造成不等性杂化的根本原因。具有成单电子的 3 个 sp^3 杂化轨道分别与 H 原子的 1s 轨道重叠成键形成 NH_3 分子。4 个杂化轨道在空间的分布不再是正四面体，因为孤对电子只受中心原子 N 的吸引，所受吸引力比成键电子对要小一些，其电子云占据的空间较大，对周围的 3 对成键电子对的静电排斥作用力大，使成键电子对被挤压而相互靠近，因此，NH_3 分子中 N—H 键的键角比 CH_4 中 C—H 键的键角要小些，为 107°18′，NH_3 分子的空间构型为三角锥形(图 11-11)。

与 NH_3 分子相似，H_2O 分子中 O 原子外层电子组态为 $2s^2 2p_x^2 2p_y^1 2p_z^1$，其中，2s 和 1 个 2p 轨道填了 2 个电子，1 个 2s 轨道和 3 个 2p 轨道形成 4 个 sp^3 杂化轨道，其中 2 个杂化轨道填有孤对电子，是不等性杂化，杂化轨道的空间构型为四面体形。但 H_2O 分子中的 H—O 键由于受到两对孤对电子的排斥作用，更加靠近，H—O 键的键角比 NH_3 分子中 N—H 键的键角更小，只有 104°45′，H_2O 分子的空间构型为 V 形(图 11-12)。

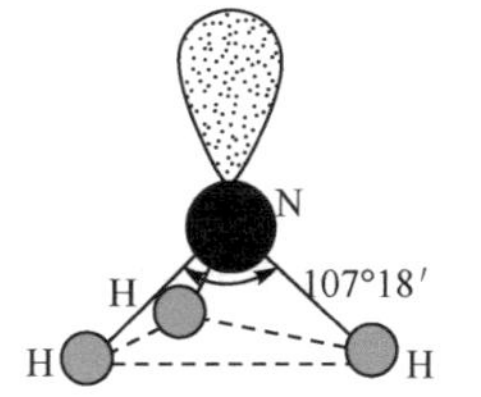

图 11-11　NH_3 的空间构型

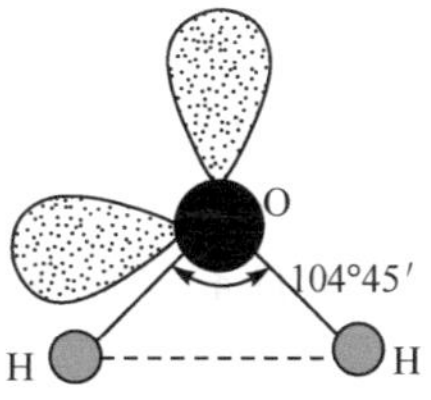

图 11-12　H_2O 的空间构型

杂化轨道理论较好地解释了简单分子的形成及其几何构型，但杂化轨道理论是根据量子力学和轨道叠加、组合的方法来处理分子结构的一种数学手段，是讨论共价键的一种理论方法。虽然在上述讨论杂化轨道的形成过程中，提出了电子激发和轨道杂化的概念，但在实际形成分子时，并没有激发与杂化的分段的物理过程。

在判断简单分子的空间构型时，可以根据中心原子价电子构型及其形成的 σ 键的情况预测杂化轨道的类型。例如，$COCl_2$ 分子，C 为中心原子，形成了 3 个 σ 键，由此可判定，C 原子是以 sp^2 杂化形成的平面三角形的分子。但对于价电子数比杂化轨道多的原子，利用杂化轨道理论判断分子几何构型时往往比较麻烦，而用价层电子对互斥理论来推断分子构型更为方便。

11.2.4　价层电子对互斥理论

英国化学家西奇威克(N. V. Sidgwick)于 1940 年首先提出了价层电子对互斥理论(简称 VSEPR 法)，20 世纪 60 年代初吉里斯必(R. J. Gillespie)和尼荷姆(R. S. Ngholm)将其加以完善和发展。价层电子对互斥理论的建立基础是静电学原理和大量分子几何构型事实，该理论不考虑原子轨道的概念，仅仅依据能量最低原理来确定分子空间构型，是一种简单而实用的方法。价层电子对互斥理论的基本要点有以下几点。

(1) AB_n 型共价分子的几何构型主要由中心原子 A 的价层电子对的相互排斥作用所决定。

(2) 为使价电子对间排斥力最小，各电子对要尽可能远离，这将使价电子对尽量等距离地排布在同一球面上，形成规则的多面体构型。各种价电子对数的空间构型列于表 11-4。

(3) 中心原子 A 的价层电子对可能既有成键电子对(bp)，也有孤对电子(lp)，由于孤对电子只受中心原子的吸引，电子云的分布比成键电子对要肥大一些，它对相邻电子对的排斥作用也要大些。因此，价层电子对间的排斥作用力的大小是不同的，其顺序是

$$\text{lp}\sim\text{lp}>\text{lp}\sim\text{bp}>\text{bp}\sim\text{bp}$$

(4) 当分子中有重键(双键或叁键)存在时，可将其视为一对成键电子对，但由于重键比单键所含的电子数多，占据的空间大，因而其排斥作用也较大，各共价键之间的排斥力顺序是叁键-叁键＞叁键-双键＞双键-双键＞双键-单键＞单键-单键。这种多重键的存在，将影响分子结构，使其偏离规则的几何构型，如 $COCl_2$ 分子不再是平面正三角形，而只是平面三角形，∠ClCO＝124.3°，大于∠ClCCl＝111.4°，如图 11-13 所示。

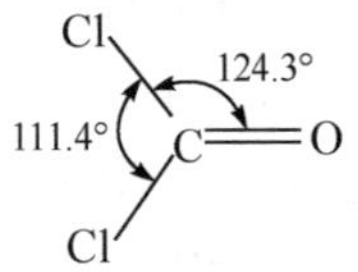

图 11-13　$COCl_2$ 分子的键角

(5) 如果中心原子 A 的价层电子总数为奇数时，其中的单电子也当作是一对电子处理。作为配位原子，1 个原子只提供 1 个成键电子，但氧族元素原子作为配位原子时，视为不提供电子。如果是离子，计算价层电子总数时，还要考虑其电荷数，如果是阳离子，应先减去离子所带的电荷数；如果是阴离子，则要加上离子所带的电荷数。价层电子对的计算公式为

$$\text{中心原子价层电子对数}=\frac{\text{中心原子价电子数}+\text{配位原子提供的成键电子数}\pm\text{离子电荷数}}{2} \tag{11-2}$$

表 11-4　AB_n 型分子中心原子 A 价层电子对的排列方式

A的电子对数	成键电子对数	孤对电子数	价层电子对的几何构型	中心原子A价层电子对的排列方式	分子的几何构型	分子的几何构型实例
2	2	0	直线形	：—— A ——：	直线形	BeH_2　$HgCl_2$　CO_2　CS_2
3	3	0	平面三角形	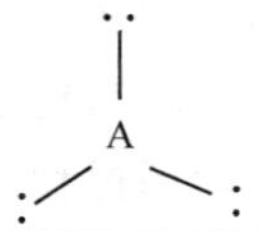	平面三角形	BF_3　BCl_3　SO_3　BH_3　CO_3^{2-}　NO_3^-
	2	1	三角形	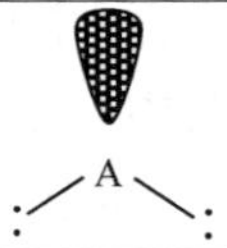	V 形(弯曲形)	$SnBr_2$　TeO_2　O_3　NO_2　SO_2　$PbCl_2$　NO_2^-
4	4	0	四面体	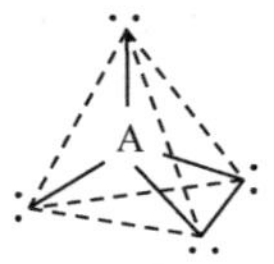	四面体	CH_4　CCl_4　$SiCl_4$　NH_4^+　PO_4^{3-}　SO_4^{2-}
	3	1	四面体	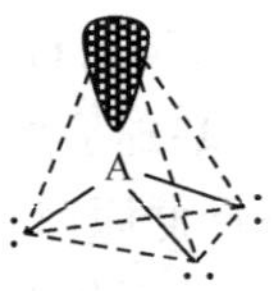	三角锥	NH_3　PH_3　P_4　PI_3　H_3O^+　SO_3^{2-}
	2	2	四面体	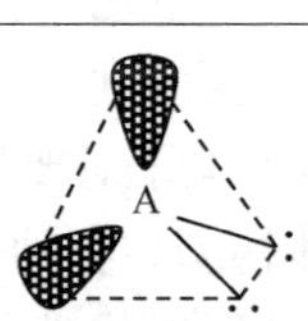	V 形(弯曲形)	N_2O　H_2S　OF_2　SCl_2　ClO_2^-　Ag_2S

续表

A 的电子对数	成键电子对数	孤对电子数	价层电子对的几何构型	中心原子 A 价层电子对的排列方式	分子的几何构型	分子的几何构型实例
5	5	0	三角双锥	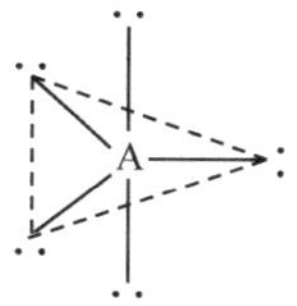	三角双锥	PCl_5 $SbCl_5$ PBr_5 PF_5
	3	2	三角双锥	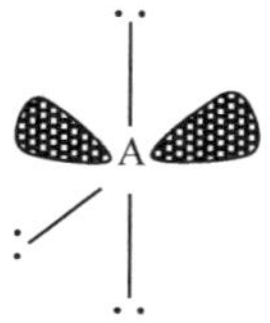	T 形	ClF_3 ICl_3 BrF_3
6	6	0	八面体	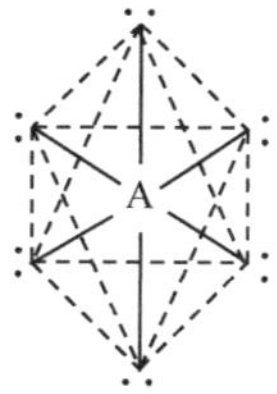	八面体	SF_6 SiF_6^{2-} AlF_6^{3-}
	1	5	八面体	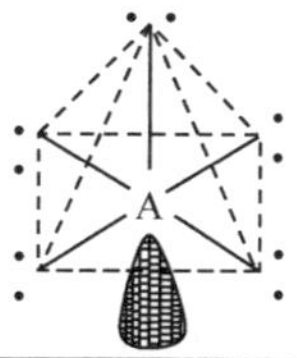	四角锥	IF_5 BrF_5 $XeOF_4$
	4	2	八面体	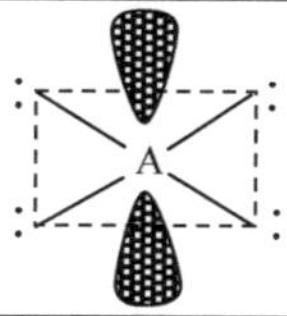	平面正方形	ICl_4^- XeF_4

在利用价层电子对互斥理论(VSEPR 法)判断分子空间构型时,首先要根据式(11-2)算出中心原子 A 的价层电子对数,然后确定成键电子对和孤对电子数,成键电子对数等于配位原子数,最后根据价层电子对的空间排布进行比较,由能量最低原理,确定分子的空间构型。

【例 11-1】 利用 VSEPR 法判断 CH_4、H_2O、NH_4^+、NO_3^- 的空间构型。

解

分子或离子	价层电子对数	成键电子对数	孤对电子数	分子几何构型
CH_4	$\frac{4+4}{2}=4$	4	0	正四面体
H_2O	$\frac{6+2}{2}=4$	2	2	V 形
NH_4^+	$\frac{5+4-1}{2}=4$	4	0	正四面体
NO_3^-	$\frac{5+0+1}{2}=3$	3	0	平面三角形

11.2.5　分子轨道理论

价层电子对互斥理论只能对分子的空间构型作定性的描述,对共价键的形成及其性质不能说明。杂化轨道理论和价键理论把成键电子只局限在相邻两原子之间的小区域内运动，没有考虑分子的整体性。它们对分子的磁性，分子中含有未成对电子等无法解释。1932 年，洪德(F. Hund)和密立根(R. A. Miliken)提出了分子轨道理论(简称 MO 法)，把分子作为一个整体来处理，比较全面地反映了分子内部电子的各种运动状态，因而成功的解释了很多分子的结构和分子的性质问题。

1. 分子轨道理论的基本要点

(1) 分子中的每个电子都是在所有原子核和其余电子所组成的平均势场中运动，每个电子的运动状态可用一个波函数 ψ 来描述，这时的波函数 ψ 称为分子轨道函数，简称为分子轨道。与原子轨道一样，分子轨道的平方($|\psi|^2$)表示了电子在分子空间各处出现的概率密度，原子在形成分子后，电子就不再属于某个原子轨道，而是在一定的分子轨道中围绕整个分子运动。

(2) 分子轨道是由原子轨道线性组合得到的。组合成分子轨道后，轨道数目不变。每个分子轨道都具有特定的能量，其中，比原来的原子轨道能量低的分子轨道称为成键分子轨道，比原来的原子轨道能量高的分子轨道称为反键轨道，成键轨道能量的降低与反键轨道能量的升高在数值上是相等的。

$\psi_{\mathrm{I}}=\psi_a+\psi_b$　　成键分子轨道

$\psi_{\mathrm{II}}=\psi_a-\psi_b$　　反键分子轨道

(3) 原子轨道在组合成分子轨道时必须要满足能量相近、最大重叠和对称性匹配三原则。

对称性匹配原则也称对称性一致原则，是指原子轨道对同一对称要素如键轴具有相同的对称性。图 11-14 中(a)为对称性匹配，(b)对称性不匹配。对称性匹配的原子轨道才能组合成分子轨道。

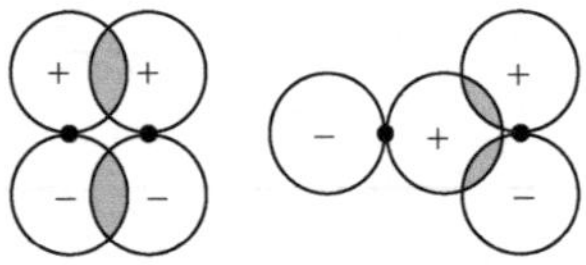

(a) 对称性匹配　(b) 对称性不匹配

图 11-14　原子轨道的对称性

能量相近原则是指能量相差不大的原子轨道才能有效地组合成分子轨道，能量相差越近，组合效率越高。

最大重叠原则是指组成分子轨道的两个原子轨道的重叠程度在尽可能的情况下越大越好。原子轨道的重叠程度越大，成键分子轨道的能量越低，形成的化学键越牢固。

三个原则中，对称性匹配是一个决定性的条件，它决定了两个原子轨道能否组合成分子轨道的问题，只有对称性一致的原子轨道才能组合成分子轨道，否则，就不能形成分子轨道。而能量相近和最大重叠原则主要影响成键效率、影响形成的共价键的强弱。

(4) 电子在分子轨道中的填充遵循能量最低原理、泡利不相容原理和洪德规则。

2. 分子轨道的类型

由于原子轨道的重叠形式不同，可形成不同类型的分子轨道。原子轨道沿着键轴方向发生“头碰头”的重叠形成的分子轨道称为 σ 轨道，其中能量降低的称为成键轨道，用 σ 表示；能量升高的称为反键轨道，用 σ^* 表示，如 s-s、s-p_x 和 p_x-p_x 轨道的线性组合。参加组合的原子轨道标注在 σ 或 σ^* 的右下角。例如，两个 1s 轨道组合成 1 个 σ_{1s}成键轨道，1 个 σ_{1s}^*反键轨道，如图 11-15 所示。

填充在 σ 轨道上的电子称为成键 σ 电子，填充在 σ^* 轨道上的电子称为反键 σ 电子，并统

称为 σ 电子。当成键轨道上的电子总数多于反键轨道上的电子总数时，体系的能量降低，形成了共价键，称为 σ 键，得到了稳定的分子；如成键轨道和反键轨道中的电子总数正好相等，能量的升高和降低相互抵消，两原子就不能成键。因此，可能有单电子 σ 键、双电子 σ 键、3 电子 σ 键，但无 4 电子 σ 键。

原子轨道沿着键轴方向发生"肩并肩"的重叠所形成的分子轨道称为 π 轨道，能量降低的成键轨道用 π 表示，能量升高的反键轨道用 π^* 表示。例如，p_y-p_y、p_z-p_z 等原子轨道的重叠，如图 11-16 所示。填充在 π 轨道上的电子称为成键 π 电子，填充在 π^* 轨道上的电子称为反键 π 电子，成键 π 轨道上的电子总数多于反键 π^* 轨道上的电子数时，形成了共价键，称为 π 键。同样有单电子、双电子或 3 电子 π 键，而无 4 电子 π 键。

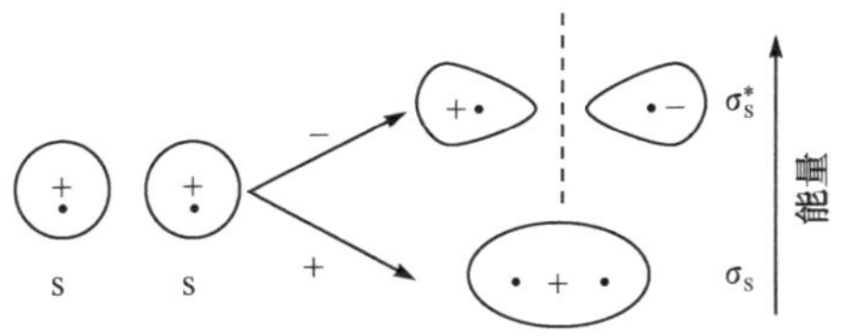

图 11-15　s 轨道组合成 σ_s 分子轨道示意图

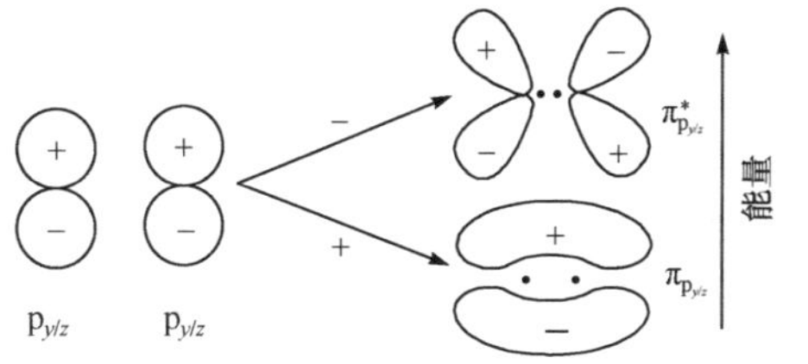

图 11-16　π 分子轨道形成示意图

3. 分子轨道的能级

电子在分子轨道中的填充遵循电子填充三原理，仍然要按照分子轨道的能量高低依次填充，所以要对分子中的电子进行排布，就必须清楚各分子轨道的能量高低。分子轨道是由原子轨道线性组合得到的，因此分子轨道的能量很大程度上取决于组成它的原子轨道的能量。综合原子轨道的能级顺序及分子光谱的实验事实，得到了第一、第二周期同核双原子分子的分子轨道近似能级图，如图 11-17 所示。

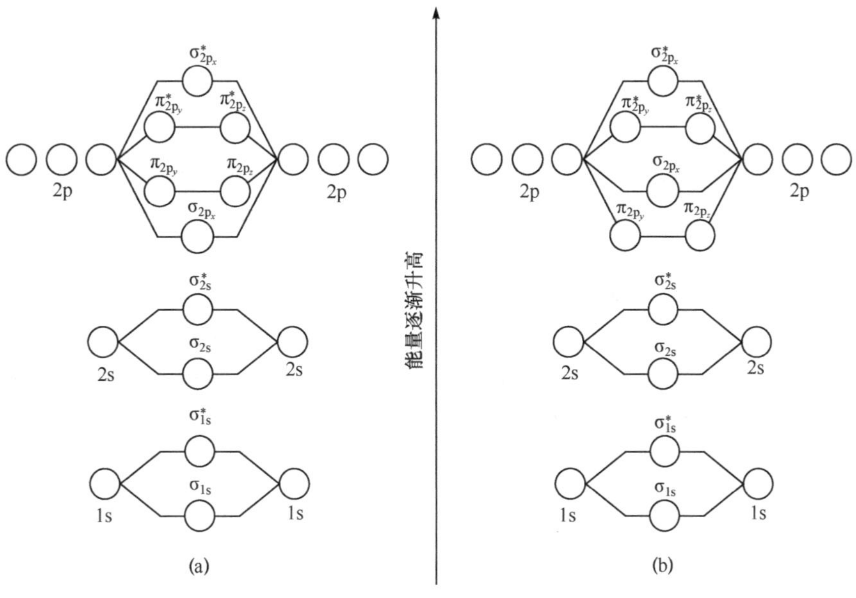

图 11-17　同核双原子分子的分子轨道能级图

由图 11-17 可见，第一、第二周期同核双原子分子存在两种不同的能级顺序。这是由能量相近原则所决定的。在同核双原子分子中，1s 和 2s 轨道能量相差较大，不能组合成分子轨道，两个 1s 轨道组合成的 σ_{1s}和 σ_{1s}^*能量最低，其次是 2s 组合成的 σ_{2s}和 σ_{2s}^*轨道，2p 轨道相互间组合成了三对分子轨道。2s 和 $2p_x$ 的对称性是一致的，其能否发生原子轨道的重叠取决于 2s 和 $2p_x$ 轨道的能量差。当 2s 和 $2p_x$ 轨道能量相差大于 15 eV 时，两者不会发生轨道重叠，称为无 s-p 混杂。在 2p 轨道组合成的分子轨道中，$2p_x$ 与 $2p_x$ 组合成的 σ_{2p_x} 由于轨道重叠程度大，因而能量低于 π_{2p_y} 和 π_{2p_z} 轨道，相反 $\sigma_{2p_x}^*$ 的能量高于 $\pi_{2p_y}^*$ 和 $\pi_{2p_z}^*$，从而得到了第一种分子轨道能级顺序，如图 11-17(a)所示。O_2 和 F_2 分子就属于这种能级顺序。

$$E: \sigma_{1s}<\sigma_{1s}^*<\sigma_{2s}<\sigma_{2s}^*<\sigma_{2p_x}<\pi_{2p_y}=\pi_{2p_z}<\pi_{2p_y}^*=\pi_{2p_z}^*<\sigma_{2p_x}^*$$

但 N、C、B 等原子中，2s 和 $2p_x$ 轨道能量差只有 10 eV 左右，当 2s 和 $2p_x$ 轨道能量相差小于 15 eV 时，2s 和 $2p_x$ 轨道会产生相互作用，称为发生了 s-p 混杂。结果使 σ_{2s}的能量下降，σ_{2p_x} 的能量升高，高于 π_{2p_y} 和 π_{2p_z} 的能量，$\sigma_{2p_x}^*$ 的能量高于 $\pi_{2p_y}^*$ 和 $\pi_{2p_z}^*$，由此得到了第二种分子轨道能级顺序，如图 11-17(b)所示。

$$E: \sigma_{1s}<\sigma_{1s}^*<\sigma_{2s}<\sigma_{2s}^*<\pi_{2p_y}=\pi_{2p_z}<\sigma_{2p_x}<\pi_{2p_y}^*=\pi_{2p_z}^*<\sigma_{2p_x}^*$$

根据电子填充原理和分子轨道的能级顺序，分子中电子既可能填充在成键轨道上，也可能填充在反键轨道上。填充在成键轨道上的成键电子使体系能量降低，起成键作用；填充在反键轨道上的反键电子使体系能量升高，起反键作用。可见，当净的成键电子数越多时，体系的能量降低得越多，形成的分子就越稳定。净的成键电子对数称为键级，在分子轨道理论中可用键级来说明成键强度。

$$\text{键级}=\frac{\text{成键电子总数}-\text{反键电子总数}}{2} \tag{11-3}$$

如果键级大于 0，说明有净的成键电子，原子间形成了化学键。键级越大，表明形成的共价键越强，键越稳定，对应的分子也越稳定。当键级为 0 时，说明成键和反键电子总数正好相等，轨道能量的升降相互抵消，不能形成稳定的分子。

4. 分子轨道理论在同核双原子分子中的应用

1) H_2 分子的形成

2 个氢原子的 1s 轨道组合成 1 个 σ_{1s}成键轨道和 1 个 σ_{1s}^*反键轨道，2 个电子以自旋相反的方式进入 σ_{1s}成键轨道，体系能量降低，形成 1 个双电子 σ 共价键，生成了稳定的 H_2。H_2 分子基态的电子组态为 σ_{1s}^2，键级为 2/2=1。

与 H_2 分子类似，2 个 He 原子共 4 个电子填充到分子轨道中，σ_{1s}和 σ_{1s}^* 轨道各填 2 个电子，成键电子数和反键电子数正好相等，键级为 0，所以 He 原子不能成键，He_2 分子不能稳定存在。但根据分子轨道理论，若 He_2 分子失去一个电子后形成的 He_2^+ 电子组态为 $\sigma_{1s}^2\sigma_{1s}^{*1}$，键级为 0.5，所以 He_2^+ 分子离子可以稳定存在。

2) 硼分子的形成

硼原子的电子组态为 $1s^2 2s^2 2p^1$，两个原子的电子总数为 10，按分子轨道能级顺序及电子填充原理，B_2 分子的电子组态为

$$\sigma_{1s}^2\sigma_{1s}^{*2}\sigma_{2s}^2\sigma_{2s}^{*2}\pi_{2p_y}^1\pi_{2p_z}^1 \qquad \text{键级}=\frac{6-4}{2}=1$$

键级大于 0，所以 B_2 分子能稳定存在。B_2 的电子组态中，内层的 σ_{1s}^2和 σ_{1s}^{*2}对成键无贡献，

在电子组态的书写中可用KK表示，每个K表示K层中的两个电子。对电子数较多的原子，在形成分子时，首先是外层轨道发生重叠成键，内层轨道重叠的程度是非常小的，这里的 σ_{2s}^2 和 σ_{2s}^{*2} 对成键也无贡献，实际形成的是两个单电子 π 键，这与硼是顺磁性物质的实验事实是相符合的。

顺磁性物质是指本身具有固定的磁性，在外加磁场中能被进一步磁化，内部产生一个与外加磁场方向相同的附加磁场的物质，组成这种物质的分子、原子或晶体中必然具有自旋磁矩不能抵消的未成对电子。本身没有磁性，在外加磁场下会诱导出磁性，但磁化方向与外加磁场方向相反的物质称为反磁性物质，反磁性物质中没有成单电子。

3）氮分子的形成

氮原子的电子组态为 $1s^2 2s^2 2p^3$，N_2 分子中共有 10 个价电子，分子中有 s-p 混杂，为第二种分子轨道能级顺序，其电子组态为

$$KK\sigma_{2s}^2\sigma_{2s}^{*2}\pi_{2p_y}^2\pi_{2p_z}^2\sigma_{2p_x}^2 \qquad 键级=\frac{6}{2}=3$$

分子中形成了 2 个双电子 π 键和 1 个双电子 σ 键。氮分子的键级较大，体系能量降低较多，因而 N_2 分子具有特殊的稳定性。

4）氧分子的形成

氧原子的电子组态为 $1s^2 2s^2 2p^4$，分子中共有 16 个电子，由于 O_2 分子中无 s-p 混杂，分子轨道能级顺序为第一种，因此 O_2 分子的电子组态为

$$KK\sigma_{2s}^2\sigma_{2s}^{*2}\sigma_{2p_x}^2\pi_{2p_y}^2\pi_{2p_z}^2\pi_{2p_y}^{*1}\pi_{2p_z}^{*1} \qquad 键级=\frac{6-2}{2}=2$$

分子中形成了 1 个双电子 σ 键，2 个 3 电子 π 键。与 N_2 分子比较，O_2 分子中净的成键电子数少，键级小一些，因而 O_2 分子没有 N_2 分子稳定。在 O_2 分子有 2 个未成对电子，所以 O_2 分子为顺磁性分子，氧是顺磁性物质。

11.3　配位化合物的价键理论

绝大多数无机化合物都是以配位化合物的形态存在的，元素与配位体形成配位化合物常产生很多独特的性质，配合物在现代生产和生活中应用广泛。要从根本上了解配位化合物的性质，就需要明确配位化合物中化学键的本质、了解配位化合物的内部结构。在现代配位化学中，说明配位化合物结构的理论有价键理论、晶体场理论、配位场理论和分子轨道理论等多种，它们从不同的角度阐述了配合物的结构与性质，本节主要介绍配合物的价键理论。

11.3.1　配合物价键理论的基本要点

配合物的价键理论由共价键理论发展而来，美国化学家鲍林最早于 1928 年将杂化轨道理论应用于配合物，经不断地完善，逐渐形成了配合物的价键理论。其理论基本要点主要有以下几点。

(1) 形成配合物的中心离子(原子)M 必须具有价电子层能量相近的未充满或空的 d 轨道与 s、p 轨道，配位原子 L 必须具有孤对电子，中心离子空轨道接受配位原子孤对电子结合形成配位键。配位键的本质是共价键。

(2) 为了提高成键能力，中心离子能量相近的空轨道要进行杂化，中心离子以杂化轨道与配位原子成键，杂化轨道在空间要尽量远离而形成各种规则的空间构型。所以由中心离子的

杂化轨道类型可以推断配合物的配位数、空间构型和稳定性等性质。

(3) 中心离子的杂化类型决定于中心离子本身的电子构型和配位原子的性质。不同条件下，中心离子利用空轨道杂化的方式不同，可以形成内轨型和外轨型两种杂化类型，从而形成高自旋和低自旋两种类型的配合物。

11.3.2 杂化轨道类型与配合物构型

配合物的价键理论可以说明不同配位数配位个体的中心离子杂化类型及其空间构型。中心离子除了可以采取杂化轨道理论中介绍的 sp、sp^2 和 sp^3 类型的杂化外，还常有 d 轨道参与杂化，常形成配位数为 2、4 和 6 的配离子，下面分别予以讨论。

1. 二配位数配离子的形成

具有$(n-1)d^{10}ns^0np^0$ 电子构型，元素周期表中第ⅠB 元素的+1 价离子容易产生 sp 杂化，形成配位数为 2 的直线形配离子。

例如，$[Ag(NH_3)_2]^+$ 配离子的形成，中心离子 Ag^+ 的价电子构型为 $4d^{10}5s^05p^0$，在配体 NH_3 分子的影响下，1 个 5s 空轨道与 1 个 5p 空轨道杂化形成 2 个能量相同的直线形 sp 杂化轨道，它们分别接受 2 个 NH_3 分子中 N 原子上的孤对电子形成了直线形的配离子$[Ag(NH_3)_2]^+$，形成过程如图 11-18 所示。与其类似的有$[Ag(CN)_2]^-$、$[Au(CN)_2]^-$、$[CuCl_2]^-$等配离子。

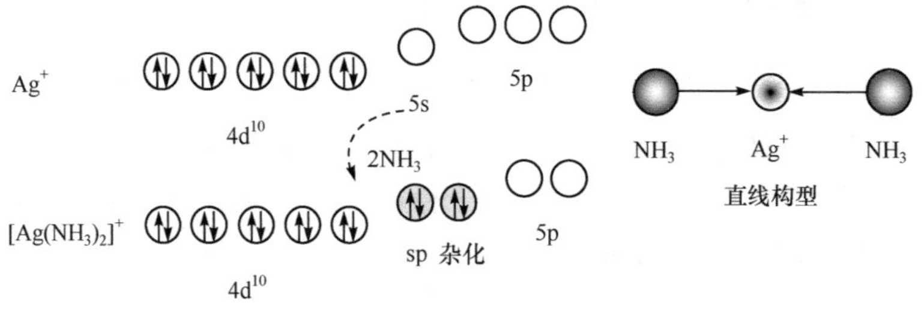

图 11-18 配离子$[Ag(NH_3)_2]^+$的形成示意图

2. 四配位数配离子的形成

具有$(n-1)d^{8\sim10}$电子构型或少数不足$(n-1)d^8$ 的过渡金属+2 价离子常形成配位数为 4 的配离子。其空间构型有正四面体和平面四边形 2 种。

(1) 正四面体形配离子的形成 中心离子以 sp^3 杂化所形成的配离子为正四面体形配离子。例如，配离子$[ZnCl_4]^{2-}$的形成，中心离子 Zn^{2+} 的价电子构型为 $3d^{10}4s^04p^0$，在配体 Cl^- 的影响下，1 个 4s 空轨道与 3 个 4p 空轨道杂化形成 4 个能量相同的 sp^3 杂化轨道，它们分别接受 4 个 Cl^- 的孤对电子形成正四面体形的$[ZnCl_4]^{2-}$。Ni^{2+} 的价电子构型为 $3d^84s^04p^0$，也能以 1 个 4s 空轨道与 3 个 4p 空轨道杂化形成 4 个能量相同 sp^3 杂化轨道，从而形成正四面体形的$[NiCl_4]^{2-}$。其中心离子 Ni^{2+} 的 3d 轨道中有 2 个未成对电子，所以配合物$[NiCl_4]^{2-}$具有顺磁性，如图 11-19 所示。类似以 sp^3 杂化形成的正四面体形配离子还有$[Ni(NH_3)_4]^{2+}$、$[Co(SCN)_4]^{2-}$、$[Cd(SCN)_4]^{2-}$等。

(2) 平面正方形配离子的形成 次外层 d 轨道未完全充满的中心离子以 dsp^2 杂化所形成的配离子为平面正方形配离子。例如，$[Ni(CN)_4]^{2-}$的形成，Ni^{2+} 的 3d 轨道上的 2 个未成对电子，

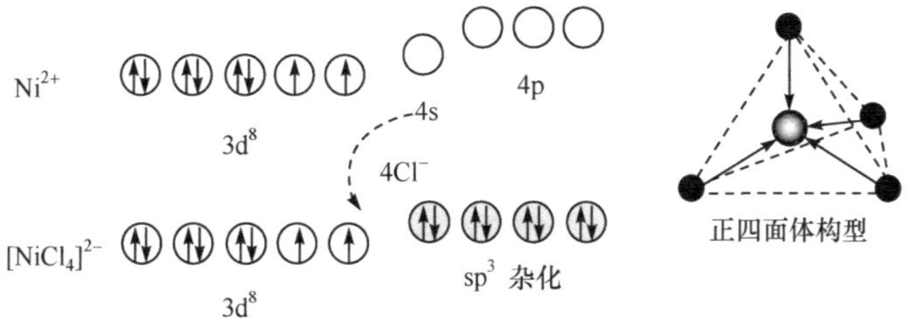

图 11-19　配离子[NiCl$_4$]$^{2-}$的形成示意图

在 4 个 CN^- 作用下发生重排，合并到 1 个 d 轨道上，空出的 1 个 3d 轨道与 1 个 4s 轨道以及 2 个 4p 轨道杂化形成 4 个 dsp^2 杂化轨道，空间构型为平面正方形。每个杂化轨道接受 1 个 CN^- 中 C 上的孤对电子，形成了平面正方形的[Ni(CN)$_4$]$^{2-}$。Ni^{2+} 的 d 电子重排后，电子层中没有未成对电子，为逆磁性配合物，如图 11-20 所示。类似的还有[Cu(NH$_3$)$_4$]$^{2+}$、[PtCl$_4$]$^{2-}$等。

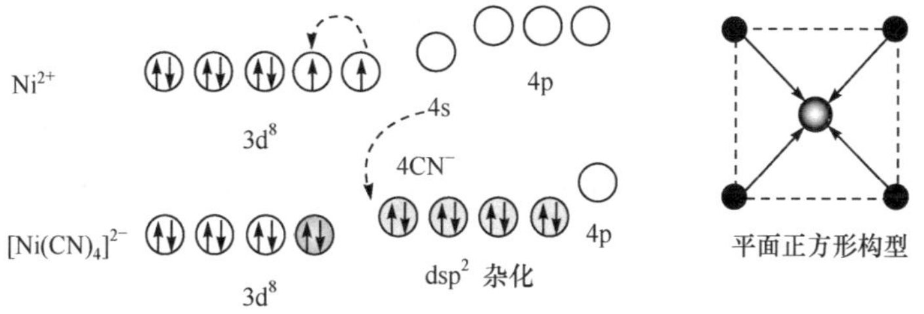

图 11-20　配离子[Ni(CN)$_4$]$^{2-}$的形成示意图

3. 六配位数配离子的形成

次外层 d 轨道未完全充满的＋2 和＋3 价的离子容易形成配位数为 6、空间构型为正八面体的配离子。其杂化轨道类型有两种。

(1) sp^3d^2 杂化　中心离子仅利用外层的 1 个 ns、3 个 np 和 2 个 nd 轨道杂化成键。例如，[FeF$_6$]$^{3-}$ 中中心离子 Fe^{3+} 的价电子构型为 $3d^5 4s^0 4p^0 4d^0$，在形成[FeF$_6$]$^{3-}$时，Fe^{3+} 的 1 个 4s 轨道与 3 个 4p 轨道及 2 个 4d 轨道杂化形成 6 个能量相等的空的 sp^3d^2 杂化轨道，它们分别接受 6 个 F^- 提供的孤对电子，形成了正八面体的[FeF$_6$]$^{3-}$。中心离子 Fe^{3+} 的 3d 轨道中有 5 个未成对电子，所以该配合物具有强顺磁性，如图 11-21 所示。

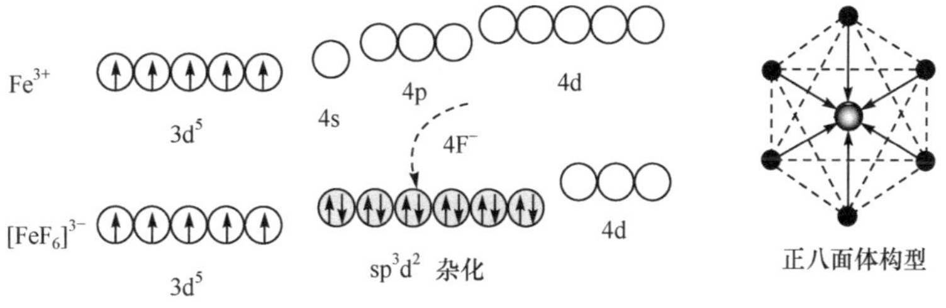

图 11-21　配离子[FeF$_6$]$^{3-}$的形成示意图

(2) d^2sp^3 杂化　中心离子利用了内层的 2 个(n－1)d 轨道和外层的 1 个 ns、3 个 np 轨道杂化成键。例如，[Fe(CN)$_6$]$^{3-}$的形成，中心离子 Fe^{3+} 3d 轨道上的 5 个未成对电子，在 6 个 CN^- 作用下挤压重排到 3 个 d 轨道上，空出 2 个 3d 轨道，与外层的 1 个 4s 轨道和 3 个 4p 轨道杂化形成 6 个能量相等的 d^2sp^3 杂化轨道，空间构型仍然是正八面体。每个杂化轨道接受 1 个 CN^- 中 C 原子提供的孤对电子，形成正八面体形的 $[Fe(CN)_6]^{3-}$。中心离子 Fe^{3+} 的 3d 电子重排后，未成对电子由原来的 5 个变为 1 个，所以该配合物顺磁性变弱，磁矩变小，如图 11-22 所示。

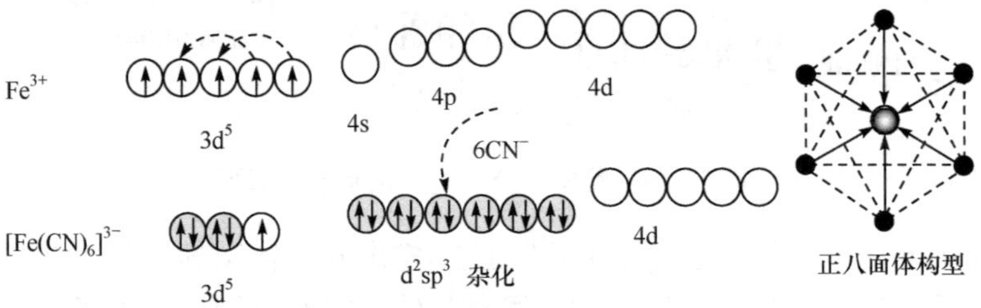

图 11-22　配离子 $[Fe(CN)_6]^{3-}$ 的形成示意图

表 11-5 列出了一些常见配位数配离子的杂化轨道类型和配离子的空间构型。表中所列配离子的空间构型都是规则的，但当中心离子与不同的配体形成复杂的配位个体时，其空间构型是不规则的，特别是在生物体中。例如，血红素中 Fe^{2+} 与卟啉环中的 N 原子配位所形成螯合物的就不是规则的正八面体构型。另外，中心离子以杂化轨道与配位原子形成的一般是 σ 配键，但也可形成 π 配键。例如，$K[Pt(CH_2{=}CH_2)Cl_3]$ 中，Pt^{2+} 和配体乙烯之间形成的就是 π 配键。

表 11-5　杂化轨道类型与配合物空间构型

配位数	杂化轨道类型	内外轨型	空间构型	实例
2	sp	外轨型	直线形 	$[Ag(CN)_2]^-$　$[Ag(NH_3)_2]^+$　$[Cu(CN)_2]^-$　$[Cu(NH_3)_2]^+$　$[CuI_2]^-$
3	sp^2	外轨型	平面三角形 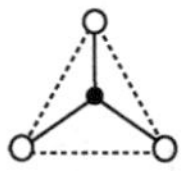	$[Cu(CN)_3]^{2-}$　$[CuCl_3]^{2-}$　$[HgI_3]^-$
4	sp^3	外轨型	正四面体形 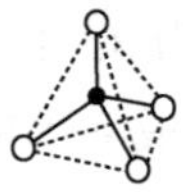	$[Ni(NH_3)_4]^{2+}$　$[Ni(CO)_4]$　$[Co(NCS)_4]^{2-}$　$[ZnCl_4]^{2-}$　$[HgI_4]^{2-}$　$[Hg(NH_3)_4]^{2+}$　$[Cd(SCN)_4]^{2-}$　$[BF_4]^{2-}$
4	dsp^2	内轨型	平面正方形 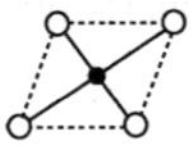	$[Ni(CN)_4]^{2-}$　$[Cu(NH_3)_4]^{2+}$　$[Cu(CN)_4]^{2-}$　$[Pt(NH_3)_4]^{2+}$　$[PtCl_4]^{2-}$　$[PdCl_4]^{2-}$
5	dsp^3	内轨型	三角双锥形 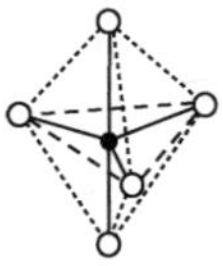	$[Ni(CN)_5]^{3-}$　$[Fe(CO)_5]$　$[CuCl_5]^{3-}$　PF_5
6	sp^3d^2	外轨型	正八面体形 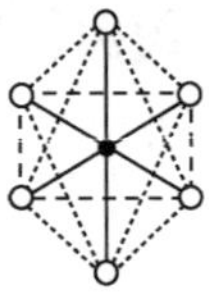	$[Fe(H_2O)_6]^{2+}$　$[FeF_6]^{3-}$　$[Co(NH_3)_6]^{2+}$　$[CoF_6]^{3-}$　$[SiF_6]^{2-}$　$[AlF_6]^{3-}$
6	d^2sp^3	内轨型	正八面体形 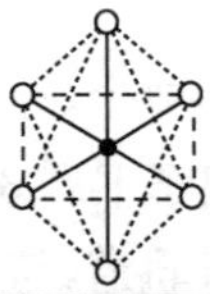	$[Fe(CN)_6]^{3-}$　$[Fe(CN)_6]^{4-}$　$[Co(NH_3)_6]^{3+}$　$[Mn(CN)_6]^{4-}$

11.3.3　内、外轨型配合物及其性质

在形成配合物时，中心离子的电子构型不同，配体的作用不同，中心离子既可能全部利用外层轨道杂化成键，也可能利用内层 d 轨道杂化成键，由此，可以将配合物分为外轨型和内轨型两类，不同类型的配合物，性质也不同。

1. 外轨型配合物

若中心离子只利用最外层的 ns、np 和 nd 轨道杂化成键，形成的就是外轨型配合物。外轨型配合物的中心离子采取的杂化轨道类型有 sp、sp^2、sp^3 和 sp^3d^2 等。例如，$[Ag(NH_3)_2]^+$、$[ZnCl_4]^{2-}$ 和 $[FeF_6]^{3-}$ 等均是外轨型配离子，其配合物为外轨型配合物。

形成外轨型配合物时，中心离子的内层电子构型未受配位体的影响，d 电子没有发生重排，未成对的 d 电子数不变，与自由离子状态相同，d 电子尽可能分占不同的轨道而自旋平行，所以配合物的顺磁性强，磁矩大，为高自旋配合物。由于中心离子以能量较高的最外层轨道杂化成键，形成的配位键离子性较强，共价性较弱，配合物的稳定性较弱，在溶液中易离解，溶解度相对较大，反应活性大。

2. 内轨型配合物

若中心离子既利用了最外层的 ns、np 轨道、也利用了内层的 $(n-1)$d 轨道杂化成键，形成的就是内轨型配合物。内轨型配合物的中心离子采取的杂化轨道类型有 dsp^2、d^2sp^3 等。例如，$[Ni(CN)_4]^{2-}$、$[Fe(CN)_6]^{3-}$ 等均是内轨型配离子，其配合物为内轨型配合物。

形成内轨型配合物时，中心离子的内层 d 电子受配体排斥作用较强，中心离子的 d 电子发生重排，使中心离子中自旋平行的未成对的 d 电子数减少，配合物的顺磁性变弱或变为逆磁性，磁矩变小或为 0，内轨型配合物中自旋平行的单电子数少，称为低自旋配合物。由于中心离子内层 d 轨道参与杂化成键，配位原子的孤对电子进入了中心离子的内层轨道，形成的配位键的共价性较强，离子性较弱，配合物的稳定性较强，在溶液中不易离解，溶解度相对较小，反应活性小。

3. 配合物类型与配位体的关系

在形成配合物时，其类型既决定于中心离子的电荷和电子构型，也决定于配体的性质。中心离子与配位原子电负性相差越大，越易形成外轨型配合物。如果配体中的配位原子电负性大，不易给出孤对电子，对中心离子价层轨道影响小，不能使中心离子内层 d 轨道发生重排，常形成高自旋、外轨型配合物。含此类原子的配体称为弱场配体。例如，OH^-、F^-、I^-、H_2O、NO_3^-、SCN^-、S^{2-} 等是弱场配体。如果配体中的配位原子电负性小，容易给出孤对电子，对中心离子的电子构型影响大，可以迫使中心离子内层 d 轨道发生重排，容易形成低自旋、内轨型配合物。含此类原子的配体称为强场配体。例如，CN^-、CO、NO_2^- 等配体。NH_3、RNH_2^-、Cl^- 等作配体时，既可能形成外轨型、也可能形成内轨型配合物，此时需要综合考虑中心离子的性质。

如果是电子构型为 $(n-1)d^{10}ns^0np^0$ 的中心离子，由于内层 d 轨道全充满，只能形成外轨型配合物。中心离子内层电子构型为 $(n-1)d^{0\sim3}$ 时，既可形成内轨型，也可形成外轨型配合物，一般形成内轨型配合物，但不会发生 d 电子重排，成单电子数在形成配合物前后不会改变。中心离子内层电子构型为 $(n-1)d^{4\sim9}$ 时，既可形成外轨型也可形成内轨型配离子，此时取决于配体是强场

配体还是弱场配体。内层电子构型为$(n-1)d^{4\sim8}$的中心离子在形成内轨型配合物时，会发生d电子重排，成单电子数在形成配合物前后要改变，据此可以利用磁矩判断配合物的类型。

磁矩μ是表征物质磁性大小的物理量，单位为玻尔磁子(μ_0或B. M)。配合物的磁矩μ与成单电子数n之间的近似关系是

$$\mu=\sqrt{n(n+2)}\mu_0 \tag{11-4}$$

中心离子未成对电子数与磁矩的理论值参见表11-6。配合物的磁矩可通过实验测定，根据磁矩计算出配合物的成单电子数，然后与自由离子的成单电子数比较，可以确定d电子是否发生了重排，从而判断配合物属于内轨型还是外轨型。

表11-6　配合物成单电子数与磁矩的关系

成单电子数(n)	0	1	2	3	4	5
磁矩(μ/μ_0)	0	1.73	2.83	3.87	4.90	5.92

【例11-2】 实验测得$[FeF_6]^{3-}$和$[Fe(CN)_6]^{3-}$的磁矩μ分别为$5.88\mu_0$和$2.33\mu_0$，推测两种配合物中心离子杂化轨道类型，说明它们属内轨型还是外轨型配合物，配离子的空间构型及磁性如何。

解　对$[FeF_6]^{3-}$

$$\mu=\sqrt{n(n+2)}=5.88 \qquad n\approx5$$

Fe^{3+}的价电子构型为$3d^54s^04p^04d^0$，有5个未成对电子，在形成$[FeF_6]^{3-}$前后，单电子数没有变化，说明d电子没有重排，故中心离子Fe^{3+}采用sp^3d^2杂化，$[FeF_6]^{3-}$为外轨型配合物，空间构型为正八面体，顺磁性物质，磁性强。

对$[Fe(CN)_6]^{3-}$

$$\mu=\sqrt{n(n+2)}=2.33$$

由该式求解，n更接近于2，但Fe^{3+}中不可能有2个未成对电子，所以$n\approx1$。Fe^{3+}有5个未成对电子，在形成$[Fe(CN)_6]^{3-}$后，单电子数变为了1，说明d电子发生了重排，所以中心离子Fe^{3+}采用d^2sp^3杂化，$[Fe(CN)_6]^{3-}$为内轨型配合物，空间构型为正八面体，顺磁性物质，磁性弱。

价键理论简单明确地说明了配合物的配位数、空间构型、磁性和稳定性等性质，对配位化合物结构理论的发展有重要的影响。但该理论只是一个近似的定性理论，没有动态地研究中心离子与配体之间的互相影响，不能解释配合物的颜色及配合物稳定性随中心离子d电子数而变化的一系列现象。

11.4　分子和离子极化

11.4.1　分子的极性和极化

1. 分子的极性

根据正负电荷重心是否重合，共价键有极性共价键和非极性共价键之分。同理，由共价键构成的分子也有极性和非极性之分。正负电荷重心重合的分子称为非极性分子，正负电荷重心不重合的分子称为极性分子。分子的极性主要是由共价键的极性和分子的空间构型共同决定的。对于双原子分子来说，分子的极性与共价键的极性一致，由极性共价键构成的双原子分子必然是极性分子，如HCl、HF等；由非极性共价键构成的双原子分子必然为非极性分子，如H_2、O_2、N_2等。对于多原子分子，键的极性与分子的极性就不一定相同。一般由非极性共价键构成的多原子分子是非极性分子，如P_5、S_8等，但由极性共价键构成的多原子分子不一定都

是极性分子了，如果分子的空间构型是完全对称的，共价键的极性被抵消，正负电荷重心重合，是非极性分子，如 CO_2、CH_4 等分子；如果分子的空间构型不对称，正负电荷重心不重合，是极性分子，如 H_2O、NH_3 等分子。

AB_n 型的多原子分子是否有极性，可用价层电子对互斥理论来判断。根据价层电子对互斥理论的计算，如果中心原子的价层电子对全部为成键电子对，该分子一般为非极性分子；如果中心原子的价层电子对既有成键电子对，也有孤对电子，该分子可能为极性分子。

分子的正、负电荷重心相距越远，正、负电荷重心所带电荷数越多，分子的极性越大。分子的极性大小可以定量地用偶极矩来表示。相距一定距离的两个点电荷构成的体系称为一个偶极子，分子中正、负电荷中心所带电量分别为 $+q$ 和 $-q$，正、负电荷中心的距离为 d 时，两者的乘积即为偶极矩 μ。

$$\mu = q \cdot d \tag{11-5}$$

偶极矩是一个矢量，方向从正电荷指向负电荷，其数值可以通过实验测定，单位为 C · m，也常用德拜(D)表示，1 D=3. 336×10^{-30} C · m。偶极矩的大小体现了分子极性的强弱，偶极矩越大，分子极性越强，当偶极矩为 0 时，分子为非极性分子。表 11-7 列出了一些常见分子的偶极矩。偶极矩说明了分子中电荷的分布，对推断分子的空间构型有重要作用。

表 11-7　常见分子的偶极矩(μ/D)

分子式	偶极矩	分子式	偶极矩
H_2	0	CS_2	0
O_2	0	H_2O	1. 85
N_2	0	H_2S	1. 10
Cl_2	0	SO_2	1. 60
HF	1. 92	NH_3	1. 66
HCl	1. 03	CH_4	0
HBr	0. 79	CH_3Cl	1. 87
HI	0. 38	CH_2Cl_2	1. 54
CO_2	0	$CHCl_3$	1. 02
CO	0. 12	CCl_4	0

2. 分子的极化

分子之所以有极性和非极性之分，本质上是由于分子中电子云的分布存在对称与不对称。当把一个非极性分子放在电场中，在外电场的作用下，分子中正电荷部分向电场负极偏移，负电荷部分向电场正极偏移，使分子发生变形，原来重合的正负电荷重心发生分离，这个过程称为分子的极化。由于分子的极化使原来的非极性分子变成了极性分子，产生了偶极，这种偶极是在外加电场的诱导下产生的，称为诱导偶极，如图 11-23(a)所示。外加电场使分子变形的作用称为极化作用或极化力。分子在外加电场下发生变形的能力称为分子的变形性。分子的体积越大，变形性越大。对于极性分子，正、负电荷重心不重合，本身就存在偶极，这种偶极称为固有偶极或永久偶极。具有永久偶极的分子放在电场中时，极性分子要发生一定的取向，正电荷一端转向电场负极，负电荷一端转向电场正极，进行有规则的排列，同时，在外加电场作用下，分子正、负电荷重心的距离进一步增大，在原来的永久偶极基础之上产生一个附加偶极，即极性分子也要产生诱导偶极，使分子极性增强，如图 11-23(b)所示。

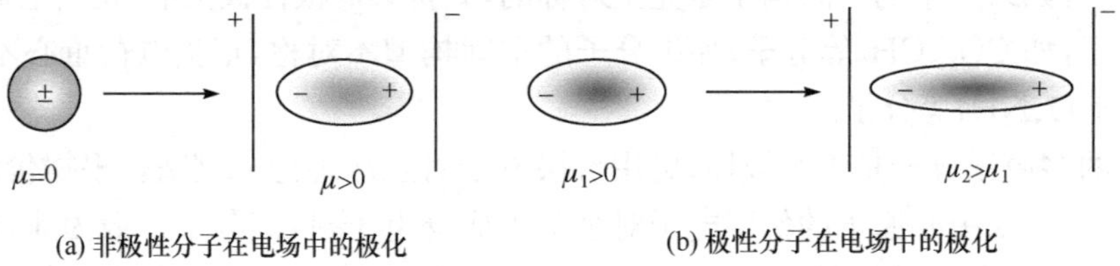

图 11-23 分子的极化

11.4.2 离子极化

分子极化的概念在离子体系中同样适用。离子是带电的，任何一个离子对另一个离子来说都相当于一个外加电场。因此，当离子相互靠近时，任何一个离子都有使其他离子变形的能力，即离子的极化力；每个离子也总是会在其他离子的极化作用下发生变形，产生诱导偶极，即离子的变形性。由此可见，离子的极化是相互的，但在离子的相互极化中，阴、阳离子所表现出来的极化力和变形性各有侧重。

1. 离子的极化力

在离子的相互极化中，由于阳离子往往半径较小，电荷密度高，变形的能力弱，因此主要表现出极化力。影响阳离子极化力的主要因素有离子电荷、离子半径和离子外层电子构型。

(1) 离子电荷越多，产生的电场强度越强，极化力越强，如极化力 $Al^{3+} > Mg^{2+} > Na^+$。

(2) 离子电荷相同，外层电子构型相似时，离子半径越小，极化力越强。同族的元素，相同电荷的离子，从上到下，离子极化力越来越小，如极化力 $Be^{2+} > Mg^{2+} > Ca^{2+}$。

(3) 不同电子构型的离子，极化能力也不同，其变化规律是

2 电子、18+2 电子、18 电子构型>9～17 电子构型>8 电子构型

2. 离子的变形性

由于阴离子的半径相对较大，主要表现出变形性。但电荷数较小、离子半径比较大的阳离子的变形性也不可忽略，如 Ag^+、Hg^+ 等。决定离子变形性的主要因素是离子半径、离子电荷和离子的外层电子构型。

(1) 离子半径是决定离子变形性大小的首要因素。具有类似电子构型的离子，半径越大，变形性越大，如变形性 $F^- < Cl^- < Br^- < I^-$，$Li^+ < Na^+ < K^+ < Rb^+$。

(2) 离子电子构型相同时，阴离子电荷越多变形性越大，如变形性 $O^{2-} > F^-$，$S^{2-} > Cl^-$；而阳离子的电荷越多，变形性越小，如 $Na^+ > Mg^{2+} > Al^{3+}$。

(3) 对于阳离子，当其半径相近、电荷相同时，离子变形性的大小由离子的外层电子构型决定，各种电子构型离子的变形性顺序为

18+2,18 电子构型>9～17 电子构型>8 电子构型>2 电子构型

(4) 复杂阴离子的变形性一般较小。例如，ClO_4^-、NO_3^- 等复杂离子的变形性都比较小。几种常见阴离子的变形性顺序为

$$ClO_4^- < F^- < NO_3^- < OH^- < CN^- < Cl^- < Br^- < I^-$$

3. 离子极化对物质结构和性质的影响

由于阳离子的变形性比较小，阴离子的极化作用一般又不显著，所以通常情况下，只考虑

阳离子的极化力和阴离子的变形性。但是,当阳离子半径较大,变形性也较强时,阴、阳离子间要产生强烈的相互极化,阳离子极化阴离子的同时,阴离子反过来极化阳离子使其产生较强的变形,结果使阴阳离子的极化和变形都显著加强了,这种加强的极化作用称为附加极化作用,附加极化作用随离子半径的增大而显著加强。

由于阴、阳离子间强烈的相互极化作用,离子进一步相互靠近,电子云发生强烈变形,阴、阳离子的外层原子轨道产生相互重叠,从而使离子键含有了共价键的成分。离子间的相互极化越强,附加极化作用越大,含共价键的成分越多,键的极性也就越弱,键长越短。由此可见,离子极化使离子键向共价键过渡,离子键和共价键之间没有本质的区别,极性共价键可看作是离子键向非极性共价键过渡的一种中间状态(图 11-24)。绝对的离子键是没有的,即使是电负性相差最大的 Cs 和 F 原子所形成的离子键,键的离子性也只有 92%,还有 8%的共价键成分。化学键的离子性是随着电负性差值的增大而增加的,单键的离子性与电负性差值的关系列于表 11-8。一般只有电负性差值大于 1.7 时,键的离子性才会大于 50%,形成的才是离子键,否则就是共价键。例如,AgF、AgCl、AgBr 和 AgI,从左到右,离子的附加极化逐渐增强,AgF 属典型的离子键,AgCl 和 AgBr 属过渡型,到 AgI 已属共价键了。

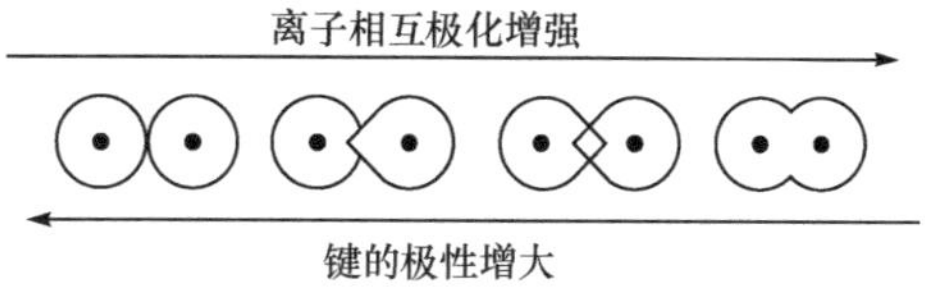

图 11-24　离子极化与化学键的过渡

表 11-8　单键的离子性与电负性差值之间的关系

$\chi_A-\chi_B$	离子性(%)	$\chi_A-\chi_B$	离子性(%)
0.2	1	1.8	55
0.4	4	2.0	63
0.6	9	2.2	70
0.8	15	2.4	76
1.0	22	2.6	82
1.2	30	2.8	86
1.4	39	3.0	89
1.6	47	3.2	92

离子极化对离子晶体构型有影响,随着离子极化的加强,离子相互靠近,离子核间距离减小,离子周围空间缩小,使离子化合物向较小的配位数方向变化。例如,AgCl、AgBr 为 NaCl 型晶体,配位数为 6,而 AgI 就变为 ZnS 型晶体,配位数为 4。离子极化对卤化银核间距、化学键型和晶体结构的影响可参见表 11-9。

表 11-9　离子极化对化学键型和晶体结构的影响

卤化银	AgF	AgCl	AgBr	AgI
理论核间距/pm	246	294	309	333
实测核间距/pm	246	277	289	281
键型	离子键	过渡键型		共价键
晶格类型	NaCl 型	NaCl 型		ZnS 型

离子极化对物质化学键型和晶体结构的影响，最终反映在物质性质的变化上。离子极化越强，物质的热稳定性越差。例如，CuI_2 由于发生强烈的离子相互极化，常温下就分解为 CuI 和 I_2，但 $CuCl_2$ 却很稳定，加热到 993 ℃才开始分解。

离子的极化能力越强，物质的熔点、沸点就越低。例如，$FeCl_2$ 的熔点为 672 ℃，$FeCl_3$ 的熔点为 306 ℃，是因为 Fe^{3+} 所带电荷比 Fe^{2+} 多，极化力强；CdF_2 的熔点(1100 ℃)比 CdI_2 的熔点(388 ℃)高得多，也是由于 I^- 的变形性大于 F^-，CdI_2 中的离子相互极化大于 CdF_2。

离子的极化能力越强，物质的水解程度越大。例如，NaCl、$MgCl_2$、$AlCl_3$，从左到右，阳离子电荷逐渐增多，半径逐渐减小，极化力逐渐增强，所以三种物质的水解趋势是 NaCl$<$$MgCl_2$$<$$AlCl_3$。

离子的极化能力越强，物质的颜色越深。例如，AgCl 为白色，AgBr 为浅黄色，AgI 为黄色；$HgCl_2$ 为白色，HgI_2 为红色；K_2CrO_4 为黄色，而 Ag_2CrO_4 为砖红色等。

11.5　分子间力和氢键

11.5.1　分子间作用力

除了原子与原子间强烈的化学键力外，分子与分子间还存在着一种比化学键力小得多的作用力，称为分子间力。分子间力是在 19 世纪后期，由范德华(van der Waals)在研究实际气体与理想气体的偏差时提出来的，因此也称为范德华力。范德华力包括取向力，诱导力和色散力三种。

1. 取向力

由于极性分子具有永久偶极矩，两个极性分子相互靠近时，同极相斥，异极相吸，使极性分子按一定的方向规则的排列，相反电荷之间产生一定的静电作用力，这种永久偶极之间的作用力称为取向力。取向力存在于极性分子之间，分子极性越大，取向力越大。取向力与偶极矩、温度及两分子间距离 d 的关系如下

$$F_{\text{取向}}=k\cdot\frac{\mu_1^2\cdot\mu_2^2}{T\cdot d^6} \tag{11-6}$$

2. 诱导力

当极性分子与非极性分子相互靠近时，在极性分子的极化作用下，非极性分子发生变形产生诱导偶极，诱导偶极与永久偶极之间的作用力称为诱导力。极性分子与极性分子之间因相互极化也会产生诱导偶极，故极性分子之间也存在诱导力。因此，诱导力存在于极性分子与非极性分子以及极性分子之间。诱导力随极性分子偶极矩的增大、被诱导分子变形性的增大而增大。诱导力与偶极矩、被诱导分子的变形性 α 以及分子间距离 d 的关系如下

$$F_{\text{诱导}}=k\cdot\frac{\alpha\cdot\mu^2}{d^6} \tag{11-7}$$

3. 色散力

分子中电子的运动具有波动性，原子核也在不停振动，非极性分子正、负电荷重心重合只是一种统计的平均结果。在某一瞬间，由于电子和原子核的运动，会导致正、负电荷重心暂时

的不重合，这种正、负电荷重心在某一瞬间暂时不重合产生的偶极称为瞬间偶极。瞬间偶极与瞬间偶极之间的相互作用力称为色散力。无论是极性分子，还是非极性分子，总是存在着电子和原子核的运动，因此，色散力存在于所有的分子之间。色散力的大小决定于两个分子的变形性，分子的变形性越大，色散力越大。结构相似的物质，分子的变形性随分子体积、相对分子质量的增大而增大。色散力与变形性 α 及分子间距离 d 的关系是

$$F_{色散}=k\cdot\frac{\alpha_1\cdot\alpha_2}{d^6} \tag{11-8}$$

表 11-10 列出了一些常见分子的三种分子间作用力的大小。根据三种分子间作用力在各种分子中的分配，综合以上讨论可见，分子间力具有以下特点。

(1) 分子间力是存在于分子之间的一种电性作用力，其本质是静电作用，分子间力既没有方向性也没有饱和性。

(2) 分子间力是一种弱的相互作用，其大小通常用分子间结合能来表示。分子间结合能是指克服分子间作用力使 1 mol 聚集状态的分子变成理想状态的气体分子所需吸收的能量，分子间结合能的大小表明了分子间力的大小，一般只有几到几十个 $kJ\cdot mol^{-1}$，比化学键能小得多，化学键能通常为几十到几百个 $kJ\cdot mol^{-1}$。

(3) 三种分子间作用力都是近程力，作用范围很小，只有几个 pm。随着分子的远离，分子间力迅速减弱。

(4) 三种分子间力存在的范围不同，色散力存在于所有分子之间，范围最广；诱导力次之，存在于极性分子与极性分子、极性分子与非极性分子之间；取向力存在的范围最窄，只存在于极性分子与极性分子之间。

(5) 比较三种作用力在分子中的相对大小，色散力在所有分子中都是主要的，而诱导力的各种分子间都是比较小的，取向力只有在极性很大的分子间才占优势。因此，在比较分子间作用力的大小时，首先应考虑色散力的大小，其次再比较取向力，诱导力通常很弱。

表 11-10　三种分子间作用力的分布($kJ\cdot mol^{-1}$)

分子	取向力	诱导力	色散力	总和
Ar	0.0000	0.0000	8.49	8.49
CO	0.0029	0.0084	8.74	8.75
HI	0.025	0.113	25.86	25.98
HBr	0.686	0.502	21.92	23.09
HCl	3.305	1.004	16.82	21.13
NH_3	13.31	1.548	14.94	29.58
H_2O	36.38	1.929	8.996	47.28

11.5.2　分子间作用力对物质性质的影响

分子间作用力对物质的物理聚集状态，物质的熔点、沸点、溶解度等物理性质都有重要的影响。

1. 对熔沸点的影响

分子间作用力大，常态下物质以固体形态存在，分子间作用力小，常态下物质就以气体形

态存在。一般简单分子,随分子相对分子质量的增大,分子间作用力增大,物质熔沸点逐渐升高。例如,卤族元素的单质 F_2、Cl_2、Br_2、I_2,从左到右,随着相对分子质量的增加,分子变形性增强,分子间色散力增大,所以常态下 F_2、Cl_2 为气态,Br_2 为液态,I_2 为固态,其熔点、沸点逐渐升高。同系物的偶极矩大致相同,相对分子质量越大,变形性越大,分子间的色散力越大,熔沸点越高。例如,C_5H_{12}、C_6H_{14}、C_7H_{16} 的熔点分别为−129.7 ℃、−95.3 ℃、−90.6 ℃,逐渐升高。同分异构体中,通常情况下,直链化合物比支链化合物熔沸点高。这是由于支链的阻碍使分子不能紧密地靠在一起,所以支链化合物的色散力比直链化合物小。例如,正己烷、2-甲基戊烷、2,3-二甲基丁烷的沸点分别为 68.95 ℃、60.27 ℃、57.99 ℃,逐渐降低。

2. 对溶解度的影响

溶质和溶剂分子间作用力越大,溶质的溶解度越大。例如,稀有气体从 He 到 Xe 在水中的溶解度依次增大,就是因为从 He 到 Xe,分子体积逐渐增大,其与水分子间的诱导力逐渐增大。极性分子间取向力大,非极性分子间色散力大,所以物质的溶解遵循相似相溶原理。若溶质和水能形成氢键,其溶解度更大。

3. 对吸附能力的影响

固体对气体和液体的吸附有物理吸附和化学吸附两种,物理吸附的主要作用力是分子间力,吸附剂与吸附质间分子间作用力越大,吸附越强。极性吸附剂容易吸附极性分子,如硅胶常用作干燥剂,其表面有极性的硅氧基团,所以容易吸附极性的水分子。如果非极性分子有较大的变形性,可以被极性吸附剂极化而吸附,如离子晶体分子筛可用于吸附 O_2,吸附过程中诱导力和色散力起主要作用。

4. 对物质表面能的影响

分子间作用力是物质表面能的来源,物质分子间作用力越大,其表面能就越大。例如,液态水的分子间作用力较强,还存在氢键,所以水的表面能比一般有机液体的表面能大。

11.5.3 氢键

根据分子间作用力与物质熔沸点的关系,同族元素氢化物的熔、沸点应随着相对分子质量的增大而升高,但 H_2O、HF、NH_3 等物质的熔、沸点却不符合这个规律,如图 11-25 所示。这种反常现象说明 H_2O、HF、NH_3 分子间除了分子间作用力外,还存在一种特殊的作用力,这就是氢键。

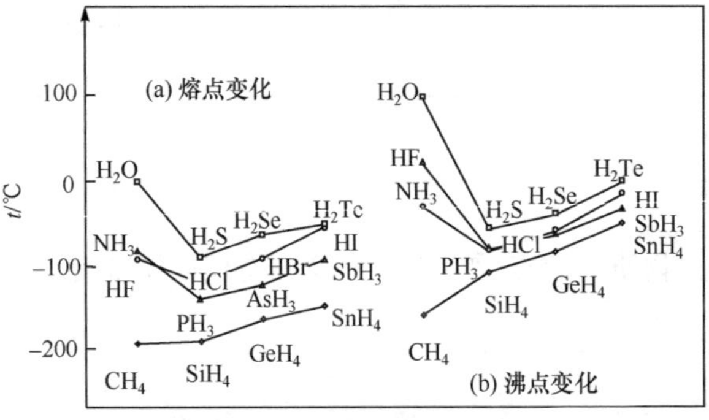

图 11-25 氢化物的熔沸点

1. 氢键的形成和特点

当氢原子与一个电负性较大的 X 原子以共价键结合后,共价键中的共用电子对强烈的偏向于 X 原子,使氢原子带上了部分正电荷,几乎成为裸露的质子,它可以吸引与其靠近的另一个电负性较大的、带有孤对电子的 Y 原子,形成 X—H…Y,即氢键。X、Y 原子可以是相同的、也可以是不同的，但要求 X、Y 都必须是电负性较大、半径较小的原子，如 B、N、O、F 原子。

氢键可以在相同的或不同的分子之间形成，这种称为分子间氢键。例如，HF 分子间、H_2O 分子与 NH_3 分子间都可形成分子间氢键，如图 11-26(a)和(b)所示。氢键也可在一个分子内部形成，这种称为分子内氢键，如邻硝基苯酚、硝酸、水杨醛都可以形成分子内氢键，如图 11-27(a)、(b)和(c)所示。

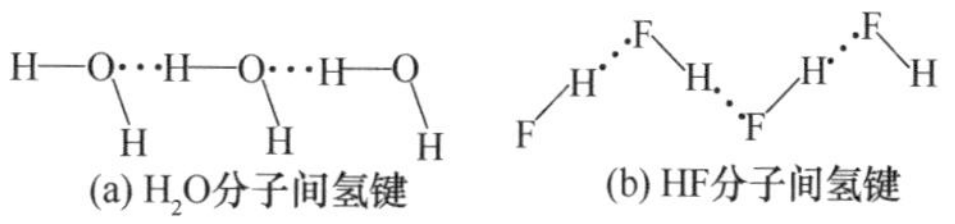

图 11-26　分子间氢键示意图

氢键既有饱和性也有方向性。形成氢键时，由于氢原子比 X、Y 原子小得多，当 H 原子与一个 Y 原子形成氢键后，H 原子周围的空间已被占满，X、Y 原子的电子云的排斥作用将阻碍另一个 Y 原子与氢原子靠近成键，也就是说一个 H 原子只能与一个 Y 原子形成氢键，即氢键具有饱和性。氢键形成时，X、H、Y、3 个原子总是尽可能地沿直线分布，这样可使 X 与 Y 尽量远离，减小 X、Y 原子间电子云的排斥作用力，所以氢键具有方向性。氢键的方向性和饱和性与共价键的方向性和饱和性有区别，氢键的方向性和饱和性更多的是由空间位阻效应决定的。

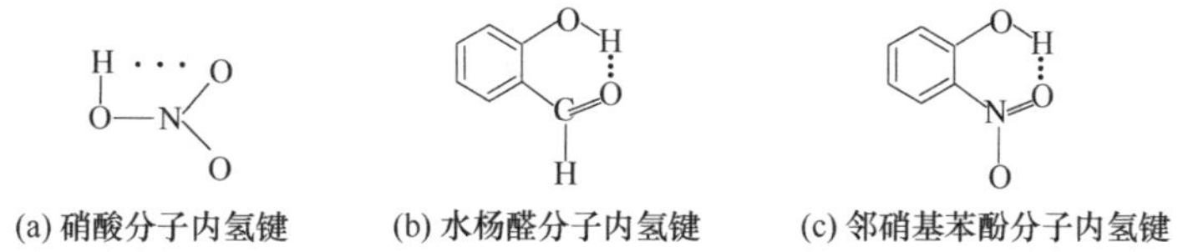

图 11-27　分子内氢键示意图

2. 氢键对物质性质的影响

氢键的本质是具有方向性的静电引力，氢键的强弱可用氢键的键能来衡量。氢键的键能是指 X—H…Y—R 被分解为 X－H 和 Y－R 时所需要的能量，其数值小于共价键，比分子间力大。氢键的键长是指 X—H…Y 中 X、Y 原子核间的距离，也比共价键大得多。几种常见氢键的键能和键长列于表 11-11。

表 11-11　几种常见氢键的键能和键长

氢键	键能/($kJ\cdot mol^{-1}$)	键长/pm	化合物
F—H…F	28.0	255	$(HF)_n$
O—H…O	18.8	276	冰
N—H…F	20.9	268	NH_4F
N—H…O	16.2	286	$CH_3CONHCH_3$(在 CCl_4 中)
N—H…N	5.4	338	NH_3

氢键的强弱与 X、Y 原子的半径和电负性大小有关。X、Y 原子的半径越小，电负性越大，形成的氢键就越强。F 原子的电负性最大，半径也较小，因此形成的氢键最强；O 原子次之，Cl 原子的电负性也较大，与 N 原子相当，但由于其原子半径比 N 大得多，所以 Cl 原子形成的氢键很弱，而 Br 和 I 根本就不能形成氢键。在分子中，原子的电负性很大程度受相邻原子的影响。例如，C—H 中的 H 一般是不能形成氢键的，但在N≡C—H中，由于 N 原子的影响，C 的电负性增大，能够形成 C—H…N 氢键。常见氢键的强弱顺序为

$$F—H\cdots F>O—H\cdots O>O—H\cdots N>N—H\cdots N>O—H\cdots Cl$$

氢键的形成对物质的熔沸点、溶解度等各种物理化学性质会产生很大的影响。

如果形成了分子间氢键，物质的熔点、沸点将升高。这是因为要使液体气化或固体熔化，除了需克服分子间作用力外，还必须增加额外的能量以破坏分子间氢键。因此，H_2O、NH_3、HF 的熔、沸点均比邻近同族氢化物要高。若形成的是分子内氢键，往往会削弱分子间作用力，使物质熔、沸点降低。例如，形成了分子内氢键的邻硝基苯酚熔点为 45 ℃，而形成的是分子间氢键的间位和对位硝基苯酚和熔点分别为 96 ℃和 114 ℃。

氢键的形成对物质的溶解度有较大的影响。如果溶质与溶剂分子能够形成分子间氢键，则溶质的溶解度常常较大。例如，乙醇可与 H_2O 以任何比例互溶，NH_3 在水中的溶解度很大等。如果溶质分子能够形成分子内氢键，则该溶质在极性溶剂中溶解度较小，而在非极性溶剂中溶解度较大，如邻硝基苯酚在水中的溶解度小于对硝基苯酚，在苯中正好相反，邻硝基苯酚的溶解度大于对硝基苯酚。

能形成分子间氢键的物质一般黏度大，表面能高，比热容大；能形成分子内氢键的物质通常黏度相对较小，表面能低，比热容小。

在人类和动植物体的生理、生化过程中，氢键也起着十分重要的作用。在几乎所有重要的生物分子行为中都有氢键的参与。例如，生物大分子的形状对其性质有重要的影响，而氢键是维持蛋白质和核酸高级结构的主要作用力。在蛋白质分子中，同一条链中的—NH 与 C═O 之间形成的氢键使蛋白质分子保持 α-螺旋结构，相邻两条链中的—NH 与 C═O 之间形成的氢键使蛋白质分子保持折叠片状结构。

本章小结

组合成分子的原子与原子间强烈的相互作用力称为化学键。本章主要讨论了离子键理论，共价键理论中的价键理论、杂化轨道理论、价层电子对互斥理论和分子轨道理论，简单介绍了配合物的价键理论。阐述了分子的极性以及离子和分子的极化，介绍了分子间力、氢键及其对物质性质的影响。

阴、阳离子间依靠静电作用力相互结合起来所形成的化学键称为离子键，离子键的本质是静电作用力，既无方向性也无饱和性。

离子键的强弱决定于离子半径、离子的电荷以及离子电子构型。离子半径越小，离子间的结合力越大，阳离子半径小于相应的原子半径，阴离子半径大于相应的原子半径。离子所带电荷越多，离子间作用力越大。离子的电子构型是指影响离子性质的最外层和次外层电子的填充方式，简单阴离子一般为最外层 8 电子的稳定结构，阳离子的电子构型有 2 电子构型、8 电子构型、9～17 电子构型、18 电子构型、18＋2 电子构型 5 种。在离子电荷相同、半径相近时，电子构型中电子数越多，离子间的相互作用力越强。离子间的相互作用力越强，离子键越强，离子化合物越稳定，离子化合物的熔、沸点越高。离子键的强弱常用晶格能 U 来表示。

原子间以共用电子对的形式相互结合所形成的化学键称为共价键，共价键的本质是原子轨道的相互叠加。

现代价键理论指出，两个自旋相反的电子可以发生原子轨道的重叠成键，但原子轨道必须沿一定方向最大重叠才能成键，所以共价键既有方向性，也有饱和性。根据原子轨道重叠形式的不同，共价键分为 σ 键和 π 键两种。原子轨道沿键轴相互靠近，发生“头碰头”的重叠而形成的共价键称为 σ 键，σ 键重叠程度大，能量低，比较稳定，成键两原子可以相对自由旋转。原子轨道沿键轴相互靠近，“肩并肩”的重叠形成的共价键称为 π 键，π 键重叠程度较 σ 键小，能量高，稳定性差，容易参加化学反应，成键的两原子不能相对旋转。

表征化学键性质的物理量称为键参数，常见的键参数有键能、键长、键角和键的极性。键能体现了共价键的强弱；键长和键角体现了分子的空间构型。共价键分为极性共价键和非极性共价键两类，电负性相同的两个原子间形成的共价键中，正负电荷重心重合，为非极性共价键；电负性不相同的两个原子间形成的共价键中，正、负电荷重心不重合，是极性共价键，成键两原子的电负性相差越大，共价键的极性越强。

杂化轨道理论认为，在形成分子时，中心原子的能量相近的原子轨道可以进行杂化形成杂化轨道。杂化轨道的成键能力增强了，各杂化轨道在空间呈有规则的空间排布，由中心原子的杂化轨道类型可了解分子的空间构型。sp 杂化形成直线形分子，sp^2 杂化形成平面正三角形分子，sp^3 杂化形成正四面体形分子。NH_3 为 sp^3 不等性杂化形成的三角锥形分子，H_2O 为 sp^3 不等性杂化形成的 V 形分子。

价层电子对互斥理论认为，AB_n 型分子的空间构型只决定于中心原子 A 的价层电子对间的相互作用，当价层电子对在空间尽量远离时，整个分子的能量最低，使分子以特定的空间构型存在。在价层电子对中，成键电子对(bp)与孤对电子(lp)间排斥作用力的大小顺序是 lp-lp＞lp-bp＞bp-bp。只要算出中心原子 A 的价层电子对数，确定了成键电子对数，就可以确定分子的空间构型。

分子轨道理论认为分子中的每个电子都是在所有原子核和其余电子所组成的平均势场中运动，每个电子的运动状态可用分子轨道 ψ 来描述。原子在形成分子后，电子在一定的分子轨道中围绕整个分子运动，原子轨道在组合成分子轨道时必须要满足能量相近、最大重叠和对称性匹配三原则，其中，对称性匹配是最关键的条件。

在同核双原子分子中，分子轨道的能量高低顺序有两种，一种是没有发生 s-p 混杂，分子轨道能级顺序为

$$E:\ \sigma_{1s}<\sigma_{1s}^*<\sigma_{2s}<\sigma_{2s}^*<\sigma_{2p_x}<\pi_{2p_y}=\pi_{2p_z}<\pi_{2p_y}^*=\pi_{2p_z}^*<\sigma_{2p_x}^*$$

一种是发生了 s-p 混杂，分子轨道能级顺序为

$$E:\ \sigma_{1s}<\sigma_{1s}^*<\sigma_{2s}<\sigma_{2s}^*<\pi_{2p_y}=\pi_{2p_z}<\sigma_{2p_x}<\pi_{2p_y}^*=\pi_{2p_z}^*<\sigma_{2p_x}^*$$

电子在分子轨道中的填充遵循电子排布三原理，由此可写出常见的同核双原子分子的电子排布式。分子中净的成键电子对数称为键级，键级越大，分子越稳定，当键级为 0 时，不能形成分子。

配合物的价键理论认为，中心离子以空的杂化轨道接受配位原子的孤对电子形成配位键，配位键的本质是共价键。中心离子的杂化轨道在空间要形成规则的构型。中心离子的杂化类型决定于中心离子本身的电子构型和配位原子的性质。由中心离子的杂化轨道类型可以推断配合物的配位数、空间构型和稳定性等。中心离子以 sp 杂化形成 2 配位数的直线形配离子，sp^3 杂化形成 4 配位数的正四面体形配离子，dsp^2 杂化形成 4 配位数的平面正方形配离子，sp^3d^2 和 d^2sp^3 杂化均形成 6 配位数的正八面体形配离子。利用内层 d 轨道参与杂化成键的称内轨型配合物，其性质较稳定，只利用了外层轨道杂化成键的称外轨型配合物，其稳定性相对较差。

分子或者是离子在外加电场中发生正、负电荷重心的分离称为分子或者是离子的极化。在离子化合物中会发生离子的相互极化。在离子的相互极化中，阳离子主要表现出极化力，阳离子所带电荷越多、离子半径越小、电子构型中电子数越多，其极化力越大；阴离子主要表现出变形性，阴离子的半径越大、所带电荷越多，变形性越大。离子的相互极化越强，离子化合物中，共价键的成分越多，物质的熔沸点越低、颜色越深、在水中的溶解度越小，热稳定性越小。

正、负电荷重心重合的分子称为非极性分子，正、负电荷重心不重合的分子称为极性分子，双原子分子的极性与共价键极性一致，多原子分子的极性既与共价键的极性有关，还决定于分子的空间构型。

分子间力是偶极之间的相互作用。永久偶极与永久偶极间的作用称为取向力，永久偶极与诱导偶极间的相互作用称为诱导力，瞬间偶极与瞬间偶极间的相互作用称为色散力。分子间力是近程力，相比化学键很小。三种分子间力中，色散力一般是最大的，只有极性较强的分子间才有较大的取向力，诱导力在所有分子中都很小。分子间力越大，相应物质的熔沸点越高。

与一电负性大、半径小的原子成键后的氢原子和另一有孤对电子、半径较小的原子之间的相互作用力称为氢键。氢键既有方向性，也有饱和性，氢键的作用力与分子间力在同一数量级。氢键有分子间氢键和分子内氢键两类。若能形成分子间氢键，物质的熔、沸点高，热容较大。

思考与练习

11-1　离子键是如何形成的？其本质是什么？有何特点？

11-2　共价键是如何形成的？其本质是什么？有何特点？

11-3 σ键和π键分别是怎样形成的？各有何特点？

11-4 什么是极性共价键？什么是极性分子？键的极性和分子的极性有什么关系？

11-5 分子轨道理论对物质的顺磁性是如何解释的？举例说明。

11-6 价层电子对互斥理论是怎样确定中心原子的价层电子对数的？

11-7 试说明乙烯分子中各种共价键的类型及碳原子的杂化轨道类型。

11-8 什么是离子极化？离子极化对物质性质有何影响？

11-9 什么是分子间作用力？分子间作用力有何特点？

11-10 氢键是怎样形成的？氢键的形成对物质性质有什么影响？

11-11 写出 O_2、O_2^-、O_2^+ 分子或分子离子的分子轨道式，并比较它们的稳定性，判断它们的磁性。

11-12 BF_3 和 NF_3 的杂化轨道类型和分子几何构型分别是什么？它们是极性还是非极性分子？

11-13 根据杂化轨道理论说明下列分子的键角大小顺序。

(1) H_2O (2) $HgCl_2$ (3) NH_3 (4) BF_3 (5)CH_4

11-14 利用价层电子对互斥理论判断下列分子或离子的空间几何构型。

(1) $BeCl_2$ (2) $SnCl_2$ (3) PH_4^+ (4) SO_3^{2-} (5) AlF_6^{3-} (6) PCl_5 (7) SO_4^{2-} (8) SF_6

(9) PO_4^{3-} (10) O_3

11-15 根据离子极化理论解释下列物质的熔、沸点，溶解度和颜色的变化顺序。

AgF AgCl AgBr AgI

11-16 下列分子中化学键的极性大小顺序如何？说明原因。

F_2 HF HCl HBr HI NaF

11-17 下列各对分子间存在的分子间力有哪些，是否存在氢键？

(1) H_2-H_2 (2) H_2O-H_2O (3) NH_3-H_2O (4) CCl_4-H_2O

11-18 下列物质哪些能形成分子间氢键？哪些能形成分子内氢键？哪些不能形成氢键？

(1) 苯 (2) NH_3 (3) C_2H_6 (4) 水杨醛 (5) 对羟基苯甲醛 (6) H_3BO_3

11-19 在室温下，为何 CCl_4 是液体，CH_4 和 CF_4 是气体，而 CI_4 是固体？

11-20 同样是 Cu^{2+} 形成的配离子，$[CuCl_4]^{2-}$ 和 $[Cu(CN)_4]^{2-}$ 的空间构型却不同，根据配合物的价键理论解释之。

11-21 根据配合物的价键理论判断下列配离子中心离子的杂化轨道类型及配离子的空间构型。

(1) $[CoF_6]^{3-}$ ($\mu=4.90\mu_0$) (2) $[Fe(CN)_6]^{3-}$ ($\mu=1.73\mu_0$) (3) $[FeF_6]^{3-}$ ($\mu=5.91\mu_0$)

(4) $[Co(NH_3)_6]^{3+}$ ($\mu=0\mu_0$) (5) $[Ni(CN)_4]^{2-}$ ($\mu=0\mu_0$)

11-22 判断下列配离子哪些是外轨型，哪些是内轨型，并指出配合物是顺磁性还是逆磁性。

(1) $[Mn(CN)_6]^{4-}$ ($\mu=1.73\mu_0$) (2) $[Ag(CN)_2]^-$

(3) $[Ni(CN)_4]^{2-}$ ($\mu=0\mu_0$) (4) $[Ni(NH_3)_4]^{2+}$ ($\mu=2.83\mu_0$)

第 12 章　晶体结构简介

固态物质常分为晶体和非晶体两大类，晶体是由原子、离子、分子等内部质点在空间按一定规律周期性地重复排列构成的固体物质，具有特定的规则的几何外形。内部质点杂乱无序、不具有三维空间周期性地重复排列特征的固体物质是非晶体，非晶体也称无定形物质或玻璃态物质。非晶体中，内部微粒在几个原子间距的短程范围处于有序状态，在大范围内是混乱、无规则的，常称之为短程有序，长程无序。非晶体物质比较少，常见的有玻璃、沥青、松香、石蜡、橡胶、明胶等。

晶体是固体物质的主要存在形态，自然界中的固体物质，绝大多数都是晶体，气体、液体和非晶体在一定条件下可以转变为晶体。同一物质在不同条件下既能形成晶体，也能形成非晶体，晶体和非晶体之间并无不可逾越的鸿沟，也有介于晶体和非晶体之间的物态，如液晶。例如，涤纶的熔体若迅速冷却，得到的是无定形体，若缓慢冷却，则可能得到晶体。自然界中的二氧化硅，有晶态的石英、水晶，也有非晶态的燧石。非晶态的玻璃中若加入金属氧化物作晶核，在熔制、冷却中晶核长成微小晶粒，可形成微晶玻璃，微晶玻璃在抗震、抗冲击、耐温度骤变方面具备优良的性能。

作为系统的科学，晶体学的发展始于 17 世纪中叶。丹麦学者斯丹诺(N. Steno)于 1669 年通过对系列晶体的观察，提出了晶体的晶面角守恒定律，奠定了晶体几何结晶学的基础。19 世纪末到 20 世纪 70 年代，X 射线的发现与应用，使得晶体形态学发展到晶体结构学。近几十年来，大量的实际晶体的结构被揭示出来，并在此基础上发展建立起了研究晶体成分和晶体结构的晶体化学。随着科学技术的进步，出现了能够直接观察晶体的内部结构的高分辨率透射电子显微镜，开创了晶体、准晶体结构研究的新历程。

晶体在材料科学、信息科学等现代科技中有着广泛而重要的应用，所以了解晶体的性质、结构和类型等晶体学的相关知识与理论是很有必要的。

12.1　晶体的性质和结构

12.1.1　晶体的基本性质

晶体中的微粒排列具有三维空间重复的周期性，这种结构特征决定了晶体具有一些共同特性。

1. 规则的几何外形

晶体在从液态凝固或从溶液中结晶形成时，会自发地形成晶面，晶面相交成为晶棱，晶棱会聚成顶点，从而形成规则的多面体，所以晶体都具有整齐规则的几何外形。例如，NaCl 晶体是立方体形，石英晶体呈六角菱柱或菱锥形，明矾为八面体形等。由于晶体生长的条件不同或由于晶体的不完整性，同种晶体可能有不同的外形，但其相应晶面间的夹角恒定不变，这个规律称为晶面角守恒定律。晶面角守恒定律的发现使人们从千变万化的晶体形态中，找到了其外形所固有的基本规律，从而能够根据面角关系恢复理想的晶体形态，对晶体理论的发展做出了重要贡献。

玻璃类的非晶体虽然很容易被加工成各种规则的外形，但其液体凝固时，不能自发形成多面体外形，只能固化成表面圆滑、无规列外形的无定形体。

2. 均匀性和各向异性

均匀性是指化学组成、密度等宏观性质在一块晶体内部的各个部分是相同的。这是由于晶体中质点排列的周期性很小，宏观上分辨不出微观的不连续性。气体、液体和非晶体也具有均匀性，但这是来源于微观质点无序分布的统计性规律。

晶体的各向异性是指晶体在不同的方向上具有不同的传热、导电、折光率和机械强度等物理性质。这是由于在晶体中的不同方向上，微观质点的排列情况不同所导致的。例如，云母沿两层间的平面方向很容易剥离，沿平面的垂直方向剥离就很困难。石墨在与层平行的方向的导电率是 $2.5\times10^4\sim0.2\times10^4\ \Omega^{-1}\cdot cm^{-1}$，而与层垂直方向导电率只有 $5\sim1\ \Omega^{-1}\cdot cm^{-1}$，两者相差了 5000 倍左右。非晶体物质不具有各向异性。

3. 确定的熔点

将晶体加热时，随着温度升高，晶体中的化学键断裂，晶体结构被破坏，晶态向液态转化，此时的温度为晶体的熔点。由于结构的周期性，晶体各部分熔化需要相同的温度，从开始熔化到全部熔化完之前，固液两相共存，温度保持不变，所以晶体具有确定的熔点。例如，在标准压力下，冰的熔点是 273.15 K。

非晶体没有固定的熔点，如玻璃熔化时，随着温度升高，逐渐软化，黏度逐渐减小，进而变成流动性较大的熔体，在此过程中没有温度的停顿，无法确定哪一个温度是它的熔点。

4. 晶体的对称性及 X 射线衍射效应

自然界不论是宏观物体还是微观粒子，普遍存在着对称性，如蝴蝶、花朵及一些建筑等。对称是指物体内的相同部分做有规律的重复。观察对称性主要通过两个方面：一是在物体上可以找到相同的部分，二是相同的部分有规律的重复出现。通过一定的操作，晶体的结构能完全复原，这一性质称为晶体的对称性。晶体的外形和内部结构都具有对称性。晶体的对称性是由晶体内部微粒的排列方式所决定的。晶体的对称性与晶体的性质关系密切。

晶体结构的周期大小与 X 射线的波长相近，周期性排列的晶体相当于三维光栅，它能使 X 射线产生衍射。X 射线衍射是了解晶体内部结构的重要实验方法。非晶态物质没有周期性结构，只能产生散射效应，得不到衍射图像。

12.1.2 晶体的结构特征

晶体整齐规则的几何外形反映了晶体内部结构的规律性。构成晶体的原子、离子、分子，或离子团、分子团等微粒是按照一定规律在空间整齐重复排列的。1848 年，法国科学家布拉维(A. Bravais)将晶体中的微粒抽象为一个几何点，称为晶格结点，晶格结点在三维空间有规则地重复排列构成空间点阵，如图 12-1 所示。空间点阵结构形象而充分地反映了晶体的周期性、重复性结构特征。点阵中所形成的空间格子称为晶格，如图 12-1 中粗黑线所示。

按照晶体内部结构的周期性，可以从点阵中划分出一个大小和形状完全一样的平行六面体，以代表晶体的基本重复单位，称为晶胞。晶胞是晶体的基本结构单元，它既包括晶格的大小和形状，也包括晶格结点上的微粒单元，晶胞的形状和大小由晶体的结构决定，晶胞在三维空间平移，无限重复排列就形成了晶体。晶胞的大小和形状可用晶胞参数来表示，晶胞参数是指平行六面体的 3 个边长 a、b、c 和由 bc、ca、ab 所形成的 3 个夹角 α、β、γ，如图 12-2 所示。

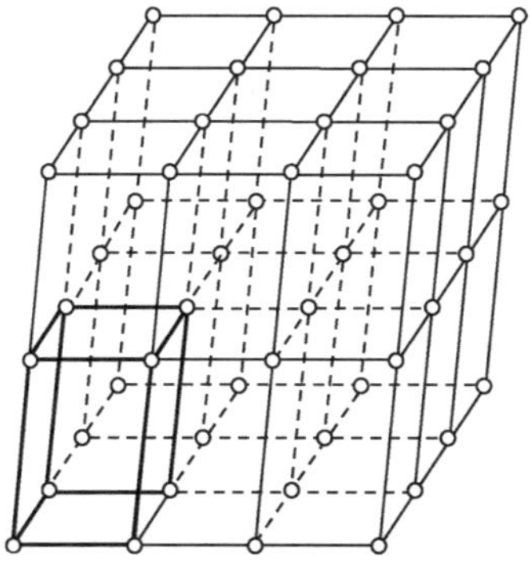

图 12-1　晶格与晶胞

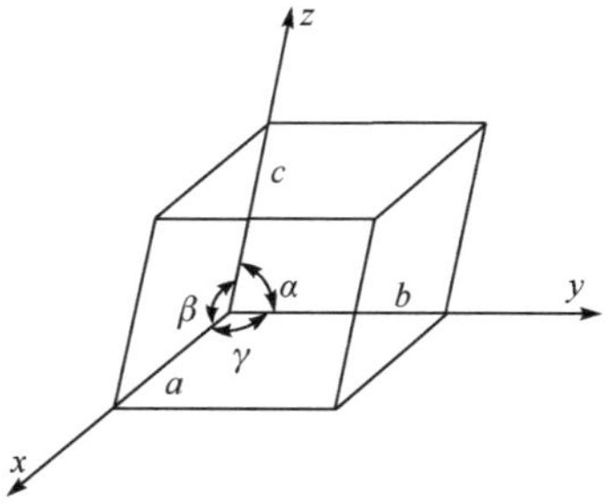

图 12-2　晶胞参数

晶体的对称性是晶体化学中划分晶系的标准，晶体的对称性表现在晶体具有对称轴、对称面和对称中心等对称元素。若晶体绕某直线旋转一定的角度（360°/n，n 为整数）能使晶体复原，称晶体具有轴对称性，此直线为 n 次对称轴或 n 重旋转轴。例如，NaCl 晶体是立方体，其对应面中心的连线是 4 次旋转轴，绕其轴每旋转 90°后，晶体形状不变，如图 12-3 所示。对称面也称镜面，是将物体或图形等分为互成镜像反映关系的两个相同部分的面，借助于对称面的反映，可使两个相同部分相互重复。若晶体中任意一个原子或离子与晶体中某一点连一直线，将此线延长，在和此点等距离的另一侧有相同的原子或离子，则这种晶体具有中心对称性，该中心点称为对称中心，即绕对称中心点旋转 180°后，晶体能和原来的形状完全重合。每个晶体可能有多种对称要素，如 NaCl 晶体有 4 个 3 次对称轴、3 个 4 次对称轴、6 个 2 次对称轴、9 个对称面和 1 个对称中心。在众多的对称要素中，对称性最高的称为晶体的特征对称要素。不同的晶体具有不同的对称性，按对称性的不同，根据晶体的特征对称要素，可分为 7 种晶系，其中立方晶系的对称性最高，六方晶系次之。各晶系的晶胞参数特征列于表 12-1，7 种晶系点阵结构如图 12-4 所示。

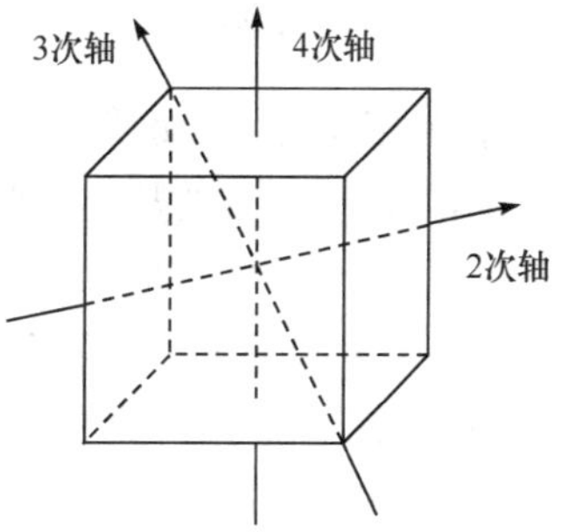

图 12-3　晶体中的对称轴

表 12-1　晶系的晶胞参数特性

晶系	边长	夹角	特征对称要素	实例
立方晶系	$a=b=c$	$\alpha=\beta=\gamma=90°$	4 个 3 次轴	NaCl、CaF_2、ZnS、Cu
六方晶系	$a=b\neq c$	$\alpha=\beta=90°,\gamma=120°$	1 个 6 次轴	AgI、SiO_2、CuS、Mg
四方晶系	$a=b\neq c$	$\alpha=\beta=\gamma=90°$	1 个 4 次轴	SnO_2、MgF_2、$NiSO_4$、Sn
三方晶系	$a=b=c$	$\alpha=\beta=\gamma\neq 90°$	1 个 3 次轴	Al_2O_3、$CaCO_3$、As、Bi
正交晶系	$a\neq b\neq c$	$\alpha=\beta=\gamma=90°$	3 个 2 次轴或 2 个互相垂直的对称面	$HgCl_2$、$BaCO_3$、K_2SO_4、I_2
单斜晶系	$a\neq b\neq c$	$\alpha=\gamma=90°,\beta\neq 90°$	1 个 2 次轴或 1 个对称面	$KClO_3$、$Na_2B_4O_7$、S
三斜晶系	$a\neq b\neq c$	$\alpha\neq\beta\neq\gamma\neq 90°$	无	$CuSO_4\cdot 5H_2O$、$K_2Cr_2O_7$

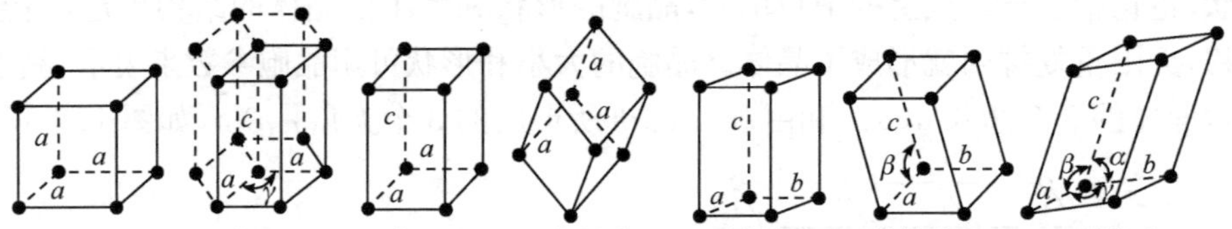

图 12-4　7 种晶系晶胞示意图

12.2　晶体的类型

在材料科学中，常将晶体分为单晶体和多晶体。具有均匀、连续周期结构的晶体称为单晶。单晶体是由一个微小的晶核在各个方向均匀生长而成，具有典型的晶体结构和突出的晶体特征。单晶需要在特定的条件下才能形成，所以自然界很少见，但可以人工培养，如半导体材料单晶硅就是人工制备的。两个或两个以上的同种单晶体彼此间按一定的对称关系相互结合在一起的晶体称为孪晶或双晶。许多取向不同的小单晶的集合体称为多晶。多晶体也具有 X 射线衍射效应，有固定的熔点，但不具有单晶的各向异性。多晶体的物理性质不仅取决于所包含的晶粒的性质，还与晶粒大小以及相互间的取向有关。天然矿物，常见的金属、合金、陶瓷等一般是多晶态物质。

晶体化学中一般根据晶格结点上微粒的种类和微粒间相互作用力的不同，将晶体分为离子晶体、原子晶体、分子晶体和金属晶体四个基本类型。

12.2.1　离子晶体

在晶格结点上，交替排列的是阴、阳离子，离子间以离子键相互结合而形成的晶体称为离子晶体。几乎所有的盐类、强碱和碱性氧化物都属于离子晶体，如 NaCl、KOH、CaO 等。

由于离子晶体是依靠离子键的作用将阴阳离子结合起来的，离子键既没有方向性，也没有饱和性，每个离子都尽可能多地以静电力吸引周围的异号离子而紧密堆积，所以离子晶体中没有单个的小分子存在，整个晶体就是一个巨型分子，常用来表示离子晶体的是其化学式，它只表明了晶体中阴阳离子的最简个数比，如 NaCl，只是表明 NaCl 晶体中 Na^+ 与 Cl^- 的个数比为 1∶1。每个离子周围所结合的与其带相反电荷的离子的数目，称为离子的配位数，如 NaCl 晶体中配位数为 6，表明在晶格中 1 个 Na^+ 被 6 个 Cl^- 包围，1 个 Cl^- 也被 6 个 Na^+ 包围。对于最简单的 AB 型离子化合物，根据配位数的不同，有三种典型的晶体结构类型，即配位数为 4 的 ZnS 型，配位数为 6 的 NaCl 型和配位数为 8 的 CsCl 型，如图 12-5 所示。决定离子晶体构型的主要因素是阴阳离子的半径比和离子的电子层构型，常见的 AB 型离子晶体的构型及其与离子半径比的大小关系列于表 12-2。

表 12-2　AB 型离子晶体的离子半径比与配位数及晶体构型的关系

半径比 r_+/r_-	配位数	晶体结构	实例
0.225～0.414	4	ZnS 型	ZnS、ZnO、BeO、BeS、CuCl、CuBr
0.414～0.732	6	NaCl 型	NaCl、KCl、NaBr、LiF、CaO、MgO、CaS、BaS
0.732～1	8	CsCl 型	CsCl、CsBr、CsI、TiCl、NH_4Cl、TiCN

离子晶体的内部结构特点和离子键较强的结合力决定了离子晶体的性质。离子晶体的性质主要决定于阴阳离子间的作用力即离子键的强弱，离子晶体中离子键的强度一般用晶格能

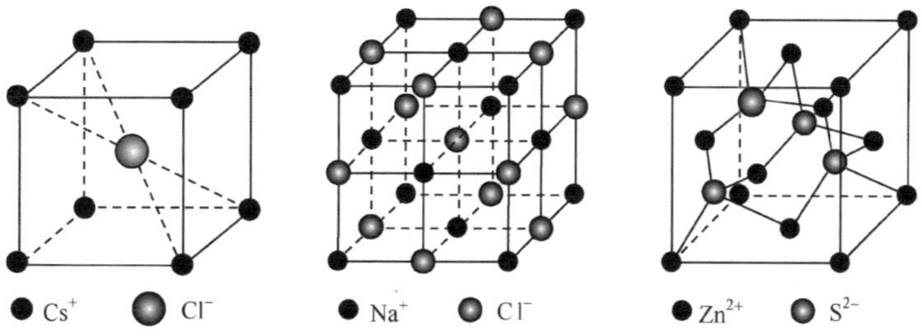

(a) CsCl型　(b) NaCl型　(c) ZnS型

图 12-5　三种离子晶体构型示意图

U 来衡量。离子所带电荷越高，阴、阳离子半径越小，其晶格能越大，阴、阳离子间的结合力越强，离子晶体越稳定，熔点越高、硬度越大。

离子晶体一般具有较高的熔点、沸点、易溶于水等极性溶剂、具有较大的硬度，但比较脆，延展性差，在熔融状态或水溶液中都具有优良的导电性，但在固体状态时，由于离子被限制在晶格的一定位置上振动，因此几乎不导电。

12.2.2　原子晶体

在晶格结点上排列的是中性原子，原子与原子间以牢固的共价键相互结合所形成的晶体称为原子晶体。原子晶体的种类不多，常见的有金刚石、单质硼、单质硅、单质锗、SiC、SiO_2、A1N、B_4C、GaAs 等。图 12-6(b)和(c)是典型的原子晶体金刚石和石英的晶胞示意图。

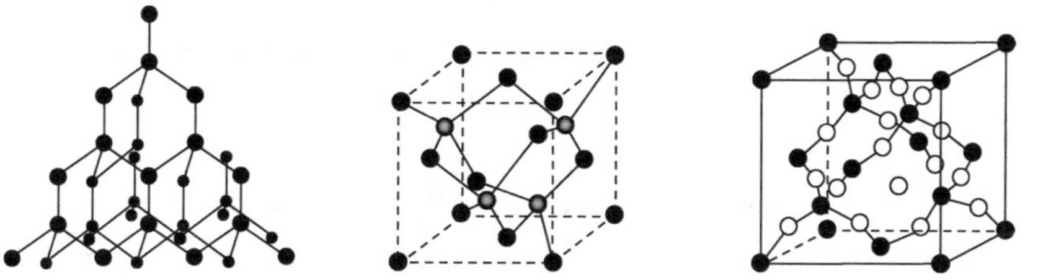

(a) 金刚石的空间构型　(b) 金刚石的晶胞　(c) 石英(SiO_2)的晶胞

图 12-6　原子晶体

图 12-6(a)为金刚石的空间构型，在金刚石中，每一个碳原子通过 4 个 sp^3 杂化轨道与邻近的另外 4 个碳原子以共价键相连接，形成正四面体的基础结构单元，无数个碳四面体互相联结成三维空间的网格骨架结构。可见，原子晶体中也不存在独立的小分子，整个晶体就是一个巨大的分子。原子晶体中原子间联结不是紧密堆积，它们是通过具有方向性和饱和性的共价键相联结，尤其是通过成键能力很强的杂化轨道重叠成键，使其键能很大，所以原子晶体具有很高的熔点，很大的硬度，难溶于任何溶剂，化学性质十分稳定。尤其是金刚石，由于碳原子半径较小，共价键的强度大，要破坏 4 个共价键或扭曲键角，都需要很大的能量，所以金刚石是迄今为止发现的自然界中熔点最高、硬度最大的物质，其熔点高达 3750 ℃，莫氏硬度中将其硬度定为最大的 10，其他物质的硬度都是相对金刚石而定的。金刚石作为精美的宝石，晶莹璀璨，是首饰中的精品；由于它质地坚硬，在精密机械工业、金属表面加工、矿产资源的钻探等领域都有广泛的应用，现在世界年消费金刚石量达 10 亿克拉(1 carat＝0.2 g)。

原子晶体中由于不含自由电子和离子，一般不导电，但也有一些重要的半导体材料如硅、锗也属于原子晶体,正是由于这种半导体材料的发现和开发推动人类社会进入了现代化的信息时代。

12.2.3 分子晶体

在晶格结点上排列的是中性分子,分子间依靠范德华力和氢键相互连接所形成的晶体称为分子晶体。分子晶体中有独立的小分子存在。图 12-7 所示为 CO_2 分子晶体的结构。CO_2 分子分别占据着立方体的 8 个顶点和 6 个面的中心位置,分子内部 C 和 O 原子间以共价键结合,晶体中 CO_2 分子间靠色散力结合起来。零族元素 He、Ne、Ar 等的晶体中,占据晶格结点的是中性原子,这些原子间无化学键的结合,靠的是色散力结合起来,也是分子晶体。极性分子 NH_3、HCl、H_2O 等形成的分子晶体中,分子间不仅存在色散力,还有诱导力和取向力,有的还有氢键。有机化合物晶体大多是分子晶体。蛋白质、核酸等分子量较大,结构较复杂,现用 X 射线衍射已测定了不少蛋白质和核酸的晶体结构,推动了分子生物学的发展。

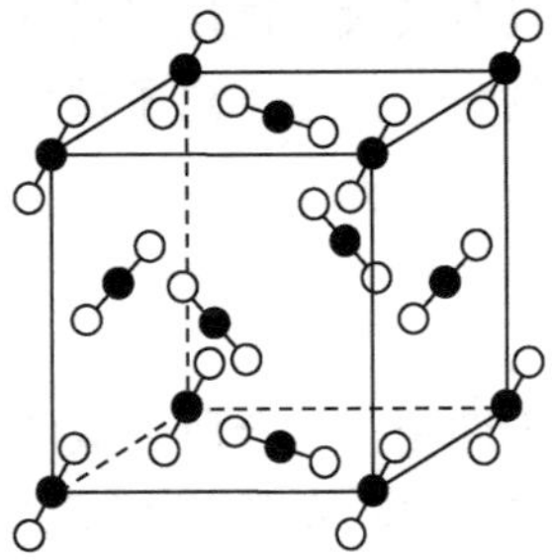

图 12-7 CO_2 分子晶体的晶胞

连接分子晶体中质点的分子间力和氢键与化学键力相比较,是很弱的,只需要少量的能量,就能破坏晶体,所以分子晶体的硬度小,熔点、沸点低,挥发性较大,常温下常以气态或液态存在。即使常温下呈固态的分子晶体,如碘(I_2)、萘($C_{10}H_8$)等,蒸气压高,挥发性大,也容易升华。因为占据晶格结点的是电中性分子,所以分子晶体在固态或熔融态时均不导电,有些极性较强的分子形成的分子晶体,如乙酸(CH_3COOH),溶于水后,由于电离形成了水合离子,所以其水溶液能导电。

12.2.4 金属晶体

在现代工业生产中,金属扮演着非常重要的角色。自然界中有 80 多种金属元素,它们的共同特征是不透明,有金属光泽,能导电、传热,富有延展性、可塑性等。在解释金属中原子或离子之间的结合力时,一般有自由电子理论(又称改性共价键理论)和金属能带理论两种。本节简单介绍自由电子理论。

1. 金属键

由于金属元素的电负性较小,电离能较小,原子核对价电子的吸引能力较弱,而且大部分金属原子价电子数比较少,因而外层价电子容易脱离原子核的束缚而游离出来,这些电子不断在原子和离子间进行交换,不再属于某一固定的金属原子,而是在整个金属晶体中自由运动,因此将其称为自由电子或离域电子。自由电子在三维空间中运动,将金属原子或离子连接起来,就形成了金属,这种自由电子与金属原子或离子之间的作用力就称为金属键。由于金属键可看作是由许多原子和离子共用许多电子而形成的,因此也称为改性共价键。

金属晶体是由晶格结点上排列的金属原子或离子依靠金属键形成的晶体。由于自由电子属于整块金属所有,所以在金属晶体中也没有单个的独立分子,一块金属就是一个巨型分子。

从金属键的形成可知,金属键是既没有方向性、也没有饱和性的离域键,所以金属晶体总是倾向于使金属原子紧密堆积。所谓紧密堆积是指金属原子尽可能趋向于相互接近,使每个原子具有尽可能大的配位数。紧密堆积将降低体系的能量，使晶体趋于稳定，经实验测定证明，绝大多数金属单质晶体属于三种紧密堆积形式，如图 12-8 所示。配位数为 8 的体心立方晶格，其金属原子在晶体全部体积中占 68%，其余为晶体空隙，如 K、Rb、Cs、Li、Na、Cr、Mo、W、Fe 等金属；配位数为 12 的六方紧密堆积晶格和配位数为 12 的面心立方紧密堆积晶格，是最紧密的晶体结构，金属原子在晶体全部体积中占 74%，如 Mg、Cd、Ti、Co、La、Y、Zr、Hf 等属于六方紧密堆积晶格，Ca、Al、Ag、Au、Cu、Ni、Pb、Sr 等属于面心立方紧密堆积晶格。

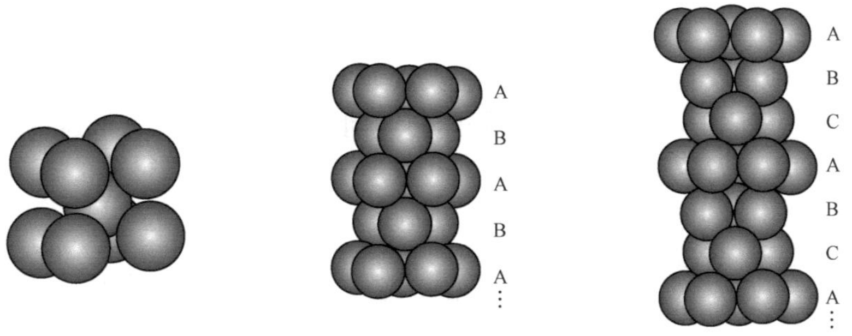

(a) 体心立方晶格　(b) 六方紧堆晶格　(c) 面心立方紧堆晶格

图 12-8　三种金属堆积示意图

2. 金属晶体的性质

金属晶体依靠自由电子的结合力，使金属原子或离子紧密堆积，所以金属晶体具有一些特殊的性质。

(1) 良好的导电性，这是由于大量自由电子的存在，其在外加电场中可以定向移动。

(2) 良好的导热性，自由电子热运动的加剧会不断和金属原子或离子碰撞而交换能量，使热能在晶体中迅速传递。

(3) 良好的延展性，由于自由电子的自由流动性，金属原子或离子发生相对位移时，在一定限度内不会破坏金属键，因而金属往往都具有良好的机械加工性能。例如，展性最好的金，可压成 0.1 μm 厚度的金箔；延性最好的铂可拉成细至 0.2 μm 的丝。

(4) 常具有银白色的金属光泽，这是因为自由电子能吸收各种频率的可见光而后又几乎全部发射出来。

(5) 一般都具有较高的熔点、沸点，较高的硬度和较大的密度，但不同金属差异明显。例如，金属锇(Os)的密度高达 22.557 $g \cdot cm^{-3}$，而金属锂(Li)的密度只有 0.534 $g \cdot cm^{-3}$；钨(W)的熔点为 3410 ℃，而汞(Hg)的熔点只有 −38.87 ℃；金属钠(Na)的硬度仅为 0.4，而金属铬(Cr)的硬度高达 9.0。

12.2.5　混合型晶体

除上述常见的四种基本晶体类型外，还有一些混合键型的晶体，如硅酸盐、石墨等。在这些晶体中，具有多种晶体的结构和性质，微粒间存在着多种不同的结合力。

1. 链状结构晶体

硅和氧在地壳中的含量分别为 26.0%和 49.1%，是分布最广泛的两种元素，它们在地壳中的主要存在形式是硅酸盐与硅石，即岩石层的主要成分。在工业生产中，硅酸盐和硅石有广泛的用途。在硅酸盐结构中，硅与氧原子间的结合力起骨干作用，每一个硅离子以 sp^3 杂化轨道与四个氧离子结合，形成硅氧四面体$[SiO_4]^{4-}$，如图 12-9 所示。硅与氧间的结合力介于离子键与共价键之间，偏向于共价键，比单纯的离子间结合力大得多。在各种硅酸盐中硅氧四面体$[SiO_4]^{4-}$的大小和形状都基本不变，因此，硅氧四面体是所有硅酸盐的基本构造单元。

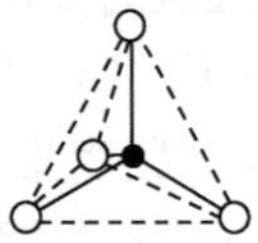

图 12-9 硅氧四面体$[SiO_4]^{4-}$

硅氧四面体可以通过共用氧原子而互相连接，根据连接方式的不同，可以形成链状、层状和三维网络骨架状等多种结构的硅酸盐。如果每个硅氧四面体$[SiO_4]^{4-}$共用 2 个氧原子，在一维方向无限延伸，就形成单链结构的硅酸盐负离子$[SiO_3]_n^{2n-}$，如图 12-10(a)所示。若链与链之间再通过共用氧原子联系起来，可得双链结构的硅酸盐负离子$[Si_4O_{11}]_n^{6n-}$，如图 12-10(b)所示。在链与链间可以填充 Ca^{2+}、Mg^{2+}、Na^+ 等金属正离子。可见在硅酸盐晶体内，链内硅、氧原子间主要靠共价键力结合，链间的金属正离子以离子键力与硅酸根负离子相结合。在硅酸盐晶体内同时存在着共价键与离子键两种化学键力。由于链状负离子与金属正离子距离较远，以致链间的结合力比链内共价键原子间结合力弱得多。如果沿平行于链的方向用力，链状晶体很容易被撕裂成柱状或纤维状。例如，石棉是典型的硅酸盐链状晶体，其长链是由 Si—O 共价键联结的双链结构，含有 Ca^{2+}、Mg^{2+}，用氧化物的形式可表示为 $CaO \cdot 3MgO \cdot 4SiO_2$，石棉广泛地用作保温、绝缘材料。

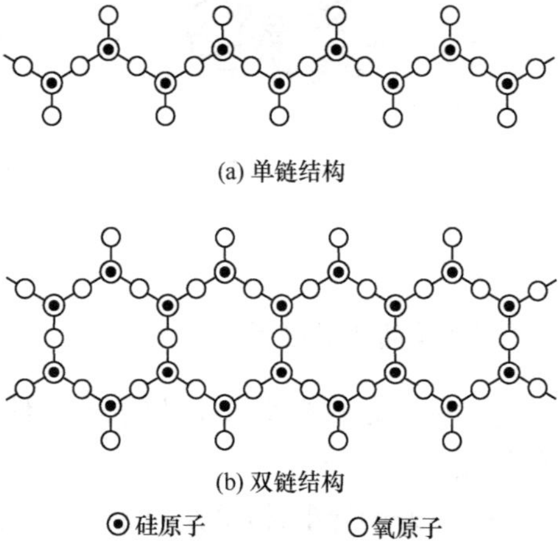

图 12-10 硅酸盐链状结构图

2. 层状结构晶体

硅氧四面体以顶点相连，在两个方向上无限延伸构成的硅酸盐是层状结构晶体，其骨干结构是$[Si_2O_5]_n^{2n-}$ 层。云母类与黏土类是分布最广的层状硅酸盐矿物，高岭土$[Al_2(Si_2O_5)(OH)_4]$是黏土类层状硅酸盐中的重要代表，其手感柔软、润滑，有一定的吸附能力和阳离子交换性能，主要用于陶瓷工业，也广泛应用于石油化工、造纸和纺织等工业中。

石墨是层状结构晶体的典型代表。在石墨中，每个碳原子以 sp^2 杂化轨道分别与相邻的 3 个碳原子的 sp^2 杂化轨道重叠成键，键角为 120°，形成无限扩展的蜂巢状正六边形平面层状结构，层内碳原子间距离为 142 pm。每个碳原子还有 1 个垂直于杂化轨道平面的 2p 轨道，其中各有 1 个 2p 电子。这些相互平行的 p 轨道可以互相重叠形成遍及整个平面的离域大 π 键，大 π 键中的 π 电子可以在整个碳原子平面层上运动，具有类似金属键的性质。石墨结构如图12-11所示。

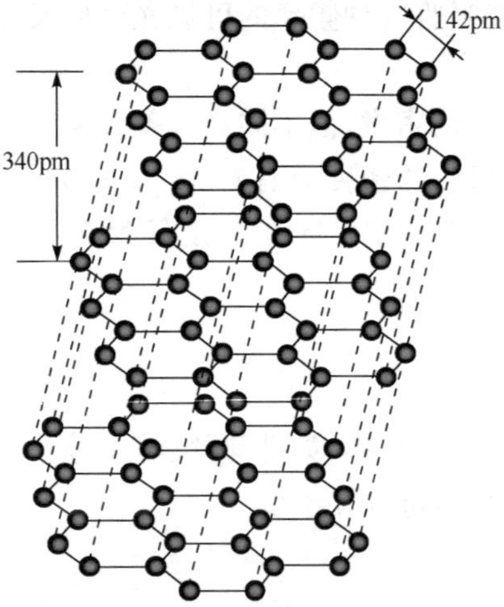

图 12-11 石墨的层状晶体结构

石墨是优良的导电、导热材料，可用作电极或热交换设备。石墨晶体的层与层间碳原子距离较长，为 340 pm。层与层间的作用力是相对较弱的分子间力，层间易于断开而滑动，所以石墨具有润滑性，工业上用作固体润滑剂。在石墨晶体中既有共价键又有具金属键性质的离域大 π 键，层间还有分子间作用力，所以是典型的混合键型晶体。

除石墨外，滑石、云母、黑磷、氮化硼(BN)等也都属于层状过渡型晶体。例如，氮化硼具有类似石墨晶体的结构，一般为白色粉末，俗称"白色石墨"。在 BN 晶体中，B、N 原子相间排列，组成相连的六边形拼接平面，密度小而质地软，熔点达 2983 ℃，是很好的高温固体润滑剂。

12.3　单质的晶体结构及其物理性质的周期性

按照化合物中原子的种类与数目可分为单质晶体、二元化合物与多元化合物晶体等。单质的晶体结构可分为金属单质、稀有气体和非金属单质三类。

12.3.1　单质的晶体结构

同一周期从左到右，元素单质由典型的金属晶体经原子晶体或层状、链状过渡型晶体逐渐变化到分子晶体。s 区及长周期中部的 d 区、ds 区元素单质都是金属晶体。p 区元素单质的晶体结构在周期表中同一主族从上到下常由分子晶体或原子晶体经层状或链状过渡型晶体向金属晶体转变。p 区梯形对角线附近就是这种转变的过渡区，出现了层状或链状的晶体结构。在过渡区中常出现同一种元素的原子结合成不同类型晶体的同素异晶现象，如 C、P、S、As、Se、Sn、Pb 等。

元素周期表中，共有 70 多种金属元素。典型的金属单质晶体由金属原子或离子等球紧密堆积而成，原子间的结合力为金属键，配位数高，密度大。稀有气体以单原子分子存在，其原子有全充满的电子层结构。在低温下，稀有气体原子间通过微弱的范德华力凝聚形成分子晶体。非金属单质的分子或晶体结构中，原子间多为共价键结合，可能形成多种类型的晶体。

除了金刚石和石墨，碳还存在多种同素异晶体，其中之一有著名的 C_{60}。C_{60} 于 1985 年由美国休斯敦赖斯大学的史沫莱(R. E. Smalley)、柯尔(R. F. Curl)和英国的克罗脱(H. W. Kroto)制得。C_{60} 是由 60 个碳原子经 12 个正五边形和 20 个正六边形构成的 32 面体原子簇，如图 12-12 所示，其中五边形彼此不相连，只与六边形相邻。每个碳原子以 sp^2 杂化轨道和相邻的 3 个碳原子成键，剩余的 p 轨道在 C_{60} 分子的外表面和内腔形成大 π 键。C_{60} 靠范德华力形成分子晶体，属面心立方结构，C_{60} 分子间距为 260 pm，小于石墨的层间距，密度为 1.7 g · cm^{-3}。C_{60} 结构优美精致，与美国建筑师巴克明斯特 · 富勒(Buckminster Fuller)发明的多面体穹窿建筑及足球酷似，故称之为富勒烯(Fullerene)或巴克球(Bucky ball)。除了 C_{60}，人们还制得了一系列类似笼状结构的碳原子簇，如 C_{28}、C_{50}、C_{70}、C_{84}、C_{90}、C_{240} 等。进一步研究发现，碳不仅可以形成各种巴克球，而且可以形成各种巴克管、巴克绳等。通过对巴克碳掺杂其他元素，可以获得具有一些优异特性的材料，如超导体、有机铁磁体、高效催化剂、高能电池等。因此，C_{60} 球形结构原子簇的发现，开辟了碳化学研究的新领域，具有重大的理论意义和巨大的应用潜力。

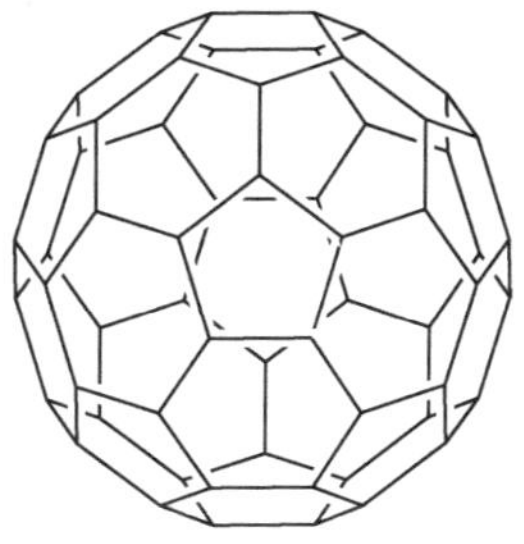

图 12-12　C_{60} 的结构

12.3.2　单质晶体物理性质的周期性

由于元素原子结构的周期性，单质晶体的物理性质也表现出一定的周期性。

1. 密度

在元素周期表中，同一周期元素从左到右，单质晶体的密度总体上是先由小变大，然后又逐渐变小。这是由于晶体类型逐渐变化的结果。同一族的元素，从上到下，单质晶体的密度逐渐增大。这是由于同族元素单质晶体的类型相同，但原子半径逐渐增大，晶体采取更紧密堆积的结果。

金属元素单质晶体的密度一般较大，这是由于它们的晶体结构是金属晶体，原子间以紧密堆积的方式聚集起来，排列比较紧密。s区元素虽是金属，但原子半径较大、相对原子质量较小，因而密度小。锂的密度仅为水的1/2，是密度最小的金属，Mg、Al的密度分别是1.74 $g \cdot cm^{-3}$、2.70 $g \cdot cm^{-3}$，比较小，可用于制造轻合金。通常把密度小于5 $g \cdot cm^{-3}$的金属称为轻金属。密度大于5 $g \cdot cm^{-3}$的金属称为重金属。锇的密度最大，为22.48 $g \cdot cm^{-3}$，约是铁的3倍。p区的非金属元素单质由于固态是分子晶体，分子间力很小，结合松弛，密度较小。

2. 熔点和硬度

单质的熔点和硬度在周期系中总的变化趋势是，同一周期从左到右，先逐渐升高，然后又逐渐降低，同族元素，从上到下逐渐升高。其变化规律与它们的晶体结构以及晶体中微粒间作用力的大小密切相关。

第二、三周期元素，从左到右单质的晶型由金属晶体过渡到原子晶体，再转变为分子晶体。ⅣA族的金刚石和硅的原子半径小，原子间以共价键结合成牢固的原子晶体，破坏晶格需要较高的能量、较大的外力，所以它们的熔点高、硬度大。

第四、五、六周期元素，从左到右单质的晶型由金属晶体过渡到层状或链状晶体，最后转变为分子晶体。s区碱金属单质在同一周期中原子半径最大，晶体中粒子间结合力弱，故熔点、硬度都较低。d区金属元素的单质，熔点、硬度都较高，尤其是ⅣB～ⅦB副族的单质大部分都是高熔点、高硬度的金属。通常把熔点高于铬(1857 ℃)的金属称为耐高温金属或高熔点金属。这些d区元素单质都是金属晶体，占据晶格结点的原子有效核电荷数较大，原子半径较小，而且在这些金属晶体中除最外层s电子外，次外层的d电子也可能参与成键。尤其是ⅤB～ⅦB副族，它们次外层未成对的d电子多，由于这些未成对的d电子参与成键，增强了金属键的强度，所以熔点高、硬度大。Ⅷ族以后，未成对电子逐渐减少，故其熔点、硬度也逐渐降低。

ds区和p区的金属单质由于原子半径较大，次外层的d电子填满后已不能参与成键，所以其晶体熔点低、硬度小。熔点最低的汞常温下是液态。铋、锡、铅称为低熔金属，是制造低熔合金的主要材料。铋的某些合金熔点在100 ℃以下。这类合金用于自动灭火设备、锅炉安全装置、信号仪表、电路中的保险丝、焊锡等。

12.4　晶体缺陷与晶体材料

12.4.1　晶体缺陷

晶体中的原子、分子等结构单元完全按照严格的周期性重复排列，晶体中所有的晶胞都是等同的晶体，称为理想晶体，理想完美的晶体只有绝对纯净的物质，在 0 K 下才能得到。实际晶体中或多或少总会存在空位、位错、杂质原子等缺陷，这些因素促使实际晶体偏离理想的周期性重复排列的点阵结构，这称为晶体缺陷。

晶体的缺陷多种多样。根据晶体缺陷在空间延伸的几何线度划分，有点缺陷、线缺陷、面缺陷和体缺陷，按缺陷的形成和结构可分为本征缺陷和杂质缺陷。

常见的点缺陷有点阵空位、间隙原子、杂质原子和原子周期序列错位等。线缺陷是指位错，包含刃型位错和螺型位错两种基本类型，同时并存以上两种位错时称混合型位错。理想的晶体可看成是由一层一层的原子或离子紧密堆积而成，如果某一原子面在晶体内部中断，在原子面中断处就出现了一个位错，由于它处于该中断面的刃边处，故称为刃型位错。如果原子面在堆积过程中，它绕着螺旋轴旋转一周，就增加一个面网间距，于是就在螺旋轴处出现螺型位错。面缺陷是指发生了层错、晶粒边界平移等。体缺陷是指包裹杂质、空洞、晶体生长条纹和开裂等。

本征缺陷不是由外来杂质引起，而是由于实际晶体粒子的排列偏离理想点阵结构而形成的缺陷，其产生的原因可能有晶体各种组分偏离化学整比性，点阵格位上缺少某些原子，点阵格位间隙处存在间隙原子，一类原子占据了另一类原子应占据的格位形成错位缺陷等。杂质缺陷是由于杂质原子进入基质晶体中而形成的缺陷，有取代杂质原子或离子缺陷和间隙杂质原子或离子缺陷两类。第一类是指外来杂质原子或离子取代了晶体中原来的某种原子或离子形成的缺陷，第二类是指有些杂质原子或离子不是取代点阵位置上的原子或离子，而是进入晶体点阵的间隙中而引起的缺陷。

12.4.2　晶体缺陷与晶体材料

晶体缺陷对晶体材料有重要的意义，一方面，晶体的缺陷可能使晶体的某些优良性能下降，如金属晶体中存在错位，将使原子间结合力减弱，机械强度降低。另一方面，晶体的缺陷常使晶体的性质发生许多变化，甚至在光学、电学、磁学、声学和热学上出现新的功能特性。所以有的晶体材料需要克服晶体缺陷，而更多的时候，需要人们有计划、有目的地制造晶体缺陷，使晶体的性质产生各种各样的变化，造就各种具有特殊性能的晶体材料来满足生产和生活的需要。

1. 硫化锌晶体与蓝色荧光粉

硫化锌（ZnS）晶体本身是白色的，但它却是蓝色荧光粉的主要材料。向 ZnS 晶体中掺入大约 0.0001%的 AgCl 时，Ag^+ 和 Cl^- 分别占据 ZnS 晶体中 Zn^{2+} 和 S^{2-} 的位置，造成晶体缺陷，破坏了 ZnS 晶体的周期性结构，使杂质原子周围的电子能级与 Zn^{2+} 和 S^{2-} 周围的不同，这种掺杂的 ZnS 晶体在阴极射线的激发下可以放出 450 nm 的蓝色荧光，可做彩色电视荧光屏中的蓝色荧光粉。

2. 激光器晶体材料

离子型晶体中掺入杂质阳离子形成的离子型固溶体，由于杂质缺陷，可以吸收可见光，从而使许多离子型晶体显现出五彩缤纷的绚丽色彩。例如，纯的 Al_2O_3 晶体是晶莹透明的，不会吸收可见光，如果在其中掺入 0.05%的 Cr_2O_3，用 Cr^{3+} 置换掉很少部分的 Al^{3+}，产生晶体缺陷，即呈现出鲜亮的红色，人称"红宝石"，它是用于激光器的第一个晶体材料。现代信息的传输依靠的是光纤通信，而光导纤维中传输信息的介质是激光，激光产生于激光器，晶体材料是激光器产生激光的工作物质，是必不可少的部分。以红宝石作激光材料的激光器是固体激光器，现代光纤通信系统大多采用可调谐半导体激光器，其工作物质是半导体材料 GaAs、GaAsP、InP、InAs 等的掺杂晶体。

3. 固体电解质

理想的离子晶体中，正、负离子均在其平衡位置振动，是电绝缘体。但有空位或间隙离子的实际晶体则具有导电性。不过常温下离子的移动极其微弱，只有在高温下因缺陷的增多，导电性较明显，被称为固体电解质。例如，AgI 晶体，当温度升高到 146 ℃时，其导电性能增大到常温下的数千倍，已接近于电解质溶液。尤其是当掺杂某些＋1 价正离子部分取代 AgI 中的纯 Ag^+ 得到的化合物，在室温下就有较强的导电能力。固体电解质由于能在高温下工作，是能源、冶金、医疗等现代高新技术产业发展的重要材料，可用于制造燃料电池、超小型高能密度电池、氧传感器、离子选择电极、电子元器件等。

4. 信息材料

高纯度的单晶硅、单晶锗都是很优良的半导体材料。而在硅、锗中人为地掺入微量的砷、镓所形成的掺杂半导体，其性能受掺杂的种类和数量的控制，得到更为广泛的应用。

(1) p 型半导体　单晶硅具有金刚石晶体的结构，每个 Si 原子以 4 个 sp^3 杂化轨道与另外 4 个 Si 原子的 sp^3 杂化轨道重叠，形成 4 个 Si—Si 单键。Si 原子的配位数为 4，其最外层有 8 个电子。如果往单晶硅中掺入 Ga，由于 Ga 原子的最外层($4s^24p^1$)只有 3 个电子，当它取代了 Si 原子的位置后，Ga 原子最外层就只有 7 个电子，其中有一个 Ga—Si 键只有一个电子，即产生了一个空穴，相邻的硅原子价电子层上的电子可以移动到这个空穴来，从而留下一个新的空穴，这相当于空穴在移动。这种空穴移动导电的半导体称为 p 型半导体。

(2) n 型半导体　如往单晶硅中掺入杂质砷 As，由于 As 原子的最外层 $4s^24p^3$ 共 5 电子，当它取代了 Si 原子的位置后，成键的 As 原子最外层就有 9 个电子，多出的一个电子可以激发到导带而导电。这种由电子移动而导电的半导体称为 n 型半导体。单晶硅和单晶锗都可通过掺杂形成 p 型或 n 型半导体。

(3) pn 结　若将单晶硅的一端掺 Ga，另一端掺 As，则掺 Ga 部分形成 p 型半导体，掺 As 部分形成 n 型半导体。n 型和 p 型半导体的结合处称为 pn 结。在 pn 结上电流只能单向导通，所以 pn 结就是一个整流器。它可将交流电转变为直流电，使电流从 pn 结的 p 区流向 n 区。可以说整个晶体管技术就是在 pn 结的基础上发展起来的。把各种类型的半导体适当组合，可制成各种晶体管。把许多晶体管集成在硅芯片上，制成集成电路，它是现代计算机、通信、遥控、自动化技术的基础。

5. 闪烁晶体材料

图 12-13　BGO 单晶

能在 X 射线或其他放射性同位素蜕变产生的 α、β 等高能射线照射下激发出荧光的材料称为闪烁材料。利用闪烁材料的这种特性可以做成测量各种射线的探测器，当高能射线照射到探测器上后，闪烁材料便发出荧光，射线越强，发出的荧光越强，这种荧光被光电转换系统接收并转变成电信号，经处理后，便能在指示器上指示出来。通常应用的闪烁晶体材料都是人工方法培育出来的，种类很多，有氧化物、卤化物等。锗酸铋($Bi_4Ge_3O_{12}$)晶体简称为 BGO，无色透明，在室温下就有很强的发光性，是性能优异的闪烁晶体材料，如图 12-13 所示。BGO 晶体属立方晶系，晶胞中含有 4 个 $Bi_4Ge_3O_{12}$ 分子，Bi^{3+} 周围有 6 个 GeO_4 四面体。作为闪烁晶体材料，要求 BGO 晶体的纯度极高，含有 Fe、Pb、Cr、Mn 等杂质即使只有千万分之几，BGO 晶体在光和 X 射线照射下就会变成棕色，形成辐照损伤，其探测性能就会明显下降。所以生长 BGO 晶体必须用达 99.999%高纯的 Bi_2O_3 和 GeO_2 作原料，并且严格按照化学计量比 Bi_2O_3 ∶ GeO_2 = 2 ∶ 3配料，长时间保持稳定的温度。BGO 晶体在高能物理、核物理、核医学、核工业和石油勘探等领域都有广泛的应用。中国科学院上海硅酸盐研究所曾培养出长 25 cm、质量达5 kg的优质 BGO 大单晶，为世界第一。丁肇中教授在西欧研究中心模拟宇宙大爆炸过程实验中所需的 1.2 万根、重达 11 t 的 BGO 晶体就是该所提供的。

12.5　液 晶 简 介

液晶是一种高分子材料，因为其特殊的物理、化学、光学特性，20 世纪中叶开始被广泛应用在轻薄型的显示技术上。早在 1888 年，奥地利植物生理学家莱尼泽(F. Reinitzer)在研究胆固醇的苯甲酯和醋酸酯的性质时，就观察到了浑浊液体中间态，随后，德国物理学家雷曼(O. Lehmann)将其命名为液晶。在一定温度下，介于晶态和液态之间的一种物质状态称为液晶态，简称液晶。

液晶既具有液体的流动性，又具有晶体的各向异性。由于液晶中分子排列的各向异性，使得液晶的宏观性质如介电常数、折射率、反射率、磁化率、电导率等也呈现出各向异性。由于液晶分子的排列不如晶体那样牢固，很容易受到电场、磁场、温度、应力等外界因素的影响，导致分子排列发生变化，进而使其旋光性、反射、透射、干涉、散射等各种光学性质发生相应的变化，在电信号的作用下，液晶的光学性质发生改变的现象称为液晶的电光效应。电光效应受温度控制的液晶称为热致液晶，受浓度控制的液晶称为溶致液晶。显示用液晶一般是低分子热致液晶。

根据分子排列的结构特征，液晶可分为向列相、胆甾相和近晶相三种类型。向列相液晶中，分子具有较长的刚性中心部分，呈棒状，其一端或两端具有柔性尾链。虽然分子的质心分布没有规则，但分子的取向却是长程有序的。胆甾相中分子呈层状排列，各层中分子的长轴大致平行，相邻两平面上分子的长轴方向相差一定的角度，总体看，分子的排列呈螺旋形。近晶相液晶中棒状分子的排列呈层状结构，层内分子的长轴大致平行。

液晶显示器的基本结构是在两平行、透明的导电玻璃电极间放进一层液晶，当电极之间施以电压后，液晶在有电场区和无电场区反射或吸收光的程度不同，从而可利用电极的形状把字符和数字显示出来。利用彩色偏振薄膜等技术,还可实现彩色显示。液晶显示技术发展迅速,使用广泛,从简单的电子手表、计算器、数字仪表到计算机终端、声像通信、壁挂式薄屏幕电视等,都体现了液晶的重要作用。目前已合成了1万多种液晶材料,其中常用的液晶显示材料有上千种,主要有联苯液晶、苯基环己烷液晶及酯类液晶等。液晶显示材料具有明显的优点,如驱动电压低、功耗微小、可靠性高、显示信息量大、彩色显示、无闪烁、对人体无危害、生产过程自动化、成本低廉、可以制成各种规格和类型的液晶显示器,便于携带等。液晶显示技术对显示显像产品结构产生了深刻的影响,极大地促进了光电信息技术和微电子技术的发展。

本章小结

本章介绍了晶体的概念及结构特征,根据结合力的不同分别阐述了四种基本的晶体类型及其性质。总结了单质的晶体结构及其物理性质的周期性。简单说明了晶体缺陷,介绍了一些常见的晶体材料及液晶。

固体可分为晶体和无定形物质两类。内部的原子、分子、离子等微粒在空间按一定规律周期性重复排列的一类固体物质称为晶体。晶体具有规则的几何外形、对称性和X射线衍射效应,具有固定的熔点和各向异性。晶体规则的特征是由于组成晶体的内部微粒在晶体内有规则的排列的结果。晶体的结构特征一般用点阵结构进行描述,晶体的基本结构单元称为晶胞,晶胞在空间无限重复排列就形成了晶体。根据晶胞参数可将晶体分为7种晶系,不同的晶系对称性不同。根据占据在晶格结点上的微粒的种类和微粒间作用力的不同,常将晶体分为离子晶体、原子晶体、分子晶体和金属晶体四种基本类型。四种晶体的结构与性质的关系归纳列于表12-3。

表12-3 四种晶体的比较

晶体类型	离子晶体	原子晶体	分子晶体	金属晶体
结合力	离子键:无方向性和饱和性,结合力中至强,主要决定于离子的价数和半径	共价键:有方向性和饱和性,结合力中至强,主要决定于原子价、原子间距和极化强度	分子间力和氢键:无方向性和饱和性,结合力很弱	金属键:无方向性和饱和性,结合力一般不强,主要决定于原子间距和自由电子的多少
基本质点	阴、阳离子	原子	分子或原子	原子、阳离子、自由电子
结构特点	一般阴离子成紧密堆积,阳离子填充空隙。配位数较高,主要决定于阴阳离子半径比	原子不呈紧密堆积,配位数偏低,决定于键的饱和性和方向性	非球形的分子作紧密堆积	通常呈最紧密堆积,具有最高或很高的配位数
光学性质	透明,折射率低至中等,反射率低	透明,折射率中至高等,反射率中偏低	与其处于气态或液态时相同	不透明,反射率高
力学性质	硬度中到高,易脆	硬度中到高,典型晶体硬度很高	硬度低	硬度一般不高,具有延展性,差异大
电学性质	中等绝缘体,熔融时导电	良好的绝缘体,熔融时也不导电	不导电	良好导体
热学性质	熔点高,热膨胀系数小,导热性不良	熔点一般很高,热膨胀系数小,导热性不良	熔点低,易升华。热膨胀系数大,导热性不良	熔点一般较高,差异大,热膨胀系数小,导热性良好
实例	NaCl、MgO、NH_4Cl、KNO_3	金刚石、Si、SiO_2	$H_2O(s)$、$CO_2(s)$ I_2、$N_2(s)$	Au、Ag、Cu、Fe

同一周期从左到右，元素单质由典型的金属晶体经原子晶体或层状、链状过渡型晶体逐渐变化到分子晶体。由于元素原子结构的周期性，单质晶体的密度、熔点和硬度等物理性质也表现出一定的周期性。

实际晶体偏离理想的周期性重复排列的点阵结构，称为晶体缺陷。根据晶体缺陷在空间延伸的几何线度划分，有点缺陷、线缺陷、面缺陷和体缺陷，按缺陷的形成和结构可分为本征缺陷和杂质缺陷。晶体的缺陷常使晶体的性质发生许多变化，得到新的功能特性。所以晶体缺陷对晶体材料有重要的意义，根据晶体缺陷，可以制造各种具有特殊性能的晶体材料以满足生产和生活的需要。

在一定温度下，介于晶态和液态之间的一种物质状态称为液晶。液晶既具有液体的流动性，又具有晶体的各向异性。液晶可分为向列相、胆甾相和近晶相三种类型。液晶显示技术促进了光电信息技术和微电子技术的发展。

思考与练习

12-1　什么是晶体？什么是非晶体？两者的性质有何异同？

12-2　晶体有何结构特征？

12-3　晶体中有哪些对称要素？根据对称要素可划分为哪些晶系？

12-4　根据晶格结点上的微粒及其相互作用力，可将晶体分为哪些类型？它们分别有何特征性质？

12-5　为何说石墨是一种混合型晶体？为何石墨可以作电极和润滑剂而金刚石不能？

12-6　什么是晶体缺陷？晶体缺陷有哪些类型？

12-7　什么是液晶？液晶的特性是什么？举例说明液晶在生活中的应用。

12-8　CsCl、NaCl 和 W 的晶胞形式分别是什么？它们的配位数分别是多少？

12-9　NaF 和 MgO 中离子的电子构型相同，但 MgO 的硬度是 NaF 的两倍，MgO 的熔点为 2800℃，比 NaF 的熔点 993 ℃高得多，为什么？

12-10　氧化物 MgO、CaO、SrO、BaO 均是 NaCl 型离子晶体，定性比较它们的晶格能大小和熔点的高低。

12-11　判断下列晶体类型，并指出其结合力分别是什么。

(1) NaCl　(2) SiC　(3) CO_2　(4) Pt

12-12　判断下列物质的熔点高低，并说明理由。

NH_3　NaCl　SiO_2　PH_3。

12-13　根据有关性质提示，分别估计下列物质固态时的晶体类型。

(1) 常温常压下为气体。

(2) 常温为固态，不溶于水，易溶于苯。

(3) 固态时熔点高，不溶于水，是热、电的良导体。

(4) 固态时熔点在 1000 ℃，易溶于水。

(5) 熔点在 2300 ℃以上，固态和熔融态均不导电。

主要参考文献

北京大学《大学基础化学》编写组．2003．大学基础化学．北京：高等教育出版社

陈敬中．2001．现代晶体化学——理论与方法．北京：高等教育出版社

陈平初，李武客，詹正坤．2004．社会化学简明教程．北京：高等教育出版社

董元彦，李宝华，路福绥．2008．物理化学．4版．北京：科学出版社

傅献彩，沈文霞，姚天扬．2006．物理化学．5版．北京：高等教育出版社

郭鹤桐，覃奇贤．2000．电化学教程．天津：天津大学出版社

何成辉．1993．普通化学．成都：四川教育出版社

侯万国，孙德军，张春光．1998．应用胶体化学．北京：科学出版社

虎玉森，田超．2007．普通化学．北京：中国农业出版社

江龙．2002．胶体化学概论．北京：科学出版社

寇元．2010．魅力化学．北京：北京大学出版社

李炳瑞．2004．结构化学(多媒体版)．北京：高等教育出版社

李纲．2007．新编普通化学．郑州：郑州大学出版社

廖立兵．2000．晶体化学及晶体物理学．北京：地质出版社

刘德育．2009．无机化学．北京：科学出版社

孟庆金．1998．配位化学的创始与现代化．北京：高等教育出版社

任丽萍．2006．普通化学．北京：高等教育出版社

单秋杰．2003．配合物及其应用．哈尔滨：哈尔滨工业大学出版社

沈钟，王果庭．1997．胶体与表面化学．北京：化学工业出版社

盛思宏．2006．普通化学．杭州：浙江大学出版社

唐有祺，王夔．1998．化学与社会．北京：高等教育出版社

同济大学普通化学及无机化学教研室．2004．普通化学．北京：高等教育出版社

魏素清．1999．普通化学．成都：成都科技大学出版社

吴旦．2002．化学与现代社会．北京：科学出版社

武汉大学，吉林大学．1994．无机化学．3版．北京：高等教育出版社

武汉大学．2000．分析化学．北京：高等教育出版社

武汉大学无机及分析化学编写组．2003．无机及分析化学．2版．武汉：武汉大学出版社

徐延飚．1985．配位化学在工业中的应用．北京：高等教育出版社

杨文治．1982．电化学基础．北京：北京大学出版社

尹敬执．申泮文．1980．基础无机化学(上册)．北京：人民教育出版社

曾政权，甘孟瑜．2003．大学化学．重庆：重庆大学出版社

查全性．2002．电极过程动力学导论．3版．北京：科学出版社

张五亭，吕彤．2008．胶体与界面化学．北京：中国纺织出版社

张学铭，任仁，吕秀开．1996．普通化学．北京：北京工业大学出版社

章莉娟，郑忠．2006．胶体与界面化学．广州：华南理工大学出版社

赵士铎．2003．普通化学．2版．北京：中国农业大学出版社

周公度．1989．结构化学基础．北京：北京大学出版社

朱龙观．2009．高等配位化学．上海：华东理工大学出版社

竺际舜．2001．无机化学习题精解．北京：科学出版社

G. C. Pimentel，Coonrod．1990．化学中的机会——今天和明天．华彤文，陈定茂译．北京：北京大学出版社

附　　录

附录Ⅰ　本书常用符号

符号	意义	符号	意义
c_B	物质的量浓度,单位为 $mol \cdot L^{-1}$	v	化学反应速率
b_B	质量摩尔浓度,单位为 $mol \cdot kg^{-1}$	k	化学反应速率常数
x_B	物质的量分数	E_a	化学反应的活化能,单位为 $kJ \cdot mol^{-1}$
φ_B	体积分数	$\Delta_r H_m^\ominus$	反应的标准摩尔焓变,单位为 $kJ \cdot mol^{-1}$
ρ_B	质量浓度	$\Delta_f H_m^\ominus$	物质的标准摩尔生成焓,单位为 $kJ \cdot mol^{-1}$
K_b	溶剂的沸点上升常数	$\Delta_c H_m^\ominus$	物质的标准摩尔燃烧焓,单位为 $kJ \cdot mol^{-1}$
K_f	溶剂的凝固点下降常数	$S_m^\ominus$	物质的标准摩尔熵,单位为 $J \cdot mol^{-1} \cdot K^{-1}$
R	摩尔气体常量,8.314 $J \cdot mol^{-1} \cdot K^{-1}$	$\Delta_r S_m^\ominus$	反应的标准摩尔熵变,单位为 $J \cdot mol^{-1} \cdot K^{-1}$
T	热力学温度,单位为开尔文(K)	$\Delta_r G_m^\ominus$	反应的标准摩尔吉布斯自由能变,单位为 $kJ \cdot mol^{-1}$
Π	渗透压	$\Delta_f G_m^\ominus$	物质的标准摩尔生成吉布斯自由能,单位为 $kJ \cdot mol^{-1}$
M	物质的相对分子质量	$K_a^\ominus$	弱酸在水溶液中的离解平衡常数
m	物质的质量,磁量子数	$K_b^\ominus$	弱碱在水溶液中的离解平衡常数
g	气态	$K_{sp}^\ominus$	难溶物的溶度积常数
l	液态,角量子数	$K_f^\ominus$	配位化合物在水溶液中的稳定常数
s	固态,溶解度	F	法拉第常量,96485 $C \cdot mol^{-1}$
aq	水溶液	$\varphi^\ominus$	电极的标准电极电势,单位为 V
r	一般化学反应	$E^\ominus$	电池的标准电动势,单位为 V
$p^\ominus$	标准压力,100 kPa	n	物质的量,主量子数
$c^\ominus$	标准浓度,1 $mol \cdot L^{-1}$	m_s	自旋量子数

附录Ⅱ　国际单位制(SI)的基本单位

量		单位	
名称	符号	名称	符号
长度	l	米	m
质量	m	千克	kg
时间	t	秒	s
电流	I	安[培]	A
热力学温度	T	开[尔文]	K
物质的量	n	摩[尔]	mol
发光强度	I_v	坎[德拉]	cd

附录Ⅲ　用于构成十进倍数和分数单位的词头

因数	词头名称	词头符号	因数	词头名称	词头符号
10	十	da	10^{-1}	分	d
10^2	百	h	10^{-2}	厘	c
10^3	千	k	10^{-3}	毫	m
10^6	兆	M	10^{-6}	微	μ
10^9	吉[咖]	G	10^{-9}	纳[诺]	n
10^{12}	太[拉]	T	10^{-12}	皮[可]	p
10^{15}	拍[它]	P	10^{-15}	飞[母托]	f
10^{18}	艾[可萨]	E	10^{-18}	阿[托]	a

注：[ ]内的字，在不引起混淆的情况下，可以省略。

附录Ⅳ　常见物质标准热力学数据(298.15 K)

物质	状态	$\Delta_f H_m^\ominus/(kJ \cdot mol^{-1})$	$\Delta_f G_m^\ominus/(kJ \cdot mol^{-1})$	$S_m^\ominus/(J \cdot mol^{-1} \cdot K^{-1})$
Ag	s	0	0	42.6
Ag^+	aq	105.6	77.11	72.7
AgBr	s	−100.4	−96.9	107.1
$AgBrO_3$	s	−10.5	71.3	151.9
AgCl	s	−127.0	−109.72	96.3
$AgClO_3$	s	−24.0	66.9	158
$AgClO_4$	s	−32.4	87.9	162
AgF	s	−202.9	−184.9	83.7
AgI	s	−61.8	−66.2	115.5
$AgIO_3$	s	−171.1	−93.7	149.4
$AgNO_2$	s	−44.4	−19.8	128
$AgNO_3$	s	−124.4	−33.4	140.9
Ag_2CO_3	s	−506.1	−437.1	167.4
Ag_2CrO_4	s	−731.7	−641.8	217.6
Ag_2O	s	−31.1	−11.2	121.3
Ag_2S	s,α	−31.8	−40.2	145.6
Ag_2SO_4	s	−713.4	−615.8	200.0
Al	s	0	0	28.3
Al^{3+}	aq	−531.0	−485.0	−321.7
$AlBr_3$	s	−526.3	−505.0	184.1
$AlCl_3$	s	−704.2	−628.8	110.7
AlF_3	s	−1301.2	−1230.1	96.2
AlI_3	s	−314.6	−313.8	200.8

续表

物质	状态	$\Delta_f H_m^\ominus/(kJ \cdot mol^{-1})$	$\Delta_f G_m^\ominus/(kJ \cdot mol^{-1})$	$S_m^\ominus/(J \cdot mol^{-1} \cdot K^{-1})$
AlN	s	−241.4	−209.6	20.9
Al_2O_3	s,α	−1699.8	−1576.4	50.99
$Al(OH)_3$	s,无定形	−1284	−1306	71
$Al_2(SO_4)_3$	s	−3435.0	−3091.9	239.3
Al_2S_3	s	−508.8	−492.5	96.2
As	s,α	0	0	35.15
$AsBr_3$	s	−195.0	−160.2	161.1
$AsCl_3$	l	−355.6	−295.0	233.5
$AsCl_3$	g	−299.16	−286.6	327.19
AsF_3	g	−913.37	−898.3	289.03
AsH_3	g	171.54	175.73	217.57
AsI_3	s	−57.3	−44.5	205
As_4O_6	s	−1313.53	−1152.11	214.22
As_2O_5	s	−914.62	−772.37	105.44
As_2S_3	s	−146.44	−135.81	112.13
Au	s	0	0	47.70
AuBr	s	−18.4	−15.5	113
$AuBr_3$	s	−54.4	−24.7	100.4
AuCl	s	−35.1	−15.6	100.4
$AuCl_3$	s	−118.4	−48.5	146.4
AuI	s	0.84	−3.18	119.2
Au_2O_3	s	80.75	163.18	125.52
B	s	0	0	5.86
BBr	g	238.1	195.4	225.0
BBr_3	g	−186.61	−213.38	324.22
BBr_3	l	−220.92	−219.24	228.86
BCl	g	149.5	120.9	213.2
BCl_3	g	−395.39	−380.33	289.91
BF	g	−122.2	−149.8	200.5
BF_3	g	−1136.0	−1119.4	254.4
BI_3	g	71.1	20.7	349.2
BN	s	−254.4	−228.4	14.8
B_2H_6	g	36.4	86.7	232.1
BO_2	g	−300.4	−305.9	229.6
B_2O_3	s	−1273.5	−1194.3	54.0
Ba	s	0	0	62.5
Ba^{2+}	aq	−537.6	−560.8	9.6
$BaBr_2$	s	−757.3	−736.8	146.0
$BaCl_2$	s	−855.0	−806.7	123.7

续表

物质	状态	$\Delta_f H_m^\ominus/(kJ \cdot mol^{-1})$	$\Delta_f G_m^\ominus/(kJ \cdot mol^{-1})$	$S_m^\ominus/(J \cdot mol^{-1} \cdot K^{-1})$
BaF_2	s	−1207.1	−1156.8	96.4
BaH_2	s	−177.0	−138.2	63.0
BaO	s	−548.0	−520.3	72.1
$Ba(OH)_2$	s	−946.42	−856.47	94.98
BaS	s	−460.0	−456.0	78.2
$BaSO_4$	s	−1465.24	−1353.11	132.21
Be	s	0	0	9.54
$BeCl_2$	s	−490.4	−445.6	75.8
BeF	s	−1026.8	−979.4	53.4
BeO	s	−609.4	−580.1	13.8
BeS	s	−234.3	−233.89	34.0
$BeSO_4$	s	−1196.62	−1088.68	89.96
Bi	s	0	0	56.7
$BiCl_3$	s	−379.1	−315.0	177.0
$BiCl_3$	g	−265.7	−256.0	358.9
BiClO	s	−366.9	−322.1	120.5
Bi_2O_3	s	−573.9	−493.7	151.5
Bi_2S_3	s	−143.1	−140.6	200.4
Br_2	l	0	0	152.2
Br_2	g	30.7	3.14	245.35
Br^-	aq	−121.6	−104.0	82.4
C	s,石墨	0	0	5.7
C	s,金刚石	1.9	2.9	2.4
CBr_4	s	29.4	47.7	212.5
CBr_4	g	83.9	67.0	358.1
CCl_4	l	−139.49	−68.74	214.43
CF_4	g	−679.9	−635.13	262.34
CH_4	g	−74.6	−50.5	186.3
CH_3OH	l	−239.2	−166.6	126.8
$CO(NH_2)_2$	s	−333.1	−196.8	104.6
CH_3NH_2	g	−22.5	32.7	242.9
C_2H_2	g	227.4	209.9	200.9
C_2H_4	g	52.4	68.4	219.3
CH_3CHO	l	−192.2	−127.6	160.2
CH_3COOH	l	−484.3	−389.9	159.8
C_2H_6	g	−84.0	−32.0	229.2
C_2H_5OH	l	−277.6	−174.8	160.7
$(CH_3)_2CO$	l	−248.4	−152.7	199.8
C_3H_8	g	−103.8	−23.4	270.3

续表

物质	状态	$\Delta_f H_m^\ominus/(kJ \cdot mol^{-1})$	$\Delta_f G_m^\ominus/(kJ \cdot mol^{-1})$	$S_m^\ominus/(J \cdot mol^{-1} \cdot K^{-1})$
C_6H_6	l	49.1	124.5	173.4
C_6H_6	g	82.9	129.7	269.2
CO	g	−110.5	−137.2	197.7
CO_2	g	−393.5	−394.4	213.8
$COCl_2$	g	−223.01	−210.5	289.24
CO_3^{2-}	aq	−677.1	−527.8	−56.9
CS_2	l	89.0	64.6	151.3
CS_2	g	116.7	67.1	237.8
Ca	s	0	0	41.6
Ca^{2+}	aq	−542.8	−553.6	−53.1
$CaCO_3$	s,方解石	−1207.6	−1129.1	91.7
$CaC_2O_4 \cdot H_2O$	s	−1669.8	−1508.8	156.0
$CaBr_2$	s	−674.9	−656.0	129.7
$CaCl_2$	s	−795.4	−748.8	108.4
CaF_2	s	−1228.0	−1175.6	68.5
CaI_2	s	−533.5	−528.9	142.0
CaH_2	s	−181.5	−142.5	41.4
$Ca(NO_2)_2$	s	−746.0	−603.3	146.4
$Ca(NO_3)_2$	s	−937.2	−742.0	193.3
CaO	s	−634.9	−603.3	38.1
$Ca(OH)_2$	s	−985.2	−897.5	83.4
$Ca_3(PO_4)_2$	s,α	−4126	−3890	241.0
$CaHPO_4$	s	−1820.9	−1679.9	87.9
$Ca(H_2PO_4)_2$	s	−3114.6	−2811.7	189.5
CaS	s	−482.4	−477.4	56.5
$CaSO_4$	s	−1432.7	−1320.3	106.69
$CaSO_4 \cdot 2H_2O$	s	−2021.12	−1795.73	193.97
$CaSiO_3$	s	−1584.1	−1498.71	82.01
Cd	s	0	0	51.8
$CdBr_2$	s	−314.4	−293.5	133.5
$CdCO_3$	s	−747.68	−670.28	105.44
$CdCl_2$	s	−391.5	−343.9	115.3
CdF_2	s	−700.4	−647.7	77.4
CdI_2	s	−203.3	−201.4	161.1
CdO	s	−258.4	−228.7	54.8
$Cd(OH)_2$	s	−557.56	−470.53	95.40
CdS	s	−161.9	−156.5	64.9
$CdSO_4$	s	−926.17	−820.02	137.24
Cl_2	g	0	0	223.1

续表

物质	状态	$\Delta_f H_m^\ominus/(kJ \cdot mol^{-1})$	$\Delta_f G_m^\ominus/(kJ \cdot mol^{-1})$	$S_m^\ominus/(J \cdot mol^{-1} \cdot K^{-1})$
Cl^-	aq	−167.2	−131.17	56.5
ClO_3^-	aq	−104.0	−8.0	162.3
ClO_4^-	aq	−129.3	−8.5	182.0
ClO_2	g	102.5	120.5	256.8
Cl_2O	g	80.3	97.7	266.2
Co	s	0	0	30.0
Co^{2+}	aq	−58.2	−54.4	−113.0
Co^{3+}	aq	92.0	134.0	−305.0
$CoCl_2$	s	−317.15	−274.05	106.27
CoF_2	s	−692.0	−647.2	82.0
CoO	s	−237.9	−214.2	53.0
$Co(OH)_2$	s	−540.99	−456.06	82.01
CoS	s	−80.75	−82.84	67.36
$CoSO_4$	s	−888.3	−782.3	118.0
Co_3O_4	s	−891.0	−774.0	102.5
Cr	s	0	0	23.8
$CrCl_3$	s	−563.17	−493.17	125.52
CrF_3	s	−1159.0	−1088.0	93.9
CrO_3	s	−590.8	—	73.27
Cr_2O_3	s	−1139.7	−1058.1	81.2
CrO_4^{2-}	aq	−881.2	−727.8	50.2
$Cr_2O_7^{2-}$	aq	−1490.3	−1301.1	261.9
Cs	s	0	0	82.5
CsF	s	−553.5	−525.5	92.8
CsI	s	−346.6	−340.6	123.1
$CsNO_3$	s	−506.0	−406.5	155.2
Cu	s	0	0	33.2
Cu^+	aq	71.7	50.0	40.6
Cu^{2+}	aq	64.8	65.5	−99.6
CuBr	s	−105.02	−99.62	91.63
CuCl	s	−135.98	−117.99	84.52
CuI	s	−67.8	−69.5	96.7
$CuBr_2$	s	−141.42	−126.78	94.56
$CuCl_2$	s	−218.82	−175.73	112.13
CuO	s	−157.3	−129.7	42.6
Cu_2O	s	−168.6	−146.0	93.1
$Cu(OH)_2$	s	−443.92	−356.90	79.50
CuS	s	−53.1	−53.6	66.5
Cu_2S	s	−79.50	−86.19	120.92

续表

物质	状态	$\Delta_f H_m^\ominus$/(kJ • mol^{-1})	$\Delta_f G_m^\ominus$/(kJ • mol^{-1})	$S_m^\ominus$/(J • mol^{-1} • K^{-1})
$CuSO_4$	s	−771.4	−662.2	109.2
$CuSO_4 \cdot 5H_2O$	s	−2277.98	−1879.87	305.43
F_2	g	0	0	202.8
F^-	aq	−332.6	−278.8	−13.8
Fe	s	0	0	27.3
Fe^{2+}	aq	−89.1	−78.9	−137.7
Fe^{3+}	aq	−48.5	−4.7	−315.9
$FeBr_2$	s	−251.1	−237.7	134.7
$FeCl_2$	s	−341.0	−302.1	119.7
$FeCl_3$	s	−405.01	−336.39	130.12
FeI_2	s	−125.4	−129.3	157.3
FeO	s	−266.52	−244.35	53.87
Fe_2O_3	s	−824.2	−742.2	87.4
Fe_3O_4	s	−1118.4	−1015.4	146.4
$Fe(OH)_2$	s	−568.19	−483.55	79.50
$Fe(OH)_3$	s	−824.25	−694.54	96.23
FeS	s	−100.0	−100.4	60.3
FeS_2	s	−178.2	−166.9	52.9
$FeSO_4$	s	−928.4	−820.8	107.5
Ga	s	0	0	40.8
$GaCl_3$	s	−524.7	−492.9	133.5
GaO	g	279.5	253.5	231.1
Ga_2O_3	s	−1089.1	−998.3	85.0
Ge	s	0	0	31.1
GeO	s	−261.9	−237.2	50.0
GeO_2	s	−580.0	−521.4	39.7
GeS	s	−69.0	−71.5	71.0
H_2	g	0	0	130.6
H^+	aq	0	0	0
HBr	g	−36.3	−53.4	198.7
HCl	g	−92.3	−95.3	186.9
H_2CO_3	aq	−698.73	−623.42	191.21
HCO_3^-	aq	−692.0	−586.8	91.2
HCHO	g	−108.6	−102.5	218.8
HCOOH	l	−425.0	−361.4	129.0
HF	g	−273.3	−275.4	173.8
HI	g	26.5	1.7	206.6
HNO_2	g	−79.5	−46.0	254.1
HNO_3	l	−174.1	−80.7	155.6

续表

物质	状态	$\Delta_f H_m^\ominus/(kJ \cdot mol^{-1})$	$\Delta_f G_m^\ominus/(kJ \cdot mol^{-1})$	$S_m^\ominus/(J \cdot mol^{-1} \cdot K^{-1})$
HNO_3	g	−133.9	−73.5	266.9
H_2O	l	−285.8	−237.1	70.0
H_2O	g	−241.8	−228.6	188.8
H_2O_2	l	−187.8	−120.4	109.6
H_2O_2	g	−136.3	−105.6	232.7
$H_2C_2O_4$	s	−826.76	697.89	120.08
H_2S	g	−20.6	−33.4	205.8
H_2SO_4	l	−814.0	−690.0	156.9
H_2Se	g	29.7	15.9	219.0
Hg	l	0	0	77.40
Hg	g	61.4	31.8	175.0
Hg_2Br_2	s	−206.77	−178.72	212.97
Hg_2Cl_2	s	−264.93	−210.66	195.81
Hg_2I_2	s	−120.96	−111.29	239.32
$HgBr_2$	s	−169.45	−147.36	155.64
$HgCl_2$	s	−230.12	−185.77	144.35
HgI_2	s	−105.4	−101.7	180.0
HgO	s	−90.83	−58.5	70.3
HgS	s	−58.2	−50.6	82.4
$HgSO_4$	s	−704.17	−589.94	136.40
Hg_2SO_4	s	−741.99	−623.92	200.75
I_2	g	62.24	19.37	260.58
I_2	s	0	0	116.1
I^-	aq	−55.2	−51.6	111.3
In	s	0	0	57.8
In_2O_3	s	−925.8	−830.7	104.2
$In(OH)_3$	s	−537.23	−463.17	138.07
InS	s	−138.1	−131.8	67.0
In_2S_3	s	−427.0	−412.5	163.6
$In_2(SO_4)_3$	s	−2907.88	−2566.47	280.75
Ir	s	0	0	35.5
K	s	0	0	64.7
K^+	aq	−252.4	−283.3	102.5
$KAl(SO_4)_2$	s	−2465.38	−2235.47	204.60
KBr	s	−392.17	−378.07	96.44
KCl	s	−436.5	−408.5	82.6
KF	s	−594.13	−533.13	66.57
KI	s	−327.65	−322.29	104.35
$KClO_3$	s	−391.20	−289.91	142.97

续表

物质	状态	$\Delta_f H_m^\ominus/(kJ \cdot mol^{-1})$	$\Delta_f G_m^\ominus/(kJ \cdot mol^{-1})$	$S_m^\ominus/(J \cdot mol^{-1} \cdot K^{-1})$
$KClO_4$	s	−435.5	−304.2	151
$K_4Fe(CN)_6$	s	−523.42	−351.46	360.66
$K_3Fe(CN)_6$	s	−137.22	−13.81	322.2
$KMnO_4$	s	−837.2	−737.6	171.7
KNO_2	s	−369.8	−306.6	152.1
KNO_3	s	−494.6	−394.9	133.1
KO_2	s	−284.9	−239.4	116.7
KOH	s	−425.85	−374.47	59.41
K_2CO_3	s	−1146.12	−1069.01	140.58
$K_2C_2O_4$	s	−1342.2	−1241.4	169.6
K_2CrO_4	s	−1414.91	−1299.13	186.61
$KClO_3$	s	−397.7	−296.3	143.1
K_2S	s	−380.7	−364.0	105.0
$KHSO_4$	s	−1160.6	−1031.3	138.1
K_2SO_4	s	−1437.8	−1321.4	175.6
La	s	0	—	56.9
LaS	s	−456.0	−451.5	73.2
Li	s	0	—	29.1
Li^+	aq	−278.5	−293.3	13.4
$LiNO_2$	s	−372.4	−302.0	96.0
$LiNO_3$	s	−483.1	−381.1	90.0
LiCl	s	−408.78	−383.67	55.23
LiF	s	−612.12	−584.09	35.86
Li_2CO_3	s	−1215.62	−1132.44	90.37
Li_2O	s	−597.9	−561.2	37.6
$Li(OH)_2$	s	−487.23	−443.09	42.68
Li_2SiO_3	s	−1648.1	−1557.2	79.8
Li_2SO_4	s	−1436.5	−1321.7	115.1
Lu	s	0	—	51.0
Lu_2O_3	s	−1878.2	−1789.0	110.0
Mg	s	0	0	32.7
Mg^{2+}	aq	−466.9	−454.8	−138.1
$MgCO_3$	s	−1112.94	−1029.26	65.69
$MgCl_2$	s	−641.3	−591.8	89.6
MgF_2	s	−1124.2	−1071.1	57.2
MgO	s	−601.6	−569.3	27.0
$Mg(OH)_2$	s	−924.5	−833.5	63.2
MgS	s	−346.0	−341.8	50.3
$MgSO_4$	s	−1284.9	−1170.6	91.6

续表

物质	状态	$\Delta_f H_m^\ominus/(kJ \cdot mol^{-1})$	$\Delta_f G_m^\ominus/(kJ \cdot mol^{-1})$	$S_m^\ominus/(J \cdot mol^{-1} \cdot K^{-1})$
Mn	s	0	—	32.0
Mn^{2+}	aq	−220.8	−228.1	−73.6
$MnCO_3$	s	−894.96	−817.55	85.77
$MnCl_2$	s	−481.3	−440.5	118.2
MnO	s	−385.2	−362.9	59.7
MnO_2	s	−520.0	−465.1	53.1
MnO_4^-	aq	−541.4	−447.2	191.2
Mn_2O_3	s	−959.0	−881.1	110.5
Mn_3O_4	s	−1387.8	−1283.2	155.6
$Mn(OH)_2$	s	−697.89	−614.63	88.28
MnC_2O_4	s	−1080.31	−979.89	117.15
MnS	s	−214.2	−218.4	78.2
$MnSO_4$	s	−1063.74	−955.96	112.13
N_2	g	0	0	191.5
NH_3	g	−45.9	−16.4	192.8
NH_3	aq	−80.84	−26.61	192.3
NH_4^+	aq	−132.5	−79.3	113.4
NH_4Cl	s	−315.39	−203.89	94.56
NH_4NO_3	s	−365.5	−183.9	151.1
NH_4HCO_3	s	−85.87	−67.07	118.41
$(NH_4)SO_4$	s	−1179.3	−900.35	220.29
NO	g	91.3	87.6	210.8
NO_2	g	33.2	51.3	240.1
NO_3^-	aq	−207.4	−111.3	146.4
N_2O	g	81.6	103.7	220.0
N_2O_4	g	11.1	99.8	304.4
N_2O_5	s	−43.1	113.9	178.2
N_2O_5	g	13.3	117.1	355.7
Na	s	0	0	51.3
Na^+	aq	−240.1	−261.9	59.0
NaBr	s	−361.1	−349.0	86.8
NaCl	s	−411.2	−384.1	72.1
NaF	s	−576.6	−546.3	51.1
NaI	s	−288.03	−237.23	92.47
Na_2CO_3	s	−1130.7	−1044.4	135.0
$NaHCO_3$	s	−947.68	−851.86	102.00
$NaNO_2$	s	−359.4	−283.7	105.9
$NaNO_3$	s	−424.84	−365.89	116.32
NaH	s	−56.3	−33.5	40.0

续表

物质	状态	$\Delta_f H_m^\ominus/(kJ \cdot mol^{-1})$	$\Delta_f G_m^\ominus/(kJ \cdot mol^{-1})$	$S_m^\ominus/(J \cdot mol^{-1} \cdot K^{-1})$
NaO_2	s	−260.2	−218.4	115.9
Na_2O	s	−414.2	−375.5	75.1
Na_2O_2	s	−510.9	−447.7	95.0
NaOH	s	−425.6	−379.5	40.0
Na_2S	s	−364.8	−349.8	83.7
Na_2SO_3	s	−1100.8	−1012.5	145.9
Na_2SO_4	s	−1387.1	−1270.2	149.6
Na_2SiO_3	s	−1554.9	−1462.8	113.9
Ni	s	0	0	29.9
$NiCO_3$	s	−664.0	−615.05	91.63
$NiCl_2$	s	−315.89	−272.38	107.11
NiO	s	−244.35	−216.31	38.58
$Ni(OH)_2$	s	−538.06	−453.13	79.50
NiS	s	−82.0	−79.5	53.0
$NiSO_4$	s	−872.9	−759.7	92.0
O_2	g	0	0	205.03
O_3	g	142.7	163.2	238.9
OH^-	aq	−230.0	−157.2	−10.8
P	s,白	0	0	41.1
P	s,红	−17.6	—	22.8
P_4	g	58.9	24.4	280.0
PBr_3	g	−139.3	−162.8	347.98
PCl_3	g	−287.0	−267.8	311.8
PCl_5	g	−374.9	−305.0	364.6
PH_3	g	5.4	13.4	210.2
P_4O_{10}	s	−2984.0	−2697.8	228.9
PO_4^{3-}	aq	−1277.4	−1018.7	−220.5
Pb	s	0	0	64.81
Pb^{2+}	aq	−1.7	−24.4	10.5
$PbBr_2$	s	−277.02	−260.41	161.50
$PbCl_2$	s	−359.4	−314.1	138.0
PbF_2	s	−664.0	−617.1	110.5
PbI_2	s	−175.5	−173.6	174.8
$PbCO_3$	s	−699.98	−626.35	130.96
$PbCrO_4$	s	−942.2	−851.7	152.7
PbO	s,红	−219.24	−189.33	67.78
PbO_2	s	−276.65	−218.99	76.57
Pb_3O_4	s	−734.7	−617.6	211.3
$Pb(OH)_2$	s	−514.63	−420.91	87.86

续表

物质	状态	$\Delta_f H_m^\ominus/(kJ \cdot mol^{-1})$	$\Delta_f G_m^\ominus/(kJ \cdot mol^{-1})$	$S_m^\ominus/(J \cdot mol^{-1} \cdot K^{-1})$
PbS	s	−100.4	−98.7	91.2
$PbSO_4$	s	−918.39	−811.24	147.28
S	s,斜方	0	0	31.88
S	s,单斜	0.3	0.10	32.55
SF_6	g	−1096.21	−991.61	290.79
SO_2	g	−296.8	−300.1	248.53
SO_3	g	−395.7	−371.1	256.23
Sb	s	0	0	43.87
$SbCl_3$	s	−382.17	−324.76	186.19
SbF_3	s	−908.77	−835.96	105.44
Sb_2O_4	s	−980.73	−838.09	125.10
Sb_4O_6	s	−1409.17	−1246.83	246.02
Sb_2S_3	s	−15.062	−133.89	126.78
Se	s	0	0	42.4
$SeCl_4$	s	−188.28	−97.49	184.10
SeF_6	g	−1029.26	−928.85	314.22
SeO_2	s	−230.12	−173.64	56.90
SeZn	s	−163.0	−163.0	84.0
Si	s	0	0	18.8
SiC	s	−65.3	−62.8	16.5
$SiCl_4$	l	−687.0	−619.8	239.7
$SiCl_4$	g	−657.0	−617.0	330.7
SiF_4	g	−1548.08	−1506.24	284.51
SiH_4	g	34.3	56.9	204.6
SiO_2	s	−910.7	−856.3	41.5
Sn	s,白	0	0	51.2
Sn	s,灰	−2.1	0.1	44.1
$SnCl_2$	s	−349.78	−302.08	112.59
$SnCl_4$	l	−545.18	474.05	258.57
SnO	s	−286.19	−257.32	56.48
SnO_2	s	−577.6	−515.8	49.0
$Sn(OH)_2$	s	−578.65	−492.04	96.65
SnS	s	−77.82	−82.42	98.45
Sr	s	0	0	55.0
Sr^{2+}	aq	−545.80	−559.44	−32.6
$SrBr_2$	s	−715.9	−695.8	141.4
$SrCl_2$	s	−828.4	−781.2	117.2
SrF_2	s	−1214.6	−1162.3	89.5
SrI_2	s	−566.9	−564.8	164.0
$SrCO_3$	s	−1221.3	−1137.6	97.1

续表

物质	状态	$\Delta_f H_m^\ominus/(kJ \cdot mol^{-1})$	$\Delta_f G_m^\ominus/(kJ \cdot mol^{-1})$	$S_m^\ominus/(J \cdot mol^{-1} \cdot K^{-1})$
$Sr(NO_3)_2$	s	−975.9	−778.2	198.3
SrO	s	−590.36	−559.82	54.39
SrS	s	−452.29	−407.52	71.13
$SrSO_4$	s	−1444.74	−1334.28	121.75
Ta	s	0	0	41.5
Te	s	0	0	49.71
$TeCl_4$	s	−323.01	−237.23	209.20
TeF_6	g	−1317.96	−1221.73	337.52
TeO_2	s	−325.06	−270.03	71.09
Ti	s	0	0	30.7
TiC	s	−225.94	−221.75	24.27
$TiCl_2$	s	−513.8	−464.4	87.4
$TiCl_3$	s	−720.9	−653.5	139.7
TiO_2	s	−912.11	−852.70	50.25
Tl	s	0	0	64.2
Tl^+	aq	5.36	−32.38	125.5
Tl^{2+}	aq	196.6	214.6	−192
TlCl	s	−204.14	−184.93	111.25
Tl_2O	s	−175.31	−135.98	99.58
TlOH	s	−238.07	−190.37	71.13
V	s	0	0	28.91
VCl_2	s	−452	−406	97.1
Y	s	0	0	44.4
Yb	s	0	0	59.9
W	s	0	0	32.6
WO_2	s	−570.3	−520.5	71.1
WO_3	s	−840.3	−763.5	88.3
Zn	s	0	0	41.6
Zn^{2+}	aq	−153.89	−147.03	−112.1
$ZnBr_2$	s	−328.7	−312.1	138.5
$ZnCl_2$	s	−415.1	−369.4	111.5
ZnF_2	s	−764.4	−713.3	73.7
ZnI_2	s	−208.0	−209.0	161.1
$ZnCO_3$	s	−812.53	−731.36	82.43
ZnO	s	−350.5	−320.5	43.7
$Zn(OH)_2$	s	−642.24	−554.80	83.26
ZnS	s,闪锌矿	−202.9	198.3	57.74
ZnS	s,纤锌矿	−189.54	−242.5	57.74
$ZnSO_4$	s	−978.55	−871.57	124.68

续表

物质	状态	$\Delta_f H_m^\ominus$/(kJ · mol^{-1})	$\Delta_f G_m^\ominus$/(kJ · mol^{-1})	$S_m^\ominus$/(J · mol^{-1} · K^{-1})
Zr	s	0	0	39.0
$ZrBr_4$	s	−803.33	−766.09	217.99
$ZrCl_4$	s	−980.5	−889.9	181.6
ZrF_4	s	−1911.3	−1809.9	104.6
ZrO_2	s	−1100.6	−1042.8	50.4

数据来源：Lide D R. CRC Handbook of Chemistry and Physics. 90th ed. Boca Raton：CRC Press. 2009. 若非特别说明，本附录以后的数据皆摘自该参考文献。

附录Ⅴ　常见有机物标准摩尔燃烧焓(298.15 K)

分子式	名称	状态	$\Delta_c H_m^\ominus$/(kJ · mol^{-1})	分子式	名称	状态	$\Delta_c H_m^\ominus$/(kJ · mol^{-1})
C	石墨	s	−393.5	$C_3H_8O_3$	丙三醇	l	−1655.4
CO	一氧化碳	g	−283.0	$C_4H_{10}O_2$	乙醚	l	−723.9
H_2	氢	g	−285.8	$C_5H_{12}O$	1-戊醇	l	−3330.9
H_3N	氨	g	−382.8	C_6H_6O	苯酚	s	−3053.5
H_4N_2	联氨	g	−667.1	CH_2O	甲醛	g	−570.7
N_2O	一氧化二氮	g	−82.1	C_2H_2O	乙烯酮	g	−1025.4
CH_4	甲烷	g	−890.8	C_2H_4O	乙醛	l	−1166.9
C_2H_2	乙炔	g	−1301.1	C_3H_6O	丙酮	l	−1789.9
C_2H_4	乙烯	g	−1411.2	C_3H_6O	丙醛	l	−1822.7
C_2H_6	乙烷	g	−1560.7	C_4H_8O	2-丁酮	l	−2444.1
C_3H_6	丙烯	g	−2058.0	CH_2O_2	甲酸	l	−254.6
C_3H_6	环丙烷	g	−2091.3	$C_2H_4O_2$	乙酸	l	−874.2
C_3H_8	丙烷	g	−2219.2	$C_2H_4O_2$	甲酸甲酯	l	−972.6
C_4H_6	1,3-丁二烯	g	−2541.5	$C_3H_6O_2$	甲酸乙酯	l	−1592.2
C_4H_{10}	丁烷	g	−2877.6	$C_4H_8O_2$	乙酸乙酯	l	−2238.1
C_5H_{12}	戊烷	l	−3509.0	$C_7H_6O_2$	苯甲酸	s	−3226.9
C_6H_6	苯	l	−3267.6	CHN	氢氰酸	g	−671.5
C_6H_{12}	环己烷	l	−3919.6	CH_3NO_2	硝基甲烷	l	−709.2
C_6H_{14}	正己烷	l	−4163.2	CH_5N	甲胺	g	−1085.6
C_7H_8	甲苯	l	−3910.3	C_2H_3N	乙腈	l	−1247.2
C_7H_{16}	庚烷	l	−4817.0	C_2H_5NO	乙酰胺	s	−1184.6
$C_{10}H_8$	萘	s	−5156.3	C_3H_9N	三甲胺	l	−2443.1
CH_4O	甲醇	l	−726.1	C_5H_5N	嘧啶	l	−2782.3
C_2H_6O	乙醇	l	−1366.8	C_6H_7N	苯胺	l	−3392.8
C_2H_6O	二甲醚	g	−1460.4	$CO(NH_2)_2$	尿素	s	−3227
$C_2H_6O_2$	乙二醇	l	−1189.2	$C_6H_{12}O_6$	葡萄糖	s	−2802
C_3H_8O	1-丙醇	l	−2021.3	$C_{12}H_{22}O_{11}$	蔗糖	s	−5645

附录Ⅵ　常见弱酸的离解平衡常数(298.15 K)

弱电解质	离解常数/$K_a^{\ominus}$	p$K_a^{\ominus}$	弱电解质	离解常数/$K_a^{\ominus}$	p$K_a^{\ominus}$
H_3AsO_4	$K_{a1}^{\ominus}=6.03\times10^{-3}$	2.22	H_2S	$K_{a1}^{\ominus}=1.3\times10^{-7}$	6.89
	$K_{a2}^{\ominus}=1.05\times10^{-7}$	6.98		$K_{a2}^{\ominus}=7.1\times10^{-15}$	14.15
	$K_{a3}^{\ominus}=3.16\times10^{-12}$	11.50	H_2SO_3	$K_{a1}^{\ominus}=1.29\times10^{-2}$	1.89
$HAsO_2$	5.13×10^{-10}	9.29		$K_{a2}^{\ominus}=6.17\times10^{-8}$	7.21
H_3BO_3	5.81×10^{-10}	9.24	H_2SiO_3	$K_{a1}^{\ominus}=1.70\times10^{-10}$	9.77
$H_2B_4O_7$	$K_{a1}^{\ominus}=1.00\times10^{-4}$	4.00		$K_{a2}^{\ominus}=1.58\times10^{-12}$	11.80
	$K_{a2}^{\ominus}=1.00\times10^{-9}$	9.00	NH_4^+	5.59×10^{-10}	9.25
HBrO	2.51×10^{-9}	8.60	甲酸	1.78×10^{-4}	3.75
H_2CO_3	$K_{a1}^{\ominus}=4.37\times10^{-7}$	6.36	乙酸	1.74×10^{-5}	4.76
	$K_{a2}^{\ominus}=4.68\times10^{-11}$	10.33	丙酸	1.35×10^{-5}	4.87
HCN	$K_{a}^{\ominus}=6.17\times10^{-10}$	9.21	丁酸	1.51×10^{-5}	4.82
H_2CrO_4	$K_{a1}^{\ominus}=1.05\times10^{-1}$	0.98	氯乙酸	1.35×10^{-3}	2.87
	$K_{a2}^{\ominus}=3.20\times10^{-7}$	6.50	二氯乙酸	5.50×10^{-2}	1.26
HClO	2.88×10^{-8}	7.54	三氯乙酸	3.01×10^{-1}	0.52
HF	6.61×10^{-4}	3.18	草酸	$K_{a1}^{\ominus}=5.90\times10^{-2}$	1.22
HNO_2	5.62×10^{-4}	3.25		$K_{a2}^{\ominus}=6.40\times10^{-5}$	4.19
HIO	2.29×10^{-11}	10.64	抗坏血酸	$K_{a1}^{\ominus}=5.0\times10^{-5}$	4.10
HIO_3	1.57×10^{-1}	0.80		$K_{a2}^{\ominus}=1.5\times10^{-10}$	11.79
H_2O_2	2.24×10^{-12}	11.65	酒石酸	$K_{a1}^{\ominus}=1.41\times10^{-2}$	1.85
H_3PO_4	$K_{a1}^{\ominus}=7.08\times10^{-3}$	2.15		$K_{a2}^{\ominus}=1.00\times10^{-4}$	4.00
	$K_{a2}^{\ominus}=6.17\times10^{-8}$	7.21	苯酚	1.02×10^{-10}	9.99
	$K_{a3}^{\ominus}=4.17\times10^{-13}$	12.38	苯甲酸	6.31×10^{-5}	4.20
$H_4P_2O_7$	$K_{a1}^{\ominus}=1.23\times10^{-1}$	0.91	邻苯二甲酸	$K_{a1}^{\ominus}=1.30\times10^{-3}$	2.89
	$K_{a2}^{\ominus}=7.94\times10^{-3}$	2.10		$K_{a2}^{\ominus}=3.09\times10^{-6}$	5.51
	$K_{a3}^{\ominus}=2.00\times10^{-7}$	6.70	柠檬酸	$K_{a1}^{\ominus}=7.24\times10^{-4}$	3.14
	$K_{a4}^{\ominus}=4.79\times10^{-10}$	9.32		$K_{a2}^{\ominus}=1.70\times10^{-5}$	4.77
H_2SO_4	$K_{a2}^{\ominus}=1.02\times10^{-2}$	1.99		$K_{a3}^{\ominus}=4.07\times10^{-7}$	6.39

数据来源：Dean J A. Lange's Handbook of Chemistry. 15th ed. 魏俊发译 . 北京：科学出版社 . 2003。

附录Ⅶ　常见弱碱的离解平衡常数(298.15 K)

弱电解质	分子式	离解常数 $K_b^{\ominus}$	p$K_b^{\ominus}$
氨水	$NH_3 \cdot H_2O$	1.79×10^{-5}	4.74
甲胺	CH_3NH_2	4.20×10^{-4}	3.38
乙胺	$C_2H_5NH_2$	4.30×10^{-4}	3.37
二甲胺	$(CH_3)_2NH$	5.90×10^{-4}	3.23

续表

弱电解质	分子式	离解常数 $K_b^\ominus$	$pK_b^\ominus$
二乙胺	$(C_2H_5)_2NH$	6.31×10^{-4}	3.2
苯胺	$C_6H_5NH_2$	3.98×10^{-10}	9.40
乙二胺	$H_2NCH_2CH_2NH_2$	$K_{b1}^\ominus=8.32\times10^{-5}$	4.08
		$K_{b2}^\ominus=7.10\times10^{-8}$	7.15
乙醇胺	$HOCH_2CH_2NH_2$	3.2×10^{-5}	4.50
三乙醇胺	$(HOCH_2CH_2)_3N$	5.8×10^{-7}	6.24
六次甲基四胺	$(CH_2)_6N_4$	1.35×10^{-9}	8.87
吡啶	C_5H_5N	1.80×10^{-9}	8.70
联氨(肼)	H_2NNH_2	$K_{b1}^\ominus=9.55\times10^{-7}$	6.02
		$K_{b2}^\ominus=1.26\times10^{-15}$	14.9
氢氧化银	AgOH	$K_b^\ominus=1.0\times10^{-2}$	2.00
氢氧化铍	$Be(OH)_2$	$K_{b1}^\ominus=1.78\times10^{-6}$	5.75
		$K_{b2}^\ominus=2.51\times10^{-9}$	8.6
氢氧化铝	$Al(OH)_3$	$K_{b1}^\ominus=5.01\times10^{-9}$	8.3
		$K_{b2}^\ominus=1.99\times10^{-10}$	9.7
氢氧化镉	$Cd(OH)_2$	$K_{b1}^\ominus=5.01\times10^{-11}$	10.3
氢氧化钙	$Ca(OH)_2$	$K_{b1}^\ominus=3.72\times10^{-3}$	2.43
		$K_{b2}^\ominus=3.98\times10^{-2}$	1.40
氢氧化铅	$Pb(OH)_2$	$K_{b1}^\ominus=9.55\times10^{-4}$	3.02
		$K_{b2}^\ominus=3.0\times10^{-8}$	7.52
氢氧化锌	$Zn(OH)_2$	$K_{b1}^\ominus=7.94\times10^{-7}$	6.1

数据来源：Dean J A. Lange's Handbook of Chemistry. 15th ed. 魏俊发译．北京：科学出版社．2003。

附录Ⅷ 难溶电解质的溶度积常数(298.15 K)

难溶化合物	溶度积常数 $K_{sp}^\ominus$	难溶化合物	溶度积常数 $K_{sp}^\ominus$
$AgCH_3COO$	1.94×10^{-3}	AgOH	2.0×10^{-8}
Ag_3AsO_4	1.03×10^{-22}	Ag_3PO_4	8.89×10^{-17}
$AgBrO_3$	5.38×10^{-5}	Ag_2S	6.3×10^{-50}
AgBr	5.35×10^{-13}	Ag_2SO_4	1.20×10^{-5}
Ag_2CO_3	8.46×10^{-12}	Ag_2SO_3	1.50×10^{-14}
AgCl	1.8×10^{-10}	AgSCN	1.03×10^{-12}
Ag_2CrO_4	1.12×10^{-12}	$Al(OH)_3$	1.3×10^{-33}
AgCN	5.97×10^{-17}	$BaSO_4$	1.1×10^{-10}
$AgIO_3$	3.17×10^{-8}	$BaCrO_4$	1.17×10^{-10}
AgI	8.52×10^{-17}	$BaCO_3$	2.58×10^{-9}
$Ag_2C_2O_4$	5.40×10^{-12}	$BaC_2O_4\cdot 2H_2O$	1.6×10^{-7}

续表

难溶化合物	溶度积常数 $K_{sp}^{\ominus}$	难溶化合物	溶度积常数 $K_{sp}^{\ominus}$
BiI_3	7.71×10^{-19}	CuC_2O_4	4.43×10^{-10}
$CaCO_3$	3.36×10^{-9}	$Cu_3(PO_4)_2$	1.40×10^{-37}
CaF_2	3.45×10^{-11}	$Cu(OH)_2$	5.66×10^{-20}
$Ca(OH)_2$	5.02×10^{-6}	$Eu(OH)_3$	9.38×10^{-27}
$Ca(IO_3)_2$	6.47×10^{-6}	$FeCO_3$	3.13×10^{-11}
$Ca(IO_3)_2\cdot6H_2O$	7.10×10^{-7}	FeF_2	2.36×10^{-6}
$CaMoO_4$	1.46×10^{-8}	$Fe(OH)_2$	4.87×10^{-17}
$CaC_2O_4\cdot H_2O$	2.32×10^{-9}	$Fe(OH)_3$	2.79×10^{-39}
$Ca_3(PO_4)_2$	2.07×10^{-33}	$FePO_4\cdot2H_2O$	9.91×10^{-16}
$CaSO_4$	4.93×10^{-5}	FeS	1.59×10^{-19}
$CaSO_4\cdot2H_2O$	3.14×10^{-5}	$Ga(OH)_3$	7.28×10^{-36}
$CaSO_3\cdot0.5H_2O$	3.1×10^{-7}	Hg_2Br_2	6.40×10^{-23}
$Cd_3(AsO_4)_2$	2.2×10^{-33}	Hg_2CO_3	3.6×10^{-17}
$CdCO_3$	1.0×10^{-12}	Hg_2Cl_2	1.43×10^{-18}
CdF_2	6.44×10^{-3}	Hg_2F_2	3.10×10^{-6}
$Cd(OH)_2$	7.2×10^{-15}	Hg_2I_2	5.2×10^{-29}
$Cd(IO_3)_2$	2.5×10^{-8}	$Hg_2C_2O_4$	1.75×10^{-13}
$CdC_2O_4\cdot3H_2O$	1.42×10^{-8}	HgS(红)	6.44×10^{-53}
$Cd_3(PO_4)_2$	2.53×10^{-33}	Hg_2SO_4	6.5×10^{-7}
CdS	1.40×10^{-29}	$Hg_2(SCN)_2$	3.2×10^{-20}
$Co_3(AsO_4)_2$	6.80×10^{-29}	$HgBr_2$	6.2×10^{-20}
$Co(OH)_2$	5.92×10^{-15}	HgI_2	2.9×10^{-29}
$Co(IO_3)_2\cdot2H_2O$	1.21×10^{-2}	Li_2CO_3	8.15×10^{-4}
$Co_3(PO_4)_2$	2.05×10^{-35}	LiF	1.84×10^{-3}
$CoS(\alpha)$	4.0×10^{-21}	Li_3PO_4	2.37×10^{-11}
$CoS(\beta)$	2.0×10^{-25}	$MgCO_3$	6.82×10^{-6}
$Cr(OH)_3$	7.0×10^{-31}	$MgCO_3\cdot3H_2O$	2.38×10^{-6}
$CsClO_4$	3.95×10^{-3}	$MgCO_3\cdot5H_2O$	3.79×10^{-6}
$CsIO_4$	5.16×10^{-6}	MgF_2	5.16×10^{-11}
$CuBr$	6.27×10^{-9}	$Mg(OH)_2$	5.61×10^{-12}
$CuCl$	1.72×10^{-7}	$MgC_2O_4\cdot2H_2O$	4.83×10^{-6}
$CuCN$	3.47×10^{-20}	$Mg_3(PO_4)_2$	1.04×10^{-24}
CuI	1.27×10^{-12}	$MnCO_3$	2.24×10^{-11}
CuS	1.27×10^{-36}	$Mn(OH)_2$	1.9×10^{-13}
$CuSCN$	1.77×10^{-13}	$Mn(IO_3)_2$	4.37×10^{-7}
$Cu_3(AsO_4)_2$	7.95×10^{-36}	$MnC_2O_4\cdot2H_2O$	1.70×10^{-7}
$Cu(IO_3)_2\cdot H_2O$	6.94×10^{-8}	MnS	4.65×10^{-14}

续表

难溶化合物	溶度积常数 $K_{sp}^{\ominus}$	难溶化合物	溶度积常数 $K_{sp}^{\ominus}$
$Nd_2(CO_3)_3$	1.08×10^{-33}	$Sr(IO_3)_2\cdot H_2O$	3.77×10^{-7}
$NiCO_3$	1.42×10^{-7}	$Sr(IO_3)_2\cdot 6H_2O$	4.55×10^{-7}
$Ni(OH)_2$	5.48×10^{-16}	$SrSO_4$	3.44×10^{-7}
NiS (α)	3.2×10^{-19}	$Sn(OH)_2$	5.45×10^{-27}
NiS (β)	1.0×10^{-24}	$Sn(OH)_4$	1.0×10^{-56}
$Ni(IO_3)_2$	4.71×10^{-5}	SnS	1.0×10^{-25}
$Ni_3(PO_4)_2$	4.74×10^{-32}	$TlBrO_3$	1.10×10^{-4}
$PbBr_2$	6.60×10^{-6}	TlBr	3.71×10^{-6}
$PbCO_3$	7.40×10^{-14}	TlCl	1.86×10^{-4}
PbC_2O_4	4.8×10^{-10}	Tl_2CrO_4	8.67×10^{-13}
$PbCrO_4$	2.8×10^{-13}	$TlIO_3$	3.12×10^{-6}
$PbCl_2$	1.70×10^{-5}	TlI	5.54×10^{-8}
PbF_2	3.3×10^{-8}	TlSCN	1.57×10^{-4}
$Pb(OH)_2$	1.43×10^{-15}	$Tl(OH)_3$	1.68×10^{-44}
$Pb(IO_3)_2$	3.69×10^{-13}	$Y_2(CO_3)_3$	1.03×10^{-31}
PbI_2	9.8×10^{-9}	YF_3	8.62×10^{-21}
PbS	9.0×10^{-29}	$Y(OH)_3$	1.00×10^{-22}
$PbSeO_4$	1.37×10^{-7}	$Y(IO_3)_3$	1.12×10^{-10}
$PbSO_4$	2.53×10^{-8}	$Zn_3(AsO_4)_2$	2.8×10^{-28}
$Pr(OH)_3$	3.39×10^{-24}	$ZnCO_3$	1.46×10^{-10}
$Ra(IO_3)_2$	1.16×10^{-9}	$ZnCO_3\cdot H_2O$	5.42×10^{-11}
$RaSO_4$	3.66×10^{-11}	ZnF_2	3.04×10^{-2}
$RbClO_4$	3.00×10^{-3}	$Zn(OH)_2$(无定形)	3×10^{-17}
ScF_3	5.81×10^{-24}	$Zn(IO_3)_2\cdot 2H_2O$	4.1×10^{-6}
$Sc(OH)_3$	2.22×10^{-31}	$ZnC_2O_4\cdot 2H_2O$	1.38×10^{-9}
$Sr_3(AsO_4)_2$	4.29×10^{-19}	$Zn_3(PO_4)_2$	9.1×10^{-33}
$SrCO_3$	5.60×10^{-10}	ZnSe	3.6×10^{-26}
SrF_2	4.33×10^{-9}	ZnS(α)	1.6×10^{-24}
$Sr(IO_3)_2$	1.14×10^{-7}	ZnS(β)	2.5×10^{-22}

附录Ⅸ　配合物的稳定常数(298.15 K)

配合物	稳定常数 $K_f^{\ominus}$	$\lg K_f^{\ominus}$	配合物	稳定常数 $K_f^{\ominus}$	$\lg K_f^{\ominus}$
$[Ag(Br)_2]^-$	2.14×10^7	7.33	$[Ag(Cl)_2]^-$	1.10×10^5	5.04
$[Ag(Br)_3]^{2-}$	1.00×10^8	8.00	$[Ag(Cl)_4]^{3-}$	1.99×10^5	5.30
$[Ag(Br)_4]^{3-}$	5.37×10^8	8.73	$[AgI_2]^-$	5.99×10^{11}	11.74

续表

配合物	稳定常数 $K_f^{\ominus}$	$\lg K_f^{\ominus}$	配合物	稳定常数 $K_f^{\ominus}$	$\lg K_f^{\ominus}$
$[AgI_3]^{2-}$	4.78×10^{13}	13.68	$[FeF_6]^{3-}$	1.0×10^{16}	16.00
$[Ag(CN)_2]^-$	1.25×10^{21}	21.1	$[FeF_3]$	1.15×10^{12}	12.06
$[Ag(NCS)_2]^-$	4.0×10^{8}	8.60	$[Fe(CN)_6]^{4-}$	1.0×10^{35}	35.00
$[Ag(NH_3)_2]^+$	1.12×10^{7}	7.05	$[Fe(CN)_6]^{3-}$	1.0×10^{42}	42.00
$[Ag(SCN)_2]^{2-}$	3.71×10^{7}	7.57	$[Hg(NH_3)_4]^{2+}$	1.90×10^{19}	19.28
$[Ag(SCN)_3]^{3-}$	1.20×10^{9}	9.08	$[HgBr_4]^{2-}$	1.00×10^{21}	21.00
$[Ag(SCN)_4]^{4-}$	1.20×10^{10}	10.08	$[HgCl_4]^{2-}$	1.17×10^{15}	15.07
$[Ag(S_2O_3)_2]^{3-}$	2.88×10^{13}	13.46	$[HgI_4]^{2-}$	6.76×10^{29}	29.83
$[Al(OH)_4]^-$	1.07×10^{33}	33.03	$[Cu(en)_2]^+$	6.31×10^{10}	10.80
$[AlF_6]^{3-}$	6.9×10^{19}	19.84	$[Cu(en)]^{2+}$	4.68×10^{10}	10.67
$[Al(C_2O_4)_3]^{3-}$	2.0×10^{16}	16.30	$[Cu(en)_2]^{2+}$	1.00×10^{20}	20.00
$[Au(CN)_2]^-$	1.99×10^{38}	38.3	$[Ni(en)_2]^{2+}$	6.92×10^{13}	13.84
$[Au(SCN)_2]^-$	1.00×10^{23}	23	$[Ni(en)_3]^{2+}$	2.14×10^{18}	18.33
$[Au(SCN)_4]^{3-}$	1.00×10^{42}	42	$[Fe(en)_2]^{2+}$	4.47×10^{7}	7.65
$[AuCl_2]^-$	1.35×10^{2}	2.13	$[Fe(en)_2]^{3+}$	5.01×10^{9}	9.70
$[AuBr_2]^-$	2.88×10^{12}	12.46	$[Pd(en)_2]^{2+}$	7.94×10^{26}	26.9
$[Cd(NH_3)_4]^{2+}$	1.32×10^{7}	7.12	$[Fe(o\text{-}phen)]^{2+}$	7.08×10^{6}	6.85
$[Cd(SCN)_4]^{2-}$	4.0×10^{3}	3.60	$[Fe(o\text{-}phen)_2]^{2+}$	2.82×10^{11}	11.45
$[CdCl_4]^{2-}$	6.31×10^{2}	2.80	$[Fe(o\text{-}phen)_3]^{2+}$	1.99×10^{21}	21.3
$[CdI_4]^{2-}$	2.57×10^{5}	5.41	$[Fe(o\text{-}phen)]^{3+}$	3.16×10^{6}	6.5
$[Cd(CN)_4]^{2-}$	6.0×10^{18}	18.78	$[Fe(o\text{-}phen)_2]^{3+}$	2.51×10^{11}	11.4
$[Co(NH_3)_6]^{2+}$	1.3×10^{5}	5.11	$[Fe(o\text{-}phen)_3]^{3+}$	3.16×10^{12}	23.5
$[Co(NH_3)_6]^{3+}$	1.58×10^{35}	35.2	$[Hg(SCN)_4]^{2-}$	1.70×10^{21}	21.23
$[Co(CN)_6]^{3-}$	1.0×10^{64}	64.00	$[Ni(NH_3)_4]^{2+}$	1.1×10^{8}	8.04
$[Cu(NH_3)_4]^{2+}$	2.09×10^{13}	13.32	$[Ni(NH_3)_6]$	5.49×10^{8}	8.74
$[Cu(NH_3)_2]^+$	7.2×10^{10}	10.86	$[Ni(CN)_4]^{2-}$	2.0×10^{31}	31.30
$[Cu(OH)_4]^{2-}$	3.16×10^{18}	18.5	$[Ni(OH)_3]^-$	1.99×10^{11}	11.3
$[Cu(CN)_4]^{3-}$	1.99×10^{30}	30.30	$[PdCl_4]^{2-}$	5.01×10^{15}	15.7
$[Cu(S_2O_3)_2]^{3-}$	1.66×10^{12}	12.22	$[PdBr_4]^{2-}$	1.26×10^{13}	13.1
$[Hg(S_2O_3)_2]^{3-}$	2.75×10^{29}	29.44	$[Pt(NH_3)_6]^{2+}$	1.99×10^{35}	35.30
$[Hg(S_2O_3)_4]^{6-}$	1.74×10^{33}	33.24	$[PtCl_4]^{2-}$	3.98×10^{16}	16.60
$[Hg(CN)_4]^{2-}$	2.51×10^{41}	41.4	$[PtBr_4]^{2-}$	1.12×10^{20}	20.05
$[Cu(S_2O_3)_3]^{5-}$	6.92×10^{1}	13.84	$[TiOF_4]^+$	2.51×10^{18}	18.4
$[Fe(OH)_3]$	4.68×10^{29}	29.67	$[Zn(NH_3)_4]^{2+}$	2.88×10^{9}	9.46
$[Fe(SCN)_3]$	2.0×10^{3}	3.30	$[Zn(CN)_4]^{2-}$	5.00×10^{16}	16.70
$[Fe(SCN)_6]^{3-}$	2.29×10^{3}	3.36	$[Zn(OH)_4]^{2-}$	4.6×10^{17}	17.66
$[FeCl_3]$	98	1.99	$[Ag(C_2O_4)]^-$	2.51×10^{2}	2.41

续表

配合物	稳定常数 $K_f^\ominus$	$\lg K_f^\ominus$	配合物	稳定常数 $K_f^\ominus$	$\lg K_f^\ominus$
$[Al(C_2O_4)]^+$	1.82×10^7	7.26	$[Cu(EDTA)]^{2-}$	5.01×10^{18}	18.7
$[Al(C_2O_4)_2]^-$	1.00×10^{13}	13.0	$[Fe(EDTA)]^{2-}$	2.14×10^{14}	14.33
$[Al(C_2O_4)_2]^{3-}$	1.99×10^{16}	16.3	$[Fe(EDTA)]^-$	1.70×10^{24}	24.23
$[Co(C_2O_4)]$	6.16×10^4	4.79	$[Hg(EDTA)]^{2-}$	6.31×10^{21}	21.80
$[Co(C_2O_4)_2]^{2-}$	5.01×10^6	6.7	$[Mg(EDTA)]^{2-}$	4.36×10^6	6.64
$[Co(C_2O_4)_2]^{4-}$	5.01×10^9	9.7	$[Mn(EDTA)]^{2-}$	6.31×10^{13}	13.8
$[Ca(C_2O_4)]$	1.00×10^3	3.0	$[Mo(EDTA)]^+$	2.29×10^6	6.36
$[Cu(C_2O_4)_2]^{2-}$	3.16×10^8	8.5	$[Ni(EDTA)]^{2-}$	3.63×10^{16}	16.56
$[Pb(C_2O_4)_2]^{2-}$	3.46×10^6	6.54	$[Pb(EDTA)]^{2-}$	1.99×10^{18}	18.3
$[Hg(C_2O_4)_2]^{2-}$	9.55×10^6	6.98	$[Pd(EDTA)]^{2-}$	3.16×10^{18}	18.5
$[Fe(C_2O_4)]$	7.94×10^2	2.9	$[Zr(EDTA)]^{2-}$	2.51×10^{19}	19.4
$[Fe(C_2O_4)_2]^{2-}$	3.31×10^4	4.52	$[Zn(EDTA)]^{2-}$	2.51×10^{16}	16.4
$[Fe(C_2O_4)_2]^{4-}$	1.66×10^5	5.22	$[Cu(o\text{-}phen)]^{2+}$	1.15×10^9	9.06
$[Fe(C_2O_4)]^+$	2.51×10^9	9.4	$[Cu(o\text{-}phen)_2]^{2+}$	6.02×10^{15}	15.78
$[Fe(C_2O_4)_2]^-$	1.58×10^{16}	16.2	$[Cu(o\text{-}phen)_3]^{2+}$	6.92×10^{20}	20.84
$[Fe(C_2O_4)_3]^{3-}$	1.6×10^{20}	20.20	$[Ag(o\text{-}phen)_2]^+$	1.17×10^{12}	12.07
$[Fe(C_2O_4)_2]^{3-}$	1.58×10^{20}	20.2	$[Ni(o\text{-}phen)]^{2+}$	6.31×10^8	8.80
$[Ca(EDTA)]^{2-}$	1.00×10^{11}	11.0	$[Ni(o\text{-}phen)_2]^{2+}$	1.26×10^{17}	17.10
$[Al(EDTA)]^-$	1.29×10^{16}	16.11	$[Ni(o\text{-}phen)_3]^{2+}$	6.31×10^{24}	24.80
$[Bi(EDTA)]^-$	6.31×10^{22}	22.8	$[Zn(o\text{-}phen)]^{2+}$	3.55×10^6	6.55
$[Cd(EDTA)]^{2-}$	2.51×10^{16}	16.4	$[Zn(o\text{-}phen)_2]^{2+}$	2.34×10^{12}	12.35
$[Ce(EDTA)]^-$	6.31×10^{16}	16.8	$[Zn(o\text{-}phen)_3]^{2+}$	3.55×10^{17}	17.55
$[Co(EDTA)]^{2-}$	2.04×10^{16}	16.31	$[Pb(o\text{-}phen)]^{2+}$	4.46×10^4	4.65
$[Co(EDTA)]^-$	1.00×10^{36}	36	$[Pb(o\text{-}phen)_2]^{2+}$	3.16×10^7	7.5
$[Cr(EDTA)]^-$	1.00×10^{12}	23	$[Pb(o\text{-}phen)_3]^{2+}$	1.00×10^9	9

注：en 表示乙二胺；*o*-phen 表示 1,10-邻二氮菲；EDTA 表示乙二胺四乙酸。

附录Ⅹ　标准电极电势表(298.15K)

附录　-1　酸性溶液中的标准电极电势 $\varphi^\ominus$(298.15 K)

元素名称	电极反应	标准电极电势 $\varphi^\ominus$/V
Ag	$AgI+e^- \rightleftharpoons Ag+I^-$	−0.1517
	$AgBr+e^- \rightleftharpoons Ag+Br^-$	+0.07133
	$AgCl+e^- \rightleftharpoons Ag+Cl^-$	+0.2223
	$Ag_2CrO_4+2e^- \rightleftharpoons 2Ag+CrO_4^{2-}$	+0.4470
	$Ag^++e^- \rightleftharpoons Ag$	+0.7996
Al	$Al^{3+}+3e^- \rightleftharpoons Al$	−1.662

续表

元素名称	电极反应	标准电极电势 $\varphi^\ominus$/V
As	$HAsO_2+3H^++3e^-=As+2H_2O$	+0.248
	$H_3AsO_4+2H^++2e^-=HAsO_2+2H_2O$	+0.560
Bi	$BiOCl+2H^++3e^-=Bi+H_2O+Cl^-$	+0.1583
	$BiO^++2H^++3e^-=Bi+H_2O$	+0.320
Br	$Br_2+2e^-=2Br^-$	+1.066
	$BrO_3^-+6H^++5e^-=1/2Br_2+3H_2O$	+1.482
Ca	$Ca^{2+}+2e^-=Ca$	−2.868
Cd	$Cd^{2+}+2e^-=Cd$	−0.40
Ni	$Ni^{2+}+2e^-=Ni$	−0.250
Cl	$ClO_4^-+2H^++2e^-=ClO_3^-+H_2O$	+1.189
	$Cl_2+2e^-=2Cl^-$	+1.35827
	$ClO_3^-+6H^++6e^-=Cl^-+3H_2O$	+1.451
	$ClO_3^-+6H^++5e^-=1/2Cl_2+3H_2O$	+1.47
	$HClO+H^++e^-=1/2Cl_2+H_2O$	+1.611
	$ClO_3^-+3H^++2e^-=HClO_2+H_2O$	+1.214
	$ClO_2+H^++e^-=HClO_2$	+1.277
	$HClO_2+2H^++2e^-=HClO+H_2O$	+1.645
Co	$Co^{3+}+e^-=Co^{2+}$	+1.83
Cr	$Cr_2O_7^{2-}+14H^++6e^-=2Cr^{3+}+7H_2O$	+1.232
Cu	$Cu^{2+}+e^-=Cu^+$	+0.153
	$Cu^{2+}+2e^-=Cu$	+0.3419
	$Cu^++e^-=Cu$	+0.522
Fe	$Fe^{2+}+2e^-=Fe$	−0.477
	$Fe(CN)_6^{3-}+e^-=Fe(CN)_6^{4-}$	+0.358
	$Fe^{3+}+e^-=Fe^{2+}$	+0.771
	$Fe^{3+}+3e^-=Fe$	−0.036
H	$2H^++2e^-=H_2$	0.00000
Hg	$Hg_2Cl_2+2e^-=2Hg+2Cl^-$	+0.281
	$Hg_2^{2+}+2e^-=2Hg$	+0.7973
	$Hg^{2+}+2e^-=Hg$	+0.851
	$2Hg^{2+}+2e^-=Hg_2^{2+}$	+0.920
I	$I_2+2e^-=2I^-$	+0.5355
	$I_3^-+2e^-=3I^-$	+0.536
	$IO_3^-+6H^++5e^-=1/2I_2+3H_2O$	+1.195
	$HIO+H^++e^-=1/2I_2+H_2O$	+1.439
K	$K^++e^-=K$	−2.931
Mg	$Mg^{2+}+2e^-=Mg$	−2.372

续表

元素名称	电极反应	标准电极电势 $\varphi^{\ominus}$/V
Mn	$Mn^{2+}+2e^-$ ══ Mn	−1.185
	$MnO_4^-+e^-$ ══ MnO_4^{2-}	+0.558
	$MnO_2+4H^++2e^-$ ══ $Mn^{2+}+2H_2O$	+1.224
	$MnO_4^-+8H^++5e^-$ ══ $Mn^{2+}+4H_2O$	+1.507
	$MnO_4^-+4H^++3e^-$ ══ MnO_2+2H_2O	+1.679
Na	Na^++e^- ══ Na	−2.71
N	$NO_3^-+4H^++3e^-$ ══ $NO+2H_2O$	+0.957
	$2NO_3^-+4H^++2e^-$ ══ $N_2O_4+2H_2O$	+0.803
	$HNO_2+H^++e^-$ ══ $NO+H_2O$	+0.983
	$N_2O_4+4H^++4e^-$ ══ $2NO+2H_2O$	+1.035
	$NO_3^-+3H^++2e^-$ ══ HNO_2+H_2O	+0.934
	$N_2O_4+2H^++2e^-$ ══ $2HNO_2$	+1.065
O	$O_2+2H^++2e^-$ ══ H_2O_2	+0.695
	$H_2O_2+2H^++2e^-$ ══ $2H_2O$	+1.776
	$O_2+4H^++4e^-$ ══ $2H_2O$	+1.229
P	$H_3PO_4+2H^++2e^-$ ══ $H_3PO_3+H_2O$	−0.276
Pb	PbI_2+2e^- ══ $Pb+2I^-$	−0.365
	$PbSO_4+2e^-$ ══ $Pb+SO_4^{2-}$	−0.3588
	$PbCl_2+2e^-$ ══ $Pb+2Cl^-$	−0.2675
	$Pb^{2+}+2e^-$ ══ Pb	−0.1262
	$PbO_2+4H^++2e^-$ ══ $Pb^{2+}+2H_2O$	+1.455
	$PbO_2+SO_4^{2-}+4H^++2e^-$ ══ $PbSO_4+2H_2O$	+1.6913
S	$H_2SO_3+4H^++4e^-$ ══ $S+3H_2O$	+0.449
	$S+2H^++2e^-$ ══ H_2S	+0.142
	$SO_4^{2-}+4H^++2e^-$ ══ $H_2SO_3+H_2O$	+0.172
	$S_4O_6^{2-}+2e^-$ ══ $2S_2O_3^{2-}$	+0.08
	$S_2O_8^{2-}+2e^-$ ══ $2SO_4^{2-}$	+2.010
Sb	$Sb_2O_3+6H^++6e^-$ ══ $2Sb+3H_2O$	+0.152
	$Sb_2O_5+6H^++4e^-$ ══ $2SbO^++3H_2O$	+0.581
Sn	$Sn^{4+}+2e^-$ ══ Sn^{2+}	+0.151
	$Sn^{2+}+2e^-$ ══ Sn	−0.1364
V	$V(OH)_4^++4H^++5e^-$ ══ $V+4H_2O$	−0.254
	$VO^{2+}+2H^++e^-$ ══ $V^{3+}+H_2O$	+0.337
	$V(OH)_4^++2H^++e^-$ ══ $VO^{2+}+3H_2O$	+1.00
Zn	$Zn^{2+}+2e^-$ ══ Zn	−0.7618

附录 -2 碱性溶液中的标准电极电势 $\varphi^\ominus$(298.15 K)

元素名称	电极反应	标准电极电势 $\varphi^\ominus$/V
Ag	$Ag_2S+2e^- = 2Ag+S^{2-}$	−0.691
	$Ag_2O+H_2O+2e^- = 2Ag+2OH^-$	+0.342
Al	$H_2AlO_3^-+H_2O+3e^- = Al+4OH^-$	−2.33
As	$AsO_2^-+2H_2O+3e^- = As+4OH^-$	−0.68
	$AsO_4^{3-}+2H_2O+2e^- = AsO_2^-+4OH^-$	−0.71
Br	$BrO_3^-+2H_2O+4e^- = BrO^-+4OH^-$	+0.565
	$BrO_3^-+3H_2O+6e^- = Br^-+6OH^-$	+0.61
	$BrO^-+H_2O+2e^- = Br^-+2OH^-$	+0.761
Cl	$ClO_3^-+H_2O+2e^- = ClO_2^-+2OH^-$	+0.33
	$ClO_4^-+H_2O+2e^- = ClO_3^-+2OH^-$	+0.36
	$ClO_2^-+H_2O+2e^- = ClO^-+2OH^-$	+0.66
	$ClO^-+H_2O+2e^- = Cl^-+2OH^-$	+0.81
Co	$Co(OH)_2+2e^- = Co+2OH^-$	−0.73
	$Co(NH_3)_6^{3+}+e^- = Co(NH_3)_6^{2+}$	+0.108
	$Co(OH)_3+e^- = Co(OH)_2+OH^-$	+0.17
Cr	$Cr(OH)_3+3e^- = Cr+3OH^-$	−1.48
	$CrO_2^-+2H_2O+3e^- = Cr+4OH^-$	−1.2
	$CrO_4^{2-}+4H_2O+3e^- = Cr(OH)_3+5OH^-$	−0.13
Cu	$Cu_2O+H_2O+2e^- = 2Cu+2OH^-$	−0.360
	$Cu(NH_3)_4^{2+}+2e^- = Cu+4NH_3$	+0.03347
Fe	$Fe(OH)_3+e^- = Fe(OH)_2+OH^-$	−0.56
H	$2H_2O^-+2e^- = H_2+2OH^-$	−0.8277
Hg	$HgO+H_2O+2e^- = Hg+2OH^-$	+0.0977
I	$IO_3^-+3H_2O+6e^- = I^-+6OH^-$	+0.26
	$IO^-+H_2O+2e^- = I^-+2OH^-$	+0.485
Mg	$Mg(OH)_2+2e^- = Mg+2OH^-$	−2.690
Mn	$Mn(OH)_2+2e^- = Mn+2OH^-$	−1.56
	$MnO_4^-+2H_2O+3e^- = MnO_2+4OH^-$	+0.595
	$MnO_4^{2-}+2H_2O+2e^- = MnO_2+4OH^-$	+0.60
N	$NO_3^-+H_2O+2e^- = NO_2^-+2OH^-$	+0.01
O	$O_2+2H_2O+4e^- = 4OH^-$	+0.401
S	$S+2e^- = S^{2-}$	−0.4762
	$SO_4^{2-}+H_2O+2e^- = SO_3^{2-}+2OH^-$	−0.93
	$2SO_3^{2-}+3H_2O+4e^- = S_2O_3^{2-}+6OH^-$	−0.571
	$S_4O_6^{2-}+2e^- = 2S_2O_3^{2-}$	+0.08
Sb	$SbO_2^-+2H_2O+3e^- = Sb+4OH^-$	−0.66
Sn	$Sn(OH)_6^{2-}+2e^- = HSnO_2^-+H_2O+3OH^-$	−0.93
	$HSnO_2^-+H_2O+2e^- = Sn+3OH^-$	−0.909

附录Ⅺ　元素的第一电离能、电子亲和能及电负性

说明（示例 47 Ag 方框）：

47 Ag	原子序数、元素符号
731.00	第一电离能 I_1，单位 kJ•mol^{-1}
−125.64	第一电子亲和能，单位 kJ•mol^{-1}
1.93	电负性

周期	ⅠA	ⅡA	ⅢB	ⅣB	ⅤB	ⅥB	ⅦB	Ⅷ			ⅠB	ⅡB	ⅢA	ⅣA	ⅤA	ⅥA	ⅦA	0
1	1 H 1312.04 −72.76 2.20																	2 He 2372.31 +48.2 —
2	3 Li 520.22 −59.64 0.98	4 Be 899.50 +48.2 1.57											5 B 800.63 −26.73 2.04	6 C 1086.45 −121.88 2.55	7 N 1402.32 +6.75 3.04	8 O 1313.93 −140.99 3.44	9 F 1681.03 −328.20 3.98	10 Ne 2080.65 +115.8 —
3	11 Na 495.84 −52.88 0.93	12 Mg 737.74 +38.6 1.31											13 Al 577.53 −42.56 1.61	14 Si 786.51 −133.65 1.90	15 P 1011.86 −71.99 2.19	16 S 999.58 −200.43 2.58	17 Cl 1251.18 −348.65 3.16	18 Ar 1520.56 +95.5 —
4	19 K 418.81 −48.35 0.82	20 Ca 589.83 −2.41 1.00	21 Sc 633.08 −18.14 1.36	22 Ti 658.81 −7.62 1.54	23 V 650.91 −50.66 1.63	24 Cr 652.86 −64.27 1.66	25 Mn 717.27 — 1.55	26 Fe 762.46 −14.57 1.83	27 Co 760.40 −63.88 1.88	28 Ni 737.12 −111.55 1.91	29 Cu 745.48 −119.18 1.90	30 Zn 906.40 — 1.65	31 Ga 578.84 −28.95 1.81	32 Ge 562.17 −118.98 2.01	33 As 944.45 −78.17 2.18	34 Se 940.95 −195.03 2.55	35 Br 1139.85 −324.63 2.96	36 Kr 1350.75 +96.5 —
5	37 Rb 403.03 −46.90 0.82	38 Sr 549.47 −4.63 0.95	39 Y 599.85 −29.63 1.22	40 Zr 640.07 −41.11 1.33	41 Nb 652.12 −86.17 1.6	42 Mo 684.31 −72.18 2.16	43 Tc 702.41 −53.08 2.10	44 Ru 710.18 −101.32 2.2	45 Rh 719.67 −109.72 2.28	46 Pd 804.38 −54.23 2.20	47 Ag 731.00 −125.64 1.93	48 Cd 867.76 — 1.69	49 In 558.29 −28.95 1.78	50 Sn 708.57 −107.31 1.96	51 Sb 830.58 −100.94 2.05	52 Te 869.29 −190.20 2.1	53 I 1008.39 −295.19 2.66	54 Xe 1170.34 +77.2 2.60
6	55 Cs 375.70 −45.55 0.79	56 Ba 502.85 −14.5 0.89	71 Lu 523.52 — 1.0	72 Hf 658.51 0 1.3	73 Ta 728.42 −31.07 1.5	74 W 758.76 −78.65 1.7	75 Re 755.81 −14.5 1.9	76 Os 814.16 −106.15 2.2	77 Ir 865.18 −150.93 2.2	78 Pt 864.38 −205.35 2.2	79 Au 890.12 −222.82 2.4	80 Hg 1007.06 — 1.9	81 Tl 589.35 −19.3 1.8	82 Pb 715.59 −35.13 1.8	83 Bi 702.95 −91.29 1.8	84 Po 812.08 −183.35 2.0	85 At 911.78 −270.2 2.2	86 Rn 1037.06 — —
7	87 Fr 392.95 −44.39 0.7	88 Ra 509.28 — 0.9	89 Ac 498.83 — 1.1															

57 La 538.09 −48.25 1.10	58 Ce 534.40 — 1.12	59 Pr 527.19 — 1.13	60 Nd 533.08 — 1.14	61 Pm 538.38 — —	62 Sm 544.52 — 1.17	63 Eu 547.11 — —	64 Gd 593.43 — 1.20	65 Tb 565.77 — —	66 Dy 573.01 — 1.22	67 Ho 580.98 — 1.23	68 Er 589.30 — 1.24	69 Tm 596.69 — 1.25	70 Yb 603.43 — —	71 Lu 523.52 — 1.0

数据依据：Lide D R. CRC Handbook of Chemistry and Physics. 90th ed. Boca Raton：CRC Press. 2009. 原文献中能量数据单位为 eV。